Base Neurofisiológica do Movimento

Base Neurofisiológica do Movimento

Segunda Edição

Mark L. Latash, PhD

Universidade Estadual da Pensilvânia

Tradução: Grace Kawali

Revisão científica: Reury Frank Bacurau e Aline Villa Nova Bacurau

São Paulo, 2015

Original em inglês
Neurophysiological basis of movement – Second Edition

Base neurofisiológica do movimento

Rua Treze de Maio, 596
Bela Vista – São Paulo – SP
CEP: 01327-000
Tel/fax: (11) 3141-1033
Site: www.phorte.com.br
E-mail: phorte@phorte.com.br

CIP-BRASIL. CATALOGAÇÃO NA PUBLICAÇÃO
SINDICATO NACIONAL DOS EDITORES DE LIVROS, RJ

L379b

Latash, Mark L.
Base neurofisiológica do movimento / Mark L. Latash ; adaptação Reury Frank Bacurau, Aline Villa Nova Bacurau; tradução Grace Kawali. – 1. ed. – São Paulo: Phorte, 2015.
472 p. : il. ; 28 cm.

Tradução de: Neurophysiological basis of movement
Inclui bibliografia e índice
ISBN 9788576555476

1. Fisiologia humana. 2. Neurofisiologia. I. Bacurau, Reury Frank. II. Bacurau, Aline Villa Nova. III. Título.

15-20473 CDD: 612.82
CDU: 612.8

---

ph2371.2

Este livro foi avaliado e aprovado pelo Conselho Editorial da Phorte Editora.
(www.phorte.com.br/conselho_editorial.php)

Impresso no Brasil
Printed in Brazil

Sumário

Prefácio IX • Introdução XI

MUNDO I Células 15

1 **Membranas, Partículas e Potenciais** 17
1.1. Abordagem de Sistema Complexo 18
1.2. A Membrana Biológica 20
1.3. Movimento em Solução 21
1.4. Concentração de Água: Osmose 22
1.5. Movimento de Íons: A Equação de Nernst 23

2 **Potencial de Ação** 27
2.1. Criação do Potencial de Membrana 28
2.2. Características Básicas do Potencial de Ação 30
2.3. Geração do Potencial de Ação 31

3 **Transmissão de Informações** 35
3.1. Condução do Potencial de Ação 36
3.2. Fibras Mielinizadas 38
3.3. Estrutura dos Neurônios 39
3.4. Codificação de Informações no Sistema Nervoso . 40
3.5. Transmissão Sináptica 41
3.6. Neurotransmissores 42
3.7. Somação Temporal e Espacial 42

4 **Músculo Esquelético** 45
4.1. Estrutura do Músculo Esquelético 46
4.2. Miofilamentos 47
4.3. Sinapse Neuromuscular 48
4.4. Contração Muscular 49
4.5. Tipos de Contração Muscular 50
4.6. Elementos de Mecânica 51
4.7. Relações Força-Comprimento e Força-Velocidade 52
4.8. Regimes Externos de Contração Muscular 53

5 **Receptores** 55
5.1. Tipos e Propriedades dos Receptores 56
5.2. Fusos Musculares 57
5.3. O Sistema Gama 59
5.4. Órgãos Tendinosos de Golgi 60
5.5. Outros Receptores Musculares 61
5.6. Receptores Articulares 61
5.7. Receptores Cutâneos 62
5.8. Para Onde Vai a Informação? 62

6 **Unidades Motoras e Eletromiografia** 65
6.1 A Unidade Motora 66
6.2 Unidades Motoras Rápidas e Lentas 67
6.3 O Princípio de Henneman 68
6.4 Funções das Unidades Motoras 69
6.5 Eletromiografia 70
6.6 Processamento de Sinais Eletromiográficos 72

Mundo I Materiais de Revisão 75

MUNDO II Conexões 77

7 **Excitação e Inibição Dentro da Medula Espinal** . . 79
7.1. A Medula Espinal 80
7.2. Excitação Dentro do Sistema Nervoso Central 82
7.3. Inibição Pós-Sináptica 82
7.4. Células de Renshaw 83
7.5. Interneurônios Ia 84
7.6. Inibição Pré-Sináptica 86
7.7. Correntes de Entrada Persistentes 87

8 **Reflexos Monossinápticos** 89
8.1. Reflexos 90
8.2. Arco Reflexo 90
8.3. Reflexo H, Reflexo T e Resposta M 91
8.4. Efeitos da Ativação Muscular Voluntária nos Reflexos Monossinápticos 95
8.5. Onda F 96

9 **Reflexos Oligossinápticos e Polissinápticos** . . 97
9.1. Reflexos Oligossinápticos 98
9.2. Reflexos Polissinápticos 99
9.3. Reflexo Flexor 101
9.4. Reflexo Tônico de Alongamento 102
9.5. Reflexo Tônico de Vibração 102
9.6. Interações entre Vias Reflexas 104
9.7. Reflexos Interarticulares e Intermembros 105

10 **Controle Voluntário de um Músculo Isolado** . 107
10.1. Controle por Alimentação e de Retroalimentação . . 108
10.2. Servocontrole 109
10.3. Servo-hipótese 111
10.4. Coativação $\alpha - \gamma$ 112
10.5. Ativação Muscular Voluntária 113
10.6. Hipótese do Ponto de Equilíbrio 114

11 **Movimentos Uniarticulares** 117
11.1. Movimentos Isotônicos e Contrações Isométricas . 118
11.2. Variáveis de Desempenho e Parâmetros de Tarefa . 119
11.3. Perfis Cinemáticos dos Movimentos Isotônicos Uniarticulares 120
11.4. Padrões do EMG de Movimentos Isotônicos Uniarticulares 121
11.5. Padrões do EMG de Contrações Isométricas Uniarticulares 123
11.6. Hipótese da Estratégia Dual 126

12 **Reações Pré-Programadas** 129
12.1. Reações Pré-Programadas 130
12.2. Reações Pré-Programadas *Versus* Reflexos de Alongamento 131
12.3. Busca pela Fonte Aferente das Reações Pré-Programadas 132

12.4. Reações Pré-Programadas Durante Perturbações do Movimento. 133
12.5. Características das Reações Pré-Programadas . . 134
12.6. Correções Pré-Programadas da Postura Vertical . . 134
12.7. Reação Corretiva ao Tropeço 136

MUNDO II Materiais de Revisão 139

MUNDO III Estruturas 141

13 Anatomia do Cérebro 143

13.1. Registro de Neurônio Isolado 144
13.2. Eletroencefalografia 144
13.3. Potenciais Evocados 146
13.4. Radiografia 147
13.5. Tomografia Computadorizada 147
13.6. Tomografia por Emissão de Pósitrons 148
13.7. Imagem por Ressonância Magnética 149
13.8. Imagem por Ressonância Magnética Funcional . . 149
13.9. Estimulação Magnética Transcraniana 150
13.10. Rastreamento Neuroanatômico 151
13.11. Principais Estruturas Encefálicas 151

14 Córtex Cerebral 157

14.1. Hemisférios Cerebrais 158
14.2. Estrutura do Córtex Cerebral 159
14.3. Áreas Motoras Primárias, Pré-Motoras e Motoras Suplementares 160
14.4. Entradas no Córtex Motor 162
14.5. Saídas do Córtex Motor 162
14.6. Preparação para Movimentos Voluntários 164
14.7. Vetores da População Neuronal 165
14.8. Que Variáveis Podem ser Codificadas na Atividade Neuronal Cortical? 166

15 Cerebelo 169

15.1. Anatomia do Cerebelo 170
15.2. Entradas Cerebelares 172
15.3. Saídas Cerebelares 173
15.4. Atividade Cerebelar e Movimento Voluntário 174
15.5. Vetores de População Neuronal 175
15.6. O Que o Cerebelo Faz? 176

16 Gânglios da Base 179

16.1. Anatomia dos Gânglios da Base 180
16.2. Entradas e Saídas dos Gânglios da Base 181
16.3. Circuitos Motores que Envolvem os Gânglios da Base 182
16.4. Atividade dos Gânglios da Base Durante o Movimento 183
16.5. Funções dos Gânglios da Base 184

17 Vias Ascendentes e Descendentes 187

17.1. Propriedades das Vias Neurais 188
17.2. Entrada Aferente na Medula Espinal 188
17.3. Via da Coluna Dorsal 189
17.4. Trato Espinocervical 190
17.5. Trato Espinotalâmico 190
17.6. Trato Espinocerebelar 191
17.7. Trato Espinorreticular 191
17.8. Trato Piramidal 192
17.9. Trato Rubroespinal 193
17.10. Trato Vestibuloespinal 193
17.11. Trato Reticuloespinal e outros Tratos Descendentes 194
17.12. Tratos Proprioespinais 194
17.13 Nervos Cranianos 194

18 Memória 197

18.1. Dualismo de Descartes e Mecanismos da Memória 198
18.2. Memória Muscular 199
18.3. Tipos de Memória e Aprendizagem 200
18.4. Habituação de Reflexos: Um Exemplo de Aprendizagem Não Associativa 200
18.5. Reflexos Condicionados: Um Exemplo de Aprendizagem Associativa 200
18.6. Aprendizagem Motora 201
18.7. Memória de Curto e Longo Prazo 202
18.8. Mecanismos de Memória Neuronais ou Sinápticos? 203
18.9. Recuperação da Memória 204
18.10. Código Genético como um Exemplo de Memória 205
18.11. Plasticidade no Encéfalo 205
18.12. Síndrome de Korsakoff 206
18.13. Possível Papel do Hipocampo e do Cerebelo na Memória 206
18.14. Memória Espinal 207

MUNDO III Materiais de Revisão 209

MUNDO IV Comportamentos: Controle e Coordenação ... 211

19 Controle Motor 213

19.1. Estrutura do Corpo Humano: Uma Fonte de Problemas? 214
19.2 Abordagem Força-Controle 215
19.3. Engramas e Programa Motor Generalizado 216
19.4. Modelos Internos 217
19.5. Hipótese do Ponto de Equilíbrio: Ideias Principais 219
19.6. Hipótese do Ponto de Equilíbrio: Pontos Sutis . . . 220
19.7. Abordagem de Sistemas Dinâmicos 222

20 Sinergias Motoras 225

20.1. Redundância Motora 226
20.2. Abordagens de Otimização 226
20.3. Princípio da Abundância 228
20.4. Unidades Estruturais e Sinergias 229
20.5. Estudos de Sinergias Motoras: Análise dos Componentes Principais 231
20.6. Hipótese de Variedade Não Controlada 232

21 Controle Postural 235

21.1. Postura Vertical 236
21.2. Oscilação Postural 237
21.3. Sistema Vestibular 239
21.4. Visão e Controle Postural 241
21.5. Propriocepção e Controle Postural 241
21.6. Adaptações Posturais Antecipatórias 242
21.7. Reações Posturais Corretivas 244
21.8. Sinergias Posturais 245

22 Locomoção 249

22.1. Duas Abordagens da Locomoção 250
22.2. Geradores de Padrão Central 250
22.3. Centros de Locomoção 252
22.4. Locomoção Espinal 252
22.5. Controle Espinal da Locomoção em Seres Humanos 253
22.6. Padrões de Marcha 254
22.7. Geração de Padrão Dinâmico 255
22.8. Iniciação ao Passo 256
22.9. Reação Corretiva ao Tropeço 257

23 Movimento Multiarticular 259

23.1. Movimentos de alcance com alvo 260
23.2. Principais Problemas no Controle de Movimentos de Alcance Naturais 261
23.3. Reflexos Interarticulares 262
23.4. Mecanismos Espinais de Coordenação Multiarticular 263
23.5. Mecanismos Supraespinais 264
23.6. Hipótese do Equilíbrio-Trajetória 265
23.7. O Que é Controlado Durante Movimentos Multiarticulares? 266

24 Preensão 269

24.1. Articulações e Músculos da Mão 270
24.2. Representações Corticais da Mão 271
24.3. Índices de Interação do Dedo 272
24.4. Sinergias Multidígitos em Tarefas de Pressionar . 273
24.5. Agarre 275
24.6. Sinergias de Preensão e o Princípio da Superposição 275

25 Movimento Ocular e Visão 279

25.1. O Olho 280
25.2. Fotorreceptores 280
25.3. Retina e Nervo Óptico 281
25.4. Controle Oculomotor 282
25.5. Mecanismos Centrais da Percepção Visual 283
25.6. Informação Visual e Movimentos Voluntários 285

26 Cinestesia 287

26.1. Variáveis Físicas Sentidas pelos Proprioceptores . . 288
26.2. Fontes Periféricas de Informação Cinestésica . . . 288
26.3. Papel do Comando Motor na Cinestesia 291
26.4. Para onde vai a Informação? 292
26.5. Ilusões Cinestésicas 293
26.6. Dor 294

MUNDO IV Materiais de Revisão 297

MUNDO V Comportamentos de Evolução e Mudança 299

27 Fadiga 301

27.1. Fadiga e seus Contribuidores 302
27.2. Mecanismos Musculares da Fadiga 303
27.3. Mecanismos Espinais da Fadiga 304
27.4. Mecanismos Supraespinais da Fadiga 306
27.5. Mudanças Adaptativas Durante a Fadiga 306
27.6. Fadiga Anormal 307

28 Envelhecimento 309

28.1. Movimentos das Pessoas Idosas 310
28.2. Mudanças nos Músculos e nas Unidades Motoras Relacionadas à Idade 311
28.3. Reflexos Musculares em Pessoas Idosas 313
28.4. Mudanças na Função Sensorial Relacionadas à Idade 314
28.5. Padrões de Ativação Muscular Durante Movimentos Rápidos 314
28.6. Mudanças de Postura e Marcha Relacionadas à Idade 314
28.7. Função da Mão em Pessoas Idosas 316
28.8. Mudanças Adaptativas nos Padrões Motores . . . 317
28.9. Efeitos do Treinamento 318

29 Desenvolvimento Típico e Atípico 319

29.1. Seres Humanos Recém-Nascidos 320
29.2. Marcos Motores Durante o Desenvolvimento Típico 320
29.3. Exploração e Padrões Motores Emergentes 321
29.4. Síndrome de Down 321
29.5. Prática e Síndrome de Down 325
29.6. Autismo 326
29.7. Distúrbio do Desenvolvimento da Coordenação . . 327

MUNDO VI Desordens Motoras 329

30 Desordens Periféricas Musculares e Neurológicas 331

30.1. Miopatias e Neuropatias 332
30.2. Distrofias Musculares 332
30.3. Síndromes de Atividade Contínua da Fibra Muscular 333
30.4. Miastenia Grave 334
30.5. Neuropatias Periféricas 335
30.6. Desordens Motoras do Diabetes 337
30.7. Radiculopatias 337
30.8. Esclerose Lateral Amiotrófica 338

31 Lesão da Medula Espinal e Espasticidade . . 341

31.1. Consequências da Lesão da Medula Espinal 342
31.2. Sintomas da Espasticidade 343
31.3. Possíveis Mecanismos da Espasticidade 347
31.4. Tratamento da Espasticidade 348
31.5. Esclerose Multipla 351

32 Desordens Relacionadas aos Gânglios da Base 353

32.1. Características Clínicas do Mal de Parkinson 354
32.2. Movimentos Voluntários no Mal de Parkinson . . . 356
32.3. Controle Postural e Locomoção no Mal de Parkinson 358
32.4. Tratamento do Mal de Parkinson 359
32.5. Doença de Huntington 360
32.6. Hemibalismo 361
32.7. Distonia 361
32.8. Discinesia Tardia 363

33 Desordens Cerebelares 365

33.1. Consequências de Lesões Cerebelares em Animais 366
33.2. Causas de Desordens Cerebelares 367

33.3. Anormalidades de Postura e Marcha 368
33.4. Movimentos Voluntários em Desordens Cerebelares 369
33.5. Tremor Cerebelar 372
33.6. Ataxias.................................... 372
33.7. Síndrome Cerebelar Cognitiva Afetiva 373

34 **Desordens Corticais 375**

34.1. Lesões de Diferentes Lobos Corticais.......... 376
34.2. AVE....................................... 376
34.3. Mioclonia.................................. 379
34.4. Tremor Essencial 382
34.5. Tiques.................................... 382
34.6. Síndrome de Tourette....................... 383
34.7. Paralisia Cerebral.......................... 384
34.8. Síndrome de Williams 385
34.9. Doença de Wilson 385

35 **Reabilitação Motora.................. 389**

35.1. Existem Movimentos Normais?............... 390
35.2. De Volta às Unidades Estruturais e Sinergias.... 392
35.3. Mudanças nas Prioridades do SNC 393
35.4. Papel da Plasticidade do SNC................ 393
35.5. Mudanças Adaptativas em Padrões Motores.... 395
35.6. Amputação................................ 395
35.7. Considerações Práticas..................... 396

MUNDOS V E VI Materiais de Revisão 399

Laboratórios..**401**

Laboratório #1 .... **403**
Laboratório #2 .... **406**
Laboratório #3 .... **408**
Laboratório #4 .... **411**
Laboratório #5 .... **413**
Laboratório #6 .... **416**

Glossário **419** • Bibliografia **433** • Índice por Assunto **463** • Sobre o Autor **471**

Prefácio

Nos últimos dez anos, venho utilizando a primeira edição de *Bases Neurofisiológicas do Movimento* para ministrar um curso de pós-graduação de nível básico no Departamento de Cinesiologia da Universidade Estadual da Pensilvânia. Tem sido, na verdade, uma experiência embaraçante! Praticamente todo ano os alunos descobriam novos erros, incoerências, omissões importantes e outras falhas no livro. Meus colegas que adotaram a obra em seus cursos e os editores das traduções francesa e japonesa também me bombardearam com perguntas para as quais não tive resposta melhor que "Sinto muito, vou tentar corrigir isso na próxima edição, se ela um dia existir".

Cerca de cinco anos atrás, comecei a ministrar um curso intitulado Desordens do Movimento. É um curso do Departamento de Cinesiologia de graduação, eletivo para estudantes que planejam continuar seus estudos em questões relacionadas a desordens motoras e reabilitação. A maioria dos alunos desse curso planejava ir para a escola de medicina, de fisioterapia ou de quiropraxia, ou se inscrever num programa de pós-graduação em cinesiologia. A primeira edição de *Bases Neurofisiológicas do Movimento* foi muito eficaz em garantir que esses estudantes tivessem um conhecimento mínimo dos mecanismos básicos do movimento em seres humanos antes de passarem ao estudo das desordens do movimento.

Enquanto isso, as pesquisas sobre controle motor e neurofisiologia dos movimentos normal e anormal mostraram progresso considerável, o que exige uma reconsideração de noções básicas, como sinergia, programa motor, comando neural e assim por diante. Minha experiência de pesquisa ao longo desses anos ajudou-me a ensinar o que é importante nessas áreas, o que pode ser visto como consenso e o que permanece altamente discutível.

Ao escrever a segunda edição de *Bases Neurofisiológicas do Movimento*, eu tinha três objetivos. Em primeiro lugar, queria evitar os erros embaraçosos encontrados na primeira edição. A segunda edição foi uma oportunidade de organizar o texto e corrigir os erros. Também mudei muitos dos problemas do capítulo e dos problemas para autoavaliação; alguns dos anteriores eram ambíguos. Além disso, adicionei questões de múltipla escolha como uma ferramenta de autoavaliação.

Em segundo lugar, decidi complementar a primeira edição com vários capítulos novos. Alguns deles dizem respeito a comportamentos motores, como a preensão, e outros descrevem, com muito mais detalhes, desordens motoras associadas a disfunções de certas estruturas encefálicas. A segunda edição agora abrange vários transtornos comuns do movimento e pode ser usada para ministrar cursos sobre esses tópicos.

Em terceiro lugar, optei por não fugir às questões mais controversas sobre controle motor e coordenação. Inicialmente, pensei que um livro didático deveria ser atraente, apresentando aos estudantes somente fatos bem estabelecidos de forma não controversa. Contudo, os alunos querem saber os argumentos atuais e preferem ouvir uma consideração subjetiva ou parcial sobre essas questões a não ouvir nenhuma. Na segunda edição há dois capítulos inéditos (19 e 20) e várias subseções novas que lidam diretamente com teorias atuais sobre controle motor e coordenação.

A segunda edição continua a ser um livro para cursos de graduação ou de pós-graduação de nível básico. Ela requer que os estudantes possuam apenas um conhecimento mínimo de física básica — principalmente mecânica — e cálculo. O maior número de capítulos permitirá aos instrutores adequar o material ao nível de preparo de seus alunos e aos objetivos específicos de seu curso. Cada capítulo foi planejado para preencher uma típica aula de uma hora e meia.

Este livro não seria possível sem o *feedback* muito útil (e frequentemente áspero) dos estudantes que frequentaram meus dois cursos na Universidade Estadual da Pensilvânia e de meus colegas, que gastaram seu tempo para me dizer como o livro poderia ser melhorado. Estou particularmente grato a Vladimir Zatsiorsky, pelos inúmeros comentários úteis ao longo dos últimos dez anos de nossa colaboração; a Bob Sainburg e Dagmar Sternad, pelas muitas discussões frutíferas sobre como ensinar controle motor e neurofisiologia; e a Karl Newell, pelo incentivo durante o desenvolvimento dos dois cursos na Universidade Estadual da Pensilvânia.

Introdução

Nossa vida é cheia de movimentos. Dia e noite nossos músculos trabalham para posicionar a cabeça, o corpo e as extremidades; para locomover todo o corpo através do espaço; para pegar e manipular objetos; para interagir com outros seres humanos e animais; para trocar informações com o mundo exterior, e assim por diante. A primeira característica marcante dos movimentos humanos voluntários é seu *significado*. Eles fazem sentido, levam a objetivos. Às vezes podem falhar em atingir essas metas, mas frequentemente o conseguem. No mundo físico externo, com suas numerosas forças, eventos imprevisíveis, objetos em movimento e alteração de objetivos, realizar um movimento significativo não é tarefa fácil.

Ao ler este livro, você vai perceber que a estrutura do corpo humano e as propriedades de seus motores (os músculos esqueléticos) aparentemente complicam o processo de controle, embora não sem ganhos valiosos. A complexidade do movimento e os fatores aparentemente complicadores do sistema de movimento humano colocam altas demandas sobre o controlador supremo dos movimentos voluntários, o sistema nervoso central, que deve possuir versatilidade, habilidade e várias características para as quais podemos ainda não ter palavras adequadas. Portanto, vamos considerar os movimentos voluntários tanto como uma manifestação da atividade do sistema nervoso central como uma ferramenta para a sua compreensão.

Movimentos são atraentes para estudo, pois são observáveis e mensuráveis, além de envolverem relações relativamente claras entre tarefa e resultado (essas relações costumam ser menos óbvias em processos puramente mentais). Analisar movimentos voluntários é uma forma de aprender como o encéfalo toma decisões e como o aparelho periférico as executa. Esse caminho leva a um conhecimento muito mais profundo que os objetivos imediatos de se compreender como uma pessoa pode comer com uma colher sem derramar a sopa. É uma maneira de abordar a tomada de decisões, o pensamento, a percepção e outros processos que criam as bases do funcionamento do encéfalo. É um modo de compreender a mente humana. Existe objeto mais digno de estudo?

Mundos do movimento humano

O corpo humano é um sistema complexo. Mesmo seus subsistemas são complexos. Uma única célula já é complexa o suficiente para ser considerada um mundo inteiro de vida própria. Ao lidar com um sistema complexo, o primeiro passo é sempre definir um conjunto de noções significativas para o sistema e o nível de análise escolhidos. Esses conjuntos de noções são tipicamente seleções arbitrárias baseadas em intuição, bom senso e conhecimento geral de física, química e outras disciplinas. Após um conjunto de noções (ou uma *linguagem adequada*, para usar a expressão cunhada pelo grande matemático Israel Gelfand) ter sido escolhido, o sistema pode ser investigado rigorosa e cientificamente.

Neste livro, identificaremos vários níveis de complexidade, cada um dos quais vai requerer seu próprio conjunto de noções e métodos de análise. A identificação desses níveis será bastante subjetiva. Contudo, o que é escolhido como um nível não é arbitrário por completo. Imagine que um determinado método de análise gradualmente penetre as propriedades de um sistema e resolva certos grupos de problemas. Quando o mesmo método é aplicado a um novo grupo de problemas, em algum momento ele fracassa completamente, como se batesse contra uma parede invisível. Isso é um claro sinal de que *foi encontrado um novo nível de complexidade, o que requer um salto intuitivo e qualitativo — a introdução de um novo conjunto de noções, ou de uma linguagem adequada nova.*

Neste livro, discutiremos quatro níveis principais de análise que são relevantes para a geração e o controle do movimento voluntário. Como esses níveis têm seus próprios conjuntos de noções, eles serão tratados como *mundos* separados:

- Mundo I, Células
- Mundo II, Conexões
- Mundo III, Estruturas
- Mundo IV, Comportamentos: controle e coordenação

No final do livro, consideraremos o desenvolvimento e a mudança de comportamentos (Mundo V, Desenvolvimento e Mudança de Comportamentos), bem como as patologias do movimento (Mundo VI, Desordens Motoras). Esses dois últimos mundos combinam noções relativas a todos os quatro anteriores.

Você verá que esses mundos não são homogêneos e podem incluir objetos, processos e fenômenos que necessitem de análise em diferentes níveis. Por exemplo, no Mundo IV, processos relacionados ao controle de movimentos multiarticulares podem exigir um linguagem diferente da usada para descrever o controle de músculos individuais. A linguagem adotada quando se estudam os reflexos monossinápticos (como o bem conhecido espasmo do tendão) no Mundo II pode ser inadequada quando se lida com reflexos mais complexos ou reações como os reflexos que serão tratados mais tarde no livro.

Organização do livro

A organização deste livro é simples e clara. Ele contém 35 capítulos. O material de cada capítulo pode ser coberto numa palestra estendida (cerca de uma hora e meia). Cada capítulo começa com uma lista de palavras-chave e tópicos e termina com um parágrafo sumarizante (Resumo do Capítulo). Novos capítulos foram adicionados a esta segunda edição. Como resultado, o conteúdo do livro pode ser adaptado para cursos específicos que tratem de neurofisiologia e transtornos dos movimentos.

Devo enfatizar algumas características incomuns deste livro. Em primeiro lugar, ele contém pequenos problemas espalhados pelo texto. Discuto entre 3 e 5 desses problemas durante cada palestra, e eles têm provado ser eficazes em manter a atenção do estudante e impedi-lo de cair no sono. Esses pequenos problemas variam em complexidade, indo do absolutamente trivial ao ambíguo e insolúvel. Contudo, os alunos não devem saber quais são simples e quais não são, de modo que haja sempre uma chance de que algum dia eles resolvam os problemas insolúveis. Respostas explícitas aos pequenos problemas não estão disponíveis no livro (embora alguns deles sejam respondidos no parágrafo seguinte do texto); caso contrário, o propósito dos problemas seria perdido. E, como acabei de mencionar, alguns deles não têm respostas!

No final de cada mundo, alguns problemas maiores são oferecidos como ferramenta de autoavaliação. Eles foram tirados de exames reais que usei nos últimos anos enquanto ministrava cursos de Bases Neurofisiológicas do Movimento e Desordens do Movimento na Universidade Estadual da Pensilvânia. Esses problemas exigem pensamento crítico e inventividade para usar as informações dos capítulos anteriores. Suas respostas não são fornecidas por duas razões: em primeiro lugar, o leitor deve resolvê-los independentemente; em segundo, alguns deles têm várias respostas com diferentes graus de correção, e cabe a cada aluno encontrar uma resposta e provar que é correta. Alguns desses problemas são perguntas abertas, enquanto outros são de múltipla escolha.

As questões de múltipla escolha permitem testar grandes grupos de estudantes e não exigem tanto tempo para a correção como os problemas de resposta aberta. Em geral, não gosto de problemas de múltipla escolha. Eles parecem testar mais a capacidade do aluno em resolver problemas de múltipla escolha que sua capacidade em aplicar conhecimentos de uma área específica para resolver os problemas. Para desencorajar a estratégia de adivinhação, cada questão termina com a pergunta "por quê?". Espera-se que os alunos selecionem a melhor resposta (como nos testes de múltipla escolha tradicionais) e escrevam algumas palavras explicando por que aquela resposta específica foi a melhor. Se o aluno não explicar a resposta, não obtém todo o crédito. Por outro lado, se o aluno selecionar uma resposta errada, mas incluir uma explicação que demonstre conhecimento sobre o tema, pode lhe ser dado crédito parcial ou mesmo total.

Seis projetos de laboratório são descritos no final do livro. Cada projeto é um estudo de investigação bastante grande que deve tomar dois ou três períodos de laboratório típico (uma hora e meia para cada um) para ser completado. Assim, o tempo total de laboratório exigido neste curso está entre 18 e 27 horas. Certamente, a disponibilidade de equipamento e tempo serão fatores importantes na estruturação e execução dos laboratórios. Os laboratórios se adequaram aos equipamentos instalados no Laboratório de Controle Motor da Universidade Estadual da Pensilvânia, usado tanto para pesquisa quanto para fins didáticos.

O propósito deste livro

O objetivo final deste livro é fornecer material suficiente para ajudar os alunos

- a pensar de forma independente;
- a conhecer informações básicas sobre a estrutura de nossas células, músculos, estruturas neuronais e corpo;
- a compreender a lógica interna da estrutura e funcionamento do sistema humano que produz movimentos voluntários;
- a resolver problemas usando esse conhecimento básico;
- a projetar experimentos mentais e reais que abordem problemas típicos de pesquisa; e
- a ler e compreender a literatura de pesquisa sobre neurofisiologia dos movimentos.

O material tratado no presente livro pode ser facilmente adaptado para um curso de graduação ou de pós-graduação básico (primeiro ano). Os capítulos sobre desordens motoras e os laboratórios se dirigem a um aluno mais maduro e bem preparado, enquanto a maioria dos capítulos anteriores pode ser compreendida por um aluno de graduação iniciante. Alguns dos capítulos dentro dos primeiros quatro mundos podem ser apresentados a alunos de graduação numa palestra. Por outro lado, algumas matérias de apoio (como elementos de anatomia funcional e biomecânica) já podem ter sido tratadas em outros cursos. Certamente compete aos instrutores ajustar o material ao contexto e às necessidades de seus alunos.

Não há pré-requisitos absolutos para um curso baseado neste livro. Contudo, os alunos definitivamente vão se beneficiar de cursos introdutórios em cálculo, mecânica, química e anatomia. Desse modo, mais tempo poderá ser gasto com coisas realmente interessantes.

E agora, vamos viajar pelos mundos da neurofisiologia do movimento.

Células

1 Membranas, partículas e potenciais 17
2 Potencial de ação. 27
3 Transmissão de informações 35
4 Músculo esquelético 45
5 Receptores 55
6 Unidades motoras e eletromiografia 65
Materiais de Revisão 75

1

Membranas, partículas e potenciais

Palavras-chave e tópicos

- reducionismo
- abordagem de sistema complexo
- membrana biológica
- eletrólitos
- não eletrólitos
- convecção
- difusão
- osmose
- equação de Nernst
- potencial de equilíbrio

Como qualquer outro capítulo introdutório, este se inicia com algumas afirmações gerais que estão mais próximas da filosofia que dos detalhes do tópico em estudo. Penso que é útil explicar com honestidade minha atitude em relação a como os sistemas biológicos devem ser estudados. Então, juntos começaremos a longa busca pela compreensão do funcionamento dos sistemas neurofisiológicos que geram movimentos propositais. Começaremos nossa jornada pelos menores elementos perceptíveis — os íons e as estruturas subcelulares.

1.1 Abordagem de sistema complexo

Este livro oferece um conhecimento básico dos mecanismos, estruturas e funções do sistema nervoso humano, considerando que esse conhecimento será usado para compreender como os movimentos voluntários humanos são controlados. A relação entre neurofisiologia e controle motor não é óbvia e tem sido uma questão controversa durante anos. Existem duas visões extremas dessa relação:

1. A função de uma estrutura neural pode ser derivada das propriedades de seus elementos (células neurais ou neurônios) e suas conexões. Assim, acumulando informação suficiente sobre a estrutura do sistema nervoso central (encéfalo e medula espinal), podemos determinar sua função. Essa abordagem é comumente chamada *reducionismo*, pois tenta reduzir a função de um sistema complexo às propriedades de seus elementos. Às vezes, a pomposa expressão "*determinismo ascendente*" é usada para definir essa abordagem.

2. A função de um sistema complexo não pode ser entendida por meio de sua estrutura e das propriedades de seus elementos. Compreender um sistema complexo requer um conjunto especial de noções que não podem ser elaboradas simplesmente com base nos elementos do sistema e suas conexões. Não importa quantas informações sejam obtidos sobre os elementos de um sistema complexo; não é possível entender a função do sistema a menos que se esqueçam seus elementos, pelo menos temporariamente, e se olhe para o sistema como um todo. Essa abordagem é chamada de *abordagem de sistema complexo*, e meu coração pertence a ela.

Nikolai Bernstein, grande neurofisiologista russo que estudou o controle dos movimentos, gostava de contar histórias engraçadas. Uma delas foi sobre o primo de Deus (ver Latash, 1997, p. 206):

> Você provavelmente não sabe que Deus tem um primo que nunca foi muito famoso. Assim, o primo pediu a Deus para ajudá-lo a alcançar fama e glória na ciência. Para agradar o primo, Deus deu-lhe capacidade para obter quaisquer informações sobre sistemas físicos num piscar de olhos e viajar a qualquer lugar num microssegundo. Primeiro, o primo decidiu checar se havia vida em outros planetas. Sem problemas, viajou a todos os planetas simultaneamente e obteve uma resposta. Então decidiu descobrir quais eram as bases da matéria. Mais uma vez, isso foi fácil: ele se tornou extremamente pequeno, entrou nas partículas elementares, olhou ao redor e teve uma resposta. Em seguida, ele decidiu aprender como o sistema nervoso central humano controla os movimentos. Ele adquiriu informações sobre todos os neurônios e suas conexões, sentou-se em sua escrivaninha e olhou para o projeto. Se a história estiver certa, ele ainda está sentado lá, olhando para o mapa das conexões neuronais.

Ao aceitarmos a ideia de que um sistema complexo deve ser estudado por outro método que não o de acumular informações sobre seus elementos, torna-se necessário descobrir as propriedades gerais do sistema complexo e adotar uma linguagem significante (conjunto de noções). Existem sistemas de complexidades aparentemente diferentes que têm o mesmo conjunto de noções. Por exemplo, nosso sistema planetário consiste de zilhões de átomos. Contudo, o modelo planetário de Bohr para apenas um átomo é qualitativamente similar ao sistema planetário solar (figura 1.1). O comportamento de uma rocha pesada imóvel pode ser muito mais simples e previsível que o de um elétron numa das órbitas atômicas dentro da rocha. Isso significa que *um sistema complexo não necessariamente exige uma descrição complicada de seu comportamento*. A maioria dos objetos que nos rodeiam pode ser descrita com menos parâmetros e com leis mais simples que as utilizadas para descrever um núcleo atômico. *Essa simplicidade da descrição é a vantagem mais importante da abordagem do sistema complexo.*

Dito isso, vamos dedicar tempo a aprender sobre os elementos do sistema nervoso central, o que é útil, mas insuficiente para compreender como os seres humanos controlam seus movimentos.

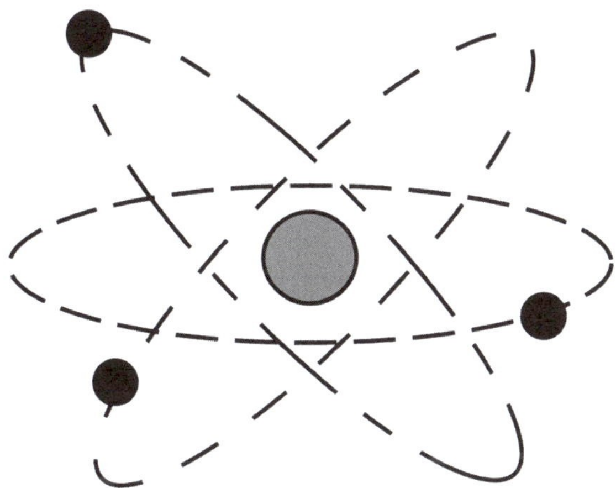

Figura 1.1 O modelo planetário de um átomo e a estrutura do Sistema Solar são muito similares. Pode-se considerar o círculo do meio como o Sol ou o núcleo, e os pontos pretos como os planetas ou os elétrons.

Existem várias razões para conhecer esses elementos. Em primeiro lugar, antes de estudar gramática, é preciso estudar o alfabeto. Podemos considerar a neurofisiologia como um alfabeto, uma base para qualquer investigação que envolva o sistema nervoso central. Segundo, estudos neurofisiológicos frequentemente nos levam a medir variáveis como a atividade elétrica do músculo (um eletromiograma), que se relaciona diretamente com o desempenho do movimento (comportamento). Terceiro, índices neurofisiológicos, como um eletroencefalograma (um registro do campo elétrico criado pelos neurônios do encéfalo), refletem o funcionamento de muitos elementos dentro do sistema — ou seja, podem ser considerados índices do comportamento do sistema, mesmo que com cautela, como se verá posteriormente. Em quarto lugar, eventualmente podemos desejar fazer algo diferente de estudar o controle neural dos movimentos humanos. Se sua futura área de interesse abranger alguma função do corpo humano, o conhecimento dos mecanismos neurofisiológicos básicos provavelmente será útil ou mesmo vital para o seu estudo.

Antes de embarcarmos numa longa e tediosa viagem pelos problemas da neurofisiologia básica, vejamos alguns exemplos que vão esclarecer ainda mais a diferença entre reducionismo e abordagem de sistema complexo.

Se quisermos ensinar alguém a dirigir um automóvel, a pior rota possível é a que começa com a física das partículas elementares. Embora qualquer carro seja composto de partículas elementares, suas propriedades globais não podem ser derivadas das propriedades das partículas. Isso significa que temos de dar um salto qualitativo e usar um conjunto diferente de noções (por exemplo, o ângulo de rotação do volante, a pressão sobre os pedais do acelerador e do freio, a ordem de trocar as marchas etc.) para descrever o funcionamento do carro. Basta imaginar um manual de carro que comece com a física das partículas elementares, prossiga com a física molecular e, em seguida, gaste centenas de páginas descrevendo propriedades dos materiais derivadas das interações moleculares. Tal manual pode ser útil em muitos aspectos, mas não para explicar como dirigir e cuidar do carro. Aqui está outro exemplo com carros: se você quiser entender as características básicas do tráfego dentro de uma grande cidade, as propriedades de cada automóvel podem já não importar mais. O tráfego é afetado mais por fatores como condições das estradas, pistas fechadas, sinais de parada e semáforos. Os padrões básicos do tráfego podem ser os mesmos, independentemente de os motoristas preferirem Toyota, Chevrolet ou BMW.

Qual seria a abordagem correta para compreender como funciona um carro? Em primeiro lugar, é necessário perceber que estamos lidando com um *sistema complexo, um sistema cujas propriedades não podem ser derivadas e não devem ser buscadas nas propriedades de seus elementos.* Um sistema é complexo quando é maior que a soma de seus componentes. Não interprete mal a última afirmação: ela não significa que qualquer sistema complexo possa ser construído com qualquer tipo de elemento. Os elementos devem possuir certas propriedades que permitam ao sistema funcionar. Por exemplo, é impossível construir um carro somente com moléculas de oxigênio. Mas mesmo se soubéssemos quais moléculas são usadas para construir o carro e em que proporção são usadas, ainda teríamos informações insuficientes para compreender como o carro funciona. O primeiro passo para estudar um sistema desse tipo é definir um nível apropriado de análise e escolher palavras corretas que descrevam significativamente o seu funcionamento. Caso queira aprender a dirigir e cuidar de um carro, o atalho para descrever o sistema é ler o manual do carro ou consultar um mecânico. Se, contudo, essas soluções forem inacessíveis, precisaremos inventar uma linguagem correta com base na intuição, nos conhecimentos básicos e no bom senso.

Tudo isso é intuitivamente claro, e você pode se perguntar por que estou perdendo tempo com coisas triviais. É porque elas são triviais apenas no que diz respeito aos sistemas relativamente simples que encontramos todos os dias (carros, aparelhos de cozinha e mesmo computadores). Os estudos de sistemas mais complexos que não são projetados por seres humanos com frequência seguem uma rota reducionista, usando os métodos disponíveis para explicar seus elementos e interações sem mesmo dar o *primeiro passo absolutamente vital, que é desenvolver uma linguagem adequada para o sistema como um todo* (Gelfand, 1991; Gelfand e Latash, 2002).

Tradicionalmente, funções complexas do corpo humano, incluindo, a função motora, são descritas, a princípio, com base nos elementos do sistema e, em seguida, com base em seus diferentes níveis, numa tentativa de se obter o nível mais simples da função. Esse tipo de descrição é como um quebra-cabeça de milhões de peças, o qual, uma vez resolvido, supõe-se resultar numa imagem completa. A tampa da caixa que mostra a imagem completa foi perdida, e assim o jogador é forçado a manipular as peças, sem nenhuma maneira de saber se devem compor *La Gioconda* (Mona Lisa) ou a Abadia de Westminster, na esperança fútil de que, de alguma forma, elas se ajustem e a solução surja por si só. Não há nenhuma chance de sucesso, a menos que a pessoa possa intuir qual é a imagem e proceder de acordo com esse modelo teórico. Tentar encaixar as peças apenas com base em suas propriedades (por exemplo, a forma) dificilmente dará certo, porque cada peça pode ser ligada a milhões de outras. A situação dentro de qualquer sistema que envolva processamento de sinal pelo sistema nervoso central é ainda mais complicada que essa analogia do quebra-cabeça, porque as propriedades de qualquer neurônio (a maneira como ele processa a entrada da informação e gera sinais de saída) podem mudar de acordo com diversos fatores, incluindo a atividade de seus vizinhos. Imagine que peças do seu quebra-cabeça hipotético mudem de formato enquanto você tenta encaixar umas às outras!

PROBLEMA # 1.1

- Você pode pensar em outros exemplos de sistemas complexos e seus elementos presentes no dia a dia?

Durante este curso, vamos estudar a estrutura e a função de elementos diferentes dentro do sistema nervoso, tendo em mente as limitações da abordagem reducionista. Após aprender o básico, vamos imaginar como os diferentes elementos podem interagir para dar origem a uma função. Contudo, essas tentativas provavelmente só vão sugerir como o sistema poderia funcionar, em vez de dizerem como ele realmente funciona. Veremos que conhecer a estrutura e as propriedades básicas dos elementos apenas impõe frágeis limitações sobre a imaginação, de modo que normalmente muitas soluções continuam a ser possíveis. Agora iniciaremos nosso estudo do sistema nervoso central, começando com a membrana biológica.

1.2 A membrana biológica

Uma das maiores conquistas da evolução é a *membrana celular* (figura 1.2; veja Bernstein, 1996). A membrana isola informações dentro da célula, separando-as do mundo exterior e, assim, permitindo seu armazenamento. A membrana também protege o conteúdo da célula e define seus limites, tornando a célula uma unidade separada do ambiente. Se a membrana fosse absolutamente impermeável, a célula não seria capaz de interagir com o mundo para extrair as informações e substâncias necessárias (por exemplo, os nutrientes), e, portanto, a célula seria uma estrutura alienígena ao invés de uma parte do ambiente. Se a membrana fosse permeável a tudo, sua função seria completamente perdida. Assim, uma das funções cruciais da membrana celular é sua *permeabilidade parcial*, que permite a troca de informações com o ambiente, protegendo o conteúdo da célula.

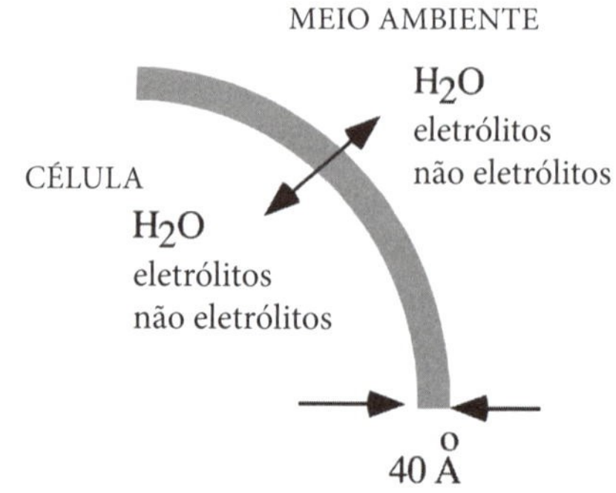

Figura 1.2 A membrana celular é uma estrutura sofisticada, permeável a algumas substâncias e não a outras. Sua permeabilidade seletiva a torna uma estrutura única, que permite à célula interagir com o ambiente, embora separada dele.

A circulação de substâncias através da membrana é um tema central de uma área da biologia chamada *fisiologia de membrana*. As membranas são geralmente muito finas, com cerca de 40 Å ou 4 nm (4×10^{-9} m) de espessura, mas controlam o movimento de substâncias de forma muito mais eficaz que células cujo volume é relativamente grande. Existem três grupos principais de substâncias que podem passar através da membrana e cujas propriedades consideraremos:

1. **Solventes**. O solvente mais comum é a água; contudo, algumas substâncias são solúveis em lipídios, e essa propriedade permite-lhes passar através das membranas celulares mais facilmente porque estas são constituídas sobretudo de moléculas de lipídios.
2. **Eletrólitos**. São íons (fragmentos de moléculas) que têm uma carga elétrica.
3. **Não eletrólitos**. São moléculas ou fragmentos de moléculas que não têm uma carga elétrica líquida. Muitos produtos do metabolismo celular são não eletrólitos.

Os movimentos de eletrólitos desempenharão um papel particularmente importante neste livro, porque criam uma corrente elétrica através da membrana. A maioria das informações urgentes é transmitida dentro do sistema nervoso (bem como dentro de outros sistemas do corpo) com a ajuda da eletricidade. Assim, as correntes elétricas criadas por movimentos de eletrólitos são vitais para a transmissão de informação, que, por sua vez, sustenta o envio de comandos para os músculos e a execução desses comandos pelos mesmos músculos.

1.3 Movimento em solução

A água (H_2O) é um excelente solvente por causa da polaridade de suas moléculas, ou seja, a molécula de água tem cargas locais positivas e negativas que somam até zero. Como resultado, um eletrólito (por exemplo, um sal) se dissocia na água, criando íons. Não eletrólitos que são polares também se dissolvem em água, mas não se fragmentam em íons. Partículas dissolvidas em solvente são chamadas *solutos*.

A água muitas vezes se move por causa de uma diferença de pressão hidrostática; assim, o chamado fluxo de massa, ou *convecção*, é proporcional à diferença de pressão (figura 1.3). O fluxo de massa carrega a água juntamente com todas as partículas dissolvidas nela.

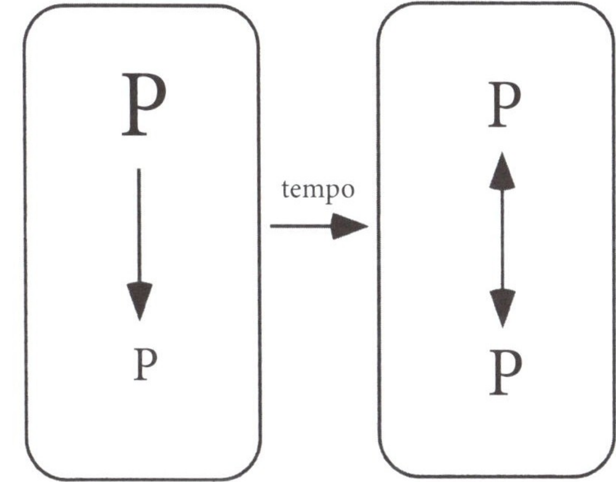

Figura 1.3 Convecção é o deslocamento de um solvente (a água, por exemplo) e seus solutos de uma área de alta pressão para uma de baixa pressão.

As concentrações de partículas na água levam a outro tipo de movimento, chamado *difusão*. Se a concentração de certas partículas diferir entre duas áreas de uma solução, o movimento aleatório de partículas (moléculas ou íons) em sentidos contrários, chamado *movimento browniano*, levará a um movimento líquido da região com uma concentração mais alta para a de concentração inferior (figura 1.4).

Assim, *a difusão altera a concentração de partículas* e diminui as diferenças entre as concentrações das áreas.

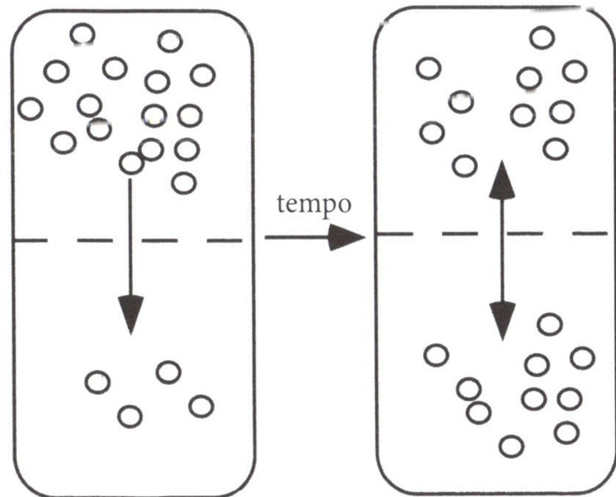

Figura 1.4 Difusão é o movimento de solutos de uma área de alta concentração para uma área de baixa concentração.

Uma alteração relativa na concentração depende de vários fatores, incluindo a diferença real no número de partículas e o volume total de cada região (compartimento). Quanto maior o compartimento, menor a mudança na concentração. Para a discussão da difusão de partículas através da membrana celular, suponha que o espaço extracelular seja muito maior que o intracelular, de modo que qualquer difusão altera a concentração no interior, mas não no exterior da célula. Observe que a difusão leva tempo, especialmente quando ocorre através de grandes distâncias. Assim, o corpo usa outros meios para transportar solutos ao longo de grandes distâncias; em particular, ele usa a convecção com o auxílio do sistema circulatório. A taxa de difusão fora ou dentro de uma célula depende da razão entre superfície e volume (S/V) da célula. Células pequenas têm grandes razões S/V, de modo que a difusão ocorre rapidamente, enquanto células grandes têm baixas razões S/V e a difusão é lenta. Para uma célula esférica,

$$S/V = 4\pi r^2 /(4/3)\pi r^3 = 3/r, \tag{1.1}$$

onde r é o raio da esfera.

Eletrólitos e não eletrólitos movem-se por convecção e difusão. Eletrólitos, contudo, podem também se mover sob a ação de um campo elétrico. Nesse caso, o movimento de eletrólitos obedece à lei de Ohm:

$$I = V/R, \tag{1.2}$$

onde I é a corrente, ou a mudança na carga elétrica ($I = dQ/dt$); V é a voltagem, ou a diferença de potenciais elétricos; e R é um coeficiente denominado *resistência* (figura 1.5).

Convecção, difusão e movimento sob a ação de um campo elétrico ocorrem numa solução independentemente da presença ou ausência de membranas.

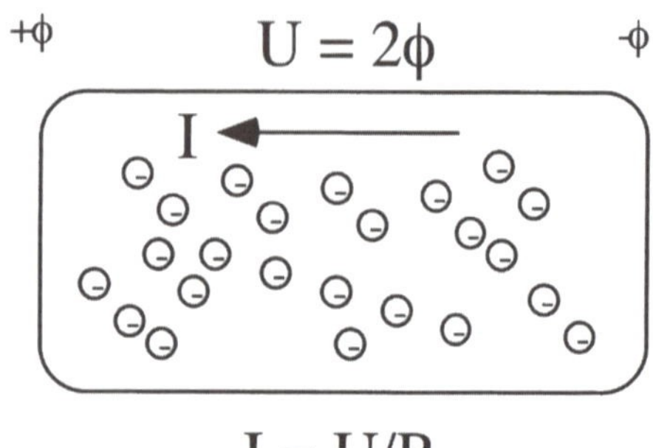

Figura 1.5 Um campo elétrico cria uma diferença de potenciais (*U*), que induz um fluxo de partículas carregadas (uma corrente *I*). A corrente é proporcional à diferença de potenciais. O inverso do coeficiente de proporcionalidade é chamado *resistência*.

Voltemos agora aos movimentos de substâncias através de membranas biológicas. Membranas são formadas por camadas de lipídios impermeáveis à maioria das partículas, mas particularmente resistentes aos íons. Quase todas as substâncias se movem através das membranas por regiões especiais denominadas *canais de membrana*. Nesses canais, macromoléculas especializadas permitem que certas substâncias atravessem a membrana. Por exemplo, canais de sódio usam um polipeptídeo com um enorme peso molecular, de aproximadamente 260.000 Da. A taxa de movimento de uma substância através da membrana depende do gradiente de concentração (como na difusão) e do gradiente de voltagem (se estivermos lidando com íons). Existem substâncias que podem atravessar membranas em quantidades consideráveis sem a ajuda de canais: são os solutos que podem se dissolver em lipídios, dos quais são exemplos os anestésicos e algumas outras drogas.

1.4 Concentração de água: osmose

Para medir a concentração de todas as partículas num volume de solvente, precisamos saber o número total de partículas diferentes nesse volume. Para esse efeito, é útil emprestar uma unidade especial da eletroquímica: o mole. Um mole (mol abreviado) é a quantidade de uma substância cujo peso em gramas é igual ao seu peso molecular. Por exemplo, o hidrogênio molecular (H_2) tem um peso molecular de 2 (1 para cada átomo de hidrogênio). Assim, 1 mol de hidrogênio pesa 2 g. Da mesma forma, 1 mol de oxigênio (O_2) pesa 32 g (16 g para cada átomo), e assim por diante. Observe que 1 mol de qualquer substância química — como um átomo, uma molécula ou um íon — sempre contém $6{,}02 \times 10^{23}$ partículas (número de Avogadro).

A concentração de água é medida como a concentração total de todas as partículas dissolvidas. Assim, a osmolaridade de uma solução com uma substância não dissociante (por exemplo, a sacarose) corresponderá ao número de moléculas dessa substância, e uma solução de 1 mM (milimolar; lembre-se de que *mili* significa *dividido por 10^3*) terá uma osmolaridade de 1mOs (miliosmol). Se a substância se dissociar em água, como faz o sal cloreto de sódio (NaCl), cada molécula dela produzirá pelo menos duas partículas. Uma vez que o NaCl se dissocia em sódio (Na^+) e cloreto (Cl^-), uma solução de 1 mM de NaCl tem uma osmolaridade de 2 mOs. A concentração de uma substância pode mudar mesmo quando sua quantidade permanece a mesma, de modo que, se o volume total da célula muda, a concentração de uma substância pode mudar. Isso pode acontecer, por exemplo, quando você coloca uma célula vermelha do sangue (eritrócito) numa solução que tenha uma concentração de sal mais baixa ou mais alta que a do plasma sanguíneo.

PROBLEMA # 1.2

- O que acontece quando um glóbulo vermelho é colocado nessas soluções? Observe que a superfície da membrana não pode mudar muito.

Uma solução é chamada *isosmótica* se tiver a mesma concentração de soluto que a solução de referência (plasma), *hiposmótica* se tiver uma concentração mais baixa de soluto, e *hiperosmótica* se tiver uma concentração maior de soluto. Esses termos são quase sinônimos dos comumente usados *isotônico, hipotônico* e *hipertônico*.

Osmose é o movimento do solvente (por exemplo, a água), em vez do soluto, através da membrana. A osmose ocorre de modo que se estabeleça o equilíbrio osmótico. Lembre-se de que o movimento de íons e outras partículas através da membrana é tipicamente restrito, enquanto a água pode atravessar livremente.

O equilíbrio osmótico (quando a água para de se mover de um lado da membrana para o outro) é alcançado somente se a osmolaridade da solução num dos lados da membrana se igualar à da solução no outro lado. No estado de equilíbrio osmótico, a concentração de partículas dentro da célula (S_i) é igual à concentração fora da célula (S_o). A concentração (S) é o número de partículas (A) numa região dividido pelo volume (V) dessa região:

$$S = A/V \qquad (1.3)$$

Se retirarmos uma célula de uma solução com uma concentração de partículas S e a colocarmos numa nova solução com uma concentração de partículas S_2, o volume da célula será alterado de modo que o equilíbrio osmótico seja atingido (figura 1.6). Inicialmente,

$S_{i1} = S_{o1}$, e
$A_1 / V_1 = S_{o1}$.

Na nova solução,

$$A_2/V_2 = S_{O2}.$$

Uma simples transformação resulta em

$$V_1/V_2 = A_1S_{o2}/A_2S_{o1} \qquad (1.4)$$

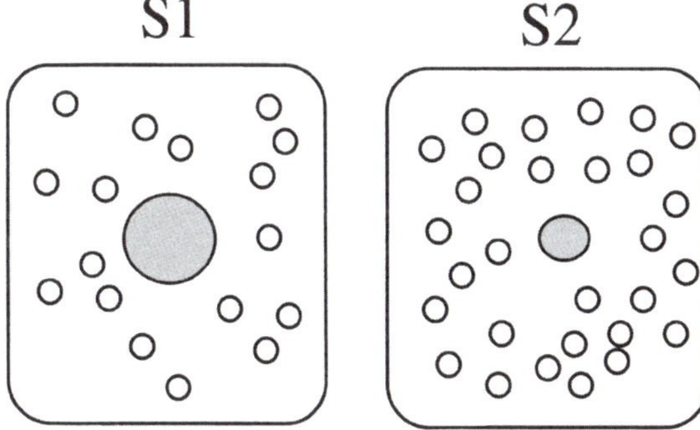

Figura 1.6 Se retirarmos uma célula de uma solução com concentração de partículas S_1 e a colocarmos numa nova solução com concentração de partículas S_2 ($S_2 > S_1$), o volume da célula mudará (redução) até que um novo equilíbrio osmótico seja alcançado.

Assim, para saber como o volume de célula mudará numa nova solução, precisamos conhecer a concentração do soluto fora da célula e a quantidade de soluto dentro da célula.

PROBLEMA # 1.3

- O que aconteceria a uma célula se ela fosse colocada numa solução que contivesse apenas substâncias permeáveis?

1.5 Movimento de íons: A equação de Nernst

Íons se movem por difusão e de acordo com o gradiente de voltagem (figura 1.7). Como mencionado anteriormente, a difusão é impulsionada por uma diferença de concentração. A força química que impulsiona a difusão é chamada *potencial químico* *(Fc)*:

$$F_c = RT\ 1nC, \qquad (1.5)$$

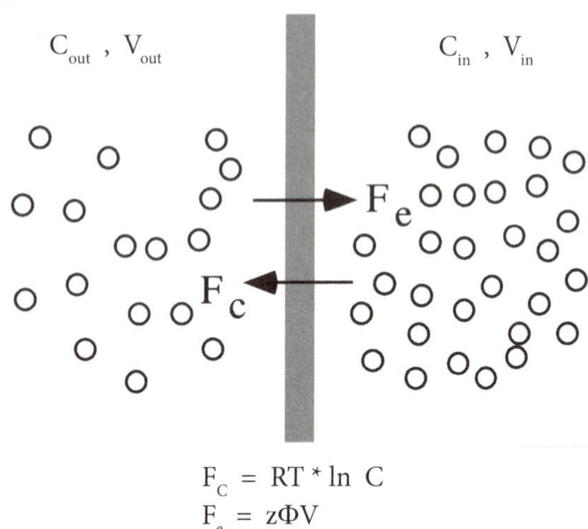

Figura 1.7 Íons se movem sob a influência de duas forças. A primeira está relacionada com o gradiente de concentração (F_c), enquanto a segunda está relacionada com a diferença de potenciais (F_e).

onde R é a constante do gás, T é a temperatura absoluta (em Kelvin) e C é a concentração.

Se existir um campo elétrico externo, a força elétrica (F_e) atuante sobre uma partícula carregada pode ser definida por

$$F_e = z\,\Phi V, \tag{1.6}$$

onde z é a valência (não esqueça que valência pode ser positiva ou negativa), Φ é a constante de Faraday e V é a voltagem. Assim, a *força eletroquímica* total atuante sobre um íon é

$$F = F_c + F_e \tag{1.7}$$

Se um íon estiver em equilíbrio, as forças atuantes sobre as partículas do íon nos dois lados da membrana deverão ser iguais. Essas forças são às vezes chamadas *potenciais eletroquímicos*:

$$RT\,lnC_{out} + z\Phi V_{out} = RT\,lnC_{in} + z\Phi V_{in} \tag{1.8}$$

Com essa equação, podemos calcular o *potencial de equilíbrio* (V_{eq}) dentro da membrana com relação ao potencial fora da membrana ($V_{eq} = V_{in} - V_{out}$). O potencial de equilíbrio é o potencial em que não há nenhum movimento líquido de íons através da membrana:

$$V_{eq} = \frac{RT}{z\Phi}\ ln\ \frac{C_{out}}{C_{in}} \tag{1.9}$$

A equação 1.9 é chamada *equação de Nernst*. Um potencial de equilíbrio, por definição, é um potencial elétrico que induz o movimento de um íon através de uma membrana, que é igual em magnitude e está em direção oposta à do movimento do íon resultante da diferença de concentrações dentro e fora da célula (note que, na figura 1.7, F_c, força devida à diferença de concentrações, e F_e, força devida à diferença de potenciais elétricos, estão agindo em direções opostas). A força elétrica atuante sobre um íon é diretamente proporcional à carga do íon, ou seja, a força é duas vezes tão alta no caso do Ca^{++} quanto é no caso do Na^+ ou K^+ (potássio). No caso do Cl^- comparado ao Na^+, a força elétrica é igual em magnitude, mas atua na direção oposta.

À temperatura corporal, RT/Φ é uma constante, e por isso

$$V_{eq}\,(in\ mV) = \frac{62\ mV}{z}\ \log_{10}\frac{C_{out}}{C_{in}} \tag{1.10}$$

Observe as seguintes propriedades do potencial de equilíbrio:

- É uma medida da taxa de concentração de um íon, que indica a energia disponível para difusão.
- É o potencial em que não há movimento passivo líquido de um íon através de uma membrana.
- É a voltagem real sobre a membrana se apenas uma espécie de íon puder se mover através dela (por exemplo, se existir somente um tipo de canal de membrana, como numa membrana de axônio de lula, que em repouso é permeável apenas ao K^+).

PROBLEMA # 1.4

- Em que direção a corrente elétrica fluirá através de uma membrana se o potencial dentro dela for mais alto que V_{eq}? Resolva este problema para Na^+ e para Cl^-.

A direção da corrente é definida pelo potencial sobre a membrana, enquanto a magnitude da corrente é definida pela lei de Ohm. Assim, por exemplo, a corrente elétrica devida ao movimento de K^+ é

$$I_k = g_k\,(V - V_k), \tag{1.11}$$

onde I é a corrente, g_k é a condutância para K^+, V é a voltagem, e V_k é a voltagem de equilíbrio para K^+. A condutância (g) não é uma constante e pode mudar rapidamente. Além disso, gradientes de concentração não mudam tanto durante eventos breves como o potencial de ação. Assim, praticamente todos os movimentos de íons através da membrana serão definidos pela equação 1.11.

Capítulo 1 em resumo

Sistemas complexos são mais que um aglomerado de elementos e devem ser estudados com conjuntos adequados de noções. Membranas biológicas são estruturas únicas que permitem às células interagir com o ambiente e mesmo assim estar separadas dele. Partículas em soluções podem se mover entre os compartimentos. Diferenças de pressão, diferenças de concentração e campos elétricos influenciam o movimento das partículas na solução. Osmose é o movimento do solvente, em vez do soluto, através da membrana, e ocorre a fim de equilibrar as concentrações de todas as partículas. Potencial de equilíbrio é um potencial sobre a membrana que cria uma força elétrica, agindo sobre partículas carregadas; ele é igual e oposto à força criada pela diferença de concentração das partículas. O potencial de equilíbrio é definido pela equação de Nernst.

2

Potencial de ação

Palavras-chave e tópicos

- potencial de ação
- potencial de membrana
- bomba de sódio e potássio
- limiar de membrana
- lei do tudo ou nada
- hiperpolarização
- despolarização
- período refratário

O potencial de ação é a unidade mais importante de transmissão de informação nos corpos dos animais superiores. Nos animais inferiores, a informação dentro do corpo é transmitida principalmente por difusão e por convecção — ou seja, pelo fluxo de massa dos líquidos que contêm substâncias químicas importantes. Esse mecanismo é chamado *mecanismo humoral*, e sua velocidade é limitada pela taxa de fluxo do líquido causada por diferenças de pressão. Durante a evolução, o surgimento do mecanismo de íon que leva à geração e transmissão do potencial de ação significou um grande aumento na velocidade de processamento e condução da informação, e deu à espécie possuidora dessa inovação uma vantagem significativa na eterna competição pela vida. O mecanismo humoral ainda está presente nos animais superiores, mas todos os processos que exigem tomada de decisão rápida e ação pronta aproveitam o mecanismo eletroquímico, que é muito mais rápido. Algumas propriedades do movimento, limitações e distúrbios estão diretamente ligados à geração e transmissão de potenciais de ação.

2.1 Criação do potencial de membrana

Considere uma membrana que separa um volume em duas metades (figura 2.1). Inicialmente, não há nenhum NaCl à direita da membrana, mas há um pouco à esquerda. Não há nenhuma voltagem através da membrana, porque o número de íons Na^+ à esquerda da membrana é exatamente igual ao número de íons de Cl^-. A difusão começará através da membrana por causa do gradiente de concentração. Contudo, íons diferentes podem se mover a velocidades diferentes. Imagine que, neste caso, Cl^- se move mais rapidamente que Na^+, de modo que, quando as concentrações de íons em ambos os lados forem iguais, existirá um pouco mais de Cl^- à direita e um pouco mais de Na^+ à esquerda. Assim, um potencial elétrico, ou, mais precisamente, uma diferença de potenciais, emergirá através da membrana. O potencial será criado não por todos os íons, mas apenas por uma diminuta fração que não é equilibrada. Por exemplo, o excesso de íons necessário para criar um potencial de 100 mV (um valor típico para potenciais de membrana) é de apenas 10^{-12} M (1 pmol/L) para uma membrana com uma área de 1 cm². Todos os potenciais biológicos são criados por diminutas quantidades de íons desequilibrados. Assim, para uma boa aproximação, podemos sempre considerar que a concentração total de íons positivos numa solução é igual à concentração total de íons negativos.

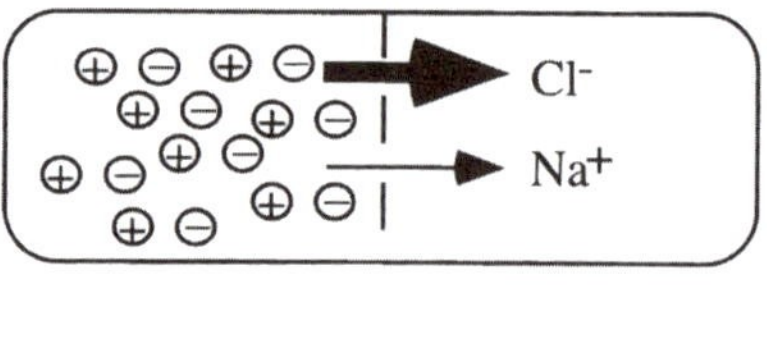

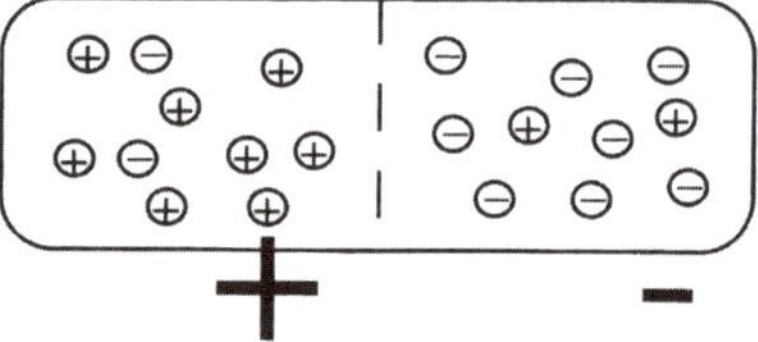

Figura 2.1 Uma membrana está separando duas áreas, uma com e outra sem Na^+ e Cl^-. A difusão desses íons pode ocorrer a velocidades diferentes; como resultado, um novo equilíbrio é atingido com concentrações de íons diferentes à direita e à esquerda. O equilíbrio ocorre quando a força elétrica compensa exatamente a força do gradiente de concentração.

PROBLEMA # 2.1

- Encontre uma afirmação imprecisa no parágrafo anterior.

A membrana também se comporta como um capacitor elétrico (uma estrutura física capaz de armazenar carga elétrica na presença de um campo elétrico externo). Como nos capacitores elétricos, a capacidade da membrana de armazenar carga elétrica depende de sua superfície, mas não do volume da solução. A carga líquida (não equilibrada) (Q) sobre uma membrana é igual à sua capacitância (C) multiplicada pela voltagem (V) através da membrana (figura 2.2):

$$Q = CV. \tag{2.1}$$

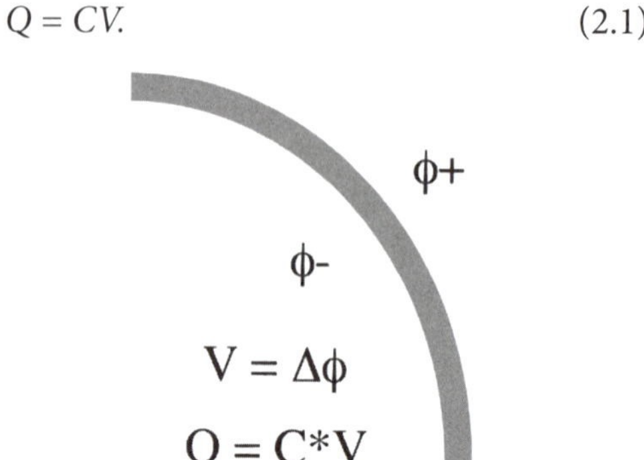

Figura 2.2 Uma membrana pode ser considerada um capacitor. Sua carga *(Q)* é proporcional à diferença de potenciais *(V)* através da membrana vezes um coeficiente chamado capacitância *(C)*.

Essa versão da lei de Coulomb serve também para definir a capacitância como um coeficiente de proporcionalidade entre a diferença de potenciais e a carga armazenada.

Quando a voltagem muda, mudam também as cargas. Por definição, corrente capacitiva é a mudança de carga: $I_c = dQ/dt$. Assim,

$$I_c = C\,(dV/dt). \tag{2.2}$$

A corrente capacitiva é diferente da corrente criada pelo movimento de íons através de uma membrana. A corrente capacitiva é criada por um campo elétrico em transformação e não requer portadores ou canais. Ela pode desempenhar um papel significativo em alguns casos de mudanças pequenas no potencial de membrana.

Sódio (Na^+), potássio (K^+) e cloro (Cl^-) são três íons com papéis especiais nos fenômenos elétricos que ocorrem nos neurônios dos mamíferos. Suas concentrações dentro e fora de uma membrana são um pouco diferentes (figura 2.3). Usando a equação de Nernst, podemos calcular potenciais de equilíbrio para esses íons.

PROBLEMA # 2.2

- Calcule (aproximadamente) os potenciais de equilíbrio para o Na^+, o K^+ e o Cl^-.

A diferença entre as concentrações de íons dentro e fora da membrana é mantida ativamente, o que requer energia. O mecanismo para manter essas concentrações é comumente chamado *bomba de sódio e potássio*. A figura 2.4 mostra esquematicamente como a bomba funciona para receber energia do ATP armazenado na mitocôndria.

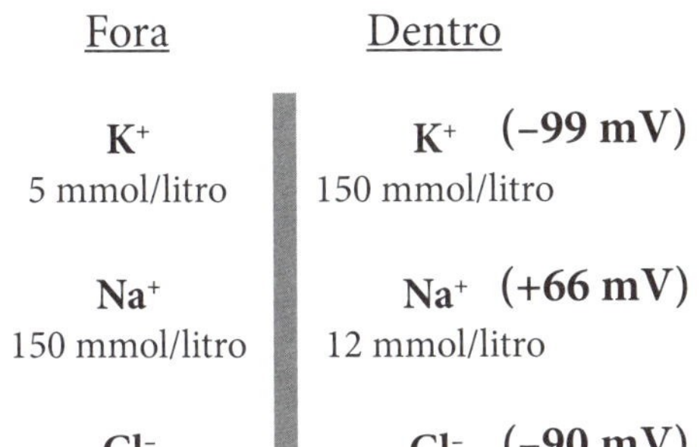

Fora	Dentro
K^+ 5 mmol/litro	K^+ (–99 mV) 150 mmol/litro
Na^+ 150 mmol/litro	Na^+ (+66 mV) 12 mmol/litro
Cl^- 125 mmol/litro	Cl^- (–90 mV) 5 mmol/litro

Figura 2.3 Diferenças entre as concentrações dos três íons mais importantes através da membrana. Os potenciais de equilíbrio para cada íon são mostrados entre parênteses.

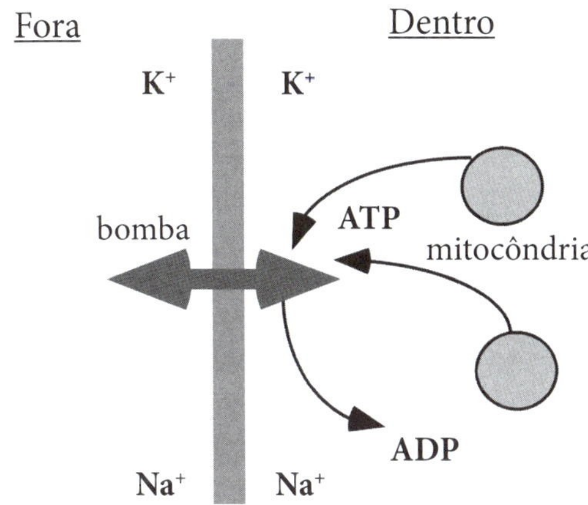

Figura 2.4 Manter os gradientes de concentração iônica através da membrana requer energia, que é obtida por um processo químico que transforma ATP (estocado na mitocôndria) em ADP. O mecanismo que mantém os gradientes de concentração é chamado de bomba de sódio e potássio.

Imaginemos que alguns íons, como o K^+, o Na^+ e o Cl^-, possam atravessar uma membrana pelos mesmos canais e, portanto, travam uma competição. O potencial de membrana será definido de acordo com a equação 1.10:

$$V = 62\text{mV} \cdot \log_{10} \frac{P_K C_{Kout} + P_{Na} C_{Naout} + P_{Cl} C_{Clin}}{P_K C_{Kin} + P_{Na} C_{Nain} + P_{Cl} C_{Clout}}, \tag{2.3}$$

onde P é a permeabilidade da membrana para um íon e C é a concentração de um íon (note os subscritos K, Na e Cl) dentro e fora da célula. A equação 2.3 é a *equação Goldman-Hodgkin-Katz*.

Se os canais forem perfeitamente seletivos, a equação será algo como:

$$V = \frac{g_{Na} E_{Na} + g_K E_K + g_{Cl} E_{Cl}}{g_{Na} + g_K + g_{Cl}}, \tag{2.4}$$

onde g é a condutância e E é o potencial de equilíbrio para um determinado íon. Podemos considerar g como um equivalente do número de canais abertos para um determinado íon. Quanto mais canais abertos, mais o potencial de equilíbrio desse íon contribuirá para o potencial de repouso real sobre a membrana. A equação 2.4 é uma aproximação razoável do potencial de membrana, considerando canais de membrana bastante específicos. Contudo, a equação 2.4 não é aplicável às mudanças rápidas do potencial de membrana, como as que ocorrem por causa do potencial de ação.

PROBLEMA # 2.3

- Por que a equação 2.4 é inadequada para mudanças rápidas do potencial de membrana? O que ela não leva em conta? Na equação 2.3, por que existem variáveis do Cl^- diferentes daquelas do K^+ e Na^+?

O potencial de repouso real (ou equilíbrio) da membrana depende dos valores de condutância (g) e do potencial de equilíbrio para os diferentes íons. Os potenciais de repouso da membrana podem variar substancialmente em neurônios diferentes e também podem mostrar alterações dentro do ciclo sono-vigília (Hirsch, Fourment e Marc, 1983). Para simplificar, assumimos que o potencial de repouso é igual a -70 mV e é definido principalmente pela condutância superior dos íons Cl^-, em comparação com a condutância dos íons K^+ ou Na^+.

2.2 Características básicas do potencial de ação

A palavra *potencial* tem vários significados. Nesta seção, discutiremos uma função de tempo da voltagem transmembrana que é chamada *potencial de ação*. Não confunda isso com potencial de membrana, que descreve o estado da membrana num determinado instante.

Uma das características mais interessantes do potencial de ação é sua natureza de limiar. Imagine que um estimulador elétrico seja colocado numa membrana, aplicando pulsos curtos de corrente elétrica (figura 2.5). Aos valores baixos da corrente estimulante, a membrana responderá com uma pequena alteração em seu potencial e, em seguida, rapidamente retornará ao seu equilíbrio (ou repouso).

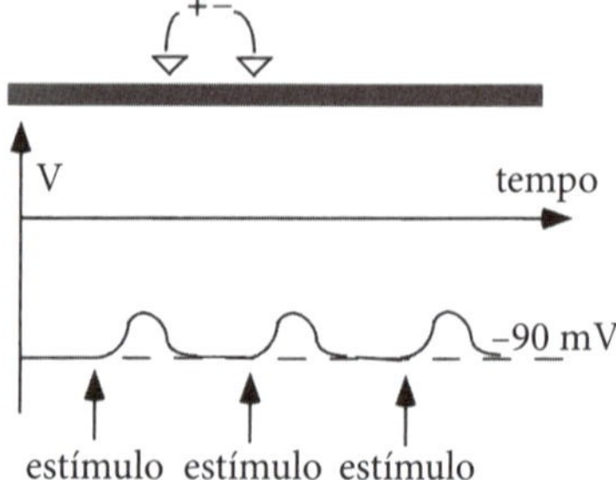

Figura 2.5 Se você submeter uma membrana a estímulos elétricos relativamente pequenos, seu potencial de repouso mudará em resposta a cada estímulo e, em seguida, retornará ao seu valor de repouso.

O estímulo certamente vai se propagar, porque um campo elétrico se espalha, mas não se propagará muito porque o campo elétrico cai rapidamente com o aumento da distância da fonte de estimulação. O desvio máximo do potencial de membrana de seu valor de repouso será visto no local da estimulação.

Se aumentarmos gradualmente a corrente, o desvio do potencial de membrana também aumentará (figura 2.6), e quando o estímulo alcançar certo valor, um milagre acontecerá: a membrana responderá com uma mudança de potencial desproporcionalmente grande. O valor do potencial de membrana em que essa mudança qualitativa ocorre é denominado *limiar de membrana* ou *limiar de estimulação*. Surpreendentemente, se continuarmos a aumentar a intensidade do estímulo, nenhuma outra alteração ocorrerá. A membrana reagirá exatamente com o mesmo potencial de ação. Essa característica do potencial de ação — ser ou definitivamente não ser de valor padrão, sem qualquer comportamento intermediário — é denominada *lei do tudo ou nada*.

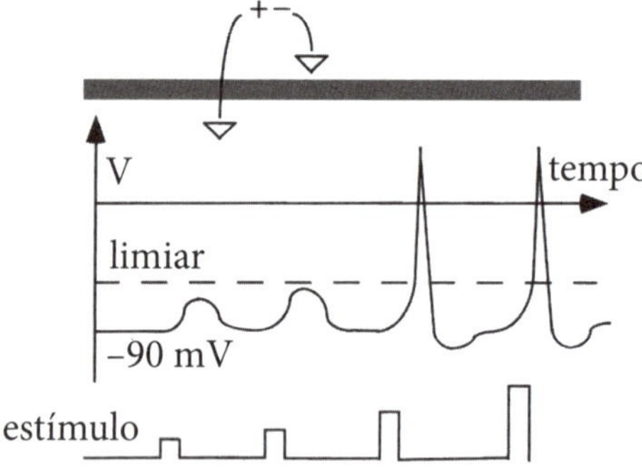

Figura 2.6 Aumentar a corrente de estímulos (começando com valores baixos) aumentará gradualmente o desvio do potencial de membrana de seu nível de repouso. Em algum valor do estímulo, um potencial de ação será gerado. Qualquer aumento adicional na força da corrente de estímulos não mudará a resposta da membrana.

PROBLEMA # 2.4

- Cite exemplos cotidianos da lei do tudo ou nada.

Lembre-se que estamos falando do potencial transmembrana, que é a diferença entre o potencial dentro da membrana e o potencial fora dela. Se colocarmos dois eletrodos de medição fora da membrana, poderá ser registrada uma diferença de potencial entre os eletrodos, mas não através da membrana. Potenciais medidos com registro extracelular são tipicamente muito menores (por um fator de mil!) que a amplitude do potencial de ação. Da mesma forma, se uma membrana for estimulada por um par de eletrodos extracelulares, correntes grandes são necessárias porque a solução extracelular e a membrana protegem o interior da célula de correntes aplicadas externamente. É preciso ter isso em mente para fazer os projetos de acompanhamento de laboratório.

Vamos realizar um experimento mental em que inserimos um eletrodo estimulante muito fino em uma célula, sem violar a integridade de sua membrana (figura 2.7). Se aplicarmos uma corrente que torne a voltagem da célula mais negativa, a alteração observada no potencial de membrana é chamada *hiperpolarização*. Já uma corrente no sentido oposto induzirá uma mudança no potencial transmembrana chamada *despolarização*. Tanto a hiperpolarização quanto a despolarização se espalham eletrotonicamente, ou seja, afetam áreas vizinhas da membrana devido às propriedades elétricas dela, rapidamente se tornando menores e desaparecendo.

Agora voltemos ao mecanismo que gera potencial de ação.

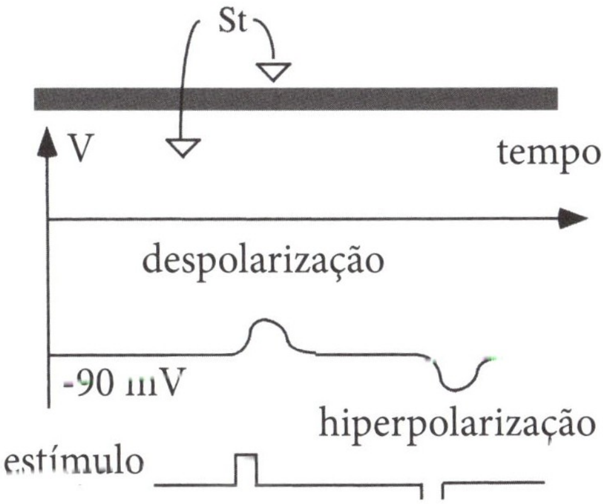

Figura 2.7 Um fino eletrodo é inserido na célula sem romper a membrana. Agora podemos aplicar corrente elétrica para alterar o potencial de repouso da membrana.

2.3 Geração do potencial de ação

Em primeiro lugar, é importante perceber que o aparecimento do potencial de ação por causa da permeabilidade da membrana para certos íons depende do potencial de membrana.

Vamos considerar um caso (figura 2.8) em que existe somente um tipo de íon que pode se mover através de canais especiais numa membrana. Cada canal está sendo vigiado por um demônio que às vezes cai no sono. A probabilidade de um demônio adormecer depende do potencial de membrana; e assim, quando ele está em repouso, todos os demônios acordam e não permitem que os íons atravessem a membrana. Podemos aplicar pulsos curtos de estimulação que alteram o potencial de membrana. Um pulso despolarizante leva alguns dos demônios a dormir, de modo que alguns íons podem atravessar a membrana. Quanto mais demônios caírem no sono, maior será a corrente criada pelos íons. Observe, contudo, que *a própria corrente mudará o potencial de membrana.*

Agora, temos duas grandes possibilidades:

1. A corrente hiperpolariza a membrana e acorda alguns dos demônios, que rapidamente fecham os portões, restabelecendo dessa forma o potencial de repouso.

2. A corrente despolariza mais a membrana — ou seja, trabalha na mesma direção que o estímulo — e coloca mais demônios para dormir, abrindo mais canais. Desse modo, aumenta a corrente, levando mais demônios a dormir, e assim por diante.

O processo descrito no segundo cenário é chamado *retroalimentação positiva* (figura 2.9), enquanto a primeira possibilidade é a *retroalimentação negativa*.

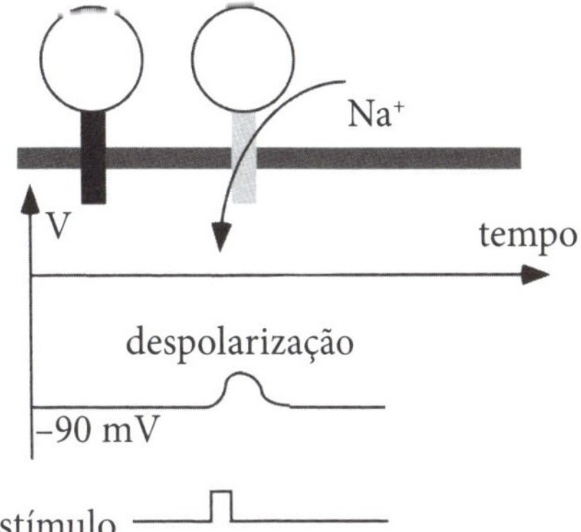

Figura 2.8 Um demônio está guardando cada canal de membrana para Na^+. A despolarização da membrana faz alguns demônios dormirem, de modo que seus canais ficam abertos. Íons de sódio atravessam a membrana e aumentam a despolarização, colocando mais demônios para dormir.

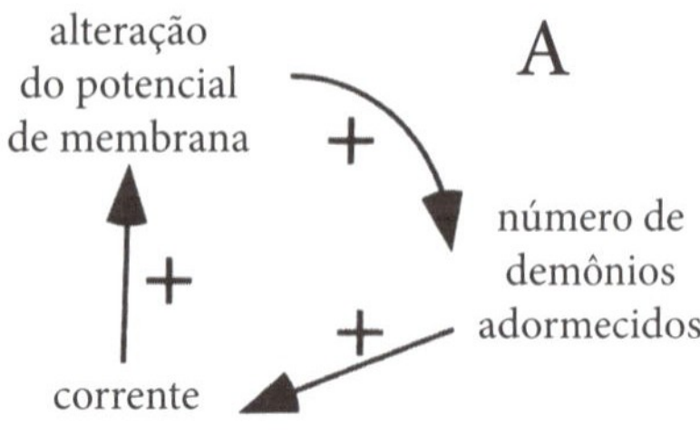

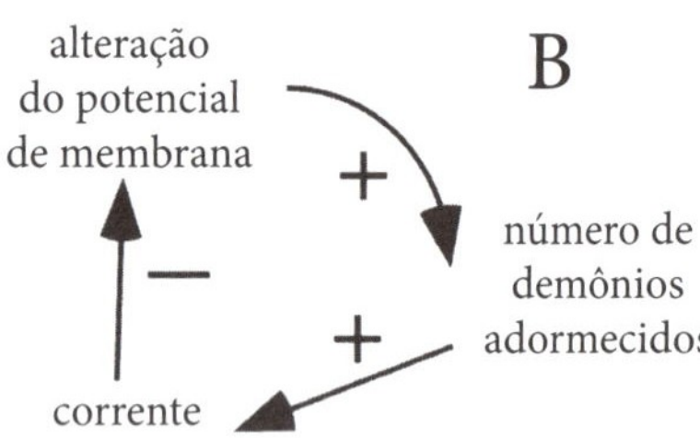

Figura 2.9 A retroalimentação positiva (*A*) leva a uma rápida amplificação do efeito, enquanto a retroalimentação negativa (*B*) rapidamente restaura o estado original.

Aparentemente, sistemas com retroalimentação positiva podem gerar grandes sinais com muita rapidez, enquanto sistemas com retroalimentação negativa tendem a levar qualquer sinal perturbador de volta ao zero.

Um mecanismo muito semelhante ao nosso exemplo dá origem ao comportamento tudo ou nada assumido pela membrana quando ela é excitada ao limiar. A despolarização reforça a permeabilidade da membrana a um determinado íon, e a maior permeabilidade induz uma corrente de membrana que aumenta a despolarização.

Pode-se usar a técnica do grampeamento (*clamp*) de voltagem para estudar os mecanismos envolvidos na geração do potencial de ação. Essa técnica mantém o potencial de membrana em um nível constante com a ajuda de eletrônicos externos que adicionam ou removem cargas da membrana (como um termostato, que mantém a temperatura ambiente constante ao adicionar ou remover calor). Essas condições não permitem ao mecanismo de retroalimentação positiva gerar um potencial de ação, mas permitem ao pesquisador estudar a dependência da condutância nos canais iônicos especializados em relação ao potencial de membrana.

A figura 2.10 mostra a dependência da condutância de sódio (g_{Na}) em relação à voltagem depois que uma etapa de voltagem despolarizante é aplicada à membrana. Observe que g_{Na} desativa-se espontaneamente — desce a seu valor original, muito baixo, sem um estímulo externo adicional óbvio, mesmo quando a voltagem de membrana é mantida constante (como é mostrado pela linha "estímulo" na figura 2.10). Com voltagens de estimulação mais altas, g_{Na} atinge valores de pico muito mais altos e mais rapidamente, e também cai em menos tempo.

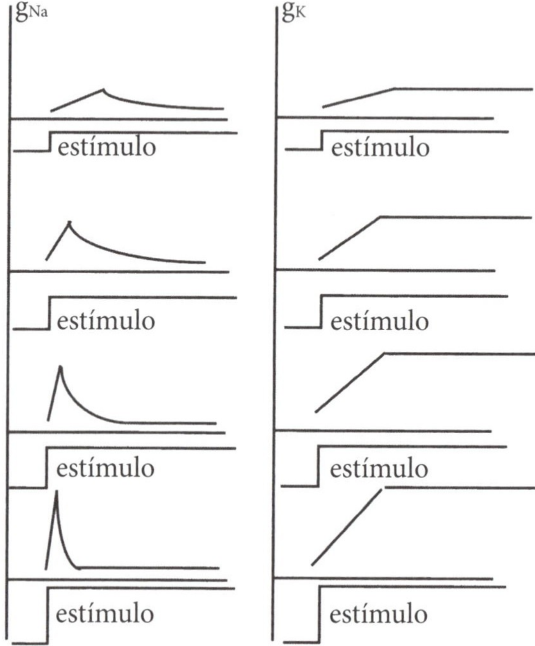

Figura 2.10 Uma despolarização constante é aplicada à membrana. A condutância ao sódio (g_{Na}) liga e desliga, enquanto a condutância ao potássio (g_K) muda lentamente e permanece num novo nível. Estímulos mais altos conduzem a valores mais altos de g_{Na}, alcançados em períodos mais curtos.

O tempo que g_{Na} leva para atingir o valor de pico é mais curto para estímulos maiores, enquanto o tempo necessário para a condutância ao potássio (g_K) é quase inalterado. Quando a condutância tanto ao Na^+ quanto ao K^+ é aumentada, todos os canais são abertos, a bomba de sódio e potássio fica funcionalmente desabilitada e alterações do potencial de membrana são a princípio definidas pelo movimento de íons através dos canais abertos. Se a voltagem for desativada e ao potencial de membrana for permitido retornar ao seu valor de repouso, g_{Na} cai para perto de zero, isso se não atingir o próprio zero.

Após um desvio espontâneo, g_{Na} não pode aumentar de imediato, mesmo se aplicarmos uma voltagem muito forte (figura 2.11), porque precisa de algum tempo para se recuperar. Esse importante fenômeno é chamado *inativação*. Quando a condutância não pode ser aumentada por qualquer voltagem externa, diz-se que a membrana está num *período refratário absoluto*. Quando se pode aumentar a condutância, mas é necessária uma voltagem maior que a habitual para fazê-lo, a membrana está num *período refratário relativo*. Os períodos refratários poderão ser vistos nos estudos fisiológicos a serem feitos durante os laboratórios de acompanhamento.

Portanto, canais de membrana podem se fechar em resposta a uma mudança do potencial de membrana ou quando ficam desgastados e exigem algum tempo para se recuperar.

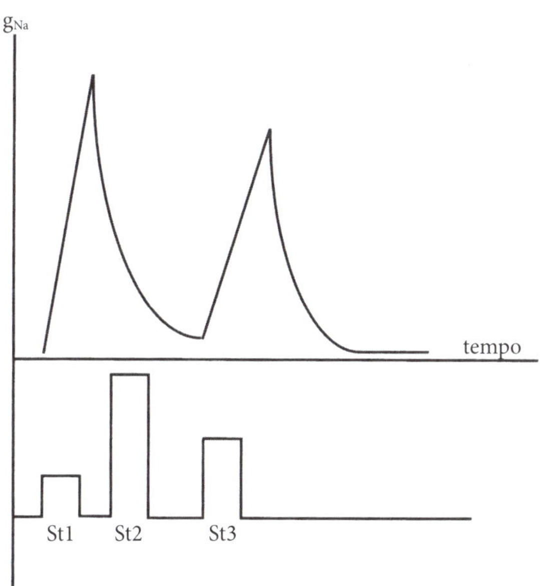

Figura 2.11 Após um estímulo (St_1) aumentar g_{Na}, outro estímulo se torna menos capaz de ativá-lo. Por um curto período de tempo, essa inativação é absoluta (período refratário absoluto), e g_{Na} não responderá nem mesmo a um estímulo muito forte (St_2). Então, um estímulo mais forte que o habitual pode ativar g_{Na} (St_3, período refratário relativo).

No primeiro caso, é possível abrir os canais com um estímulo despolarizante externo. No segundo, o único método disponível é esperar.

A figura 2.10 também mostra a dependência de g_K em relação ao potencial de membrana. Observe que g_K aumenta com a despolarização, mas não se desativa espontaneamente. Ele desce ao seu valor original somente quando o potencial de membrana retorna ao repouso. Isso significa que não há nenhuma inativação ou período refratário para canais de potássio. Observe também que g_K aumenta mais lentamente que g_{Na}, o que significa que, no início do processo de despolarização da membrana, os canais de sódio abertos desempenham um papel maior.

Como pode ser visto na figura 2.10, tanto g_{Na} quanto g_K se comportam sem problemas com voltagem de membrana — ou seja, não apresentam nenhum efeito de limiar. Para entender os mecanismos que deram origem ao potencial de ação tudo ou nada, precisamos remover o grampeamento de voltagem e permitir que o potencial mude.

Abrir os canais para Na^+ ou para K^+ leva o potencial de membrana a consequências diferentes por causa da diferença de concentração de Na^+ e K^+ dentro e fora da célula. Um aumento de g_K, talvez induzido por um pulso despolarizante curto, leva a um fluxo de K^+ na célula. A perda de íons positivos derruba o potencial de membrana (lembre-se de que o potencial de membrana é medido no interior da célula com relação ao exterior), ou seja, diminui a despolarização ou leva à hiperpolarização. Isso, por sua vez, causa uma queda de g_K. Dessa forma aqui temos um sistema com retroalimentação negativa que rapidamente restaurará o potencial de repouso original. Um aumento de g_{Na}, contudo, levará a um influxo de Na^+ e a mais despolarização. Aqui temos um sistema com retroalimentação positiva, que, como é sabido, adora comportar-se com violência. Os diferentes graus de dependência de g_{Na} e g_K em relação ao potencial de membrana, juntamente com a propriedade dos canais de sódio de se inativar, leva à geração do potencial de ação.

Lembre-se de que, para um íon, a direção do fluxo depende do seu potencial de equilíbrio, de modo que a diferença entre o potencial de membrana real e o potencial de equilíbrio do íon define a direção em que o íon fluirá. No entanto, um íon com uma permeabilidade maior (ao contrário dos íons com permeabilidade menor) desempenha um papel mais importante na definição do potencial de membrana global. Isso significa que alterações em g_{Na} e g_K podem levar a mudanças no potencial de membrana de repouso.

A figura 2.12 é um diagrama que mostra as alterações de g_{Na} e g_K em diferentes fases do potencial de ação. A sequência de eventos é a seguinte:

1. A despolarização inicial (criada por um estímulo externo) aumenta g_{Na}, e o potencial de membrana tenta alcançar o potencial de equilíbrio Na^+ .

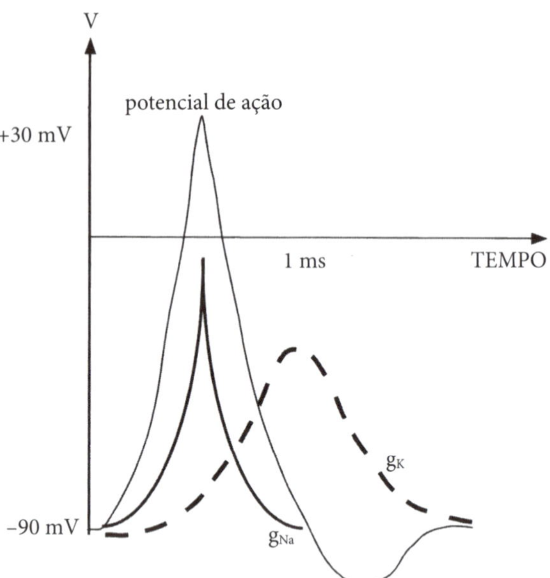

Figura 2.12 Mudanças em condutância ao sódio (g_{Na}) e ao potássio (g_K) durante um potencial de ação. O pico do potencial de ação é positivo. Depois o potencial de ação permanece hiperpolarizado por algum tempo

2. Após um breve intervalo, g_K aumenta e atrai o potencial de membrana ao seu potencial de equilíbrio, repolarizando a membrana.

3. Depois de um período bastante longo de hiperpolarização (cauda de potencial), o potencial de membrana retorna ao seu valor de repouso.

PROBLEMA # 2.5

- Por que o potencial de membrana cai abaixo de seu nível de repouso? Você consegue imaginar uma situação em que o pós-potencial seja mais alto que o potencial de repouso?

Capítulo 2 em resumo

Potencial de ação é a unidade de transmissão de informação dentro dos corpos dos animais superiores. Potencial de membrana é aquele criado por um pequeno número desequilibrado de íons. O movimento dos íons através da membrana ocorre em locais especiais, chamados *canais iônicos*. A bomba de sódio e potássio, um mecanismo molecular ativo, mantém a diferença de concentração de íons Na^+ e K^+ através da membrana. A dependência da condutância em relação ao sódio no potencial de membrana gera um potencial de ação quando a despolarização da membrana atinge seu limiar. Depois do potencial de ação, a membrana permanece num breve estado de insensibilidade, em decorrência da inativação de seus canais de sódio.

3

Transmissão de informações

Palavras-chave e tópicos

- condução do potencial de ação
- neurônio
- axônios mielinizados
- transmissão de informações no sistema nervoso central
- sinapse
- transmissão sináptica
- neurotransmissores
- correntes de entrada persistentes
- somação temporal e espacial

O potencial de ação é provavelmente o processo mais importante no corpo humano, porque é usado para transmitir informações ao longo de consideráveis distâncias no âmbito do sistema neuromuscular. Sua característica fundamental é a propagação: um potencial de ação nunca permanece num lugar, sempre viaja ao longo do nervo ou das fibras musculares.

Uma das principais características da propagação do potencial de ação é sua velocidade. Como o potencial de ação é um processo, uma função de tempo para medir sua velocidade requer um ponto bem definido sobre a curva do potencial de ação, como o instante de seu pico, e o intervalo de tempo entre o momento em que esse ponto ocorre num local (T_1) e o momento em que ocorre em outro (T_2): $\Delta T = T_2 - T_1$. Se uma fibra neural for estimulada (discutiremos mais tarde o que isso significa e como pode ser feito) num certo ponto, um potencial de ação pode surgir nele. O potencial de membrana registrado mais abaixo da fibra nervosa mostrará uma função de tempo semelhante, em que um potencial de ação similar surgirá atrasado (figura 3.1). Se a distância entre os dois pontos (ΔS) for conhecida, a velocidade média de transmissão (V) pode ser calculada como

$$V = \Delta S/\Delta T. \tag{3.1}$$

PROBLEMA #3.1

- Se uma simulação for feita no meio de uma fibra neural, em que direção o potencial de ação se propagará?

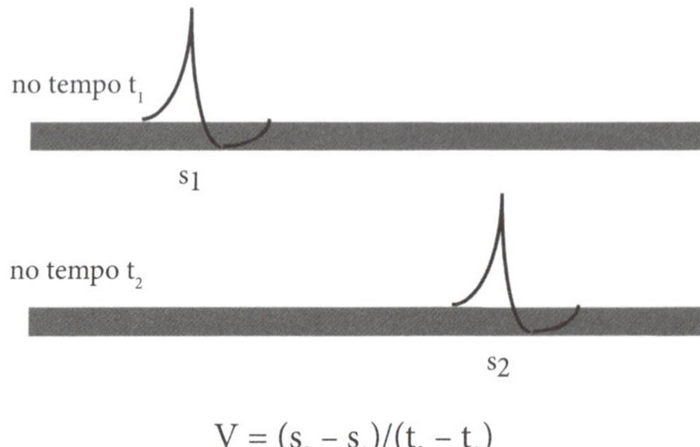

Figura 3.1 O potencial de ação viaja ao longo da fibra neural. Para calcular a velocidade de sua propagação (V), devemos registrar o potencial de ação em diferentes locais.

3.1 Condução do potencial de ação

Quando um potencial de ação ocorre num certo segmento de uma membrana celular, ele ativa circuitos locais de corrente que fluem largamente para os segmentos vizinhos de acordo com a lei de Ohm, sem qualquer ajuda de bombas, canais e outros mecanismos sofisticados. A carga vaza através da capacitância de membrana, conforme a equação 2.2 (capítulo 2).

A figura 3.2 mostra esquematicamente um sistema elétrico, simulando uma membrana e as correntes que fluem dentro desse sistema. As correntes locais despolarizam a membrana, e, se a despolarização for forte o suficiente, outro potencial de ação pode surgir. Estritamente falando, o potencial de ação não viaja ao longo da membrana de uma fibra neural; em vez disso, surge e desaparece em pontos diferentes, dando origem a novos potenciais. Porém, como todos os potenciais são parecidos (lei do tudo ou nada), parece que um único potencial está viajando ao longo da fibra.

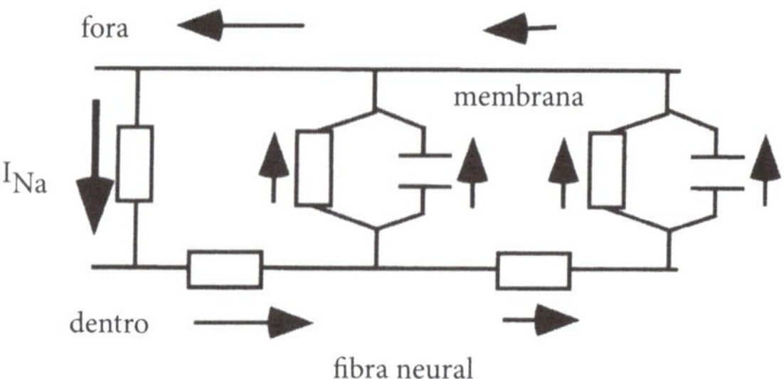

Figura 3.2 Esquema elétrico de uma membrana, com setas mostrando a direção das correntes locais.

Dois fatores são fundamentais para a propagação do potencial de ação:

1. a inativação dos canais de sódio logo após um potencial de ação, que provoca um período refratário absoluto dentro de uma área da membrana; e
2. as diferentes densidades dos canais de sódio em diferentes seções da membrana.

O primeiro fator impede um potencial de ação de ter efeito contrário ao esperado durante sua propagação natural ao longo de uma fibra. Dessa forma, se um potencial de ação aparecer no ponto 1 da figura 3.3, no tempo t_1 e então desaparecer, dando origem a um potencial de ação no ponto

2, no tempo t_2, a membrana não poderá ser excitada no ponto 1 por correntes locais criadas pelo segundo potencial de ação. Assim, o segundo potencial de ação no ponto 2 pode excitar a membrana no ponto 3, mas não volta ao ponto 1.

PROBLEMA # 3.2

- Sem o mecanismo de inativação do sódio, o que aconteceria se um único e forte estímulo fosse aplicado à membrana de uma fibra neural longa?

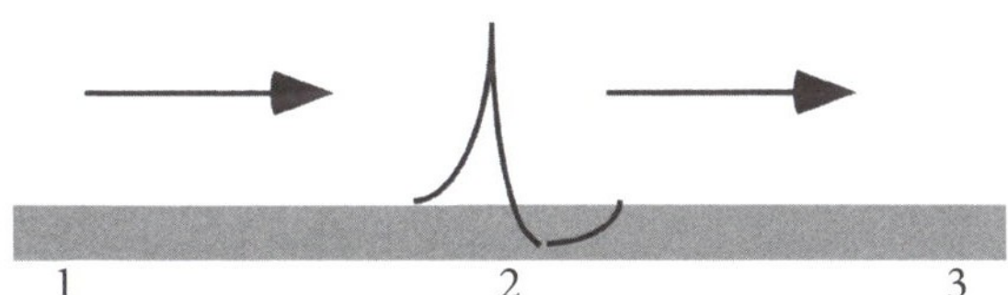

Figura 3.3 A inativação dos canais de sódio não permite que um potencial de ação tenha efeito contrário ao esperado. Se um potencial de ação se mover para o ponto 2 a partir do ponto 1, não poderá voltar ao ponto 1, pois viaja só para a frente, em direção ao ponto 3.

O segundo fator torna certas áreas da membrana mais facilmente excitáveis. Essas áreas são, por conseguinte, favoráveis para a geração de um potencial de ação.

A geração de um único potencial de ação é breve, mas leva tempo se comparada a correntes locais, que se espalham quase instantaneamente. Vamos considerar duas fibras neurais. Um potencial de ação acabou de emergir em ambas no ponto *A* da figura 3.4. As correntes locais geradas pelo potencial de ação se espalharam no tecido circundante e diminuíram muito rapidamente com a crescente distância do ponto *A*. Como a corrente se espalha com mais facilidade (e, portanto, diminui em distâncias maiores) em fibras grossas do que em fibras finas, o próximo potencial de ação será gerado no ponto *B* na fibra 1 e no ponto *C* na fibra 2. O potencial levará o mesmo tempo para saltar de *A* para *B* na fibra 1 e de *A* para *C* na fibra 2. Assim, podemos concluir que fibras grossas conduzem potenciais de ação a velocidades mais altas.

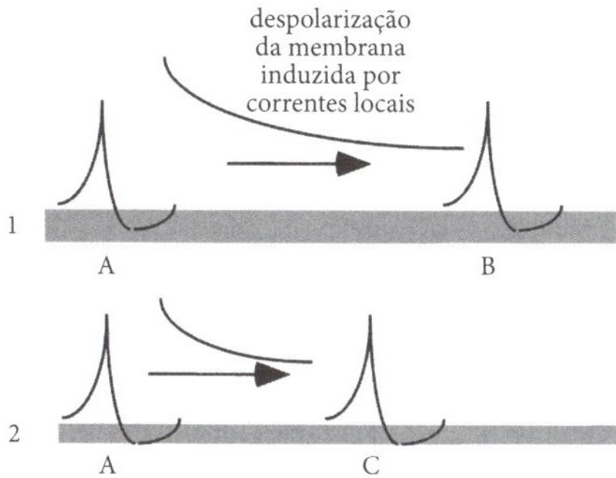

Figura 3.4 Potenciais de ação emergem simultaneamente no ponto *A* das fibras 1 e 2. Correntes locais diminuem com a distância, mas diminuem mais devagar na fibra maior (1). Portanto, induzirão a membrana ao limiar num ponto mais distante na fibra 1. O próximo potencial de ação emergirá ao mesmo tempo em ambas as fibras (1 e 2), mas aparecerão no ponto *B* da fibra 1 e no ponto *C* da fibra 2.

Embora a maioria dos potenciais de ação compartilhe a mesma forma (tudo ou nada), sua largura pode se alterar em circunstâncias especiais. Potenciais de ação mais amplos induzem correntes locais maiores e podem levar áreas mais distantes da membrana ao seu limiar. A figura 3.5 ilustra a relação entre a duração e a força do pulso necessárias para alcançar o limiar num determinado ponto de uma membrana (figura 3.5*a*), assim como a relação entre a duração do pulso e a distância máxima na qual o potencial de membrana pode atingir o limiar mantendo constante a amplitude do pulso (figura 3.5*b*). Abaixo de uma força específica de estímulo (*reobase*), um aumento da duração é incapaz de induzir um potencial de ação.

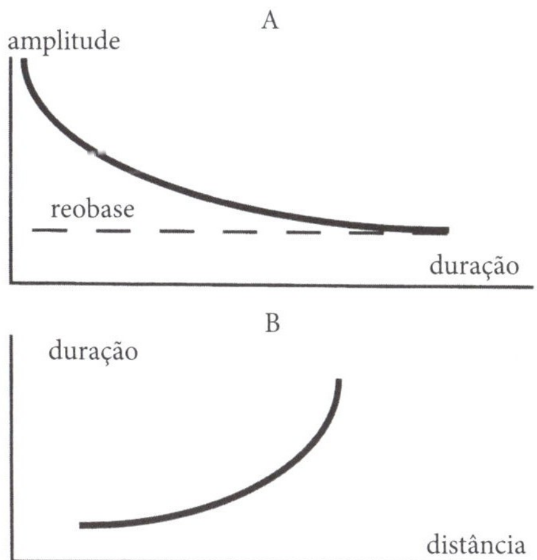

Figura 3.5 *(a)* Relação entre a duração do estímulo e a amplitude necessária para apenas atingir o limiar de uma membrana. *(b)* Relação entre a duração do estímulo e a distância máxima na qual o potencial de membrana pode atingir o limiar caso a amplitude do estímulo seja constante.

3.2 Fibras mielinizadas

Algumas fibras neurais, particularmente as mais grossas, são cobertas por uma bainha protetora de *mielina* que é constituída de *células gliais* especiais, não neuronais. A bainha de mielina tem descontinuidades que são chamadas *nódulos de Ranvier* (figura 3.6). Esse arranjo permite ao potencial de ação viajar a velocidades muito mais altas. Há duas características importantes das *fibras mielinizadas*. Em primeiro lugar, a bainha de mielina aumenta a distância em que as correntes locais de um potencial de ação são capazes de atingir o limiar de despolarização da membrana. Em segundo, os canais de sódio estão concentrados nos nódulos de Ranvier, de modo que sua densidade nos nódulos é muito maior que nas fibras não mielinizadas, e sua densidade sob a bainha de mielina é muito menor que em fibras não mielinizadas. Como resultado, quando um potencial de ação ocorre num nódulo de Ranvier, dá origem a correntes locais que trazem a membrana ao limiar num nódulo vizinho, e o potencial de ação de certa forma salta de um nódulo para outro. Esse salto aumenta consideravelmente a velocidade de condução. Fibras mais grossas possuem intervalos maiores entre os nódulos de Ranvier vizinhos e, portanto, conduzem potenciais de ação a velocidades superiores. Uma equação muito simples relaciona o diâmetro de uma fibra mielinizada à velocidade de condução de um potencial de ação:

$$V = 6D, \tag{3.2}$$

onde V é a velocidade em metros por segundo e D é o diâmetro da fibra em mícrons. Essa equação não é aplicável às fibras não mielinizadas.

PROBLEMA # 3.3

▸ O que acontecerá se uma fibra mielinizada subitamente perder sua bainha? O que se pode esperar dessa fibra num banho quente ou frio? Observe que a difusão do íon avança muito mais rapidamente a altas temperaturas.

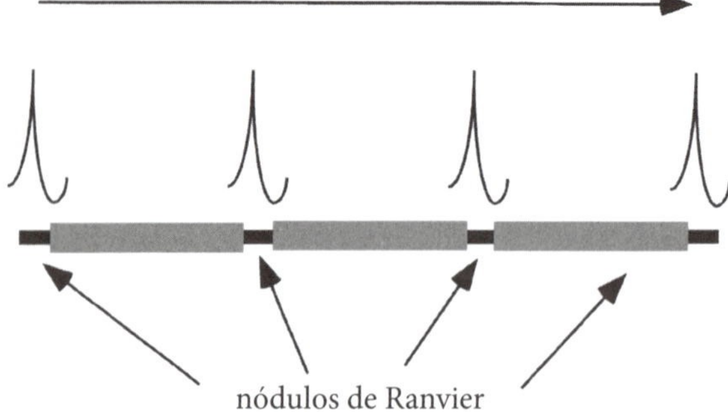

Figura 3.6 Uma fibra mielinizada está encerrada numa bainha feita de células não neuronais (células gliais). A bainha de mielina tem descontinuidades (nódulos de Ranvier) onde potenciais de ação são gerados.

A tabela 3.1 compara as velocidades de diferentes processos. As velocidades de condução em nosso corpo são bastante rápidas, mas não extremamente rápidas. Sem dúvida são incomparáveis à velocidade da luz, que é igual à velocidade de propagação de um campo eletromagnético.

PROBLEMA # 3.4

▸ A natureza do potencial de ação é elétrica. Por que a velocidade de sua propagação é muito mais lenta que a de eventos elétricos como a corrente elétrica?

TABELA 3.1

Velocidades características de diferentes processos

Processo	Velocidade (m/s)
Condução nervosa lenta	0,5
Corrida de velocidade (humana)	10
Veículo a 90 km/h (55 mi/h)	25
Condução nervosa rápida	120
Viagem do som no ar	330
Propagação da luz ou de um campo eletromagnético	300.000.000

PROBLEMA # 3.5

▸ A mais rápida velocidade de condução neural é comparável às velocidades de movimento mais rápidas alcançadas por atletas. Isso significa que existe um limite máximo para a velocidade de movimento estabelecido pela velocidade de condução do potencial de ação?

Conhecer as velocidades de condução nos ajuda a compreender muitos processos neurofisiológicos que envolvem a transmissão de informação entre diferentes locais dentro do corpo. Com frequência, os atrasos de condução determinam o tempo total entre um estímulo e uma resposta. Veremos exemplos em vários experimentos de laboratório.

Algumas classificações são indicadas neste livro. Uma das mais úteis e comumente usadas é a classificação das fibras neurais de acordo com seu diâmetro e função. Fibras neurais são classificadas por função, como sensoriais *versus* motoras, ou (usando um par diferente de termos aceitos em neurofisiologia) *aferentes versus eferentes*. Essa classificação foi sugerida pelo grande fisiologista D. Lloyd e é mostrada na tabela 3.2.

3.3 Estrutura dos neurônios

Antes de prosseguir, precisamos ter noções básicas relacionadas à estrutura de uma única célula neural (um neurônio). A figura 3.7 mostra uma representação de um neurônio típico. O neurônio tem três partes principais: o soma, o axônio e os dendritos.

O *soma*, ou corpo do neurônio, contém o *núcleo* (ou núcleos) e outras pequenas estruturas importantes (*organelas*).

As *mitocôndrias*, uma dessas organelas, armazenam e liberam moléculas cujas transformações químicas geram energia para os processos que ocorrem dentro da célula, em particular para a bomba de sódio e potássio.

O *axônio* é uma ramificação longa e bastante espessa que conduz os sinais de saída gerados pela célula. Na sua extremidade, o axônio é dividido em ramos menores e finos (ramos terminais) que fazem contato com outras células e lhes transferem informação. Essas ramificações são comumente muito mais curtas que o axônio, que pode ser muito longo, com até 1 m. Um exemplo é o axônio de um motoneurônio, cujo soma situa-se na medula espinal, enquanto ele envia sinais a um músculo do pé. Existem axônios longos também dentro do sistema nervoso central. Por exemplo, os axônios dos neurônios encefálicos enviam seus sinais a neurônios na medula espinal inferior. O lugar onde o axônio sai do soma é chamado *cone axonal*. Nele, a densidade dos canais de sódio é muito alta, de modo que o cone axonal é o lugar onde os potenciais de ação são tipicamente gerados. Os axônios dos grupos de células neurais normalmente percorrem juntos distâncias relativamente longas. Em tais casos, os grupos de axônios são chamados *tratos neurais* (se viajam de um lugar para outro dentro do sistema nervoso central) ou *nervos* (se se conectam ao sistema nervoso central por meio de estruturas periféricas, como músculos e órgãos sensoriais).

TABELA 3.2

Fibras neurais (axônios) e velocidades de condução dos potenciais de ação

Tipo	Estrutura inervada	Diâmetro da fibra (µm)	Velocidade de condução (m/s)
Aferente ou sensorial (nervos musculares; as classificações para nervos cutâneos são mostradas entre parênteses)			
Ia (Aα)	Fusos musculares, terminações primárias	13-20	80-120
Ib (Aα)	Órgão tendinoso de Golgi	13-20	80-120
II (Aβ)	Fuso muscular, terminações secundárias	6-12	40-80
III (Aδ)	Terminações musculares de pressão profunda	1-5	5-30
IV (C)	Nociceptores (dor)	0,2-1,5	0,5-2
Eferente ou Motor			
Aα	Músculos esqueléticos	18	100
	Músculos e fusos	8	50
	Fusos musculares	5	20

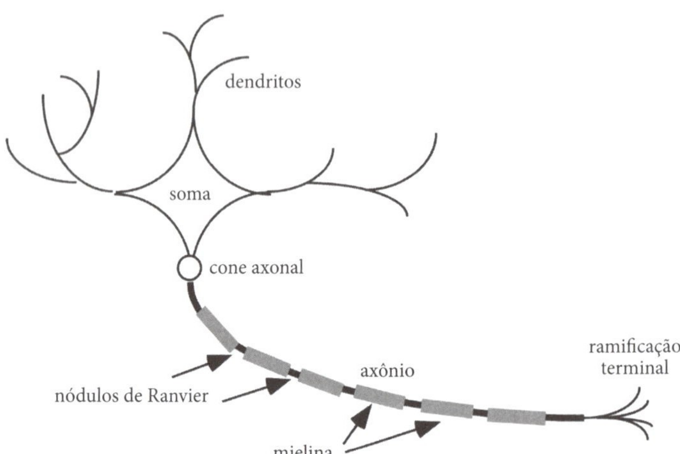

Figura 3.7 Representação do neurônio.

Os *dendritos* formam uma árvore em torno do soma e servem como área de entrada para a célula. Ramificações terminais de axônios de outras células fazem conexões (*sinapses*) com os dendritos, bem como com o soma em si.

Para resumir, dendritos e soma servem como regiões em que chegam e são integradas (avaliadas, comparadas e reunidas) informações de outros neurônios. O cone axonal é onde os potenciais de ação são gerados em resposta às informações recebidas. O axônio conduz potenciais de ação para lugares distantes e transmite informações a outras células.

Ultimamente, a capacidade da membrana do dendrito de sofrer despolarização constante tem atraído muita atenção. Em particular, os dendritos têm demonstrado, teórica (Gutman, 1991) e experimentalmente (Schwindt e Crill, 1977, 1981; Heckman, Gorassini e Bennett, 2005; Heckman, Lee e Brownstone, 2003), serem capazes de ter alterações de longa duração no potencial de membrana induzidas por *correntes de entrada persistentes*. Essas correntes são despolarizantes, produzidas por canais sensíveis à voltagem e não apresentam inativação (eis porque podem ser duradouras ou persistentes). Esses canais, por sua vez, são especializados no Ca^{++}, que é outro íon importante para o funcionamento do sistema neuromotor.

A figura 3.8 ilustra a voltagem e a corrente em uma membrana na ausência (curva fina) ou presença (curva espessa) de correntes de entrada persistentes. Observe que, quando a corrente é zero, a membrana está em repouso. A linha fina mostra apenas o valor do potencial de membrana quando a corrente é zero; ela corresponde aos potenciais de membrana em repouso. A linha grossa cruza o eixo abscissa três vezes. A primeira e a terceira passagens são estáveis, enquanto a intermediária não. A parte surpreendente é que o segundo e incomum potencial de repouso (ponto 3 na figura 3.8) pode estar acima do limiar para a geração de potencial de ação. Se o potencial de descanso de uma membrana de dendrito estiver nesse segundo estado, o dendrito começa a gerar potenciais de ação, e continua a fazê-lo sem nenhum estímulo externo enquanto o potencial de membrana permanecer acima do valor de limiar e o neurônio não esgotar a energia.

Nos próximos capítulos, discutiremos as implicações desse fenômeno para os movimentos voluntários.

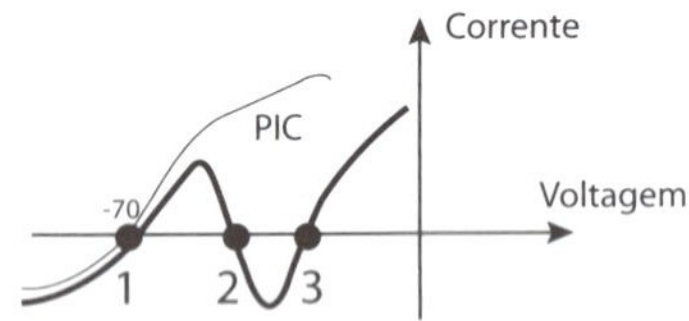

Figura 3.8 Características de corrente e voltagem de uma membrana dendrítica na ausência (linhas finas) ou na presença (linhas espessas) de correntes de entrada persistentes (CEPs). No segundo caso, pode haver dois valores estáveis de potencial de membrana (pontos 1 e 3). O ponto 3 pode estar acima do limiar da membrana, levando à geração de potenciais de ação.

3.4 Codificação de informações no sistema nervoso

Por causa da lei do tudo ou nada, neurônios individuais podem gerar apenas potenciais de ação únicos de duração e amplitude relativamente constantes. Assim, um potencial de ação por si só

transmite apenas 1 bit de informação. Ele ocorre ou não ocorre. A única maneira de um neurônio codificar uma quantidade significativa de informações é por meio de sequências de potenciais de ação. Em outras palavras, a informação é codificada alterando-se a *frequência de disparo*. Este termo refere-se à *frequência instantânea* do disparo neuronal, que é o inverso do intervalo de tempo entre dois potenciais de ação sucessivos.

$$F_i = 1/(T_2 - T_1), \quad (3.3)$$

onde T_2 e T_1 são os tempos de ocorrência de dois potenciais de ação sucessivos. Os intervalos entre potenciais de ação sucessivos oscilam o tempo todo, mesmo se a entrada aparente no neurônio permanecer constante. Assim, neurônios nunca disparam numa frequência constante, devendo ser caracterizados pela frequência instantânea ou pela frequência média de disparo durante um determinado período de tempo. Alguns neurônios podem originar disparos de potenciais de ação com uma frequência relativamente alta, separadas por intervalos de silêncio. Nesses casos, um número não é suficiente para descrever o comportamento.

Esse tipo de transmissão de informação é chamado *codificação de frequência* ou *modulação de frequência*. Se considerarmos grupos de neurônios, a codificação de frequência deixa de ser a única maneira de transmitir informações no sistema nervoso central. A capacidade dos neurônios de integrar a informação que entra (ver a discussão sobre somação espacial e temporal neste capítulo) permite-lhes calcular tanto o tempo quanto o número de potenciais de ação entrantes. Assim, a taxa de disparo (frequência instantânea de disparo) de um neurônio depende da frequência e da magnitude dos potenciais de ação entrantes.

3.5 Transmissão sináptica

Uma característica muito importante dos neurônios é sua capacidade de conduzir informações de um lugar a outro e transmiti-las a outras células. A transmissão de informações entre duas células ocorre em regiões especializadas das membranas celulares. Nessas regiões, as membranas chegam muito próximas uma da outra e formam uma sinapse, que é constituída por três componentes: a *membrana pré-sináptica*, a *membrana pós-sináptica* e o *espaço* ou *fenda sináptica* (figura 3.9).

A membrana pré-sináptica pertence à célula que transmite informação (codificada como uma sequência de potenciais de ação), enquanto a membrana pós-sináptica pertence à célula que recebe a informação. A fenda sináptica é a lacuna entre a membrana pré-sináptica e a pós-sináptica.

Existem dois grupos principais de sinapses: o das *obrigatórias* e o das *não obrigatórias*. Se um potencial de ação sobre a membrana pré-sináptica sempre der origem a um potencial de ação sobre a membrana pós-sináptica, a sinapse é obrigatória. Exemplos típicos de sinapses obrigatórias são aquelas que ocorrem entre as células neurais e as musculares. Sinapses não obrigatórias são muito mais comuns dentro do sistema nervoso central: um potencial de ação único sobre a membrana pré-sináptica é tipicamente incapaz de induzir um potencial de ação sobre a membrana pós-sináptica.

A transmissão sináptica de neurônio a neurônio utiliza várias substâncias químicas chamadas *neurotransmissores* ou *mediadores sinápticos*.

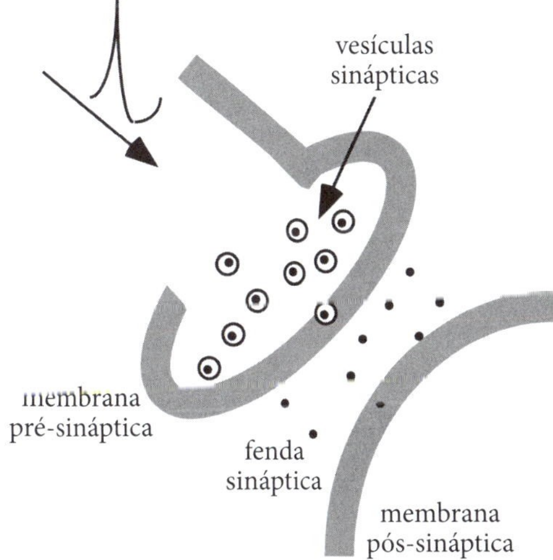

Figura 3.9 Uma sinapse é formada por uma membrana pré-sináptica, uma fenda sináptica e uma membrana pós-sináptica. Um potencial de ação na fibra pré-sináptica faz as vesículas sinápticas se moverem para a membrana pré-sináptica, fundirem-se a ela e liberarem moléculas de um neurotransmissor na fenda. O neurotransmissor, então, muda o potencial da membrana pós-sináptica.

Neurotransmissores são sintetizados pelo neurônio pré-sináptico e armazenados em reservatórios especiais (vesículas) perto da membrana pré-sináptica. O esquema típico da transmissão sináptica é o seguinte (figura 3.9):

1. Um potencial de ação chega à membrana pré-sináptica.
2. O potencial de ação induz mudanças químicas nas propriedades da membrana. Essas mudanças levam as vesículas que contêm neurotransmissores à membrana pré-sináptica, com a qual elas se fundem, liberando neurotransmissores dentro da fenda sináptica. Esse processo é chamado *exocitose*.
3. Os neurotransmissores viajam através da fenda por *difusão*.
4. Os neurotransmissores agem em locais especiais (receptores) da membrana pós-sináptica e alteram seu potencial.
5. Os neurotransmissores são rapidamente removidos da fenda sináptica por uma substância química especial (uma enzima) ou levados de volta para a membrana pré-sináptica.

Os neurotransmissores ligam-se às regiões do receptor localizadas sobre a membrana pós-sináptica e despolarizam ou hiperpolarizam a membrana (figura 3.10). No primeiro caso, aparece um pequeno potencial despolarizante, chamado *potencial pós-sináptico excitatório (PPSE)*. No segundo caso, emerge um pequeno potencial hiperpolarizante, chamado *potencial pós-sináptico inibitório (PPSI)*. Em resposta a um potencial de ação pré-sináptico único, potenciais pós-sinápticos duram cerca de 15 ms e então desaparecem. Quando vários potenciais de ação atingem membranas pré-sinápticas que fazem sinapses com a mesma membrana pós-sináptica, o equilíbrio dos PPSEs e PPSIs sobre a membrana pós-sináptica define se o potencial atingirá o limiar e produzirá um potencial de ação.

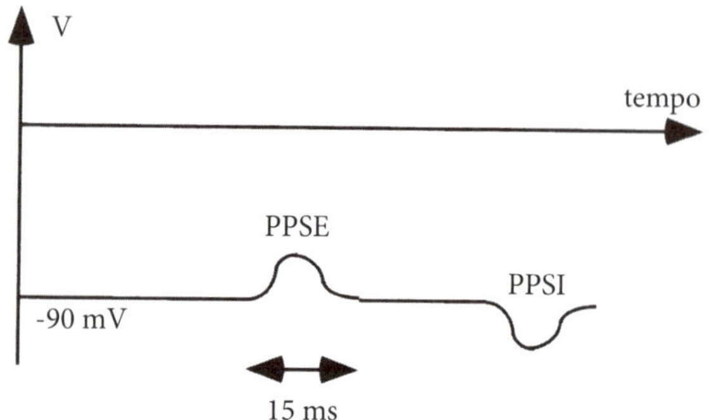

Figura 3.10 Um potencial de ação pré-sináptico pode despolarizar ou hiperpolarizar a membrana pós-sináptica. Esses efeitos são chamados PPSE e PPSI, respectivamente.

3.6 Neurotransmissores

Há três grupos principais de neurotransmissores: aminoácidos, aminas biogênicas e neuropeptídeos. *Aminoácidos* são os blocos constituintes de todas as proteínas e são muito comuns no corpo humano, principalmente, no sistema nervoso. Nem todos os aminoácidos atuam como neurotransmissores. Um dos neurotransmissores mais frequentemente encontrados é o *ácido gama-aminobutírico (AGAB)*. Ele está presente numa proporção significativa em todas as sinapses (25%-40%). Entre os neurotransmissores excitatórios dominantes estão o *ácido glutâmico* e a *leucina*. Eles despolarizam a membrana pós-sináptica e, assim, a levam mais perto do limiar para a geração de um potencial de ação. A *glicina* é um mediador inibitório que está presente, em particular, na medula espinal.

Aminas biogênicas são encontradas em quantidades menores, em comparação com os aminoácidos. Existem várias aminas biogênicas cujo papel como neurotransmissor é particularmente importante, como a *acetilcolina*, a *serotonina*, a *dopamina* e a *norepinefrina* (noradrenalina). Sua ação sobre a membrana pós-sináptica não é tão clara quanto a do AGAB e a do ácido glutâmico. A acetilcolina comumente inibe os neurônios pós-sinápticos dentro do sistema nervoso central, mas é também o mediador excitatório mais importante para a transmissão de sinais dos neurônios às fibras musculares. As correntes de entrada persistentes, mencionadas anteriormente, envolvem mecanismos intracelulares complexos. Essas correntes podem ser colocadas em ação por vários neurotransmissores, incluindo a serotonina e a norepinefrina.

Neuropeptídeos são encontrados em pequenas quantidades e, portanto, foram negligenciados por muitos anos. Eles geralmente modulam a eficácia sináptica de outros neurotransmissores. Exemplos típicos são as *endorfinas* e as *encefalinas* que atuam em regiões receptoras específicas, além de poderem fazer conexões químicas com certas drogas, como os opiáceos.

3.7 Somação temporal e espacial

Já foi mencionado que as sinapses entre neurônios são, em sua maioria, não obrigatórias. Isso significa que um potencial de ação pré-sináptico não pode forçar a membrana pós-sináptica a gerar um potencial de ação. Esses estímulos são chamados *sublimiares*. Para gerar um potencial de ação, a membrana pós-sináptica deve somar os efeitos de vários sinais pré-sinápticos. Há duas maneiras básicas de fazer isso.

A primeira se baseia no fato de que os PPSEs duram um tempo relativamente longo (cerca de 15 ms). Se um segundo potencial de ação atingir a sinapse durante a duração do primeiro PPSE, seus efeitos pós-sinápticos vão se sobrepor aos efeitos do sinal anterior e conduzir a um PPSE maior (figura 3.11). Esse mecanismo é chamado *somação temporal*. A sequência de potenciais de ação pré-sinápticos pode ser capaz de levar o potencial pós-sináptico ao limiar de membrana, ao passo que um potencial único não o consegue.

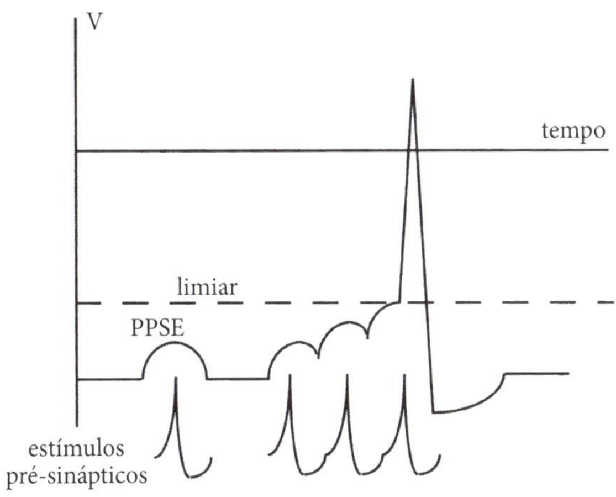

Figura 3.11 Somação temporal ocorre quando vários potenciais de ação chegam até a membrana pré-sináptica em intervalos que não permitam aos PPSEs desaparecerem. Seus efeitos podem ser combinados para induzir o potencial de ação.

PROBLEMA # 3.6

- Qual é a frequência mínima de potenciais de ação pré-sinápticos que teoricamente pode causar a somação temporal e um potencial de ação pós-sináptico?

Outro mecanismo para gerar potencial de ação fundamenta-se no fato de que uma membrana pós-sináptica pode receber muitas entradas pré-sinápticas em locais próximos uns dos outros (pontos de proximidade entre as membranas). Esse mecanismo baseia-se na existência de correntes locais através da membrana e no meio circundante. Quando um potencial de ação pré-sináptico induz um PPSE subliminar (figura 3.12), a membrana despolariza na área que estiver em contato direto com os neurotransmissores liberados pela membrana pré-sináptica. Correntes locais espalham essa despolarização às áreas vizinhas da membrana pós-sináptica, certamente com amplitude decrescente. Se outras sinapses estiverem próximas (sinapses 2 e 3 na figura 3.12), suas membranas pós-sinápticas podem sentir os efeitos dessas correntes locais. Se três potenciais de ação vierem simultaneamente para as três sinapses, a despolarização da membrana pós-sináptica em todas as três sinapses será maior do que seria em resposta a apenas seu próprio potencial de ação. Esse efeito é chamado *somação espacial*.

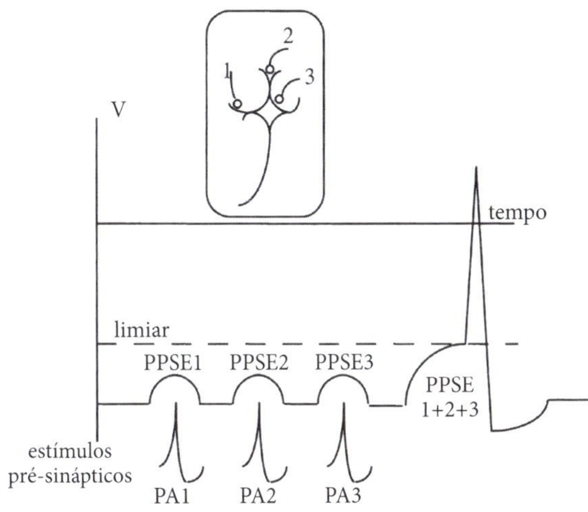

Figura 3.12 Somação espacial ocorre quando vários potenciais de ação PA1, PA2 e PA3 chegam simultaneamente na mesma membrana pré-sináptica, de modo que seus PPSEs individuais se somam para induzir um potencial de ação. O esquema demonstra as possíveis localizações das três sinapses no neurônio-alvo.

PROBLEMA # 3.7

- O que acontecerá se os potenciais de ação para as sinapses 1, 2 e 3 da figura 3.12 chegarem um após o outro em vez de simultaneamente?

Os mecanismos de somação temporal e espacial são exemplos de como a membrana pós-sináptica pode integrar informações que chegam de células pré-sinápticas. Eles tornam possível transferir sinais através de sinapses não obrigatórias.

PROBLEMA # 3.8

- Imagine que dois grupos de neurônios (A e B) enviam sinais a outro grupo de neurônios (C). Os potenciais de ação gerados simultaneamente pelo grupo A de neurônios levam a uma resposta C_1 (o número de neurônios ativados no grupo C), e os potenciais de ação gerados simultaneamente por neurônios do grupo B conduzem a uma resposta C_2. Qual pode ser a magnitude da resposta aos potenciais de ação provenientes de neurônios dos grupos A e B simultaneamente? Pode ser maior, menor ou igual a $C_1 + C_2$? Por quê?

Capítulo 3 em resumo

A propagação passiva das correntes locais de um potencial de ação despolariza segmentos adjacentes da membrana até esses segmentos atingirem o limiar e gerarem um novo potencial de ação. A condução é mais rápida ao longo das fibras neurais mais grossas. Algumas fibras são recobertas de mielina, o que acelera a condução dos potenciais de ação. O intercâmbio de informações entre células ocorre em locais especiais chamados *sinapses*. O mecanismo de transmissão sináptica envolve neurotransmissores, mediadores químicos especiais que podem despolarizar ou hiperpolarizar a membrana pós-sináptica. Células neurais integram as informações de entrada e geram potenciais de ação quando os efeitos de várias sinapses ou dos vários potenciais de ação recebidos são rapidamente somados.

4

Músculo esquelético

Palavras-chave e tópicos

- músculo esquelético
- miofibrila
- sinapse neuromuscular
- acoplamento excitação-contração
- abalo contrátil e contração tetânica
- elementos de mecânica
- dependência da força muscular em relação ao comprimento e à velocidade
- regimes externos de contração muscular

O músculo esquelético é um motor que converte energia química em calor e trabalho mecânico. É, provavelmente, o mais surpreendente dos motores conhecidos do corpo humano. Sua capacidade para gerar energia com rapidez é superior à de virtualmente qualquer motor de tamanho semelhante construído pelo homem. Ele tem várias características que podem parecer estranhas a um observador externo; algumas podem parecer de qualidade inferior ou mesmo bizarras.

Existem duas maneiras de olhar para essas carcaterísticas únicas. A primeira é fazer esta pergunta: como o sistema nervoso central lida com todas as estranhezas da estrutura muscular, suas não linearidades (depois veremos quais são), seus atrasos e outras características que parecem terríveis quando olhadas do ponto de vista de um engenheiro do século XX? A alternativa é perguntar: como o sistema nervoso central usa as características incomuns do músculo esquelético para criar as propriedades únicas dos movimentos humanos que os tornam muito superiores aos de qualquer robô? Essas propriedades incluem flexibilidade, aprendizagem rápida e capacidade de manipular objetos frágeis. Sugiro que esqueçamos a engenharia e olhemos para o músculo esquelético de modo otimista — como um mecanismo único desenvolvido pela evolução, e não como um erro da natureza. Além de possuir muitas características exclusivas, o músculo é o único motor comestível e é delicioso quando cozido apropriadamente.

4.1 Estrutura do músculo esquelético

Quando as pessoas falam de músculos, podem se referir a coisas diferentes. Por exemplo, quando uma pessoa flexiona o joelho, diz-se comumente que ela está alongando o músculo quadríceps. Nesse caso, a palavra *músculo* refere-se a todo um complexo de estruturas, incluindo fibras musculares, tendões e ligamentos. Contudo, dependendo de uma série de fatores, o complexo todo pode estar se alongando enquanto as fibras musculares estão se contraindo.

Neste capítulo, discutiremos o músculo nu, o que significa que abordaremos as propriedades das fibras musculares, independentemente da forma como a força gerada por elas é transferida pelos tendões e cria momentos de força (ou torques) nas articulações. O papel dos tendões no movimento será considerado no final do capítulo.

Todo músculo é composto de fibras paralelas (células musculares). Cada fibra é uma célula grande, podendo ter vários centímetros de comprimento e entre 10 e 100 μm de diâmetro. A fibra muscular tem uma membrana (*sarcolema*), dentro da qual está o *sarcoplasma*, que contém *miofilamentos* e o *retículo sarcoplasmático*. A estrutura de uma fibra muscular é mostrada na figura 4.1. O sarcolema tem muitas invaginações, chamadas túbulos transversos *(túbulos-T)*. Eles mergulham profundamente no interior da fibra e aumentam entre três e dez vezes a área da superfície. Os túbulos-T chegam muito perto da *cisterna* no retículo sarcoplasmático. O espaço que existe é muito estreito, com cerca de 300 Å, um tamanho ainda menor que o a fenda sináptica típica.

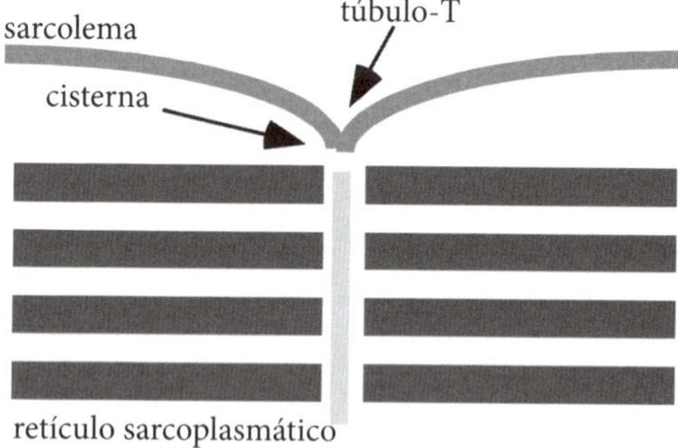

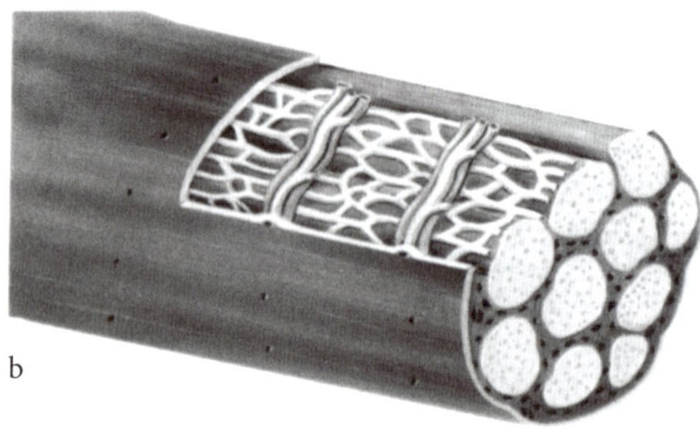

Figura 4.1 Estrutura de uma fibra muscular. No alto, representação esquemática de um corte transversal de uma fibra; embaixo uma figura tridimensional mais realista.

Reproduzido, com permissão, de J.H. Wilmore e D.L. Costill, 1994, *Physiology of sport and exercise*, 2ª ed. (Champaign, IL: Human Kinetics), 28.

Já mencionamos que o Ca^{++} desempenha um papel fisiológico vital nas correntes de entrada persistentes das membranas do dendrito; além disso, o mesmo íon é fundamental para uma contração muscular apropriada.

Em repouso, as bombas de íon bombeiam íons Ca^{++} do sarcoplasma para o retículo sarcoplasmático. Essas bombas, semelhantes a outras bombas de íons (como a bomba de sódio e potássio), envolvem macromoléculas especializadas e requerem energia. O retículo sarcoplasmático contém uma proteína especial que capta o Ca^{++} e não o deixa escapar. Como resultado, a concentração de Ca^{++} no sarcoplasma é muito baixa (menos de 10^{-7} M). Vamos examinar o papel do Ca^{++} na contração muscular mais adiante neste capítulo.

4.2 Miofilamentos

Os miofilamentos são os principais elementos produtores de força das células musculares. Eles são compostos por duas macromoléculas: a *miosina* e a *actina* (figura 4.2). Filamentos grossos, em geral, contêm miosina e actina, enquanto filamentos finos contêm principalmente actina. As fibras finas contêm duas moléculas de actina que formam uma estrutura parecida com uma hélice dupla (como a famosa estrutura do DNA). Para desenvolverem força, a actina e a miosina devem se conectar uma à outra. Essas conexões são chamadas *pontes cruzadas*. Filamentos de actina e miosina são organizados de modo que os de miosina regularmente agrupados fiquem rodeados por seis filamentos de actina (como um mosaico de piso de cozinha). Cada molécula de actina fica em contato com três moléculas de miosina. Numa ponta, os filamentos de actina são ligados a uma *linha Z*. Dois conjuntos de filamentos de actina e um conjunto de filamentos de miosina entre duas linhas Z constituem um *sarcômero*, que é a unidade funcional mais importante das células musculares (miofibrilas).

Dois nomes são usados para caracterizar o estado de uma miofibrila: *banda A* e *banda I*. O comprimento dos filamentos de miosina dentro de um sarcômero é a *banda A*, enquanto o comprimento dos filamentos de actina que não se sobrepõem aos filamentos de miosina é a *banda I*. Sob um microscópio potente, essas bandas são claramente vistas alternando zonas escuras (banda A) e claras (banda I), conforme a figura 4.2.

Várias outras proteínas desempenham um papel importante na contração muscular. A primeira é a *tropomiosina*. Suas moléculas longas estão sobre a actina em filamentos finos (figura 4.3).

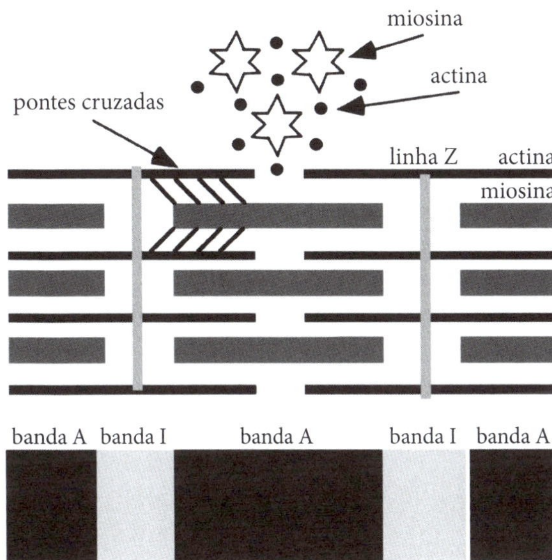

Figura 4.2 Estrutura de uma miofibrila. A figura de baixo mostra a sequência de bandas escuras e claras. O desenho de cima mostra a típica configuração da actina e da miosina dentro de uma miofibrila.

Outra é a *troponina*, cujas moléculas ligam-se, a intervalos regulares, a moléculas de tropomiosina e, formando um complexo que pode mudar sua configuração sob a ação do Ca^{++}.

Há ainda um terceiro sistema de filamentos dentro das miofibrilas que funciona em paralelo ao complexo actina-miosina. Esse sistema tem propriedades elásticas e contém *titina*. Recentemente, estudos intensivos da titina sugeriram que ela desempenha um papel crucial não apenas nas propriedades elásticas das fibras musculares em repouso, mas também nas contrações musculares ativas (Granzier e Labeit, 2004, 2005).

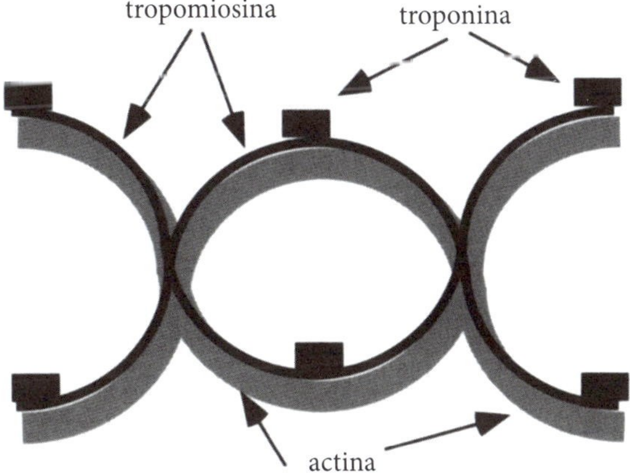

Figura 4.3 Estrutura do filamento fino (actina). Note as longas moléculas de tropomiosina em paralelo com as faixas de actina. A troponina liga-se à tropomiosina a intervalos regulares.

4.3 Sinapse neuromuscular

A *sinapse neuromuscular* (ou junção) é uma região de contato entre uma única fibra pré-sináptica (lembre-se de que um axônio se ramifica em muitas fibras pré-sinápticas) e uma fibra muscular. Essas duas fibras chegam muito perto uma da outra – de modo que a fenda sináptica tem apenas, aproximadamente, 500 Å de largura –, mas não fazem contato direto (figura 4.4). A membrana axonal pré-sináptica tem *zonas ativas* nas quais há muitas vesículas sinápticas contendo um neurotransmissor (acetilcolina) e muitas mitocôndrias, que armazenam e fornecem moléculas produtoras de energia.

Quando decide induzir uma contração muscular, o sistema nervoso central envia sinais aos neurônios na medula espinal (ou no tronco encefálico, se os músculos forem os da cabeça e do pescoço), que *inervam* (ou seja, enviam seus longos axônios) os músculos apropriados. Potenciais de ação viajam rapidamente ao longo dessas fibras grossas eferentes e chegam ao ponto de ramificação. Nele, o potencial de ação excita cada um dos ramos para que todos liberem um potencial de ação para uma membrana pré-sináptica ao mesmo tempo.

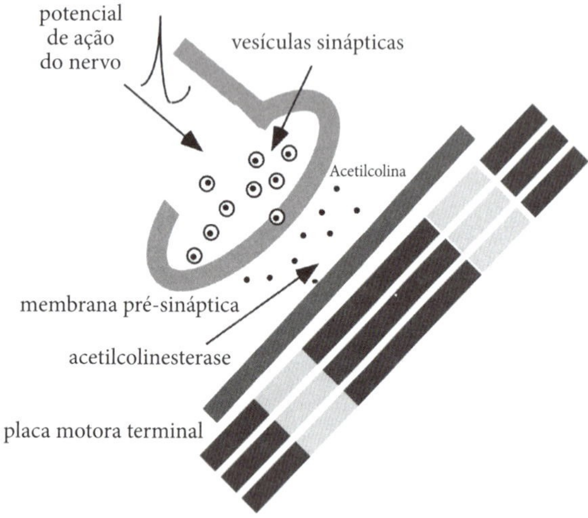

Figura 4.4 Na sinapse neuromuscular, um potencial de ação pré-sináptico faz as vesículas se moverem, fundindo-se à membrana pré-sináptica, onde elas liberam acetilcolina (ACh) na fenda. A ACh se difunde para a membrana muscular pós-sináptica, despolarizando-a e induzindo um potencial de ação.

Sinapses neuromusculares são obrigatórias, o que significa que um potencial de ação pré-sináptico sempre induz um potencial de ação pós-sináptico e inicia uma contração muscular. A transformação de um potencial de ação que chega numa ação mecânica ocorre por meio da amplificação desse potencial via mecanismos químicos. Vamos considerar as etapas básicas envolvidas nesse processo.

Etapa 1: Um potencial de ação chega à membrana pré-sináptica e abre canais de Ca^{++} dependentes de voltagem. Normalmente, a concentração intracelular de Ca^{++} é muito baixa. Contudo, depois que um potencial de ação chega, a concentração de Ca^{++} aumenta dramaticamente (em 20 vezes). O Ca^{++} intracelular ativa processos que conduzem as vesículas sinápticas à membrana pré-sináptica. As vesículas se fundem à membrana e liberam seu conteúdo na fenda sináptica (*exocitose*).

Etapa 2: Quando liberado na fenda, o neurotransmissor acetilcolina difunde-se por uma curta distância até a membrana pós-sináptica e liga-se a receptores moleculares específicos dessa membrana. Existe uma densidade muito alta de receptores sensíveis à acetilcolina na membrana pós-sináptica (até 10.000 receptores/μm^2). Qualquer acetilcolina restante na fenda sináptica é recaptada pela membrana pré-sináptica ou rapidamente destruída pela enzima acetilcolinesterase, que quebra a acetilcolina em acetato e colina. A presença dessa enzima torna os efeitos pós-sinápticos muito breves.

PROBLEMA # 4.1

- Imagine que você tenha um músculo que carece de acetilcolinesterase. Como ele responderia a um potencial de ação pré-sináptico único?

Etapa 3 (figura 4.5): A acetilcolina atua na membrana pós-sináptica, mudando sua permeabilidade iônica e levando a um potencial despolarizante (PPSE). Em músculos saudáveis, os PPSEs induzidos por sinais pré-sinápticos são sempre supralimiares e originam um potencial de ação sobre a membrana pós-sináptica. Potenciais despolarizantes sublimiares podem surgir espontaneamente (ou seja, sem um estímulo aparente) na membrana muscular pós-sináptica (a região da placa terminal da fibra muscular). Esses potenciais têm cerca de 1 mV no pico de amplitude, e sua função não é clara. São chamados potenciais de *placa terminal em miniatura (PPTMs)*.

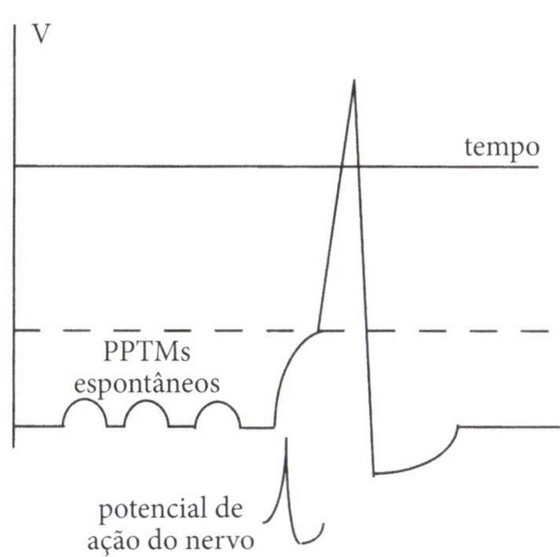

Figura 4.5 Potenciais pós-sinápticos excitatórios em miniatura (PPTMs) ocorrem espontaneamente sobre a membrana muscular pós-sináptica. Um potencial de ação nervoso pré-sináptico sempre faz a membrana pós-sináptica alcançar o limiar de despolarização e, assim, sempre induz um potencial de ação muscular.

PROBLEMA # 4.2

- Um potencial de ação pré-sináptico faz 20 fibras se contraírem. Uma sequência de potenciais de ação pode fazer mais de 20, menos de 20 ou exatamente 20 fibras se contraírem?

As próximas etapas desse mecanismo envolvem eventos que ocorrem nas fibras musculares, motivo pelo qual vamos abordá-las na próxima seção.

4.4 Contração muscular

Etapa 4 (figura 4.6): O potencial de ação pós-sináptico viaja ao longo da membrana da célula muscular (sarcolema) e entra nos túbulos-T, onde abre os canais de Ca^{++}. Em repouso, virtualmente todos os íons Ca^{++} são armazenados no retículo sarcoplasmático, onde são mantidos por uma proteína especial. A abertura dos canais de Ca^{++} leva a um influxo maciço de íons Ca^{++} no sarcoplasma, aumentando em cem vezes a concentração de Ca^{++}. Esse aumento é temporário, uma vez que o Ca^{++} é rapidamente bombeado de volta para o retículo sarcoplasmático.

Etapa 5 (figura 4.7): O próximo passo no mecanismo de contração é comumente descrito dentro da *teoria do filamento deslizante*.

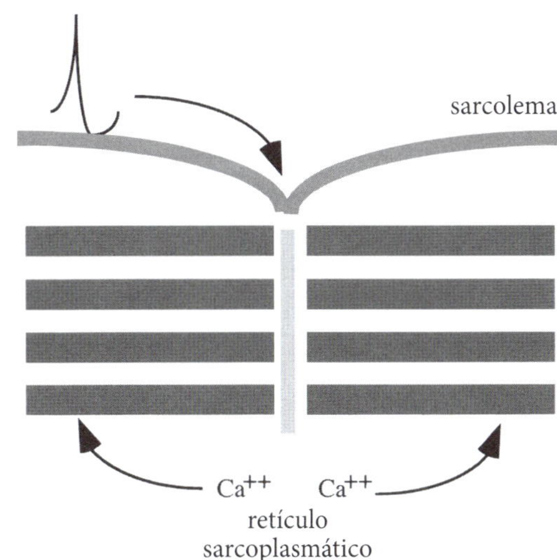

Figura 4.6 O potencial de ação muscular viaja pelo sarcolema, entra nos túbulos-T e faz o retículo sarcoplasmático liberar íons Ca^{++}.

Íons de cálcio no sarcoplasma atuam sobre o complexo troponina-tropomiosina. Em repouso, a tropomiosina bloqueia a área de ligação da miosina com a actina, ou seja, bloqueia um local especial numa molécula de actina que prontamente se ligaria a um local específico de uma molécula de miosina. Os íons de Ca^{++} tornam a área de ligação da miosina disponível. Se também houver energia (normalmente ATP) disponível, uma cabeça de miosina se ligará à actina e usará a energia para engrenar os dois filamentos, um em relação ao outro. As ligações entre actina e miosina são chamadas *pontes cruzadas*. Então, a miosina se soltará da actina e voltará para trás, preparando-se para ligar-se ao próximo sítio de actina disponível e repetir o ciclo (desde que Ca^{++} e energia estejam ainda disponíveis). A interação entre filamentos de miosina e actina ocorre no espaço tridimensional, de modo que cada molécula de miosina simultaneamente faz e desfaz as pontes cruzadas com seis moléculas de actina. Isso significa que, enquanto algumas das pontes cruzadas se desfazem, outras mantêm a força de contração. A força desenvolvida por uma fibra muscular é quase proporcional ao número médio de pontes cruzadas estabelecidas ao mesmo tempo.

PROBLEMA # 4.3

- O que aconteceria se o complexo troponina-tropomiosina fosse inativado permanentemente?

As etapas 4 e 5 são comumente referidas como *acoplamento excitação-contração*.

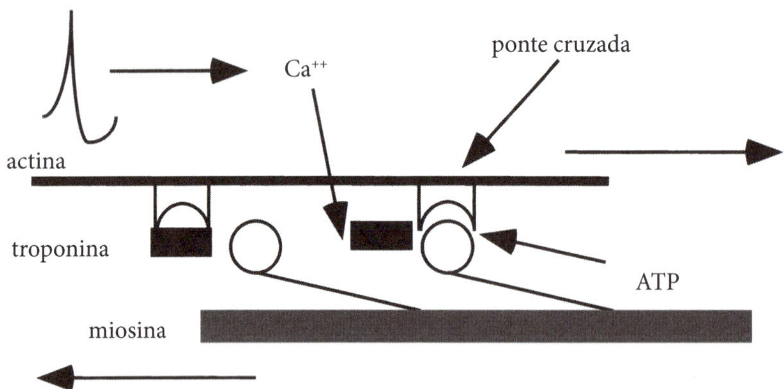

Figura 4.7 De acordo com a teoria do filamento deslizante, íons Ca^{++} removem a troponina e liberam uma área para a miosina ligar-se à actina (esse processo usa ATP como energia). Uma vez que os dois filamentos estejam ligados, ocorre o movimento tipo cremalheira, movendo os filamentos um em relação ao outro.

Etapa 6: Depois que a excitação cessa (os potenciais de ação param de chegar), o Ca^{++}, que está sendo ativamente bombeado do sarcoplasma para dentro do retículo sarcoplasmático, cai em concentração. O complexo troponina-tropomiosina assume as áreas de ligação da miosina, e os filamentos deslizam de volta ao longo uns dos outros (relaxamento).

O mecanismo do filamento deslizante ajuda a explicar a dependência da força muscular em relação ao comprimento do músculo. Consideraremos essa relação mais tarde no capítulo.

PROBLEMA # 4.4

- Imagine um músculo desenvolvendo força sob estimulação constante. Com base no que você já sabe, desenhe um gráfico mostrando a dependência da força muscular em relação ao comprimento do músculo.

4.5 Tipos de contração muscular

A contração muscular sempre encurta o músculo. Músculos não podem se alongar ativamente. Mais adiante neste livro, você aprenderá que um músculo pode desenvolver força ativa enquanto se alonga (a chamada *contração excêntrica*). Contudo, nesses casos, o comprimento do músculo está mudando em decorrência a outra força, produzida por outros músculos ou pelo ambiente, ou devido à inércia do músculo e das partes corporais anexadas.

Quando um potencial de ação único atinge uma fibra muscular, esta responde com uma contração unitária, que é chamada *abalo contrátil* ou simplesmente *abalo* (figura 4.8). Dependendo das propriedades da fibra, o abalo contrátil dura de algumas dezenas de milissegundos a um par de centenas de milissegundos. Observe, para efeito de comparação, que esse potencial de ação muscular tem uma duração de cerca de 10 ms.

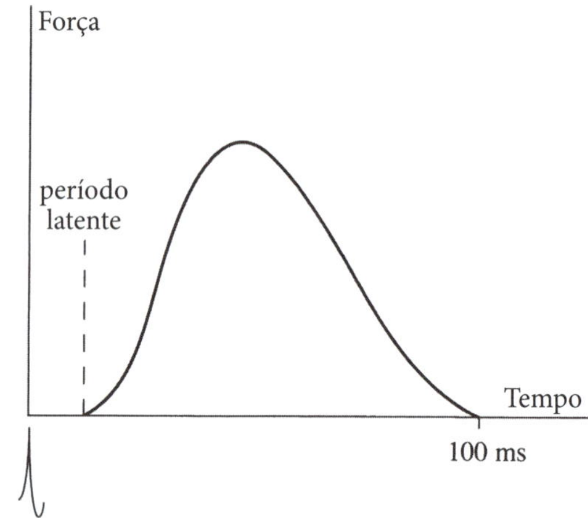

Figura 4.8 Um típico abalo em resposta a um estímulo único.

Assim, as consequências mecânicas de um potencial de ação duram muito mais tempo que o potencial de ação em si.

PROBLEMA # 4.5

- Por que o abalo contrátil excede em duração o potencial de ação?

Se várias fibras são estimuladas simultaneamente, seus abalos contráteis sobrepõem-se uns aos outros. Essa sobreposição pode aumentar o pico de amplitude do abalo contrátil e prolongá-lo, caso uma fibra muscular com um abalo mais longo seja adicionado a um grupo de fibras com abalos mais curtos.

Se dois potenciais de ação forem gerados numa mesma fibra dentro de um intervalo curto, seus efeitos mecânicos podem se combinar, conforme mostrado na figura 4.9, de modo que a força máxima da contração aumenta. Se muitos potenciais de ação chegarem com uma frequência que permita a sobreposição de seus efeitos mecânicos, eles provocarão uma contração sustentada chamada *tétano* ou *contração tetânica* (figura 4.10), que pode exibir picos locais de contração com frequências de potenciais de ação relativamente baixas (o chamado *tétano dente de serra*) ou causar a fusão total de abalos individuais sendo chamado *tétano suave*.

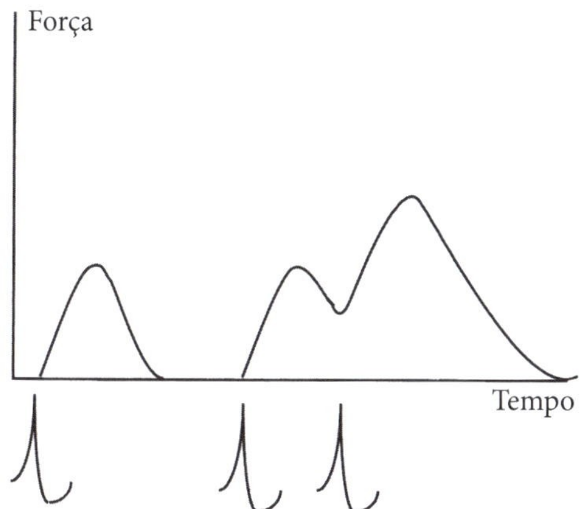

Figura 4.9 Dois potenciais de ação chegam dentro de um curto intervalo de tempo e induzem dois abalos contráteis. Seus efeitos mecânicos sobrepõem-se, levando a uma força muscular maior.

PROBLEMA # 4.6

- O tétano suave é raramente observado em fibras individuais na vida real. Por que nossas contrações musculares são normalmente suaves?

4.6 Elementos de mecânica

Na vida real, os músculos não existem por si só: sua ação nas articulações é afetada pelas propriedades mecânicas de tendões e ligamentos, bem como pela geometria da ligação do tendão com os ossos. Modelos típicos de músculos envolvem pelo menos quatro componentes (figura 4.11): um *elemento contrátil* (gerador de força), que acabamos de apresentar; um *elemento de amortecimento* (amortecedor); e *dois elementos elásticos*, um paralelo e um serial. Infelizmente para os investigadores, a maioria desses elementos é essencialmente *não linear*.

Parece ser o momento ideal para introduzir um pouco de física. Elementos elásticos, ou *molas*, são objetos físicos que resistem às tentativas externas de alterar seu comprimento. Eles fazem isso por meio do desenvolvimento de uma força que age contra a deformação imposta. As molas acumulam energia potencial que pode ser liberada. No caso mais simples de uma *mola linear*, a força desenvolvida por ela é descrita pela *lei de Hooke*:

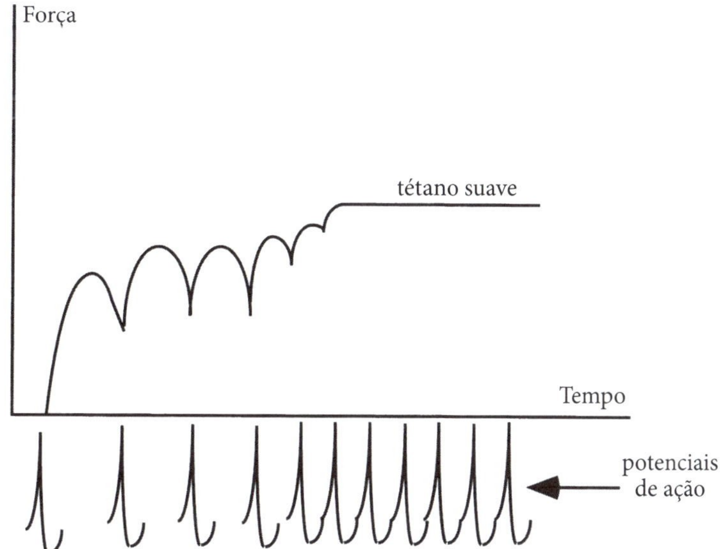

Figura 4.10 Uma sequência de potenciais de ação pode levar a um tétano (uma contração sustentada). Sob uma alta frequência de potenciais de ação, contrações individuais podem se fundir, criando um tétano suave.

$$F_e = -k(x-x_0), \quad (4.1)$$

em que F_e é a força elástica, x é o comprimento da mola, x_0 é o comprimento zero (o comprimento no qual as forças elásticas são zero) e k é um coeficiente denominado *rigidez*. O sinal de subtração implica que a força atua contra a mudança do comprimento em relação a x_0. A noção de rigidez pode ser aplicada somente a molas. Não se podem medir uma mudança de força e uma mudança de comprimento (ou um deslocamento) de um objeto arbitrário e afirmar que a relação entre os dois é rigidez (Latash e Zatsiorsky, 1993).

Amortecimento é a capacidade de um sistema de gerar força contra o vetor de velocidade:

$$F_v = -b\frac{dx}{dt} = -bV, \quad (4.2)$$

em que F_v é a força de amortecimento, V é a velocidade da mudança de comprimento e b é um coeficiente. Novamente, o sinal de subtração implica que a força atua contra o vetor de velocidade; como resultado, o amortecimento sempre reduz a energia cinética de um objeto em movimento. Às vezes o amortecimento também é tratado como *viscosidade*.

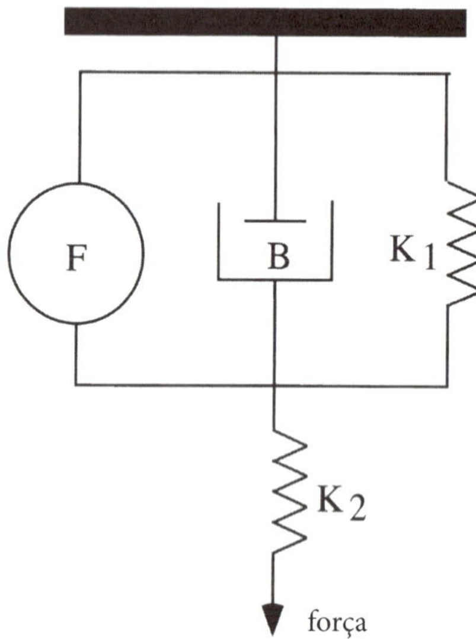

Figura 4.11 Modelo mecânico simples de um músculo. Ele contém um gerador de força (F), um elemento de amortecimento (B) e dois elementos elásticos: uma mola em paralelo (K1) e uma mola em série (K2).

Todos os objetos materiais também têm *inércia*, que é o coeficiente entre a força aplicada e a aceleração:

$$F_i = m\frac{d^2x}{dt^2} = ma, \quad (4.3)$$

em que F_i é a força inercial, a é a aceleração e m é um coeficiente denominado *massa*.

As equações 4.1, 4.2 e 4.3 descrevem os chamados *elementos lineares*. Esses elementos produzem saídas proporcionalmente às entradas. Por exemplo, se uma força F_1 atuar sobre uma mola, causando um deslocamento x_1, e, em seguida, uma força F_2 provocar um deslocamento x_2, a ação das duas forças $F_1 + F_2$ ocasionará um deslocamento $x_1 + x_2$. A mesma regra de soma simples pode ser aplicada ao amortecimento e à inércia. Esses sistemas são relativamente fáceis de analisar, e equações que descrevem seu comportamento muitas vezes podem ser resolvidas analiticamente.

Sistemas lineares são comumente estudados em livros didáticos de física elementar, embora na vida real sejam raros. Não é preciso muito para formar um sistema não linear. Por exemplo, se a rigidez depende do comprimento da mola, esse elemento é não linear; consequentemente, um sistema com tal elemento muito provavelmente é não linear.

Agora, voltando à figura 4.11, devo confessar que todos os elementos desse modelo são não lineares. Sistemas não lineares são descritos com equações de movimento que tipicamente não podem ser resolvidas de maneira analítica e requerem análise complexa ou simulação.

4.7 Relações força-comprimento e força-velocidade

Um exemplo típico de comportamento não linear de um músculo inteiro é sua relação força-comprimento. É possível determinar essa relação num experimento no qual o comprimento do músculo é fixado num determinado valor (*condições isométricas*), um estímulo padrão é aplicado ao nervo do músculo com a ajuda de um estimulador elétrico externo, e o pico de força muscular é medido. Em seguida, o comprimento do músculo é fixado num valor diferente, o mesmo estímulo é aplicado e a força é medida novamente, e assim por diante. O resultado é uma curva de força-comprimento semelhante às mostradas na figura 4.12. Uma vez que as medições são realizadas quando o comprimento do músculo é constante, as propriedades inerciais e viscosas não desempenham um papel importante nas variáveis medidas.

Se os parâmetros da estimulação forem alterados e o mesmo experimento for executado, a curva mudará para a direita ou para a esquerda, quase em paralelo ao eixo do comprimento.

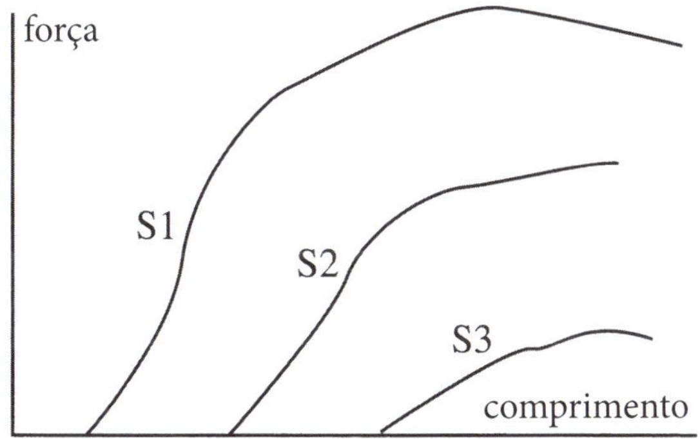

Figura 4.12 Essas curvas de força de comprimento, obtidas pela observação de um músculo em diferentes níveis de estimulação externa (S_1, S_2 e S_3), mostram que o músculo comporta-se como uma mola não linear. Mudar a força de estimulação modifica o comprimento zero da mola.

Assim, o músculo se comporta como uma mola não linear (note que a sua rigidez, a inclinação da curva, muda com o comprimento, bem como com o nível de excitação), cujo comprimento zero varia em resposta a uma mudança num sinal de ativação adentrante (estimulação).

PROBLEMA # 4.7

- Para qual direção a curva mudaria se aumentássemos a frequência ou a amplitude dos estímulos?

É possível medir a relação força-comprimento num único sarcômero — ou seja, dentro do elemento contrátil *F* da figura 4.11. A relação entre a força ativa desenvolvida pelo sarcômero e o comprimento do sarcômero é similar ao que se observa no músculo todo: caso os valores de comprimento do sarcômero sejam baixos, as pontes cruzadas não podem desenvolver força por causa da falta de espaço para novas ligações; caso os valores de comprimento sejam intermediários, a força é máxima; e caso sejam altos, existem apenas algumas pontes cruzadas que podem gerar força, e assim a força cai novamente.

Outra relação comumente estudada válida para o músculo todo é a curva força-velocidade. Essas curvas costumam ser analisadas em experimentos nos quais um músculo executa um abalo contrátil sob cargas diferentes, enquanto a velocidade de pico do encurtamento muscular é medida. A curva parece tipicamente parabólica (figura 4.13) e pode ser bem aproximada com a famosa equação de Hill:

$$(F + a)V = b(F - F_0), \qquad (4.\ 4)$$

em que F é a força, F_0 é a força na velocidade zero (sob condições isométricas), V é a velocidade de pico do encurtamento (é negativa para um músculo alongado) e a e b são constantes específicas para um determinado músculo.

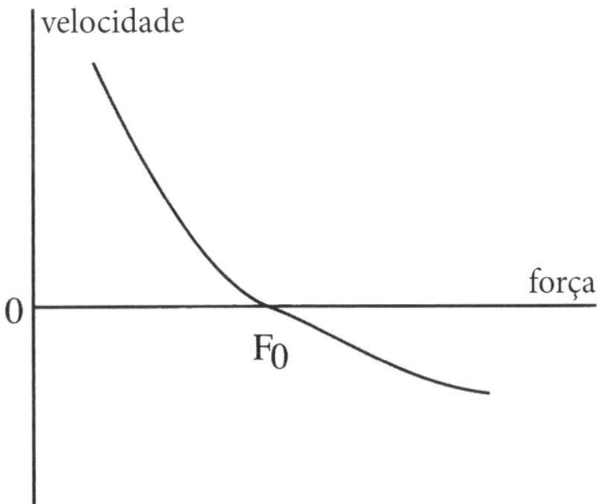

Figura 4.13 Uma típica curva de força-velocidade para um músculo inteiro. Segundo a tradição, o eixo y representa a velocidade de *encurtamento* muscular. O músculo desenvolve forças maiores quando alongado (velocidade negativa) que quando encurtado (velocidade positiva). Compare essa figura com a equação de Hill.

De acordo com a equação de Hill, os músculos produzem forças maiores quando se alongam (*contração excêntrica*) do que quando se encurtam (*contração concêntrica*). Uma vez que músculos podem encurtar-se somente ativamente, uma contração excêntrica sempre implica a ação de forças externas que alonguem o músculo enquanto ele se contrai.

4.8 Regimes externos de contração muscular

Já usamos a expressão *condições isométricas*. Essa e algumas outras expressões devem ser definidas formalmente. Contração muscular em condições de impedir alterações no comprimento do músculo é chamada *isométrica*. Uma carga levando a essas condições é chamada *carga isométrica*. Quando o músculo se contrai contra uma força externa constante, a contração e a carga são denominadas *isotônicas*. Se um músculo age contra uma carga cujo comportamento é como o de uma mola, a carga é denominada *elástica*. Exemplos de condições de carga são mostrados na figura 4.14.

O problema desses nomes é que eles são enganosos. Considere, por exemplo, o que acontecerá se o movimento da articulação for impedido (condições isométricas). Se um músculo dessa articulação for ativado, ele desenvolverá uma força contrátil que atuará em todos os elementos, incluindo os elementos elásticos paralelos e seriais. Dependendo da rigidez desses elementos, o músculo alterará o comprimento relativo deles, mesmo se o comprimento do complexo inteiro (músculo mais tendão) for mantido constante.

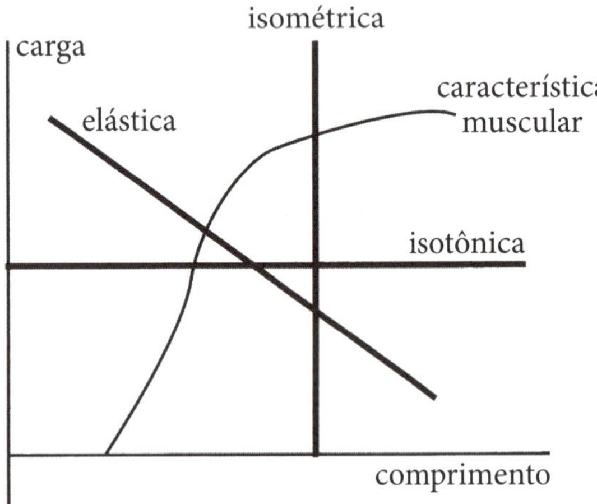

Figura 4.14 Um músculo sempre funciona contra uma carga. Três cargas são ilustradas aqui: a carga isométrica, que impede alterações no comprimento do músculo; a carga isotônica, que não muda; e uma carga elástica, que age como uma mola. Uma característica muscular típica (a curva fina) é mostrada para comparação.

Um músculo relaxado é geralmente menos rígido que seu tendão, enquanto um músculo ativado é geralmente mais rígido que seu tendão. Assim, o comprimento da fibra muscular muda em condições isométricas.

PROBLEMA # 4.8

- O que acontece com o comprimento relativo das fibras musculares e com o tendão quando um músculo é ativado sob condições isométricas?

Capítulo 4 em resumo

As contrações musculares são produzidas pela interação de moléculas de actina e miosina dentro das células musculares. As células musculares são excitadas por meio de sinapses neuromusculares com a ajuda de um mediador, a acetilcolina. Os potenciais de ação levam à liberação de íons Ca^{++}, que permitem formar pontes cruzadas entre a actina e a miosina. Em resposta a um estímulo único, fibras musculares geram um único abalo contrátil. Quando um número de estímulos ocorre numa frequência alta, os abalos individuais somam-se e geram uma contração tetânica. A força muscular aumenta com o comprimento do músculo e diminui com a velocidade de encurtamento muscular. Os músculos sempre agem contra cargas externas, sendo exemplos típicos as cargas isométricas, isotônicas e elásticas.

5

Receptores

Palavras-chave e tópicos

- classificação dos receptores
- lei de Weber-Fechner
- fusos musculares
- sistema gama
- órgãos tendinosos de Golgi
- receptores articulares
- receptores da pele e subcutâneos

Receptores são células especializadas ou estruturas subcelulares que alteram suas propriedades em resposta a estímulos específicos (fontes de energia). Assim, diferentes sistemas receptores permitem que seres humanos e animais diferenciem as diversas fontes de energia (como a luz, o som e a energia mecânica) que o corpo absorve. Tipicamente, cada tipo de receptor é específico — ou seja, ignora estímulos externos — embora muitos receptores possam ser forçados a disparar com estimulação elétrica, ou mesmo com um forte estímulo mecânico. Você provavelmente sabe que um golpe duro no olho pode fazê-lo ver faíscas: o golpe faz que imagens sejam produzidas pela atividade dos receptores visuais do olho. Curiosamente, embora muitos dos nossos receptores reajam à estimulação elétrica e convertam informação usando fenômenos elétricos, não temos um sistema desenvolvido para a detecção do campo eletromagnético fora do intervalo da luz visível.

5.1 Tipos e propriedades dos receptores

A função óbvia dos receptores é fornecer informações sobre estímulos particulares a outros neurônios dentro do sistema nervoso central. Algumas dessas informações estão relacionadas ao ambiente, enquanto outras se relacionam com o estado do corpo. Existem três grupos de receptores:

1. *Interoceptores:* convertem informação de dentro do corpo.
2. *Exteroceptores:* convertem informação do ambiente.
3. *Proprioceptores:* convertem informação sobre a configuração relativa dos segmentos corporais.

Receptores de um mesmo grupo podem ser sensíveis a estímulos de diferentes modalidades, e receptores pertencentes a grupos diferentes podem reagir ao mesmo tipo de energia. Por exemplo, em cada um dos três grupos existem mecanoceptores que reagem a estímulos mecânicos. Receptores sensíveis a produtos químicos (*quimioceptores*) são generalizados. Alguns localizam-se sobre as membranas e são sensíveis aos neurotransmissores. Como já discutido, esses receptores são críticos para a transmissão sináptica de informação. No entanto, os quimioceptores da boca e do nariz desempenham um papel extremamente importante para a vida humana, criando os sentidos do gosto e do olfato.

Antes de descrever os mecanismos e funções de grupos específicos de receptores, devo mencionar uma lei que se aplica à *percepção consciente* de sinais de muitos dos sistemas receptores. Essa lei afirma que as *sensações* se relacionam à magnitude do estímulo por uma função logarítmica. Podemos estudar uma sensação alterando a magnitude de um estímulo e, em seguida, pedindo à pessoa para relatar quão fortemente o estímulo foi sentido numa escala de 0 a 10. A relação logarítmica é chamada *lei de Weber-Fechner*:

$$P = k \cdot \log \frac{M}{M_0}, \qquad (5.1)$$

em que P é a magnitude de percepção, M é a magnitude do estímulo, M_0 é a magnitude do estímulo quando a pessoa começa a percebê-lo (o chamado *estímulo limiar*), e k é uma constante. Essa lei é um exemplo das funções psicofísicas que relacionam dimensões medidas diretamente pelo pesquisador a dimensões relatadas pelo sujeito da experiência.

PROBLEMA # 5.1

- Dê um exemplo de um sistema receptor que não obedece à lei de Weber-Fechner.

Agora vamos considerar os proprioceptores cuja atividade está intimamente ligada à função motora. Um proprioceptor típico é uma célula neural especializada cujo corpo se localiza num lugar especial, um *gânglio*, perto da medula espinal (figura 5.1). Esses neurônios têm uma estrutura incomum. Em particular, eles não recebem entradas provenientes de outros neurônios e não têm uma árvore dendrítica típica. Os axônios servem como entrada e saída para o neurônio. O axônio de um neurônio é chamado *axônio aferente* ou *fibra aferente*, e tem uma característica *forma de T*. Axônios aferentes se dividem em dois ramos perto do corpo do neurônio. Um dos ramos vai para uma área periférica do corpo e uma terminação especializada (*terminação sensorial*) cuja membrana pode ser despolarizada ao limiar por um estímulo de determinada força e modalidade. O outro ramo passa por trás (*dorsal*) do canal espinal (através das raízes dorsais) na medula espinal, onde pode conectar-se a muitos neurônios diferentes e causar diversos efeitos.

Neurônios proprioceptores diferem da maioria dos neurônios dentro do sistema nervoso central na maneira de gerar e transmitir potenciais de ação. Enquanto a maioria dos neurônios gera potenciais de ação na membrana de seu soma (em particular, no cone axonal), os proprioceptores geram potenciais de ação na sua periferia, na terminação sensorial excitada por um estímulo externo. A maior parte dos neurônios integra informações de muitos outros neurônios para gerar um potencial de ação.

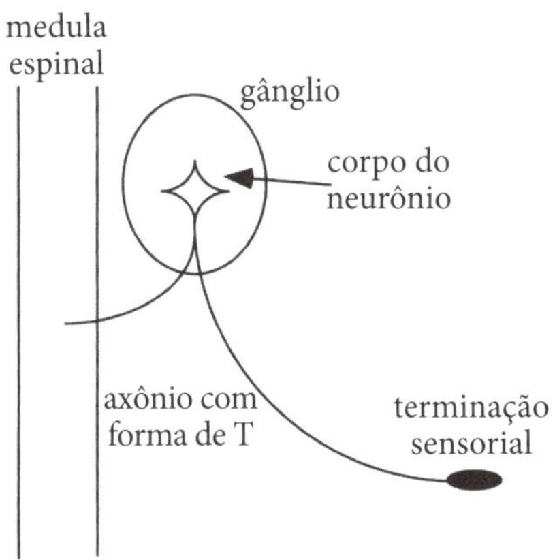

Figura 5.1 O corpo de um neurônio sensorial está localizado num gânglio próximo à medula espinal. Um ramo desse axônio com forma de T direciona-se à terminação sensorial periférico, enquanto o outro ramo se direciona para a medula espinal através das raízes dorsais.

Neurônios proprioceptores têm uma única fonte de excitação, na altura da terminação sensorial periférica. A maioria dos neurônios transmite potenciais de ação do soma axônio abaixo, naquilo que é chamado transmissão *ortodrômica*. Potenciais de ação gerados por uma terminação sensorial viajam no sentido oposto, em direção ao soma — isso é chamado transmissão *antidrômica*. Além disso, nos neurônios proprioceptores, o potencial de ação é conduzido ortodromicamente ao longo da ramificação central do axônio com formato de T.

5.2 Fusos musculares

O fuso muscular é uma das invenções mais incríveis da natureza (figura 5.2). Essas estruturas muito sofisticadas levam outros neurônios dentro do sistema nervoso central a conhecer o comprimento e a velocidade das fibras musculares. Fusos musculares têm forma alongada (comumente com até 1 cm de comprimento), com uma porção central mais espessa que os assemelha a fusos regulares. Grandes quantidades de fusos musculares ficam espalhadas entre as fibras musculares.

Cada fuso contém *fibras musculares intrafusais* especializadas, que estão orientadas paralelamente a *fibras musculares extrafusais* regulares, que contraem. A parte central de um fuso é coberta por uma cápsula de tecido conjuntivo. Em ambas as extremidades, fibras musculares intrafusais estão ligadas a fibras extrafusais ou ligamentos

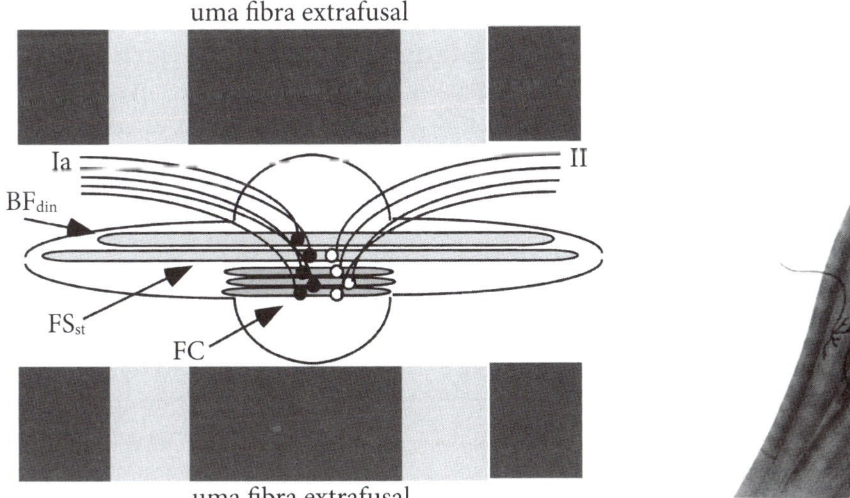

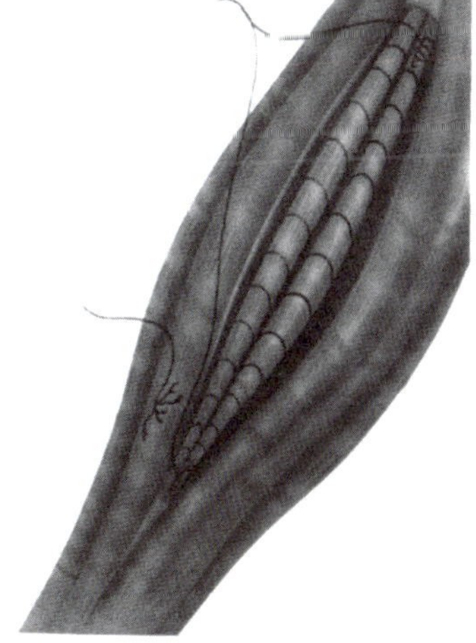

Figura 5.2 Um fuso muscular é orientado paralelamente às fibras musculares extrafusais. É coberto por uma cápsula e contém dois tipos de fibras musculares intrafusais: fibras de saco (FS) e fibras de cadeia (FC). Além disso, fusos musculares têm dois tipos de terminações sensoriais. primária (Ia) e secundária (II). Terminações primárias são encontradas em, virtualmente, todas as fibras intrafusais, enquanto terminações secundárias são vistas em FC e FS estáticas, mas não em FS dinâmicas. O desenho à direita mostra de forma mais realista um fuso muscular rodeado de fibras extrafusais.

Reproduzido, com permissão, de J.H. Wilmore e D.L. Costill, 1994, *Physiology of sport and exercise*, 2ª ed. (Champaign, IL: Human Kinetics), 28.

tendinosos. Assim, conforme as fibras extrafusais alteram seu comprimento, as fibras intrafusais são alongadas ou encurtadas.

Os fusos contêm dois tipos de fibras intrafusais: *fibras de saco* e *fibras de cadeia*. Esses nomes refletem a distribuição dos núcleos dentro de uma fibra: em cachos, como num saco, ou espalhados, como numa cadeia. Por sua vez, há dois tipos de fibras de saco: o estático e o dinâmico.

Existem também dois tipos de terminações sensoriais em fusos musculares. Elas localizam-se principalmente no meio (equador) do fuso. Terminações do primeiro tipo, as *terminações primárias do fuso*, são vistas em praticamente todas as fibras intrafusais, incluindo fibras de saco e de cadeia, enquanto terminações do segundo tipo, as *terminações secundárias de fuso*, raramente são vistas em fibras de saco dinâmicas, mas são comuns em fibras de cadeia e de saco estáticas. Uma terminação de fuso, como qualquer terminação sensorial de um neurônio proprioceptivo, situa-se na extremidade de um axônio de um neurônio cujo corpo esteja num gânglio espinal. Axônios de terminações primárias pertencem às fibras aferentes do grupo Ia, enquanto axônios de terminações secundárias pertencem a fibras aferentes do grupo II.

Terminações sensoriais primárias são sensíveis ao comprimento e à velocidade do músculo. A figura 5.3 mostra como uma terminação primária responde tipicamente a um alongamento muscular imposto de fora a velocidades diferentes. Sua frequência de disparo é mais alta depois do alongamento, e não antes, o que significa que a terminação é *sensível ao comprimento do músculo*. Contudo, durante o alongamento, a frequência de disparo é mais alta para alongamentos mais rápidos, o que significa que a terminação também é *sensível à velocidade*. A sensibilidade à velocidade das terminações primárias de fuso aumenta a frequência de seu disparo durante o alongamento muscular e diminui a frequência de seu disparo durante o encurtamento muscular. Axônios aferentes primários são os mais rápidos entre as fibras neurais. Eles são mielinizados e têm um diâmetro que varia de 12 a 20 μm, o que corresponde a uma velocidade de potencial de ação de 120 m/s.

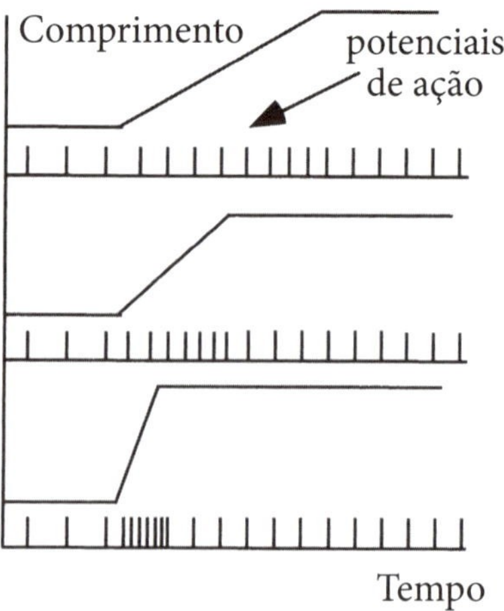

Figura 5.3 Respostas típicas de uma terminação primária de fuso para um alongamento muscular imposto externamente a diferentes velocidades. A resposta aumenta com o comprimento do músculo e com a velocidade do alongamento.

PROBLEMA # 5.2

- O que se pode dizer sobre o estado de um músculo (seu comprimento e sua velocidade), caso se conheça a frequência de disparo de uma de suas terminações primárias?

Terminações secundárias são sensíveis ao comprimento, mas não à velocidade. A figura 5.4 mostra como uma terminação secundária típica responde ao alongamento e ao encurtamento do músculo. Terminações secundárias têm axônios menores e, portanto, velocidades mais baixas de condução, que variam de 20 a 60 m/s.

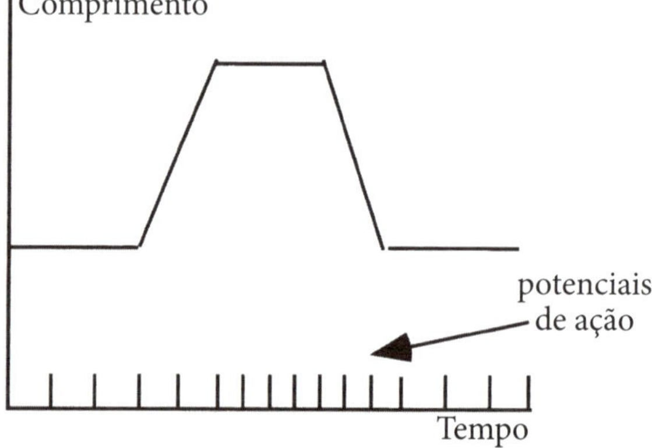

Figura 5.4 Uma resposta típica de uma terminação secundária de fuso a alongamento e encurtamento externamente impostos. A resposta aumenta com o comprimento do músculo, mas não depende da velocidade.

PROBLEMA # 5.3

- Desenhe um gráfico mostrando as alterações na frequência de disparo de uma terminação primária e uma secundária num músculo cujo comprimento muda como uma função seno.

PROBLEMA # 5.4

- Desenhe um gráfico que indique as alterações de comprimento num músculo cuja terminação primária de fuso mostra um aumento suave, como uma rampa, na frequência de disparo, de um nível constante inferior a um nível estável mais alto, e, em seguida, declina suavemente em frequência de disparo para um nível um pouco mais alto que o primeiro.

As terminações dos fusos musculares são muito sensíveis a mudanças de baixa amplitude no comprimento muscular, particularmente se essas alterações ocorrem a uma alta frequência. Terminações primárias de fuso podem ser forçadas a disparar em resposta a cada ciclo de uma vibração de alta frequência (da ordem de 100 Hz) quando a amplitude da vibração é de 1 mm e a vibração é aplicada à pele sobre o interior do músculo ou sobre o tendão. Se um gerador de vibração for conectado diretamente às fibras musculares, alguns micrômetros de amplitude de vibração são suficientes para conduzir terminações primárias de fuso na frequência da vibração.

5.3 O sistema gama

Terminações primárias e secundárias de fuso são únicas entre os proprioceptores pela capacidade de mudar sua sensibilidade ao comprimento e à velocidade do músculo em resposta aos sinais de neurônios que formam o *sistema gama (sistema γ)*.

Fibras musculares intrafusais recebem sinais de axônios eferentes de neurônios especiais cujos corpos localizam-se na medula espinal. Esses neurônios pertencem à classe dos *motoneurônios*, juntamente com os neurônios espinais que enviam seus sinais às fibras extrafusais geradoras de contração. Motoneurônios que inervam fibras musculares dentro de fusos musculares pertencem ao sistema γ e são chamados *motoneurônios γ*. Eles são muito menores que os outros motoneurônios (*motoneurônios α*); seus axônios são aproximadamente do mesmo comprimento, uma vez que seu alvo localiza-se nos mesmos músculos, mas são muito mais finos e, em comparação, conduzem potenciais de ação a velocidades muito baixas (cerca de 20 m/s).

Existem dois tipos de motoneurônios γ (figura 5.5): dinâmico e estático. *Axônios-γ dinâmicos* inervam fibras musculares de saco dinâmicas e, portanto, afetam a sensibilidade das terminações de fuso primárias localizadas nessas fibras.

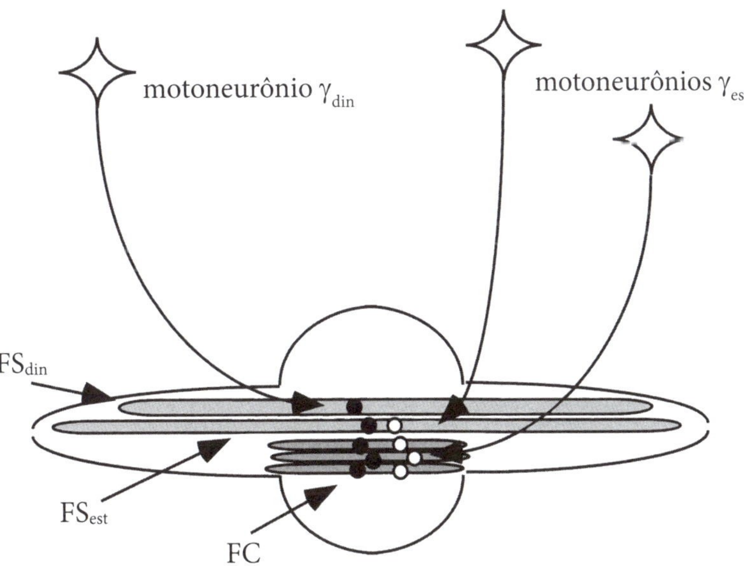

Figura 5.5 Há dois tipos de pequenos motoneurônios γ inervando as fibras intrafusais dos fusos musculares. Motoneurônios γ dinâmicos inervam fibras dinâmicas em saco e mudam a sensibilidade de terminações primárias. Motoneurônios γ estáticos inervam fibras estáticas em saco e fibras em cadeia. Eles mudam a sensibilidade de terminações tanto primárias quanto secundárias.

Motoneurônios γ estáticos enviam seus axônios a fibras de saco estáticas e fibras de cadeia. Eles podem alterar a sensibilidade das terminações primárias e secundárias.

A figura 5.6 mostra como axônios-γ dinâmicos eletricamente estimulados podem alterar a resposta de uma terminação primária ao alongamento e encurtamento do músculo. Note os efeitos maiores do alongamento sobre a resposta do fuso. Axônios-γ estáticos inervam fibras intrafusais com terminações sensoriais primárias e secundárias. Sua estimulação pode ser vista na resposta dos dois grupos de terminações sensoriais ao comprimento do músculo, dada em forma de uma frequência maior de disparo.

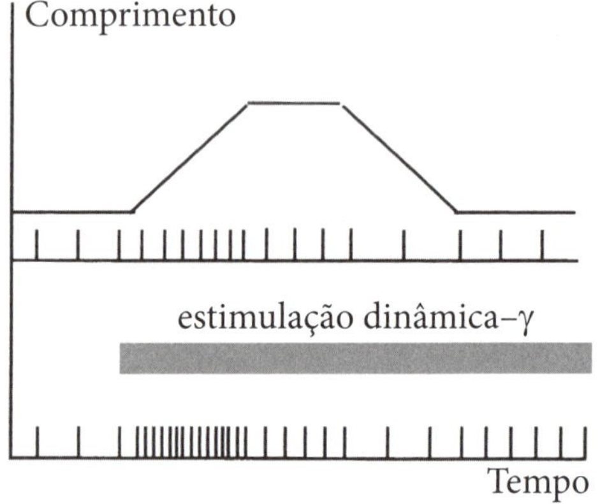

Figura 5.6 Ativar motoneurônios γ dinâmicos afeta a resposta de uma terminação primária de fuso ao alongamento e ao encurtamento do músculo. Na figura 5.5, uma estimulação dinâmica-γ foi aplicada durante as mesmas alterações no comprimento do músculo.

PROBLEMA # 5.5

- Como uma terminação secundária reage ao aumento da atividade dos motoneurônios γ dinâmicos que inervam o fuso?

PROBLEMA # 5.6

- Quando contraímos voluntariamente um músculo, seu comprimento diminui. Contudo, a frequência de disparo de suas terminações de fuso pode permanecer constante. Por que isso pode acontecer?

5.4 Órgãos tendinosos de Golgi

Outro grupo de proprioceptores é localizado pela junção entre tendões e fibras musculares (figura 5.7). Esses receptores são sensíveis à deformação mecânica e são chamados *órgãos tendinosos de Golgi*. Tendões podem ser considerados estruturas elásticas (molas). Isso significa que a deformação mecânica de um tendão aumenta com a força muscular, de modo que órgãos tendinosos de Golgi são *sensores de força* quase perfeitos. Eles não recebem qualquer inervação adicional (como os fusos musculares) e também não respondem à taxa de alteração da força. Assim, sua resposta à força muscular é relativamente independente de outros fatores. O fato de os tendões serem molas não lineares torna os órgãos tendinosos de Golgi sensores não lineares; porém, é pouco provável que isso seja um problema, uma vez que suas propriedades não se alteram.

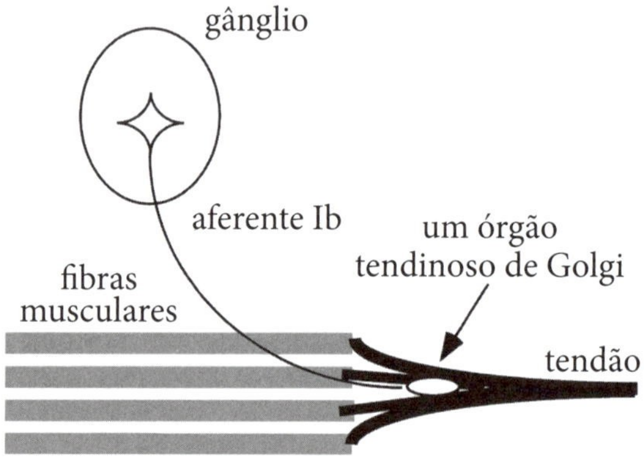

Figura 5.7 Os órgãos tendinosos de Golgi estão localizados em série em relação às fibras musculares extrafusais, e estas se inserem no tendão. Os órgãos tendinosos de Golgi são inervados com fibras rápidas do grupo Ib de neurônios sensoriais no gânglio medular.

A figura 5.8 ilustra como um órgão tendinoso de Golgi responde à força gerada por fibras musculares que estão em série com o órgão tendinoso. Órgãos tendinosos de Golgi são seletivos ao responderem à força gerada por suas fibras musculares. Se a força muscular for gerada por fibras que não atuam na área onde se encontra um órgão de Golgi, este não mudará sua frequência de disparo ou poderá mostrar uma queda em sua atividade. Esse fenômeno pode resultar de uma descarga de uma trança particular das estruturas tendinosas onde o órgão de Golgi está localizado.

PROBLEMA # 5.7

- Imagine que você impeça o movimento da articulação de seu cotovelo direito e, em seguida, ative rapidamente seu bíceps (contraindo o bíceps sob condições isométricas). Desenhe um gráfico da mudança na frequência de disparo para uma terminação primária e secundária de fuso muscular e para um órgão tendinoso de Golgi. Suponha que todas as terminações mostraram um nível estável de disparo antes do aumento da força.

PROBLEMA # 5.8

- Desenhe o mesmo gráfico para uma flexão de cotovelo muito rápida contra uma força externa constante.

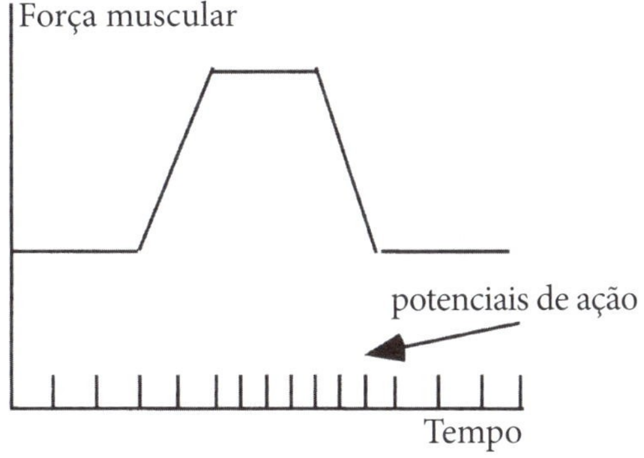

Figura 5.8 Uma resposta de um órgão tendinoso de Golgi à força muscular é similar à resposta das terminações secundárias de fuso ao comprimento do músculo.

Axônios provenientes de órgãos tendinosos de Golgi são quase tão grandes quanto os axônios das terminações de fuso primárias. Sua velocidade de condução é da mesma ordem de magnitude, podendo chegar a 80 m/s.

5.5 Outros receptores musculares

Alguns outros tipos de terminações sensoriais podem ser encontrados no músculo. O primeiro são os corpúsculos paciniformes, que embora menores, compartilham uma estrutura similar à dos corpúsculos de Pacini encontrados na pele (os quais serão considerados mais tarde). Esses corpúsculos comumente se localizam perto da junção músculo-tendinosa e são sensíveis à vibração de alta-frequência. Não se sabe muito sobre seu significado funcional e suas conexões centrais.

Também existem terminações sensoriais livres espalhadas por todo o músculo. Elas são sensíveis aos estímulos mecânicos fortes (como os que ocorrem durante um beliscão) e a determinadas substâncias químicas. Esses receptores provavelmente desempenham um papel na dor e em determinadas respostas reflexas que descreveremos mais tarde. São inervados com pequenos axônios não mielinizados com uma velocidade de condução lenta (da ordem de 10 m/s).

5.6 Receptores articulares

Outro grupo de proprioceptores reside nas articulações: são os chamados *receptores articulares*. Existem vários tipos de receptores articulares, incluindo terminações nervosas livres e terminações sensoriais semelhantes aos órgãos tendinosos de Golgi. Elas são inervadas por axônios de tamanho variável, desde os bastante finos, em que falta a bainha de mielina, até os grandes (com diâmetro de mais de 10 μm), que pertencem às fibras do grupo I e são caracterizados por condução rápida (até 80 m/s).

Por muito tempo, pensou-se que esses receptores fossem transdutores em ângulo perfeito que informavam o sistema nervoso central sobre a posição das articulações. Contudo, uma inspeção mais detalhada de seu comportamento revelou que receptores articulares individuais disparam dentro de uma pequena gama de ângulos de articulação (figura 5.9). Além disso, muitos dos receptores são ativados quando a posição da articulação está próxima de um de seus extremos fisiológicos, enquanto apenas alguns são ativados no meio do espectro do movimento articular.

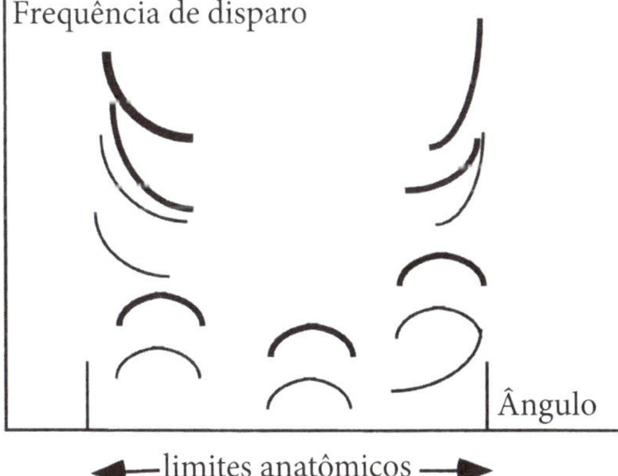

Figura 5.9 A maioria dos receptores articulares dispara em intervalos estreitos de ângulo articular, principalmente quando a articulação está próxima de seus limites anatômicos. Uma força muscular maior aumenta a tensão da cápsula articular, e receptores articulares aumentam sua resposta (linhas em negrito).

Assim, receptores articulares não são aptos a fornecer informações confiáveis sobre a posição articular durante os movimentos naturais.

Receptores articulares são também sensíveis a mudanças na tensão da cápsula articular. Tipicamente, um receptor aumenta a frequência de seu disparo ao longo de toda a gama de sua atividade em resposta a um aumento da tensão da cápsula articular (figura 5.9). A tensão da cápsula articular se intensifica com a força muscular. Tudo isso torna os sinais dos receptores articulares ainda menos atraentes como fonte de informação sobre a posição articular, porque um receptor pode apresentar frequências de disparo similares em posições diferentes se as forças musculares diferirem. Esses receptores parecem muito mais adequados à detecção e sinalização de potenciais condições prejudiciais às articulações, como alta tensão da cápsula articular, ângulos articulares próximos dos limites anatômicos e inflamação articular.

5.7 Receptores cutâneos

Nossa pele abriga receptores sensíveis a diferentes modalidades sensoriais. Entre eles estão os termoceptores sensíveis à temperatura, nociceptores sensíveis a estímulos potencialmente prejudiciais (que dão origem à dor) e mecanoceptores sensíveis à pressão. Os mecanoceptores desempenham um papel particularmente importante no controle dos movimentos humanos, em especial os que envolvem discriminação tátil (percepção *háptica*).

A figura 5.10 mostra mecanoceptores cutâneos na pele glabra da palma da mão. *Corpúsculos de Meissner* e *discos de Merkel* localizam-se perto da superfície da pele, na fronteira da epiderme e da derme.

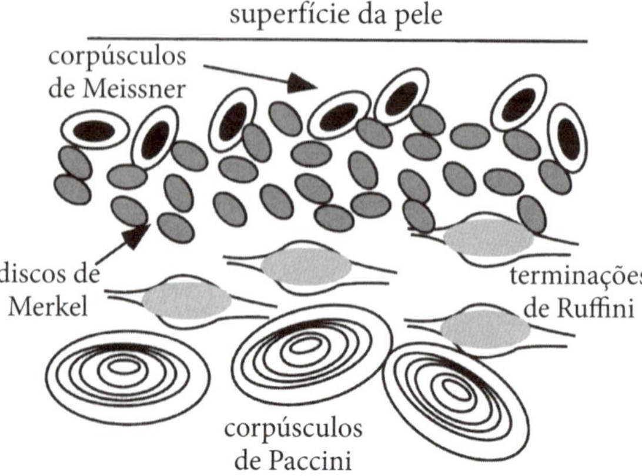

Figura 5.10 Mecanoceptores cutâneos e subcutâneos na pele glabra da palma da mão.

Mais profundamente, na derme, existem as *terminações de Ruffini*, e ainda mais profundamente, no tecido subcutâneo, estão os *corpúsculos de Pacini*.

Os discos de Merkel respondem à pressão vertical sobre a superfície da pele, mas não a deslocamentos laterais. Em geral, um grupo de discos de Merkel é inervado por um axônio aferente. Os corpúsculos de Meissner são sensíveis a mudanças rápidas de pressão numa pequena área de pele. Eles prontamente se adaptam e param de responder se a pressão não muda. Cada corpúsculo de Meissner é inervado por dois ou mais axônios.

As terminações de Ruffini podem ser ativadas em áreas de pele muito maiores, por estímulos a 5 cm de distância da terminação. Eles adaptam-se vagarosamente e continuam a disparar em resposta a uma deformação estável da pele. Corpúsculos de Pacini são os maiores mecanorreceptores cutâneos, com tamanhos entre 1 e 5 mm. Eles reagem às deformações mecânicas (por exemplo, à vibração) que mudam rapidamente.

5.8 Para onde vai a informação?

Três efeitos principais da atividade proprioceptora são importantes para questões relacionadas à geração de movimentos. Em primeiro lugar, os proprioceptores provocam mudanças na atividade muscular que ultrapassam a consciência. Alguns desses efeitos são chamados *reflexos*, enquanto outros são denominados *reações provocadas* ou *reações pré-programadas*. Por ora, evitaremos debates linguísticos sobre a propriedade do termo *reflexo*. Mais será dito sobre adequação no capítulo 8. A palavra *reflexo* tem sido usada para classificar reações mais ou menos estereotipadas, mais ou menos automáticas e que surgem rapidamente, sem envolver a participação consciente do sujeito. Conforme explicaremos em capítulos futuros, os reflexos podem não ser tão automáticos nem tão estereotipados. Na verdade, eles podem ocorrer em diferentes músculos em resposta a um mesmo estímulo. Contudo, eles de fato refletem o estímulo, ainda que de forma mais complexa do que se pensava na primeira metade do século XX.

Em segundo lugar, proprioceptores nos deixam saber onde nossos braços e pernas estão, bem como se os objetos com que lidamos são pesados ou leves, ásperos ou macios. Em terceiro lugar, proprioceptores ajudam a criar um sistema de referência interno que o encéfalo usa para planejar e executar movimentos.

Sinais de proprioceptores deslocam-se ao longo dos axônios aferentes dentro da medula espinal (figura 5.11). Nela, eles se conectam a diferentes tipos de neurônios. Aferentes de fuso primário são os únicos conhecidos por se conectar diretamente aos motoneurônios da medula espinal. A maioria dos axônios aferentes faz sinapses em interneurônios, células menores que processam informações recebidas e fazem projeções sobre outros neurônios. Um cuidadoso rastreamento das projeções espinais de vários proprioceptores revela um quadro perturbador: aferentes diferentes fazem projeções sobre os mesmos interneurônios, de modo que as informações originais sobre comprimento, velocidade, pressão, força e ângulo articular ficam total e aparentemente misturadas de forma irremediável. À primeira vista, isso parece bem estúpido, mas vamos tentar compreender a lógica dessa organização quando tratarmos da sensação de posição mais tarde neste livro. Algumas fibras aferentes correm para o encéfalo, sem fazer conexões intermediárias, o que provavelmente as torna as fibras neurais mais longas do corpo. Após alcançarem o encéfalo, elas aparentemente participam de processos como a percepção do corpo, a posição dos membros e o planejamento do movimento.

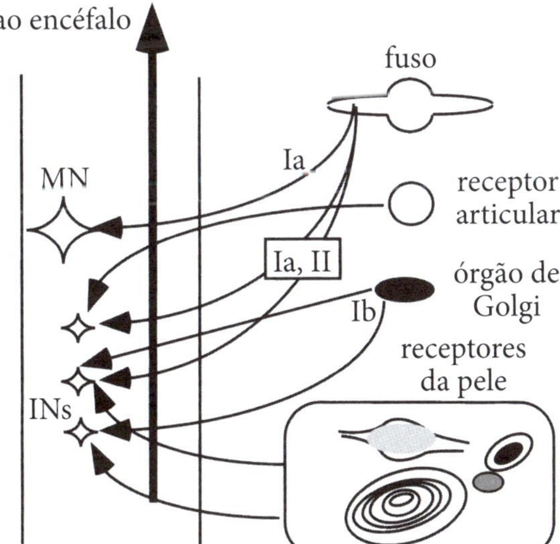

Figura 5.11 Os nervos aferentes de receptores periféricos entram na medula espinal por meio das raízes dorsais. Lá fazem sinapses em interneurônios e motoneurônios, enviando sinais ao encéfalo. Um mesmo interneurônio pode receber sinais de aferentes de diversas modalidades.

Capítulo 5 em resumo

Receptores são células especializadas ou partes de células que respondem a determinados tipos de estímulos externos. Os sinais de receptores levam à percepção de estímulos, a qual se relaciona com a força do estímulo por uma lei não linear. Os proprioceptores produzem informação sobre a configuração dos segmentos corporais. Os fusos musculares contêm terminações sensoriais de dois tipos: aquelas sensíveis ao comprimento do músculo e as sensíveis tanto ao comprimento quanto à velocidade do músculo. A sensibilidade das terminações de fuso é modulada por um sistema especial de neurônios chamado *sistema gama*. Os órgãos tendinosos de Golgi são sensíveis à força muscular. Os receptores articulares são sensíveis ao ângulo articular (tipicamente, a ângulos próximos dos limites anatômicos da rotação articular) e à tensão da cápsula articular. Os receptores da pele e os subcutâneos medem a pressão sobre a pele. As terminações sensoriais enviam sinais ao longo da ramificação periférica do axônio em forma de T aos gânglios espinais, onde se situam os corpos dos neurônios sensoriais. Em seguida, os sinais viajam ao longo do ramo central do axônio em forma de T para dentro do sistema nervoso central.

6

Unidades motoras e eletromiografia

Palavras-chave e tópicos

- unidades motoras
- princípio de Henneman
- padrões de recrutamento
- eletromiografia

Chegou o momento de passarmos das propriedades das células únicas ao próximo nível de complexidade funcionalmente importante. Sem dúvida, seria pouco sensato esperar que o sistema nervoso central controlasse separadamente a atividade de cada célula neural e muscular. Tal abordagem poderia impor uma carga computacional além da imaginação humana. Seria como calcular a trajetória de cada partícula elementar dentro de uma bola de beisebol para garantir que essa bola siga a trajetória desejada. O sistema nervoso central simplifica tal tarefa, unindo pequenos elementos do sistema neuromuscular em unidades funcionais controladas por apenas um ou dois parâmetros. A menor unidade funcional do sistema neuromotor é chamada *unidade motora*.

6.1 A unidade motora

A figura 6.1 mostra um par de *motoneurônios α*, células neurais da medula espinal que inervam um músculo. Seus axônios ramificam-se nas extremidades; assim, cada axônio inerva várias fibras musculares. Uma vez que neurônios obedecem à lei do tudo ou nada, quando o axônio de um motoneurônio α libera um potencial de ação, a resposta é uma contração sincronizada de todas as fibras musculares inervadas por esse único motoneurônio. Desse modo, todas as fibras musculares inervadas também se comportam de acordo com a lei do tudo ou nada. *O motoneurônio e as fibras musculares que ele inerva são chamados unidade motora.* Embora as fibras musculares possam receber entradas provenientes de vários axônios durante o desenvolvimento e a recuperação de uma lesão do nervo, com o tempo entradas repetidas desaparecem, e cada fibra muscular acaba sendo inervada por um axônio.

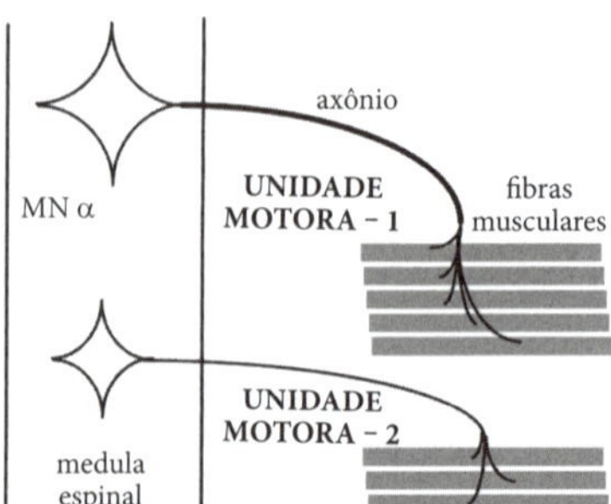

Figura 6.1 Na medula espinal, motoneurônios α enviam seus axônios através das raízes ventrais. Cada axônio se ramifica no músculo-alvo e inerva várias fibras musculares. Um motoneurônio e as fibras musculares que ele inerva são chamados *unidade motora*.

O tamanho de uma unidade motora depende do tamanho do motoneurônio e do número de fibras musculares inervadas por ele. Esses dois parâmetros estão estreitamente correlacionados, de modo que motoneurônios grandes (com um grande corpo celular e um axônio espesso) inervam mais fibras musculares que motoneurônios menores. O número de fibras musculares inervadas por um único motoneurônio (a *taxa de inervação*) varia muito, de menos de 10, em músculos que controlam os movimentos oculares, a mais de 1000, nos grandes músculos que participam do controle postural quando ficamos em pé. Com a idade, o número de motoneurônios diminui e a reinervação começa, aumentando o tamanho das unidades motoras individuais e, consequentemente, a taxa de inervação. Esses efeitos do envelhecimento serão considerados mais detalhadamente no capítulo 28.

PROBLEMA # 6.1

- Uma unidade motora pode produzir diferentes níveis de força muscular? Por quê?

PROBLEMA # 6.2

- Você quer que uma unidade motora grande e uma pequena se contraiam simultaneamente. Como você cronometra o envio dos comandos aos motoneurônios?

Até agora, discutimos os tipos mais comuns de fibras musculares. Essas fibras geram potenciais de ação quando uma membrana local é despolarizada na sinapse neuromuscular, conduzem esses potenciais e geram abalos contráteis em resposta a eles. Outro tipo de fibra muscular relativamente raro é observado em músculos envolvidos nos movimentos dos olhos, garganta e orelhas. Essas fibras raras são chamadas *fibras tônicas*. Cada fibra tônica é inervada em vários lugares e não gera seu próprio potencial de ação em resposta às entradas pré-sinápticas, mas espalha a despolarização pós-sináptica com correntes locais. Como resultado, a resposta de uma fibra tônica a estímulos pré-sinápticos não obedece à lei do tudo ou nada e pode ser graduada. Não consideraremos mais essas fibras incomuns; em vez disso, retornaremos às fibras de contração comuns envolvidas nos movimentos do corpo humano e seus membros.

6.2 Unidades motoras rápidas e lentas

Cada músculo é formado por uma quantidade de unidades motoras que varia de menos de cem em músculos pequenos responsáveis por controlar os movimentos oculares a milhares nos grandes músculos que controlam movimentos de segmentos corporais maiores. Dentro de um músculo, as unidades motoras diferem não apenas por seu tamanho relativo, mas também por suas propriedades de contração.

Dois elementos básicos são usados para descrever as propriedades funcionais das unidades motoras: *abalo contrátil* e *fadiga*. A figura 6.2A mostra abalos contráteis de três unidades motoras. Essas unidades motoras geram diferentes níveis de força máxima e gastam tempos diferentes para alcançar seu pico de força. Em particular, a UM_3 leva o tempo mais longo para concluir seu abalo contrátil e gera a força máxima mais baixa, enquanto a UM_1 é a primeira a alcançar sua força máxima e tem a força de pico mais alta. Se essas unidades motoras forem estimuladas numa alta frequência, produzirão uma *contração tetânica* (discutida no capítulo 4). Isso pode ser feito estimulando-se os axônios das unidades motoras com um estimulador elétrico externo. Se a frequência dos estímulos for a mesma para todas as três unidades motoras, o pico de força será novamente o mais alto para a UM_1 e o mais baixo para a UM_3 (figura 6.2A). Se a estimulação continua por um longo tempo, a fadiga altera o nível da força de contração (figura 6.2B). Isso, porém, será discutido num capítulo posterior. O que é importante aqui é que os níveis de força da UM_2 e da UM_3 mudam pouco, enquanto o nível de força da UM_1 cai significativamente.

Assim, existem três tipos de unidades motoras. As unidades motoras do tipo UM_1 são chamadas *contrações rápidas*, *fatigáveis*; as unidades motoras do tipo UM_2 são chamadas *contrações rápidas*, *resistentes à fadiga*; e as unidades motoras do tipo UM_3 são chamadas *contrações lentas*, *resistentes à fadiga*.

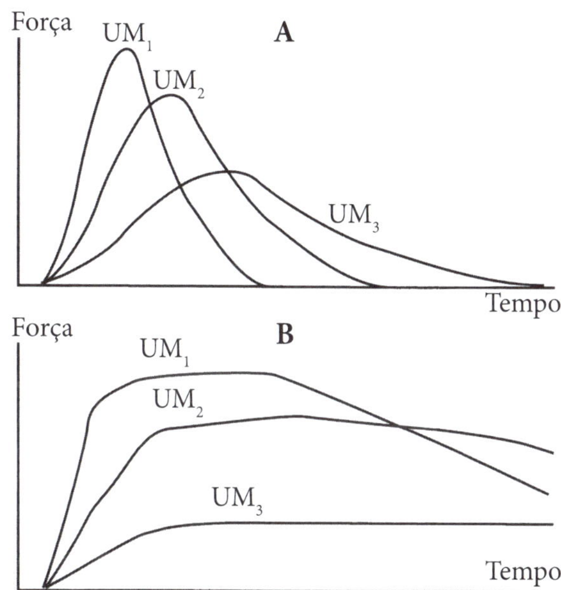

Figura 6.2 Abalos contráteis (*A*) e contrações tetânicas (*B*) de três unidades motoras. A unidade motora mais rápida e mais forte (UM_1) é a que mais perde força com o tempo (fadiga), enquanto a unidade motora menor e mais lenta (UM_3) não sofre fadiga.

Esses grupos são às vezes referidos como FF, FR e L, respectivamente. Unidades motoras lentas (S) tipicamente têm menos fibras musculares, motoneurônios menores e axônios mais finos. Por isso, a velocidade de condução dos potenciais de ação ao longo de seus axônios é a mais lenta (embora sua velocidade de condução seja ainda bastante rápida, uma vez que, como você se lembrará, os axônios dos motoneurônios α são grossos, mielinizados e com fibras neurais do grupo I). As unidades motoras FF caracterizam-se pela velocidade de condução mais alta. A diferença entre as velocidades de condução das unidades motoras lentas e rápidas pode variar de 40 m/s a 100 m/s.

As propriedades físicas das unidades motoras correlacionam-se por meio de suas diferentes características morfológicas e bioquímicas. Considere como as várias unidades motoras usam as três fontes principais de energia para a contração muscular. A primeira fonte é o *ATP* contido em miofibrilas. Sua contribuição pode ser avaliada medindo-se a atividade da enzima ATPase, que ajuda a metabolizar o ATP. A segunda fonte é o *metabolismo oxidativo* que ocorre na mitocôndria. Sua taxa pode ser calculada de acordo com a atividade das enzimas succinil desidrogenase e NADH desidrogenase. A terceira fonte é o *glicogênio*, cujo metabolismo é anaeróbico. A tabela 6.1 mostra três tipos principais de unidades motoras e as diferentes características bioquímicas e fisiológicas de suas fibras musculares. As unidades motoras lentas contêm principalmente fibras lentas oxidativas, caracterizadas por um elevado nível de processos oxidativos mitocondriais e um desenvolvido suprimento de sangue. As unidades motoras rápidas usam mais energia do metabolismo do ATP e do glicogênio. As unidades motoras resistentes à fadiga têm um rico suprimento capilar, comparável ao fornecimento de sangue das unidades motoras lentas, enquanto as unidades motoras rápidas resistentes à fadiga têm um fornecimento capilar esparso.

TABELA 6.1

Propriedades das unidades motoras

Tipo	FF	FR	S
Diâmetro da fibra	Grande	Médio	Pequeno
Taxa de ATPase	Alta	Alta	Baixa
Taxa de glicogênio	Alta	Alta	Baixa
Taxa de succinil desidrogenase	Baixa	Média	Alta
Taxa de NADH desidrogenase	Baixa	Média	Alta

FF = rápida fatigável; FR = rápida resistente à fadiga; S = lenta.

A maioria dos músculos contém uma mistura de diferentes tipos de unidades motoras, embora a porcentagem de unidades motoras lentas e rápidas possa variar. Músculos lentos (aqueles com alta porcentagem de unidades motoras S) são tipicamente vermelhos (por exemplo, o sóleo), enquanto músculos rápidos (aqueles com alta porcentagem de unidades motoras FR e FF) são tipicamente pálidos (por exemplo, a porção lateral do gastrocnêmio). Dentro de um músculo, o sistema nervoso central segue uma regra que indica a ordem em que diferentes unidades motoras são recrutadas. Essa regra é extremamente importante por si só, mas também é valiosa por ser um exemplo único de uma *regra coordenativa*. Discutiremos essa regra em seguida.

6.3 O princípio de Henneman

O *princípio de Henneman* (também conhecido como *princípio do tamanho*) afirma que *o recrutamento de unidades motoras dentro de um músculo vai das unidades motoras pequenas para as grandes*. Portanto, se uma pessoa faz uma contração leve, quase toda a força é produzida pelas unidades motoras mais lentas (figura 6.3). Se a contração é reforçada, motoneurônios maiores geram potenciais de ação, recrutando unidades motoras maiores que as primeiras. No nível mais alto de contração muscular (contração voluntária máxima), as unidades motoras maiores é que são recrutadas. A desativação de unidades motoras com força muscular declinante segue a ordem inversa: as unidades motoras maiores são as primeiras a serem desativadas, enquanto as menores são as últimas a cessar o disparo.

A contribuição de uma unidade motora para a força muscular total depende de dois fatores: o *tamanho da unidade motora* e a *frequência* dos potenciais de ação gerados por seu motoneurônio α.

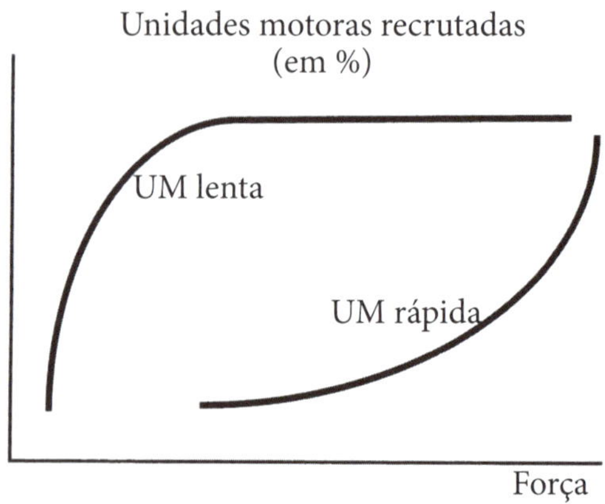

Figura 6.3 De acordo com o princípio de Henneman, unidades motoras pequenas são recrutadas primeiro quando as forças musculares são baixas. Um aumento da força muscular leva ao recrutamento de unidades motoras maiores.

Unidades motoras maiores geram forças maiores em resposta a potenciais de ação únicos, enquanto todas as unidades motoras geram mais força (até um limite, é claro) quando potenciais de ação chegam a uma frequência mais alta. Como a frequência de disparo em parte determina a contribuição da força de uma unidade motora, o sistema nervoso central pode desenvolver o mesmo nível de força muscular usando diferentes combinações de unidades motoras. A figura 6.4 mostra que o mesmo nível de força muscular pode resultar do recrutamento de algumas unidades motoras em frequências mais altas ou do recrutamento de numerosas unidades motoras em frequências mais baixas. *Recrutamento e alterações da frequência de disparo são os dois principais mecanismos reguladores da força muscular.*

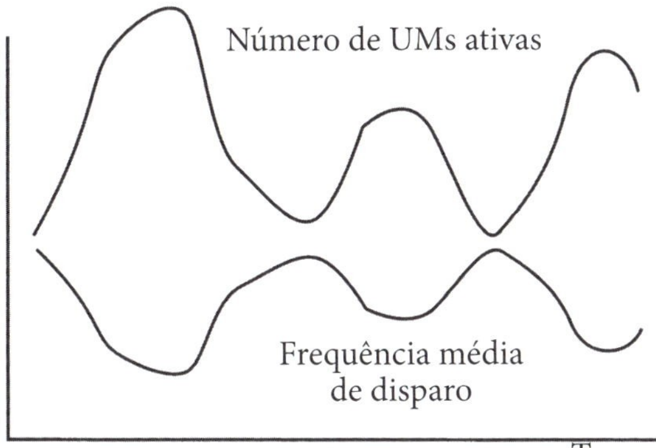

Figura 6.4 Quando a força muscular é mantida constante, uma mudança no número de unidades motoras recrutadas influencia (negativamente) sua frequência média de disparo.

Durante contrações sustentadas, o *desrecrutamento* (desligamento) de algumas unidades motoras é acompanhada pelo recrutamento de outras e por mudanças na frequência de disparo das unidades motoras já recrutadas. Assim, para um determinado nível de força muscular, o princípio de Henneman não define inequivocamente quais unidades motoras são recrutadas ou em quais frequências isso ocorre. Contudo, ele não limita a área em que podem ser pesquisadas as soluções para combinações particulares de padrões de recrutamento de unidades motoras. Isso nos permite comparar o princípio de Henneman às regras da gramática, que não definem exatamente as combinações de palavras que devem ser utilizadas para expressar significados particulares, mas limita nossa escolha às combinações gramaticalmente aceitáveis. O princípio de Henneman é uma *regra coordenativa*, e não uma regra de prescrição.

PROBLEMA # 6.3

- Formule o princípio do tamanho para a ordem de envolvimento das unidades motoras em uma contração induzida por uma estimulação elétrica progressivamente mais forte do nervo muscular.

Embora raras, existem situações em que o princípio de Henneman não funciona perfeitamente. Em particular, se um músculo participa de uma tarefa em que não é o *motor primário*, a ordem de recrutamento das unidades motoras dentro desse músculo pode violar o princípio do tamanho para determinados pares de unidades motoras: uma unidade motora maior pode ser recrutada antes de uma menor. Uma inversão do princípio do tamanho também pode ser vista em algumas respostas reflexas (a serem discutidas mais tarde), especialmente nas respostas à estimulação cutânea.

6.4 Funções das unidades motoras

A função das unidades motoras é definida em grande parte por suas propriedades. Tarefas que exigem força muscular prolongada são realizadas por unidades motoras lentas resistentes à fadiga, enquanto tarefas que exigem um aumento rápido e pequeno da força muscular são executadas principalmente por unidades motoras rápidas. Muitos dos músculos posturais têm uma grande proporção de unidades motoras S. Já os músculos que participam de movimentos rápidos dos membros, como chutar, bater ou agarrar, têm tipicamente uma grande proporção de unidades motoras FR e FF. A maioria dos músculos, porém, tem um espectro relativamente grande de unidades motoras, refletindo sua participação numa variedade de tarefas motoras.

PROBLEMA # 6.4

- Que tipo de unidades motoras você esperaria encontrar em abundância num maratonista, num levantador de peso e num nadador?

Taxas de disparo contínuas por motoneurônios são comumente altas (com cerca de 8 a 35 Hz), de modo que abalos contráteis de unidades motoras individuais se sobrepõem uns aos outros e levam ao tétano. Apesar disso, o tétano totalmente fundido (suave) é raramente observado.

Como mencionado, o sistema nervoso central pode aumentar a força muscular recrutando mais unidades motoras ou aumentando a frequência de disparo das unidades motoras já recrutadas (figura 6.5). Ele usa ambos os métodos durante os movimentos naturais e voluntários.

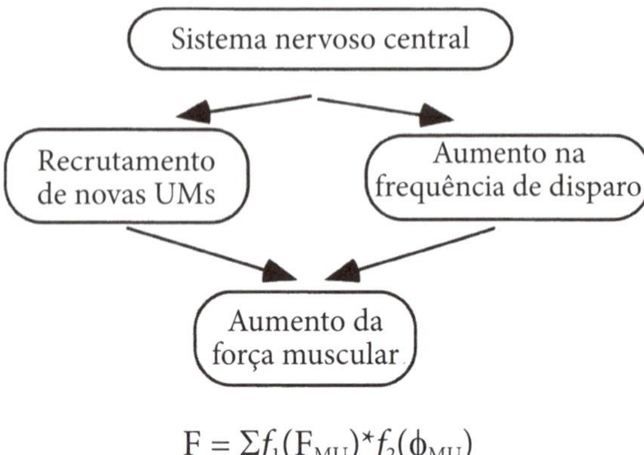

$$F = \Sigma f_1(F_{MU})^* f_2(\phi_{MU})$$

Figura 6.5 Para aumentar a força muscular, o sistema nervoso central pode tanto recrutar novas unidades motoras quanto aumentar a frequência de disparo das já recrutadas. Aqui, *F* é força, *f* é uma função monotonicamente crescente e ϕ é a frequência de disparo.

O papel relativo do recrutamento *versus* a frequência de disparo aumentada difere entre músculos e entre tarefas. Por exemplo, os músculos da mão mostram pleno recrutamento de unidades motoras em níveis relativamente moderados de força (40% a 50% da força de contração voluntária máxima), e um novo aumento da força só pode ser realizado por meio do aumento da frequência média de disparo. Já grandes músculos da perna e do tronco recrutam novas unidades motoras com forças muito altas.

Durante a maior parte dos movimentos voluntários, motoneurônios individuais não apresentam sincronização. Contudo, em níveis muito altos de força muscular, durante a fadiga e em alguns distúrbios neurológicos (como a perda da força muscular voluntária após uma lesão da medula espinal), a *sincronização* das unidades motoras que estiverem disparando torna-se uma maneira de atingir forças mais altas ou manter a força por um tempo considerável. A sincronização de unidades motoras tem características positivas e negativas. O ganho é óbvio: descargas sincronizadas produzem uma força muscular total mais alta, em comparação com o disparo não sincronizado. Entretanto, a suavidade da contração sofrerá, e existe também uma possibilidade de fadiga mais rápida.

PROBLEMA # 6.5

- Você inventou uma maneira de provocar a sincronização abrupta de unidades motoras em músculos humanos. A quais grupos de atletas você recomendaria esse método? A quais você sugeriria nem mesmo experimentá-lo?

A sincronização de unidades motoras pode ser medida diretamente, por meio da correlação cruzada, ou indiretamente, por meio da análise espectral do eletromiograma (interferencial) somado (veja a seção seguinte). Se registrarmos a atividade de duas unidades motoras durante muito tempo, a função de correlação cruzada mostrará um pico por volta do ponto zero, caso as unidades motoras estejam bem sincronizadas.

Até agora, falamos dos músculos como unidades isoladas que o sistema nervoso central controla para produzir movimentos, o que é uma grande simplificação. Recentemente, a noção de *compartimentos musculares* ganhou proeminência (English, 1984; Fleckenstein et al., 1992; Serlin e Schieber, 1993). Compartimentos musculares são grupos de fibras musculares que mostram comportamentos semelhantes em testes fisiológicos e tarefas motoras, podendo haver considerável variação comportamental entre os grupos. De certa forma, compartimentos musculares são músculos dentro de um músculo. Eles foram observados em animais e seres humanos. Por exemplo, flexores extrínsecos do dedo humano têm seu interior muscular no antebraço, enquanto seus tendões distais ligam-se às falanges dos dedos. Cada flexor extrínseco tem quatro tendões distais ligados aos diferentes dedos da mão. Vários estudos têm sugerido que as unidades motoras desses músculos formam grupos que atuam preferencialmente (ou mesmo quase exclusivamente) na produção de força para apenas um dos tendões. Isso permite a uma pessoa obter controle individual do movimento do dedo, como ocorre com músicos profissionais.

6.5 Eletromiografia

Existem dois métodos básicos de registro da atividade muscular: a *eletromiografia de agulha*, ou *intramuscular*, e a *eletromiografia de superfície*, ou *interferencial*. Para a eletromiografia intramuscular, uma agulha fina (com diâmetro inferior a 1 mm) é inserida num músculo (figura 6.6). Dentro da agulha há um fio muito fino e eletricamente isolado dela. Apenas a ponta do fio não é isolada. Um amplificador identifica a diferença entre o potencial da ponta do fio e o potencial da agulha. Uma vez que a distância entre os dois eletrodos e as dimensões de cada um são muito pequenas, os eletrodos captam seletivamente os sinais (potenciais de ação) que estiverem mais próximos da ponta do fio. Esses eletrodos registram a atividade de unidades motoras individuais. Como todas as fibras musculares de uma determinada unidade motora geram potenciais de ação em sincronia, o eletrodo capta o potencial de ação composto de toda a unidade motora. Tipicamente, um eletrodo de agulha registra a atividade elétrica de algumas unidades motoras cujas fibras musculares estiverem muito próximas dele.

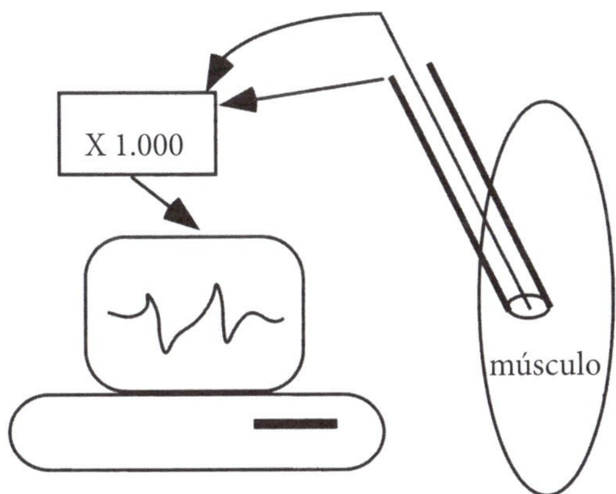

Figura 6.6 A eletromiografia intramuscular usa eletrodos de agulha. Dentro da agulha existe um fio muito fino que é eletricamente isolado dela. A diferença entre o potencial da ponta do fio e o potencial da ponta da agulha é amplificada e registrada.

Contudo, como cada unidade motora tem um número diferente de fibras musculares, e como as localizações dessas fibras em relação ao eletrodo são diferentes, cada unidade motora tem um padrão único de alterações de tensão (figura 6.7). As diferenças tornam possível gravar várias unidades motoras com um eletrodo e identificar seus potenciais de ação compostos com um elevado grau de certeza. A eletromiografia de agulha é frequentemente usada em testes clínicos.

Já a eletromiografia interferencial é usada com mais frequência em estudos de movimentos voluntários de pessoas saudáveis. Ela resume a atividade de tantas unidades motoras quanto possível ao longo de um músculo. Dois eletrodos são fixados na pele sobre o músculo, e a diferença de potencial entre eles é amplificada (figura 6.8). Por um lado, o desejo de acelerar a pesquisa pode levar ao uso de eletrodos muito grandes colocados tão distantes quanto possível. Por outro, na maioria dos estudos, os pesquisadores querem se concentrar num único músculo e evitar o registro da atividade de seus vizinhos. Assim, existe

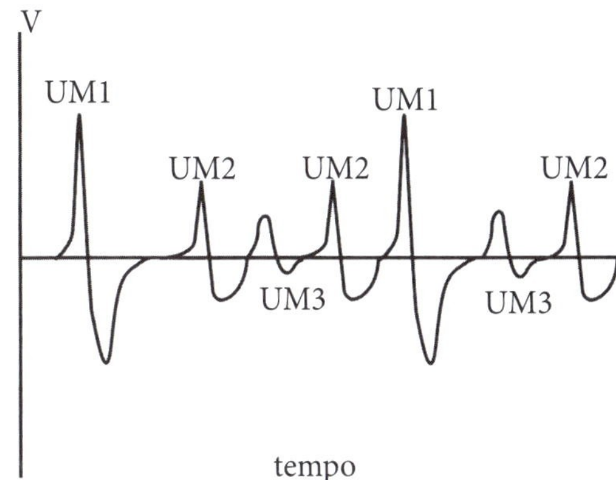

Figura 6.7 Um registro típico obtido com eletrodo de agulha revela algumas unidades motoras, UM1, UM2 e UM3, com potenciais de diferentes formas.

um dilema que é solucionado de acordo com o pesquisador e com o caso em particular. Por exemplo, se você quiser registrar a atividade de um músculo relativamente pequeno do antebraço ou do rosto, não pode usar eletrodos muito grandes, porque eles captarão a atividade de muitos outros músculos na vizinhança. Como alternativa, se você quiser registrar a atividade de um grande músculo postural, como o grande dorsal femoral ou o bíceps, usar grandes eletrodos é provavelmente o mais apropriado. O diâmetro dos eletrodos usados na eletromiografia de superfície varia de 1 a 20 mm, enquanto a distância entre eles varia de 5 a 50 mm (ou até mais). A escolha dos eletrodos e sua colocação são parte da arte da eletromiografia.

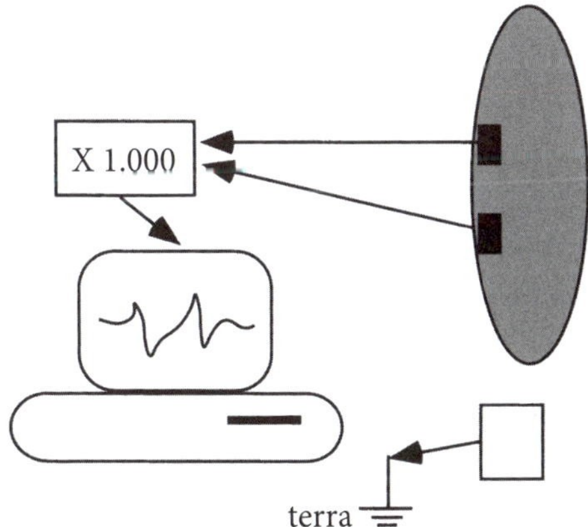

Figura 6.8 A eletromiografia de superfície usa um par de eletrodos colocados sobre o centro do músculo. Um terceiro eletrodo (terra) é usado para reduzir o ruído.

Os valores absolutos dos sinais eletromiográficos registrados com eletrodos de superfície costumam estar entre dezenas e centenas de microvolts. Existem numerosas fontes de ruído elétrico que podem obscurecer os potenciais biológicos. As fontes de ruído mais frequentemente encontradas são a voltagem de 60 Hz, usada como fonte de alimentação em todo laboratório, e as ondas de rádio captadas por nosso corpo, que funcionam como uma antena. Outras fontes possíveis são os motores elétricos e os fortes ímãs elétricos, mesmo se estiverem numa sala adjacente. A fim de minimizar o ruído e garantir o registro seletivo dos biopotenciais, a superfície do corpo é geralmente aterrada com um eletrodo grande chamado *eletrodo indiferente*.

6.6 Processamento de sinais eletromiográficos

É impossível estabelecer um método universal para registrar e processar eletromiogramas (EMGs). Existem vários procedimentos-padrão. Contudo, cada pesquisador seleciona o método de processamento de dados com base nos objetivos do estudo e em sua imaginação.

Três operações são bastante usadas no processamento de um EMG de superfície. A primeira operação é a *filtragem*. Potenciais de ação são eventos muito rápidos, em que a mudança de sinal leva alguns milissegundos. Pesquisadores geralmente utilizam um filtro passa-alta que corta todas as frequências iguais ou inferiores a 60 Hz. Esse filtro reduz o ruído de 60 Hz, bem como possíveis reações do eletrodo a fatores puramente mecânicos que são muito mais lentos que potenciais biológicos. O limite superior de frequência de filtragem é escolhido com base nos tempos característicos dos eventos de interesse. Se o pesquisador não estiver interessado na microestrutura dos sinais eletromiográficos, como a forma dos potenciais de ação individuais, um corte passa-baixa com algumas centenas de hertz é comumente escolhido.

A segunda operação é a *retificação*, que fornece uma estimativa quantitativa de um sinal eletromiográfico. Se um potencial de ação corre ao longo de uma fibra muscular sob um par de eletrodos de gravação (figura 6.9), a diferença de potencial entre os eletrodos vai mudar gradualmente, levando a uma inversão do sinal do potencial. A maioria dos biopotenciais mostra uma imagem quase simétrica em relação a zero. Integrar um sinal não retificado durante um tempo razoavelmente longo produz um número muito pequeno (próximo de zero), pois o sinal é composto de números aproximadamente iguais de valores positivos e negativos. Já a integração de um EMG retificado resulta em um valor que reflete a magnitude média da atividade ao longo do tempo de integração.

Existem dois tipos de retificação. A retificação de onda completa consiste em transformar todos os valores negativos do sinal eletromiográfico em valores positivos de igual magnitude (figura 6.9). A retificação de meia-onda corta todos os valores negativos e os substitui por zero. Embora a retificação de onda completa seja usada com mais frequência, análises recentes mostraram que esse método pode levar a erros importantes, especialmente na identificação do sincronismo de disparos de ativação muscular (Farina, Merletti e Enoka, 2004).

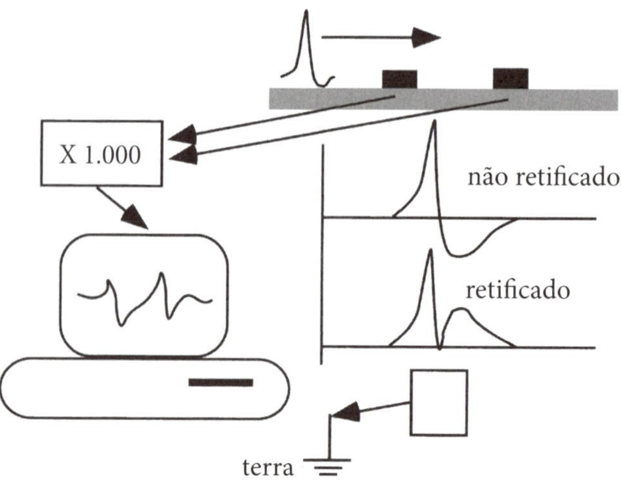

Figura 6.9 Um potencial de ação corre sob um par de eletrodos. A diferença de potencial registrada pelos eletrodos muda de sinal (o registro de cima). Durante a retificação, todos os valores negativos registrados se tornam positivos (o registro de baixo).

PROBLEMA # 6.6

▸ Imagine que você registrou um EMG. Você pode filtrá-lo e, em seguida, retificá-lo, ou, como alternativa, pode retificá-lo e então filtrá-lo. Qual método é melhor? Por quê?

A terceira operação é a *integração*. Dois tipos de integração são usados, cada um com finalidades diferentes. Se um pesquisador está interessado na forma geral do EMG (e não em sua microestrutura), deve calcular o *envelope linear do EMG*, que representa uma função de tempo. Nela, cada ponto é o resultado da integração durante um curto período, correspondente a várias dezenas de milissegundos. O outro procedimento de integração é usado para se obter uma medida global da quantidade da atividade muscular ocorrida num determinado período de tempo. A integração de um EMG retificado aponta um valor que reflete a corrente total, bem como a resistência total entre os eletrodos. A resistência da pele é muito difícil de controlar. Ela pode variar amplamente e ainda ser alterada durante um experimento — por exemplo, pode mudar quando a pessoa transpira. Para comparar medidas eletromiográficas integrais entre diferentes indivíduos, primeiro devemos *normalizar* as integrais. Normalização comumente significa dividir um valor medido por um número que é capaz de refletir as diferenças nas condições de registro, mas não as diferenças no sinal de interesse:

$$F_N = \int EMG / \int EMG_{st}, \qquad (6.1)$$

em que E_N é o EMG normalizado, $\int EMG$ é uma integral calculada do sinal desejado e $\int EMG_{st}$ é uma integral calculada no mesmo intervalo de tempo numa tarefa padrão. Esse procedimento é outra obra de arte. É extremamente subjetivo, e pesquisadores diferentes usam métodos de normalização diferentes. É comum que EMGs integrados sejam normalizados em relação ao valor registrado quando a pessoa exerce uma contração voluntária máxima ou, em alternativa, quando exerce um nível de força padrão.

A figura 6.10 ilustra como os diferentes procedimentos de retificação e filtragem afetaram um sinal eletromiográfico que registrei de meu músculo bíceps braquial esquerdo. O gráfico superior mostra o sinal (não processado) bruto amplificado e amostrado numa frequência alta (1.000 Hz) por um computador. O seguinte mostra um sinal retificado de onda completa sem nenhuma filtragem adicional. Os próximos dois sinais mostram os efeitos da filtragem passa-baixa (com um filtro de Butterworth de segunda ordem bastante usado — consulte um texto sobre processamento de sinal para mais informações) com frequências de corte de 100 e 20 Hz. O último painel mostra o mesmo sinal retificado e processado com uma janela de média móvel de 100 ms para criar um envelope linear do EMG. A filtragem pode afetar dramaticamente as características do sinal. Compete sempre ao pesquisador selecionar técnicas de tratamento adequadas.

PROBLEMA # 6.7

▸ Sugira métodos para normalizar os sinais eletromiográficos durante movimentos muito rápidos e alterações muito pequenas na atividade muscular.

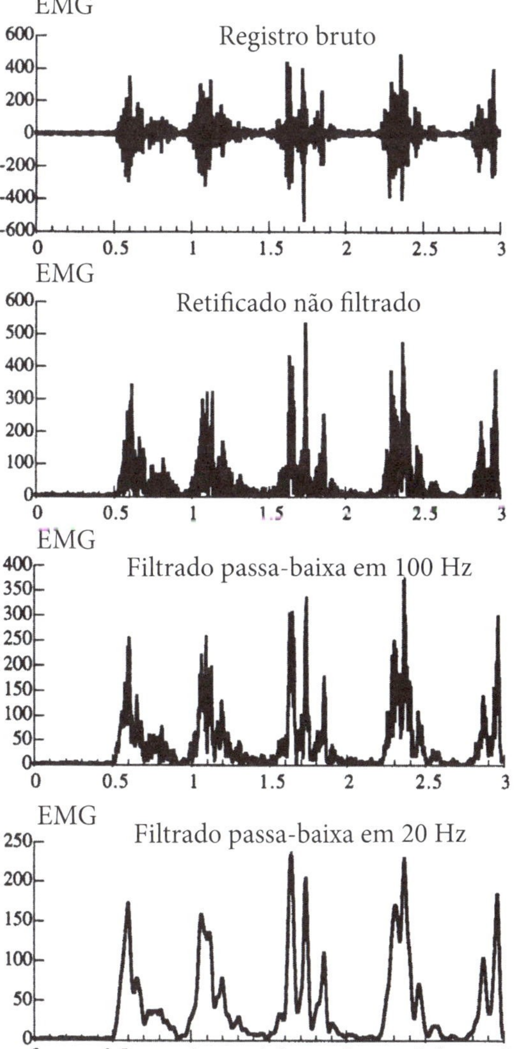

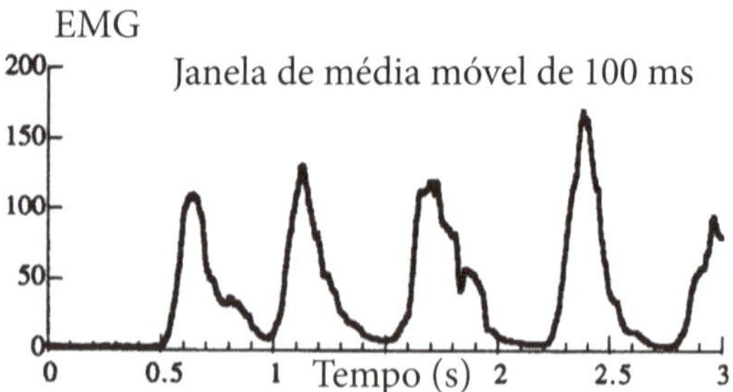

Figura 6.10 Efeitos dos diferentes procedimentos de filtragem e retificação sobre um EMG gravado com eletrodos de superfície de um músculo bíceps humano durante uma série de breves contrações voluntárias. O sinal de cima é o sinal bruto (não processado), amostrado a uma alta frequência (1.000 Hz) pelo computador. Note as similaridades (ex.: sincronia de disparos) e diferenças entre os sinais sob filtragens diferentes.

Capítulo 6 em resumo

Uma unidade motora é composta de um motoneurônio e de todas as fibras musculares inervadas pelo seu axônio. Existem três tipos de unidades motoras: a lenta resistente à fadiga, a rápida resistente à fadiga e a rápida fatigável. Unidades motoras lentas contêm neurônios com corpos menores, axônios mais finos, velocidades de condução mais lentas e menos fibras musculares inervadas. Durante as contrações musculares naturais, as unidades motoras são recrutadas numa ordem fixa, das menores às maiores (princípio do tamanho ou de Henneman). O desrecrutamento segue a ordem oposta, da maior para a menor. A eletromiografia é um método de estudo dos níveis e padrões de ativação muscular. É mais uma arte que uma ciência.

Materiais de revisão

Problemas

1. Considere uma célula neural atípica em que a concentração de K^+ não é de 150 mmol/L, mas apenas de 50 mmol/L. Tudo o mais na célula é normal. Calcule o potencial de equilíbrio para K^+. Como o potencial de equilíbrio na membrana e o potencial de ação dessa célula diferirão daqueles de neurônios regulares?

2. Observe duas fibras enquanto sua temperatura varia. Coloque um estimulador na extremidade de cada fibra e verifique a resposta na outra extremidade. Uma fibra retardou a transmissão de seus potenciais de ação com a diminuição da temperatura e finalmente parou de transmiti-los. A outra não transmitiu potenciais de ação a altas temperaturas, começou a transmiti-los a temperaturas mais baixas e deixou de transmiti-los a temperaturas muito baixas. O que se pode concluir sobre essas duas fibras? Explique as diferenças de comportamento entre elas.

3. Considere uma célula neural com uma sinapse excitatória e uma inibitória. Se ambas as fibras pré-sinápticas são estimuladas a certa frequência, o neurônio não gera um potencial de ação. Você aumenta a frequência de estimulação da entrada inibitória sem alterar a frequência de estimulação da entrada excitatória, e, depois de algum tempo, o neurônio começa a gerar potenciais de ação. Por quê? Em outra experiência, você aumenta a frequência de estimulação da entrada excitatória. O neurônio gera vários potenciais de ação e, em seguida, torna-se silencioso. Por quê?

4. Considere a resposta de uma célula neural a uma única entrada excitatória. A célula gera potenciais de ação a certa frequência. Um neurotransmissor excitatório é adicionado ao espaço extracelular e a célula para de disparar. O que aconteceu?

5. Um abalo contrátil é induzido por um estímulo elétrico direto. A carga externa é zero. Desenhe as alterações na frequência de disparo de uma terminação primária de fuso, de uma terminação secundária de fuso e de um órgão tendinoso de Golgi. Antes da contração, cada receptor fez disparos a uma frequência constante. Resolva o mesmo problema para condições isométricas, em que o complexo músculo-tendão não pode alterar seu comprimento.

6. Uma pessoa gera 5% da força de contração voluntária máxima de um músculo. Em seguida, ela aumenta ligeiramente a força muscular, de modo que somente uma unidade motora nova é recrutada. O que se pode dizer sobre as propriedades dessa unidade motora? A mesma pessoa gera 95% da força de contração voluntária máxima. Mais uma vez, ela aumenta a força muscular ligeiramente, de modo que apenas uma unidade motora nova é recrutada. O que se pode dizer sobre as propriedades dessa unidade motora?

Para alunos viciados em testes de múltipla escolha

Você tem 20 minutos para resolver estes testes. Circule apenas uma resposta (afirmação) para cada pergunta. Escreva uma frase curta explicando por que escolheu essa resposta.

1. Um encurtamento rápido de um músculo

a. aumenta a atividade das terminações de fuso secundárias
b. diminui a atividade dos órgãos tendinosos de Golgi
c. leva a uma explosão de atividade nas terminações de fuso muscular primárias
d. todas as alternativas anteriores
e. nenhuma das alternativas anteriores

Por quê?

2. Uma pessoa gera uma força de contração voluntária máxima de 5%. Em seguida, uma nova unidade motora é recrutada. O que pode ser dito sobre essa unidade motora?

a. É grande e será fatigada rapidamente.
b. É pequena e não se fatigará.
c. É pequena e se fatigará rapidamente.
d. É grande e não se fatigará.
e. É composta de um motoneurônio γ e várias fibras musculares.

Por quê?

3. Durante uma contração muscular isométrica voluntária,

a. o comprimento das fibras musculares não muda
b. os órgãos tendinosos de Golgi mostram uma queda em sua atividade
c. a rigidez do tendão é maior que a rigidez muscular
d. as terminações de fuso secundárias constantemente aumentam seu nível de atividade
e. nada disso acontece

Por quê?

4. Se não houver íons Ca^{++} no retículo sarcoplasmático de um músculo relaxado,

a. os motoneurônios induzirão a hiperpolarização da fibra muscular pós-sináptica
b. o músculo não gerará força em resposta a uma estimulação elétrica direta
c. as fibras musculares mostrarão uma contração tetânica descontrolada
d. os potenciais de ação não serão conduzidos ao longo das fibras musculares
e. todas as alternativas anteriores

Por quê?

5. Numa sinapse neuromuscular, o mediador acetilcolina é rapidamente destruído pela acetilcolinesterase. O que acontecerá se a acetilcolinesterase for removida do músculo?

a. A força muscular gerada ativamente vai depender do comprimento do músculo.
b. O perfil de tempo da força durante um único abalo contrátil mudará.
c. O músculo demonstrará uma contração prolongada em resposta a uma curta sequência de potenciais de ação no nervo motor.
d. Todos os itens acima serão verdadeiros.
e. Nada disso será verdadeiro.

Por quê?

Conexões

7 Excitação e inibição dentro da medula espinal 79

8 Reflexos monossinápticos 89

9 Reflexos oligossinápticos e polissinápticos 97

10 Controle voluntário de um músculo isolado 107

11 Movimentos uniarticulares 117

12 Reações pré-programadas 129

Materiais de Revisão 139

7

Excitação e inibição dentro da medula espinal

Palavras-chave e tópicos

- anatomia da medula espinal
- excitação
- inibição pós e pré-sináptica
- inibição recorrente
- células de Renshaw
- inibição recíproca
- interneurônio Ia
- correntes de entrada persistentes

Estamos prontos para dar mais um passo qualitativo na complexidade dos objetos aqui estudados. Começamos com as propriedades dos componentes celulares (membranas, íons, moléculas, canais etc.) e com os fenômenos elétricos que formam a base da troca de informações entre células neurais e musculares. Depois, passamos às propriedades e funções de certas células, como as células e os receptores musculares. Nosso próximo passo é investigar como neurônios diferentes interagem uns com os outros dentro da *medula espinal* e com sinais supridos por receptores periféricos. A "fiação" da medula espinal é complexa e apenas uma pequena fração das conexões foi decifrada com alguma precisão.

7.1 A medula espinal

A medula espinal tem uma *estrutura laminar* (figura 7.1), o que significa que ela mais ou menos flui do encéfalo para baixo e não apresenta mudanças abruptas, como cruzamentos ou outras descontinuidades, em sua estrutura transversal. O significado da palavra *lâmina* está muito perto de *camada*. O corte da medula espinal num nível intermediário produz uma característica imagem de borboleta. A borboleta é composta de *massa cinzenta* (na maior parte, corpos de neurônios espinais), enquanto o resto da seção contém *massa branca* (principalmente tratos neurais que transmitem informação para o encéfalo e do encéfalo). Em cada nível da coluna vertebral, as mesmas áreas (lâminas) podem ser identificadas na massa cinzenta. Essas áreas são uma homenagem ao cientista sueco Bror Rexed e são numeradas com algarismos romanos da lâmina I à lâmina X.

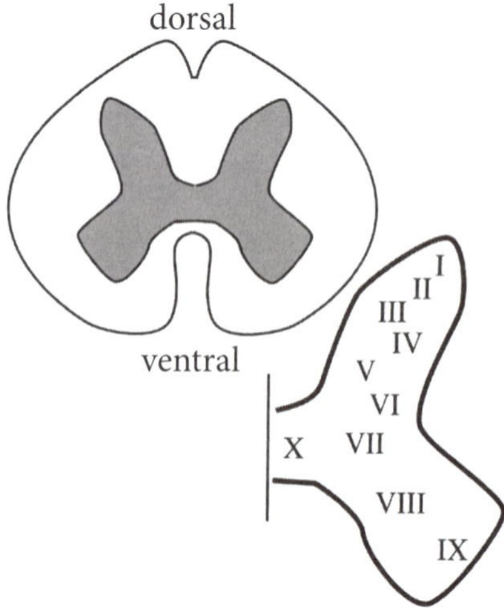

Figura 7.1 A medula espinal apresenta uma estrutura laminar. Ela flui ao longo do corpo, preservando a aparência geral de suas seções transversais (acima). A cada nível, o material cinzento forma uma borboleta característica, constituída de 10 lâminas de Rexed (abaixo).

Vamos introduzir alguns termos geográficos que também aparecerão em futuros capítulos (figura 7.2): *dorsal* significa "orientado em direção à parte traseira do corpo"; *ventral* "orientado para o estômago"; *rostral* "mais perto da cabeça"; *caudal* "mais perto da cauda", (ou o que resta da cauda em humanos); *medial* "mais perto do centro"; *lateral* "mais perto de um lado"; *proximal* "perto de uma origem de coordenada" (comumente o tronco); e *distal* "longe da origem das coordenadas". O corpo humano é geralmente descrito em três planos ortogonais: o *plano frontal*, paralelo ao espelho para o qual uma pessoa olha quando penteia o cabelo; o *plano sagital*, paralelo aos braços e pernas durante uma caminhada normal; e o *plano coronal*, perpendicular à coluna vertebral e paralelo ao solo quando a pessoa permanece ereta.

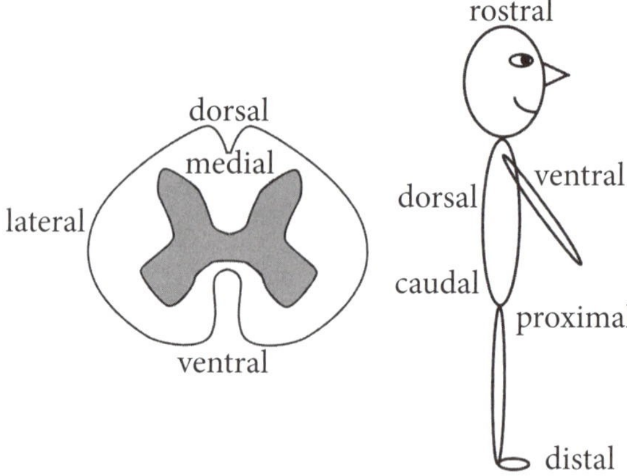

Figura 7.2 Pessoa desenhada no plano sagital com indicações que serão úteis em futuras descrições.

A medula espinal é uma parte vital do sistema nervoso central. Se lesionada, pode ocorrer uma paralisia completa e irreversível. A coluna vertebral protege a medula espinal de possíveis influências prejudiciais, sendo composta de vértebras (estruturas ósseas) separadas entre si por discos espinais elásticos (estruturas cartilaginosas). Essa construção confere flexibilidade à coluna vertebral, resistência a possíveis forças de compressão e proteção à medula espinal. Cada vértebra possui dois pares de *cornos* (figura 7.3): os *dorsais* (mais próximos das costas) e os *ventrais* (mais perto do estômago ou do peito).

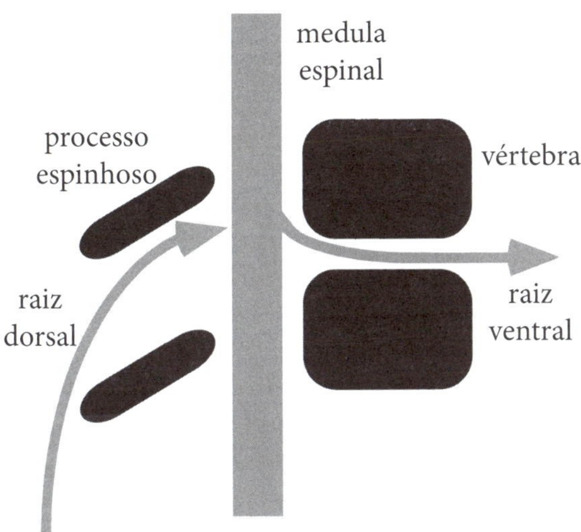

Figura 7.3 Cada vértebra tem um corpo e um processo espinhoso. A informação periferal flui dentro da medula espinal através das raízes dorsais, enquanto sinais eferentes são enviados da medula espinal através das raízes ventrais.

Os cornos dorsais servem como caminhos de entrada para informações dos receptores periféricos. Lembre-se de que os corpos das células receptoras localizam-se nos gânglios espinais fora da medula. Essas células têm axônios em forma de T cujos ramos distais viajam para as terminações sensoriais situadas em algum lugar na periferia, e cujos ramos proximais adentram a medula espinal pelos cornos dorsais. Axônios de numerosos receptores periféricos formam uma *raiz dorsal* e entram pelo mesmo corno dorsal. Os cornos ventrais servem como caminhos de saída dos sinais para as estruturas periféricas, particularmente os músculos (os axônios de motoneurônios α) e os fusos musculares (os axônios de motoneurônios γ). Os axônios desses neurônios formam *raízes ventrais*.

As vértebras espinais são divididas em quatro grupos principais: *coluna cervical* (7 vértebras), *coluna torácica* (12 vértebras), *coluna lombar* (5 vértebras) e *sacro* (figura 7.4). Em cada grupo, as vértebras são numeradas a partir das mais rostrais. Assim, começando pela conexão entre a coluna vertebral e o crânio, as vértebras são CI a CVII, TI a TXII, LI a LV e SI a SV. A medula espinal é descrita como um conjunto de *segmentos espinais*. Essa classificação refere-se às raízes espinais que entram e saem no nível de uma única vértebra. Os segmentos são também divididos em cervical, toráxico, lombar e sacral, mas essa classificação não corresponde exatamente à das vértebras. Os segmentos espinais são C1 a C8, T1 a T12, L1 a L5 e S1 a S5. O tamanho dos segmentos espinais também não corresponde exatamente ao tamanho das vértebras. Além disso, existe uma incompatibilidade entre a numeração dos segmentos e a das respectivas vértebras.

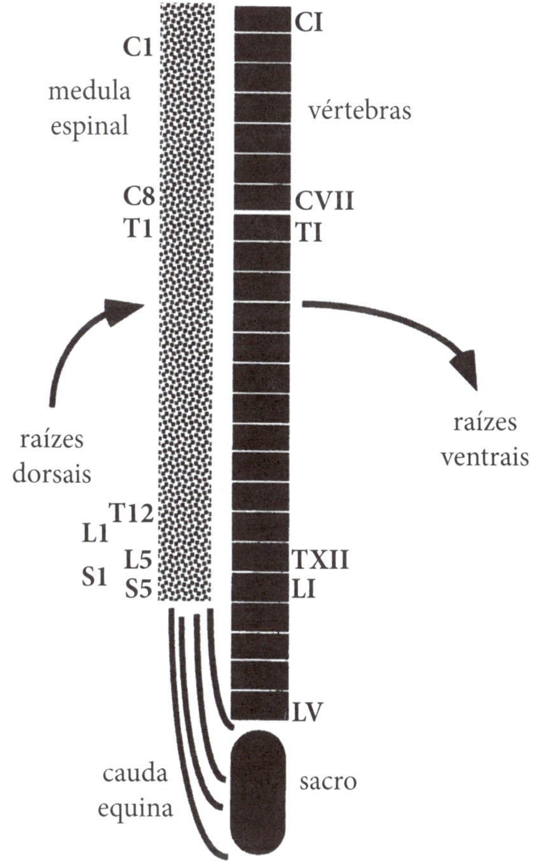

Figura 7.4 As vértebras são numeradas a partir de CI, na base do crânio, até LV e o sacro. Segmentos espinais são numerados de C1 a S5, mas essa classificação não corresponde exatamente à classificação das vértebras. A medula espinal termina em L1, e as raízes dos segmentos mais baixos formam a cauda equina.

A incompatibilidade aumenta no sentido caudal. Como resultado, a medula espinal termina na vértebra LI. A extremidade inferior da espinha não contém a medula espinal — contém apenas os axônios que formam as raízes dorsal e ventral dos segmentos espinais mais baixos. Essa parte da coluna é chamada *cauda equina* ou rabo de cavalo, por causa de sua aparência.

Cada segmento da medula espinal recebe informações periféricas de uma área do corpo bem definida e envia sinais de comando aos músculos aproximadamente dentro da mesma área. Essas áreas correm como listras de zebra em todo o corpo e membros. Podemos dizer, por exemplo, que a área anterior da coxa é *inervada* pelos segmentos L2 e L3, enquanto o pé é inervado pelos segmentos L5 e SI. A topografia dessas áreas é bem conhecida pelos neurologistas, que as usam, em especial, para definir o nível de uma lesão da medula espinal.

Voltemos à imagem da borboleta que pode ser vista em qualquer seção transversal da medula espinal. As extensões posteriores das asas da borboleta são o local onde as raízes dorsais se inserem na medula espinal. Os axônios que formam as raízes dorsais espalham-se e fazem sinapses em diferentes áreas da seção transversal. As partes ventrais das asas são onde os motoneurônios (α e γ) estão localizados e a região pela qual as raízes ventrais saem da medula espinal. Como o nosso foco está no movimento humano, estamos particularmente interessados no que acontece na área ventral. Neste capítulo, limitaremos nossa discussão a neurônios e eventos que ocorrem na parte ventral da medula espinal. Em sua maioria, os neurônios na medula espinal não são motoneurônios, mas *interneurônios*. Eles recebem informação de fibras aferentes e axônios de outros neurônios dentro do sistema nervoso central, gerando potenciais de ação que são transduzidos a outros interneurônios ou motoneurônios.

7.2 Excitação dentro do sistema nervoso central

É possível rastrear o caminho de um determinado axônio ou, mais frequentemente, de um grupo de axônios provenientes de células de um tipo localizado numa área. Os métodos de rastreamento envolvem injetar determinados produtos químicos em corpos celulares ou em fibras neurais. Esses produtos químicos são transportados, por difusão simples ou com a ajuda de moléculas transportadoras especiais, ao longo das ramificações das células neurais, incluindo o axônio e os dendritos. Uma análise histoquímica mostra as áreas onde a substância está presente. Essas experiências são realizadas em animais anestesiados. Uma substância comum usada no rastreamento de vias neurais é a peroxidase do rábano. Ela permite aos pesquisadores rastrear os padrões de terminação das diferentes fibras aferentes, bem como dos axônios dos neurônios do sistema nervoso central.

O rastreamento das vias neurais excitatórias mostrou que dentro do sistema nervoso central *praticamente cada neurônio está conectado a todos os outros neurônios* por um certo número de sinapses. Assim, se uma excitação emerge em algum lugar do corpo, teoricamente ela pode se espalhar a todas as outras células neurais e, consequentemente, induzir contrações de cada músculo do corpo. Todas as sinapses feitas por fibras aferentes de neurônios dentro do sistema nervoso central são excitatórias. Isso significa que o sistema nervoso central está sempre experimentando um influxo de estímulos excitatórios. Esse influxo pode levar a efeitos motores indesejáveis, se não for equilibrado por estímulos inibitórios. Em algumas condições patológicas, a excitação pode não ser apropriadamente inibida, de modo que beliscar um braço pode levar a um espasmo em virtualmente todos os músculos do corpo. O sistema nervoso central precisa de mecanismos fortes e confiáveis para impedir a disseminação descontrolada da excitação. Poderíamos mesmo ir mais longe e afirmar que a essência da transmissão de informação dentro do sistema nervoso central baseia-se em cortar rotas indesejáveis. O sistema nervoso central é como um rio: para controlar seu fluxo, é preciso construir barragens que impeçam a água de fluir por caminhos desviados.

Portanto, o sistema nervoso central precisa de meios para tornar as sinapses excitatórias ineficazes. Existem dois mecanismos básicos de inibição dentro do sistema nervoso central: *inibição pós-sináptica* e *inibição pré-sináptica*. A inibição pós-sináptica torna um neurônio menos sensível (ou mesmo insensível) para qualquer sinal de entrada excitatório. A inibição pré-sináptica é mais sutil e seletiva, tornando menos efetivas somente entradas específicas (certas sinapses) no neurônio.

7.3 Inibição pós-sináptica

No capítulo 3, aprendemos que uma sinapse é composta de uma membrana pré-sináptica, uma fenda sináptica e uma membrana pós-sináptica (figura 7.5). O termo *inibição pós-sináptica* significa que a inibição ocorre na membrana pós-sináptica. O mecanismo de inibição pós-sináptico é bastante simples. Sinapses excitatórias levam a uma despolarização da membrana pós-sináptica — ou seja, diminuem o valor absoluto de seu potencial de repouso negativo (criam um PPSE).

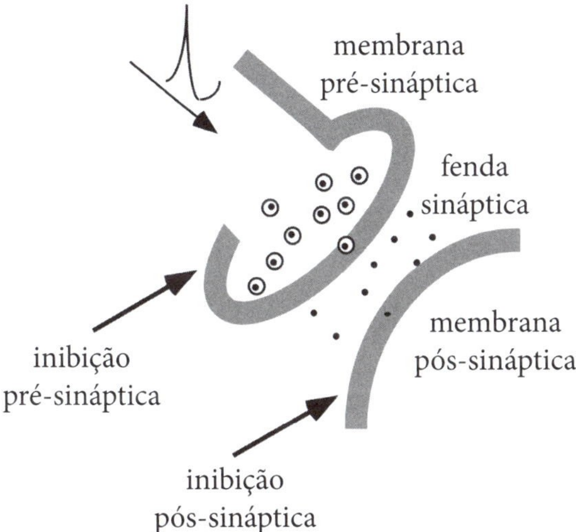

Figura 7.5 Uma sinapse é formada por uma membrana pré-sináptica, uma fenda sináptica e uma membrana pós-sináptica. A inibição do neurônio-alvo (isto é, uma diminuição de sua capacidade de gerar potenciais de ação) pode resultar de eventos na membrana pré-sináptica ou pós-sináptica.

Quando a ação combinada de um número de sinapses excitatórias atinge o limiar, o neurônio pós-sináptico gera um potencial de ação.

Sinapses dentro do sistema nervoso central são excitatórias ou inibitórias. Sinapses inibitórias usam neurotransmissores para aumentar o valor absoluto do potencial de repouso da membrana e causam a hiperpolarização da membrana (figura 7.6). Assim, potenciais pós-sinápticos inibitórios (PPSIs) movem o potencial de membrana de seu limiar e tornam a membrana menos capaz de gerar um potencial de ação em resposta a estímulos excitatórios. PPSIs têm propriedades semelhantes às dos PPSEs, tais como somação temporal e espacial. Assim, um grande número de sinapses inibitórias pode cancelar os efeitos excitatórios de uma quantidade relativamente grande de sinapses excitatórias.

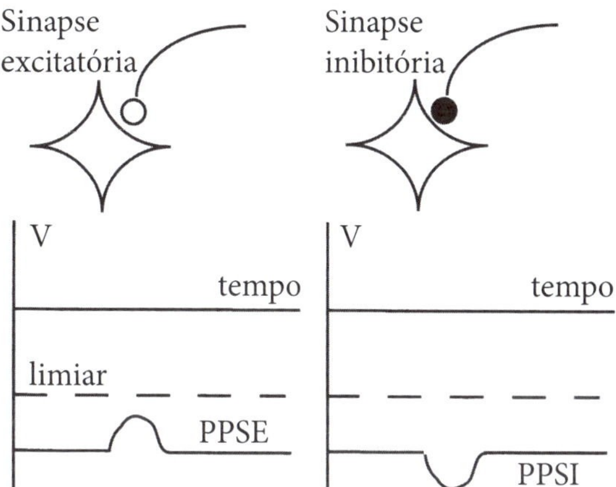

Figura 7.6 Uma sinapse excitatória causa uma despolarização da membrana pós-sináptica (PPSE) e a torna mais próxima do limiar de ativação, enquanto uma sinapse inibitória leva a uma hiperpolarização da membrana pós-sináptica (PPSI).

PROBLEMA # 7.1

- Um neurônio inibitório pode aumentar a excitabilidade de outro neurônio?

Consideremos dois exemplos de inibição pós-sináptica dentro da medula espinal que são particularmente importantes para controlar as contrações musculares voluntárias.

7.4 Células de Renshaw

Motoneurônios (e alguns interneurônios) com funções similares são organizados em grupos (*pools*). Os motoneurônios α que inervam um único músculo são chamados *grupo motoneuronal*. A figura 7.7 mostra esquematicamente alguns motoneurônios inervando o mesmo músculo. Os axônios dos motoneurônios α viajam até o músculo e induzem contração, enquanto os axônios dos motoneurônios γ inervam as fibras musculares intrafusais e alteram a sensibilidade das terminações sensoriais do fuso ao comprimento e à velocidade do músculo. Os axônios dos motoneurônios α ramificam-se muito perto do corpo celular, dentro dos cornos ventrais, e fazem sinapses excitatórias em interneurônios especiais, chamados *células de Renshaw*. Os axônios das células de Renshaw se projetam de volta aos corpos dos motoneurônios α e formam sinapses inibitórias. Esse sistema é conhecido como *inibição recorrente*. As células de Renshaw também formam sinapses inibitórias com os corpos dos motoneurônios γ. A inibição por células de Renshaw se espalha para todos os motoneurônios do grupo e pode também envolver motoneurônios que inervam músculos sinergísticos.

Este esquema pode parecer estranho: a saída de motoneurônios α excita células que inibem os mesmos motoneurônios α! Contudo, ele faz sentido como um mecanismo que limita a atividade de um grupo de motoneurônios. Esse regime é chamado *retroalimentação negativa*. Discutiremos vários exemplos de retroalimentação negativa no controle dos movimentos voluntários.

Parece que o sistema nervoso central não gosta de mudanças: quando uma mudança ocorre, existe sempre um mecanismo para dimensioná-la para baixo. A retroalimentação negativa minimiza os efeitos de perturbações externas, além de limitar as reações a essas perturbações.

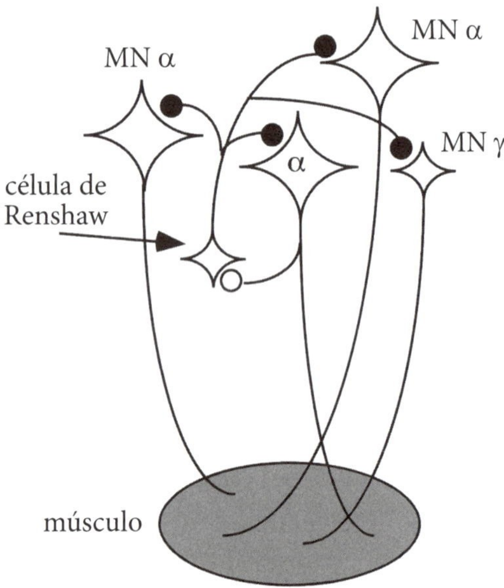

Figura 7.7 Axônios de motoneurônios α ramificam-se perto do corpo da célula e fazem sinapses excitatórias nas células de Renshaw, que, por sua vez, fazem sinapses inibitórias nos motoneurônios α do mesmo grupo e nos motoneurônios γ, enviando seus axônios aos fusos do mesmo músculo.

PROBLEMA # 7.2

- Um músculo se contrai ativamente contra uma carga constante. Quais efeitos sobre a atividade do fuso seriam causados pela ação das células de Renshaw sobre motoneurônios γ?

Células de Renshaw também recebem entradas descendentes (sinais do encéfalo). Esses sinais são um meio de controlar a efetividade (ganho) da retroalimentação negativa. Por exemplo, se o objetivo é alcançar a máxima contração muscular no menor tempo possível, seria apropriado desativar as células de Renshaw do músculo. Contudo, se o objetivo é precisamente controlar a saída de um músculo, as células de Renshaw devem ser ativadas para neutralizar quaisquer alterações acidentais na atividade dos motoneurônios α.

7.5 Interneurônios Ia

Outro importante grupo de interneurônios inibitórios é formado pelos *interneurônios Ia*, que recebem sinais de fusos aferentes-Ia (figura 7.8). Esses sinais são sempre excitatórios. Interneurônios Ia enviam seus axônios aos motoneurônios α que controlam um músculo antagonista, aquele cuja contração opõe-se à ação do músculo de onde se originaram os aferentes Ia. Essas projeções neuronais são chamadas *heterogênicas*; projeções de aferentes dentro de um músculo sobre motoneurônios que controlam o mesmo músculo são chamadas *autogênicas*. Interneurônios Ia fazem sinapses inibitórias nos motoneurônios α que pertencem ao grupo antagonista. Uma vez que, num par de músculos atuantes numa articulação, projeções semelhantes correm das terminações de fuso de cada músculo aos motoneurônios α que controlam o outro músculo (antagonista), esse mecanismo tem sido chamado *inibição recíproca*.

Esse arranjo é outro exemplo de retroalimentação negativa (figura 7.9). Imagine um músculo sendo alongado. Em geral, um músculo é alongado porque seu músculo antagonista está encurtando como resultado de uma contração ativa. As terminações de fuso do músculo alongado passam a ser mais ativas e excitam interneurônios Ia. Esses interneurônios inibem os motoneurônios α antagonistas e diminuem a contração muscular antagonista. Assim, a ação dos interneurônios α-Ia neutraliza um aumento da atividade dos motoneurônios α antagonistas.

Interneurônios Ia são inibidos por células de Renshaw, conforme mostrado na figura 7.9.

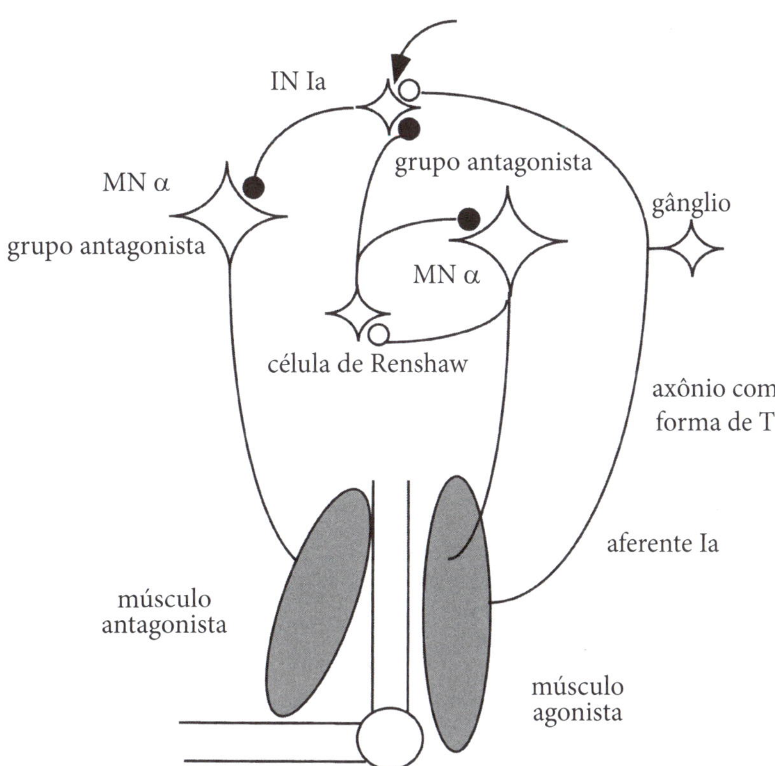

Figura 7.8 Interneurônios Ia recebem entradas excitatórias provenientes de aferentes Ia e fazem sinapses inibitórias em motoneurônios que inervam o músculo antagonista. Interneurônios Ia são inibidos por células de Renshaw e também recebem entradas descendentes.

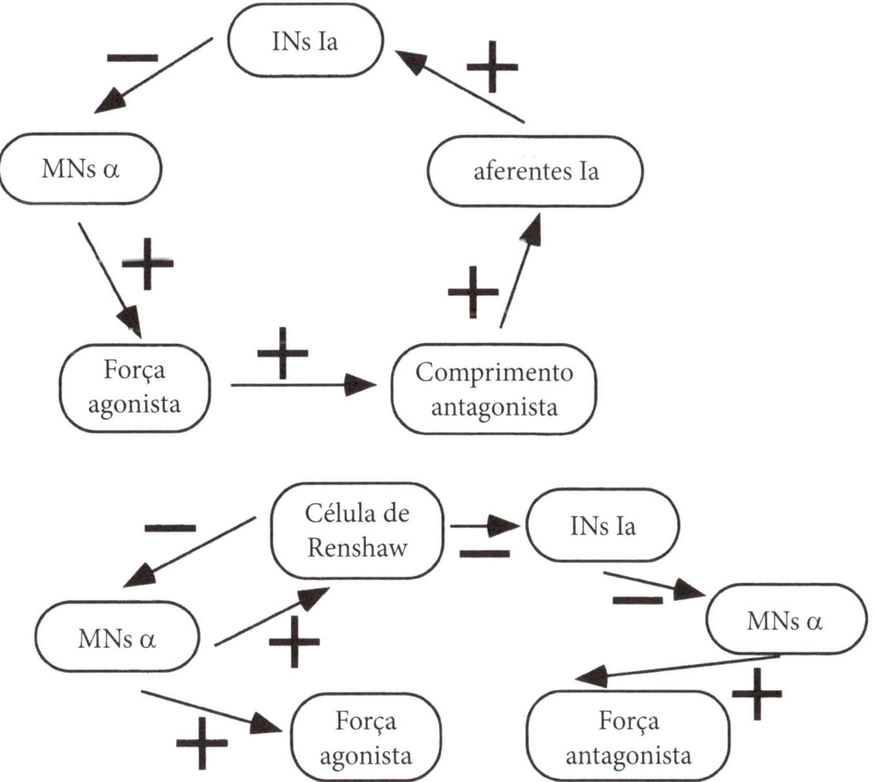

Figura 7.9 Circuitos de retroalimentação com interneurônios Ia e células de Renshaw. Os sinais de + indicam que um aumento na entrada aumenta a saída; os sinais de – indicam que um aumento na entrada diminui a saída.

Essa inibição é outro mecanismo de retroalimentação negativa. Imagine que motoneurônios α aumentam sua atividade. O músculo controlado por motoneurônios α contrai-se ativamente e um movimento articular correspondente ocorre. Agora imagine que as células de Renshaw inibem os interneurônios Ia e assim diminuem os efeitos inibitórios dos interneurônios sobre os motoneurônios α antagonistas. Essa ação é chamada *desinibição* e equivale a excitar adicionalmente os motoneurônios antagonistas. A atividade aumentada do músculo antagonista neutraliza o movimento articular que de outra forma ocorreria.

PROBLEMA # 7.3

- Se você estimulasse um grupo de interneurônios Ia, como a força muscular mudaria para um músculo agonista ou para um antagonista? Que mudança você esperaria ver na taxa de disparo das células de Renshaw?

7.6 Inibição pré-sináptica

As ações das células de Renshaw e dos interneurônios Ia hiperpolarizam a membrana de seus motoneurônios-alvo e diminuem a resposta potencial de seus neurônios-alvo a todos os estímulos excitatórios possíveis. O segundo tipo de inibição que ocorre dentro do sistema nervoso central é mais seletivo. Sua finalidade é diminuir a efetividade de apenas um tipo (ou alguns tipos) de entradas para um neurônio sem afetar outras entradas. Vamos dar outra olhada numa sinapse excitatória (figura 7.10). Qualquer ação sobre a membrana pós-sináptica alterará a efetividade de outras sinapses por causa da difusão passiva de alterações no potencial de membrana. Assim, para desligar apenas uma sinapse, o sistema tem de agir no nível pré-sináptico.

PROBLEMA # 7.4

- A inibição pós-sináptica é igualmente eficaz em diminuir a resposta da célula a todas as sinapses excitatórias, independentemente da localização do soma ou dos dendritos?

A inibição pré-sináptica é obtida de forma paradoxal. Uma sinapse *excitatória* atua na membrana axonal pré-sináptica perto da fenda sináptica (figura 7.11). Ela usa o AGAB como mediador. O AGAB induz uma despolarização duradoura da membrana pré-sináptica.

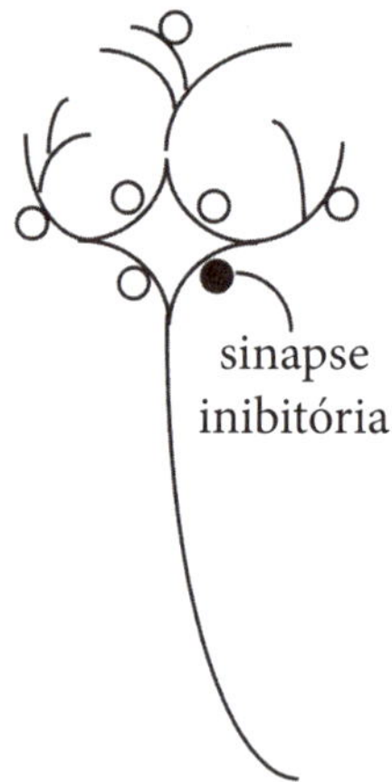

Figura 7.10 Uma sinapse inibitória pós-sináptica hiperpolariza a membrana pós-sináptica e diminui seu grau de resposta a todas as sinapses excitatórias (círculos abertos).

Essa despolarização não impede o potencial de ação de alcançar a sinapse. Contudo, a quantidade do mediador excitatório liberado em resposta a um potencial de ação depende muito da amplitude pico a pico do potencial de ação (figura 7.12A). A despolarização da membrana pré-sináptica reduz a amplitude pico a pico do potencial de ação (figura 7.12B) e, portanto, causa uma diminuição significativa na quantidade de mediadores liberados na fenda sináptica. Por conseguinte, a despolarização da membrana pós-sináptica diminui e o potencial da membrana pode não alcançar seu limiar.

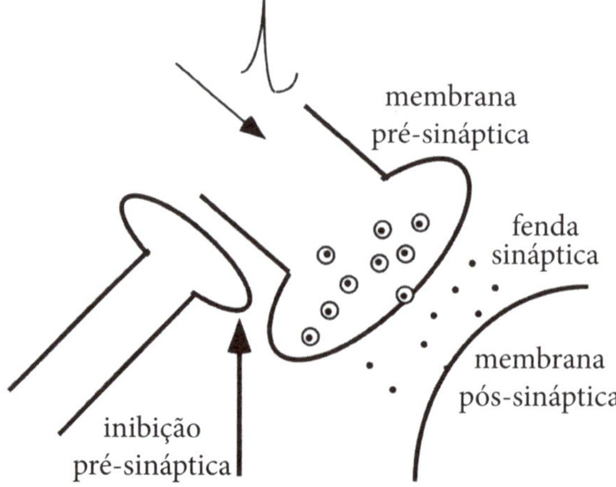

Figura 7.11 Inibição pré-sináptica atua seletivamente sobre certas sinapses. Ela envolve uma sinapse excitatória que atua sobre a membrana pré-sináptica, induz a despolarização sublimiar constante e, portanto, diminui a quantidade de mediadores liberados em resposta a um único potencial de ação pré-sináptico.

Assim, uma sinapse excitatória adicional se torna uma ferramenta eficaz para a inibição seletiva!

PROBLEMA # 7.5

- O que aconteceria se uma sinapse inibitória atuasse numa membrana pré-sináptica próxima à fenda sináptica?

PROBLEMA # 7.6

- O que aconteceria se um mecanismo inibitório pré-sináptico atuasse sobre uma sinapse inibitória pós-sináptica?

A figura 7.13 oferece um exemplo de inibição pré-sináptica, mostrando uma sinapse excitatória que atua numa fibra aferente pré-sináptica (sensorial) perto de sua sinapse em um motoneurônio α. A atividade da sinapse pré-sináptica pode diminuir a resposta reflexa à atividade da fibra aferente, enquanto a atividade do motoneurônio pode permanecer inalterada ou mesmo aumentar. Vamos considerar tais exemplos em capítulos futuros.

7.7 Correntes de entrada persistentes

Como mencionado no capítulo 3, dendritos não são simplesmente condutores passivos de correntes locais. Eles podem gerar fortes correntes de entrada persistentes, capazes de modular a excitabilidade da membrana dendrítica e até transformar um dendrito num gerador autossustentado de potenciais de ação. Acredita-se que correntes de entrada persistentes sejam produzidas por vias neurais descendentes que partem do tronco encefálico e usam neurotransmissores como a serotonina e a norepinefrina. A figura 3.8 ilustrou como a corrente de entrada persistente pode mudar a relação entre a corrente transmembrana global e a voltagem transmembrana global. Também mostrou como correntes de entrada persistentes muito fortes podem criar um novo potencial de equilíbrio na membrana — um equilíbrio acima do limiar para gerar potencial de ação.

Estudos recentes têm sugerido que correntes de entrada persistentes são fortes em motoneurônios α humanos durante as tarefas motoras diárias (Heckman, Gorassini e Bennett, 2005). São fortes o suficiente para desempenhar um papel importante na definição dos padrões de recrutamento e desrecrutamento de unidades motoras. Essas correntes são, contudo, muito sensíveis à inibição pós-sináptica e, portanto, podem ser moduladas por outras entradas na membrana do motoneurônio α. A figura 7.14 ilustra mudanças nos efeitos das correntes de entrada persistentes sobre a característica corrente-voltagem da membrana.

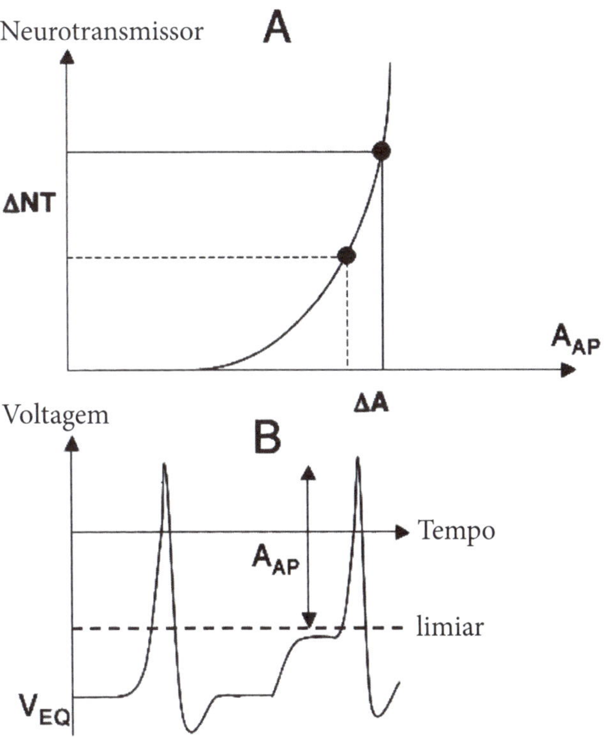

Figura 7.12 (*A*) Uma mudança relativamente pequena na amplitude pico a pico do potencial de ação pré-sináptico (ΔA) leva a uma alteração importante na quantidade de neurotransmissores liberados (ΔNT). (*B*) Uma pequena despolarização constante derruba a amplitude pico a pico do potencial de ação e, portanto, diminui a eficácia da sinapse.

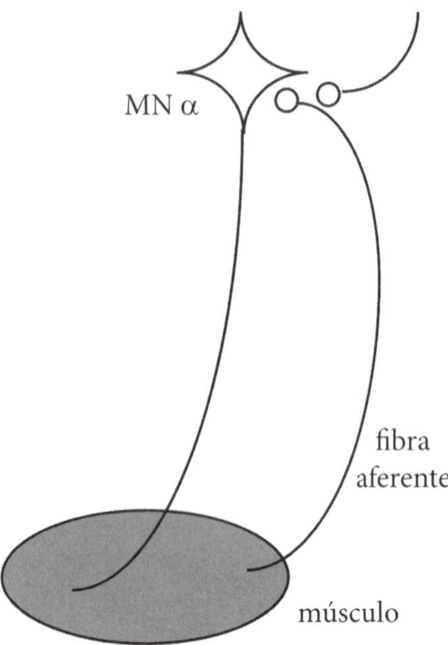

Figura 7.13 Nesse exemplo de inibição pré-sináptica, uma sinapse excitatória atua numa fibra aferente pré-sináptica (sensorial) perto de sua sinapse no motoneurônio α-alvo.

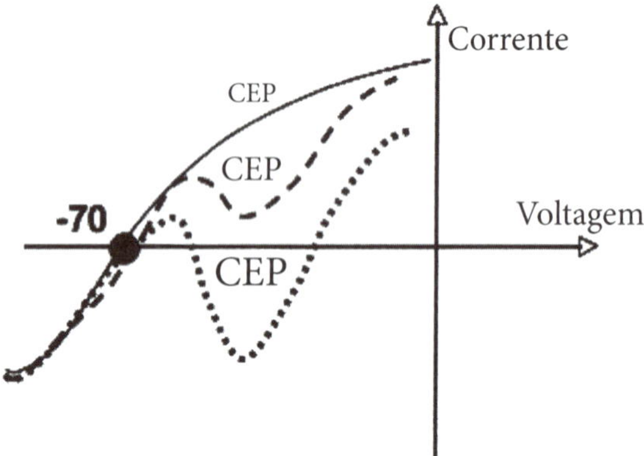

Figura 7.14 Efeitos fracos (linha fina sólida), moderados (linha mais grossa tracejada) e fortes (linha grossa pontilhada) de uma corrente de entrada persistente (CEP).

Capítulo 7 em resumo

A medula espinal é protegida pela coluna vertebral, tem uma estrutura laminar e é dividida em segmentos que inervam certas áreas do corpo. Ela contém numerosos motoneurônios, interneurônios e vias de condução que carregam informação descendente e ascendente. A informação aferente entra na medula espinal pelas raízes dorsais, enquanto nervos eferentes, que transmitem sinais motores, saem pelas raízes ventrais. A inibição dentro do sistema nervoso central é vital para o funcionamento do sistema. A inibição pós-sináptica hiperpolariza a membrana pós-sináptica e torna o neurônio menos sensível a todas as entradas excitatórias. A inibição pré-sináptica despolariza fibras pré-sinápticas e diminui seletivamente a efetividade de somente algumas entradas. Células de Renshaw são interneurônios que são excitados por axônios de motoneurônios α e inibem motoneurônios do mesmo grupo (inibição recorrente). Os interneurônios Ia são excitados por aferentes Ia de terminações de fuso sensoriais primárias; eles inibem motoneurônios α do grupo antagonista (inibição recíproca). Correntes de entrada persistentes nas membranas dendríticas desempenham um papel importante na modulação da excitabilidade dos motoneurônios espinais e definem os padrões de recrutamento desses neurônios.

8

Reflexos monossinápticos

Palavras-chave e tópicos

- definição de reflexo
- arco reflexo
- latência
- reflexo H
- resposta M
- reflexo T
- efeitos da ativação muscular voluntária
- onda F

Debates sobre o papel dos reflexos no comportamento motor humano têm durado mais de uma centena de anos. Muitos dos argumentos, contudo, têm sido alimentados pela falta de uma definição universalmente aceita de *reflexo*. Não resolverei o problema aqui, mas tentarei oferecer uma visão produtiva e relativamente não controversa sobre o assunto. Leitores interessados no debate atual sobre reflexos podem se beneficiar de um excelente livro dos famosos cientistas Francois Clarac, Gerry Loeb, Arthur Prochazka, John Rothwell e Jonathan Wolpaw (Prochazka et al., 2000).

8.1 Reflexos

O substantivo *reflexo* indica algo que reflete ou é uma consequência de um fato. De modo correspondente, um reflexo muscular é uma contração muscular induzida por um estímulo externo. Contudo, muitas ações causadas por estímulos externos não são consideradas reflexos. Um exemplo: quando um motorista vê uma luz vermelha e pressiona o pedal do freio, essa frenagem é um reflexo? A maioria das pessoas argumentaria que, se o condutor pressiona o pedal automaticamente (sem pensar), a frenagem é um reflexo (lembre-se, existem motoristas com bons e maus reflexos). Se o mesmo motorista vê a luz de longe e então decide frear, isso não é um reflexo, mas uma ação voluntária. É muito difícil distinguir formalmente um reflexo de um não reflexo. Para os propósitos deste livro, vou aceitar a seguinte definição de reflexo muscular e sustentá-la mesmo quando ela aparentemente fracassar: um reflexo é uma contração muscular induzida por um estímulo externo que não pode ser mudado somente pelo pensamento — ou seja, por um ato da vontade que não seja acompanhado por outra contração muscular. Essa definição está longe de ser perfeita, mas pelo menos fornece um ponto de partida.

Muitos reflexos têm sido investigados em estudos preliminares com animais. Nesses estudos usam-se animais cujo sistema nervoso central tenha sido danificado por um procedimento experimental. Esse procedimento pode envolver a separação cirúrgica entre a medula espinal e o encéfalo. Nesse caso, o animal é chamado *desmedulado* ou com uma *preparação medular*. Se partirmos do princípio de que cada ato volitivo vem do encéfalo, concluiremos que, num animal desmedulado, todas as reações musculares aos estímulos externos são aparentemente reflexos, porque sinais do encéfalo não podem atingir a medula espinal.

No início do século XX, reflexos musculares foram considerados os blocos constituintes dos movimentos voluntários. Esse ponto de vista baseava-se numa série impressionante de experimentos que Sir Charles Sherrington e seus colegas realizaram em animais desmedulados (para uma revisão, ver Stuart et al., 2001). A noção de reflexos como blocos constituintes do comportamento animal e humano também foi desenvolvida por I. P. Pavlov (revisto em Bernstein, 2003; ver também Meijer, 2002), que via o comportamento como um conjunto de relações complexas de entrada-saída entre sinais sensoriais e atos motores. Mais tarde, a crescente consciência da complexidade e variabilidade dos movimentos voluntários levou Nikolai Bernstein (1967; ver também Bongaardt, 2001) a concluir que movimentos não podem ser definidos como combinações de reflexos. Em última análise, essa conclusão levou a outro extremo, no qual os reflexos musculares foram considerados relativamente insignificantes, quase mecanismos atávicos que desempenham um papel importante somente quando um movimento se desvia de sua trajetória planejada. Recentemente, reflexos musculares mais uma vez foram trazidos ao centro das atenções por hipóteses de controle motor, que descrevem os movimentos voluntários como consequências da modulação central dos parâmetros de certos reflexos.

8.2 Arco reflexo

Uma noção central comum a todos os reflexos musculares é a do *arco reflexo* (figura 8.1), composto de um *neurônio aferente,* que detecta um estímulo externo, uma *unidade de processamento central* e um *neurônio eferente,* que induz uma contração muscular. A unidade de processamento central pode ser muito simples, envolvendo apenas uma sinapse, ou muito complexa, compreendendo numerosas sinapses e integrando informações de fontes diferentes. Os reflexos simples que envolvem somente uma sinapse central (além da sinapse neuromuscular, que aparentemente está envolvida em qualquer contração muscular) são chamados de *monossinápticos* (figura 8.2); os que envolvem muitas

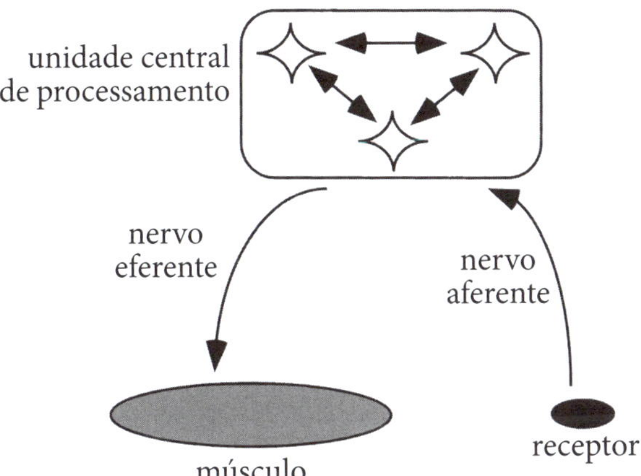

Figura 8.1 O arco reflexo é formado por um elemento sensorial (receptor), um nervo aferente (sensorial), uma unidade central de processamento, um nervo eferente (comando) e um efetor (por exemplo, um músculo).

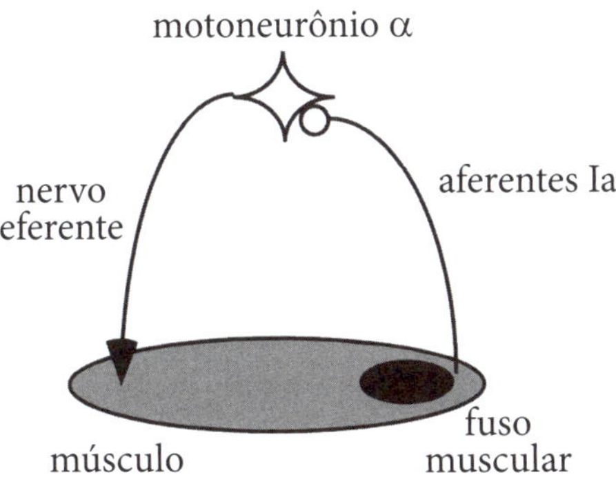

Figura 8.2 Um reflexo monossináptico tem somente uma sinapse em seu arco reflexo. Essa sinapse está entre uma fibra aferente e um motoneurônio α.

sinapses são chamados *polissinápticos*; e os que envolvem duas ou três sinapses são chamados *oligossinápticos*.

Cada reflexo se relaciona ao intervalo de tempo entre o estímulo e a resposta. Esse tempo de atraso é chamado *latência reflexa* (figura 8.3) e é composto de três elementos: tempo de condução aferente, atraso central e tempo de condução eferente. O tempo de condução aparentemente depende da velocidade de propagação do potencial de ação ao longo das fibras neurais envolvidas e do comprimento das fibras, enquanto o atraso central depende principalmente do número de sinapses envolvidas no processamento da torrente aferente e na criação de um comando eferente. Os reflexos monossinápticos têm um atraso central de cerca de 0,5 ms. O aumento do número de sinapses causa um aumento proporcional no atraso central.

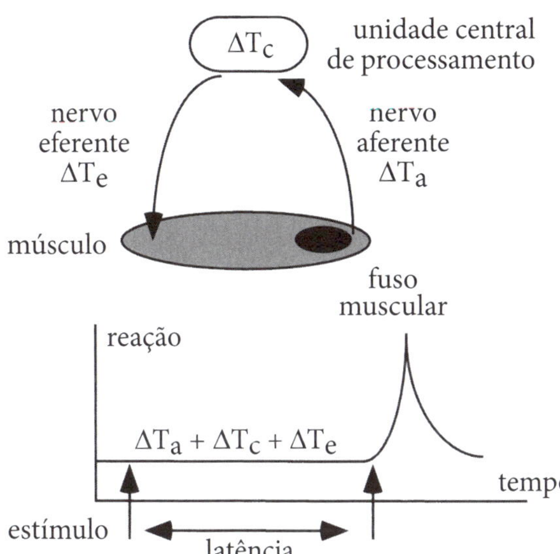

Figura 8.3 O atraso entre um estímulo e uma resposta reflexa é chamado latência reflexa. Ela consiste de um tempo de condução aferente (ΔT_a), um atraso central (ΔT_c) e um tempo de condução eferente (ΔT_e).

PROBLEMA # 8.1

- O que está faltando na definição sugerida de latência reflexa?

Começaremos pelos reflexos monossinápticos mais simples e consideraremos duas versões de um reflexo conhecidas por todos: aquele que pode ser induzido por uma pancadinha no tendão e provoca um reflexo articular (por exemplo, um reflexo patelar).

8.3 Reflexo H, reflexo T e resposta M

Reflexos monossinápticos são os únicos cuja fonte aferente e via reflexa são relativamente bem definidas. Eles se originam de terminações primárias de fuso e fazem somente uma conexão excitatória intramedular (sinapse) com motoneurônios α do músculo que abriga o fuso ou, às vezes, de um músculo agonista (músculo cuja ativação acelera o membro ou aumenta o torque articular na mesma direção).

Imagine um par de eletrodos estimulantes colocado próximo de um nervo muscular (figura 8.4). *Fibras aferentes* (axônios de receptores musculares) e *fibras eferentes* (axônios de motoneurônios) viajam juntas (isto é, dentro de um nervo) entre a medula espinal e o músculo. Os nervos contêm

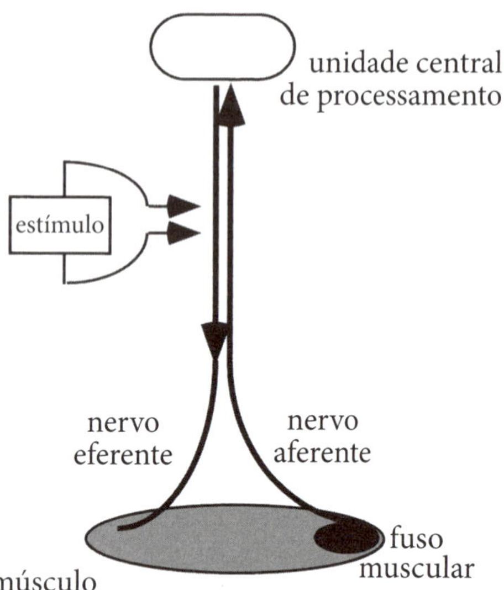

Figura 8.4 Um nervo muscular é eletricamente estimulado; note que o estímulo é aplicado tanto a fibras aferentes quanto eferentes.

numerosas fibras eferentes, que são axônios de motoneurônios α, bem como numerosas fibras aferentes, que são ramos periféricos de axônios dos neurônios sensoriais. Assim, quando o nervo muscular é estimulado com um pulso curto de corrente elétrica, o mesmo estímulo atua em fibras aferentes e eferentes.

Imagine que um curto pulso retangular de estimulação seja aplicado (durando 0,5-1 ms) ao nervo muscular: a amplitude do pulso aumentará vagarosamente. O estímulo despolariza as membranas de todos os axônios dentro do nervo. A magnitude da despolarização em fibras individuais depende de dois fatores. O primeiro é a localização da fibra em relação a eletrodos estimulantes. Em geral, as fibras que estão mais próximas da área da estimulação mostram maior despolarização. O segundo fator diz respeito às propriedades das fibras individuais. Em particular, fibras grossas mostram despolarização superior, em comparação com a de fibras finas. Se axônios individuais dentro do nervo são misturados aleatoriamente, o primeiro fator não desempenha um papel relevante. O segundo fator é muito importante para a definição do padrão de reação do músculo aos estímulos.

As fibras mais grossas dentro de um nervo muscular são aferentes Ia que se originam dos fusos musculares. Os axônios dos motoneurônios α são apenas um pouco menores. Assim, quando um começa a aumentar a força da estimulação, as primeiras fibras a reagir são as aferentes Ia. Essas fibras viajam a partir dos fusos musculares dentro da medula espinal e fazem conexões monossinápticas com motoneurônios α, que inervam o músculo onde se abrigam os fusos (figura 8.2). Assim, pode-se esperar que uma explosão de atividade em aferentes Ia induza um reflexo monossináptico. Quando esse reflexo é induzido pela estimulação elétrica do nervo muscular, ele é chamado *reflexo H* (em homenagem ao famoso cientista alemão P. Hoffman). O reflexo H pode ser observado em vários músculos, incluindo, por exemplo, os músculos da panturrilha (tríceps sural), como uma resposta à estimulação elétrica do nervo tibial. A latência do reflexo H no músculo tríceps sural é de 30 a 35 ms, dependendo principalmente do comprimento da perna da pessoa.

Se a amplitude da estimulação é aumentada (figura 8.5), a amplitude do reflexo H aumenta, pois mais aferentes Ia são excitados pelo estímulo e, consequentemente, mais motoneurônios α são ativados. Em algum momento, o estímulo também induz potenciais de ação nos axônios dos motoneurônios α.

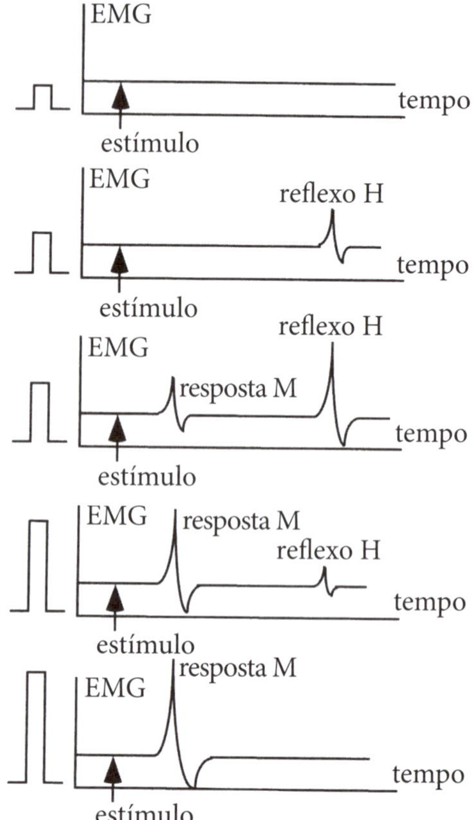

Figura 8.5 As fibras aferentes são as primeiras a reagir a um estímulo elétrico vagarosamente crescente. Elas induzem uma contração muscular reflexa (reflexo H). Quando o estímulo é reforçado, ele excita fibras eferentes, que, por sua vez, induzem uma contração muscular direta (resposta M). Finalmente, o estímulo crescente aumenta a resposta M e suprime o reflexo H.

PROBLEMA # 8.2

- Em que direção o potencial de ação viajará se o axônio de um motoneurônio α for excitado por um estímulo elétrico externo?

Uma vez que a estimulação ocorre perto do músculo, o potencial de ação nos axônios dos motoneurônios α rapidamente atinge o músculo e causa sua contração. No tríceps sural, essa contração ocorre com um atraso de cerca de 8 ms e é chamada *resposta M* (o *M* significa *muscular*). Algumas vezes também é chamada *contração direta*, em contraste com a *contração reflexa*, que é mediada por aferentes Ia.

Quando o estímulo é reforçado, a amplitude da resposta M aumenta, porque as membranas de mais e mais axônios de motoneurônios α são despolarizadas até o limiar. A amplitude do reflexo H pode continuar a crescer por um tempo curto antes de começar a diminuir. Esse comportamento não monotônico do reflexo H em resposta à estimulação elétrica aumentada é devido ao mecanismo fisiológico do reflexo H. Quando o axônio do motoneurônio α é excitado por um estímulo externo, ele gera um potencial de ação que percorre a fibra *em ambas as direções* — ou seja, o potencial viaja até o músculo (*condução ortodrômica*) e a medula espinal (*condução antidrômica*). O potencial de ação que viaja até o músculo causa sua contração (resposta M). O potencial de ação que viaja pela medula espinal, para o corpo do motoneurônio, pode desaparecer sem nenhum efeito aparente ou gerar um potencial de ação ortodrômico (a ser discutido mais tarde).

PROBLEMA # 8.3

- O que pode acontecer com um motoneurônio se um potencial de ação antidrômico chegar ao cone axonal?

PROBLEMA # 8.4

- O que acontecerá se dois potenciais de ação (um ortodrômico e um antidrômico) se moverem em direção um ao outro e se encontrarem num certo ponto do axônio?

Considere agora o que acontece quando vários potenciais de ação se movem quase simultaneamente ao longo das fibras aferentes Ia e chegam a um motoneurônio α (figura 8.6). Todos esses potenciais de ação excitam a membrana do motoneurônio α — ou seja, todos induzem PPSEs. Se os PPSEs são fortes o suficiente, podem mostrar somação espacial, despolarizar a membrana até o limiar e fazer um motoneurônio α gerar um potencial de ação. Esse potencial de ação viaja axônio abaixo e provoca um abalo contrátil da unidade motora correspondente. Agora imagine que um potencial de ação, induzido pelo mesmo estímulo elétrico, já esteja viajando antidromicamente ao longo do mesmo axônio. A velocidade dos potenciais de ação em aferentes Ia é um pouco maior que nos axônios dos motoneurônios α. Contudo, o caminho para um potencial de ação numa fibra aferente Ia é ligeiramente mais longo e também envolve um atraso sináptico de 0,5 ms. Assim, podemos esperar que esses dois sinais cheguem ao motoneurônio α alvo simultaneamente. Nesse caso, eles extinguirão uns aos outros por causa do *período refratário* da membrana. Para efeito de comparação, imagine um fogo queimando um campo aberto e seco. A melhor maneira de deter o fogo é iniciar outro incêndio, que se propagará em direção ao primeiro. Quando os dois se encontrarem, não existirá combustível para o fogo se mover e ele se extinguirá. Você pode ver uma fibra neural como um condutor de fogo que precisa de tempo para ser capaz de conduzir outro fogo.

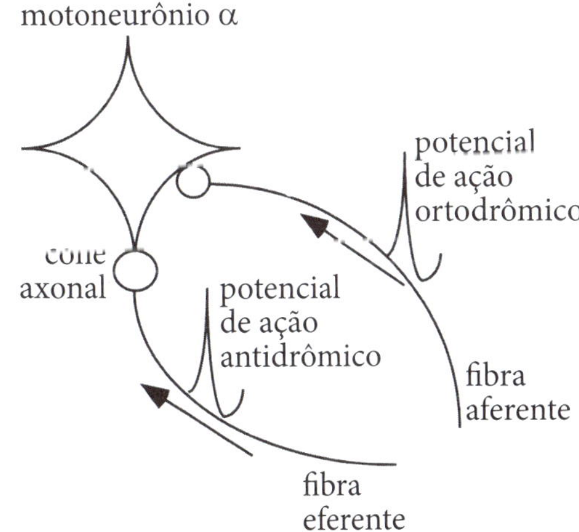

Figura 8.6 Quando uma fibra aferente libera um potencial de ação pré-sináptico para um motoneurônio α cujo cone axonal tenha respondido perfeitamente a um potencial de ação eferente antidrômico, o motoneurônio é incapaz de geral outro potencial de ação por causa do período refratário.

Assim, como a estimulação é reforçada, mais e mais axônios dos motoneurônios α respondem diretamente à estimulação, conduzindo potenciais de ação ortodrômica e antidromicamente, de modo que se tornam mais e mais motoneurônios incapazes de responder a potenciais de ação conduzidos por aferentes Ia. Por fim, todos os axônios eferentes são estimulados diretamente, e o reflexo H desaparece durante os picos da resposta M.

A figura 8.7 ilustra como as amplitudes pico a pico do reflexo H e da resposta M dependem da força de estimulação do nervo. Uma vez que ambas as respostas são registradas pelo mesmo par de eletrodos, suas amplitudes podem ser comparadas diretamente.

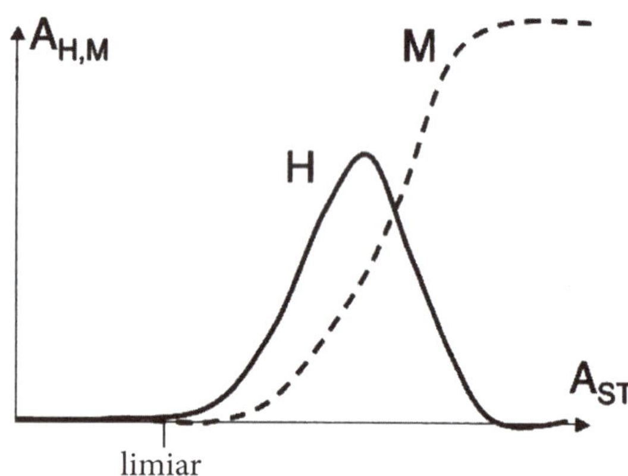

Figura 8.7 A amplitude pico a pico do reflexo H e da resposta M ($A_{H,M}$) depende da força de estimulação aplicada a um nervo muscular (A_{ST}). Note a curva H não monotônica e o aumento monotônico da resposta M.

Em particular, após um estímulo muito grande, a resposta M representa a maior resposta obtida de um músculo, uma vez que corresponde ao potencial de ação composto quando todas as unidades motoras são simultaneamente excitadas.

O reflexo H chega ao ponto máximo com uma força intermediária de estimulação. A taxa desse valor para a magnitude da resposta M de pico reflete uma série de fatores, como a excitabilidade relativa dos axônios Ia e do motoneurônio α e os processos na membrana do motoneurônio α. Essa taxa é usada em estudos clínicos e estudos de reflexos com pessoas saudáveis.

Se dois ou mais estímulos elétricos são aplicados a um nervo muscular com um atraso relativamente curto, a resposta muscular direta e a resposta reflexa apresentam comportamentos dramaticamente diferentes. As respostas M, após sucessivos estímulos, vão ser muito semelhantes entre si (a menos que você use frequências muito altas). O reflexo H, após o segundo estímulo, será menor que o primeiro. Se houver um terceiro estímulo, o reflexo pode ser ainda menor e pode finalmente desaparecer (figura 8.8). A diferença entre os comportamentos da resposta M e do reflexo H se deve às propriedades da sinapse central, que é parte do arco reflexo H, mas não da resposta M.

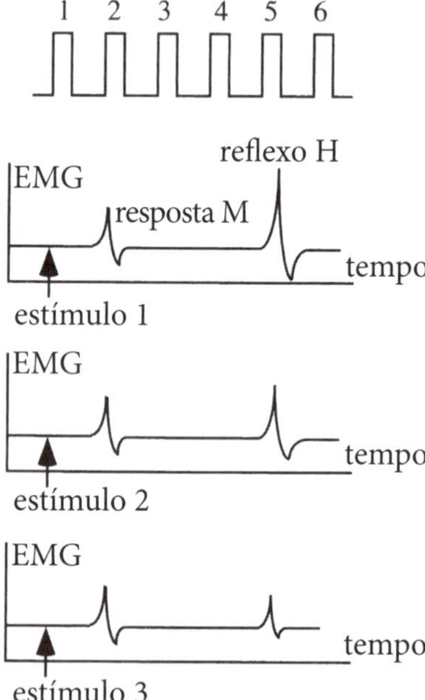

Figura 8.8 Sucessivos estímulos aplicados a uma alta frequência (acima) induzem respostas M de tamanhos similares e reflexos H progressivamente menores. As escalas de tempo dos gráficos inferiores são diferentes da do painel superior.

Lembre-se de que o período refratário para uma membrana resulta da inativação dos canais de sódio e é bastante curto, de modo que um tempo relativamente breve é necessário para restaurar a sensibilidade da membrana e sua capacidade de conduzir potenciais de ação.

PROBLEMA # 8.5

- A que frequência de estimulação se pode esperar uma diminuição da resposta M?

Sinapses, no entanto, precisam de mais tempo para restaurar a quantidade do mediador nas vesículas sinápticas. A transmissão sináptica mostra atenuação mesmo com atrasos de tempo de cerca de 1 s.

Um reflexo monossináptico similar ao reflexo H pode ser induzido por um estímulo mais fisiológico: um alongamento muscular rápido (figura 8.9). As terminações primárias dos fusos musculares são muito sensíveis ao comprimento e à velocidade do músculo; assim, um alongamento muscular rápido causa disparos sincronizados. Essa torrente de potenciais de ação viaja ao longo dos aferentes Ia para a medula espinal e induz uma resposta reflexa dos motoneurônios α que leva a um abalo contrátil. Esse reflexo é chamado *reflexo T* (ou *reflexo do tendão*). O alongamento muscular pode ser induzido por uma pancadinha no tendão, provocando o bem conhecido reflexo patelar ou reflexo aquileu. Um alongamento muscular rápido não excita diretamente os axônios dos motoneurônios α; portanto, não existe condução antidrômica. Como resultado, aumentar a amplitude ou a velocidade do alongamento monotonicamente aumenta a amplitude do reflexo T até que ele atinja seu pico.

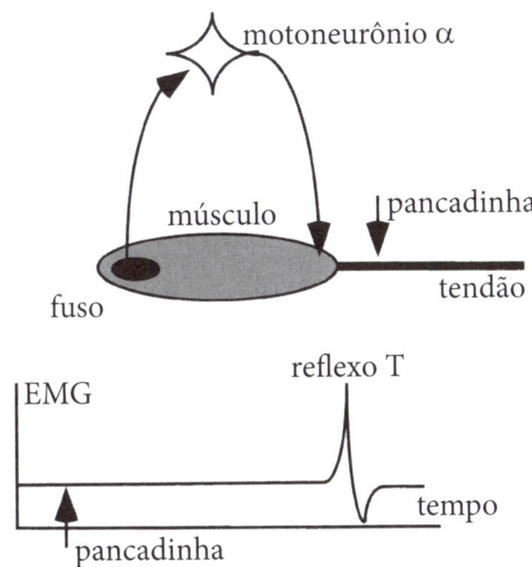

Figura 8.9 Uma pancadinha no tendão excita terminações de fuso e pode induzir uma contração reflexa monossináptica (reflexo T). Sua via reflexa é a mesma do reflexo H.

8.4 Efeitos da ativação muscular voluntária nos reflexos monossinápticos

Reflexos monossinápticos são mal controlados pela vontade do indivíduo, embora tenha sido demonstrado que, com treinamento prolongado, macacos podem aprender a modular a amplitude de um reflexo monossináptico (Wolpaw, 1987; Wolpaw e Carp, 1993). Os seres humanos podem modular a amplitude de reflexos monossinápticos indiretamente pela ativação de determinados grupos musculares. A ativação muscular voluntária leva à despolarização da membrana de muitos motoneurônios α que inervam o músculo. Alguns dos motoneurônios geram potenciais de ação, enquanto outros são despolarizados abaixo do limiar para a geração de potencial de ação. Esses motoneurônios podem ser recrutados mais facilmente por uma descarga aferente padrão induzida por um estímulo elétrico. Como resultado, mais motoneurônios respondem a um estímulo padrão, que aumenta a resposta muscular reflexa global. Por exemplo, a ativação voluntária do grupo muscular da panturrilha aumenta um reflexo H induzido por uma estimulação elétrica do nervo tibial (figura 8.10).

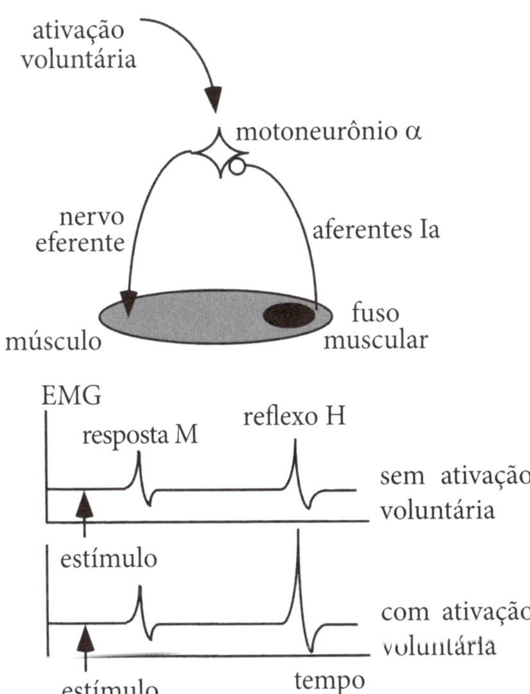

Figura 8.10 A ativação muscular voluntária aumenta a amplitude do reflexo H em músculos ativados ao excitar o grupo motoneuronal.

Já a ativação voluntária de um *músculo antagonista* (músculo com ação mecânica aparentemente oposta) diminui a amplitude de um reflexo monossináptico. Por exemplo, um reflexo H no grupo muscular da panturrilha diminui quando a pessoa ativa o músculo tibial anterior. Presume-se que o efeito seja resultado da ação de interneurônios inibitórios-Ia excitados pelo comando voluntário descendente para o músculo antagonista. Esses interneurônios produzem a inibição pós-sináptica do grupo motoneuronal (ver capítulo 7) ativado por aferentes Ia que respondem a um estímulo elétrico.

A ativação de grupos musculares distantes e grandes pode também modular o reflexo H nos músculos da panturrilha. Isso pode ser conseguido, por exemplo, com a manobra de Jendrassik. Para realizar essa manobra, uma pessoa deve entrelaçar suas mãos na frente do peito e tentar separá-las contraindo os músculos do ombro e das costas. Após alguns segundos, ocorre uma mudança (geralmente um aumento) na amplitude dos reflexos H dos músculos da panturrilha. O mecanismo desse efeito não é conhecido.

8.5 Onda F

Os reflexos H podem ser vistos com facilidade somente em alguns músculos. A razão disso pode ser uma série de fatores, particularmente diferenças na densidade e efetividade das conexões monossinápticas dos aferentes Ia nos motoneurônios α e diferenças na relação entre os diâmetros de axônios Ia aferentes e eferentes.

PROBLEMA # 8.6

- Por que uma sinapse em um motoneurônio α pode ser mais ou menos efetiva que outra?

Alguns músculos respondem a uma estimulação elétrica do nervo muscular em uma latência similar à do reflexo H. Contudo, ao contrário do reflexo H, essa resposta não diminui com estimulação mais forte e não sofre um aumento na frequência de estimulação. Essa resposta é chamada *onda F*. As propriedades da onda F sugerem que não há nenhuma transmissão sináptica. A onda F resulta da condução antidrômica ao longo dos axônios dos motoneurônios α. Porém, por causa das peculiaridades do curso de tempo de despolarização da membrana no corpo do neurônio, a membrana no cone axonal recupera-se de seu período refratário a tempo de responder à sua contínua despolarização. Em certo sentido, esse é um exemplo único de um potencial de ação antidrômico que chega a um neurônio e dá origem a outro potencial de ação ortodrômico (figura 8.11). Assim, neurônios podem sair pela culatra!

Uma medição acurada mostra que a latência da onda F é apenas um pouco menor que o reflexo H. Para ser exato, a diferença é de cerca de 0,5 ms. Ela corresponde ao atraso sináptico típico, porque o arco reflexo H envolve uma sinapse, e o arco da onda F não.

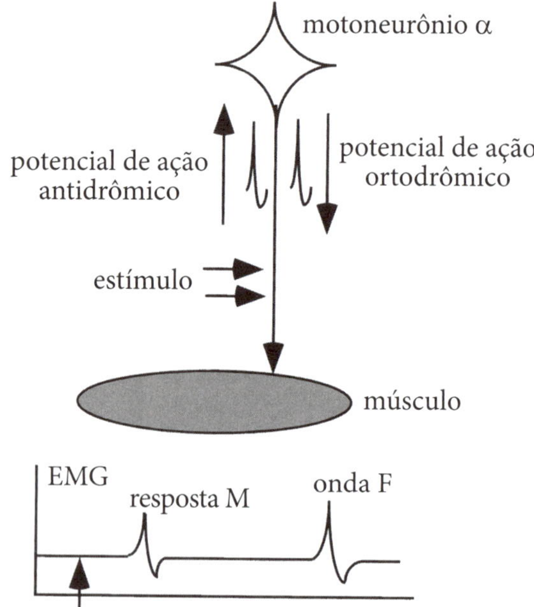

Figura 8.11 Um potencial de ação antidrômico (induzido por um estímulo elétrico) numa fibra eferente pode causar um potencial de ação ortodrômico e levar a uma contração muscular chamada *onda F*.

Capítulo 8 em resumo

Um reflexo é vagamente definido como uma reação motora involuntária a um estímulo externo. O reflexo mais simples envolve um receptor, um nervo aferente, pelo menos uma sinapse em um neurônio central, um nervo eferente e um efetor. Reflexos monossinápticos contêm apenas uma sinapse central e sempre causam efeitos excitatórios sobre motoneurônios α. Eles podem ser induzidos por uma mudança abrupta na atividade dos aferentes do fuso muscular primário, como durante uma pancadinha no tendão (reflexo T), ou em resposta a uma estimulação elétrica de um nervo muscular (reflexo H). No último caso, axônios motores também são estimulados, levando a uma resposta muscular direta (resposta M). A ativação voluntária de um músculo aumenta seus reflexos monossinápticos. Em alguns músculos, uma onda F pode ser observada. A onda F consiste em motoneurônios α respondendo a uma torrente antidrômica (induzida por um estímulo elétrico) que viaja até seus axônios.

9

Reflexos oligossinápticos e polissinápticos

Palavras-chave e tópicos

- reflexos oligossinápticos
- reflexos polissinápticos
- reflexos fásicos e tônicos
- reflexo flexor
- reflexo tônico de alongamento
- reflexo tônico de vibração
- reflexos interarticulares e intermembros

Reflexos monossinápticos são os mais simples dos reflexos musculares produzidos pelo corpo humano. Sua importância funcional, contudo, é questionável. Como eles induzem contrações rápidas e breves mal controladas voluntariamente, é improvável que sejam parte do mecanismo de controle muscular voluntário. Reflexos mais complexos que envolvem mais neurônios são os melhores candidatos para produzir respostas funcionalmente significativas a estímulos externos.

9.1 Reflexos oligossinápticos

Reflexos oligossinápticos envolvem, por definição, mais do que uma sinapse. Tipicamente, reflexos oligossinápticos envolvem duas ou três sinapses centrais. Uma das conexões oligossinápticas inibitórias mais conhecidas ocorre entre as terminações primárias dos fusos musculares e os motoneurônios α do músculo antagonista. Essa conexão é mediada por um interneurônio Ia (figura 9.1). A latência das reações musculares inibitórias mediadas por essas conexões está muito próxima à latência dos reflexos monossinápticos induzidos pelo mesmo estímulo num músculo que abriga os fusos. A diferença se deve à sinapse adicional, que aumenta em cerca de 0,5 ms o tempo de transmissão total.

Outro importante grupo de reflexos oligossinápticos provém dos órgãos tendinosos de Golgi cujos axônios pertencem a *aferentes Ib* (figura 9.2). Os aferentes Ib agem contrariamente aos aferentes Ia. Aferentes Ib de um grupo de órgãos tendinosos de Golgi induzem uma inibição dissináptica dos motoneurônios α homônimos (ou seja, aqueles que controlam o músculo cujo tendão contém os órgãos tendinosos de Golgi) e uma excitação dissináptica ou trissináptica dos motoneurônios α antagonistas. Tanto as vias excitatórias dos aferentes Ib como as inibitórias envolvem pelo menos um *interneurônio Ib*. A ação dos aferentes Ib é outro exemplo de retroalimentação negativa: se um músculo desenvolve força ativa, seus órgãos tendinosos de Golgi tornam-se ativos e inibem seus motoneurônios enquanto excitam os motoneurônios de seu antagonista.

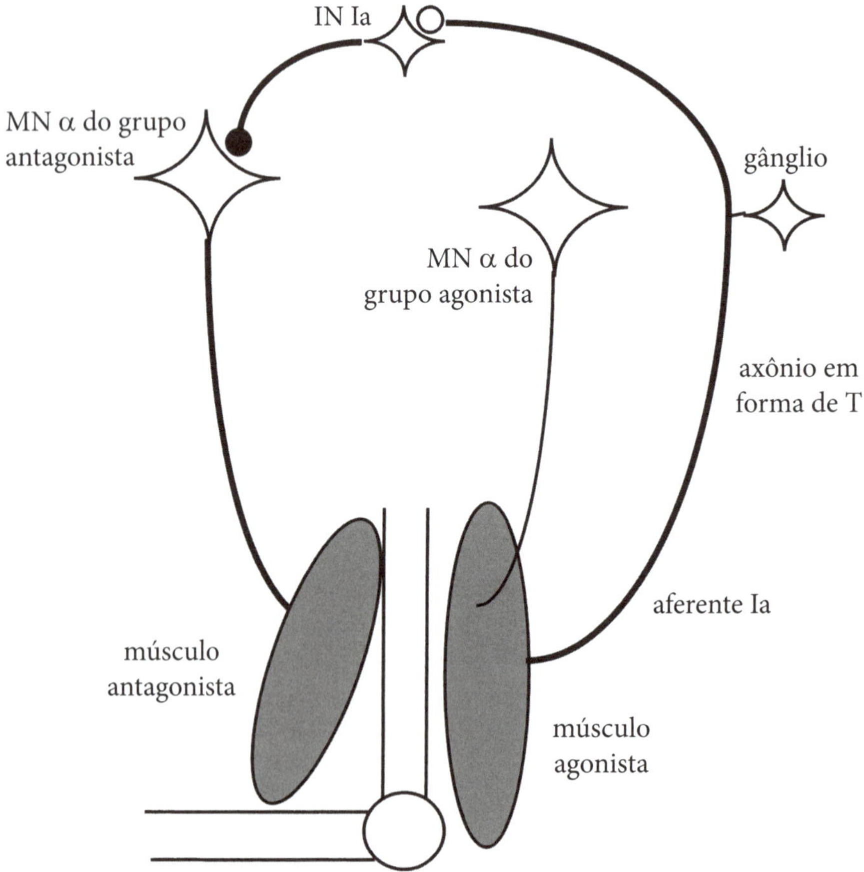

Figura 9.1 Os interneurônios Ia recebem entradas excitatórias provenientes de aferentes Ia e fazem sinapses inibitórias inervarem o músculo antagonista. Assim, eles têm um efeito reflexo inibitório (dissináptico) oligossináptico.

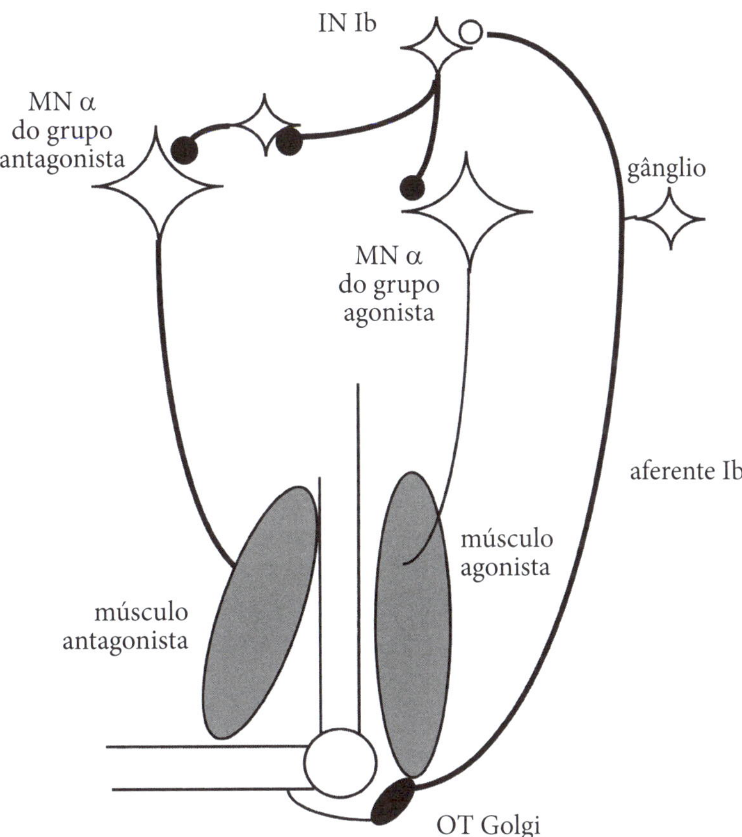

Figura 9.2 Órgãos tendinosos de Golgi (OT Golgi) enviam seus axônios (aferentes Ib) a interneurônios Ib, que inibem os motoneurônios α agonistas e desinibem (excitam) os motoneurônios α antagonistas.

PROBLEMA # 9.1

- Que tipo de efeito reflexo pode ser esperado de aferentes Ib que, durante uma flexão rápida, agem contra uma carga externa constante?

PROBLEMA # 9.2

- O que se pode esperar de aferentes Ib que, durante um rápido desenvolvimento da força de extensão, atuam contra uma parada?

Exceto para tempos de condução ligeiramente mais longos, reflexos oligossinápticos compartilham propriedades similares às dos reflexos monossinápticos. Contudo, a sinapse adicional (ou as adicionais) altera as propriedades do arco reflexo, particularmente sua reação à estimulação de alta frequência. Geralmente, quando mais sinapses são envolvidas na transmissão de um estímulo aos motoneurônios α, a supressão do reflexo é mais pronunciada com um aumento na taxa de estimulação.

Já que não existem muitas contrações como nos movimentos do dia a dia (e nós gostaríamos de evitá-las!), reflexos monossinápticos e oligossinápticos provavelmente representam fenômenos que, por si só, não produzem reações funcionalmente importantes a estímulos periféricos. Isso certamente não significa que *mecanismos* subjacentes a esses reflexos não estejam funcionando ou possam ser ignorados em análises de controle motor diário. O ponto é que, na vida cotidiana, os seres humanos fazem movimentos suaves. Estímulos mais periféricos causam alongamentos musculares que não criam as descargas aferentes fortes e sincronizadas capazes de produzir reflexos monossinápticos semelhantes aos estudados em laboratório. Análises de reflexos monossinápticos e polissinápticos também têm sido úteis no estudo de movimentos desordenados.

9.2 Reflexos polissinápticos

A maioria dos reflexos musculares é polissináptica, envolvendo muitas (mais de três) sinapses no arco reflexo. Reflexos polissinápticos apresentam claramente latências mais longas e comportamento mais complexo que os dos reflexos monossinápticos ou oligossinápticos. Uma vez que envolvem mais interneurônios em seu arco reflexo, podem fornecer informação sobre outros níveis da hierarquia neural que estão além do alcance dos reflexos mais simples.

Fenômenos neurofisiológicos, incluindo os reflexos, são comumente classificados como *fásicos* ou *tônicos*. Fenômenos tônicos são constantes, mostrando pouca mudança ao longo do tempo, enquanto fenômenos fásicos variam com o tempo. Essa classificação está longe de ser objetiva: dependendo da escala de tempo (por exemplo, um tempo de observação típico), o mesmo fenômeno pode ser qualificado como tônico ou fásico. Processos complexos podem ter componentes tônicos e fásicos.

- *Reflexos fásicos* emergem em resposta a uma *mudança* no nível de um estímulo específico ao receptor. Geralmente, representam uma explosão (ou uma depressão breve) de atividade muscular que leva a um ou a uma série de movimentos nervosos. Todos os reflexos monossinápticos são fásicos.
- *Reflexos tônicos* surgem em resposta ao *nível* de um estímulo. Eles levam a contrações musculares sustentadas e a movimentos relativamente suaves. Esses reflexos são sempre polissinápticos. Uma vez que uma sucessão de estímulos causadores de reflexos monossinápticos pode levar a uma contração muscular tônica suave, por causa de uma superposição de sucessivos abalos contráteis (um tétano), é necessário distinguir reflexos tônicos de contrações musculares tônicas.

Por exemplo, a atividade das terminações de fuso sensíveis ao comprimento pode levar a ambos os tipos de reflexos (figura 9.3). Se um músculo é alongado rapidamente, reflexos mono e polissinápticos *resultam desse processo*. Se o músculo permanece em seu novo estado (alongado), os reflexos fásicos rapidamente desaparecem. Contudo, se o músculo estava ativo antes do alongamento, mudanças tônicas na atividade muscular podem ser vistas após o alongamento ser concluído quando o músculo estiver estável de novo. Esse mecanismo é frequentemente chamado *reflexo tônico de alongamento*, em contraste com o *reflexo fásico de alongamento*, que é outro nome para o reflexo T.

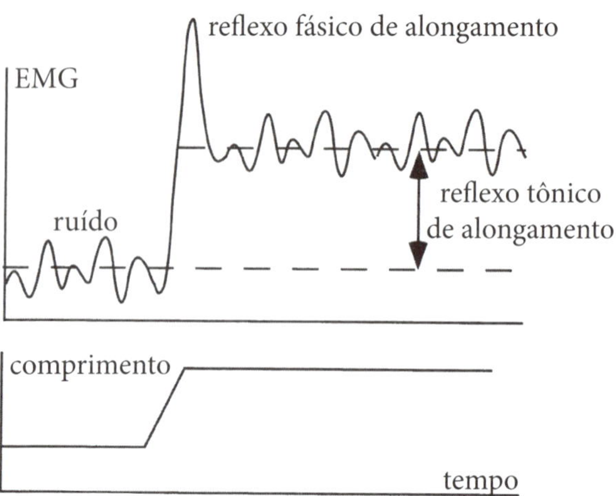

Figura 9.3 Componentes tônicos e fásicos do reflexo muscular resultante do alongamento.

A dicotomia fásico-tônico é convencional e baseada em diferenças quantitativas dos mecanismos, e não qualitativas. Por exemplo, reflexos monossinápticos são mediados por conexões monossinápticas entre aferentes Ia e motoneurônios α. Fusos aferentes I são sensíveis ao comprimento muscular e à taxa de variação do comprimento. Suas projeções monossinápticas funcionam durante alongamentos lentos ou mediante um comprimento muscular constante, mas não evocam reflexos monossinápticos. Portanto, conexões monossinápticas de aferentes Ia podem desempenhar, e provavelmente desempenham, algum papel nos reflexos tônicos. Quando a taxa de alongamento muscular atinge um determinado nível, surgem reflexos monossinápticos; quando

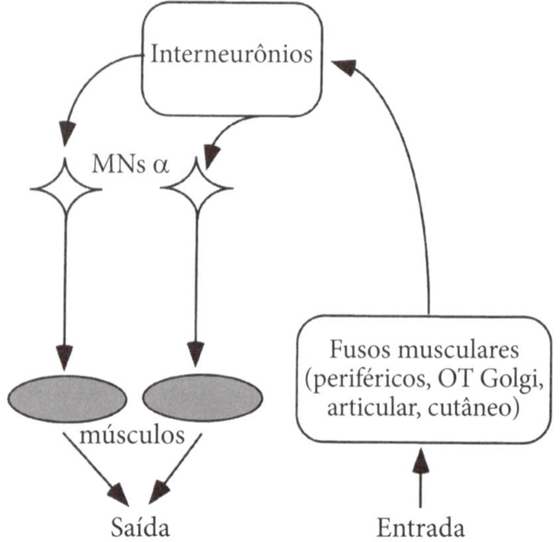

Figura 9.4 Comumente, os reflexos pós-sinápticos recebem contribuições de diferentes modalidades de receptores e suas vias centrais são desconhecidas.

ela permanece nesse nível, observam-se somente reflexos tônicos.

Existe uma grande diferença entre reflexos monossinápticos e polissinápticos. Quanto ao primeiro, a fonte aferente e o arco reflexo são conhecidos com um grau de certeza. Quanto ao último, nada se sabe sobre os circuitos neurais que levam a contrações musculares reflexas. Reflexos polissinápticos são geralmente considerados *noções funcionais*. A figura 9.4 é um esquema típico para um reflexo polissináptico. Um estímulo aplicado ativa um número de receptores (comumente de diferentes modalidades) e, após uma processamento central, altera o nível de ativação de um músculo. O músculo pode estar localizado próximo do estímulo ou muito longe, até mesmo em um membro diferente. Como resultado, os reflexos polissinápticos são descritos como *relações de entrada-saída* entre um estímulo e sua mecânica ou sua consequência eletromiográfica.

9.3 Reflexo flexor

Como o nome sugere, o reflexo flexor é a contração reflexa dos músculos flexores em resposta a um estímulo. Muitos proprioceptores contribuem para o reflexo flexor. Eles são frequentemente unidos num só grupo e chamados *aferentes do reflexo flexor* (ARF). Esse grupo inclui, entre outras, terminações secundárias de fusos musculares (grupo II aferentes); terminações livres espalhadas por todo os músculos e inervadas pelos finos e lentos axônios condutores dos grupos III e IV; receptores cutâneos e nociceptores (receptores de estímulos dolorosos). O reflexo flexor pode ser induzido por um estímulo doloroso na pele ou por uma estimulação elétrica de um nervo cutâneo, como o nervo sural (figura 9.5). Ele tem uma latência relativamente longa (cerca de 70 ms), tanto pela condução lenta na maioria das fibras aferentes quanto por longos atrasos centrais. Um estímulo adequado induz uma contração rápida, mas sustentada, de todos os músculos flexores principais do membro no qual o estímulo é aplicado. Se o membro é livre para se mover, ele se retrai com o estímulo; é por isso que esse reflexo é algumas vezes chamado de *resposta de retirada*. Esses reflexos parecem um pouco diferentes nos bebês e em indivíduos com certas patologias, como a lesão da medula espinal, o trauma encefálico e a esclerose múltipla.

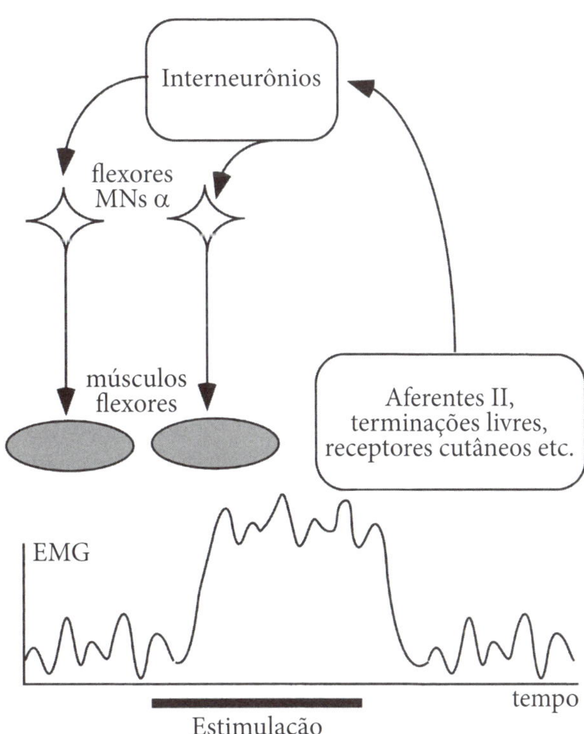

Figura 9.5 O reflexo flexor é induzido pelos seus aferentes. Incluem terminações secundárias dos fusos musculares, terminações nervosas livres, alguns receptores cutâneos, entre outros. O reflexo flexor ativa os músculos flexores de um membro. A parte de baixo da figura demonstra um reflexo típico de um músculo flexor da perna (por exemplo, tibial anterior) a uma estimulação elétrica no nervo sural.

9.4 Reflexo tônico de alongamento

Já descrevi o *reflexo tônico de alongamento* como uma contração muscular sustentada em resposta ao alongamento lento ou à manutenção do músculo num comprimento novo mais longo. O reflexo tônico de alongamento contribui para uma característica definidora dos músculos humanos: o *comportamento viscoelástico* (às vezes imprecisamente chamado *comportamento de mola*). Esse reflexo foi primeiramente descrito pelo grande fisiologista britânico Sir Charles Sherrington e por seu colega Eric Liddell (Liddell e Sherrington, 1924), e muitos o estudaram desde então (revisto em Gottlieb e Agarwal, 1972; Feldman e Levin, 1995).

Vamos considerar o que aconteceria se um músculo intacto (isto é, um músculo com todas as suas conexões neurais no lugar) fosse lentamente alongado por uma força externa (figura 9.6). A princípio, o músculo resistiria ao alongamento devido à suas *propriedades elásticas passivas* (lembre-se de que o músculo tem elementos elásticos paralelos e seriais). Em seguida, num determinado comprimento, a atividade aumentada dos fusos musculares produziria um *recrutamento autogênico* de alguns motoneurônios. A ativação desses motoneurônios levaria o músculo a desenvolver uma força ativa oposta ao alongamento. O comprimento muscular no qual o recrutamento começa é denominado *limiar do reflexo tônico de alongamento*. Como a força externa continuará a alongar o músculo, mais e mais motoneurônios serão recrutados, e assim a força muscular aumentará. Finalmente, essa experiência produziria um *reflexo tônico de alongamento característico* (uma relação força-comprimento).

A inclinação característica pode ser considerada uma representação da rigidez muscular. Na verdade, é melhor usar o nome *rigidez aparente*, porque um músculo intacto com seus reflexos não é uma mola única e ideal (Latash e Zatsiorsky, 1993). A rigidez aparente tem dois componentes. O primeiro é puramente periférico e independente de quaisquer efeitos reflexos. O segundo componente tem uma natureza reflexa.

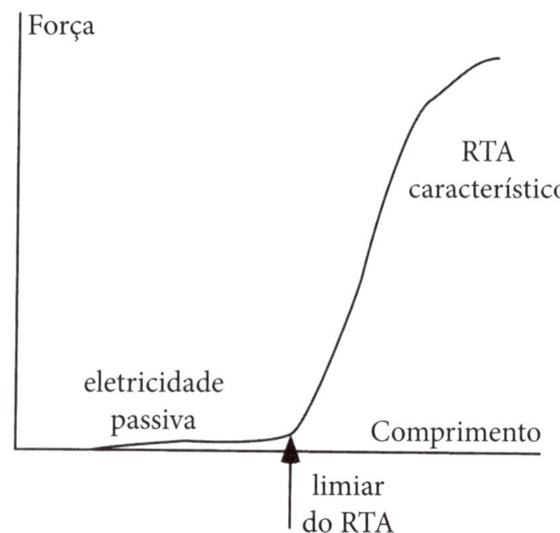

Figura 9.6 Um músculo é vagarosamente alongado por uma força externa. A princípio, o músculo resiste ao alongamento por sua elasticidade passiva. Então, num certo nível, o recrutamento de motoneurônios α começa, levando a um desenvolvimento de força ativa (reflexo tônico de alongamento). A curva completa é chamada *reflexo tônico de alongamento característico*.

Observe que a curva característica do reflexo tônico de alongamento muda com o comprimento do músculo. Isso significa que *o músculo se comporta como uma mola não linear*.

O nome *reflexo tônico de alongamento* é um pouco equívoco, pois esse fenômeno tem um componente dependente da velocidade: as terminações primárias nos fusos musculares que são sensíveis à velocidade. Se um músculo for alongado a certa velocidade e se mover num valor específico de comprimento muscular, sua força de contração será maior do que seria se ele fosse mantido constante naquele comprimento específico.

PROBLEMA # 9.3

- Enquanto um músculo está encurtando, o que acontece com a força muscular quando ele passa por um determinado comprimento, em comparação com a força desenvolvida nesse mesmo comprimento quando o músculo está estático?

9.5 Reflexo tônico de vibração

Uma *vibração muscular* de alta frequência e baixa amplitude é um estímulo muito potente para as terminações sensoriais do fuso. Nos seres humanos, por exemplo, a vibração muscular com uma frequência de cerca de 100 Hz e uma amplitude de cerca de 1 mm pode ser forte o suficiente para incitar praticamente todas as terminações primárias dos fusos dentro do músculo. *Incitar* significa induzir um potencial de ação em resposta a cada ciclo de vibração. Terminações secundárias do músculo, bem como numerosos receptores cutâneos e subcutâneos, são bastante sensíveis à vibração. Eis porque a vibração da pele é algumas vezes usada para testar a sensibilidade cutânea individual.

PROBLEMA # 9.4

- Se todos os aferentes Ia são conduzidos por vibração, por que não induzem reflexos monossinápticos em resposta a cada ciclo de vibração?

A vibração tipicamente provoca uma contração tônica do músculo ao qual é aplicada. Essa contração é denominada *reflexo tônico de vibração*. Pense sobre esta estranha combinação de palavras: *tônico* implica um estado constante, enquanto *vibração* implica oscilações de alta frequência. Contudo, essas duas palavras se tornam compatíveis quando um estímulo de alta frequência leva a uma vagarosa mudança na contração muscular. A contração começa alguns segundos após o início das vibrações (figura 9.7), aumenta aos poucos e permanece relativamente constante até que a fonte de vibração seja desativada. Em seguida, a contração gradualmente diminui durante alguns segundos. O EMG de um músculo durante o reflexo tônico de vibração parece muito similar ao EMG registrado durante as contrações musculares voluntárias. Contudo, uma análise mais profunda mostra um grande número de unidades motoras disparando em sincronia com ciclos de vibração (o que não é surpreendente, já que aferentes Ia estão sendo conduzidos pela vibração), enquanto o disparo no EMG voluntário é assíncrono.

Uma análise feita durante a vibração muscular em experiências com animais revelou dois tipos de PPSE: PPSEs sincronizados com a vibração e uma despolarização lenta não sincronizada com a vibração. A despolarização lenta foi atribuída à ação de uma via polissináptica dos aferentes Ia (com uma possível contribuição de outros aferentes musculares), enquanto os PPSEs sincronizados foram atribuídos à ação de conexões mono ou polissinápticas entre aferentes Ia e motoneurônios α.

A vibração muscular é acompanhada por quatro fenômenos incomuns. O primeiro é a capacidade dos indivíduos de suprimir voluntariamente o reflexo tônico de vibração pelo simples pensamento. Às vezes, o desejo de suprimir o reflexo é tão forte que é preciso ensinar a pessoa a não suprimi-lo. Esse fato torna o reflexo tônico de vibração um não reflexo, de acordo com nossa definição anterior. Você foi advertido de que a definição poderia falhar em alguns casos, e aqui está apenas um exemplo de seu fracasso.

O segundo fenômeno é a supressão dos reflexos monossinápticos no fundo da vibração (figura 9.8), algumas vezes levando à sua eliminação total. Esses efeitos parecem paradoxais, uma vez que uma contração voluntária tônica está associada à

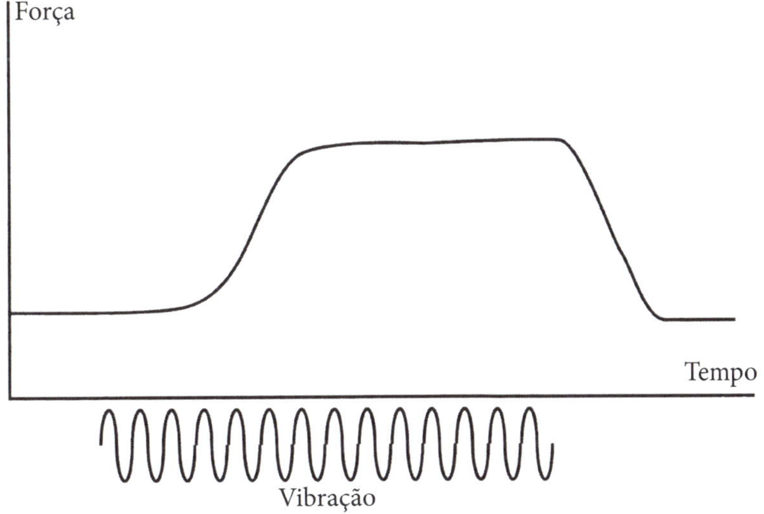

Figura 9.7 Uma vibração muscular de alta frequência leva a um vagaroso aumento da força muscular (reflexo tônico de vibração). O reflexo tônico de vibração começa com um atraso e dura algum tempo após o estímulo ser desativado.

excitação pós-sináptica, que aumenta os reflexos H no mesmo músculo (discutida no capítulo 8). Assim, uma contração muscular voluntária que imita um reflexo tônico de vibração leva a um aumento na amplitude dos reflexos H.

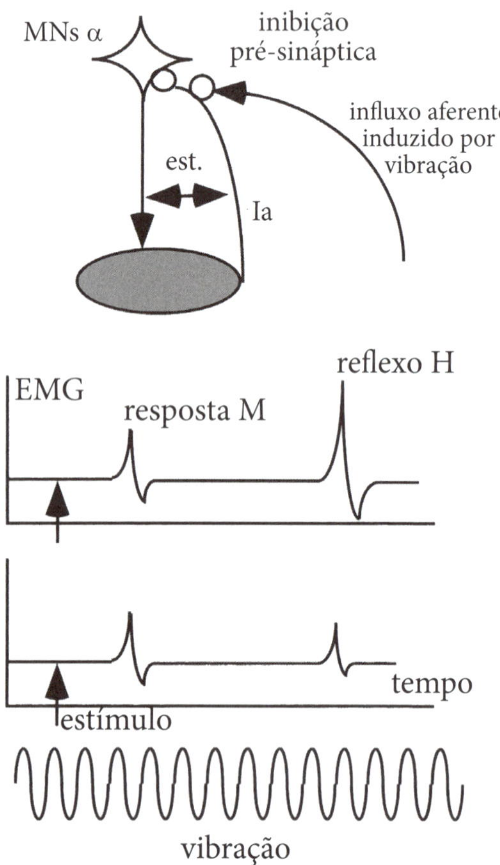

Figura 9.8 O reflexo tônico de vibração é acompanhado por uma supressão de reflexos monossinápticos (por exemplo, do reflexo H) no mesmo músculo. Essa supressão é pré-sináptica (parte superior da figura).

PROBLEMA # 9.5

- Sugira uma explicação para a supressão dos reflexos H durante um reflexo tônico de vibração.

A supressão dos reflexos monossinápticos por vibração tem demonstrado ser pré-sináptica. Ou seja, o influxo aferente complexo induzido pela vibração leva a efeitos pré-sinápticos seletivos nos terminais de aferentes Ia em suas sinapses com motoneurônios α. Outras sinapses, incluindo as de vias neurais descendentes envolvidas na contração muscular voluntária, não parecem ser atingidas. Como resultado, as vias polissinápticas induzem uma contração muscular tônica (reflexo tônico de vibração), enquanto as monossinápticas tornam-se relativamente ineficientes.

O terceiro efeito incomum da vibração muscular é sua capacidade de induzir contrações musculares reflexas que não estão sujeitas à vibração. Se a vibração for aplicada a um músculo, contrações reflexas podem ser observadas nele ou em seus agonistas, nos músculos antagonistas ou mesmo em músculos de diferentes articulações do membro. Qual músculo será ativado depende de vários fatores, incluindo a configuração do membro (ângulos articulares), a orientação do músculo com relação ao campo de gravidade e a presença de suporte sob o pé (figura 9.9). Esses padrões sugerem que a vibração muscular envolve mecanismos intersegmentais complexos que também podem ser usados durante atividades comuns, como ficar em pé e andar.

Figura 9.9 A vibração muscular pode induzir contrações reflexas de diferentes músculos do mesmo membro (mostrado em preto). Esses músculos são os mesmos que ficam ativos quando o corpo assume as posturas mostradas aqui durante a locomoção. A vibração é aplicada ao tendão calcâneo e ao patelar.

O quarto efeito da vibração muscular são as ilusões cinestésicas. Consideraremos esses fenômenos no capítulo 26.

9.6 Interações entre vias reflexas

Nas seções anteriores, consideramos os efeitos dos reflexos de certos aferentes, como os aferentes Ia e Ib, como fenômenos separados, fora do contexto. Mas o que acontece se todos os aferentes estão agindo de modo simultâneo, como fazem na vida cotidiana? A resposta exata é desconhecida. Contudo, uma série de experimentos feitos por um notável grupo de pesquisa sueco, liderado por Lundberg e Jankowska (Lundberg, 1975, 1979; Jankowska, 1979; Jankowska, Lundberg e Stuart, 1983), demonstrou que a maioria dos interneurônios, incluindo os interneurônios Ia e Ib, recebe informações confusas (figura 9.10). Ou seja, se o nível de disparo dos aferentes Ib é mantido constante, a saída de interneurônios Ib pode mudar dependendo do disparo dos aferentes Ia. A fiação neural da medula espinal cria uma impressão de confusão total, em vez de um conjunto bem estruturado de circuitos de retroalimentação, cada um com sua própria função.

Esses resultados, porém, não são motivo de desespero. Eles demonstram os limites da abordagem neurofisiológica clássica, que é boa para testar determinados circuitos neurais, mas provavelmente demasiado simplista para analisar o sistema nervoso central como um todo. Esse é outro exemplo das limitações da abordagem reducionista no estudo das funções do corpo humano.

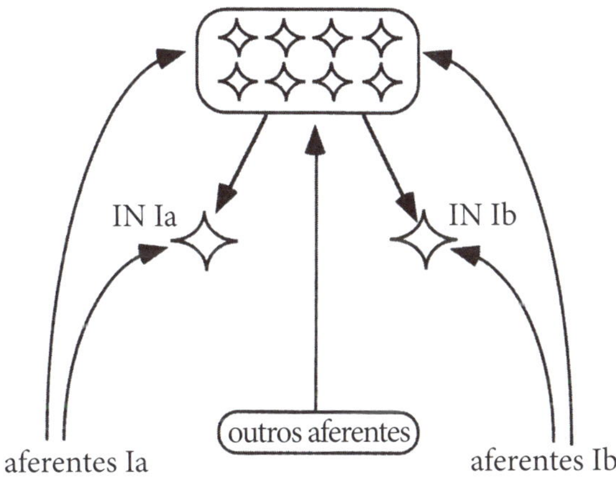

Figura 9.10 Interneurônios Ia e Ib recebem informações confusas de aferentes originários de receptores diferentes.

9.7 Reflexos interarticulares e intermembros

Já encontramos exemplos de reflexos interarticulares que ocorrem quando a vibração muscular induz uma contração reflexa tônica de outro músculo dentro do mesmo membro, mas atua numa articulação diferente. Além disso, o reflexo flexor faz praticamente todos os músculos flexores de um membro se contraírem, podendo ser considerado um reflexo interarticular ou reflexo do membro completo.

Uma série de estudos realizados pelo grupo de T. Richard Nichols (1989, 2002) focalizou os efeitos reflexos dos receptores sensíveis à força. A força muscular é sentida pelos órgãos tendinosos de Golgi; contudo, outros receptores podem também reagir à deformação de tecido que acompanha o desenvolvimento da força muscular. Estudos em gatos mostraram que circuitos de retroalimentação sensíveis à força atuam em grandes grupos musculares do membro que envolvem músculos capazes de cruzar diferentes articulações. Essas projeções são específicas do músculo, dependendo das articulações cruzadas pelo músculo e da linha exata de sua ação. Elas foram interpretadas como fornecedoras da coordenação dependente de força via articulações, que pode ser usada como bloco constitutivo para vários movimentos multiarticulares.

Reflexos intermembros são comumente observados em animais cujo eixo neural foi cortado, separando as estruturas encefálicas mais rostrais do resto do sistema nervoso central. Nesses animais, muitos reflexos espinais estão liberados da influência descendente supressora. Uma estimulação elétrica de um nervo da pele ou uma alfinetada pode induzir uma resposta flexora típica no membro ao qual o estímulo é aplicado e um reflexo extensor no membro contralateral. Essa reaçao é chamada *reflexo extensor cruzado* (figura 9.11). A observação do reflexo flexor e do reflexo extensor cruzado levou Sir Charles Sherrington a teorizar que a locomoção representava uma sequência de reflexos de flexão e extensão (Sherrington, 1910). Vamos considerar essa teoria no capítulo sobre locomoção (capítulo 22). Também vamos discutir em capítulos posteriores, outros reflexos polissinápticos complexos que envolvem os sistemas vestibular, ocular e postural.

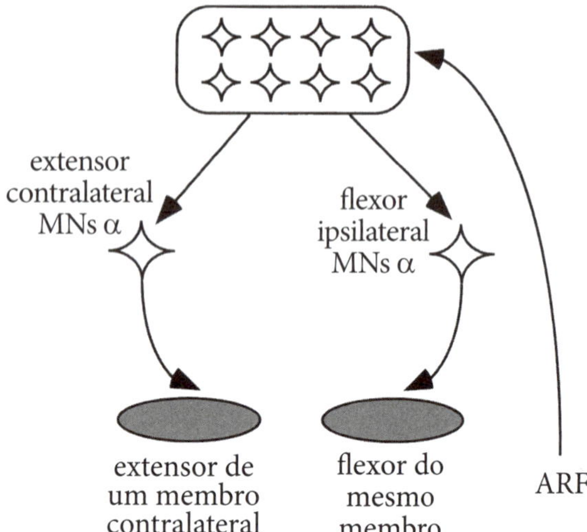

Figura 9.11 Simular aferentes de reflexo flexor (ARF) num membro causa uma resposta reflexa em seus músculos flexores e um reflexo extensor cruzado nos músculos extensores do membro contralateral.

Capítulo 9 em resumo

Os reflexos oligossinápticos contêm algumas sinapses centrais, enquanto os reflexos polissinápticos contêm muitas sinapses centrais. Reflexos desses dois grupos podem ser excitatórios ou inibitórios. Os estímulos ou respostas fásicos mudam rapidamente com o tempo. Os estímulos ou respostas tônicos são estáveis. Os fusos musculares e órgãos tendinosos de Golgi são fontes de reflexos oligossinápticos que podem ser vistos como circuitos de retroalimentação negativa. Os reflexos podem envolver músculos de um membro inteiro. Um exemplo é o reflexo flexor, que responde a uma variedade de receptores com axônios relativamente finos. O reflexo tônico de alongamento é um aumento na atividade dos motoneurônios que inervam um músculo durante seu alongamento por uma força externa. O reflexo tônico de vibração é um aumento constante na ativação de um músculo submetido a vibrações de alta frequência e baixa amplitude. Ele é acompanhado de uma supressão de reflexos monossinápticos, que é induzida por um aumento da inibição pré-sináptica.

10

Controle voluntário de um músculo isolado

Palavras-chave e tópicos

- elementos da teoria de controle
- controle por antecipação e de retroalimentação
- servo-hipótese
- coativação α–γ
- hipótese do ponto de equilíbrio
- papel dos reflexos no controle muscular

É hora de dar mais um passo e, na sequência das tradições de Sherrington, discutir como os subsistemas neurofisiológicos descritos (reflexos) podem ser usados para controlar movimentos voluntários. Começaremos com o caso mais simples: o controle de um músculo isolado. Mesmo num músculo isolado, existem numerosos mecanismos reflexos que se originam de diferentes tipos de receptores periféricos e estão incorporados no nível dos interneurônios. Todos esses mecanismos são mediados por *milhares de neurônios*, mesmo para o movimento voluntário mais simples. Certamente não é viável rastrear cada via reflexa e descrever seu funcionamento durante a ativação muscular voluntária. Contudo, *será possível descrever a ação de todos os reflexos musculares com apenas alguns parâmetros?* Para fazê-lo, precisamos passar das vias reflexas individuais a um novo nível de complexidade, caracterizado por um novo conjunto de variáveis funcionalmente significativas, como fizemos quando passamos da fisiologia das membranas e íons à fisiologia das interações celulares (reflexos).

10.1 Controle por antecipação e de retroalimentação

Para adentrarmos a área do controle, é preciso introduzir algumas noções básicas. Considere a figura 10.1. Um sinal de comando vem de um controlador central hipotético e, após algum processamento, produz certa saída. As variáveis que o controlador utiliza para formular sinais de comando são chamadas *variáveis de controle*. Presume-se que o controlador possa fornecer essas variáveis, ignorando possíveis alterações na saída ou em qualquer outro fator externo. Certamente, isso não significa que o controlador não possa alterar uma variável de controle com base em informações periféricas. O importante é que se tem a escolha de reagir ou não a essas informações.

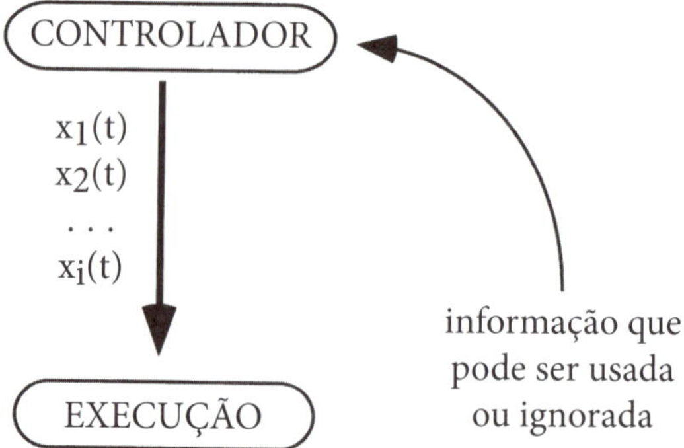

Figura 10.1 Nesse esquema de controle por antecipação, o controlador usa variáveis de controle *[x1(t),..., xi (t)]* para formular os sinais de comando enviados às estruturas inferiores (executivas).

Se o controlador fornece o sinal (uma variável ou algumas variáveis) independentemente da saída, ele fornece *controle por antecipação* (ou controle de circuito aberto). Um exemplo de controle por antecipação é o caso em que se chuta uma bola de futebol. O encéfalo envia comandos ao músculo que são gerados antes do chute e, obviamente, antes que o resultado dele se torne conhecido.

Se um controlador muda sinais de comando de acordo com seus resultados, exerce *controle de retroalimentação* (ou controle de circuito fechado, figura 10.2). Um componente importante de um sistema de controle de retroalimentação é um *comparador*, uma unidade que compara uma saída de corrente do sistema com uma saída desejada e altera sinais de comando com base na discrepância entre efeitos reais e desejados. Por exemplo, quando dirigimos um carro a uma velocidade constante, usamos a informação visual do velocímetro ou do ambiente para alterar a força que aplicamos ao pedal do acelerador ou do freio. Esse tipo de controle nos permite manter uma velocidade adequada quando a estrada sobe ou desce, quando o vento muda ou quando vemos um carro de polícia.

Um circuito de retroalimentação negativa subtrai de uma variável de controle (x) uma quantidade (Δx) proporcional a um desvio numa variável periférica (Ay). Tipicamente, essa ação diminui o desvio original (figura 10.2a). Tal sistema tende a manter um determinado valor (ou uma determinada função de tempo) de variável de saída. A retroalimentação positiva atua para adicionar a uma variável de controle um montante proporcional a um desvio numa variável periférica, o que geralmente aumenta o desvio original (figura 10.2b). Sistemas de retroalimentação positiva tendem a amplificar qualquer desvio da variável periférica e comumente ficam fora de controle, levando a uma mudança qualitativa no comportamento do sistema (por exemplo, na geração de potencial de ação descrita na seção 2.3, capítulo 2).

Dois fatores importantes que caracterizam os circuitos de retroalimentação são o *ganho* e o *atraso*. O ganho pode ser definido como a taxa de mudança numa variável de controle para uma mudança numa variável periférica ($\Delta x/\Delta y$). O atraso pode ser medido em unidades de tempo, como segundos ou milissegundos, ou em unidades de tempo relativas, como porcentagens de um intervalo de tempo típico do processo. Circuitos de retroalimentação positivos e negativos atingem sua finalidade funcional de amplificar ou diminuir o erro somente se seu ganho for alto o suficiente e se seu atraso estiver dentro de certos limites. Atrasos grandes podem, contudo, levar a circunstâncias inesperadas. Por exemplo, a figura 10.3 mostra o que pode acontecer quando o sinal de saída constante é perturbado por uma função seno (t) e um circuito de retroalimentação negativa atua com um ganho de 0,9 e um tempo de atraso (Δt) zero ou da metade do período da função perturbadora (π).

No primeiro caso (atraso de tempo zero), existe compensação quase perfeita da função perturbadora. No segundo, os efeitos da perturbação são na verdade amplificados, embora um circuito de retroalimentação negativa esteja agindo. Assim, ao falarmos sobre circuitos de retroalimentação positivos ou negativos, precisamos distinguir entre componentes estruturais reais do sistema e seus efeitos funcionais globais.

Atraso de tempo é uma desvantagem importante do controle de retroalimentação. Portanto, se a velocidade for vital, o controle por antecipação pode ser preferível; se a precisão for mais importante que a velocidade, o controle de retroalimentação é mais vantajoso.

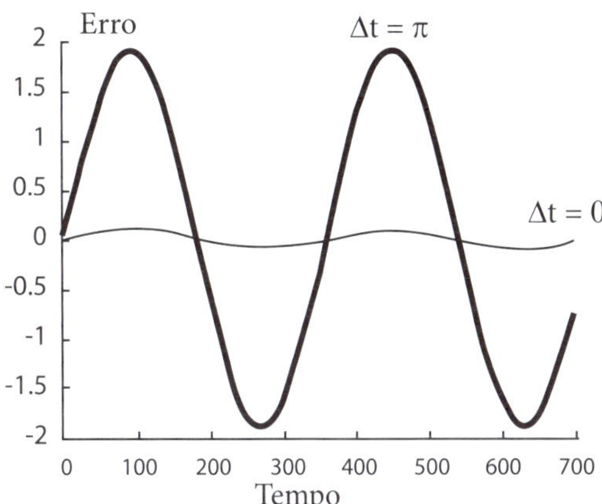

Figura 10.3 Um grande atraso em um circuito de retroalimentação pode levar a consequências inesperadas. Um sinal perturbador (uma função seno com valor de pico de 1) está atuando na saída de um sistema que inclui uma retroalimentação negativa com ganho de 0,9. Se não há tempo de atraso na retroalimentação, o erro é quase todo compensado (linha fina); se o tempo de atraso é π, o erro é, na verdade, amplificado (linha grossa).

PROBLEMA # 10.1

- Cite exemplos de retroalimentação negativa e positiva encontrados nos capítulos anteriores e na vida cotidiana.

10.2 Servocontrole

O controle por antecipação e de retroalimentação são frequentemente combinados em esquemas diferentes de complexidade, os quais podem gerar sinais de comando em forma de antecipação

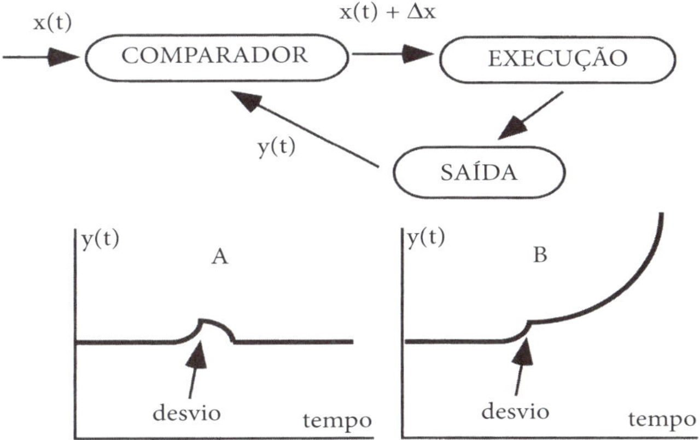

Figura 10.2 O controle de retroalimentação muda os sinais de comando com base em seus resultados. Isso é feito por um comparador. A retroalimentação negativa (*A*) muda a saída do comparador para minimizar possíveis desvios nela, ao passo que a retroalimentação positiva (*B*) amplifica qualquer desvio na saída.

e corrigir os sinais — se seu efeito for diferente de algum resultado desejado — usando retroalimentação. Quando um gato persegue um rato, ele usa uma combinação de controle por antecipação e de retroalimentação. Por um lado, tenta prever o que o rato vai fazer e interceptá-lo (controle por antecipação); por outro, usa informação visual para corrigir seus movimentos com base nos movimentos reais do rato (*controle* de retroalimentação). Esquemas que combinam *controle* por antecipação e de retroalimentação frequentemente consistem em *circuitos de controle*. Dos diferentes tipos de circuitos de controle, vamos destacar o *servomecanismo*, por vezes simplesmente chamado *servo*.

Na figura 10.4, um controlador envia um sinal em forma de antecipação para um servocircuito. O sinal codifica um valor constante desejado de um parâmetro de saída. O servocircuito mantém esse valor constante com a ajuda de um mecanismo de retroalimentação. Um sensor mede valores de corrente do parâmetro e fornece essas medidas ao comparador. O comparador equipara o valor medido com o valor especificado e altera sua saída (Δx) com base no erro (a diferença entre os valores prescritos e os reais). Observe que erros são necessários ao funcionamento de um servo. Bons servos detectam apenas erros muito pequenos e os corrigem prontamente. Em outras palavras, bons servos têm altos ganhos e pequenos atrasos de tempo, enquanto servos ruins podem ter atrasos consideráveis em suas ações corretivas, permitindo erros grandes.

Um termostato é um exemplo típico de um servocontrole (figura 10.5). Ele mantém a temperatura ambiente constante graças a um comparador que equipara a temperatura real com um valor pré-definido. Se a diferença entre a temperatura real e o valor pré-definido for grande o suficiente, um aquecedor ou um ar-condicionado é ativado. Observe que especificamos a entrada para esse servo configurando o dial do termostato.

PROBLEMA # 10.2

- Indique uma área do atletismo em que um servomecanismo seja vital ao bom desempenho e uma em que esse mecanismo seria desastroso.

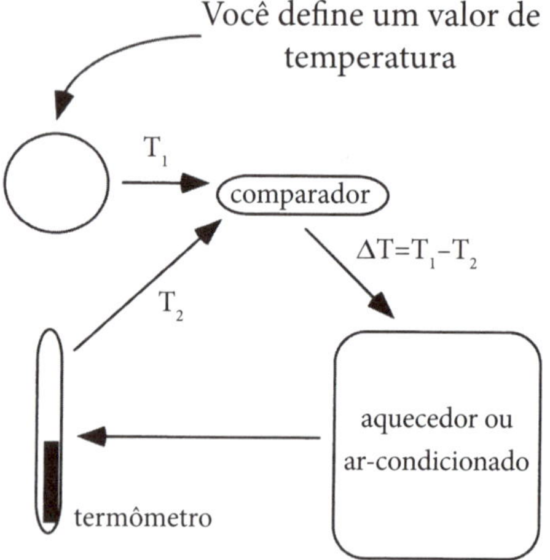

Figura 10.5 Um simples termostato atua como um servo para manter a temperatura ambiente constante.

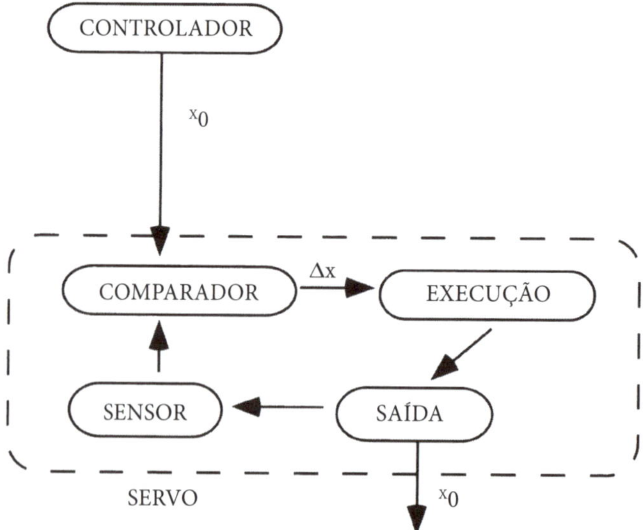

Figura 10.4 Esse circuito combina o controle por antecipação e de retroalimentação. O circuito de retroalimentação (servo) mantém uma variável especificada pelo controlador num valor constante, apesar das mudanças nas condições externas que possam afetá-la.

Já mencionei uma importante característica de qualquer servo (ou qualquer sistema de retroalimentação): o *tempo de atraso*. Aparentemente, quanto mais longo o atraso, maiores os erros que podem se acumular antes de o servo fazer uma ação corretiva. Em sistemas elétricos, os atrasos podem ser muito curtos, e os erros, muito pequenos. Contudo, no corpo humano, a velocidade de transmissão de informação é limitada pela velocidade do potencial de ação. Assim, atrasos de várias dezenas e até centenas de milissegundos são comuns. Esses atrasos são comparáveis às velocidades dos movimentos voluntários mais rápidos, de modo que mesmo os melhores servos dentro do nosso corpo tendem a funcionar abaixo do ideal.

O servo é um elemento *autonômo* de um sistema de controle: a definição de um valor desejado para um parâmetro de saída faz um servo executar seu trabalho independentemente de outros fatores enquanto o valor especificado permanecer constante. O uso de servos simplifica o controle dentro de um sistema complexo, pois o controlador pode delegar parte de sua responsabilidade a servos inferiores e ignorar os detalhes, concentrando-se em especificar variáveis mais gerais e importantes.

10.3 Servo-hipótese

No início dos anos 1950, R.A. Merton propôs a primeira hipótese de controle na área de estudos do movimento humano. Essa hipótese, chamada *servo-hipótese*, utiliza as informações sobre os mecanismos neurofisiológicos dos reflexos musculares para formular os problemas de geração de movimentos voluntários em termos de *controle*. Merton sugeriu que o controle dos fusos musculares pelo sistema-γ é parte de um servomecanismo que controla o comprimento muscular (Merton, 1953; veja também Matthews, 1972).

A ideia principal da servo-hipótese, ilustrada na figura 10.6, envolve as seguintes etapas:

1. Um sinal descendente chega aos motoneurônios-γ e, portanto, muda a sensibilidade das terminações sensórias nos fusos musculares ao comprimento do músculo. Os efeitos de um aumento da atividade-γ são semelhantes aos de um aumento no comprimento do músculo (ambos estimulam a atividade aferente do fuso), enquanto os efeitos da diminuição da atividade-γ são semelhantes aos de uma diminuição do comprimento do músculo. Assim, podemos dizer que o sinal descendente na figura 10.6 representa um novo valor do comprimento muscular.
2. A atividade das terminações de fuso muda e, por meio do *reflexo tônico de alongamento*, altera o nível de atividade dos motoneurônios α que inervam o músculo. Na verdade, a versão original da hipótese de Merton foi baseada na ação monossináptica dos aferentes musculares Ia sobre motoneurônios α homônimos. Porém, mais tarde, o mecanismo subjacente à ação de servo foi reconsiderado com base no reflexo tônico de alongamento.
3. O nível de contração muscular muda, levando ao movimento, ou seja, a uma mudança no comprimento muscular (suponha que não existam alterações na carga externa – isto é, *as condições são isotônicas*). Note que um aumento da atividade do fuso levará a uma contração muscular adicional, resultando no encurtamento muscular, que por sua vez diminuirá a atividade do fuso. Assim, o mecanismo de reflexo tônico de alongamento atua como um sistema de retroalimentação negativa.

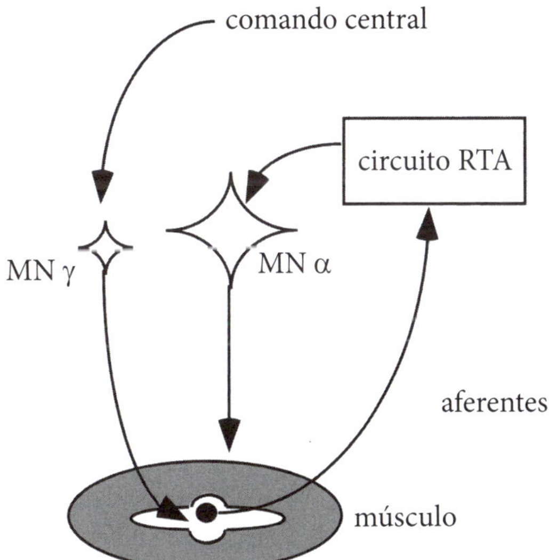

Figura 10.6 A servo-hipótese de Merton considera o circuito de realimentação que regula o comprimento muscular um servo perfeito: o comprimento muscular afeta os fusos musculares, que afetam o reflexo tônico de alongamento (RTA). Isso altera a atividade dos motoneurônios α, que causam mudanças na força muscular, provocando o movimento e mudando o comprimento muscular. Sinais descendentes especificam um nível de atividade dos motoneurônios γ e definem um valor para o comprimento muscular.

4. O movimento continua até o comprimento do músculo alcançar um novo valor no qual a atividade dos fusos musculares provoque uma contração muscular capaz de equilibrar a carga externa — isto é, até que o comprimento muscular chegue a um novo *estado de equilíbrio*.

Se o comando descendente permanece constante, presume-se que o reflexo tônico de alongamento assegure um comprimento muscular constante, apesar das mudanças na carga externa: presume-se que ele funcione como um *servo perfeito*. Por exemplo, ao aumentar, a carga alonga os músculos, o que aumenta a atividade dos motoneurônios α e, assim, a força de contração muscular. De acordo com a servo-hipótese de Merton, o aumento da força muscular equilibra exatamente a mudança na carga externa, de modo que o comprimento muscular não se altera.

A figura 10.7 usa características musculares de força-comprimento para ilustrar como a servo-hipótese funciona. O comando central especifica o local de uma característica que corresponde a um determinado comprimento muscular. Para que o servomecanismo compense perfeitamente possíveis mudanças na carga externa, a característica deve ser vertical; então, o comprimento do músculo não dependerá da força muscular (e externa). Movimentos voluntários são executados deslocando-se as características ao longo do eixo x, de modo que a variável de controle possa ser associada ao sinal para os motoneurônios γ (y_1, y_e, y_3).

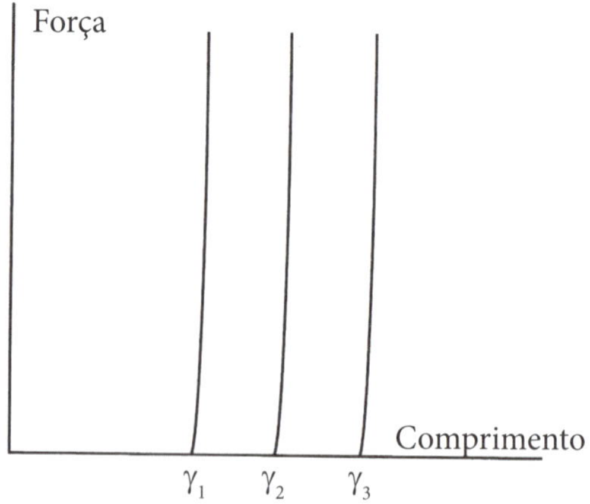

Figura 10.7 A servo-hipótese de Merton pode ser ilustrada com curvas verticais de força-comprimento cuja posição ao longo do eixo abscissa seja definida pelo sinal descendente (γ_1, γ_2, γ_3). Presume-se que mesmo uma grande mudança na força externa seja perfeitamente compensada pelo reflexo tônico de alongamento. Em outras palavras, esse mecanismo tem um ganho muito alto (infinito).

PROBLEMA # 10.3

- De acordo com a servo-hipótese, o que acontece quando ativamos um músculo para produzir um movimento, mas esse movimento é inesperadamente bloqueado (condições isométricas)?

10.4 Coativação α-γ

A servo-hipótese faz uma série de predições que podem ser testadas em experimentos. Infelizmente para a servo-hipótese, os resultados dessas experiências não confirmam as predições. Em particular, a hipótese sugere que movimentos voluntários são iniciados por alterações na atividade dos motoneurônios α enquanto alter ações na atividade dos motoneurônios γ seguem num atraso característico do arco reflexo tônico de alongamento. O desenvolvimento de novos métodos experimentais, particularmente dos registros diretos de nervos periféricos humanos realizados pela primeira vez pelo cientista sueco Vallbo (1971, 1981), permitiu a avaliação direta do tempo relativo das alterações nas atividades dos motoneurônios α e γ durante contrações musculares voluntárias. Essas observações mostraram que, durante todos os movimentos voluntários, as atividades dos motoneurônios α e γ variam simultaneamente. Esse fenômeno é chamado *coativação α-γ*.

Em meados da década de 1960, os investigadores relutavam em abandonar a servo-hipótese. Eles sugeriram que o servomecanismo funcionava como postulado por Merton, caso os movimentos voluntários fossem iniciados por uma combinação de um sinal de comando de antecipação (para motoneurônios α) e um sinal para o servo que controla o comprimento (para motoneurônios γ; Matthews 1970, 1972).

PROBLEMA # 10.4

- O que acontece com a atividade dos aferentes de fuso num músculo flexor durante um aumento voluntário da força de flexão contra uma parada?

PROBLEMA # 10.5

- O que acontece com a atividade dos aferentes de fuso num músculo flexor durante um movimento rápido de flexão contra uma carga externa constante?

Esse é um modelo muito elegante, de fato! Observe, contudo, que ele implica um *ganho* muito alto (infinito) no circuito do reflexo tônico de alongamento, de modo que qualquer alteração na carga externa (que pode ser grande) é prontamente compensada por uma mudança da força muscular, enquanto a mudança do comprimento do músculo é considerada extremamente pequena (na verdade, zero). Infelizmente para a servo-hipótese, medições posteriores demonstraram que o ganho no reflexo tônico de alongamento é relativamente pequeno, e assim o reflexo tônico de alongamento não pode ser considerado um servo perfeito. No fim, a servo-hipótese foi substituída por modelos novos.

10.5 Ativação muscular voluntária

Na atualidade, existem duas visões sobre a ativação muscular voluntária. De acordo com a primeira, comandos centrais especificam diretamente os níveis de atividade dos grupos de motoneurônios α e, portanto, especificam os níveis de ativação muscular (Gottlieb, 1996; Gottlieb, Corcos e Agarwal, 1989a, b). Supõe-se que mecanismos reflexos desempenhem um papel menor, atuando principalmente em casos de alterações inesperadas nas forças externas (perturbações). Essa visão, contudo, é incompatível com algumas observações. Por exemplo, imagine que uma pessoa ative fortemente um músculo contra uma grande carga e seja instruída a não alterar o nível dessa ativação muscular (figura 10.8). Agora imagine que a carga seja removida inesperada e rapidamente. Um movimento rápido irá ocorrer. Um EMG do músculo mostrará que, imediatamente após a descarga, há um período de silêncio quase total na atividade muscular. Esse efeito é chamado *reflexo de descarga*. Note que a descarga leva a um encurtamento rápido do músculo (uma diminuição no seu comprimento a uma alta velocidade negativa) e por isso as terminações sensoriais nos fusos musculares tornam-se silenciosas, enquanto seus efeitos reflexos sobre os motoneurônios α homônimos desaparecem.

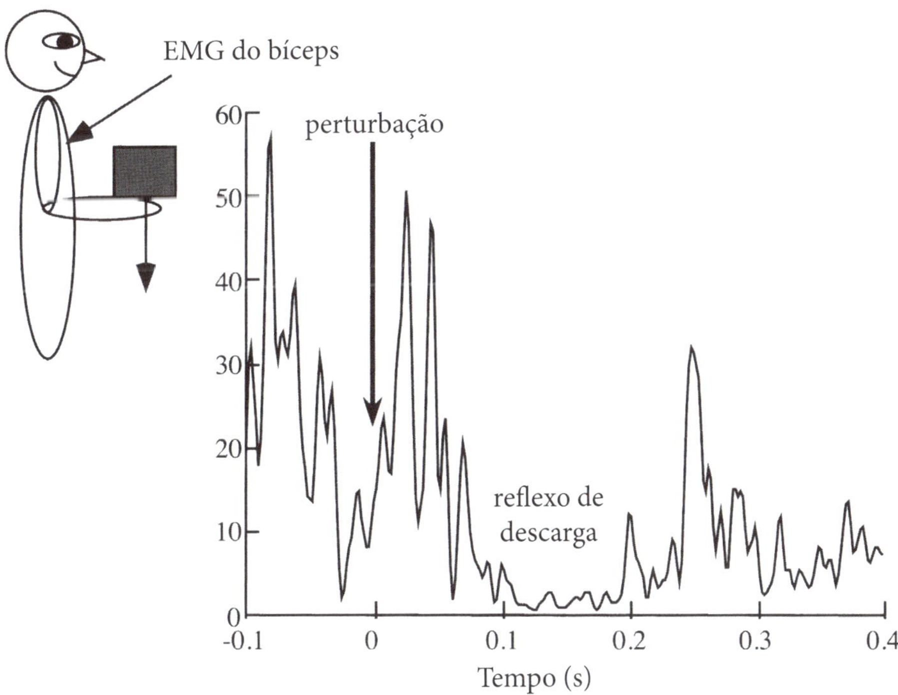

Figura 10.8 Um indivíduo mantém a posição de seu cotovelo ao ativar o bíceps contra uma carga. A carga é subitamente removida. O EMG do bíceps mostra um período de silêncio completo (o reflexo de descarga), mesmo quando o indivíduo tenta manter constante a atividade do bíceps. Isso significa que a atividade muscular não é uma variável independentemente controlada.

O reflexo de descarga pode ser considerado o inverso do reflexo de alongamento. O desaparecimento da atividade muscular durante o reflexo de descarga mostra que os efeitos do reflexo podem ser fortes o suficiente para eliminar 100% da ativação muscular voluntária. Eles certamente não podem ser considerados contribuintes menores da ativação muscular voluntária. Assim, a visão alternativa, a hipótese do ponto de equilíbrio, parece muito mais atraente. Vamos voltar aos argumentos das hipóteses concorrentes de controle motor no capítulo 19.

10.6 Hipótese do ponto de equilíbrio

De acordo com a segunda visão sobre a ativação muscular voluntária, comandos centrais usam reflexos musculares para alterar os níveis de atividade muscular e especificar os parâmetros desses reflexos. Essa visão é compatível com todas as observações de efeitos reflexos sobre a ativação muscular voluntária. Por implicar um ganho infinito em qualquer dos arcos reflexos, ela não vai ao extremo e, assim, evita os problemas da servo-hipótese. Essa visão surgiu como uma linguagem formal para descrever um corpo de dados experimentais sobre curvas características de força-comprimento de um músculo isolado em animais e curvas características de torque-ângulo uniarticulares em seres humanos (Matthews, 1959; Asatryan e Feldman, 1965; Feldman, 1966; revista em Latash, 1993). A maioria dos experimentos com animais foi realizada em gatos com uma lesão no sistema nervoso central que afetava a capacidade de realizar movimentos voluntários. Um estimulador elétrico foi colocado sobre o toco da parte residual do encéfalo para simular diferentes comandos descendentes.

Com um nível fixo de estimulação e uma carga externa constante, o sistema músculo-carga fica em equilíbrio em um determinado comprimento. A combinação de comprimento muscular e força em estado de equilíbrio é chamada ponto de equilíbrio (figura 10.9). Essa é uma noção central dentro da *hipótese do ponto de equilíbrio* (Feldman 1966, 1986; revista em Latash 1993; Feldman e Levin, 1995). Uma mudança na carga externa leva a uma mudança do comprimento muscular, que altera o nível de ativação muscular por meio do arco reflexo tônico de alongamento. Assim, um comando descendente constante não significa um nível constante de ativação muscular. A ativação muscular alterada pode ser acompanhada por mudanças tanto do comprimento quanto da força muscular até que um novo ponto de equilíbrio seja alcançado. Para um comando descendente fixo, todos os pontos de equilíbrio formam uma curva sobre o plano força-comprimento. Essa curva é chamada *característica invariante* (CI).

Num experimento com um animal, se um nível diferente de estimulação elétrica for usado para alterar sinais descendentes, emerge uma nova CI, que é deslocada em relação à primeira (figura 10.10). Podemos introduzir uma variável que codifica a localização de uma característica invariante, como o ponto em que a ativação dos motoneurônios α ocorre (o *limiar do reflexo tônico de alongamento*).

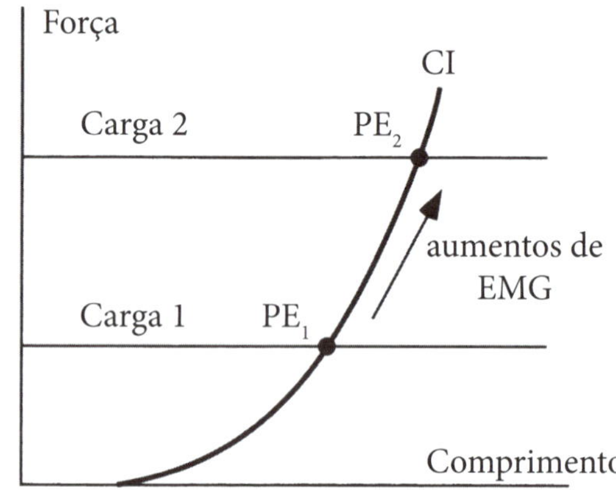

Figura 10.9 De acordo com a hipótese do ponto de equilíbrio, reflexos musculares especificam uma relação entre força e comprimento muscular. Essa relação é chamada *característica invariante* (CI). O sistema músculo-carga está em equilíbrio quando a força muscular iguala a força externa (carga). Esse ponto é chamado *ponto de equilíbrio* (PE). Se a carga externa mudar, a força e o comprimento muscular mudarão e alcançarão um novo PE (PE2). A atividade muscular (EMG) muda ao longo da CI.

Essa variável pode ser vista como uma *variável de controle* porque alterações na carga externa podem somente mover o ponto de equilíbrio ao longo da CI.

Nesse esquema, movimentos podem resultar de alterações na carga externa, como na figura 10.9, ou de deslocamentos centrais da CI, como na figura 10.10. Um deslocamento da CI pode ter efeitos periféricos diferentes, dependendo da carga externa. Na figura 10.10, uma mudança padrão da CI pode alterar o comprimento muscular (compare PE_0 e PE_1, condições isotônicas), a força muscular (compare PE_0 e PE_2, condições isométricas), ou ambos (compare PE_0 e PE_3, se a carga for elástica).

PROBLEMA # 10.6

- De acordo com a hipótese do ponto de equilíbrio, como uma pessoa pode mudar a velocidade de um movimento voluntário?

Uma vez que mecanismos neurofisiológicos estão envolvidos, a hipótese do ponto de equilíbrio pressupõe que o reflexo tônico de alongamento, fornecendo CIs ao músculo, incorpora todos os circuitos reflexos que podem ser influenciados pela atividade ou excitabilidade dos motoneurônios γ, motoneurônios α e interneurônios. Isso não torna uma estrutura anatômica a mais importante. Além disso, os circuitos de retroalimentação de receptores diferentes dos receptores musculares (por exemplo, receptores cutâneos e subcutâneos) também podem ajudar a definir a forma das CIs. Assim, presume-se que comandos centrais para movimentos voluntários envolvam uma combinação equilibrada de sinais para todos os tipos de neurônios espinais (figura 10.11). Níveis reais de ativação muscular (EMGs), forças musculares e movimentos ocorrem como consequência desses comandos centrais.

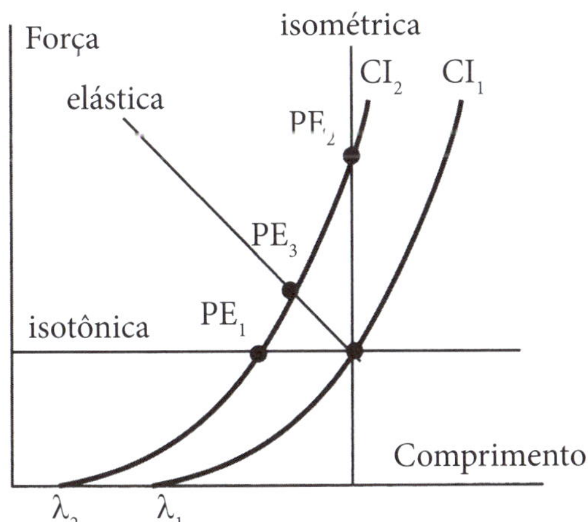

Figura 10.10 Um comando central especifica a localização de uma CI para o músculo. Isso pode ser descrito como um deslocamento no limiar do reflexo tônico de alongamento (λ). Dependendo da carga externa, um deslocamento em λ pode alterar o comprimento muscular (condições isotônicas, PE_1), a força muscular (condições isométricas, PE_2) ou ambos (carga elástica, PE_3). Alterações no EMG dependerão tanto de mudanças centrais λ quanto da carga externa.

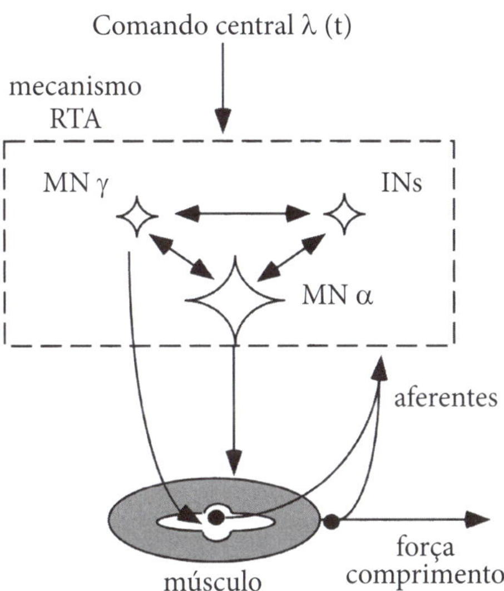

Figura 10.11 De acordo com a hipótese do ponto de equilíbrio, um comando central representa uma combinação equilibrada de sinais descendentes de todos os grupos de neurônios espinais, incluindo motoneurônios α, motoneurônios γ e interneurônios (INs). Assume-se que o reflexo tônico de alongamento incorpore efeitos reflexos de todos os receptores periféricos. Mudanças no comprimento (movimento), na força e na ativação musculares emergem como contribuições igualmente importantes oriundas dos comandos centrais e sinais de receptores periféricos.

Capítulo 10 em resumo

Os sinais de controle podem ser gerados na forma de antecipação ou retroalimentação. A retroalimentação positiva tende a amplificar erros e a retroalimentação negativa tende a eliminá-los; contudo, os efeitos exatos dependem dos ganhos e atrasos de tempo dos circuitos de retroalimentação. Um servo é um caso particular de circuitos de retroalimentação que mantém a saída num valor predefinido. A teoria de Merton sugere que fusos musculares são o sensor num servo perfeito que controla o comprimento do músculo, mas essa teoria tem se revelado errônea. A ativação voluntária de um músculo é acompanhada por uma ativação simultânea de motoneurônios α e γ. A hipótese do ponto de equilíbrio considera o controle dos movimentos voluntários como modulação central do limiar do reflexo tônico de alongamento para os músculos participantes. O reflexo tônico de alongamento e a elasticidade periférica de músculos e tendões assemelham o comportamento muscular ao de uma mola. Os efeitos reflexos desempenham um papel importante na definição dos níveis de ativação muscular.

Movimentos uniarticulares

Palavras-chave e tópicos

- movimentos multi e uniarticulares
- variáveis de desempenho e parâmetros da tarefa
- movimentos isotônicos
- contrações isométricas
- padrão EMG trifásico
- perfis cinemáticos
- hipótese da estratégia dual

Nossos movimentos cotidianos geralmente envolvem muitas articulações e são executados sob forças externas inconstantes. Se tentarmos repetir a mesma tarefa algumas vezes — por exemplo, se tentarmos repetidamente erguer uma xícara de chá da mesa —, nossos movimentos diferirão ligeiramente entre as diferentes tentativas (figura 11.1). Esse fenômeno é chamado *variabilidade motora* e está sempre presente mesmo nos indivíduos mais bem treinados. Na década de 1920, Nikolai Bernstein estudou ferreiros profissionais que batiam num cinzel seguro numa mão com um martelo na outra (Bernstein, 1930; revisto em Bernstein, 1967; Jansons, 1992). Eram os ferreiros mais bem treinados que se pode imaginar, uma vez que haviam realizado tais ações centenas de vezes todos os dias durante anos. No entanto, mesmo essas pessoas mostraram substancial variabilidade nas trajetórias das articulações isoladas e do martelo. Voltaremos a esse estudo seminal num capítulo posterior sobre coordenação multiarticular (capítulo 23). Por ora, a mensagem é que os seres humanos sempre mostram padrões motores variáveis, mesmo em tarefas muito praticadas e perfeitamente automatizadas. Além disso, cada pessoa é única: possui segmentos corporais com dimensões variadas, passou por experiências diferentes e tem diferentes habilidades para aprender novas tarefas motoras. Um estudo científico, no entanto, exige a possibilidade de reprodução qualquer experiência em outro laboratório e com outro indivíduo para a obtenção de dados similares. Essa é a principal razão pela qual muitos estudos de laboratório são realizados em condições artificialmente simplificadas.

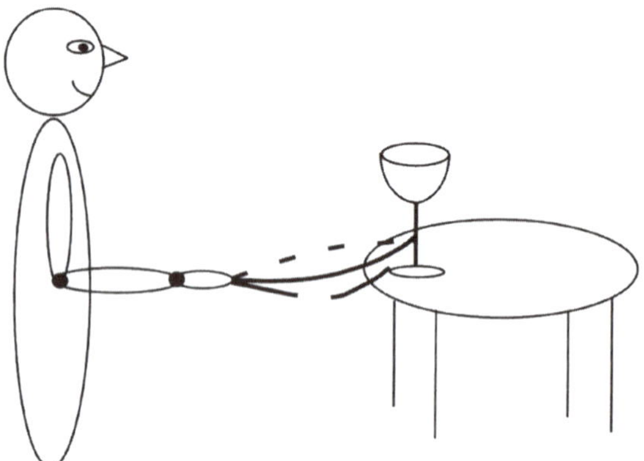

Figura 11.1 Quando uma pessoa tenta executar o mesmo movimento (como erguer da mesa uma xícara de chá) várias vezes, as trajetórias de todas as articulações e a da mão variam nas diferentes tentativas.

11.1 Movimentos isotônicos e contrações isométricas

Para resolver pelo menos uma parte do problema da variabilidade, pesquisadores frequentemente tentam reduzir o número de parâmetros, descrevendo uma tarefa motora e as variáveis disponíveis para o indivíduo que executa a tarefa. Isso é comumente feito restringindo os movimentos a uma única articulação e a um único eixo de rotação, com uma carga externa constante. Lembre-se de que movimentos contra uma carga externa constante são chamados *isotônicos*. Condições isotônicas são geralmente obtidas limitando os movimentos a um plano horizontal quando não existem mudanças aparentes na força da gravidade.

PROBLEMA #11.1

- O que acontece com a atividade dos órgãos tendinosos de Golgi durante um movimento isotônico rápido?

Outro regime de trabalho muscular apreciado por pesquisadores é a *contração isométrica*. A palavra *isométrica* implica comprimento imutável do músculo, o que não pode ser assegurado mesmo em experimentos com animais. Qualquer contração ativa das fibras musculares diminui o seu comprimento. Mesmo se essa diminuição for relativamente pequena, pode ser percebida a altas velocidades e pode alterar a atividade dos receptores musculares sensíveis ao comprimento e à velocidade (terminações do fuso). Em estudos com seres humanos, tendões e tecidos moles em torno das articulações e músculos provocam alterações inevitáveis no comprimento da fibra muscular quando a ativação muscular muda.

PROBLEMA #11.2

- O que acontece com a atividade dos fusos musculares (terminações primárias e secundárias) durante uma contração muscular isométrica?

Para a frustração dos pesquisadores, a maioria das articulações humanas comumente estudadas (por exemplo, ombro, cotovelo, punho e tornozelo) tem mais de um eixo de rotação (um *grau de liberdade* cinemático) e é controlada por mais de dois músculos. Alguns desses músculos são biarticulares, o que significa que suas contrações induzem alterações do torque ou movimento articular em duas articulações adjacentes. Além disso, o movimento de uma articulação pode alterar a relação entre força muscular e torque articular devido a mudanças no braço da alavanca. Assim, diferentes forças musculares ativas podem ser necessárias para compensar a carga externa constante. Desse modo, chegamos à conclusão de que movimentos uniarticulares contra uma carga externa constante (isotônica) e com um comprimento de músculo constante (isométrico) não existem.

Mesmo se movimentos uniarticulares e contrações existissem e fossem obtidos em condições experimentais, alguém poderia questionar sua relação com os movimentos executados durante atividades cotidianas e com o problema de controlar movimentos voluntários em geral. No entanto, os pesquisadores teimosamente continuam a estudar esses fenômenos fictícios. Eles têm bons motivos para fazê-lo.

Primeiro, a ciência progride do simples para o complexo. Estudos num nível avançado geralmente exigem a compreensão dos níveis funcionais inferiores.

Em segundo lugar, embora os resultados de estudos uniarticulares não possam ser generalizados diretamente aos movimentos multiarticulares, eles fornecem base teórica e abordagens experimentais que podem nos ajudar a compreender os princípios gerais do controle motor, independentemente do número de articulações e músculos envolvidos.

Em terceiro lugar, investigações de movimentos uniarticulares são úteis para estudos clínicos. Em alguns pacientes, o controle motor voluntário é restrito a músculos isolados ou articulações únicas. Portanto, é importante compreender os princípios de controle desses movimentos.

Por fim, em quarto lugar, estudos experimentais exigem condições que possam ser reproduzidas e levem em conta todos os fatores importantes que influenciam o desempenho de um indivíduo. Mesmo para movimentos uniarticulares humanos, é praticamente impossível considerar todos esses fatores. Para movimentos multiarticulares, a situação torna-se ainda mais complicada quando forças de interação articulares entram em jogo (assunto discutido em capítulos posteriores), músculos biarticulares começam a desempenhar um papel importante, a gravidade muda sua direção em relação a articulações individuais na maioria dos movimentos e o número de variáveis envolvidas aumenta dramaticamente. Portanto, as chances de se executarem experimentos mal controlados aumentam em estudos de movimentos multiarticulares.

Então, vamos considerar situações experimentais em que os indivíduos executam movimentos isotônicos uniarticulares ou contrações isométricas. Suponha que esses movimentos e contrações existam, tendo em mente que essa suposição é provavelmente falsa.

11.2 Variáveis de desempenho e parâmetros de tarefa

Na maioria dos experimentos de controle motor, são estudadas as relações entre *parâmetros de tarefa* (o que é exigido do indivíduo) e *variáveis de desempenho* (o que o indivíduo faz). Para estudos de movimentos uniarticulares, parâmetros de tarefa podem incluir amplitude de movimento, tempo (ou velocidade) do movimento, carga externa, precisão do movimento e instruções específicas dadas à pessoa (exemplo, "Faça um movimento suave", "Evite oscilação no final do movimento", "Não corrija a posição final se você perder o alvo" etc). Variáveis de desempenho incluem variáveis cinemáticas (posição articular, velocidade e aceleração), variáveis cinéticas (torque articular e seus derivados), EMGs, índices de precisão (por exemplo, a variabilidade da posição final ou a porcentagem de tentativas de acertar o alvo) e outros índices registrados ou calculados. Quaisquer índices de variáveis de desempenho, como derivadas, integrais e taxas, também são variáveis de desempenho.

Por que os pesquisadores se preocupam com as relações entre variáveis de desempenho e parâmetros de tarefa? O estudo dessas relações é um exemplo de uma típica abordagem de caixa-preta, pela qual as relações de entrada-saída são estudadas num sistema complexo para verificar hipóteses sobre a estrutura interna ou os princípios de funcionamento da caixa-preta. Espera-se que qualquer nova hipótese seja capaz de gerar *predições* experimentalmente testáveis e não observadas até então sobre as relações entre parâmetros de tarefa e variáveis de desempenho, bem como explicar relações anteriormente observadas entre esses parâmetros/variáveis, que podem ser chamados *retrodições*. Um pré-requisito absoluto para qualquer nova hipótese é que ela seja experimentalmente refutável. Isso significa que um experimento hipotético para testar as relações entre variáveis de desempenho e parâmetros de tarefa deve ser capaz de gerar resultados incompatíveis com a hipótese, de modo que ela possa ser rejeitada e substituída por uma hipótese alternativa. Portanto, estudos sobre as relações entre esses parâmetros e variáveis são cruciais para o desenvolvimento das pesquisas no campo do controle motor.

Por exemplo, predições podem ser geradas com base numa determinada hipótese, e podem ser formuladas questões experimentais como: "O que acontece com o pico de velocidade máxima quando há um aumento na carga inercial?" ou "Como o EMG integrado muda com um aumento na amplitude do movimento?". Observe que variáveis de desempenho são caracterizadas pela variabilidade natural. Por causa da *variabilidade*, não podemos esperar sinais absolutamente idênticos mesmo quando o indivíduo parece estar realizando o mesmo movimento sob as mesmas condições. Assim, qualquer experimento requer a observação de várias tentativas e o uso de abordagens estatísticas apropriadas.

PROBLEMA #11.3

- Você quer mostrar que uma variável de desempenho não se modifica diante de uma alteração num parâmetro de tarefa. Como você pode fazer isso?

Um dos índices favoritos nos estudos do controle motor é o tempo do movimento, embora pareça difícil encontrar uma medida menos confiável. Observe a figura 11.2, que mostra sinais cinemáticos típicos de uma flexão rápida do cotovelo. O início do movimento é relativamente fácil de definir, embora mesmo aqui possamos pegar o momento no início do disparo do EMG do bíceps ou o momento em que um dos sinais cinemáticos desvia-se acima de certo limiar (T_{ac}, T_{vel} e T_{ang}). Essa escolha pode afetar consideravelmente o valor medido. Definir o momento da finalização do movimento é muito mais difícil, porque movimentos rápidos são frequentemente acompanhados por oscilações na posição final.

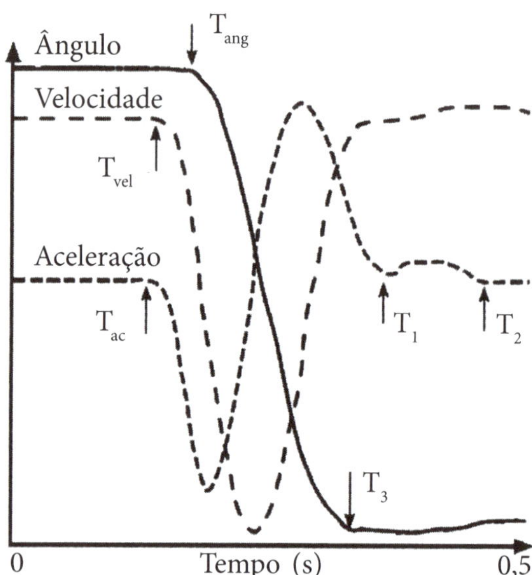

Figura 11.2 Seis flexões de cotovelo em um ângulo de 54° tiveram sua média calculada para produzir um padrão cinemático típico de um movimento uniarticular. O início do movimento diferirá se ele for baseado na primeira mudança visível da aceleração (T_{ac}), velocidade (T_{vel}) ou ângulo (T_{ang}). É ainda mais difícil definir o final do movimento. Podemos usar o momento em que a aceleração inverte sua direção (T_1), em que a aceleração chega a zero (T_2) ou em que o sinal articular acerta o alvo (T_3). Podemos também usar um critério baseado em velocidade. Note que esse padrão mostra um movimento relativamente suave, sem oscilações importantes no final; essas oscilações somente complicam a tarefa de definir o ponto final.

Adaptado, com permissão, de M.L. Latash, 1993. *Control of human movement* (Champaign, IL: Human Kinetics), 109.

Pode-se escolher o tempo em que o traço de posição atinge o alvo pela primeira vez, em que o traço de velocidade cruza o zero, em que o traço de aceleração cruza o zero pela segunda vez, ou alguma outra medida. Cada índice tem seus próprios prós e contras e pode ser usado como tempo do movimento. A escolha real de um critério particular é feita pelos pesquisadores com base nas questões particulares da pesquisa.

11.3 Perfis cinemáticos dos movimentos isotônicos uniarticulares

Em geral, um número infinito de perfis de articulação-tempo pode levar de uma posição articular inicial a uma posição final requerida. No entanto, perfis cinemáticos de movimentos uniarticulares naturais mostram certas características regulares que são comuns a uma gama de amplitudes e velocidades. As trajetórias dos movimentos naturais são suaves e mostram perfis de velocidade unimodais, em forma de sino, e perfis de aceleração de pico duplo, semelhantes aos ilustrados pela figura 11.2. Esses perfis cinemáticos são típicos de movimentos não muito lentos ou muito rápidos. Movimentos lentos mostram um perfil de velocidade mais irregular, em geral com um intervalo de tempo de uma velocidade relativamente constante. No entanto, movimentos muito rápidos mostram oscilações terminais substanciais na posição final.

Um critério computacional foi sugerido para explicar a suavidade dos movimentos naturais uniarticulares. De acordo com esse critério, movimentos naturais minimizam uma função integral de solavanco computado sobre o tempo do movimento. Lembre-se de que o solavanco é a derivada de tempo de aceleração (ou a terceira derivada de tempo da trajetória da articulação) (Hogan, 1984; Zatsiorsky, 2002):

$$J = \int_0^{TM} \left(\frac{d^3\alpha}{dt^3} \right) dt, \qquad (11.1)$$

em que J é o índice de solavanco integral, TM é o tempo do movimento e α é a trajetória do ângulo articular. Esse critério gera trajetórias que mostram todas as características típicas das trajetórias do movimento natural. Vamos discutir as aplicações desse critério aos movimentos multiarticulares mais adiante.

11.4 Padrões do EMG de movimentos isotônicos uniarticulares

Lembre-se das duas noções básicas de músculos *agonistas* e *antagonistas*. O termo *agonista* (ou *músculo agonista*) denomina um músculo cuja ativação acelera o membro ou aumenta o torque articular na direção requerida. Um músculo cuja ativação resista ao movimento ou ao torque articular desenvolvido pelo agonista é chamado *antagonista* (ou *músculo antagonista*). Esses conceitos são tão bons ou tão ruins quanto aqueles dos movimentos isotônicos e contrações isométricas, mas ajudam a descrever certas descobertas importantes na área do controle de ações uniarticulares.

PROBLEMA # 11.4

▸ Um músculo isolado pode atuar como agonista e antagonista em um movimento (ou contração)?

O registo da atividade muscular durante movimentos uniarticulares isotônicos rápidos revela um padrão EMG que é chamado *padrão trifásico* (figura 11.3). O início de disparos do EMG agonista é geralmente o primeiro evento detectável que acompanha o movimento rápido voluntário. Ele precede as primeiras mudanças cinemáticas detectáveis por várias dezenas de milissegundos. O disparo agonista inicial é acompanhado por uma *coativação* relativamente baixa do músculo antagonista e é seguida por um disparo do EMG antagonista.

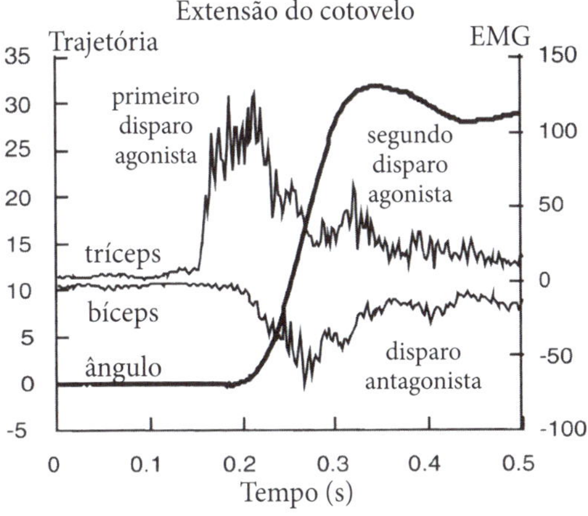

Figura 11.3 O padrão EMG trifásico começa com um disparo de atividade no músculo agonista (tríceps). O disparo do agonista é seguido por um disparo do antagonista (bíceps), que algumas vezes é seguido por um segundo disparo agonista. Observe que o primeiro disparo agonista se inicia várias dezenas de milissegundos antes da trajetória articular.

Adaptado, com autorização da Cambridge University Press, de M.L, Latash e J.G. Anson, 1996, "What are normal movements in atypical populations", *Behavioral and Brain Sciences* 19: 57.© 1996 Cambridge University Press.

Durante o disparo antagonista, o agonista fica relativamente quieto. O disparo antagonista pode ser seguido por um segundo disparo no agonista. Na posição final, geralmente tanto as atividades musculares tônicas agonistas quanto as antagonistas crescem visivelmente. O padrão trifásico é óbvio durante movimentos muito rápidos. Uma diminuição na velocidade dos movimentos conduz a disparos de EMG menos pronunciados, e movimentos lentos são acompanhados por uma atividade agonista sustentada, com uma baixa ativação do antagonista.

A alteração dos outros parâmetros de tarefa leva a uma variedade de alterações reproduzíveis no padrão trifásico. Tipicamente, pede-se a uma pessoa que se mova tão rápido quanto possível, a velocidades diferentes ou que seja rápida e precisa. Assim, parâmetros como amplitude do movimento, carga e tamanho do alvo ou vários desses parâmetros juntos são alterados. Como resultado, regularidades podem ser vistas em certos parâmetros que descrevem o padrão trifásico. Esses parâmetros podem incluir as durações dos disparos de EMG, os valores de pico do disparo, as integrais dos disparos, o intervalo entre dois disparos sucessivos, o nível de coativação muscular no final do movimento e assim por diante. A lista a seguir descreve brevemente alterações típicas nas características do padrão trifásico em virtude de alterações nos parâmetros de tarefa durante movimentos uniarticulares.

1. Um aumento na velocidade dos movimentos sobre uma amplitude constante contra uma carga constante (figura 11.4) leva a um aumento na taxa da ascensão do EMG, no valor de pico e na área do primeiro disparo agonista (curvas do bíceps e braquiorradiais durante flexões de cotovelo ilustradas na figura 11.4); a uma diminuição no atraso antes do disparo antagonista; e a um aumento da amplitude de pico e da área do disparo antagonista (Corcos, Gottlieb e Agarwal, 1989). A duração do primeiro disparo do EMG agonista às vezes é aumentada e, algumas vezes, permanece constante. Essas diferenças provavelmente refletem alterações nos métodos utilizados para avaliar a duração do disparo, e não alguma diferença fundamental nos padrões do EMG. O nível de coativação final dos músculos agonistas e antagonistas aumenta com a velocidade do movimento.

2. Aumentar a amplitude do movimento sem alterar a carga externa e as instruções relativas à velocidade do movimento (por exemplo, mover-se o mais rápido possível ou mover-se a uma velocidade constante) leva a taxas relativamente uniformes de ascenção do EMG agonista; a um primeiro disparo maior e mais longo do EMG, com um aumento correspondente em sua área (curvas de bíceps e braquiorradiais na figura 11.5); a atrasos mais longos antes do disparo antagonista; e a alterações inconsistentes na amplitude e duração do disparo antagonista (Gottlieb, Corcos e Agarwal, 1989a, 1989b; Gottlieb et al., 1990).

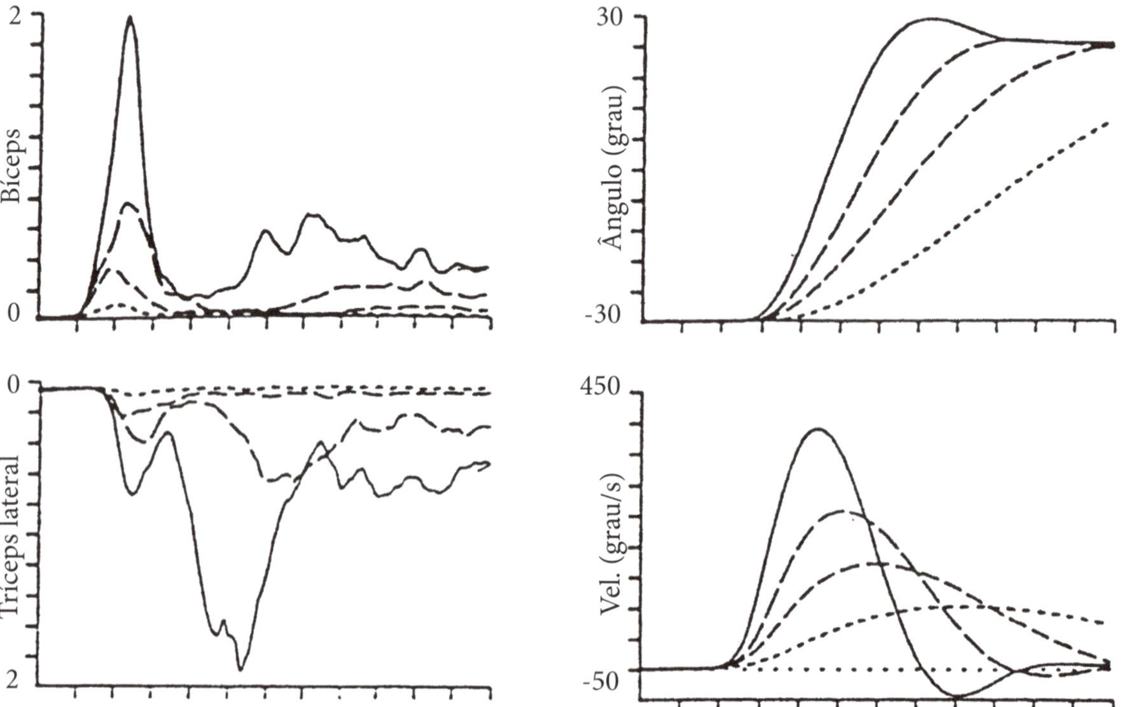

Figura 11.4 Mudanças típicas no padrão EMG trifásico durante movimentos feitos a diferentes velocidades, com uma amplitude constante e contra uma carga externa também constante.

Adaptado, com permissão, de G.L.Gottlieb, D.M. Corcos e G.C Agarwal, 1989, "Organizing principles for single-joint movements: I. A speed-sensitive strategy," *Journal of Neurophysiology* 62:342-357. Com permissão da Sociedade Americana de Fisiologia.

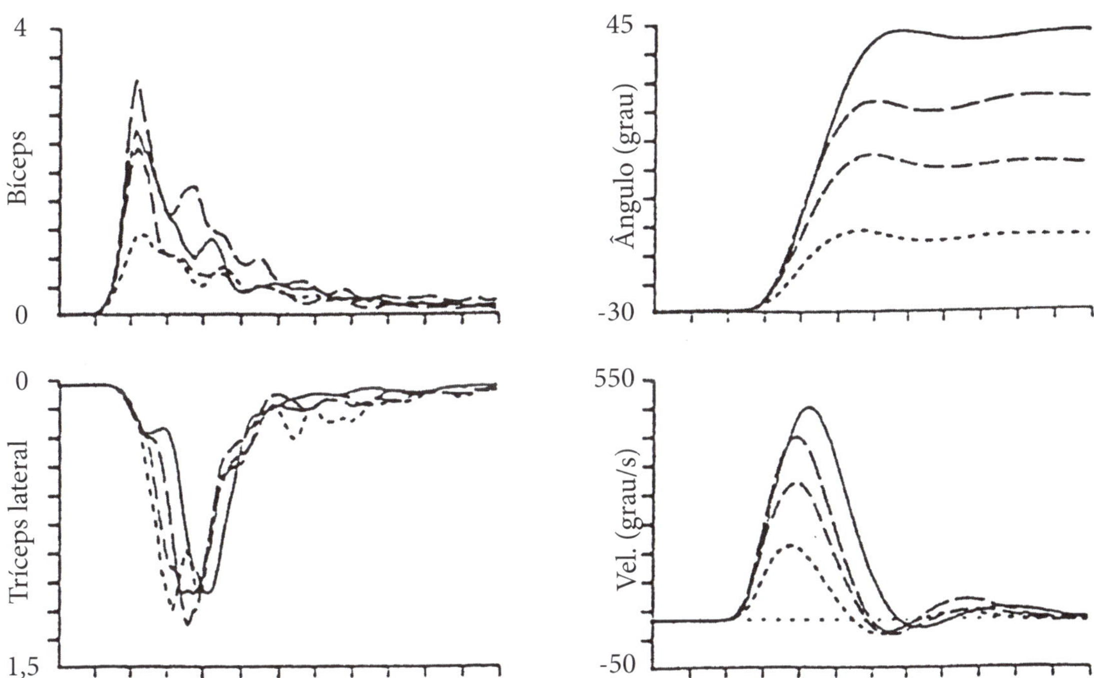

Figura 11.5 Mudanças típicas no padrão EMG trifásico durante movimentos feitos com diferentes amplitudes, contra uma carga externa constante e com uma instrução para se mover o mais rápido possível.

Adaptado, com permissão, de G.L.Gottlieb, D.M. Corcos e G.C Agarwal, 1989, "Organizing principles for single-joint movements: I. A speed-sensitive strategy," *Journal of Neurophysiology* 62:342-357. Com permissão da Sociedade Americana de Fisiologia.

Aumentar a amplitude do movimento em movimentos relativamente pequenos leva a um aumento do disparo antagonista, enquanto um novo aumento pode levar a uma diminuição da atividade antagonista.

3. Aumentar a carga inercial sem mudar a amplitude do movimento ou instruções concernentes à velocidade do movimento (por exemplo, mover-se tão rápido quanto possível; veja figura 11.6) torna a atividade agonista do EMG maior e mais longa, sem alterações óbvias na taxa de ascensão do EMG, sem um atraso mais longo antes do disparo antagonista e sem nenhuma alteração aparente nas características dos disparos antagonistas (Gottlieb, Corcos e Agarwal, 1989b). A coativação final dos músculos agonistas e antagonistas aumenta com a carga inercial.

Variar mais de um dos três principais parâmetros de tarefa (amplitude, velocidade e carga) produz efeitos combinados sobre os disparos do EMG. Isso foi demonstrado, por exemplo, em experiências nas quais indivíduos executaram movimentos de amplitudes diferentes dentro do mesmo tempo (Gielen, van der Oosten e Pull ter Gunne, 1985; Shapiro e Walter, 1986).

PROBLEMA # 11.5

- O que acontecerá ao primeiro disparo agonista e ao disparo antagonista se o indivíduo realizar movimentos de amplitudes diferentes dentro do mesmo tempo?

PROBLEMA # 11.6

- Que padrão de EMG você espera ver se um indivíduo realizar um movimento isotônico rápido até um alvo e se mover rapidamente de volta à posição inicial?

11.5 Padrões do EMG de contrações isométricas uniarticulares

Em geral, dois tipos de contrações isométricas são estudados: as contrações de passo e as de pulso. Contrações de passo exigem que o indivíduo aumente o torque articular para um certo nível, enquanto contrações de pulso exigem que ele retorne rapidamente ao nível inicial de torque articular (normalmente, relaxamento). Como nos estudos de movimentos uniarticulares isotônicos, os pesquisadores também têm especificado o tempo de aumento do torque, as restrições de precisão impostas e assim por diante.

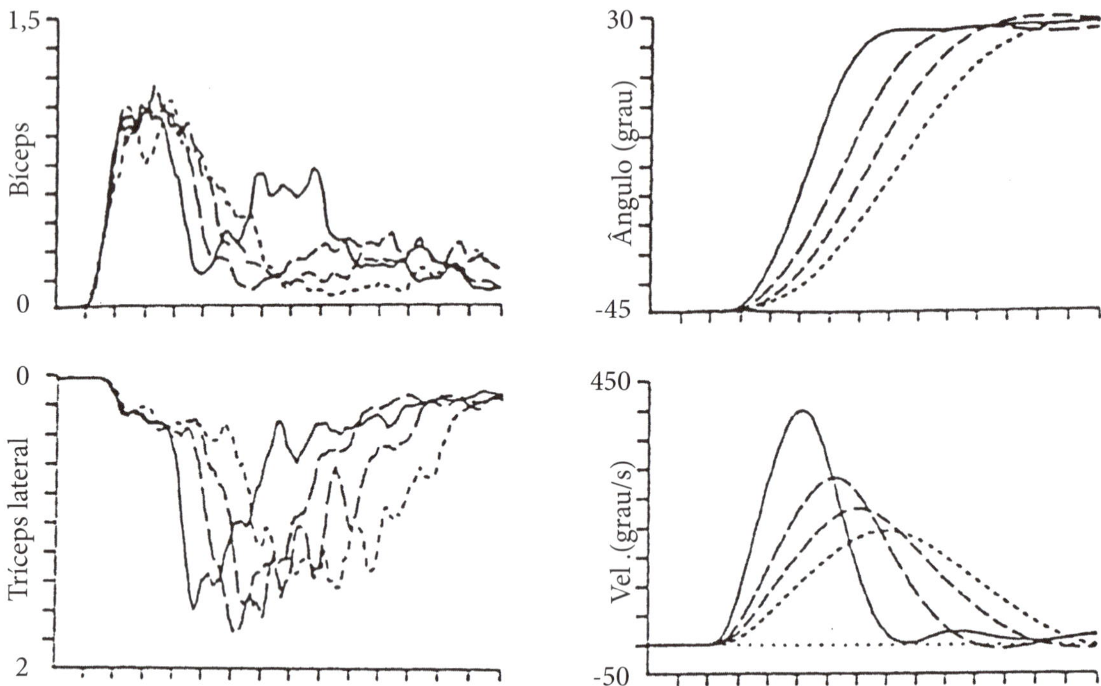

Figura 11.6 A carga inercial é alterada, enquanto a amplitude do movimento e a instrução para se mover o mais rápido possível são preservadas.

Adaptado, com permissão, de G.L.Gottlieb, D.M. Corcos e G.C Agarwal, 1989, "Organizing principles for single-joint movements: I. A speed-sensitive strategy," *Journal of Neurophysiology* 62:342-357. Com permissão da Sociedade Americana de Fisiologia.

Contrações isométricas rápidas produzem padrões EMG trifásicos semelhantes aos observados durante movimentos isotônicos rápidos (Ghez e Gordon, 1987; Gordon e Ghez, 1987; Corcos et al., 1990). Contudo, o segundo disparo agonista atrasado está mais frequentemente ausente. Disparos de atividade EMG tornam-se menores e mal definidos com uma queda da taxa de aumento de torque, e aumentos lentos do torque articular são acompanhados por um aumento tônico no EMG agonista e um aumento menor no EMG antagonista.

Medidas semelhantes têm sido usadas como parâmetros relativos de contrações isométricas e movimentos isotônicos para mudanças nos padrões dos EMG. Deixe-me descrevê-las, começando com os experimentos de passo:

1. Um aumento na taxa de elevação do torque, mantendo-se constante o nível de torque final, leva a um aumento na taxa de ascensão do EMG, do valor de pico e da área do primeiro disparo agonista (ver bíceps e braquiorradial na figura 11.7). Não há mudanças claras no atraso antes do disparo antagonista, e existe um aumento na amplitude e na área do disparo antagonista (Corcos et al., 1990). O aumento da taxa de torque não parece alterar a duração do disparo ou do nível de coativação final dos músculos agonistas e antagonistas.

2. Aumentar o nível de torque final sem alterar as instruções sobre a taxa de aumento de torque (por exemplo, instruções para mover-se o mais rápido possível; figura 11.8) conduz a taxas relativamente uniformes de ascensão do EMG agonista, a amplitudes de disparo agonista e antagonista mais altas, a uma atividade integrada do EMG mais alta para ambos os músculos, a níveis finais mais altos no EMG agonista e antagonista e a mudanças inconsistentes na duração de ambos os disparos (Corcos et al., 1990).

Durante contrações de pulso, os padrões do EMG tornam-se mais fásicos, apresentando disparos mais bem definidos, um segundo disparo agonista mais pronunciado e um nível mais baixo de cocontração muscular no estado final (Corcos et al., 1990). Nesse caso, aumentar a amplitude do torque do pulso sem alterar a taxa de aumento de torque prolonga o primeiro disparo agonista, atrasa o disparo antagonista e, inconsistentemente, altera a amplitude e a área do disparo antagonista (figura 11.9). Elevar a taxa de aumento do torque sem alterar a amplitude do pulso causa um aumento mais rápido dos primeiros disparos do EMG agonista e antagonista.

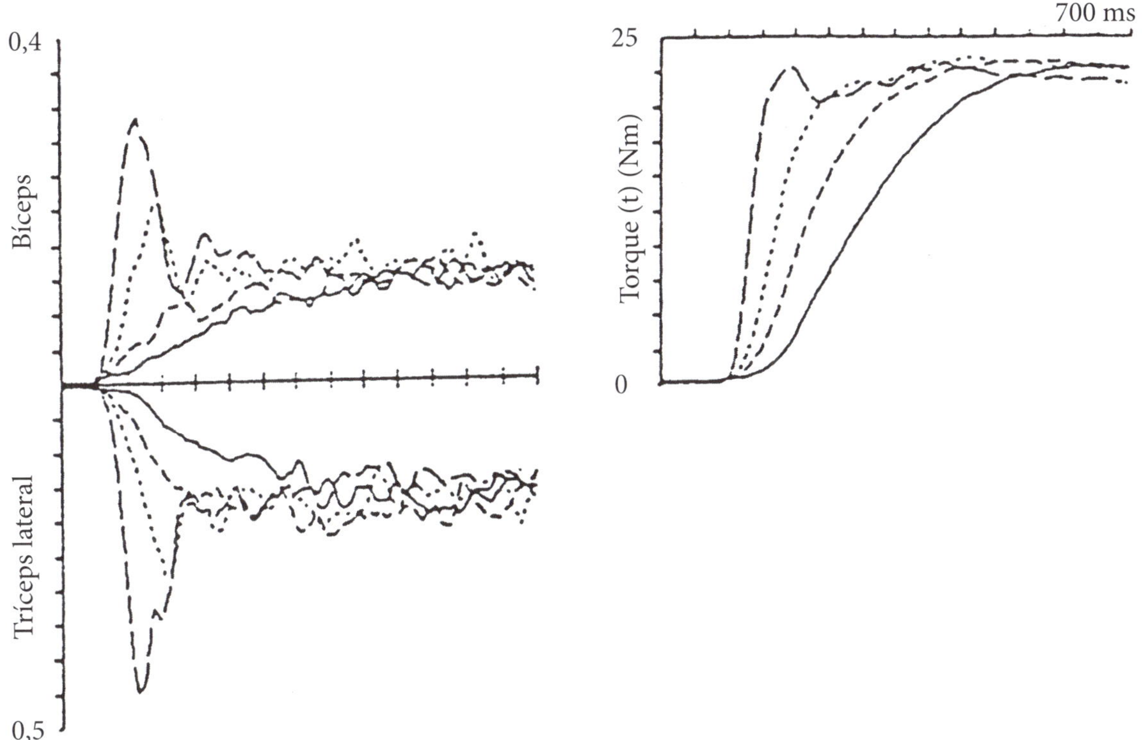

Figura 11.7 Mudanças típicas no padrão EMG trifásico durante contrações isométricas com diferentes taxas de aumento de torque.

Adaptado, com permissão, de D.M.Corcos, G.L. Gottlieb, G.C. Agarwal e B.P. Flaherty, 1990, "Organizing principles for single-joint movements: IV. Implications for isometric contractions," *Journal of Neurophysiology* 64:1033-1042. Com permissão da Sociedade Americana de Fisiologia.

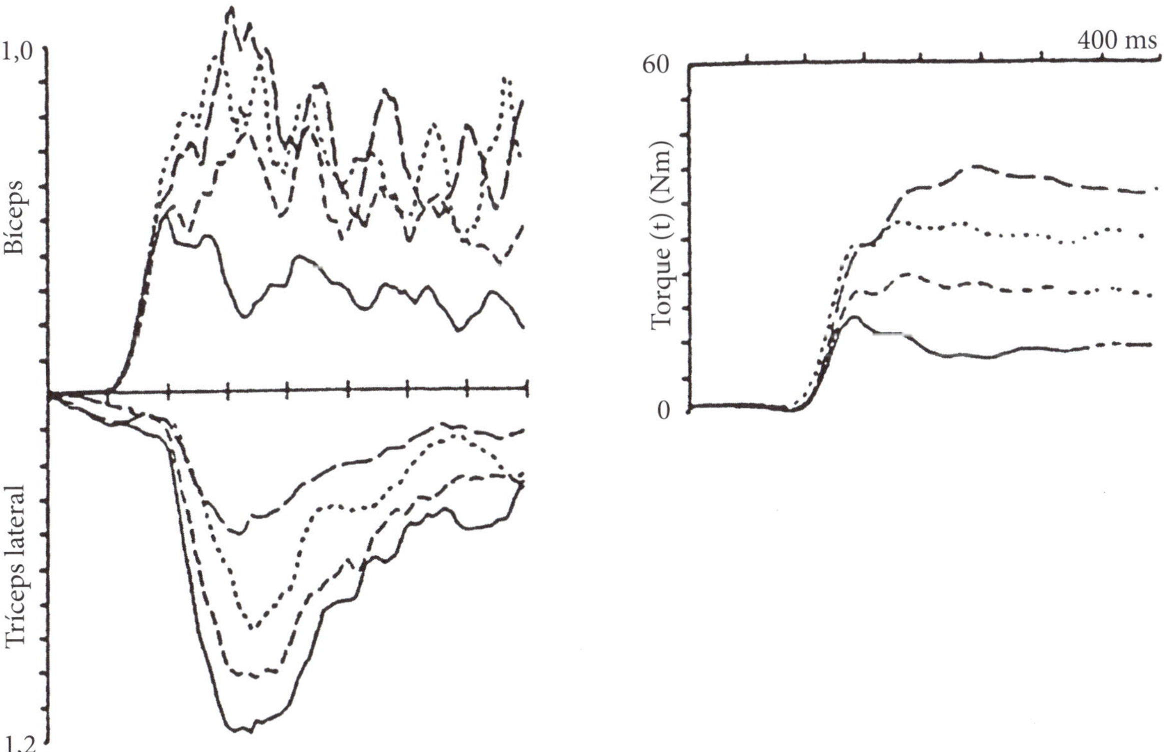

Figura 11.8 Mudanças típicas no padrão trifásico do EMG durante contrações isométricas com as mesmas taxas de aumento de torque, mas diferentes valores-alvo de torque.

Adaptado, com permissão, de D.M.Corcos, G.L. Gottlieb, G.C. Agarwal e B.P. Flaherty, 1990, "Organizing principles for single-joint movements: IV. Implications for isometric contractions," *Journal of Neurophysiology* 64:1033-1042. Com permissão da Sociedade Americana de Fisiologia.

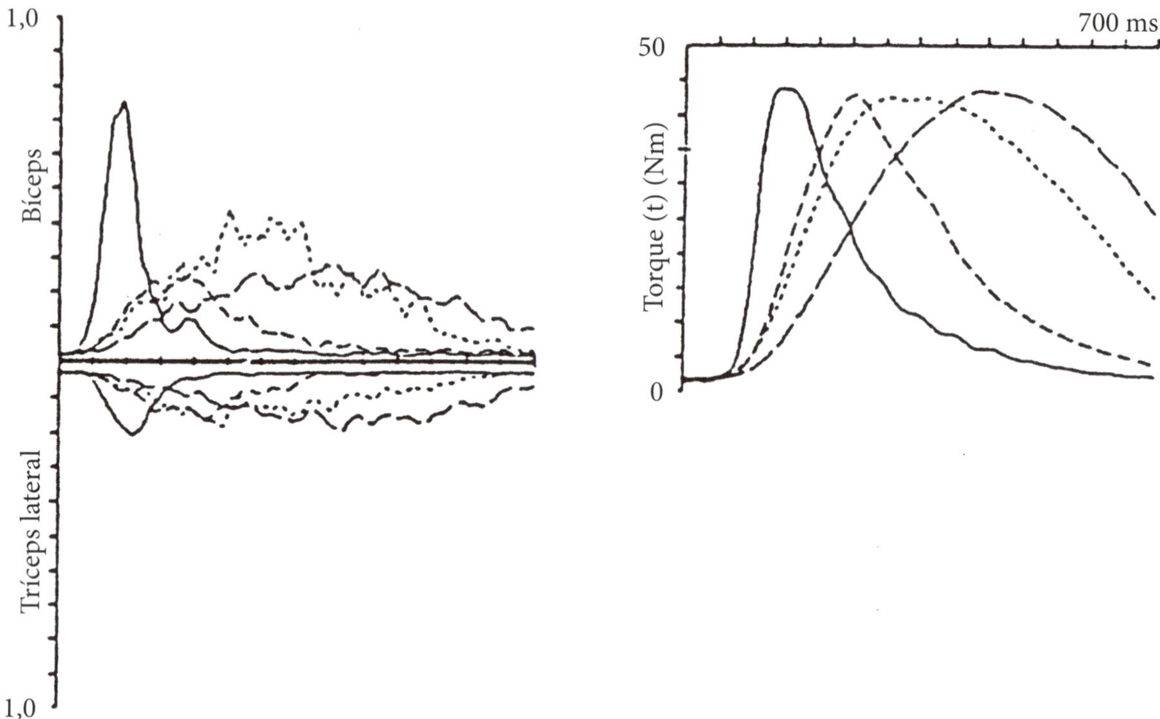

Figura 11.9 Padrão de um EMG típico durante uma contração isométrica de pulso.

Adaptado, com permissão, de D.M.Corcos, G.L. Gottlieb, G.C. Agarwal e B.P. Flaherty, 1990, "Organizing principles for single-joint movements: IV. Implications for isometric contractions," *Journal of Neurophysiology* 64:1033-1042. Com permissão da Sociedade Americana de Fisiologia.

11.6 Hipótese da estratégia dual

Mudanças observadas em padrões de EMG durante movimentos simples têm sido usadas como base de uma série de hipóteses sobre o controle de tais movimentos. Algumas dessas hipóteses pressupõem que EMGs sejam índices confiáveis de sinais de controle dentro do sistema nervoso central, refletindo processos de controle motor voluntário. Um grupo alternativo de hipóteses pressupõe que EMGs sejam gerados com contribuições igualmente importantes dos sinais de controle central e da atividade em circuitos reflexos periféricos. A análise dos padrões de EMG é uma ferramenta importante para ambos os grupos de hipóteses. Uma das mais desenvolvidas no âmbito do primeiro grupo é a *hipótese da estratégia dual* (Gottlieb, Corcos e Agarwal 1989a, 1989b).

A variedade das conclusões de experimentos uniarticulares criou uma impressão de caos total. A hipótese da estratégia dual foi uma tentativa de introduzir uma ordem (uma classificação) nessa coleção de dados. A ideia por trás dessa hipótese é bastante simples: uma pessoa pode realizar movimentos com a mesma ou diferentes velocidades. Movimentos realizados a uma mesma velocidade são controlados por uma *estratégia insensível à velocidade*, enquanto movimentos executados a velocidades diferentes são controlados por uma *estratégia sensível à velocidade*. No entanto, a velocidade real do movimento é uma função de tempo que depende, em particular, das condições da carga externa. Assim, a hipótese da estratégia dual implica não a velocidade real do movimento (ou uma de suas medidas, como velocidade média ou pico de velocidade), mas uma variável interna que o encéfalo usa para variar a velocidade do movimento. Por exemplo, se um indivíduo é solicitado a executar movimentos tão rápidos quanto possível, ele provavelmente usará o valor mais alto disponível dessa variável interna. A velocidade real, contudo, pode ser muito diferente se, por exemplo, movimentos forem feitos contra diferentes cargas inerciais (ver figura 11.6).

Originalmente, a hipótese da estratégia dual foi baseada na ideia de que os seres humanos controlam os movimentos por meio do envio de comandos aos grupos de motoneurônios α da musculatura agonista e antagonista que definem os padrões de EMG desses músculos. Infelizmente para essa versão da hipótese, os grupos de motoneurônios α recebem não só sinais descendentes do encéfalo, mas também sinais de receptores periféricos. Esses últimos induzem mudanças reflexas na atividade dos grupos, e essas mudanças têm de ser refletidas nos padrões do EMG. A atividade de receptores periféricos depende de alterações nos comprimentos do músculo, ângulos articulares e forças do tendão. Imagine que uma pessoa use os mesmos sinais do encéfalo para controlar dois movimentos (figura 11.10). Durante o segundo movimento, a carga inercial inesperadamente aumenta quatro vezes. Aparentemente, a velocidade do movimento cairá. Essa queda será refletida nos níveis de atividade de praticamente todos os receptores periféricos. Como resultado, os efeitos reflexos dos receptores sobre os motoneurônios α mudam, e essa mudança altera os padrões do EMG. Assim, os padrões do EMG não são índices confiáveis dos sinais de controle central.

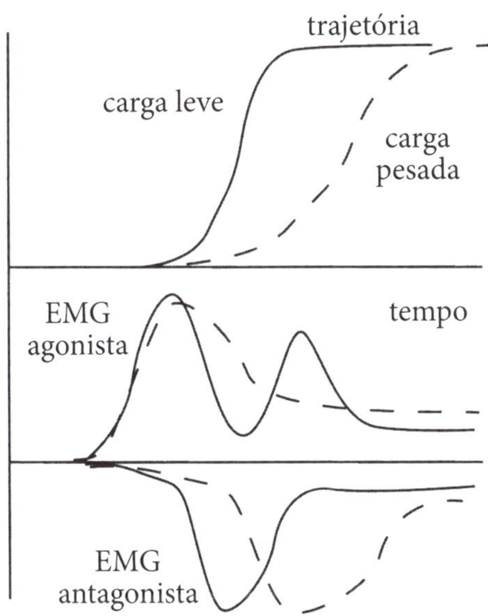

Figura 11.10 Padrões cinemáticos e EMG para dois movimentos realizados com a mesma amplitude e com a mesma instrução para ser o mais rápido possível. A carga inercial foi quatro vezes maior durante o segundo movimento. Observe a diferença na cinemática do movimento, que é refletida em diferentes efeitos reflexos sobre motoneurônios α agonistas e antagonistas.

PROBLEMA # 11.7

- Podemos considerar que padrões de EMG registrados durante contrações isométricas sejam reflexos puros de comandos centrais hipotéticos? Por quê?

A hipótese da estratégia dual descreveu com êxito as regularidades no primeiro disparo agonista do EMG durante movimentos uniarticulares (Gottlieb, Corcos e Agarwal, 1989b; Corcos, Gottlieb e Agarwal, 1989; Corcos et al., 1990). Isso não é surpresa porque, durante movimentos rápidos, o primeiro disparo agonista geralmente dura cerca de 100 ms, de modo que existe pouco tempo para ser afetado pelos reflexos. Os problemas da hipótese da estratégia dual tornaram-se óbvios quando ela foi usada para eventos atrasados, como o disparo do antagonista, ou para comparar contrações musculares com cinemáticas significativamente diferentes, em particular movimentos isotônicos e contrações isométricas. Contudo, a ideia básica de classificar comandos motores hipotéticos em duas categorias pode ser aplicada sem que se presuma um controle central exclusivo sobre a atividade dos motoneurônios α (e EMGs). Ela ajuda a introduzir ordem numa variedade de resultados experimentais obtidos em laboratórios diferentes. Por exemplo, na hipótese do ponto de equilíbrio, a estratégia insensível à velocidade pode ser associada com um deslocamento na posição de equilíbrio da articulação a uma taxa constante sobre amplitudes diferentes. A estratégia sensível à velocidade pode ser naturalmente associada a mudanças na posição de equilíbrio da articulação em diferentes taxas (Latash, 1993).

Capítulo 11 em resumo

Investigar as relações entre parâmetros de tarefa e desempenho é um método comum para estudar um sistema complexo. Movimentos uniarticulares rápidos são tipicamente acompanhados por um padrão EMG trifásico visto no par de músculos agonista-antagonista, com uma velocidade em forma de um sino quase simétrico e uma aceleração de pico duplo. Há um conjunto de relações reproduzíveis entre parâmetros de tarefa e parâmetros de padrão trifásico. Essas relações têm sido estudadas extensivamente sob condições de carga isotônicas e isométricas. A hipótese da estratégia dual classifica todos os movimentos em dois grupos: os que têm e os que não têm controle explícito ou implícito sobre o tempo do movimento. A versão original da hipótese da estratégia dual implica controle central independente sobre a entrada pré-sináptica total em grupos motoneuronais. Dessa forma, ela não leva em conta os efeitos reflexos sobre padrões de EMG.

12

Reações pré-programadas

Palavras-chave e tópicos

- reações pré-programadas
- M_2-M_3
- efeitos da instrução
- correções posturais
- reação corretiva ao tropeço

A maioria dos movimentos voluntários humanos é executada não em laboratórios de controle motor, mas no mundo real, repleto de alterações inesperadas na informação sensorial, campos de força, metas, e assim por diante. Como resultado, nunca somos capazes de prever idealmente o campo de força externo e suas eventuais alterações (entre outras coisas imprevisíveis). Quando um comando enviado para garantir um determinado movimento ou certa postura é percebido pelos músculos, as condições externas podem ter mudado. O movimento e a postura planejados são perturbados por essas alterações. Postura e movimento devem ser estáveis com relação às perturbações diárias, e o corpo humano está equipado com uma variedade de mecanismos destinados a garantir essa estabilidade, cada um dos quais tem sua própria finalidade funcional.

Já discutimos alguns desses mecanismos, como a elasticidade dos músculos e tendões (capítulo 4) e reflexos musculares (capítulo 9), que geram mudanças na força muscular contra a força perturbadora. Neste capítulo, vamos analisar outro grupo muito importante de reações musculares à perturbação. Essas reações vêm com certo atraso (maior que o dos reflexos monossinápticos) e fornecem correções contextuais específicas para o movimento ou para a postura em casos de perturbações externas inesperadas.

12.1 Reações pré-programadas

Há um grupo de reações semiautomáticas às mudanças no comprimento muscular (ou, às vezes, a outros estímulos) que pode ser provisoriamente denominado *reflexos*. Na verdade, existem vários termos que têm sido usados para nomear essas reações: *reflexos de latência longa*, *reações pré-programadas*, *reflexos de alongamento funcional*, M_2–M_3 e *reações provocadas* (Phillips, 1969; Tatton et al., 1978; Nashner e Cordo, 1981; Chan e Kearney, 1982; McKinley, Smith e Gregor, 1983). A variedade de termos reflete os diferentes entendimentos da natureza e do significado funcional dessas reações. Por conveniência, vou chamá-las *reações pré-programadas*.

Um dos procedimentos mais comuns para induzir uma reação pré-programada é o seguinte: um indivíduo mantém uma posição constante para uma articulação com uma contração muscular também constante contra uma carga externa (por exemplo, uma carga fornecida por um motor). O indivíduo é instruído a retornar à posição de partida o mais rápido possível em caso de perturbações externas. O motor produz alterações rápidas inesperadas na carga, o que dá origem a uma sequência de eventos de EMG no músculo (figura 12.1). O primeiro evento corresponde (de acordo com sua latência) à transmissão monossináptica e provavelmente representa o reflexo de alongamento fásico, um reflexo semelhante ao observado durante uma pancadinha no tendão (reflexo T). Depois disso, dois picos (por vezes mal diferenciados) aparecem numa latência intermediária. O primeiro pico é chamado M_2, enquanto o segundo é chamado M_3. Esses picos são seguidos por uma reação voluntária. A latência das reações intermediárias normalmente varia de 50 a 100 ms. O painel inferior da figura 12.1 mostra um EMG real da atividade de um músculo bíceps braquial humano em resposta a uma carga (alongamento). Esse EMG demonstra claros picos M_2- M_3.

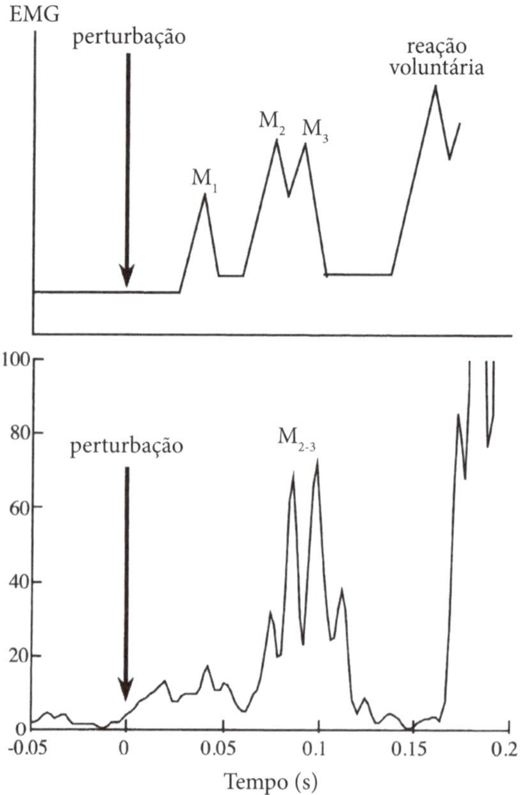

Figura 12.1 Uma perturbação inesperada de uma articulação cria uma sequência de eventos de EMG num músculo alongado. O primeiro evento tem uma latência curta (abaixo de 40 ms; M_1); o seguinte tem dois picos (M_2 e M_3) e uma latência entre 50 e 100 ms. M_2 e M_3 são considerados reações pré-programadas. Mais tarde, ocorre correção voluntária. O painel inferior mostra um registro real da reação de um músculo bíceps humano a uma carga (perturbação) inesperada.

Sobre as reações pré-programadas, existe a hipóstese de que representem um *reflexo transcortical* (reflexo cujo ciclo envolve neurônios no córtex encefálico; veja o capítulo 13), e essa ideia está ainda muito viva (Allum, 1975; Marsden, Merton e Morton, 1976a, b; Chan et al., 1979; Cheney e Fetz, 1984; Day et al., 1991). Contudo, essas reações (ou reações que são muito similares a M_2–M_3) foram observadas em animais descerebrados e até mesmo em animais desmedulados (animais sem vias neurais conectando o córtex à medula espinal; Ghez e Shinoda, 1978; Miller e Brooks, 1981).

PROBLEMA # 12.1

- A diferença entre a latência da resposta monossináptica e a de M_2 é a mesma nos músculos do braço e da perna. O que essa constatação nos diz sobre a possível natureza transcortical de M_2?

Reações pré-programadas diferem significativamente de outros reflexos porque *dependem* muito *da instrução* ao indivíduo. Por exemplo, se você repetir a experiência descrita anteriormente, mas desta vez instruir o indivíduo a não resistir a perturbações externas e levar o motor a mover o braço, a amplitude da reação pré-programada diminuirá significativamente, e a reação pode até mesmo desaparecer (figura 12.2).

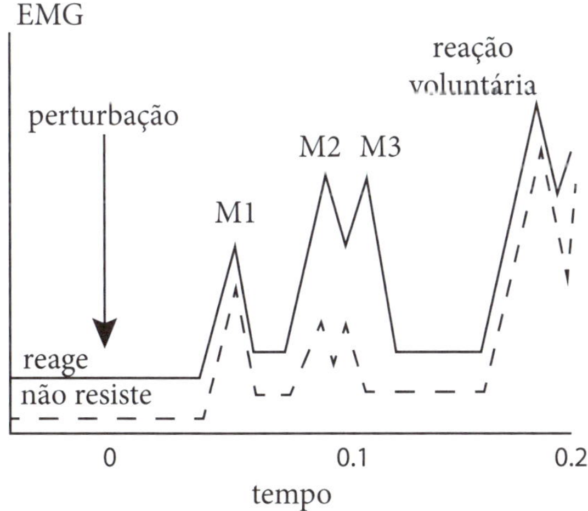

Figura 12.2 Reações pré-programadas dependem fortemente de instrução. Se o sujeito é instruído a resistir a perturbações, as reações pré-programadas são grandes (linhas sólidas); se o sujeito é solicitado deixar o membro mover-se, as reações pré-programadas são muito menores (linhas tracejadas). Note que a reação M_1 é a mesma em qualquer caso.

12.2 Reações pré-programadas *versus* reflexos de alongamento

Vários resultados experimentais nos impedem de considerar reações pré-programadas como um reflexo de alongamento, pois nelas a magnitude da resposta não depende inequivocamente de mudanças no comprimento do músculo. Conforme a instrução dada ao sujeito, reações pré-programadas podem ser observadas em músculos alongados, em músculos encurtados por perturbação e até mesmo em músculos cujo comprimento não é alterado pela perturbação (Marsden, Rothwell e Traub, 1979; Nashner, Woollacott e Tuma, 1979; Nashner e Cordo, 1981). Além disso, a amplitude da reação pré-programada não se correlaciona com a amplitude da perturbação aplicada caso esta última não seja prevista pelo sujeito. Assim, em vários experimentos, a compensação da perturbação por reações pré-programadas pode variar de 0% a 100% para uma compensação excessiva (Houk, 1976).

O fato de que essas respostas são independentes da amplitude da perturbação sugere que a perturbação representa um sinal não graduado para a geração de resposta — um disparador — e que a magnitude da resposta é definida antes que o estímulo chegue. Então, certamente essas reações podem ser chamadas *provocadas* ou *pré-programadas*.

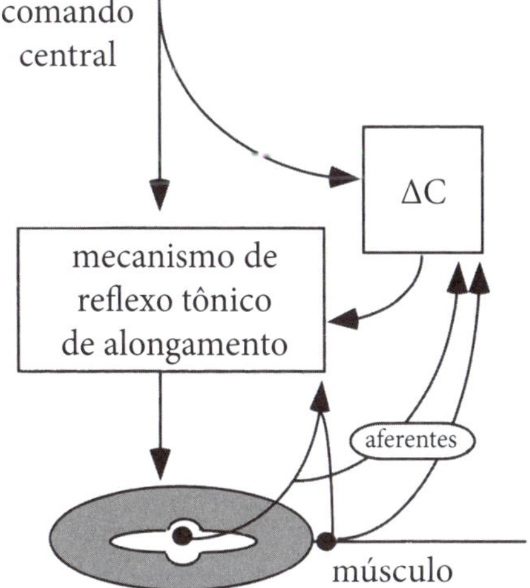

Figura 12.3 Um sujeito envia um comando central a um músculo para manter a posição de uma articulação contra uma carga. Se o sujeito sabe que a reação pode ocorrer, ele prepara o comando central para compensar a perturbação prevista. O comando pré-programado (ΔC) é provocado pelos sinais periféricos gerados pela perturbação e atenua os efeitos mecânicos dela.

Considere o seguinte esquema para gerar reações pré-programadas (figura 12.3). A instrução para manter uma posição articular contra uma carga requer que o sujeito gere um comando voluntário aos músculos que controlam essa articulação. Se o sujeito sabe que uma perturbação pode ocorrer, um comando corretivo pode ser preparado com antecedência e ficar pronto para ser disparado por um sinal periférico adequado. Note que esse esquema implica que um centro "superior", como o córtex, prepare a reação pré-programada, enquanto o circuito da reação pode não envolver os centros “superiores”.

Vamos agora estabelecer o que se qualifica como um sinal periférico apropriado.

12.3 Busca pela fonte aferente das reações pré-programadas

Considerar reações pré-programadas como respostas provocadas a um sinal fornecido por uma perturbação sugere que a busca por uma única fonte aferente dessas respostas fornece resultados não confiáveis. Na verdade, se a perturbação é apenas um sinal provocador, a fonte desse sinal não é significativa (figura 12.4). Deve ser suficiente fornecer informações necessárias sobre a ocorrência da perturbação.

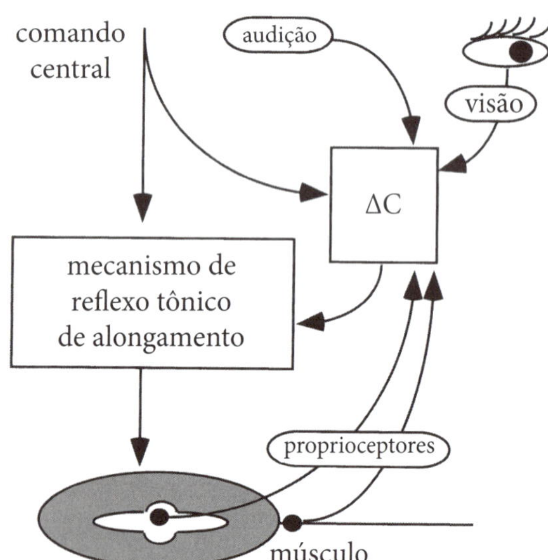

Figura 12.4 A fonte real do sinal que provoca uma reação pré-programada não é tão importante quanto a exigência de que o sinal carregue informação suficiente. Ele pode ser fornecido por proprioceptores, por um sinal luminoso, por um sinal sonoro etc.

Nesse contexto, sinais para reações pré-programadas podem ser fornecidos por praticamente quaisquer receptores periféricos que ofereçam informação sobre alterações de carga, posição ou pressão sobre a pele. Em certas situações experimentais, receptores visuais, auditivos e vestibulares podem também fornecer os sinais.

É por isso que experimentos que bloquearam seletivamente a transmissão ao longo de certos sistemas aferentes não forneceram informação conclusiva sobre o papel desses aferentes na geração de respostas pré-programadas. As respostas pré-programadas desaparecem após *total* desaferenciação do membro, em razão do qual o sistema nervoso central não recebe nenhum sinal sobre a perturbação (Marsden, Rothwell e Traub, 1979; Bawa e McKenzie, 1981).

Um exemplo elegante de reações pré-programadas pode ser observado em experimentos com o *reflexo de agarrar* (Traub, Rothwell e Marsden, 1980). Um copo é colocado sobre uma mesa em frente a um indivíduo que é instruído a posicionar o polegar e o indicador apenas próximo ao copo, como se fosse segurá-lo. Embora nenhum comando para agarrar ocorra, a instrução claramente implica a programação de um movimento de agarrar. Quando o braço do indivíduo é inesperadamente levantado, de modo que a mão se erga acima do copo, o movimento de agarrar é observado com uma latência característica de uma resposta pré-programada. Note que nesse caso a perturbação em nada se relaciona com o comprimento dos músculos diretamente envolvidos na tarefa de agarrar.

PROBLEMA # 12.2

- O que aconteceria se, no exemplo anterior, o copo de repente começasse a cair?

Agora imagine que essas experiências são executadas enquanto diferentes segmentos do braço estão anestesiados. Se a mão é anestesiada, a reação ainda existe. Se o pesquisador anestesia o antebraço, a reação ainda não desaparece. Somente depois que o braço é anestesiado até o ombro é que as reações pré-programadas são eliminadas. Essas observações podem levar à conclusão de que a fonte aferente da reação observada está nos segmentos proximais do membro. De fato, informações provenientes desses segmentos têm provado ser *suficientes* como um sinal para a reação pré-programada, mas não provaram ser *necessárias*. É bastante provável que um indivíduo desavisado mostre a mesma resposta a um som alto inesperado.

12.4 Reações pré-programadas durante perturbações do movimento

Até agora, consideramos reações pré-programadas que ocorrem quando a postura do membro é perturbada. Reações similares e com latências similares podem ser vistas quando uma perturbação ocorre inesperadamente no curso de um movimento.

Imagine que uma pessoa está realizando uma flexão articular rápida contra uma carga externa constante, movendo um membro de uma posição inicial a uma final (figura 12.5). Um movimento não perturbado é acompanhado por um *padrão EMG trifásico*, conforme descrito no capítulo 11. A carga pode ser inesperadamente alterada de maneiras diferentes, dependendo do equipamento. Por exemplo, um motor elétrico pode ser programado para gerar força, simulando um aumento ou uma diminuição na carga inercial. Se a carga aumenta inesperadamente, a atividade dos flexores articulares aumenta e a dos extensores articulares diminui, ambas para uma latência de cerca de 70 ms (Gottlieb e Agarwal, 1980; Rothwell, Traub e Marsden, 1982). Como alternativa, se a carga inesperadamente diminui, a atividade dos flexores do cotovelo cai e a dos extensores do cotovelo sobe para uma latência similar. Nas reações pré-programadas, em geral, esses ajustes são incapazes de compensar totalmente os efeitos da perturbação e são seguidos por correções voluntárias posteriores, que não são mostradas na figura 12.5.

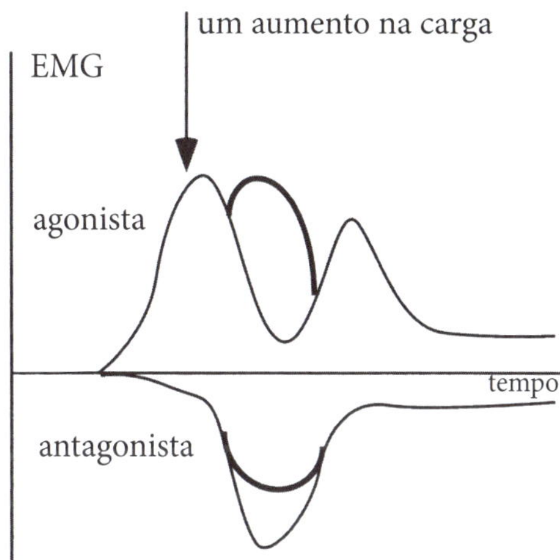

Figura 12.5 Se uma perturbação ocorre durante um movimento voluntário rápido, mudanças no EMG são vistas com uma latência característica de reações pré-programadas. Geralmente, a atividade de um músculo que age contra a perturbação aumenta, enquanto a atividade de um músculo que é assistido pela perturbação diminui (linhas em negrito).

PROBLEMA # 12.3

- Você está transportando um feixe de lenha em seus braços estendidos. De repente, a lenha cai. Que tipo de reação você pode esperar de seu bíceps e tríceps?

Analisar as respostas pré-programadas a perturbações aplicadas durante uma série de tarefas motoras nos permite formular a seguinte hipótese: *a execução de qualquer tarefa motora está associada com a pré-programação de reações compensatórias rápidas às perturbações externas concebíveis*.

Essa sugestão é baseada no bom senso — a execução de movimentos familiares na vida cotidiana está inevitavelmente ligada a mudanças imprevisíveis, mas frequentemente encontradas nas condições externas dessa ação. Essas alterações incluem particularmente mudanças rápidas na carga externa ou obstáculos na trajetória do movimento. Portanto, pode-se presumir que qualquer tarefa motora esteja associada a compensações pré-programadas acionadas em resposta à carga ou à descarga inesperada de efetores. A magnitude de uma reação pré-programada pode ser condicionada pela experiência prévia do indivíduo.

12.5 Características das reações pré-programadas

Existem quatro características das reações pré-programadas que devem ser enfatizadas:

1. Como já observamos, reações pré-programadas dependem significativamente da instrução dada ao sujeito (a qual o sujeito se percebe como um dos componentes principais da tarefa). Ou seja, as respostas ocorrem quando a instrução é compensar os efeitos das perturbações tão rapidamente quanto possível, e elas são pequenas ou ausentes quando a instrução é ignorar as perturbações. A origem desse fenômeno é óbvia, uma vez que o indivíduo é livre para se pré-programar ou não.

2. O surgimento de reações pré-programadas num músculo encurtado por uma perturbação é perfeitamente compreensível, uma vez que o indivíduo pode pré-programar qualquer combinação de funções de comando para qualquer músculo ou grupo muscular (conforme a instrução dada ou a intenção) independente de uma perturbação futura sobre o comprimento do músculo.

3. Uma vez que a amplitude da reação pré-programada é definida antes que a perturbação ocorra, mudanças aleatórias na amplitude da perturbação não determinam a amplitude da resposta pré-programada — não há nenhuma correlação. Reproduzir a mesma amplitude de perturbação numa série de experimentos deve melhorar a compensação por respostas pré-programadas. Esses efeitos foram observados experimentalmente por Nashner (1976).

PROBLEMA # 12.4

- Imagine que você aplique várias perturbações de magnitudes diferentes na mesma direção e meça uma integral de uma reação pré-programada registrada em experimentos consecutivos. Você espera que essa integral se correlacione a qualquer característica das perturbações?

4. Conforme discutido anteriormente, uma vibração muscular de alta frequência suprime os reflexos musculares monossinápticos. Porém, as respostas pré-programadas permanecem inalteradas no pano de fundo da vibração (figura 12.6; Lee e Hendrie, 1977; Agarwal e Gottlieb, 1980).

Alterações induzidas por vibração em atividade muscular aferente podem não se relacionar diretamente com a pré-programação, e assim elas influenciam apenas a amplitude de um sinal para a reprodução da resposta pré-programada. Contudo, a amplitude da resposta pré-programada não depende da amplitude do sinal provocador que dá origem à resposta. Isso explica a falta de influência da vibração sobre as reações pré-programadas.

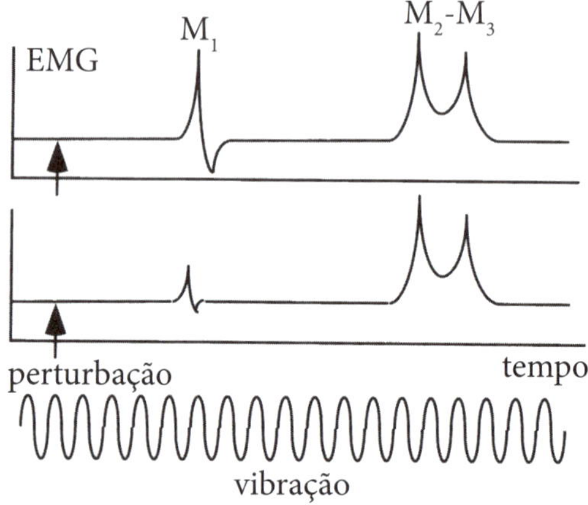

Figura 12.6 A vibração muscular tem diferentes efeitos sobre diferentes componentes das respostas a uma perturbação externa. A resposta inicial (M_1) é suprimida, tal como o é o reflexo-H, enquanto a resposta pré-programada (M_{2-3}) permanece inalterada.

A vibração muscular suprime reações monossinápticas por meio da inibição pré-sináptica, que é um mecanismo seletivo de inibição. Aparentemente, ele atua sobre os terminais aferentes Ia nos motoneurônios α, mas não sobre os terminais de interneurônios que participam do circuito hipotético causador das reações pré-programadas.

12.6 Correções pré-programadas da postura vertical

Perturbações inesperadas da postura vertical provocam reações compensatórias com latências semelhantes às das reações pré-programadas nos músculos do membro. Ou seja, as latências são intermediárias entre as do reflexo de alongamento fásico e as das reações voluntárias (Nashner, 1976; Nashner, Woollacott e Tuma, 1979; Allum, 1983). Essas reações foram observadas durante a manutenção da postura vertical e durante as caminhadas (Nashner, 1980; Dietz, Quintern e Berger, 1984). Perturbações da postura vertical provêm não só do ambiente, mas também dos próprios movimentos da pessoa. Como veremos no capítulo sobre controle postural (capítulo 21), movimentos rápidos do braço criam grandes torques reativos que agem sobre o tronco e, efetivamente, perturbam a postura vertical.

A manutenção da postura vertical é parte de muitos movimentos voluntários. É razoável supor que o mecanismo de controle da postura vertical é muito bem defendido contra alterações inesperadas nas condições externas. Isso significa que diferentes correções pré-programadas da postura vertical estão prontas a ser iniciadas em resposta a determinados sinais provocadores sem nenhuma instrução especial. O complicado problema de manter a postura vertical no campo de gravidade exige complexas reações corretivas que ativam diferentes grupos musculares das pernas e do tronco (Lisin, Frankstein e Rechtman, 1973; Nashner, 1980).

A atividade dos músculos posturais muda em resposta a perturbações aplicadas a diferentes partes de uma pessoa em pé. Essas *reações posturais corretivas* são específicas para os efeitos mecânicos da perturbação sobre o equilíbrio do corpo, mas não ocorrem no ponto exato de aplicação da perturbação. Em particular, elas podem ocorrer em músculos cujo comprimento não é diretamente afetado pela perturbação. De acordo com nossa visão geral, essas reações representam comandos motores pré-programados que são realizados quando sinais periféricos identificam uma perturbação *independentemente da fonte aferente*.

Um dos métodos mais comuns para estudar reações posturais é girar ou mudar rapidamente a posição de uma plataforma na qual uma pessoa esteja em pé. Essas perturbações ocasionam reações nos músculos da perna e do tronco em que ocorrem a latências típicas das reações pré-programadas (Nashner, 1976; Nashner e McCollum, 1985). Os padrões dessas reações são sensíveis à tarefa postural. Por exemplo, esses padrões mudam quando uma pessoa está em pé sobre uma superfície de apoio estreita (Horak e Nashner, 1986). Vamos discutir reações posturais mais detalhadamente no capítulo 21.

Às vezes, os seres humanos usam músculos do braço como apoio adicional enquanto estão em pé. Nesses casos, nota-se que esses músculos apresentam reações posturais corretivas, assim como os músculos posturais das pernas e do tronco (Nashner, 1982). Imagine uma pessoa em pé agarrando um objeto para obter apoio adicional. Se o objeto estiver fixo no solo, o apoio será confiável, e certo padrão de reações pré-programadas poderá ser visto nos músculos do ombro. Contudo, se o objeto puder se mover e tiver baixa inércia, as respostas se inverterão e surgirão nos grupos musculares antagonistas. O padrão de movimentos global lembrará aquele observado numa pessoa segurando uma xícara de chá na mão.

Considere outro exemplo. Uma pessoa em pé sobre uma plataforma segura uma xícara cheia de massinha de modelar na frente de seu corpo (figura 12.7). A plataforma começa a se mover. A postura da pessoa muda, assim como a posição do braço que segura a xícara. O registro da atividade muscular mostrará alterações nos níveis de ativação dos músculos que mantêm a postura vertical do corpo e a posição do braço. Algumas dessas mudanças terão latências típicas de reações pré-programadas. Agora imagine que o mesmo experimento seja repetido quando a xícara está cheia de chá quente, em vez de massinha de modelar. A plataforma começa a se mover exatamente como antes. Imagine que todas as forças, todas as posturas iniciais e todas as outras condições são as mesmas (embora seja impossível garantir isso). As alterações pré-programadas do nível de ativação dos músculos envolvidos na postura da pessoa e nos movimentos do braço serão diferentes desta vez. Isso se deve à mudança de intenção da pessoa. No primeiro caso, a tarefa principal era não cair, e não havia grandes restrições para os movimentos do braço. No segundo, não cair se tornou tão importante quanto não derramar o chá. Assim, intenções humanas contribuem com os padrões de reações pré-programadas mesmo quando a mecânica da tarefa postural parece permanecer a mesma.

PROBLEMA # 12.5

- Você pega um pequeno objeto inesperadamente pesado. Que tipo de reação você espera dos músculos da perna, do braço e do tronco?

Figura 12.7 As correções posturais pré-programadas motivadas pelos movimentos da plataforma dependem do contexto, diferindo quando a xícara está cheia de massinha de modelar e quando está cheia de chá quente.

Reproduzido, com permissão, de M. L. Latash, 1996, The Bernstein problem: How does the central nervous system make its choices? Em: *Dexterity and its developments*, editado por M.L. Latash e M.T. Turvey (Mahwah, N.J: Erbaum), 279.

12.7 Reação corretiva ao tropeço

A *locomoção* é um movimento muito comum na atividade diária humana e animal (ver capítulo 22). Portanto, é concebível que *o mecanismo de geração do movimento de locomoção esteja sempre num estado pré-programado.*

Um determinado padrão de respostas reativas de latência longa tem sido observado na locomoção do gato e do homem. Esse padrão, que está associado com a superação de um obstáculo inesperado, é a *reação corretiva ao tropeço* (Forssberg, Grillner e Rossignol, 1975; Forssberg et al., 1976; Duysens e Pearson, 1976; Duysens et al., 1990; Prochazka, Gritsenko e Yakovenko, 2002). Nos gatos, ele pode ser observado em resposta à estimulação mecânica fraca (mesmo que seja um sopro de ar) de áreas da pele da pata ou perna ou em resposta à estimulação elétrica curta dos nervos da pele.

A aplicação de qualquer um desses estímulos durante a fase de balanço cria uma reação flexora na qual o membro posterior se desloca por sobre um obstáculo hipotético (figura 12.8). A aplicação do mesmo estímulo durante a fase de apoio pode dar origem a uma reação extensora. O padrão coordenado funcionalmente adequado dessa reação e sua relativa independência do estímulo sugerem que ela seja uma resposta pré-programada de um mecanismo que é responsável por reações compensatórias durante o tropeço real na vida cotidiana.

PROBLEMA # 12.6

▸ Você pode definir a fonte aferente da reação corretiva ao tropeço usando uma sucessiva desnervação do membro, ou seja, eliminando entradas aferentes oriundas de áreas da perna?

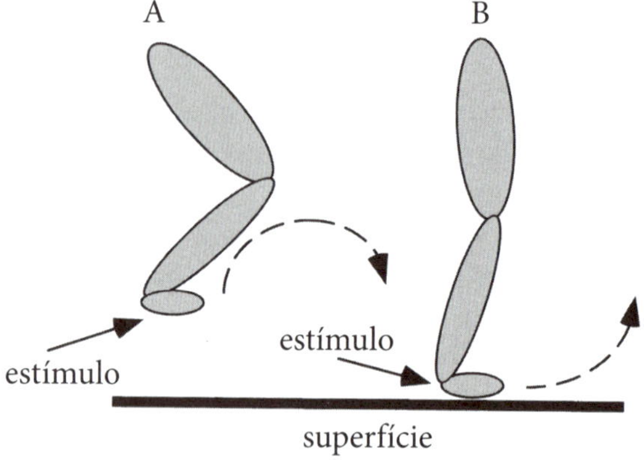

Figura 12.8 Uma estimulação mecânica ou elétrica da pata durante a locomoção provoca diferentes reações nas fases de balanço e de apoio. Na fase de balanço (A), existe uma reação flexora, de modo que a perna passa sobre um obstáculo fictício. Na fase de apoio, existe uma reação extensora que encurta a fase de apoio para este membro em questão.

Aqui está um exemplo de uma reação muito complexa, mas obviamente pré-programada: imagine que um oficial ordene aos seus soldados que se abaixem, levantem, abaixem, levantem, ... abaixem, levantem, levantem! Alguns dos participantes desse experimento vão se abaixar em resposta ao último comando. Após várias repetições da sequência apresentada, as reações motoras se tornam pré-programadas e a voz do oficial desempenha o papel de um sinal provocador.

Capítulo 12 em resumo

Um grupo de reações a estímulos externos (em geral a perturbações mecânicas), com uma latência mais longa que as latências reflexas típicas e mais curtas que os tempos de reação voluntária, é chamado *reações pré-programadas*, *reações provocadas* ou *respostas de latência longa*. Essas respostas podem ser modeladas por instruções prévias e produzem ações corretivas rápidas e grosseiras que se contrapõem aos efeitos mecânicos da perturbação original. Essas reações podem ser vistas em músculos cujo comprimento é aumentado, diminuído ou não alterado pela perturbação. A fonte sensorial exata das reações pré-programadas não é importante, visto que o fornecimento de informações sobre uma perturbação já é suficiente. Respostas pré-programadas são componentes importantes das atividades diárias, particularmente do controle postural e da locomoção.

Materiais de revisão

Problemas

1. Um eletrodo é colocado perto de um grupo de fibras idênticas numa raiz dorsal da medula espinal e as fibras são estimuladas. Em resposta a um único impulso, há um aumento temporário na atividade de um músculo flexor e uma diminuição na atividade de um músculo extensor da mesma articulação. Quando uma força externa flexiona a articulação, há um aumento na atividade das fibras. Quando os motoneurônios γ que inervam o músculo extensor são estimulados, não há mudança na atividade delas. Onde essas fibras se originam?

2. Uma pessoa executa uma série de flexões de cotovelo de mais de 40° e muito rápidas contra uma carga externa constante. O tempo do movimento é de 200 ms. Num experimento, o movimento é inesperado e completamente bloqueado. Desenhe os padrões de tempo dos EMGs de bíceps e tríceps com base nas ideias de programação central dos padrões de EMG e do controle do ponto de equilíbrio.

3. Um eletrodo é colocado perto de um grupo de fibras idênticas numa raiz dorsal da medula espinal e as fibras são estimuladas. Em resposta a um único impulso, há um aumento temporário na atividade de um músculo flexor e uma diminuição na atividade de um músculo extensor da mesma articulação. Quando uma força externa estende a articulação, há um aumento na atividade das fibras. Quando os motoneurônios γ dinâmicos que inervam tanto os músculos flexores quanto os extensores são estimulados, não há alteração na atividade delas. Onde essas fibras se originam?

4. Uma pessoa executa uma série de flexões rápidas de cotovelo de mais de 40° contra uma carga externa constante. O tempo do movimento é de 200 ms. Num experimento, uma força de oposição inesperadamente bloqueia o movimento antes que ele possa se iniciar e o libera depois de 100 ms. Desenhe os padrões de EMG e cinemáticos (trajetória e velocidade) de um experimento não perturbado e do experimento bloqueado. Crie gráficos diferentes para EMGs agonista e antagonista e para cada variável cinemática.

5. São registrados reflexos H no músculo sóleo de uma pessoa. Sob um determinado estímulo externo adicional, a amplitude dos reflexos H diminui em 50%. O que se pode dizer sobre as alterações na excitabilidade do grupo de motoneurônios α que controla o músculo? Em outro experimento, após a pessoa tomar uma pílula, o reflexo H e a resposta M caem 50%. O que se pode dizer sobre os efeitos centrais e periféricos da pílula?

6. Uma pessoa mantém a posição de uma articulação contra uma carga externa constante. Você a instrui a tentar ao máximo manter essa posição durante possíveis perturbações. Inesperadamente, a carga externa aumenta e move a articulação. Descreva todos os mecanismos que ajudam a pessoa a seguir a instrução.

Para alunos viciados em testes de múltipla escolha

Você tem 20 minutos para completar este teste. Circule apenas uma resposta (afirmação) para cada pergunta. Escreva uma frase curta explicando por que escolheu essa resposta.

1. Uma pessoa inesperadamente pisa sobre uma tachinha durante a caminhada. Qual é o principal mecanismo que ajusta o padrão da caminhada?

a. Reflexo tônico de alongamento.
b. Reflexos monossinápticos de órgãos tendinosos de Golgi.
c. Reflexos monossinápticos de fusos musculares.
d. Reações pré-programadas (M_2–M_3).
e. Todos os itens acima.

Por quê?

2. Durante um movimento uniarticular rápido e voluntário em condições isotônicas,

a. receptores articulares fornecem informação confiável sobre mudanças do ângulo articular
b. unidades motoras são recrutadas, começando-se pelas grandes
c. forças musculares dependem da velocidade real do movimento
d. o músculo alongado é comumente chamado agonista
e. todos os itens acima

Por quê?

3. Interneurônios Ia

a. são excitados principalmente por alterações na atividade dos órgãos tendinosos de Golgi
b. são partes de um circuito de retroalimentação positiva
c. são excitados principalmente por alterações na atividade de receptores articulares
d. inibem a atividade dos motoneurônios γ antagonistas
e. excitam seus neurônios-alvo

Por quê?

4. Quando uma pessoa executa uma série de movimentos de alcançar, voluntários e rápidos,

a. trajetórias articulares são idealmente reproduzidas
b. muitos pares de músculos mostram padrões de ativação trifásicos
c. os reflexos musculares não contribuem para a ativação muscular
d. padrões de força muscular são idealmente reproduzidos
e. todos os itens acima

Por quê?

5. Um músculo ativado é rapidamente alongado para um novo comprimento por uma força externa. O que acontecerá?

a. A atividade dos órgãos tendinosos de Golgi cairá rapidamente e então aumentará, voltando ao nível original.
b. A força muscular diminuirá.
c. A atividade dos órgãos tendinosos de Golgi aumentará rapidamente e, em seguida, cairá um pouco.
d. A atividade dos órgãos tendinosos de Golgi induzirá um reflexo monossináptico no músculo.
e. O músculo terá um período de silêncio em sua atividade elétrica (EMG).

Por quê?

Mundo III

Estruturas

13 Anatomia do encéfalo. 143

14 Córtex cerebral 157

15 Cerebelo 169

16 Gânglios da base 179

17 Vias ascendentes e descendentes. 187

18 Memória 197

Materiais de Revisão 209

13

Anatomia do encéfalo

Palavras-chave e tópicos

- métodos de estudo do encéfalo
- eletroencefalografia (EEG)
- tomografia computadorizada (TC)
- tomografia por emissão de pósitrons (TEP)
- imagem por ressonância magnética (IRM)
- estimulação magnética transcraniana (EMT)
- anatomia funcional do bulbo e do encéfalo

O encéfalo humano contém pelo menos cem bilhões de neurônios. Cada neurônio é uma estrutura complexa que processa informações recebidas de várias maneiras, recebe entradas provenientes de muitos outros neurônios e tem numerosas conexões de saída (sinapses). A eficácia de cada sinapse é modificada por numerosos fatores, incluindo a atividade dos neurônios vizinhos. Essas informações provavelmente são suficientes para nos persuadir de que tentar fazer uma descrição completa da atividade neural do encéfalo, identificando a atividade de cada neurônio, não é realista e é um desperdício de tempo. Contudo, fazer tal descrição não é o propósito dos neurocientistas, muitos dos quais estudam estruturas encefálicas, propriedades de grupos de neurônios e conexões neuronais.

No outro extremo, modelar a atividade do sistema nervoso central como uma caixa-preta, sem levar em consideração sua estrutura e fisiologia, pode facilmente conduzir a hipóteses que pertencem à ficção científica, e não à ciência. Os pesquisadores não devem esquecer que o objeto de interesse são constelações de células que possuem propriedades particulares. Ter isso em mente limita a imaginação de outra forma ilimitada dos teóricos. O teste final de qualquer hipótese é sua capacidade de mapear o substrato e reproduzir seu comportamento numa variedade de atividades. Portanto, estudos anatômicos, morfológicos e neurofisiológicos do encéfalo fornecem informações cruciais para a compreensão do funcionamento desse órgão. Além disso, esses estudos têm extrema importância para os médicos, que lidam com pacientes com vários tipos de trauma como um acidente vascular encefálico ou uma disfunção encefálica.

Têm sido coletadas muitas informações comportamentais, neurofisiológicas e patológicas que permitem aos pesquisadores fazer certas inferências sobre o funcionamento do encéfalo e suas estruturas principais. Antes de conhecermos os elementos desse enorme banco de dados, vejamos os métodos que foram usados para acumular todas essas informações.

13.1 Registro de neurônio isolado

As técnicas para registrar um neurônio isolado são similares à EMG intramuscular, discutida no capítulo 6. Elas consistem em inserir uma agulha com um fio fino (ou um número de fios finos) numa estrutura neural. Geralmente, registra-se a diferença de potencial entre o fio e a agulha ou entre diversos pares de fios. Esse método pode ser bastante seletivo, registrando a atividade até mesmo dos menores neurônios isolados. Responsável por fornecer uma riqueza de informações sobre a organização e a atividade de diferentes estruturas encefálicas e espinais, ele requer acesso direto às estruturas neurais de interesse, e seu uso é restrito a estudos com animais e a determinados procedimentos neurocirúrgicos que permitem ou até mesmo exigem a inserção de agulhas no encéfalo para fins de exame.

Em experiências com animais, esse método tem sido usado para gravar a atividade encefálica aguda e crônica. No último caso, vários eletrodos de agulha são implantados no encéfalo e conectados a uma coroa, que é montada no topo da cabeça do animal e não interfere nas atividades diárias. Quando o pesquisador quer analisar a atividade dos neurônios, ele coloca um conector na coroa e realiza a gravação. Essa técnica permite aos pesquisadores registrar neurônios da mesma área do encéfalo por semanas ou até meses.

13.2 Eletroencefalografia

A *eletroencefalografia (EEG)* é um método para estudar o comportamento elétrico coletivo de grandes grupos de neurônios. É similar à EMG de superfície no que concerne ao uso de macroeletrodos, que são colocados na superfície do corpo. Eletrodos de EEG são colocados no crânio sobre áreas encefálicas de interesse, comumente sobre os quatro grandes *lobos corticais*: frontal, parietal, temporal e occipital (figura 13.1). Um eletrodo indiferente é colocado numa orelha.

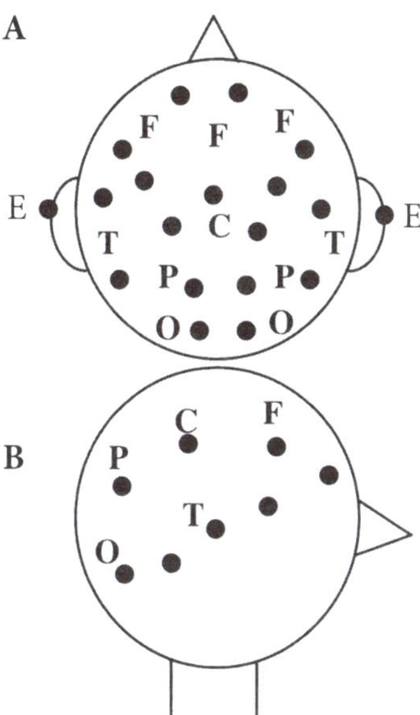

Figura 13.1 Distribuição típica dos eletrodos de EEG: (A) topo da cabeça; (B) lado da cabeça; C = central; F = frontal; O = occipital; P = parietal; T = temporal; e E = orelha.

O EEG reflete o fluxo de correntes através do espaço extracelular. Ele pode ser considerado um *epifenômeno*, uma medida que não tem qualquer significado funcional por si só, mas que reflete funcionalmente processos importantes. Também pode ser considerado um componente valioso do funcionamento do encéfalo. A transmissão de informações dentro do encéfalo é baseada em processos elétricos (como potenciais de ação, correntes sinápticas etc.). Assim, podemos esperar que grandes mudanças sincronizadas no campo eletromagnético externo (as quais são refletidas pela EEG) afetem a geração de potenciais de ação em neurônios individuais. Se isso ocorrer, o EEG torna-se um produto da atividade neuronal, um fator que também é importante para a determinação dessa atividade.

O EEG pode ser parecido com um sinal aleatório ou demonstrar oscilações regulares em certas frequências. As frequências do EEG variam de 1 a 30 Hz, enquanto sua amplitude na superfície do crânio é de várias dezenas de microvolts. As ondas de EEG são classificadas em quatro grupos, dependendo de sua frequência (figura 13.2; veja Ivanitsky, Nikolaev e Ivanitsky, 1999): *ondas beta* (13-25 Hz), *ondas alfa* (8-13 Hz), *ondas teta* (4-8 Hz) e *ondas delta* (0,5-4 Hz). As ondas de baixa frequência (delta e teta) têm as maiores amplitudes e são comumente vistas durante certas fases do sono. As ondas alfa estão associadas à vigília relaxada, embora sua representação varie muito entre as pessoas. As ondas beta são as que predominam durante intensas atividades mentais.

PROBLEMA # 13.1

▸ Os tempos característicos da geração de potenciais de ação são de cerca de 10 ms e correspondem a uma frequência de cerca de 100 Hz. Como a atividade neuronal pode dar origem às ondas lentas observadas no EEG?

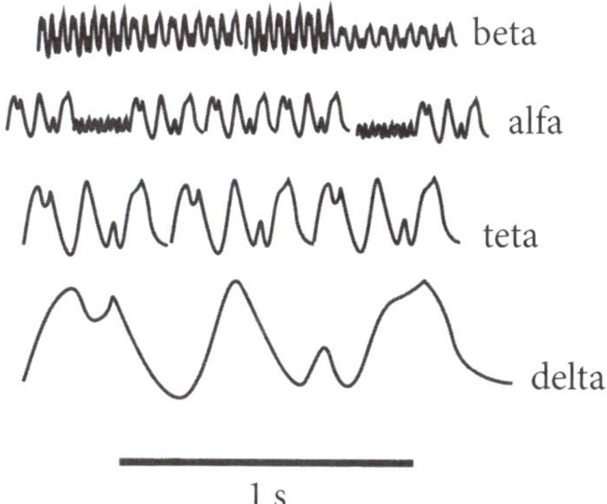

Figura 13.2 Ondas de EEG típicas incluem ondas beta (13-25 Hz), ondas alfa (10-12 Hz), ondas teta (5-8 Hz) e ondas delta (1-5 Hz).

Numa pessoa saudável acordada, o EEG mostra um sinal aparentemente irregular, com ondas de baixa amplitude cobrindo uma vasta gama de frequências. O padrão de EEG altera-se dramaticamente em determinados casos patológicos, como nas crises epilépticas. Durante uma convulsão, oscilações sincronizadas de grande amplitude são vistas nos sinais de muitos ou mesmo de todos os eletrodos.

Uma das vantagens principais da EEG é sua alta resolução temporal: ela segue mudanças na atividade encefálica de milissegundo a milissegundo. A esse respeito, a EEG é muito superior a métodos mais sofisticados, como a tomografia por emissão de pósitrons e a imagem por ressonância magnética. A principal desvantagem da EEG é sua resolução espacial, que é muito inferior. Uma vez que os eletrodos são colocados sobre o crânio, não podem ser utilizados para identificar a origem exata da alteração dos sinais elétricos. Contudo, um aumento do número de eletrodos de gravação e os recentes progressos de análises estatísticas de dados da EEG bastante sofisticadas prometem superar o problema da resolução espacial, pelo menos parcialmente.

Recentemente, foi desenvolvido um método que combina a alta resolução temporal da EEG com uma resolução espacial muito superior. Esse método, a *magnetoencefalografia (MEG)*, registra alterações no campo magnético produzidas por correntes elétricas do encéfalo (Diekmann, Erne e Becker, 1999). Uma vez que as correntes encefálicas costumam ser pequenas, alterações no campo magnético são extremamente pequenas, muito menores que o campo magnético da Terra. Contudo, alterações magnéticas podem ser detectadas usando-se sensores com supercondutores. O equipamento magnetoencefalográfico é muito caro e usado apenas em poucos centros de pesquisa. O método também tem suas desvantagens: enquanto correntes elétricas que fluem em paralelo à superfície do crânio produzem campos magnéticos detectados com facilidade pela MEG, correntes que fluem radialmente (sendo quase ortogonais à superfície do crânio) produzem campos magnéticos que dificilmente são detectados.

13.3 Potenciais evocados

Um estímulo sensorial pode produzir uma torrente sincronizada de potenciais de ação gerados por receptores periféricos da modalidade correspondente que enviam seus axônios ao sistema nervoso central. Esses potenciais de ação eventualmente atingem estruturas encefálicas e alteram o sinal de EEG. Normalmente, essas alterações são pequenas (com alguns microvolts ou até mesmo frações de um microvolt) e não podem ser vistas no fundo ruidoso do sinal de EEG. Porém, esse fundo ruidoso não é sincronizado com o estímulo, enquanto as alterações induzidas pela EEG o são. Portanto, se um número de respostas a estímulos padrão é alinhado no tempo no momento da aplicação do estímulo e, em seguida, tem sua média calculada, a relação sinal-ruído aumenta, permitindo uma melhor visualização da reação do EEG ao estímulo (figura 13.3). Essas reações são chamadas *potenciais relacionados a evento* ou *potenciais evocados*. Dependendo da força e da modalidade do estímulo, detectar potenciais evocados pode exigir o cálculo da média de algumas respostas ou, às vezes, de algumas centenas ou milhares de respostas (Lange e Inbar, 1999).

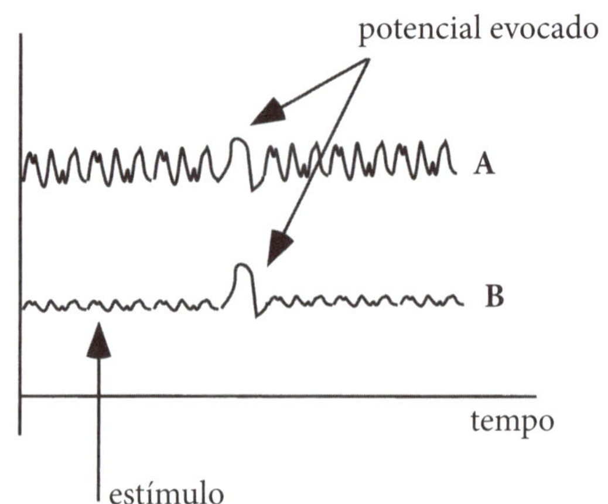

Figura 13.3 Potenciais encefálicos evocados pelos estímulos periféricos (por exemplo, por um estímulo elétrico) são frequentemente obscurecidos pela atividade de fundo da EEG (A). Contudo, se a média de um grande número de experimentos for calculada pode ser revelado um potencial evocado (B).

Um estímulo sensorial pode induzir uma série de picos em um potencial evocado (ou uma série de potenciais evocados) com atrasos de tempo diferentes, dependendo do caminho exato da torrente induzida de potenciais de ação, da velocidade de condução, do número de sinapses e assim por diante. Isso torna os potenciais evocados uma ferramenta poderosa para a investigação clínica e neurofisiológica, pois alterações na amplitude relativa e no tempo dos diferentes picos podem fornecer informações sobre a eficácia das vias de transmissão correspondentes.

Potenciais evocados podem ser vistos não apenas na EEG, mas também na atividade da medula espinal, quando eletrodos de superfície são colocados nas costas de uma pessoa. Potenciais evocados espinhais podem ser induzidos por estímulos periféricos em um nervo sensorial, particularmente nas condições usadas para o estudo do reflexo H. A amplitude dos potenciais evocados espinais também é muito pequena e é obscurecida pela atividade de repouso dos grandes músculos das costas. Assim, para registrar esses potenciais é preciso calcular a média de várias centenas de respostas individuais. Esse método pode fornecer informações valiosas sobre danos nos sistemas de condução espinal após uma lesão da medula espinal (figura 13.4).

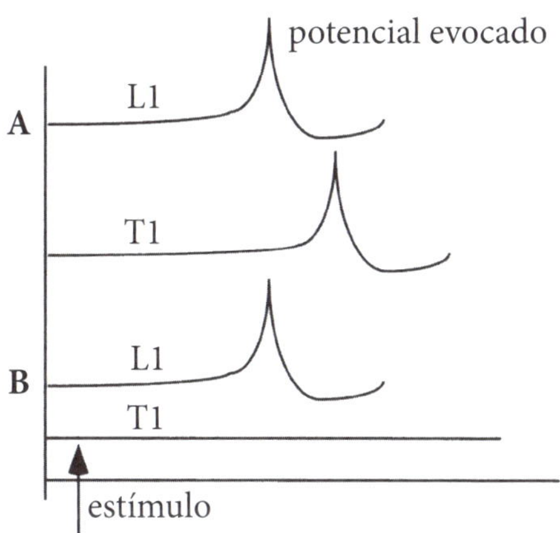

Figura 13.4 Potenciais evocados espinais podem ser vistos nas costas em resposta a uma estimulação elétrica de um nervo periférico. Em (*A*), a estimulação do nervo tibial leva a potenciais evocados sobre as vértebras L1 e T1, enquanto em (*B*) existe um potencial sobre L1, mas não sobre T1. Provavelmente a transmissão ao longo da medula espinal está prejudicada em (*B*).

PROBLEMA # 13.2

- Quando um estímulo é aplicado a um nervo da perna, vemos um potencial evocado do encéfalo, mas nenhum potencial espinal. O que se conclui disso?

PROBLEMA # 13.3

- Quando um estímulo é aplicado a um nervo da perna, observamos um potencial evocado do encéfalo, mas não vemos uma resposta muscular quando a área motora cortical correspondente é estimulada. O que se conclui disso?

13.4 Radiografia

A radiografia usa *raios X* para criar imagens visuais de estruturas com diferentes capacidades de absorção desses raios (raios gama). A radiografia é muito efetiva para obtermos imagens de ossos, particularmente do crânio. Contudo, não pode detectar matéria branca ou cinzenta nem revelar diferenças entre elas. Outra limitação da radiografia convencional é que ela cria imagens bidimensionais, enquanto os pesquisadores estão mais interessados em estruturas tridimensionais. A grande vantagem da radiografia é sua resolução espacial, que pode ser tão alta quanto uma pequena porcentagem de um milímetro.

Há variações da radiografia convencional que a tornam mais útil para a geração de imagens do encéfalo. A primeira é a *pneumoencefalografia*, que se baseia no fato de o ar ser praticamente transparente à radiação. Assim, se alguém remove uma pequena quantidade de líquido cefalorraquidiano e o substitui por ar, a bolha de ar finalmente alcança os ventrículos encefálicos e permite ao investigador observar alterações no sistema ventricular. Esse método, porém, é doloroso, e pode ser perigoso; portanto, não é muito utilizado hoje.

Outra variação da radiografia convencional muito mais utilizada é a *angiografia*. Durante a angiografia, uma substância opaca aos raios gama (um contraste) é injetada no sistema circulatório. Essa injeção torna possível detectar mudanças na estrutura dos *vasos sanguíneos*, especialmente daqueles do encéfalo. A angiografia é invasiva, mas é mais precisa que a versão não invasiva, a angiografia por ressonância magnética, sendo eficaz na detecção de malformações vasculares, aneurismas e derrames.

13.5 Tomografia computadorizada

A *tomografia computadorizada (TC)* baseia-se na radiografia e envolve uma *série de estreitos feixes de radiação* (figura 13.5). Uma fonte de raios X é colocada num lado do crânio, enquanto detectores são colocados no lado oposto. Em seguida, a fonte e os detectores são girados em etapas.

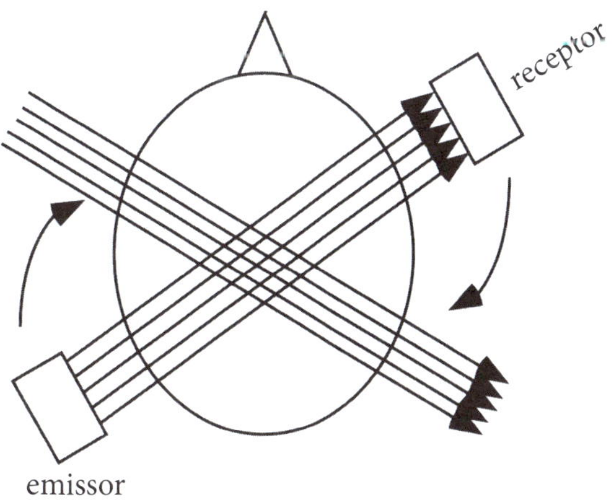

Figura 13.5 A tomografia computadorizada usa raios X para criar uma série de imagens enquanto rotaciona o emissor e o receptor desses raios X.

A cada etapa, uma série de transmissões de raios X é gravada. Assim, para cada pequena área do encéfalo, várias medições são feitas. Por fim, áreas com diferenças relativamente pequenas de radiodensidade podem ser vistas como diferentes tons de cinza, que vão do preto ao branco. Esse método permite visualizar matéria cinzenta e branca, embora a resolução seja um pouco menor que a da radiografia convencional. Observe que a TC cria uma imagem bidimensional de uma fatia fina bidimensional de tecido, enquanto a radiografia convencional cria uma imagem bidimensional de um objeto tridimensional. As imagens bidimensionais obtidas por TC podem ser usadas para criar uma imagem computadorizada tridimensional da estrutura neural de interesse. A combinação da TC com a angiografia pode ser usada para aumentar a precisão de ambos os métodos em relação aos vasos sanguíneos do encéfalo.

13.6 Tomografia por emissão de pósitrons

A *tomografia por emissão de pósitrons (TEP)* é similar à TC no que concerne à análise de raios X em direções diferentes (figura 13.6; para revisão, veja Crivello e Mazoyer, 1999). Entretanto, a fonte dos raios X não é um emissor externo, mas um *isótopo radioativo* injetado no sistema circulatório.

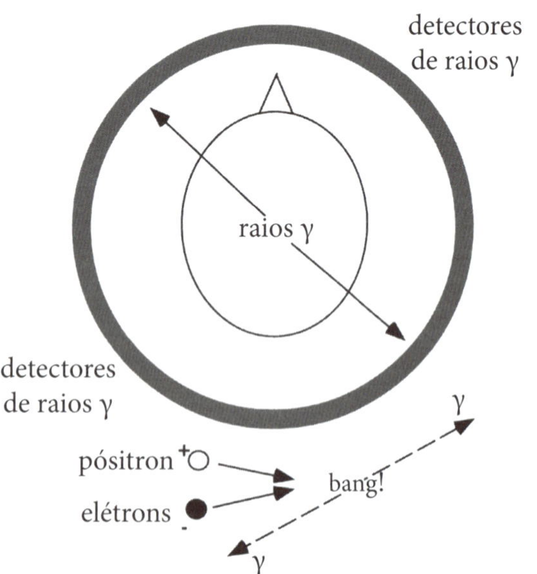

Figura 13.6 A tomografia por emissão de pósitrons usa isótopos radioativos de elementos que tenham baixo peso molecular e emitam pósitrons. Os pósitrons colidem com elétrons e emitem raios X (raios gama), que são detectados por um conjunto de detectores em torno da cabeça.

Por exemplo, um análogo da glicose pode ser rotulado com um íon radioativo. No corpo, ele é metabolizado por neurônios, e um dos produtos do metabolismo se acumula nas células. Consequentemente, a quantidade de radiação emitida por uma célula será proporcional ao número de moléculas metabolizadas do análogo da que ela contém, um número que se correlaciona com o nível geral de atividade da célula. Recentemente, essa técnica foi usada para fazer muitas inferências sobre funções específicas das estruturas encefálicas. Contudo, temos de ser cautelosos ao adotar essas conclusões, porque elas são similares à conclusão de que a maioria das decisões políticas importantes é tomada em estádios onde muitas pessoas gritam juntas. É possível que a atividade neuronal. crucial aos processos encefálicos, seja distribuída entre grandes áreas do encéfalo e possa não levar a alterações metabólicas locais detectáveis pela TEP.

PROBLEMA # 13.4

- O que se pode concluir a respeito de um aumento na atividade geral de célula numa determinada área do encéfalo durante uma determinada ação motora?

A TEP baseia-se na substituição de um átomo com baixo peso molecular por outro radioativo, que emite um *pósitron* ao se decompor. Um exemplo típico é a substituição de carbono, nitrogênio ou oxigênio por flúor radioativo (^{18}F). O pósitron emitido rapidamente encontra um elétron (elétrons estão por toda parte) e é aniquilado, produzindo um par de quanta gama. Esses *raios gama* são revelados por um conjunto de detectores em torno da cabeça. Então, o mesmo método da TC é usado para criar uma imagem bidimensional de uma fina fatia do encéfalo. A resolução espacial da TEP é da ordem de 1 mm, muito maior que a da EEG, mas sua resolução temporal é deficiente, uma vez que mudanças na atividade neuronal são refletidas em alterações metabólicas que ocorrem mais tarde, com um atraso mal definido. Assim, a TEP é útil para detectar padrões de atividade encefálica que ocorram durante um tempo relativamente longo.

13.7 Imagem por ressonância magnética

Outra versão da TC é a *imagem por ressonância magnética* (IRM, revista em Frahm, Fransson e Krüger, 1999). A IRM baseia-se em diferenças entre as propriedades de vários núcleos atômicos e é muito eficiente em revelar estruturas com composições químicas diferentes. Ela é superior a qualquer outro método não invasivo quando se trata de diferenciar a matéria branca da cinzenta. Também pode ser usada para visualizar o movimento de moléculas de água e, portanto, criar imagens dos vasos sanguíneos, constituindo uma versão não invasiva da angiografia.

A IRM tem como ponto de partida o fato de elementos com peso atômico ímpar alinharem os eixos de rotação de seus núcleos com um campo magnético externo constante (figura 13.7). Um breve pulso eletromagnético pode ser usado para perturbar a orientação dos eixos de rotação. Quando o pulso é desativado, os núcleos retomam sua orientação original, definida pelo campo magnético externo. Esse processo é acompanhado pela liberação de energia em forma de ondas eletromagnéticas, cuja frequência varia entre os diferentes átomos. Outro parâmetro característico da IRM é o tempo que os núcleos levam para reassumir seu estado original. Esses parâmetros são influenciados não só pelo tipo do átomo, mas também por seu ambiente físico-químico.

A IRM é superior a outras técnicas em sua capacidade de diferenciar os tecidos, mas também está entre os métodos mais caros. Da mesma forma que a TEP, a IRM oferece boa resolução espacial, mas resolução temporal deficiente.

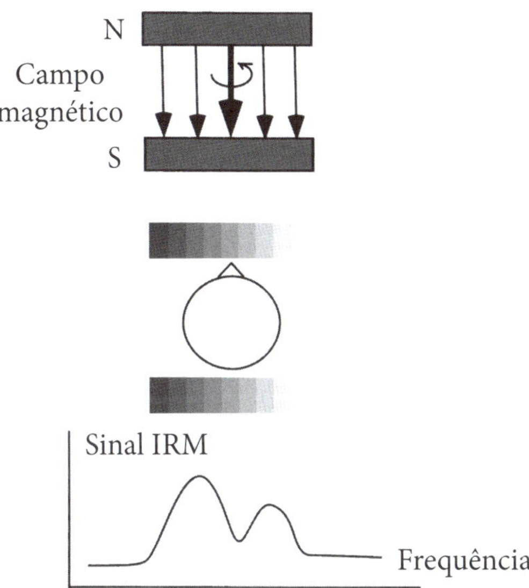

Figura 13.7 A imagem por ressonância magnética baseia-se na capacidade dos elementos com peso atômico ímpar de alinhar suas rotações com um campo magnético externo. Se o campo é perturbado, o alinhamento da rotação é violado. Quando a perturbação é desativada, as rotações retomam seu alinhamento prévio, emitindo ondas de rádio no processo. A frequência das ondas e o tempo que os núcleos gastam para alcançar um estado da energia inferior são específicos de cada elemento. O uso de um campo magnético que muda no espaço permite identificar a localização de certos elementos.

13.8 Imagem por ressonância magnética funcional

Uma versão da IRM se tornou popular nos estudos dos processos encefálicos associados a diferentes ações, incluindo movimentos: é a IRM funcional (IRMf, revista em Fink, 2004). O método envolve a comparação das medidas obtidas pela IRM antes e depois da realização de uma tarefa. As diferenças nos padrões da IRM devem refletir as alterações provocadas pela tarefa na atividade neuronal. Uma das características mais atraentes da IRMf é sua capacidade de mostrar alterações no sinal relacionado a processos metabólicos em diferentes estruturas encefálicas durante tarefas naturais.

Hoje, porém, a IRMf enfrenta limitações importantes. Em primeiro lugar, o método requer um alto grau de cooperação do paciente. A cabeça dele tem de permanecer imóvel durante a aquisição de dados, o que pode representar um problema para crianças pequenas e pessoas com movimentos descontrolados. Além disso, nenhum objeto de metal, incluindo dentaduras ou outros implantes, é permitido perto do aparelho de IRM.

Em segundo lugar, a resolução de tempo da IRMf é muito deficiente. Para alcançar uma diferença observável entre duas medições, deve haver um tempo para que as ações executadas entre as medições produzam alterações metabólicas que sejam refletidas no sinal da IRM. As escalas de tempo típicas de estudos IRMf apresentam várias dezenas de segundos ou mesmo minutos.

Outra limitação e talvez mais crítica é interpretação da resposta. A maioria dos estudos de IRMf usa a resposta **DNOS** (dependente do nível de oxigênio no sangue), que reflete a quantidade de hemoglobina oxigenada no montante total de hemoglobina. A ideia é que os processos metabólicos numa área específica do encéfalo aumentem e consumam mais oxigênio, diminuindo a quantidade relativa de hemoglobina oxigenada. Como resultado, a interpretação do sinal IRMf envolve algumas etapas lógicas, em que a atividade neuronal (sináptica) aumentada é associada a processos metabólicos intensificados, que são associados ao maior consumo de oxigênio, que é associado a alterações na resposta DNOS. Existem evidências que apoiam cada uma dessas etapas (Martin et al., 1992; Turner, 2000; Fink, 2004). Contudo, em cada uma, a relação não é perfeita, e é difícil estimar a quantidade de variações na atividade neuronal que se refletem na variação do sinal DNOS. Outra potencial armadilha é que o sangue com hemoglobina parcialmente desoxigenada é colhido de diferentes áreas do encéfalo e reunido em veias maiores, e esse processo pode computar os efeitos da atividade neural sobre essas áreas.

Apesar de suas deficiências, a IRMf continua a ser a ferramenta escolhida tanto para pesquisas de base quanto para estudos clínicos. Esse método tem sido aprimorado rapidamente — talvez, no momento em que este livro for publicado, todos os problemas mencionados já tenham sido resolvidos.

13.9 Estimulação magnética transcraniana

A estimulação elétrica direta de estruturas encefálicas tem sido usada em muitos estudos neurofisiológicos de seres humanos e animais (Penfield e Rasmussen, 1950; Evarts, 1968; Asanuma, 1973). Esses estudos permitiram aos pesquisadores gerar mapas do encéfalo, alguns dos quais discutiremos em capítulos futuros. Contudo, em seres humanos, a estimulação elétrica requer acesso direto ao tecido neural (isso pode ser justificado apenas para uma cirurgia em encéfalo aberto) ou causa efeitos colaterais desagradáveis, como contrações nos músculos próximos dos eletrodos. Quando os eletrodos são colocados sobre o crânio, correntes muito altas têm de ser usadas, por causa da distância relativamente grande entre os eletrodos e o tecido neural. Essas correntes produzem contrações nos músculos da cabeça que, além de serem desagradáveis, podem alterar a atividade encefálica da pessoa.

Um passo importante para superar esse problema foi a invenção da *estimulação magnética transcraniana* (EMT, revista em Rossini et al., 1994; Ellaway, Davey e Ljubisavljevic, 1999). O método permite aos pesquisadores estimular estruturas profundas no interior do corpo (em particular, estruturas encefálicas) com um campo magnético em rápida mutação. Quando a corrente elétrica muda sua direção, como ao fluir ao longo de uma bobina em forma de rosca, ela gera um campo magnético. Esse campo é particularmente forte em pontos ao longo da linha que passa pelo centro da bobina (figura 13.8). Se um pulso breve de corrente viaja ao longo da bobina, o campo magnético que ele cria rapidamente emerge e então desaparece. Porém, um campo magnético em mutação produz correntes elétricas de indução, que podem ser fortes o suficiente para estimular neurônios a certa distância sob o centro da bobina em forma de rosca. As bobinas com um formato particular, como aquelas em forma de oito, permitem aos pesquisadores estimular estruturas numa determinada profundidade sob a bobina, evitando estruturas mais próximas dela, como os músculos.

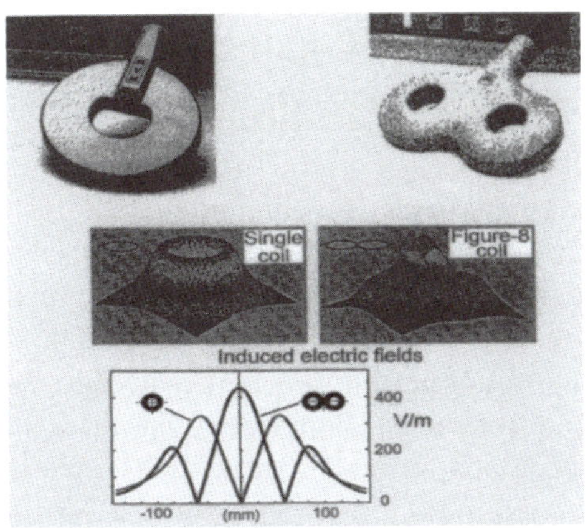

Figura 13.8 Típicas bobinas circulares e em forma de oito e as representações de seus campos elétricos ilustram o princípio da estimulação magnética transcraniana (EMT).

Adaptado, com permissão, de R. Jalinous, 1998, *Guide to magnetic stimulation.* (Boston, MA, The MagStim Company).

A EMT tem sido utilizada em pesquisas básicas e estudos clínicos. Não é invasiva, é segura (contanto que as orientações sejam seguidas) e fornece informações sobre as interações entre estruturas encefálicas e entre essas estruturas e a medula espinal.

Como ocorre com a maioria dos métodos indiretos, a interpretação dos resultados às vezes é ambígua. Um estímulo de EMT típico produz correntes que excitam vários neurônios, os quais, por sua vez, provavelmente excitam os muitos outros neurônios sobre os quais se projetam. Uma resposta, comumente uma contração muscular, pode refletir a propagação de atividade através de várias vias e formações neurais.

13.10 Rastreamento neuroanatômico

Um método amplamente usado para traçar projeções neuronais baseia-se no *transporte axonal rápido*. Grandes partículas intracelulares viajam do corpo celular aos terminais do axônio (*transporte anterógrado*), e deles ao corpo da célula (*transporte retrógrado*). O transporte axonal rápido fornece substâncias para as terminações nervosas e move materiais dos terminais ao corpo da célula para remoção ou reutilização. Esse fenômeno pode ser combinado com a radiografia, rotulando-se uma substância transportável com aminoácidos ou açúcares radioativos. Como alternativa, pesquisadores podem usar substâncias transportáveis específicas, que são vistas como sombras ou cores após uma análise histoquímica adequada. Uma substância frequentemente utilizada para traçar projeções neuronais é a peroxidase de rábano, que é transportada na direção retrógrada. Recentemente foram desenvolvidos métodos de rastreamento trans-sináptico que envolvem substâncias químicas capazes de atravessar sinapses e marcar alvos de neurônios dentro dos quais as substâncias foram originalmente injetadas.

13.11 Principais estruturas encefálicas

Chegou a hora de discutir a anatomia da parte mais complexa e misteriosa do sistema nervoso central: o encéfalo. Peço desculpas antecipadamente pelo fato de muitas estruturas encefálicas terem mais de um nome, de uma única estrutura poder ser membro de diferentes compartimentos maiores do encéfalo, e de existirem muitas taxonomias para identificar estruturas encefálicas. Seriam necessárias muitas páginas para apresentar toda a nomenclatura, e esse não é o propósito deste livro. Você poderá encontrar essas informações em livros detalhados sobre neuroanatomia. Neste texto, usarei os nomes menos confusos (do meu ponto de vista muito subjetivo) para as estruturas encefálicas e não mencionarei os nomes alternativos.

Tanto a medula espinal quanto o encéfalo são protegidos por encaixes ósseos: a coluna vertebral protege a medula espinal, enquanto o *crânio* protege o encéfalo. O tecido neural é separado das estruturas ósseas circundantes por uma membrana protetora constituída por um número de *meninges* (figura 13.9). O sistema nervoso central é banhado no *líquido cefalorraquidiano*, que preenche os *ventrículos* ocos do encéfalo, o *canal central* da medula espinal e o *espaço subaracnóideo* que circunda todo o sistema nervoso central.

O sistema nervoso central caracteriza-se por uma enorme taxa metabólica, o que exige contínuo fornecimento de oxigênio e nutrientes. O encéfalo recebe cerca de 20% do débito cardíaco em repouso, embora seja responsável somente por cerca de 2% do peso total do corpo. Consequentemente, o encéfalo é muito sensível à falta de oxigênio e a drogas e toxinas. Uma barreira entre o líquido cefalorraquidiano e o sangue (a *barreira hematoencefálica*) desempenha um papel importante na manutenção da homeostase do sistema nervoso central. Essa barreira é bastante impenetrável para substâncias solúveis em água, por causa da natureza polar do líquido, mas pode ser penetrada por substâncias lipossolúveis. A presença da barreira hematoencefálica tem consequências positivas e negativas.

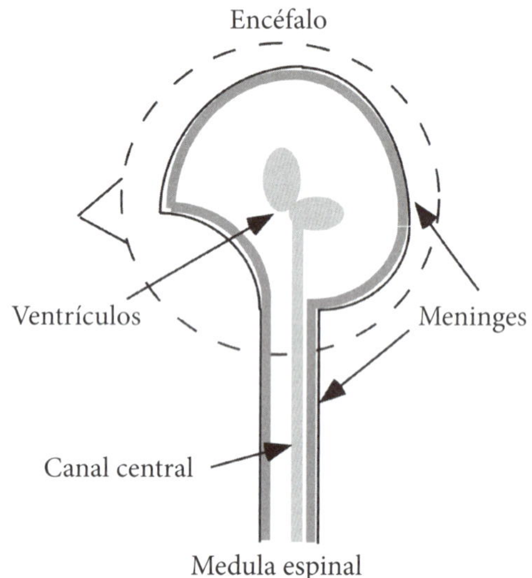

Figura 13.9 O sistema nervoso central é formado pela medula espinal e pelo encéfalo. Ambos são banhados pelo fluido cefalorraquidiano e circundados pelas meninges.

Por um lado, a barreira protege o sistema nervoso central de substâncias potencialmente prejudiciais, como as toxinas. Por outro, também impede que drogas solúveis em água atravessem a barreira e cheguem às suas células-alvo.

PROBLEMA # 13.5

- Você precisa que uma substância solúvel em água chegue a um grupo de células neurais. Sugira um método (ou métodos) que a faça atravessar a barreira hematoencefálica.

Agora, vamos viajar medula espinal acima e fazer anotações sobre as estruturas anatômicas do sistema nervoso central. Nos próximos capítulos, discutiremos algumas dessas estruturas mais detalhadamente.

Em sua extremidade superior (rostral), a medula espinal funde-se com o *bulbo*, que é uma estrutura longa e bulbosa com quase uma polegada (2,5 cm) de comprimento (figura 13.10). A partir da extremidade rostral da medula espinal, existe uma rede complexa de células e fibras neurais chamada *formação reticular*, a qual segue rostralmente até o bulbo e prossegue para dentro do *mesencéfalo*. Dentro do bulbo, existe um espaço chamado *quarto ventrículo*, que está conectado, em sua extremidade caudal, com o canal central da medula espinal e, em sua extremidade rostral, com o *aqueduto*. Há vários núcleos importantes dentro do bulbo, alguns dos quais (*núcleo grácil* e *núcleo cuneado*) transmitem informação da periferia para outras estruturas do encéfalo, enquanto outros (*núcleo ambíguo* e *núcleo hipoglossal*) são a origem de alguns *nervos cranianos*. O bulbo desempenha um papel importante para a *função autonômica* do sistema nervoso humano: ela ajuda a manter o funcionamento adequado de estruturas

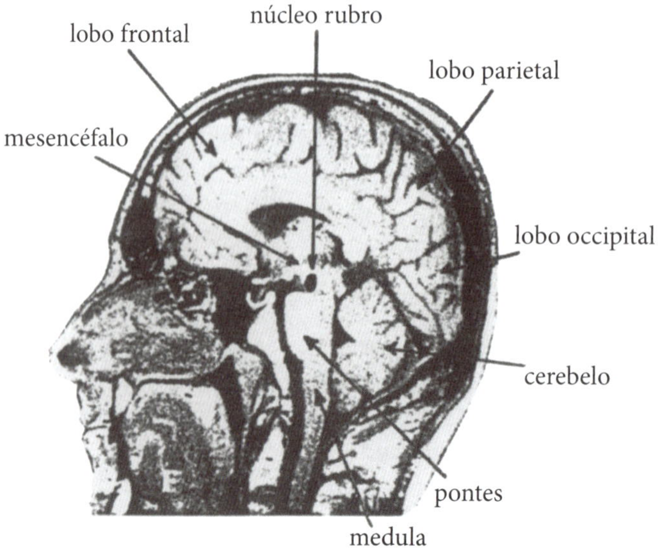

Figura 13.10 Em sua extremidade rostral, a medula espinal limita-se com o bulbo, que contém vários núcleos importantes, a porção caudal da formação reticular e o quarto ventrículo. Em sua extremidade rostral, o bulbo limita-se com as pontes.

internas vitais, como o coração, os pulmões, o sistema circulatório, o sistema digestório etc. A maior parte do funcionamento autonômico ocorre sem nenhuma consciência. Além disso, o bulbo abriga três núcleos fundamentais: o *centro cardíaco*, o *centro vasomotor* e o *centro respiratório*. Nela também estão centros de controle de atividades voluntárias e involuntárias, como espirros, tosse, vômitos e deglutição.

A próxima estrutura é a *ponte* (figura 13.11), que se localiza rostralmente à medula e parece uma protuberância redonda na parte inferior do encéfalo. A ponte contém mais núcleos de nervos cranianos, bem como dois centros que participam do controle da respiração: as *áreas apnêustica* e *pneumotáxica*.

Logo atrás do bulbo e da ponte situa-se a segunda maior estrutura encefálica, o *cerebelo* (figura 13.12), cujas estrutura, conexões e funções merecem um capítulo especial, (capítulo 15). O cerebelo é composto de *dois hemisférios* e uma área central chamada *verme*. Três pares de feixes de fibras neurais apoiam o cerebelo e permitem que ele se comunique com o resto do encéfalo. Esses pares são chamados *pedúnculos superior*, *médio* e *inferior*. A ponte e o cerebelo são algumas vezes denominados *metencéfalo*.

Continuando nosso caminho até o encéfalo, vemos que a ponte, em sua extremidade rostral, faz limite com o *mesencéfalo*. O mesencéfalo (figura 13.13) é uma pequena seção de tronco encefálico que contém vários núcleos importantes, bem como o aqueduto que conecta o terceiro e o quarto ventrículos. Em particular, o mesencéfalo contém o *corpo quadrigêmeo*, que são quatro pequenas colinas na porção dorsal do mesencéfalo. Essas colinas também são chamadas *colículos*. As duas colinas superiores (colículo *superior*) desempenham um papel importante na visão e nos reflexos dos músculos oculomotores, enquanto as duas colinas inferiores (colículo *inferior*) atuam no processamento de informações auditivas.

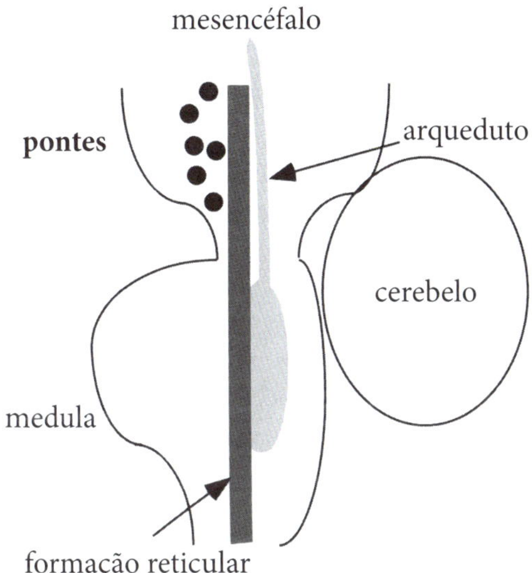

Figura 13.11 A ponte localiza-se entre o bulbo e o mesencéfalo. Ela contém tratos de fibras brancas (ascendendentes e descendentes) e vários núcleos, incluindo os dos nervos cranianos V a VIII.

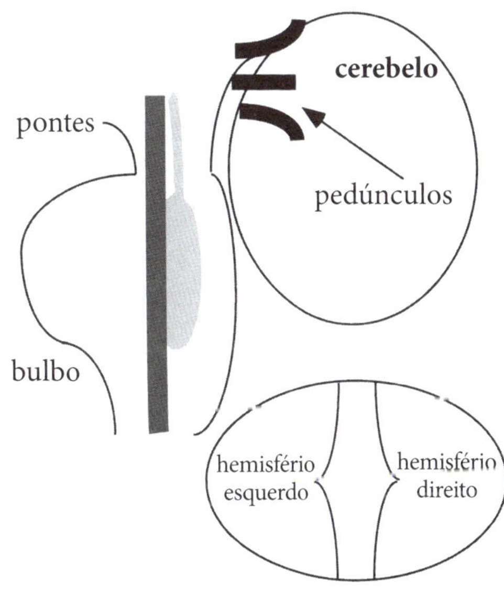

Figura 13.12 O cerebelo encontra-se logo atrás do bulbo e da ponte. Ele consiste em dois hemisférios e uma área central (verme). Ele é sustentado por três pares de pedúnculos (feixes de fibras neurais).

O *núcleo rubro* fica no fundo do mesencéfalo e é uma estrutura potencialmente relevante para a geração dos movimentos voluntários, sendo a fonte de uma importante via descendente, o *trato rubroespinal* (ver capítulo 17). A *substância negra* situa-se ventralmente ao núcleo rubro e também é muito importante para o controle motor. Seu possível papel será considerado em detalhes no capítulo sobre os *gânglios de base* (capítulo 16). O mesencéfalo ainda contém os *pedúnculos cerebrais*, que são compostos de tratos neurais responsáveis por conectar o telencéfalo ao resto do cérebro.

A próxima estrutura importante do encéfalo é o *diencéfalo* (figura 13.14), que é quase completamente circundado pelos hemisférios cerebrais. Dentro do diencéfalo existe uma cavidade formada pelo terceiro ventrículo. Quatro estruturas principais podem ser encontradas no diencéfalo: o *tálamo*, o *hipotálamo*, o *epitálamo* e a *hipófise* (glândula pituitária).

O tálamo ocupa cerca de 80% do volume total do diencéfalo e, com seus núcleos, desempenha um papel importante na integração sensoriomotora. Sua função será considerada em mais detalhes posteriormente (capítulos 15 e 16).

O hipotálamo fica abaixo do tálamo e compõe-se de vários grupos de núcleos. Ele é importante para as funções autonômicas e límbicas (emocionais) do corpo. Em particular, ele ajuda a controlar a *função cardiovascular*, a regular a *temperatura corporal*, a regular o *equilíbrio da água e do eletrólito*, a controlar a *atividade gastrointestinal*, a regular o *sono* e a *função sexual*, a produzir *respostas emocionais* (como raiva, medo e prazer), e a controlar a *função endócrina*. Assim, apesar de seu pequeno tamanho, o hipotálamo pode ser considerado o centro de controle da atividade autonômica.

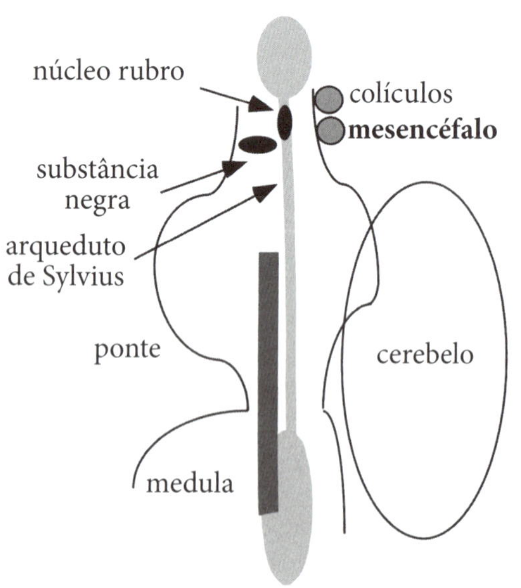

Figura 13.13 O mesencéfalo contém quatro elevações chamadas *colículos* (além de dois colículos superiores e dois inferiores), dois núcleos principais (o núcleo rubro e a substância negra) e do aqueduto de Sylvius.

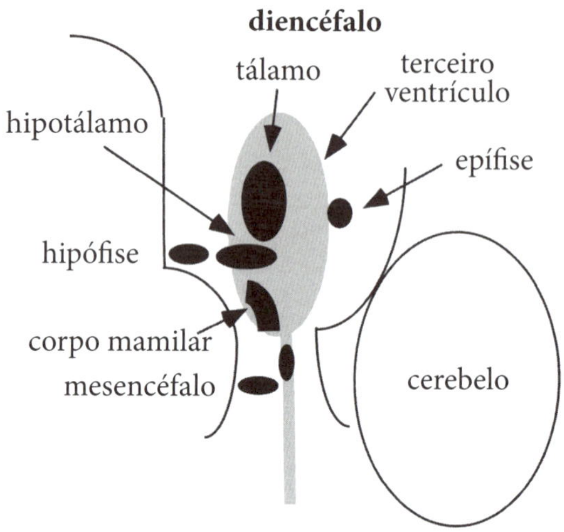

Figura 13.14 O diencéfalo é quase completamente circundado pelos hemisférios cerebrais. Ele contém o tálamo, o hipotálamo, a hipófise e a epífise (a glândula pineal). Dentro do diencéfalo está o terceiro ventrículo.

O hipotálamo é parte do *sistema límbico*, que é um grupo de tratos e núcleos de fibra neural que circula o tronco encefálico (figura 13.15). O sistema límbico inclui o hipotálamo, o *fórnix* (que é um trato de fibra), o *hipocampo*, o *núcleo amigdaloide* e o *giro do cíngulo* do *córtex cerebral*. Esse sistema está envolvido em reações emocionais (como raiva), na fome, no impulso sexual e assim por diante. Merece destaque o *hipocampo*, cujo papel aparentemente não está limitado às reações emocionais. De acordo com a opinião generalizada, o hipocampo contribui para a *memória* de curto prazo e ajuda a consolidar informações da memória de curto prazo para a de longo prazo. O papel do hipocampo na memória será discutido no capítulo 18.

Duas estruturas do diencéfalo são importantes glândulas endócrinas, que, como outras desse tipo, controlam certas funções corporais com a ajuda de substâncias químicas chamadas *hormônios*. O *epitálamo* encontra-se na região dorsal do diencéfalo e inclui a *glândula pineal*, ou *epífise*. Um pouco ventral e rostralmente ao mesencéfalo está a *glândula pituitária*, ou *hipófise*, que é redonda e tem um diâmetro de cerca de meia polegada (1,3 cm). As funções endócrinas não serão discutidas neste livro.

Agora passemos à maior parte do encéfalo, o *telencéfalo* (figura 13.16), que é composto de *dois hemisférios* separados pela *fissura longitudinal* e conectados por um grande trato de fibras neurais chamado *corpo caloso*, bem como por um trato menor chamado *comissura anterior*. Cada hemisfério contém uma *cavidade central* formada por ventrículos laterais e fluido cefalorraquidiano.

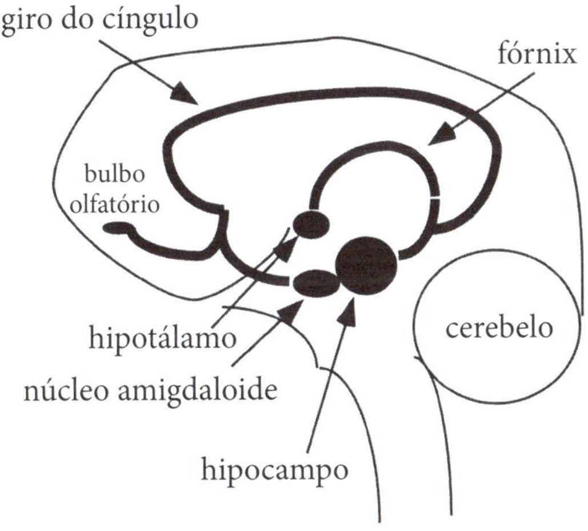

Figura 13.15 O sistema límbico inclui o hipotálamo, o fórnix, o hipocampo, o núcleo amigdaloide e o giro do cíngulo do córtex cerebral.

A camada superficial do encéfalo, conhecida como *córtex cerebral*, tem alguns milímetros de profundidade, é composta de matéria cinzenta e tem uma superfície sulcada e pregueada. Pregas e sulcos são chamados *circunvoluções*; as partes elevadas são chamadas *giros*, enquanto as partes deprimidas são chamadas *sulcos*. As circunvoluções aumentam significativamente a área do córtex, sob o qual se situa a espessa matéria branca do encéfalo, composta de dendritos, axônios mielinizados e neuróglia. A matéria branca constitui uma espécie de rede que conecta diferentes áreas do encéfalo.

Cada hemisfério é dividido por *fissuras* em cinco *lobos*, quatro dos quais — os lobos *frontal*, *parietal*, *occipital* e *temporal* — aparecem na superfície exterior do hemisfério. O quinto lobo, chamado *lobo insular*, situa-se mais profundamente no telencéfalo e é coberto por porções dos lobos frontal, parietal e temporal.

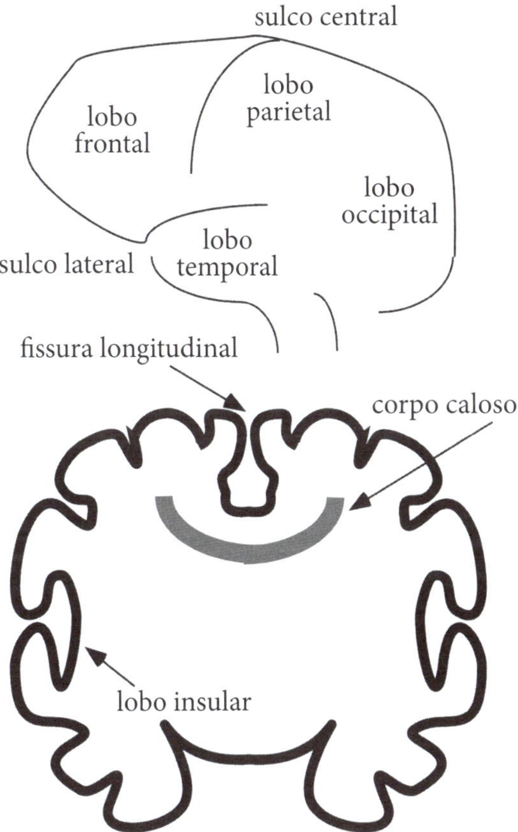

Figura 13.16 O telencéfalo consiste em dois hemisférios conectados pelo corpo caloso e pela comissura anterior. Fissuras dividem cada hemisfério em cinco lobos: o frontal, o parietal, o occipital, o temporal e o insular.

O lobo frontal forma a porção anterior de cada hemisfério e é separado do lobo parietal pela *fissura de Rolando*, ou *sulco central*. O lobo parietal é separado do lobo occipital pela *fissura parieto-occipital*. O lobo temporal fica ao lado e um pouco abaixo dos lobos frontal e parietal, sendo separado deles pelo *sulco lateral*, ou *fissura de Sylvian*.

O telencéfalo realiza várias funções, incluindo as relacionadas com a coordenação motora e com a percepção. Ele certamente merece um capítulo próprio (capítulo 14).

Na matéria branca do telencéfalo se encontram várias estruturas pertencentes aos *gânglios da base* (figura 13.17). Três dos núcleos dos gânglios da base ficam no fundo do telencéfalo, localizados lateralmente ao tálamo. O núcleo mais antigo em termos filogenéticos é o *globo pálido*, também chamado *paleoestriado*. Ele é formado por partes internas (GPi) e externas (GPe), as quais estabelecem diferentes conexões com outras estruturas encefálicas. Dois núcleos, o *núcleo caudado* e o *putâmen*, formam o *neoestriado* (ou apenas *estriado*) e são separados entre si pela *cápsula interna*. Os outros dois núcleos dos gânglios de base, o *núcleo subtalâmico* e a *substância negra*, localizam-se no mesencéfalo. Os gânglios de base desempenham um papel essencial na geração dos movimentos voluntários. Sua disfunção pode levar a várias desordens motoras, incluindo o mal de Parkinson e a doença de Huntington. Vamos analisar os gânglios de base detalhadamente no capítulo 16.

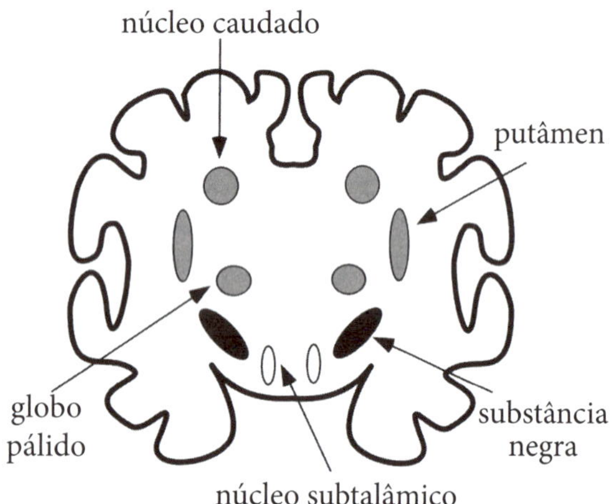

Figura 13.17 Os gânglios de base são pares de estruturas, como o globo pálido, o putâmen, o núcleo caudado, a substância negra e o núcleo subtalâmico.

Capítulo 13 em resumo

Métodos de estudo do encéfalo podem fornecer informações sobre processos excitatórios e inibitórios desse órgão (registro de neurônio isolado, EEG, MEG, EMT e potenciais evocados), sobre as propriedades físicas dos tecidos encefálicos (raios X e TC), sobre conexões anatômicas entre grupos de neurônios (rastreamento neuroanatômico) e sobre a taxa dos processos metabólicos no encéfalo (IRM e TEP). O sistema nervoso central é banhado no líquido cefalorraquidiano e formado pela medula espinal, pelo bulbo e pelo encéfalo. O cérebro contém numerosos núcleos (grupos de neurônios), cujas funções vão do controle de processos corporais internos ao controle dos movimentos voluntários, passando pelo controle de processos puramente mentais. A função da maioria das estruturas do encéfalo é pouco compreendida. Muito provavelmente, as funções externas de um organismo resultam da interação de diversas estruturas neurais.

Córtex cerebral

Palavras-chave e tópicos

- anatomia do córtex
- assimetria do hemisfério
- áreas de Brodmann
- áreas motora, pré-motora e motora suplementar
- mapas motores
- entradas e saídas corticais
- trato corticoespinal
- estudos de população neuronal

O córtex cerebral é uma estrutura inconcebivelmente complexa, cuja função e interação com outras áreas do encéfalo são ambíguas e multifacetadas. Uma grande quantidade de informações tem sido acumulada sobre o córtex, e este livro apenas arranha a superfície desse conhecimento. A maioria das conclusões esboçadas sobre o córtex é provisória; assim, algumas afirmações deste capítulo podem não ser aceitas por todos os pesquisadores da área. É impossível fazer justiça a todos os estudos sobre o córtex em um capítulo. Peço desculpas por não mencionar muitos daqueles colegas que influenciaram significativamente a compreensão atual dessa estrutura fascinante.

14.1 Hemisférios cerebrais

O córtex cerebral é uma parte do encéfalo tradicionalmente associada a uma *alta atividade nervosa*, incluindo a percepção e interpretação de informações sensoriais, a tomada de decisões conscientes e o controle dos movimentos voluntários. Presume-se que o córtex contribua para a formação de noções como *tarefa motora*, *objetivo motor*, *exigências de precisão*, *intenção* e *vontade*.

Vistas lateral e superior dos hemisférios cerebrais são mostradas na figura 14.1. Essas ilustrações mostram os giros e sulcos mais usados como pontos de referência para definir a localização de diferentes áreas corticais.

Os dois *hemisférios* cerebrais não são idênticos e, de acordo com algumas teorias, diferem muito em suas funções. Em particular, descobriu-se que a função da fala está relacionada com o *hemisfério dominante*. O hemisfério esquerdo é dominante em cerca de 96% das pessoas destras e em 70% das canhotas. A maioria das fibras neurais do *trato cefalospinal*, um dos principais tratos descendentes que ajudam a controlar os movimentos voluntários, atravessa a linha mediana do corpo, de modo que o envio de sinais aos membros da direita é feito predominantemente pelo hemisfério esquerdo. Portanto, em 96% das pessoas destras, os movimentos da mão preferida são efetuados por sinais neurais do hemisfério dominante, enquanto em 70% dos canhotos, os movimentos da mão preferida são na maior parte controlados pelo hemisfério não dominante.

A maioria dos primeiros estudos sobre assimetria hemisférica foi realizada em pacientes com *cérebro dividido*. Em alguns casos de epilepsia, o corpo caloso e a comissura anterior foram cirurgicamente extirpados, de modo que não houvesse troca de informação direta entre os hemisférios.

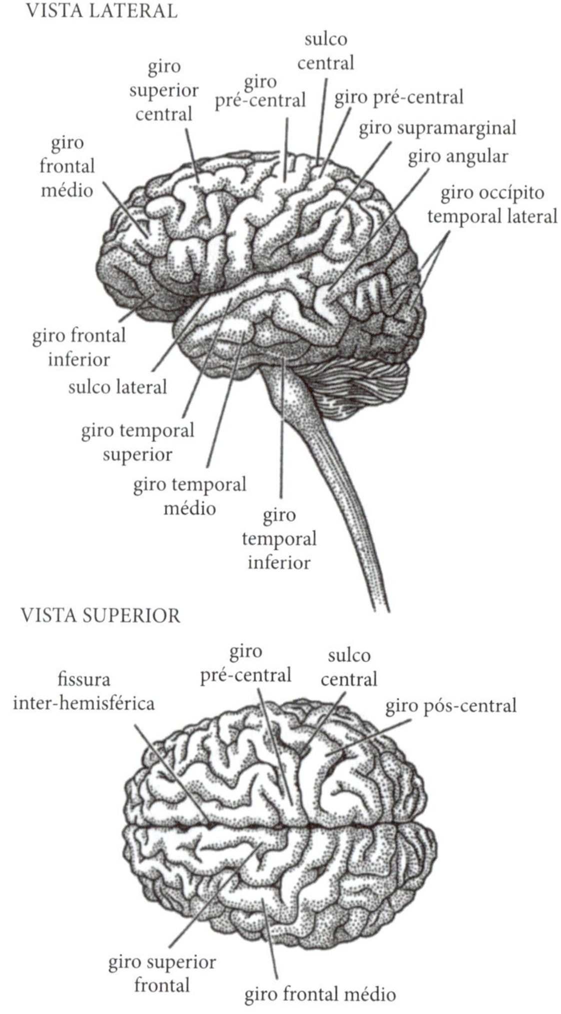

Figura 14.1 Essas duas vistas do córtex cerebral mostram os principais sulcos e giros.

Reproduzido, com permissão, de S.W. Kuffler, J.G. Nicholis e A.R. Martin, 1984, *From neuron to brain*, 2ª ed. (Sunderland, MA: Sinauer Associates), 570.

O comportamento dos pacientes de encéfalo dividido não parece diferente do das pessoas saudáveis. Contudo, as diferenças tornam-se aparentes quando a entrada sensorial é manipulada de forma que os hemisférios recebam informações diferentes: diversos objetos são colocados nos campos visuais esquerdo e direito, diversos estímulos auditivos são aplicados aos ouvidos esquerdo e direito, e assim por diante. Costuma-se afirmar que o hemisfério dominante (esquerdo) é responsável pelo processamento da informação analítica, particularmente pelo processamento da informação simbólica (como as de matemática ou da escrita musical), enquanto o hemisfério direito é mais emocional e intuitivo. Isso pode ser verdade, mas somente para os casos de encéfalo dividido. Em encéfalos saudáveis, o intercâmbio de informações entre os hemisférios é tal que todas as funções se baseiam quase igualmente em ambos os hemisférios.

PROBLEMA # 14.1

- Se pudesse escolher, o que você preferiria: ser canhoto ou destro, o hemisfério esquerdo dominante ou o hemisfério direito dominante? Por quê?

Ainda neste capítulo, consideraremos similaridades entre os hemisférios, em vez de diferenças, apesar de estudos recentes sugerirem que os dois hemisférios desempenham papéis distintos na coordenação dos movimentos multiarticulares. Em particular, tem sido sugerido que o braço dominante atua melhor em tarefas que exigem ações rápidas e coordenadas, enquanto o braço não dominante pode trabalhar melhor em tarefas que envolvam um significativo componente postural (Bagesteiro e Sainburg, 2003; Sainburg, 2005). Por exemplo, uma pessoa destra normalmente prefere segurar a agulha de costura com a mão esquerda e passar a linha através do furo com a mão direita.

14.2 Estrutura do córtex cerebral

O córtex cerebral contém dois tipos de células neurais (figura 14.2): as *piramidais* e as *estreladas* (ou granulares). O córtex tem uma *estrutura em camadas*, característica que pode ser vista em seções verticais. A camada mais externa é chamada *camada molecular* (I). Ela compreende principalmente axônios e dendritos apicais e contém apenas alguns corpos celulares. Depois está a *camada granular externa* (II), que contém grande número de pequenas células piramidais e estreladas. Ela é seguida pela *camada piramidal externa* (III), constituída principalmente por células piramidais. A *camada granular interna* (IV) é composta de células estreladas e piramidais; a *camada ganglIônica* (V) contém grandes células piramidais; e a camada mais interna, a *camada multiforme* (VI), abriga diferentes neurônios, com muitos axônios que deixam o córtex.

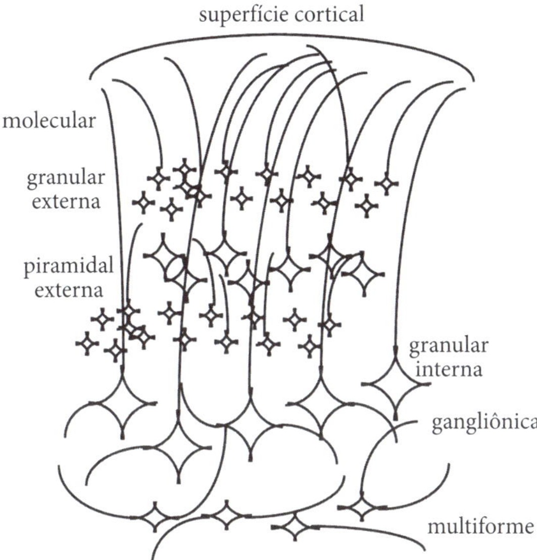

Figura 14.2 O córtex cerebral apresenta uma característica estrutura multicamada, que pode ser vista numa seção vertical.

As células estreladas desempenham o papel de interneurônios dentro do córtex cerebral, e seus axônios não deixam o córtex. Os axônios de células piramidais formam a saída mais visível do córtex. Alguns dos dendritos das células piramidais são orientados para a superfície do córtex e podem chegar ao nível molecular. Outros dendritos são orientados horizontalmente nas camadas II, III e IV, e podem ter alguns milímetros de comprimento.

Os *sinais de entrada* (aferentes) para os neurônios corticais são enviados principalmente pelos *núcleos talâmicos*, embora também provenham de outros neurônios corticais. Os núcleos talâmicos agem como um relé, processando e transmitindo informações de aferentes periféricos, do cerebelo e dos gânglios de base. Entradas talâmicas fazem conexões sinápticas principalmente na camada IV, na qual há muitas células estreladas com axônios verticalmente orientados que fazem sinapses sobre as células piramidais. Como resultado, as células piramidais recebem informações sensoriais que foram processadas no tálamo e no córtex. A organização de entrada-saída vertical (coluna) é típica das estruturas corticais. Ela é combinada com conexões intercolunares feitas através de dendritos orientados horizontalmente.

Parece natural usar o mapeamento clássico do córtex sugerido por Brodmann no início do século XX (figura 14.3). Seria irrealista considerar todas as 52 áreas de Brodmann neste capítulo, portanto nos concentraremos na parte frontal do córtex, uma vez que ela está particularmente envolvida nos movimentos voluntários. As áreas de Brodmann 4 e 6 contêm as principais áreas motoras do córtex frontal. Elas são limitadas anteriormente pela área 8 e pelo campo ocular frontal, e posteriormente pela área 3 pelo córtex sensorial primário.

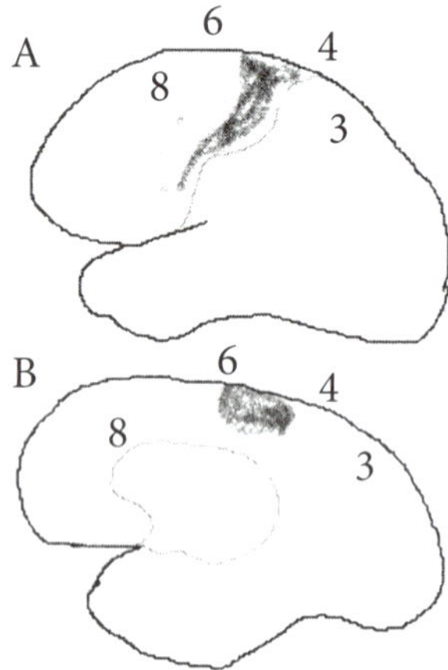

Figura 14.3 Vistas lateral (*A*) e medial (*B*). Broadmann dividiu o córtex cerebral em mais de 50 áreas. As áreas 4 e 6 são particularmente importantes no controle dos movimentos.

14.3 Áreas motoras primárias, pré-motoras e motoras suplementares

A área 4 do córtex pré-central é conhecida como *área motora primária*. Ela contém células de saída gigantes (*células de Betz*), particularmente em zonas com projeções para os músculos da perna. Os axônios dessas células correm no trato corticoespinal. Eles representam apenas uma fração (cerca de 3%) dos axônios do trato cefaloespinal. O famoso neurocirurgião Wilder Penfield usou a estimulação elétrica do córtex em pacientes durante cirurgias no encéfalo. Ele foi o primeiro a sugerir que o córtex motor primário está organizado de forma *somatotópica*, isto é, contém um *mapa motor* do corpo. A estimulação elétrica de certas áreas do córtex motor primário induz contrações musculares locais em partes específicas do corpo. O mapa motor parece uma figura humana distorcida (um *homúnculo*) desenhada na superfície da área motora primária, assemelhando-se a alguns dos desenhos de Pablo Picasso (figura 14.4). Essas representações são caracterizadas por áreas corticais desproporcionalmente grandes dedicadas ao movimento dos dedos, face e língua. Danos à área motora primária induzem à paralisia, que frequentemente é associada com a chamada *síndrome do neurônio motor superior*, incluindo espasmos descontrolados e um nível mais alto de repouso da contração muscular (*espasticidade*, discutida no capítulo 31). O nome *síndrome de neurônio motor superior* é enganador, porque sugere que os movimentos são gerados por sinais enviados pelos *motoneurônios superiores* no córtex motor primário aos *motoneurônios inferiores* na medula espinal (motoneurônios alfa), enquanto o controle descendente dos movimentos voluntários é muito mais complexo.

Estudos recentes, contudo, têm desafiado a representação do homúnculo do corpo em áreas corticais (Schieber 2001; Schieber e Santello, 2004). Em particular, os efeitos da estimulação elétrica têm provado ser muito mais um mosaico: estimular áreas adjacentes não necessariamente provoca o movimento de partes correspondentes ou adjacentes do corpo, mas uma parte do corpo pode ser movida por estímulos em áreas corticais não adjacentes. Em outras palavras, o córtex motor não contém mapas que identifiquem as partes individuais do corpo (ou músculos) uma a uma. Existem também consideráveis *divergência* e *convergência* de projeções corticais. Divergência significa que o estímulo em uma célula

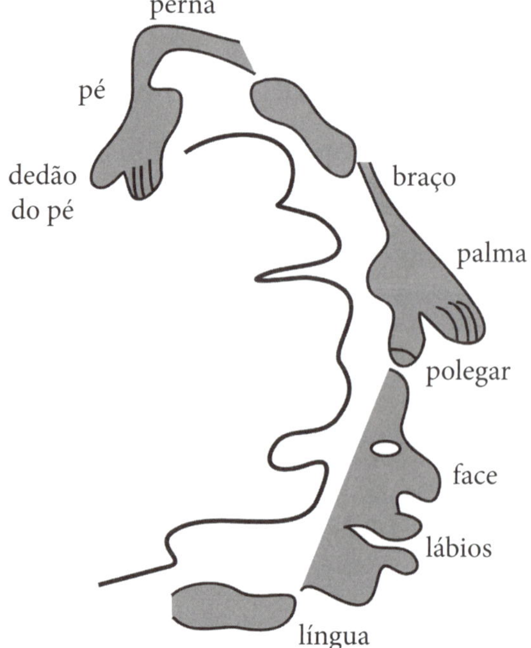

Figura 14.4 Efeitos de um estímulo elétrico na área motora primária de um homúnculo.

cortical pode ativar diferentes grupos de unidades motoras e mover diferentes partes do corpo. Convergência significa que o estímulo em diferentes células corticais pode ativar o mesmo grupo de unidades motoras e resultar em movimentos similares.

Até recentemente, os estudos de neurônios corticais usavam apenas breves episódios de estimulação elétrica. A simulação breve permitiu aos pesquisadores identificar os atrasos nas reações motoras, os quais são úteis para determinar as vias neurais envolvidas. Entretanto, nas ações cotidianas, alterações na atividade dos neurônios corticais duram muito mais tempo. Experiências recentes com macacos feitas por Michael Graziano e colegas (Graziano, Aflalo e Cooke, 2005) mostraram que a aplicação de estímulo elétrico de longa duração às mesmas áreas corticais produz não movimentos de solavanco em partes isoladas do corpo, mas suaves ações multiarticulares que parecem assemelhar-se a componentes do repertório motor cotidiano do animal (figura 14.5). Esses estudos, embora controversos, desafiam ainda mais uma representação de homúnculo.

Efeitos motores também podem ser induzidos por estímulos elétricos na área 6 de Brodmann, que se encontra à frente da área 4. Essas áreas corticais são chamadas *áreas pré-motoras*.

Áreas pré-motoras contêm duas zonas: o *córtex pré-motor* (na superfície lateral do hemisfério) e a *área motora suplementar* (nas áreas superior e medial do hemisfério). Uma breve estimulação elétrica nas áreas pré-motoras requer correntes maiores para induzir movimento resultando em movimentos, mais complexos que frequentemente envolvem várias articulações. A área motora suplementar também

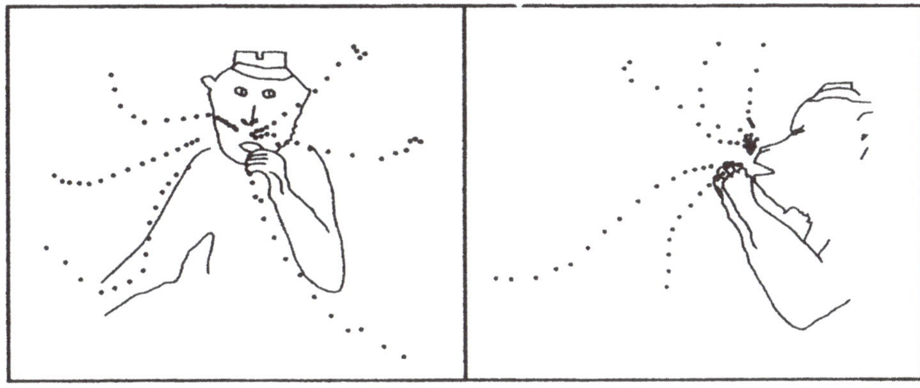

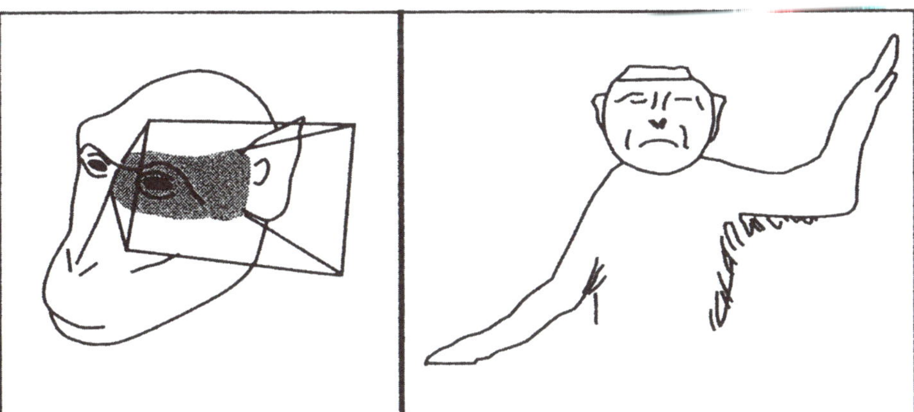

Figura 14.5 Respostas típicas do macaco à estimulação elétrica de longa duração do córtex motor. As figuras superiores mostram as trajetórias induzidas de movimentos da mão até a boca, enquanto as de baixo mostram movimentos defensivos.

contém um mapa completamente distorcido do corpo. Danos no córtex pré-motor prejudicam a capacidade de usar sinais externos (por exemplo, sinais visuais) para controlar movimentos, enquanto danos na área motora suplementar prejudicam a capacidade da memória motora interna de construir movimentos e afetam a capacidade de um animal de usar coordenação bimanual para alcançar determinados objetivos motores. Estudos mais recentes (Marsden et al., 1996; Kazennikov et al., 1999), contudo, desafiam essa última observação, demonstrando que o tempo relativo de movimentos do braço em tarefas bimanuais não sofre em animais com uma área motora suplementar prejudicada.

PROBLEMA # 14.2

- Como se pode interpretar o fato de que o estímulo de áreas pré-motoras requer correntes mais altas que o córtex motor primário para induzir contrações musculares visíveis?

14.4 Entradas no córtex motor

Entradas provenientes da medula espinal, dos gânglios da base (principalmente do globo pálido) e do cerebelo projetam-se sobre os *núcleos ventrobasais* do tálamo. Estes, por sua vez, projetam-se sobre a área motora primária, área motora suplementar e área pré-motora (figura 14.6). A figura 14.6 mostra, de modo bastante simplificado, a projeção talamocortical, que é caracterizada por sobreposições consideráveis.

Outras áreas corticais também são fonte importante de entradas para o córtex motor. Uma grande parte dessas entradas vem das áreas parietais (figura 14.6), que recebem sinais de entrada relacionados à percepção da posição relativa e do movimento de segmentos corporais (*cinestesia*). Acredita-se que as áreas parietais também participem da compreensão da fala e da expressão verbal de pensamentos e emoções. O córtex motor primário recebe entradas provenientes da área 2 do giro pós-central e da área 5 lateral. A área 5 (bem como a área 7b) projeta-se sobre a área motora suplementar. O córtex motor também recebe entradas oriundas das áreas frontais, incluindo o córtex cingulado e as áreas pré-frontais. Acredita-se que essas áreas estejam envolvidas com a emoção, o raciocínio, o planejamento, a memória e a comunicação verbal. Observe que conclusões sobre o envolvimento de certas áreas do encéfalo em comportamentos específicos são questionáveis e baseadas em evidências circunstanciais, como a interrupção de uma função em casos de patologia encefálica localizada ou lesão.

PROBLEMA # 14.3

- Sugira uma explicação alternativa para perdas de função após danos encefálicos localizados.

14.5 Saídas do córtex motor

Projeções de saída do córtex motor têm sido estudadas extensivamente por meio da estimulação elétrica em animais por dois cientistas norte-americanos, Edward Evarts e Hiroshi Asanuma (Evarts, 1968; Asanuma, 1973). Mais recentemente, a *EMT* passou a ser utilizada em estudos com seres humanos (veja seção 13.9 e Ellaway, Davey e Ljubisavljevic, 1999). A EMT é superior quando se trata de direcionar a estimulação elétrica, porque não é invasiva e não é acompanhada por sensações dolorosas. Contudo, ela não pode garantir precisamente o estímulo localizado, que pode ser feito com microeletrodos.

A saída de áreas corticais motoras (figura 14.7) inclui projeções sobre os gânglios da base, o cerebelo (mediadas por núcleos pontinos), o núcleo rubro, a formação reticular e a medula espinal (o trato corticoespinal). O *trato corticoespinal* contém cerca de um milhão de axônios, a metade dos quais, aproximadamente, vem do córtex motor primário. O resto se origina sobretudo da área motora suplementar. Os neurônios corticais projetam-se diretamente sobre motoneurônios α, — particularmente aqueles que controlam movimentos dos dedos —, sobre motoneurônios γ e sobre interneurônios. Existem dois tratos corticoespinais, um do hemisfério esquerdo e um do direito. Perto do nível do bulbo, esses tratos mudam de lado (esse lugar é chamado *decussação*), e por isso a maioria dos axônios que formam o trato do hemisfério direito viaja pelo lado esquerdo da medula espinal e inerva músculos dos membros da esquerda, enquanto a maioria dos axônios que formam o trato do hemisfério esquerdo viaja pelo lado direito da medula espinal e inerva os músculos dos membros da direita.

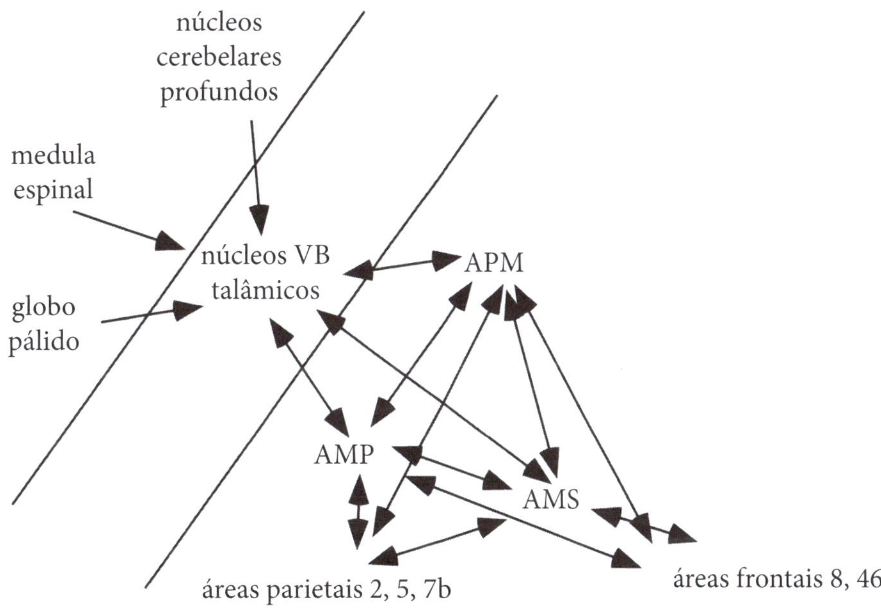

Figura 14.6 As entradas no córtex motor da medula espinal, nos gânglios da base e no cerebelo são mediadas pelos núcleos ventrobasais (VB) do tálamo. Entre as principais projeções de outras áreas estão as do córtex parietal e de certas áreas frontais. AMP é a área motora primária, AMS é a área motora suplementar, e APM é a área pré-motora.

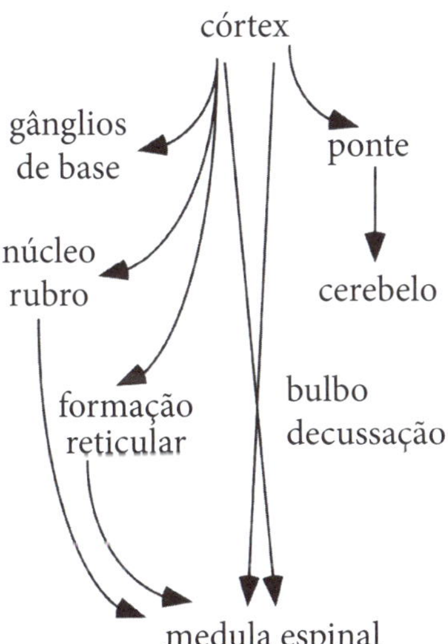

Figura 14.7 Saídas do córtex motor incluem projeções para os gânglios de base, cerebelo (via bulbo), núcleo rubro, formação reticular e medula espinal. Tratos corticoespinais oriundos dos hemisférios esquerdo e direito trocam de lado ao nível do bulbo (decussação).

Os axônios dos neurônios piramidais formam uma parte do trato corticospinal chamada *trato piramidal*. A atividade dos neurônios do trato piramidal tem sido examinada durante movimentos relativamente simples, como flexão ou extensão de uma articulação, em geral em experiências com macacos. Se um macaco é treinado para fazer um movimento simples em resposta a um estímulo sensorial, as primeiras mudanças na atividade muscular (EMG) ocorrem com um atraso (latência) de cerca de 150 ms. Alterações na atividade dos neurônios piramidais podem ser vistas até 100 ms antes das alterações da EMG. Essas alterações de atividade são mais rigidamente vinculadas às alterações da EMG que ao estímulo sensorial, o que sugere que se relacionam com a produção do movimento, e não com a percepção de estímulos sensoriais. A magnitude das mudanças na taxa de disparo dos neurônios piramidais tem sido relacionada à magnitude da força produzida pelo animal (Evarts, 1968).

PROBLEMA # 14.4

- A descoberta de que a magnitude das alterações de atividade nos neurônios piramidais relaciona-se com a magnitude da força muscular produzida prova que neurônios piramidais controlam a força muscular? Por quê?

Células piramidais pequenas e grandes se comportam mais ou menos da mesma forma que motoneurônios α pequenos e grandes na medula espinal. Células pequenas são mais suscetíveis de disparar num nível constante, quando uma articulação mantém uma postura contra uma carga constante. Elas também estão mais envolvidas em pequenos movimentos ou pequenos ajustes de força muscular, e, como consequência, podem ser particularmente importantes para os movimentos precisos. Já as células piramidais grandes são recrutadas durante mudanças substanciais na força muscular.

PROBLEMA # 14.5

- O comportamento de células piramidais pequenas e grandes parece seguir qual princípio?

Estudos posteriores feitos por Donald Humphrey (1982) sugeriram que pode haver duas subpopulações de neurônios corticais. Uma delas mostra alterações de atividade recíprocas durante movimentos em sentidos opostos (por exemplo, flexão e extensão). A outra muda de atividade quando a cocontração dos músculos agonista e antagonista muda. Alterar a cocontração modifica a rigidez articular sem causar uma grande mudança no torque articular resultante e/ou nos movimentos da articulação. Existe, contudo, considerável sobreposição entre esses grupos, assim como entre virtualmente todos os outros grupos de neurônios identificados nas estruturas encefálicas. Lembre-se de que já consideramos uma hipótese de controle de movimento baseada em duas variáveis: uma era relacionada à posição de equilíbrio da articulação; a outra, à rigidez aparente dessa articulação. A presença de duas subpopulações de células corticais apoia indiretamente essa visão.

14.6 Preparação para movimentos voluntários

Movimentos voluntários estão associados a certo padrão de EEG que pode ser gravado em locais diferentes do couro cabeludo (figura 14.8). Alterações no padrão da EEG em repouso podem já ser vistas 1,5 s antes das alterações no plano de fundo da atividade muscular. Essas alterações precoces representam uma mudança lenta da EEG chamada *potencial Bereitschaft* ou *potencial de prontidão*, que (Deecke e Kornhuber, 1969) geralmente é negativo, embora haja relatos de potenciais de prontidão positivos em determinadas condições especiais ou em certas populações de indivíduos especiais (Karrer, Wojtascek e Davis, 1995). O potencial de prontidão é seguido por um *potencial motor* relativamente pequeno. Observe que, durante movimentos unilaterais, o potencial de prontidão é visto em ambos os hemisférios, mas o potencial motor é visto apenas no hemisfério contralateral ao local do movimento.

A duração relativamente longa do potencial de prontidão parece surpreendente. Ao que tudo indica, os seres humanos são capazes de tomar a decisão de se mover e iniciar um movimento num tempo muito mais curto que 1,5 s. De fato, o menor tempo de reação a um estímulo visual ou auditivo é de pouco mais de 100 ms.

PROBLEMA # 14.6

- Sugira uma explicação para a diferença entre o curto tempo de reação (comumente abaixo de 200 ms) e o longo potencial de prontidão.

Dependendo do tipo de movimento, diferentes áreas corticais mostram diferentes padrões de mudança em sua atividade neuronal (Mushiake, Inase e Tanji, 1991; Schieber, 1999). Se um movimento é executado em resposta a um estímulo externo, como um *flash* de luz, alterações na atividade dos neurônios na área pré-motora podem ser vistas antes de alterações na atividade dos neurônios na região motora primária.

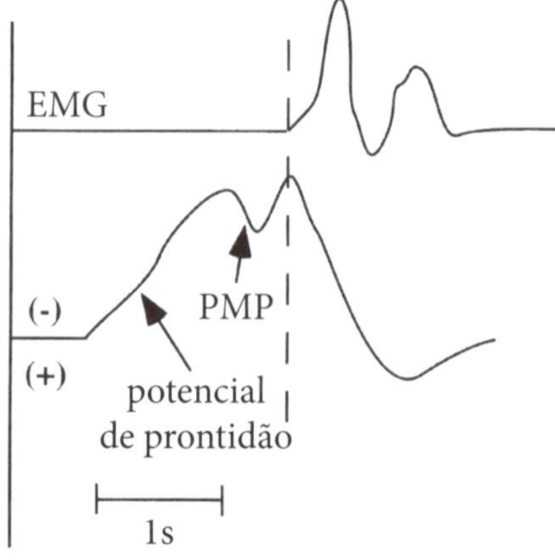

Figura 14.8 Um potencial negativo vagarosamente ascendente, a negatividade geralmente é ascendente no EMG) pode ser visto até 1,5 s antes de um movimento voluntário começar. Esse potencial vagaroso termina com um pequeno potencial positivo (positividade pré-motora, ou PPM).

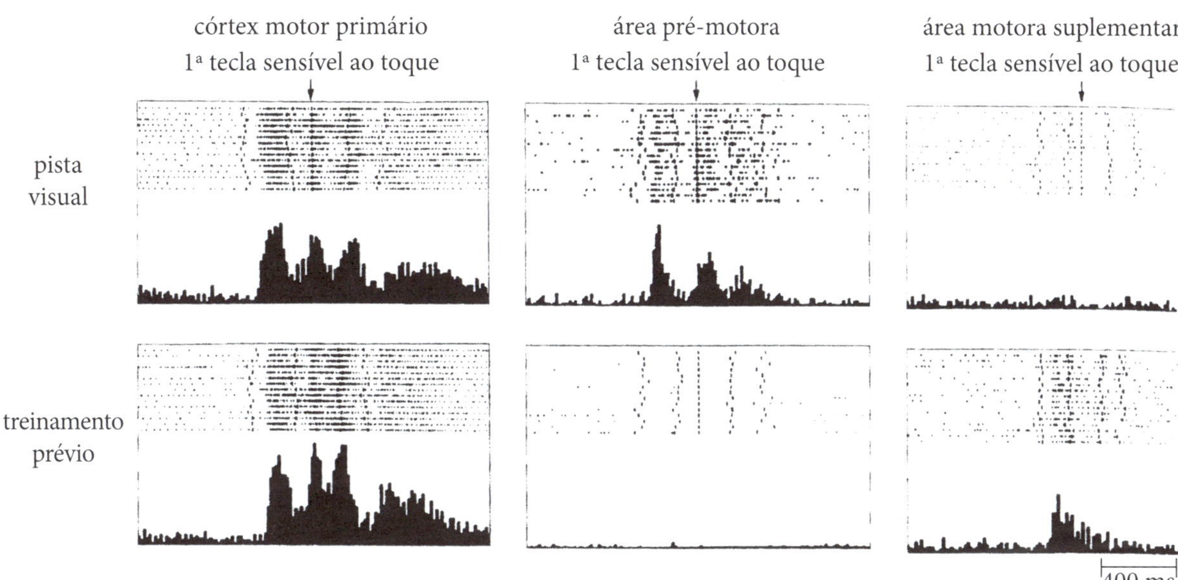

Figura 14.9 A atividade celular na área motora primária (painéis da esquerda), na área pré-motora (painéis centrais) e na área motora suplementar (painéis da direita) depende de uma sequência de ações: pistas visuais ou pistas internas (como resultado de treinamento prévio). Nesse experimento, o macaco pressionou três botões em sequência.

Reproduzido, com permissão, de H. Mushiake, M. Inase e J. Tanji, 1991, "Neuronal activity in the primate premotor, supplementary, and precentral motor cortex during visually guided and internally determined sequential movements", *Journal of Neurophysiology*, 66: 705-718. Com permissão da Sociedade Fisiológica Americana.

Os painéis superiores da figura 14.9 ilustram mudanças na atividade neuronal na área motora primária (M1), área pré-motora (PM) e área motora suplementar (AMS) de um macaco que pressionou três botões sucessivamente em resposta a estímulos visuais.

Quando o mesmo animal realizou uma sequência similar de ações de forma individualizada (impulsionado internamente; veja os painéis inferiores da figura 14.9), não havia nenhum disparo claro de ativação neuronal na área pré-motora. Em vez disso, pode ser visto um aumento maior da atividade na área motora suplementar. Com esses resultados, podemos concluir que a área pré-motora é suscetível de estar mais envolvida em movimentos acionados externamente, enquanto a área motora suplementar desempenha um papel importante na produção de movimentos com base em informações armazenadas internamente.

14.7 Vetores da população neuronal

No final do século XX, uma emocionante série de estudos realizada por Apostolos Georgopoulos e colegas (Georgopoulos, 1986; Georgopoulos et al., 1982; Georgopoulos, Schwartz e Kettner, 1986), investigou o comportamento de grandes populações de neurônios no córtex motor primário (e mais tarde, em outras áreas). Nesses experimentos, macacos foram treinados para mover a mão para alvos visuais que apareciam em diferentes partes de uma tela — ou seja, eles realizaram movimentos em diferentes direções. Um grande número de neurônios foi registrado com eletrodos implantados cronicamente. As alterações no nível de disparo de cada neurônio atingiram o pico durante o movimento numa certa direção preferida (figura 14.10). Movimentos em direções similares à preferencial foram acompanhados por aumentos ligeiramente inferiores na atividade de repouso. Movimentos em direções opostas poderiam levar à supressão da atividade de repouso.

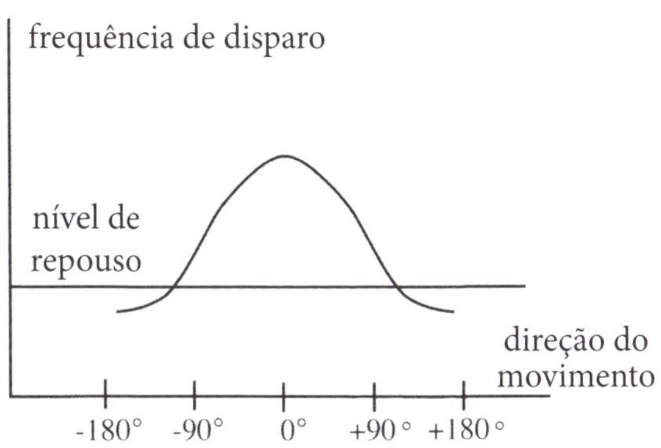

Figura 14.10 A frequência de disparo de um neurônio cortical demonstra uma dependência dada pelo cosseno na direção do movimento voluntário. Para este neurônio particular, a direção preferencial é 0°.

A cada neurônio foi atribuído o vetor unitário na direção do qual o neurônio apresentou o maior aumento em sua atividade de repouso. Em seguida, a atividade de todos os neurônios foi gravada enquanto o animal realizava movimentos em todas as direções. Se um neurônio apresentasse um potencial de ação pouco antes de um movimento, um vetor unitário em sua direção preferencial era desenhado. Se o neurônio apresentasse dois ou três potenciais de ação, dois ou três vetores eram adicionados, e assim por diante. Por fim, todos os vetores foram somados por meio de todos os neurônios. A figura 14.11 mostra os resultados desse processo. Note que o *vetor de população* aponta numa direção que é muito similar à do movimento. Quando a direção do movimento muda em resposta a uma mudança na posição do estímulo visual, o vetor de população gira do primeiro ao segundo alvo. Parece mágica!

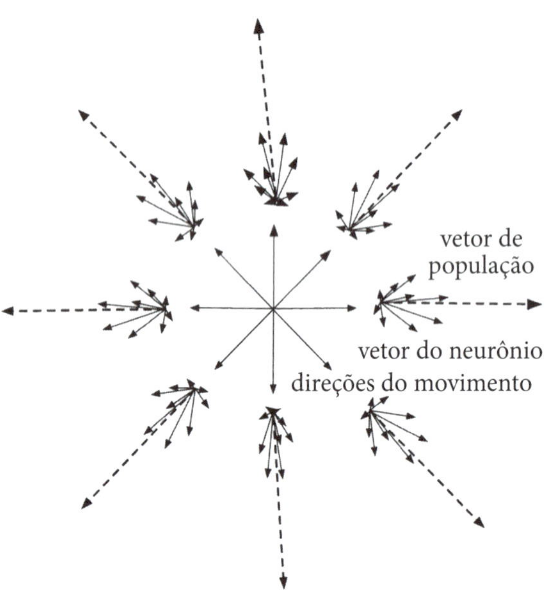

Figura 14.11 Para cada direção do movimento feito pelo macaco, os vetores de atividade de todos os neurônios corticais são somados. O vetor resultante aponta na direção do movimento. Este desenho ilustra os principais resultados dos experimentos clássicos de Georgopoulos e seus colegas.

O procedimento em si é pelo menos parcialmente responsável pelos resultados, que podem ser obtidos para qualquer conjunto de unidades (neurônios ou não neurônios) que satisfaça duas condições:

1. A atividade da unidade deve ser relacionada à direção do movimento por uma função cosseno.
2. As unidades devem cobrir toda a gama de direções do movimento.

Em particular, se EMGs de todos os músculos do membro forem registradas durante a mesma tarefa, os resultados serão muito similares. Se um pesquisador usar um método similar para registrar e processar a atividade das terminações do fuso muscular ou dos órgãos tendinosos de Golgi, também poderá obter resultados similares.

PROBLEMA # 14.7

- Por que o uso do mesmo método computacional de análise da atividade dos receptores periféricos levaria a resultados similares nos estudos de população neuronal mencionados? Você pode provar isso?

Por isso, por si só, esses resultados não provam que populações de neurônios no córtex controlem a direção do movimento. Esses resultados demonstram por que uma distinção entre correlação e causação é muito importante.

Georgopoulos e colegas mais tarde modificaram sua experiência, treinando os macacos para se moverem não na direção do alvo, mas em outra direção deslocada para além do alvo por um valor angular constante (Georgopoulos et al., 1989). Esse procedimento requer um cálculo mental (ou uma *rotação mental*) para que o movimento seja feito na direção necessária. Nessa tarefa, os macacos demonstraram um atraso consideravelmente maior entre o estímulo e o início de uma resposta; ao que parece, esse atraso relacionou-se com a complexidade da tarefa. O registro da atividade de uma população de neurônios corticais revelou que o vetor de população girou da direção do estímulo para a direção do movimento durante o período preparatório prolongado. Essas experiências muito sofisticadas sugerem fortemente que neurônios corticais participem dos processos codificando a direção do movimento voluntário.

14.8 Que variáveis podem ser codificadas na atividade neuronal cortical?

Os experimentos de Georgopoulos e colegas nos levam à questão formulada no título desta seção.

Essa questão tem sido discutida por séculos (revista em Schieber, 1999; Krakauer e Ghez, 2000; Bernstein, 2003). Reflexões sobre a relação entre uma função corporal, incluindo a função motora, e sua localização neural no córtex oscilaram entre duas visões extremas. De acordo com a primeira visão, para qualquer função corporal existe um substrato cortical neural que é exclusivamente responsável por essa função e especializado nela. A outra visão é de que qualquer estrutura neural pode contribuir com êxito para qualquer função. Provavelmente, ambas as visões estão erradas. A primeira visão não deixa espaço para alterações plásticas nas representações corticais dos fenômenos sensoriais e motores que têm sido demonstradas em muitos estudos (discutidos no capítulo 35). A segunda visão sugere que todos os neurônios são criados iguais e podem fazer qualquer coisa, mas se isso fosse verdade, quaisquer estruturas corticais danificadas teriam a mesma chance de recuperar a função quando a extensão do prejuízo fosse a mesma. Assim, é mais provável que, enquanto funções são compartilhadas entre estruturas neurais, estas não sejam igualmente adequadas para contribuir com toda e qualquer função.

Numerosos estudos demonstraram que os índices de atividade em neurônios corticais, especialmente na área motora primária, relacionam-se a características físicas dos movimentos voluntários. Essas características envolvem índices cinéticos e cinemáticos, como a força aplicada por um efetor, a taxa de alteração da força, a direção e a velocidade do movimento (revistas em Schieber, 1999; Krakauer e Ghez, 2000). Tais conclusões foram alcançadas com base nas correlações entre padrões de atividade de neurônios individuais na área motora primária e características do movimento físico, assim como em estudos sobre a atividade da população neuronal.

Mais de 70 anos atrás, Nikolai Bernstein (1935; veja Bongaardt, 2001) escreveu o seguinte:

> Nenhuma área do córtex pode atualmente ser vista como a origem ou o destino final de um processo neural (...) Cada área e cada camada do córtex representam apenas pontos de trânsito do processo neural. (Bongaardt, 2001, p. 326)

Pesquisadores que utilizam redes neurais artificiais para tentar modelar as funções neurais poderiam expressar essa ideia de forma ligeiramente diferente: o córtex não é nem a camada de entrada nem a camada de saída de nenhum processo neural significativo; é sempre uma camada oculta (figura 14.12). Observe que, na camada oculta, a informação é normalmente tão confusa que reflexos claros das variáveis de entrada ou de saída não podem ser encontrados.

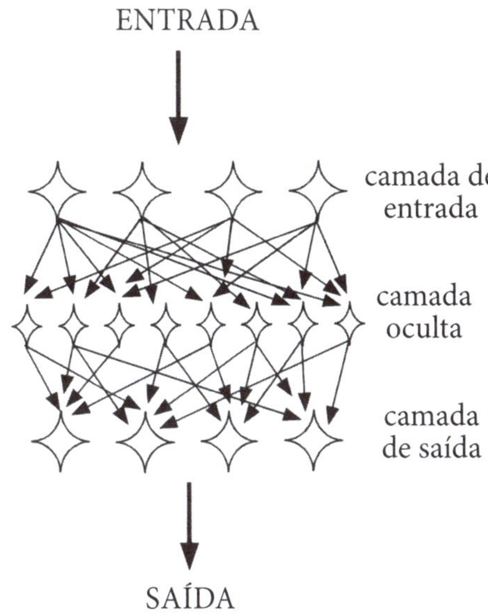

Figura 14.12 Uma típica rede neural é constituída de, pelo menos, três camadas de neurônios: uma camada de entrada, uma camada oculta e uma camada de saída. Na camada oculta, as informações da camada de entrada são confusas.

Com alguma segurança, pode-se concluir que a atividade de qualquer neurônio cortical afeta várias características físicas que definem um movimento, e esses efeitos podem depender das condições de carga externa em que o movimento é executado. No entanto, qualquer característica física do movimento provavelmente se reflete nos padrões de ativação das populações de células corticais distribuídas.

Capítulo 14 em resumo

O córtex cerebral é formado por dois hemisférios, conectados pelo corpo caloso e pela comissura anterior. Os dois hemisférios diferem em suas funções aparentes. O hemisfério que controla a fala é chamado hemisfério *dominante*. O córtex cerebral está associado a funções como a percepção e interpretação de informações sensoriais, a tomada de decisões conscientes e o controle de movimentos voluntários. O córtex tem uma estrutura em camadas característica, sendo dividido em áreas associadas com determinadas funções. A somatotopia pode ser vista em várias áreas corticais, motoras e sensoriais. Contudo, as representações corticais comumente constituem um mosaico e mostram convergência e divergência. Uma estimulação elétrica de baixa intensidade da área motora induz movimentos nos músculos do corpo com uma latência curta. O córtex pré-motor e a área motora suplementar também desempenham um papel importante na geração de movimentos. Essas áreas recebem entradas provenientes de núcleos talâmicos e outras áreas corticais. O trato corticospinal contém axônios de condução rápida, alguns dos quais terminam diretamente nos motoneurônios espinais e outros em interneurônios espinais. Os grupos de neurônios corticais podem apresentar padrões de disparo relacionados à direção de um movimento voluntário. Dependendo das condições externas, a atividade neuronal no córtex motor pode se relacionar com diferentes características físicas do movimento.

15

Cerebelo

Palavras-chave e tópicos

- cerebelo
- estrutura neuronal do cerebelo
- núcleos cerebelares
- células de Purkinje
- entradas e saídas cerebelares
- funções do cerebelo

O *cerebelo* contém mais neurônios do que os encontrados no resto do encéfalo. É provavelmente a estrutura favorita para modelagem, por causa de sua inusual regularidade de estrutura celular, que parece ter sido criada por um *Designer* Superior. Contudo, o conhecimento disponível sobre o papel do cerebelo nas diferentes funções corporais é escasso e fragmentado. Têm surgido diversas teorias sobre o papel do cerebelo nos movimentos voluntários. Ele tem sido descrito como um dispositivo de temporização, que assegura a ordem e o tempo corretos da ativação muscular individual; como um dispositivo de aprendizagem, para a aquisição e memorização de novas habilidades motoras; como um dispositivo de coordenação, que organiza componentes dos complexos movimentos multiarticulares ou multimembro; como um comparador, comparando os erros emergentes durante um movimento contra um plano motor; e como todos esses dispositivos juntos. Entretanto, a maioria dessas teorias é uma reformulação de resultados experimentais baseados em estudos de prejuízos do movimento em pacientes com distúrbios cerebelares ou em animais com lesão experimental de uma parte do cerebelo.

PROBLEMA # 15.1

- Por que não se pode concluir que uma área do encéfalo controle certa função se esta é interrompida quando a área é removida ou desativada?

Vejamos a anatomia e a fisiologia do cerebelo, tendo em mente as hipóteses sobre sua função acima mencionadas.

15.1 Anatomia do cerebelo

O cerebelo é composto de um manto exterior cinzento (o *córtex cerebelar*), matéria branca interna e três pares de núcleos profundos. O cerebelo humano tem *dois hemisférios* e uma crista mediana chamada *verme* (figura 15.1). Três pares de núcleos localizam-se simetricamente à linha mediana: o *fastígio*, o *interposto* (constituído pelos núcleos *globosos* e *emboliformes*) e o *denteado*. Três pares de grandes tratos de fibra, chamados *pedúnculos cerebelares* (o pedúnculo inferior, médio e superior de cada lado), contêm fibras de entrada e de saída que conectam o cerebelo com o resto do encéfalo. O cerebelo tem muito mais fibras de entrada (aferentes) que de saída (eferentes), em uma proporção de cerca de 40 para 1.

Duas profundas *fissuras transversais* dividem o cerebelo em três *lobos* (figura 15.2). A fissura primária, na superfície superior, divide o cerebelo em lobos *anterior* e *posterior*, enquanto a fissura posterolateral, na parte inferior do cerebelo, separa o lobo posterior do lobo *floculonodular*.

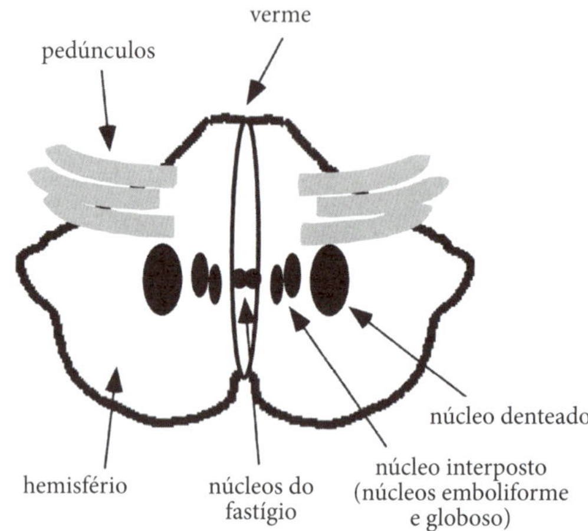

Figura 15.1 O cerebelo é composto de dois hemisférios e uma área medial chamada verme. É conectado a outras estruturas neurais por três pares de pedúnculos. Os pedúnculos e núcleos cerebelares estão obscurecidos (são as áreas em preto) nessa vista dorsal do cerebelo.

Fissuras menores subdividem os lobos em lóbulos, de modo que uma seção sagital do cerebelo se parece com uma árvore, apresentando ramificações sobre um tronco de matéria branca.

A estrutura do *córtex cerebelar* aparece relativamente regular, consistindo em três camadas e cinco tipos de neurônios (figura 15.3). Da superfície para baixo, existem a *camada molecular*, a *camada de células de Purkinje* e a *camada granular*. A camada molecular mais externa é composta principalmente de axônios de *células granulares*, chamados *fibras paralelas*.

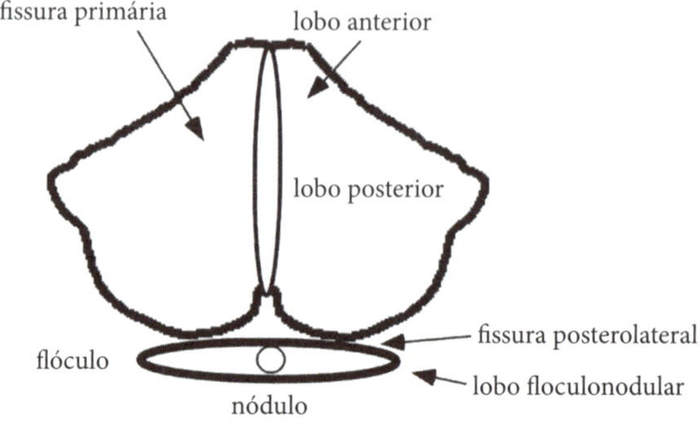

Figura 15.2 O cerebelo é dividido em três lobos: o anterior, o posterior e o floculonodular.

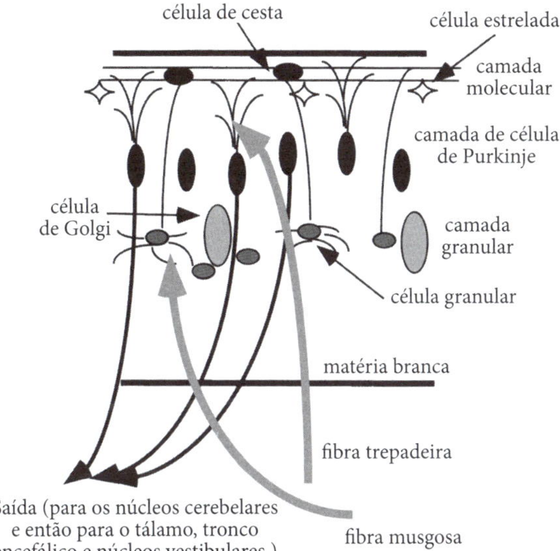

Figura 15.3 O córtex cerebelar contém três camadas e cinco tipos de neurônios. Entradas para o cerebelo são transportadas por fibras musgosas (dos núcleos pontinos, do sistema vestibular e da medula espinal) e por fibras trepadeiras (das olivas inferiores). O único sistema de saída do cerebelo são os axônios das células de Purkinje.

Essa camada contém também *células de cesta* e *células estreladas* que funcionam como interneurônios dentro do cerebelo. Elas recebem entradas provenientes de fibras paralelas e inibem as células de Purkinje. A camada de células de Purkinje abriga os maiores neurônios do encéfalo: as células de Purkinje. Essas células são inibitórias (seu mediador é o AGAB) e são os únicos elementos de saída do cerebelo. Os dendritos das células de Purkinje movem-se para fora, em direção à camada molecular, e formam grandes árvores dendríticas posicionadas principalmente num plano perpendicular ao eixo longo do fólio. As células de Purkinje enviam seus axônios para baixo, por meio da matéria branca, para os núcleos cerebelares e vestibulares profundos. A camada granular contém células granulares densamente compactadas (células menores), bem como algumas *células de Golgi* (células maiores) em sua borda externa. As células de Golgi recebem entradas oriundas de fibras paralelas e inibem as células granulares.

A figura 15.3 mostra as três camadas e os cinco tipos de neurônios do córtex cerebelar. Essa figura é muito esquemática e não faz justiça à beleza dos neurônios cerebelares. A figura 15.4 mostra de forma mais realista as células cerebelares individuais. Observe a surpreendente árvore dendrítica da típica célula de Purkinje.

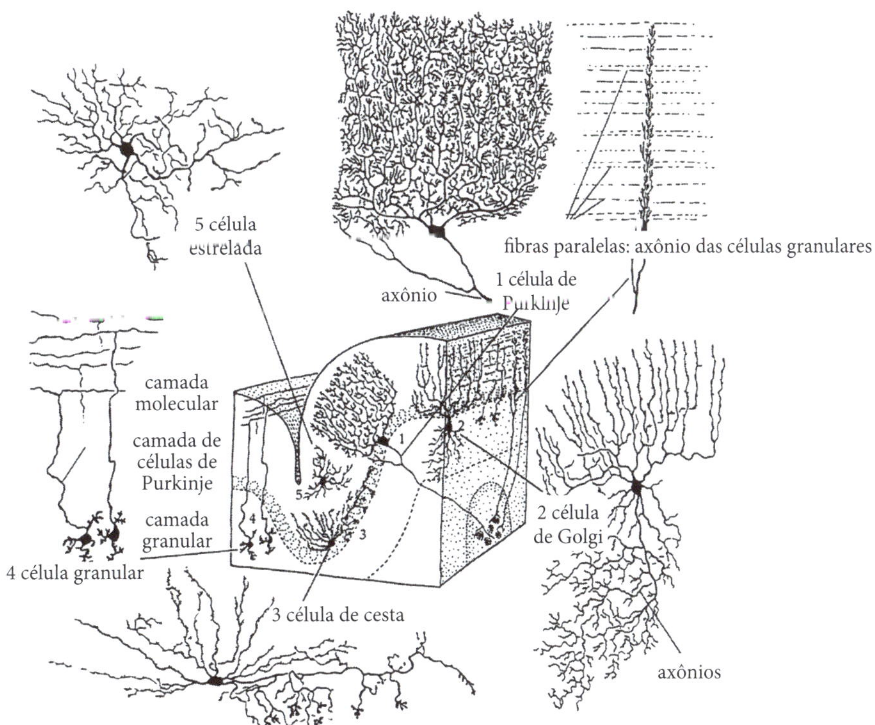

Figura 15.4 Desenho mais realista dos neurônios cerebelares individuais.

Reproduzido, com permissão, de S.W. Kuffler, J.G. Nicholis, e A.R. Martin, 1984, *From neuron to brain*, 2ª ed. (Sunderland, MA: Sinauer Associates, Inc.), 11.

A camada granular contém *glomérulos* (figura 15.5), nos quais suas células fazem contatos sinápticos com as expansões bulbosas das fibras musgosas aferentes. Cada glomérulo consiste em uma fibra musgosa de entrada, feixes de pequenos dendritos (chamados *rosetas*) de algumas dúzias de células granulares e axônios das células de Golgi. Cada fibra musgosa pode inervar muitos glomérulos.

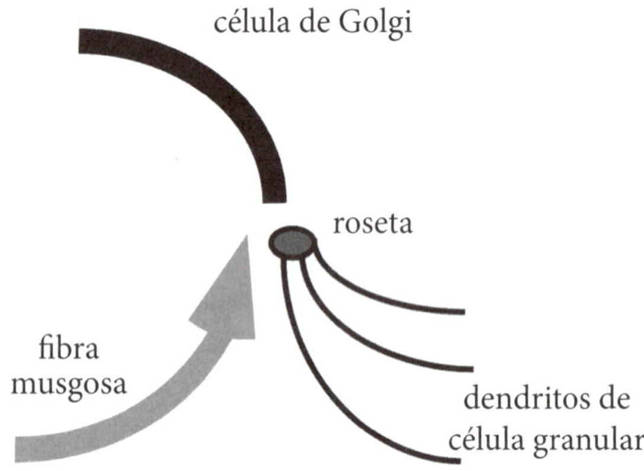

Figura 15.5 Um glomérulo isolado consiste em uma fibra musgosa de entrada, feixes de pequenos dendritos (chamados *rosetas*), algumas dúzias de células granulares e axônios de células de Golgi.

15.2 Entradas cerebelares

Dois sistemas aferentes excitatórios atuam como entradas para o cerebelo: as *fibras musgosas* e as *fibras trepadeiras* (figura 15.6). As fibras musgosas provêm de vários núcleos do tronco encefálico e dos neurônios da medula espinal cujos axônios formam os *tratos espinocerebelares*. O trato espinocerebelar primeiramente transmite informação somatossensorial. Suas projeções são organizadas somatotopicamente, e assim podem ser representadas como outra figura humana distorcida desenhada na superfície cerebelar (desta vez, a figura parece a criação de um artista primitivista). As áreas do cerebelo que recebem entradas provenientes do trato espinocerebelar — o verme e a área paravermal — são comumente chamadas *espinocerebelo*. Na verdade, existem dois mapas somatotópicos do corpo em duas áreas do espinocerebelo — um no lobo anterior e outro no lobo posterior (figura 15.7). Observe a orientação oposta das projeções na figura 15.7. Essa figura é outra simplificação extrema, já que mapas somatotópicos reais podem ser bastante fragmentados.

As fibras musgosas fazem sinapses excitatórias nas células granulares. O axônio de uma célula granular ascende à camada molecular, onde se divide em dois e se junta ao sistema de fibras paralelas. Cada célula granular recebe entradas provenientes de muitas fibras musgosas (esse é um exemplo de *convergência* de informação), enquanto cada fibra musgosa inerva algumas centenas de células granulares (um exemplo de *divergência* de informação). Cada célula de Purkinje recebe entradas oriundas de numerosas (até 200.000) fibras paralelas.

Diferentes partes do cerebelo recebem fibras musgosas de várias fontes. A zona medial (mais próxima do verme) recebe, principalmente, informação vestibular, somatossensorial, visual e auditiva.

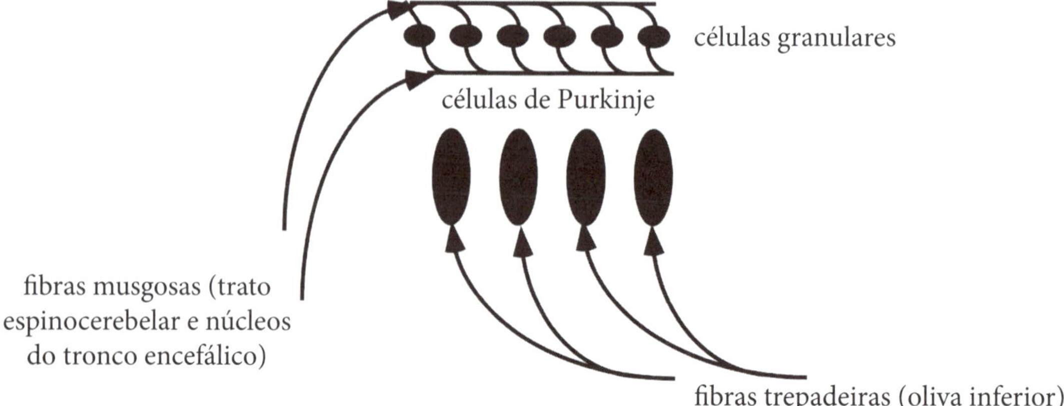

Figura 15.6 Entradas excitatórias são fornecidas para o cerebelo pelas fibras musgosas e fibras trepadeiras. As fibras musgosas se originam do trato espinocerebelar e dos núcleos do tronco encefálico; elas excitam as células granulares. As fibras trepadeiras se originam do bulbo (olivas inferiores) e fazem sinapses nas células de Purkinje.

A zona intermediária recebe informações proprioceptivas e somatossensoriais da medula espinal, bem como informações do córtex motor mediadas por núcleos pontinos. A zona lateral recebe informações mediadas por núcleos pontinos de diferentes áreas do córtex cerebral, incluindo o córtex motor.

As *fibras trepadeiras* se originam no bulbo, no *núcleo olivar inferior* (também conhecido como *oliva inferior*). Seus axônios adentram o córtex cerebelar e envolvem o soma e porções proximais dos dendritos das células de Purkinje. Suas sinapses são excitatórias e fortes. Cada célula de Purkinje recebe entradas sinápticas provenientes de uma única fibra trepadeira, que forma mais de uma centena de sinapses com a célula de Purkinje inervada por ela. Uma fibra trepadeira pode inervar algumas células de Purkinje. Um único potencial de ação numa fibra trepadeira sempre induz um potencial de ação complexo nas células de Purkinje que ela inerva. Em outras palavras, sua ação é obrigatória.

Figura 15.7 Projeções somatotópicas sobre a superfície cerebelar (outro homúnculo!).

PROBLEMA # 15.2

- Qual é outro caso de ação obrigatória de uma fibra neural pré-sináptica?

15.3 Saídas cerebelares

As células de Purkinje fornecem as únicas saídas do cerebelo. Em resposta a uma única entrada excitatória (figura 15.8), uma célula de Purkinje pode produzir um potencial de ação único (um pico simples) ou um grande potencial de ação seguido por alguns potenciais de ação menores (um pico complexo). Picos complexos são induzidos por entradas excitatórias provenientes das fibras trepadeiras, enquanto picos simples podem ser induzidos por somação espacial e temporal dos potenciais pós-sinápticos gerados pelas fibras musgosas.

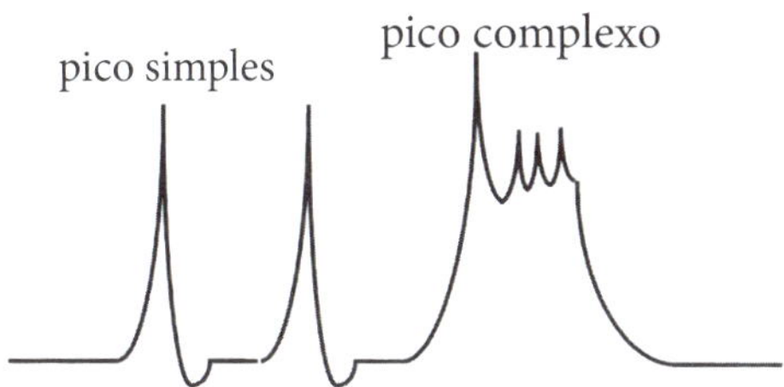

Figura 15.8 Em resposta a um estímulo excitatório isolado, uma célula de Purkinje pode gerar um potencial de ação isolado (um pico simples) ou um grande potencial de ação seguido por alguns menores (um pico complexo). Picos complexos ocorrem em resposta a sinais das fibras trepadeiras.

PROBLEMA # 15.3

- A existência de picos simples e complexos é uma violação do princípio do tudo ou nada? Como picos de diferentes formatos podem ser gerados pelo mesmo neurônio?

As células de Purkinje se descarregam a uma alta frequência (até 80 Hz), mesmo quando o animal está em repouso. Assim, o cerebelo sempre fornece uma entrada inibitória tônica aos núcleos cerebelares e vestibulares profundos. Durante movimentos ativos, as células de Purkinje podem se descarregar a algumas centenas de hertz, enquanto sua entrada mais forte (as fibras trepadeiras) pode disparar a frequências inferiores a 1 Hz.

A atividade das células de Purkinje é modelada por três tipos de interneurônios inibitórios: as células estreladas, as de cesta e as de Golgi. As células estreladas fazem sinapses inibitórias dentro da camada molecular, conectando-se aos dendritos das células de Purkinje nas proximidades. Os axônios das células de cesta correm perpendiculares às fibras paralelas e fazem contatos inibitórios com os dendritos do soma e proximais das relativamente distantes células de Purkinje. Se um feixe de fibras paralelas é ativado, ele excita um grupo de células de Purkinje e um grupo de células de cesta. As células de cesta inibem a atividade das células de Purkinje apenas fora do feixe de fibras paralelas, acentuando a diferença entre as atividades dos subgrupos de células de Purkinje (figura 15.9). As células de Golgi são excitadas pelas fibras paralelas e fazem conexões inibitórias com os dendritos das células granulares (dentro dos glomérulos), diminuindo sua resposta a uma entrada excitatória das fibras musgosas.

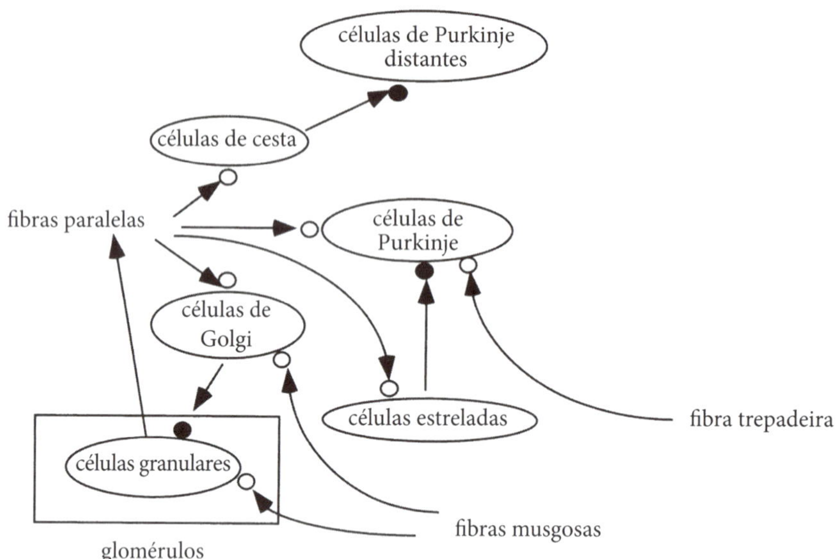

Figura 15.9 As células estreladas fazem sinapses inibitórias nos dendritos das células de Purkinje. As fibras paralelas ativam as células de Purkinje, células de cesta, células estreladas e células de Golgi. As células de cesta inibem as células de Purkinje distantes. As células de Golgi inibem as células granulares, diminuindo sua resposta às fibras musgosas.

PROBLEMA # 15.4

- Você pode interpretar as funções das células estreladas, de cesta e de Golgi em termos de retroalimentação negativa ou positiva?

Os axônios das células de Purkinje fazem sinapses inibitórias em neurônios dentro dos *núcleos cerebelares* e *vestibulares*. As fibras de saída desses núcleos transmitem sinais do cerebelo a outras estruturas dentro do encéfalo e da medula espinal.

Todos os três núcleos cerebelares projetam-se para o tálamo, de onde se projetam para o córtex cerebral. Eles também se conectam com vários núcleos no mesencéfalo, tronco encefálico e medula espinal. A maior parte das saídas cerebelares é mediada pelos *núcleos interpósito* e *denteado*. Seus axônios correm num trato que cruza a linha mediana no nível do mesencéfalo e divide-se em ramificações ascendentes e descendentes. Os axônios descendentes inervam a formação reticular nas pontes e no bulbo, enquanto os axônios ascendentes inervam o núcleo rubro e a parte ventrolateral do tálamo, que recebe entradas oriundas somente dos núcleos cerebelares. Essa área, às vezes chamada *tálamo cerebelar*, intermedeia projeções cerebelares para o córtex cerebral, a maioria das quais acaba nas áreas 4 e 6, que são áreas relacionadas ao controle dos movimentos voluntários. Alguns dos neurônios do núcleo rubro projetam-se para a oliva inferior, que por sua vez se projeta para o cerebelo por meio das fibras trepadeiras. Assim, existe um ciclo completo das olivas ao cerebelo, aos núcleos cerebelares, ao núcleo rubro, às olivas, ao cerebelo e assim por diante. O núcleo rubro é também a fonte de um grande trato descendente, chamado *trato rubroespinal*. O papel desse trato no movimento voluntário humano ainda está em discussão.

PROBLEMA # 15.5

- Com base em seus conhecimentos, você pode deduzir se o circuito que conecta as olivas, o cerebelo, os núcleos cerebelares e o núcleo rubro é um circuito de retroalimentação positiva ou negativa?

15.4 Atividade cerebelar e movimento voluntário

Neurônios cerebelares não se conectam com neurônios espinais. Assim, é menos provável que sua atividade se relacione com padrões específicos de atividade muscular. Experimentos em macacos demonstraram que, quando o movimento é iniciado, o momento das mudanças ocorridas na atividade de plano de fundo dos neurônios nos núcleos cerebelares é consideravelmente disperso (Lamarre, Spidalieri e Chapman, 1983; Thach et al., 1992). Durante movimentos uniarticulares (punho), neurônios dos núcleos denteados alteram sua atividade simultaneamente com as células do córtex motor, antes que a atividade dos núcleos interpósito ou fastígio se altere. Contudo, durante movimentos de alcançar que envolvem o braço todo, a atividade de plano de fundo dos neurônios fastígiais muda no início, ao mesmo tempo que as células do córtex motor. A conclusão preliminar é que neurônios denteados disparam com o início de um movimento voluntário, neurônios interpósitos disparam de acordo com o curso do movimento real, e a atividade fastigial se relaciona com a presença ou ausência de um componente postural em uma tarefa motora (Thach, 1978; Lamarre, Spidalieri e Chapman, 1983). Outras observações que apoiam essa conclusão envolvem (a) a relação da atividade do neurônio interpósito com o tempo da EMG durante a locomoção em gatos (Andersson e Armstrong, 1987), e (b) a capacidade da atividade do neurônio denteado de responder a perturbações, levando à interrupção e retomada da locomoção (Rothwell, 1994). Além disso, o resfriamento dos núcleos denteados (que reversivelmente os desliga) aumentou o atraso de tempo da reação em experimentos que exigem um movimento simples em resposta a um estímulo visual. Também se verificou que o tempo de espera do neurônio motor cortical que dispara aumentou (Meyer-Lohmann et al., 1975).

Vários pesquisadores tentaram investigar a relação entre a taxa de descarga dos neurônios cerebelares e um parâmetro de movimento, como força muscular, velocidade articular, amplitude de movimento ou direção de movimento (Thach, 1978; Thach et al., 1992; Van Kan, Houk e Gibson, 1993; Goodkin e Thach, 2003). Esses estudos forneceram dados pouco claros e por vezes controversos. Em várias pesquisas, a atividade dos neurônios interpósitos demonstrou uma relação com a força muscular ou o EMG, mas não com a velocidade ou a direção do movimento, enquanto a atividade dos neurônios denteados não correspondeu a nenhum dos parâmetros de movimento mencionados (revisto em Bastian, Mugnaini e Thach, 1999). Outros estudos mostraram que as células de Purkinje em macacos são ativadas de forma recíproca pelas forças de flexão ou extensão, enquanto a atividade das células de Purkinje é suprimida quando flexores e extensores são ativados simultaneamente (Brooks e Thach, 1981; Wetts, Kalaska e Smith, 1985). Uma conclusão provisória é a de que a atividade das células de Purkinje relaciona-se à supressão da atividade dos músculos antagonistas.

15.5 Vetores de população neuronal

O método de Georgopoulos e colegas para estudar populações de neurônios no córtex motor foi aplicado também a neurônios cerebelares. Lembre-se de que o método consiste em encontrar uma direção de movimento preferida para cada neurônio (a direção que corresponde à maior frequência de descarga) e somar os vetores de todos os neurônios que estiverem ativos quando um movimento for iniciado numa certa direção. Como mencionado, neurônios cerebelares únicos não mostram uma correlação clara entre taxa de descarga e direção do movimento. Contudo, a aplicação desse método a uma grande população de neurônios mostrou uma boa correspondência entre o vetor de população e a direção do movimento (figura 15.10; Fortier, Kalaska e Smith, 1989). A figura 15.10 é mais ruidosa e cabeluda que figuras similares de neurônios corticais motores, mas a soma de todos os vetores aponta mais ou menos na direção do movimento. Esse resultado foi obtido para populações de células de Purkinje, de neurônios denteados e de neurônios interpósitos. Levando em conta nossa discussão anterior sobre as vantagens e limitações desse método, podemos concluir que esses resultados provam apenas que a atividade neuronal cerebelar correlaciona-se fracamente com a direção do movimento, enquanto outros fatores (não controlados nos experimentos) podem ser mais importantes.

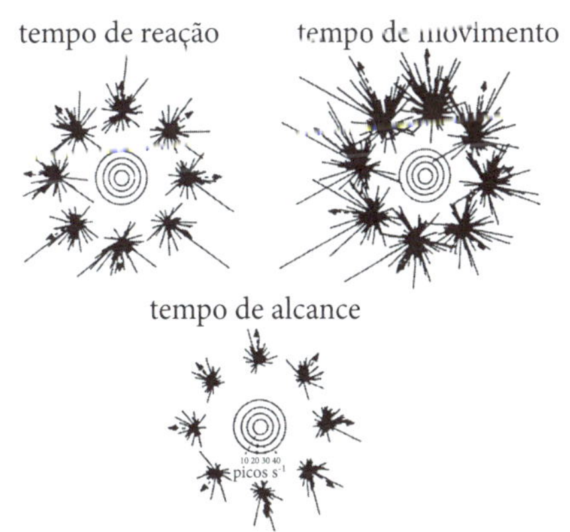

Figura 15.10 Vetores de população neuronal das células de Purkinje, neurônios interpósitos e neurônios denteados apontam na direção do movimento, embora façam isso com uma dispersão maior que a vista em vetores de população de neurônios corticais cerebrais.

Reproduzido, com permissão, de P.A. Fortier, J.F. Kalaska e A.M. Smith, 1989, "Cerebellar neuronal activity related to whole-arm reaching movements in the mkonkey", *Journal of Neurophysiology*, 62: 198-211. Com permissão da Sociedade Americana de Fisiologia.

15.6 O que o cerebelo faz?

A maioria das hipóteses sobre funções cerebelares é formulada com base em perturbações funcionais observadas em pacientes com distúrbios do cerebelo ou de suas vias principais ou em animais com lesões experimentais no cerebelo. Como já mencionado, o prejuízo de uma função após a lesão de uma estrutura neural não prova que a estrutura alterada seja responsável por essa função. Se assim fosse, seria como concluir que a função de um computador, TV, DVD *player*, processador de alimentos ou outro dispositivo eletrônico está localizada no cabo de alimentação, uma vez que cortá-lo destrói sua função.

Tradicionalmente, o cerebelo tem sido visto como o motor do encéfalo. A remoção de grande parte do cerebelo ou núcleos cerebelares de um animal sempre causa grandes problemas na postura e nos movimentos propositalmente coordenados (Spidalieri, Busby e Lamarre, 1983; Thach et al., 1992; Bastian, Mugnaini e Thach, 1999). Contudo, com o tempo, o animal recupera-se bem o suficiente para realizar a maioria de suas atividades motoras diárias. Suas ações podem parecer um pouco desajeitadas, mas são suficientes para a maioria das funções. Isto é surpreendente: um animal do qual foram removidas mais de 50% das células neurais mostra apenas pequenas alterações em seus padrões motores!

Presume-se que o cerebelo desempenhe um papel importante na duração das ações, de acordo com cronometragens de movimentos pobres em pacientes com distúrbios cerebelares (Braitenberg, 1967; Llinas, 1985; Ivry, Keele e Diener, 1988; Barto et al., 1999; Dreher e Grafman, 2002; Ivry e Spencer, 2004). Sua função de relógio intrínseco foi apontada por estudos recentes desses pacientes (Timmann, Watts e Hore, 1999; Spencer et al., 2003) e provavelmente é apenas uma das funções principais.

Vários estudos recentes têm tentado relacionar o cerebelo com a criação e o armazenamento de modelos internos de interações entre o corpo e o ambiente (Bastian et al., 1996; Miall, 1998; Kawato, 1999; Imamizu et al., 2003). Modelos internos serão explicados mais detalhadamente no capítulo 19. Por ora, basta saber que modelos internos são processos neurais hipotéticos que tentam computar comandos neurais com base numa ação mecânica requerida (modelos inversos) ou alterações no estado mecânico do corpo com base em sinais neurais e informação sensorial atuais (modelos diretos). De acordo com essa visão, modelos cerebelares inversos e diretos podem ser combinados para garantir o desempenho preciso de tarefas motoras num ambiente em constante mudança.

Outra hipótese é a de que o cerebelo desempenha um papel na montagem de sinergias motoras (Bloedel, 1992; Thach et al., 1992; Houk et al., 1996). Sinergias motoras são movimentos coerentes resultantes de ações coordenadas de elementos individuais, como membros, articulações e músculos. Conforme será discutido num capítulo posterior (capítulo 33), a descoordenação é uma característica típica dos movimentos feitos por pessoas com distúrbios cerebelares. A aprendizagem de um novo movimento está associada à criação de uma sinergia motora que envolve elementos presentes em outros componentes da tarefa. Por exemplo, aprender a chutar uma bola de futebol requer coordenação dos músculos das pernas e do tronco, que também estão envolvidos na estabilização postural. O chute será sub-ótimo se criar uma sinergia que destrua a sinergia postural pré-existente. O cerebelo pode estar envolvido na resolução de conflitos entre sinergias que usam os mesmos elementos e supostamente trabalhem em paralelo.

O debate para definir se o cerebelo é ou não o local da *aprendizagem* continua (Marr, 1969; Albus, 1971; Ojakangas e Ebner, 1992; Thach et al., 1992; Contreras-Vidal, Grossberg e Bullock, 1997; Thach, 1998). A estrutura neuronal relativamente simples e regular do cerebelo é muito atrativa para modeladores. Muitos desses modelos presumem que a aprendizagem baseia-se em pesos sinápticos inconstantes (eficácia das sinapses individuais). Essa hipótese está longe de ser óbvia, e a reconsideraremos no capítulo 18.

Alguns dos modelos de memória do cerebelo fundamentam-se num princípio similar ao *princípio holográfico* da física. Ou seja, se dois sinais (de fontes diferentes) chegam a uma sinapse ao mesmo tempo, a sinapse memoriza o evento e muda seu estado permanentemente. Por exemplo, fibras trepadeiras podem modificar a eficácia das sinapses feitas por fibras paralelas em células de Purkinje (figura 15.11).

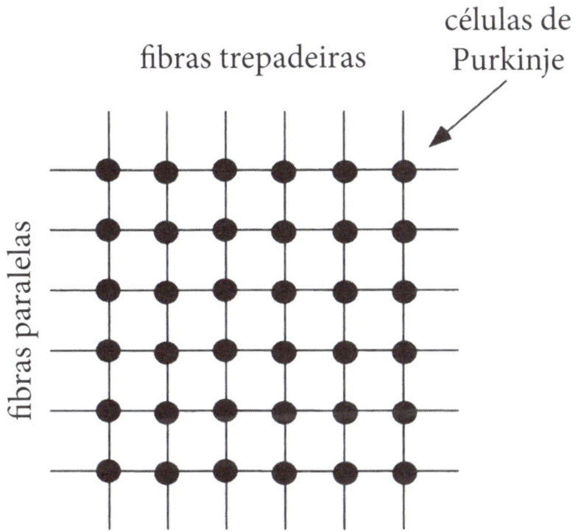

Figura 15.11 Se um potencial de ação numa fibra trepadeira e outro potencial de ação numa fibra paralela chegam simultaneamente a uma célula de Purkinje, esta pode lembrar esse evento com a ajuda de um mecanismo químico que muda a eficácia sináptica ou com a ajuda de um mecanismo pós-sináptico.

PROBLEMA # 15.6

- É possível refutar a hipótese de que a memória seja baseada em alterações dos ganhos sinápticos?

Numerosos estudos demonstraram mudanças duradouras na eficácia das projeções sinápticas no cerebelo após forte ativação dessas projeções (Ito, 1989, 2005; De Schutter e Maex, 1996; Linden, 1996; D'Angelo, 2005). Essas alterações duram horas e mesmo dias, e foram denominadas *potenciação de longo prazo* (PLP) e *depressão de longo prazo* (DLP). Ambas têm sido vistas como potenciais constituintes da capacidade hipotética do cerebelo de mediar os efeitos da prática de movimentos.

Recentemente, tem crescido a apreciação das funções não motoras do cerebelo. Observações de transtornos cognitivos e afetivos em pacientes com lesões cerebelares (Schmahmann e Sherman, 1998) revelaram que o cerebelo é responsável não só pelos movimentos e pela postura, mas também pela criação de uma visão coerente do mundo. As funções hipotéticas de temporização, memória, aprendizagem e modelagem do cerebelo podem aplicar-se não somente a ações, mas também à percepção e cognição. Mais dados sobre esse tópico podem ser encontrados no capítulo 33.

Capítulo 15 em resumo

O cerebelo contém mais neurônios que o resto do encéfalo e tem uma estrutura celular de uma regularidade única. O cerebelo humano tem dois hemisférios e um verme. Três pares de núcleos cerebelares localizam-se simetricamente à linha mediana: os núcleos fastígio, interposto e denteado. Três pares de grandes tratos de fibra, chamados *pedúnculos cerebelares*, contêm fibras de entrada e saída que conectam o cerebelo com o tronco encefálico. As entradas no cerebelo provêm de fibras musgosas e trepadeiras, dos núcleos cerebrais e da medula espinal, e representam uma mistura de sinais ascendentes e descendentes. A saída cerebelar é sempre inibitória e gerada pelas células de Purkinje, que se projetam sobre núcleos vestibulares e cerebelares. O cerebelo tem sido associado a um diversificado leque de funções, como a memorização e a coordenação de movimentos multiarticulares e multimembros.

Gânglios da base

Palavras-chave e tópicos

- gânglios da base
- globo pálido
- núcleo caudado
- putâmen
- estriado
- núcleo subtalâmico
- substância negra
- circuitos diretos e indiretos
- gânglios da base e controle dos movimentos
- gânglios da base e aprendizagem motora

Os *gânglios da base* consistem em cinco grandes núcleos subcorticais que não recebem entradas diretas oriundas da medula espinal nem enviam saídas diretas a ela. A importância dos gânglios de base para o controle dos movimentos voluntários é inferida sobretudo de observações clínicas. Doenças dos gânglios da base apresentam imagens clínicas que variam de movimentos involuntários excessivos à escassez e lentidão de movimento, tipicamente sem paralisia. Por causa dessas observações, os pesquisadores acreditavam que os gânglios de base eram componentes do *sistema extrapiramidal*, que se acreditava participar do controle do movimento de modo paralelo e, em grande parte, independente do *sistema piramidal* (corticospinal). Essa classificação, porém, não é satisfatória, porque os sistemas piramidais e extrapiramidais participam do controle do movimento não de forma independente, mas, em vez disso, de forma cooperativa no controle do movimento. Além disso, outras estruturas encefálicas, como o tálamo e o núcleo rubro, também influenciam o controle do movimento, e suas lesões causam perturbações motoras. A ação dos gânglios de base não se limita ao movimento, atingindo também as funções cognitivas e emocionais. Portanto, devemos considerar os gânglios de base como parte de um complexo sistema que está envolvido numa série de funções exercidas pelo encéfalo.

16.1 Anatomia dos gânglios da base

Três dos núcleos dos gânglios da base localizam-se no fundo do telencéfalo e lateralmente ao tálamo (figura 16.1). O núcleo filogeneticamente mais antigo é o *globo pálido* (GP), que também é chamado *pallidum* ou *paleoestriado*. O GP tem uma parte interna (GPi) e uma externa (GPe), as quais fazem conexões diferentes com outras estruturas encefálicas. Dois núcleos, o *núcleo caudado* e o *putâmen*, formam o *neoestriado* (ou apenas *estriado*), sendo separados entre si pela *cápsula interna*. Os outros dois núcleos dos gânglios da base, o *núcleo subtalâmico* e a *substância negra*, localizam-se no mesencéfalo. A substância negra é o maior núcleo do mesencéfalo humano. É anatomicamente dividida em duas partes: uma região dorsal, chamada *pars compacta*, e uma ventral, chamada *pars reticulata*. A pars reticulata e o GPi são as principais estruturas de saída dos gânglios da base.

O estriado é organizado em módulos chamados *estriossomas* e *matriz* (essa organização é análoga à organização colunar dos neurônios corticais). Os estriossomas são ilhas apinhadas de células também presentes na matriz maior e menos densa. Os estriossomas e a matriz se diferem pelas projeções que recebem do córtex: a matriz recebe entradas provenientes de muitas áreas do córtex, enquanto a maioria das entradas do estriossoma vem das áreas corticais pré-frontais.

Os núcleos mencionados — o globo pálido, o putâmen, o núcleo caudado, o núcleo subtalâmico e a substância negra — ficam unidos dentro dos gânglios da base. Existem, contudo, outros núcleos que se situam ventralmente ao estriado e ao globo pálido, e que também podem ser considerados parte dos gânglios da base. Os núcleos ventrais ao estriado — o *núcleo accumbens* e o *tubérculo olfativo* — são por vezes chamados *estriados ventrais*. Eles recebem entradas oriundas das áreas límbicas e olfativas do córtex e são similares ao estriado no recebimento de entradas dopaminérgicas originárias da área tegmental ventral. O pálido ventral difere do GP por receber entradas diretas oriundas da amídala e projetar-se para a área límbica do córtex. Presume-se que os núcleos que formam o estriado ventral desempenhem um papel no âmbito das estruturas límbicas do encéfalo, possivelmente contribuindo para a motivação e as emoções.

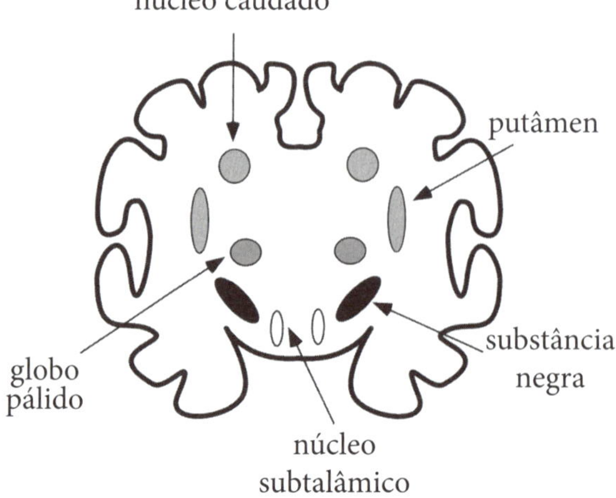

Figura 16.1 Os gânglios da base consistem em cinco estruturas emparelhadas: o globo pálido, o putâmen, o núcleo caudado, o núcleo subtalâmico e a substância negra.

16.2 Entradas e saídas dos gânglios da base

Os gânglios da base recebem sua entrada do córtex cerebral (figura 16.2). Entradas originárias de diferentes áreas corticais são mantidas separadas enquanto fluem através dos circuitos que envolvem os gânglios da base (o que por vezes é chamado *princípio topográfico*).

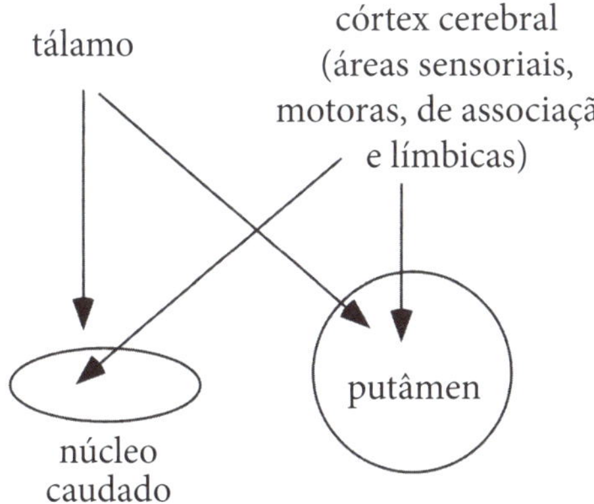

Figura 16.2 O núcleo caudado e o putâmen recebem a maioria das entradas aferentes nos gânglios da base. Muitas das entradas vêm do córtex cerebral, e outras vêm dos núcleos do tálamo.

Por exemplo, no circuito motor, entradas oriundas do braço, da face e de áreas da perna permanecem completamente separadas nos gânglios da base. Grande parte das saídas dos gânglios da base retorna ao córtex através do tálamo (figura 16.3).

De acordo com um dos esquemas mais influentes das vias neurais que envolvem os gânglios da base, duas vias principais se originam do córtex, percorrem os gânglios da base e voltam ao córtex via tálamo (Alexander, Crutcher e DeLong, 1990; DeLong, 1999). Neurônios corticais projetam-se sobre os neurônios estriatais. Essas projeções são *glutamatérgicas*, o que significa que o glutamato é o neurotransmissor. A maioria das projeções corticais para o estriado é para os neurônios espinhosos. Um desenho esquemático de um neurônio espinhoso é mostrado na figura 16.4. Observe os espinhos sobre o dendrito desse neurônio e a convergência de projeções do córtex cerebral, substância negra e outros neurônios espinhosos. Essas entradas usam diferentes neurotransmissores: o glutamato, a dopamina e o AGAB.

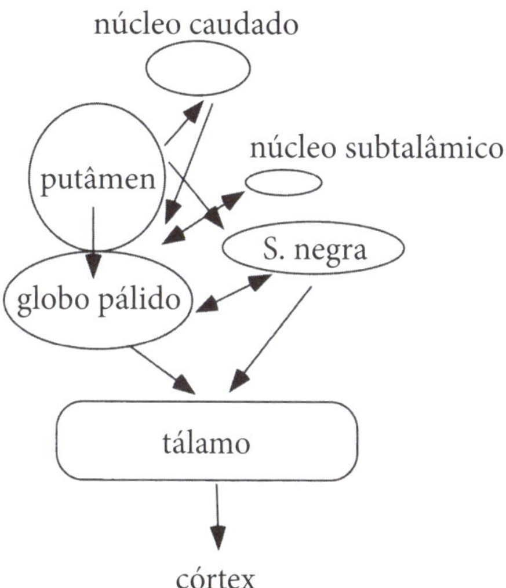

Figura 16.3 Todos os núcleos dos gânglios da base são interconectados. A principal via de saída (eferente) se origina no GPI e na substância negra (pars reticulata). Esses núcleos projetam-se sobre os núcleos talâmicos e, em seguida, voltam ao córtex.

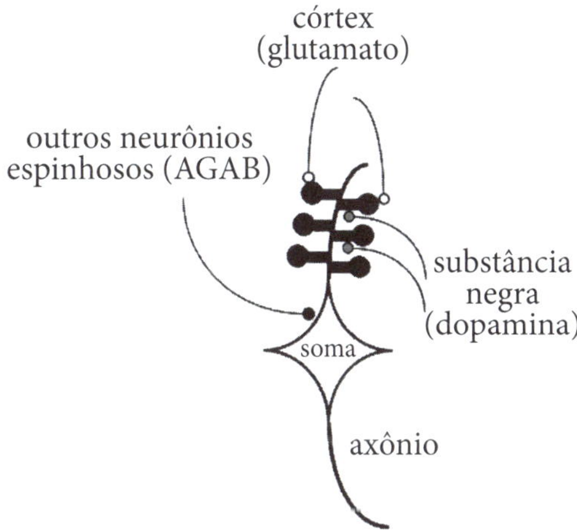

Figura 16.4 Ilustração esquemática das projeções para os neurônios espinhosos no estriado. Projeções corticais excitatórias usam o glutamato, enquanto projeções inibitórias de outros neurônios espinhosos usam o AGAB. Projeções dopaminérgicas da substância negra são mostradas em cinza; seus efeitos podem diferir entre neurônios cujas saídas formam a via direta e neurônios cujas saídas pertencem à via indireta.

Neurônios estriatais projetam-se sobre os dois segmentos do GP e sobre a pars reticulata da substância negra. Essas projeções usam o AGAB como mediador. Projeções sobre o GPi e a substância negra formam a *via direta* através dos gânglios da base. Neurônios dessas estruturas projetam-se diretamente sobre o tálamo ventrolateral. Dele, projetam-se de volta para o córtex. Projeções estriatais sobre o GPe iniciam a *via indireta* (figura 16.5). Existem muito poucas projeções do GPe sobre o tálamo: a maior parte das saídas do GPe é direcionada ao núcleo subtalâmico, o qual, em seguida, projeta-se sobre o GPi e a substância negra (usando o glutamato como mediador). Essas estruturas projetam-se sobre o tálamo e dele sobre o córtex. Assim, a via indireta atravessa o núcleo subtalâmico, que é ignorado pela via direta. O núcleo subtalâmico também recebe entradas excitatórias originárias das áreas motoras do córtex cerebral (não mostrado na figura 16.5, que é uma simplificação das projeções neurais reais dos gânglios da base).

Acredita-se que as saídas do GPi para o tálamo desempenhem um papel importante no controle dos movimentos dos membros. Existe também uma projeção menor do GPe e da substância negra sobre o mesencéfalo. Em particular, projeções sobre o colículo superior são importantes para o controle oculomotor. As projeções dos gânglios da base sobre os *núcleos parapontinos* não são mostradas na figura 16.5. Essas projeções provavelmente desempenham um papel importante no controle voluntário da locomoção, especialmente em seu início e término.

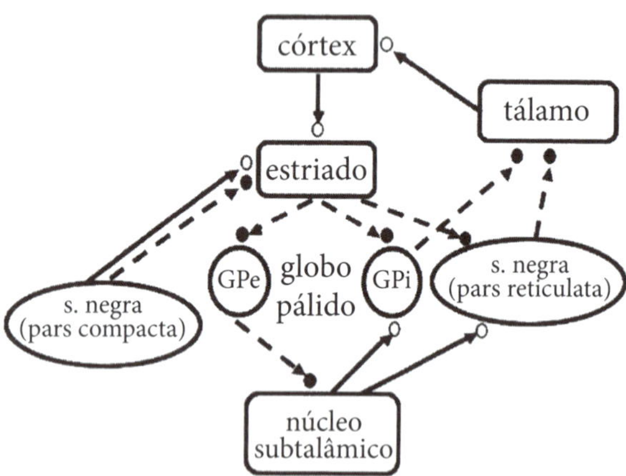

Figura 16.5 A via direta, através dos gânglios da base, vai dos neurônios corticais ao estriado e, então, às estruturas de saída dos gânglios da base (GPi e pars reticulata). A via indireta envolve o núcleo subtalâmico. A pars compacta tem projeções dopaminérgicas sobre o estriado, as quais modulam os efeitos das projeções corticais excitatórias. As projeções dopaminérgicas são organizadas de maneira que facilitem a saída do estriado para o GPi (via direta) e inibam a saída para o GPe (via indireta). Conexões inibitórias são mostradas por setas tracejadas e círculos preenchidos, enquanto conexões excitatórias são mostradas por setas sólidas e círculos não preenchidos.

Projeções feitas por meio do AGAB são inibitórias, enquanto projeções glutamatérgicas são excitatórias. Assim, o circuito direto envolve duas conexões excitatórias e duas inibitórias (figura 16.5), tendo um efeito excitatório líquido sobre os neurônios corticais (retroalimentação positiva). O circuito indireto envolve três projeções excitatórias e três inibitórias, tendo um efeito inibitório líquido sobre os neurônios corticais (retroalimentação negativa). Não está claro, contudo, se as mesmas células corticais são alvos de ambos os circuitos.

PROBLEMA # 16.1

- Imagine que o circuito indireto tenha como alvo células corticais que se localizam lateralmente às células-alvo do circuito direto. Cite um papel funcional de tal organização.

É preciso prestar especial atenção à *dopamina* dos gânglios da base, uma vez que o mal de Parkinson está associada a uma disfunção das projeções dopaminérgicas (veja capítulo 32). Nos gânglios de base, o núcleo caudado e o putâmen recebem entradas dopaminérgicas, provenientes sobretudo da pars compacta da substância negra. A localização das sinapses dopaminérgicas nos neurônios-alvos os torna prováveis candidatos para regular a eficácia das entradas corticais nas mesmas células. Não está claro se essas sinapses dopaminérgicas são excitatórias ou inibitórias, mas acredita-se que sejam excitatórias para as células da via direta e inibitórias para as da via indireta.

PROBLEMA # 16.2

- Como um mediador pode ser excitatório para alguns neurônios e inibitório para outros?

16.3 Circuitos motores que envolvem os gânglios da base

A figura 16.6 ilustra as principais vias que se originam no córtex cerebral, passam pelos gânglios da base e pelo tálamo e voltam ao córtex. Entradas para os gânglios da base podem ter origem em diferentes áreas corticais, como o córtex motor, a área pré-motora, a área motora suplementar, o córtex somatossensorial e o córtex parietal superior (posicionado dorsalmente às áreas somatossensoriais). As projeções das áreas corticais somatossensoriais sobre o putâmen são configuradas somatotopicamente, de modo que um desenho mais primitivo de uma figura humana pode ser encontrado na superfície do putâmen. Essa somatotopia é relativamente preservada nas projeções do putâmen sobre o GPi e o GPe. Os circuitos diretos e indiretos participam do circuito motor dos gânglios da base, ambos mediados por neurônios talâmicos. A maioria das projeções talâmicas sobre o córtex é dirigida ao córtex pré-motor e à área motora suplementar. Essas áreas têm conexões entre si (principalmente inibitórias) e com o córtex motor, e todas projetam-se diretamente sobre os centros motores do tronco encefálico e sobre a medula espinal.

A maioria das áreas somatossensoriais e motoras do córtex projetam-se exclusivamente sobre a matriz, enquanto muitos estriossomas recebem entradas originárias de *estruturas límbicas*. Lembre-se de que as estruturas límbicas incluem o hipotálamo, o fórnix, o hipocampo, a amídala e o giro do cíngulo do córtex cerebral, de que talvez influenciem fatores do comportamento, como a atenção, a motivação e a emoção (capítulo 13). Os estriossomas, que recebem projeções de estruturas límbicas, por sua vez projetam-se sobre as células dopaminérgicas do mesencéfalo.

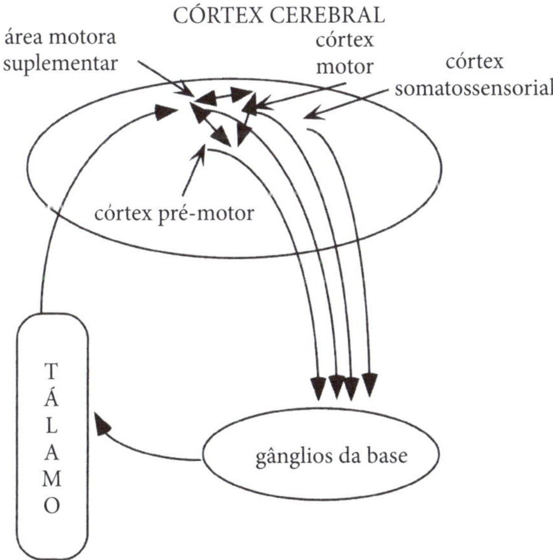

Figura 16.6 Principais vias originárias de áreas corticais que envolvem os gânglios da base. Os circuitos diretos e indiretos contribuem com o circuito motor dos gânglios da base. A maioria das projeções talâmicas sobre o córtex é direcionada ao córtex pré-motor e à área motora suplementar. Essas áreas têm conexões umas com as outras (principalmente inibitórias) e com o córtex motor, e todas se projetam diretamente sobre os centros motores do tronco encefálico e sobre a medula espinal.

Os neurônios do mesencéfalo projetam-se de volta sobre a matriz e os estriossomas. As últimas projeções podem condicionar a eficácia das entradas corticais nos mesmos neurônios. Assim, esse ciclo propicia ao encéfalo uma maneira de alterar a eficácia da transmissão no circuito motor dos gânglios de base de acordo com fatores relacionados à atenção e às emoções.

16.4 Atividade dos gânglios da base durante o movimento

Estudos em animais mostraram que, durante o repouso, existe substancial atividade (com frequências de 50-100 Hz) nos neurônios do GP e da pars reticulata, enquanto neurônios em outras estruturas dos gânglios da base ficam relativamente silenciosos. Por exemplo, a descarga de partida dos neurônios no estriado no geral é menor que 1 Hz. Neurônios do GPi disparam a uma taxa alta e constante, enquanto neurônios do GPe geram disparos de alta frequência (DeLong e Georgopoulos, 1981).

PROBLEMA # 16.3

- Sugira uma razão funcional para os neurônios do GP serem tão ativos em repouso.

Muitos neurônios dos gânglios da base mostram modulação fásica de sua frequência de disparo durante movimentos voluntários do lado contralateral do corpo. A frequência de disparo de alguns desses neurônios se relaciona com parâmetros de movimento, como velocidade, força e amplitude (Crutcher e DeLong, 1984; DeLong, Crutcher e Georgopoulos, 1985; Middleton e Strick, 2000). Os padrões de descarga de outros neurônios, contudo, dependem do movimento e do contexto. Em particular, a frequência da geração do potencial de ação por neurônios nos diferentes núcleos dos gânglios da base aumenta com o movimento. Esse aumento é visto somatotopicamente, ou seja, é visto em grupos separados de neurônios durante movimentos do braço, da perna e do rosto (DeLong e Georgopoulos, 1979). Uma alteração na taxa de descarga pode ser vista cerca de 20 ms antes do início do movimento. Alguns dos neurônios estriados mostram alterações em sua atividade associados com o término do movimento, e não com o início dele.

Os padrões de disparo das células em outras estruturas dos gânglios da base mostram alterações tardias. Por exemplo, em tarefas de tempo de reação, a maioria das células altera seu disparo após o início do movimento, apesar de já ter sido verificada uma relação entre alterações na atividade dos gânglios da base e o início do movimento (Hauber, 1998). Lembre-se de que muitos neurônios do córtex motor mudam seu disparo antes do início do movimento. Assim, é possível concluir que os gânglios da base não iniciam movimentos sob essas condições experimentais, mas, em vez disso, estão envolvidos no controle dos movimentos já em curso. O acionamento dos neurônios dos gânglios da base relaciona-se mais estreitamente com a direção do movimento que com as forças necessárias para executá-lo (Crutcher e DeLong, 1984).

PROBLEMA # 16.4

- Se você realizasse um estudo dos vetores de população neuronal nos gânglios da base (um estudo similar aos de população neuronal no córtex e no cerebelo), o que você esperaria ver?

16.5 Funções dos gânglios da base

Existem algumas hipóteses sobre o papel dos gânglios da base no controle motor. Elas baseiam-se em observações de pacientes com desordens nos gânglios da base e, ultimamente, em estudos de animais com distúrbios similares aos do mal de Parkinson induzidos experimentalmente:

1. Os gânglios da base desinibem áreas do sistema motor (por exemplo, as áreas motoras corticais) e, assim, *permitem que o movimento ocorra.*
2. Os gânglios da base desativam a atividade postural e, assim, permitem que um movimento voluntário ocorra.

   Essas duas hipóteses não têm muito apoio das alterações de atividade observadas nos gânglios da base durante o movimento. Lembre-se de que essas alterações são vistas após o início do movimento.

3. Os gânglios da base estão envolvidos no *sequenciamento de fragmentos do movimento* ou de movimentos diferentes.
4. Os gânglios da base *evitam movimentos indesejáveis.*
5. Os gânglios da base *fazem várias coisas* relacionadas ao movimento ao mesmo tempo.

PROBLEMA # 16.5

- Quais dessas hipóteses parecem mais ou menos prováveis que as outras? Por quê?

A função dos gânglios da base não se limita ao controle motor. Estudos recentes mostraram que a atividade dos gânglios da base influencia os processos de aprendizagem, a memória e a cognição (Graybiel, 1995, 1997; Packard e Knowlton, 2002). Em particular, tem sido sugerido que a atividade neuronal dos gânglios da base e dos circuitos cerebelares que envolvem áreas do córtex pré-frontal pode se relacionar mais com a função cognitiva que com a definição dos parâmetros dos movimentos (Middleton e Strick, 2000).

Capítulo 16 em resumo

Os gânglios da base consistem em cinco pares de núcleos subcorticais, que incluem o globo pálido, o núcleo caudado, o putâmen, o núcleo subtalâmico e a substância negra. Através dos gânglios da base passam dois laços de retroalimentação (*feedback*), diretos e indiretos, que ligam o córtex motor ao tálamo. O papel dos gânglios da base nos movimentos voluntários não está claro. Eles podem estar envolvidos com o início do movimento e com o sequenciamento de fragmentos do movimento. Além disso, talvez exeçam alguma influência sobre funções encefálicas, como a memória e a cognição.

Vias ascendentes e descendentes

Palavras-chave e tópicos

- propriedades das vias neurais
- organização topográfica
- vias sensoriais
- entradas para a medula espinal
- via da coluna dorsal
- trato espinotalâmico
- tratos espinocerebelares
- trato espinocervical
- trato espinorreticular
- vias motoras
- trato piramidal
- trato rubroespinal
- tratos vestibuloespinais
- trato reticuloespinal
- tratos proprioespinais

Neste capítulo, vamos considerar como a informação sensorial é transmitida de suas fontes periféricas à medula espinal e às estruturas encefálicas, e como sinais de comando são enviados de volta à periferia, particularmente aos músculos. A velocidade de transmissão de informação no sistema nervoso central é de algumas dezenas de metros por segundo, o que significa que atrasos de transmissão não são insignificantes e podem criar um obstáculo a alguns comportamentos, particularmente os que envolvem movimentos rápidos. Essa velocidade é muito mais rápida em mamíferos (que têm nervos mielinizados) que em animais apenas com fibras não mielinizadas. Um dos maiores cientistas do nosso século, Nikolai Bernstein, brincou dizendo que os dinossauros desapareceram porque foram comidos vivos por mamíferos primitivos — os mamíferos eram rápidos o suficiente para morder um dinossauro e fugir durante o tempo que o pobre réptil levava para sentir a mordida e reagir.

PROBLEMA #17.1

- Em um dinossauro, a pata de um membro posterior ao encéfalo tem 20 m de comprimento. Quanto tempo o dinossauro levará para reagir a uma mordida nessa pata se potenciais de ação foram conduzidos a 5 m/s?

17.1 Propriedades das vias neurais

É importante lembrar que vias individuais não correspondem a funções individuais. Cada sistema funcional, sensorial ou motor, usa informações transportadas por numerosas vias anatomicamente distintas, cuja contribuição pode variar conforme atividade em que o sistema estiver envolvido. Essa característica dos sistemas funcionais se relaciona intimamente com o fato de que cada sistema contém relés sinápticos (figura 17.1) que não só transmitem, mas também processam as informações de entrada. Núcleos de retransmissão podem receber várias entradas, de modo que a informação que se desloca ao longo das vias individuais é processada e integrada. A estrutura de retransmissão mais conhecida é o tálamo, que recebe informações sensoriais e motoras, as processa e as envia ao córtex encefálico.

A vias sensoriais têm uma *organização topográfica* que é preservada em todo o sistema nervoso central. Organização topográfica é aquela em que células receptoras vizinhas projetam-se sobre as células vizinhas nos núcleos de retransmissão, que por sua vez se projetam sobre as células vizinhas em outros núcleos, e assim por diante, até que as células vizinhas se projetem na área sensorial correspondente do córtex (figura 17.1). Da mesma forma, vias (motoras) descendentes que se originam de células vizinhas de uma área cortical motora (ou outra estrutura encefálica) projetam-se aos motoneurônios que causam contrações nos músculos controladores dos movimentos dos segmentos corporais vizinhos. Como resultado, existem muitos *mapas motores* e *mapas sensoriais* no sistema nervoso central. Violações da organização topográfica podem ser vistas em conexões centrais entre estruturas encefálicas que frequentemente mostram convergência e divergência de informações neurais.

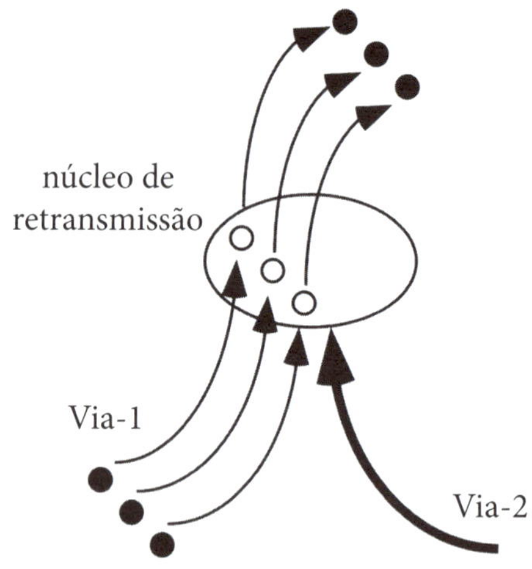

Figura 17.1 Os relés sinápticos, a integração de informações de diferentes vias e a organização topográfica são características típicas das vias do sistema nervoso central.

17.2 Entrada aferente na medula espinal

Vamos começar pela parte periférica. As fibras sensoriais (aferentes) adentram a medula espinal através das raízes dorsais (figura 17.2). Na entrada, algumas delas se ramificam num ramo ascendente e num descendente, que fazem sinapses em segmentos próximos da medula espinal. As fibras grossas tendem a fazer sinapses mais profundas na matéria cinzenta. Por exemplo, aferentes de músculo primário podem terminar em qualquer lugar da lâmina V à lâmina IX de Rexed. As fibras não mielinizadas menores, incluindo aquelas envolvidas na nocicepção (tipo C), terminam nas lâminas de Rexed superficiais I e II. Outras fibras terminam em camadas intermediárias, como mostrado na figura 17.2.

PROBLEMA # 17.2

- Considerando a figura 17.2, sugira quais fibras podem fazer conexões monossinápticas em motoneurônios α.

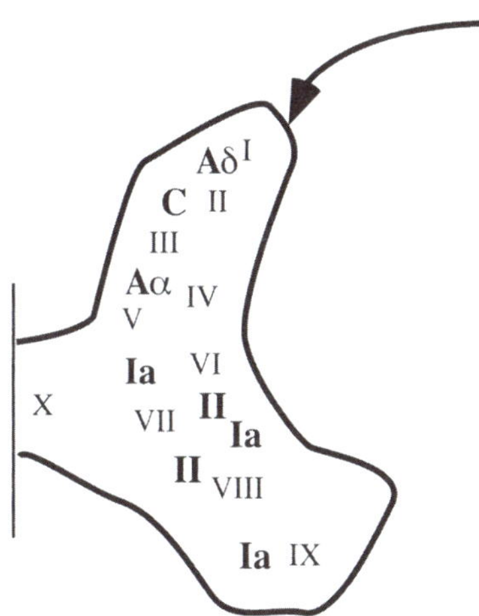

Figura 17.2 Fibras aferentes entram na medula espinal através das colunas dorsais. Pequenas fibras não mielinizadas (Aδ, C) terminam nas lâminas de Rexed I e II. Fibras sensoriais maiores terminam na lâmina III atravessando a IV, enquanto aferentes de músculo (Ia, II) terminam em algum ponto entre a lâmina V e a IX.

17.3 Via da coluna dorsal

As colunas dorsais da medula espinal transportam informação dos neurônios sensoriais dos gânglios espinais até o encéfalo (figura 17.3). Esses neurônios têm um axônio em forma de T, cujo ramo central se junta à *via da coluna dorsal*. Em particular, a via da coluna dorsal contém os axônios dos aferentes do músculo primário. Essas fibras surgem na célula sensorial original e, portanto, são chamadas *fibras aferentes de primeira ordem*.

A via da coluna dorsal também contém os axônios dos *neurônios sensoriais de segunda ordem*, os neurônios da medula espinal que recebem informação sensorial das fibras aferentes de primeira ordem, processam-na e a entregam ao encéfalo. Outro grupo de neurônios cujos axônios viajam na via da coluna dorsal é composto de neurônios *proprioespinais* que transmitem informações entre segmentos da medula espinal. Alguns desses neurônios são, na verdade, células sensoriais de primeira ordem que enviam um dos ramos de seus axônios a outros segmentos espinais.

As fibras ascendentes da via da coluna dorsal terminam em núcleos *cuneiformes* (ou cuneados) e *gráceis* no bulbo. Aferentes das pernas viajam no fascículo grácil e terminam no núcleo grácil, enquanto aferentes dos braços trafegam no fascículo cuneiforme e terminam no núcleo cuneiforme. Do bulbo, esses sinais viajam ao *núcleo ventral posterolateral* do tálamo via *lemnisco medial*. Em seu caminho, o lemnisco medial cruza a linha mediana do corpo, de modo que sinais do lado esquerdo do corpo são recebidos pelo núcleo ventral posterolateral direito.

PROBLEMA # 17.3

- Que tipo de *deficit* sensorial resulta dos traumas combinados do núcleo grácil direito e do núcleo ventral posterolateral direito?

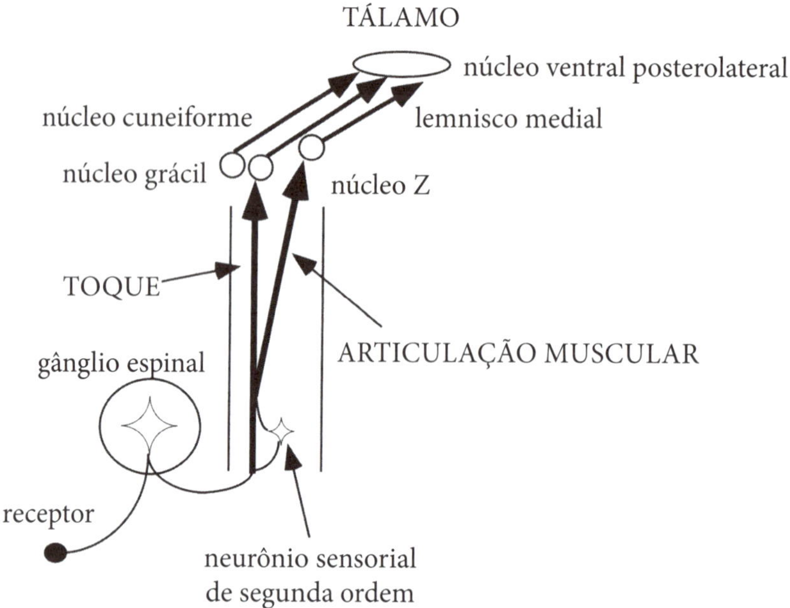

Figura 17.3 As colunas dorsais da medula espinal transportam informação entre neurônios sensoriais nos gânglios espinais e no encéfalo. As fibras ascendentes da via da coluna dorsal terminam nos núcleos cuneiformes e gráceis na medula (sentido do tato). Do bulbo, esses sinais viajam ao núcleo ventral posterolateral do tálamo via lemnisco medial. Em seu caminho, o lemnisco medial cruza a linha média do corpo. Os receptores articulares e os musculares do grupo I viajam no funículo dorsolateral e formam um relé no núcleo Z antes de se reunirem ao lemnisco medial.

17.4 Trato espinocervical

O trato espinocervical transporta os axônios dos neurônios sensoriais de segunda ordem que transmitem informação nociceptiva, bem como informações relacionadas ao toque. Esse trato termina no núcleo cervical, que contém colunas de neurônios nos primeiro e segundo segmentos cervicais. Os axônios desses neurônios formam o trato cervicotalâmico, que ascende ao núcleo ventral posterolateral via lemnisco medial. O trato espinocervical é proeminente em gatos, mas pequeno em macacos e humanos. Contudo, o próximo trato que vamos apresentar é muito proeminente nos seres humanos e muito menor em gatos.

17.5 Trato espinotalâmico

O trato espinotalâmico é composto de axônios dos neurônios cujos corpos se encontram nas partes dorsal e intermediária da matéria cinzenta. Os axônios cruzam a linha mediana no nível segmentar e viajam ao longo do lado contralateral da medula espinal no *funículo ventrolateral* (figura 17.4). Esse trato transmite as sensações de toque, pressão, temperatura e dor. Seus axônios atravessam o bulbo e as pontes até o núcleo ventral posterolateral do tálamo. Ao longo do caminho, suas fibras enviam ramificações à formação reticular.

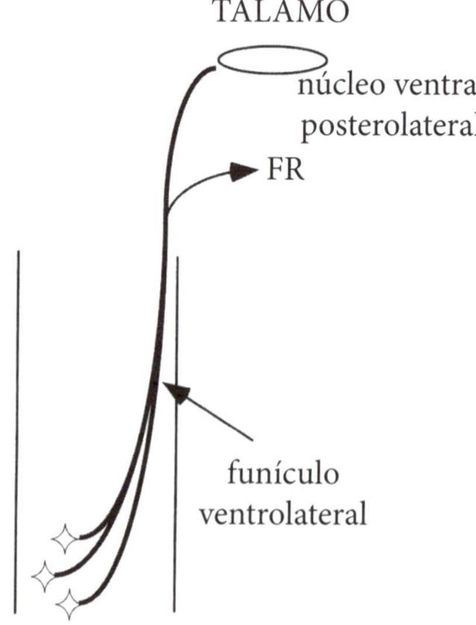

Figura 17.4 O trato espinotalâmico é composto de axônios dos neurônios cujos corpos localizam-se nas partes dorsal e intermediária da matéria cinzenta. Os axônios cruzam a linha média e viajam ao longo do lado contralateral da medula espinal no funículo ventrolateral. Esse trato transmite as sensações de toque, pressão, temperatura e dor. Seus axônios vão diretamente ao núcleo ventral posterolateral do tálamo e enviam ramificações à formação reticular (FR).

Os três tratos mencionados transmitem informações sensoriais ao tálamo, que é o centro sensorial do encéfalo. Ali, a informação é processada mais uma vez e enviada ao córtex encefálico.

17.6 Tratos espinocerebelares

O cerebelo recebe informações de receptores sensoriais periféricos por meio de vários tratos, entre os quais estão os tratos dorsal, ventral e rostral espinocerebelar; o trato cuneocerebelar; e o trato espino-olivar cerebelar (figura 17.5).

Os aferentes de condução rápida de receptores musculares e articulares (Grupos Ia e Ib) fazem conexões monossinápticas nos neurônios espinais do núcleo dorsal, também conhecido como *coluna de Clarke*. Nos seres humanos, essa coluna situa-se na superfície dorsal da medula espinal e se estende de T1 a L2. Os axônios de condução rápida mielinizados dos neurônios da coluna de Clarke formam uma parte importante do trato espinocerebelar dorsal. Esse trato também recebe contribuição de receptores cutâneo de toque e de pressão e de aferentes secundários do fuso muscular. Contudo, as informações de receptores musculares e de receptores cutâneos não convergem. Os neurônios da coluna de Clarke têm pequenos campos receptivos, o que significa que conduzem informação específica do local (e que também pode ser específica da modalidade). A coluna de Clarke começa no nível T1, o que revela que o trato espinocerebelar dorsal transmite informações dos membros inferiores (pernas), mas não dos superiores (braços). Os axônios de neurônios da coluna de Clarke viajam na coluna lateral ipsilateral da medula espinal. O análogo do trato espinocerebelar dorsal — uma via que tem basicamente as mesmas propriedades, mas vem dos membros superiores — é o trato cuneocerebelar. Fibras aferentes periféricas projetam-se sobre o núcleo cuneiforme, e neurônios do núcleo cuneiforme enviam seus axônios ao cerebelo.

Os tratos espinocerebelar ventral e rostral contêm axônios menores dos neurônios espinais, que recebem uma grande entrada dos aferentes do reflexo flexor e uma entrada menor dos aferentes musculares primários. A informação é misturada nesses tratos como resultado da convergência generalizada. O trato ventral conduz informação dos membros inferiores (pernas), enquanto o trato rostral conduz informação dos membros superiores (braços). Os axônios do trato espinocerebelar ventral cruzam a linha mediana e ascendem ao fascículo lateral contralateral, enquanto os axônios do trato rostral não cruzam a linha mediana.

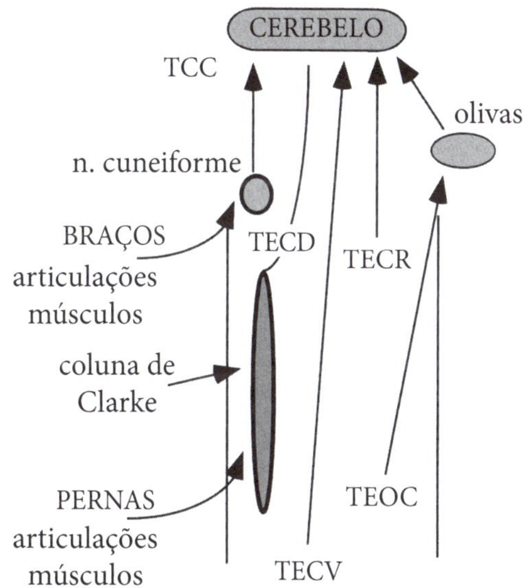

Figura 17.5 O cerebelo recebe informação de receptores sensoriais periféricos por meio dos tratos espinocerebelares dorsal (TECD), ventral (TECV) e rostral (TECR); o trato cuneocerebelar (TCC); e o trato espino-olivar cerebelar (TEOC).

As olivas inferiores recebem informação dos aferentes espinais diretamente (via trato espino-olivar) ou indiretamente (através de um relé nos núcleos da coluna dorsal). Os axônios dos neurônios das olivas inferiores projetam-se sobre os núcleos cerebelares contralaterais, além de adentrarem o córtex cerebelar como fibras trepadeiras.

17.7 Trato espinorreticular

O trato espinorreticular corre paralelamente ao trato espinotalâmico até o tronco encefálico, onde os axônios do trato espinorreticular fazem sinapses nos dendritos dos neurônios da formação reticular, em particular no bulbo e nas pontes. O núcleo reticular lateral recebe uma projeção organizada de modo somatotópico, principalmente dos aferentes do reflexo flexor, e envia seus axônios aos núcleos cerebelares e ao córtex cerebelar (como fibras musgosas).

Acredita-se que as projeções *vestibuloespinais* e tectoespinais sejam relativamente pequenas, e pouco se sabe sobre sua função.

Assim, a maioria das vias que sobem para o encéfalo acaba no tálamo ou no cerebelo, que distribui a informação periférica já processada a outras estruturas encefálicas. Por fim, a informação sensorial e os processos encefálicos internos vagamente descritos como *vontade* ou *intenção* resultam na decisão de enviar um comando à periferia.

Agora é hora de passar às vias que transmitem comandos aos músculos.

17.8 Trato piramidal

O *trato piramidal* é provavelmente o trato descendente favorito entre neurofisiologistas, pois tem recebido mais atenção que todos os outros tratos descendentes juntos. Seu nome origina-se das *pirâmides bulbares*, nas quais suas fibras correm. O trato piramidal humano contém cerca de 1 milhão de fibras. A maioria delas (mais de 90%) é mielinizada e apresenta velocidades diferentes. Apenas cerca de 2% dessas fibras atingem velocidades superiores a 50 m/s.

PROBLEMA # 17.4

- Qual é o espectro de valores de diâmetro entre os 2% de fibras mais rápidas do trato piramidal?

O trato piramidal (figura 17.6) consiste em dois grupos de axônios. O primeiro grupo inclui os axônios dos neurônios corticais que descem para a medula espinal. Esses axônios são conhecidos como *trato corticospinal*. Algumas fibras deixam o trato piramidal quando ele transpõe as pirâmides (ou mesmo antes) e inervam os núcleos motores dos nervos cranianos. Essas fibras formam o segundo grupo e são chamadas *trato corticobulbar*.

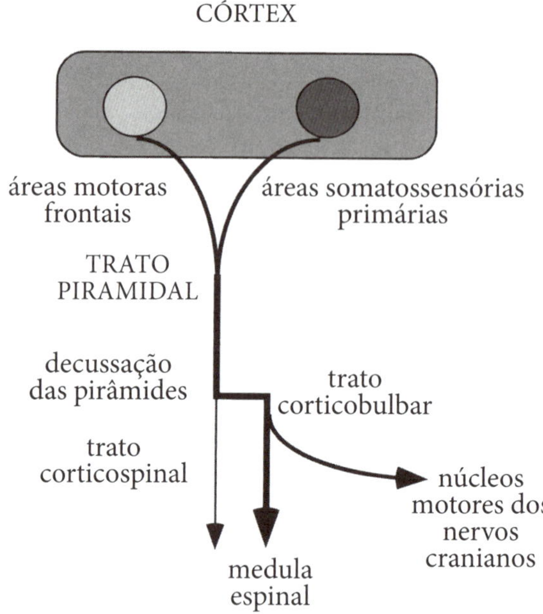

Figura 17.6 O trato piramidal consiste em dois grupos de axônios. Os axônios do primeiro descem à medula espinal (trato corticospinal); as fibras do segundo deixam o trato piramidal e inervam os núcleos motores dos nervos cranianos (trato corticobulbar).

Em macacos, cerca de 60% das fibras do trato piramidal vêm das áreas motoras frontais do córtex, e os outros 40% têm origem nas áreas somatossensoriais primárias e no córtex parietal. Os corpos dos neurônios cujos axônios correm no trato piramidal localizam-se principalmente na camada cortical V. Esses neurônios incluem as gigantescas células piramidais de Betz.

A maioria das fibras do trato piramidal cruza a linha média do corpo no nível do tronco encefálico (decussação das pirâmides) e viaja na coluna dorsolateral contralateral da medula espinal para todos os segmentos espinais. Um número menor de fibras não cruza a linha mediana. Elas descem na parte ventromedial da medula espinal e inervam principalmente os músculos axiais, que são aqueles envolvidos na rotação do tronco. Essas duas partes do trato piramidal são chamadas *trato corticospinal lateral* e *trato corticospinal ventral*.

Neurônios corticospinais projetam-se sobre muitos neurônios diferentes na medula espinal, incluindo os motoneurônios α e γ, as células de Renshaw, os interneurônios Ia e outros interneurônios. Em gatos, os axônios do trato piramidal fazem poucas conexões monossinápticas com motoneurônios α. O número de conexões monossinápticas com motoneurônios α é muito maior em primatas, particularmente para grupos de motoneurônios que controlam os músculos do antebraço e da mão. A EMT tem sido usada para estudar as projeções do trato corticospinal sobre muitos músculos do corpo humano. Os resultados sugerem que provavelmente haja conexões monossinápticas desse trato com motoneurônios α de quase todos os músculos dos membros (Petersen, Pyndt e Nielsen, 2003; Lemon et al., 2004).

PROBLEMA # 17.5

- Sobre as projeções corticospinais em seres humanos, como se pode definir se uma projeção de uma célula sobre outra é monossináptica?

17.9 Trato rubroespinal

Os axônios dos neurônios do núcleo rubro que descem à medula espinal formam o *trato rubroespinal* (figura 17.7). Esse trato é bastante estudado em gatos, mas não em humanos. Ele é composto de axônios de diferentes diâmetros que correspondem a uma ampla gama de velocidades de condução, das quais a maior é de 120 m/s (maior que a velocidade de condução no trato piramidal). O trato cruza (decussa) a linha mediana perto de sua origem e desce através do tronco encefálico contralateral. Ele se ramifica para outras estruturas encefálicas, incluindo o núcleo interpósito do cerebelo, as olivas e os núcleos vestibulares. Na medula espinal, o trato rubroespinal situa-se lateral e ventralmente ao trato corticospinal lateral. Alguns interneurônios espinais recebem entradas oriundas de ambos os tratos.

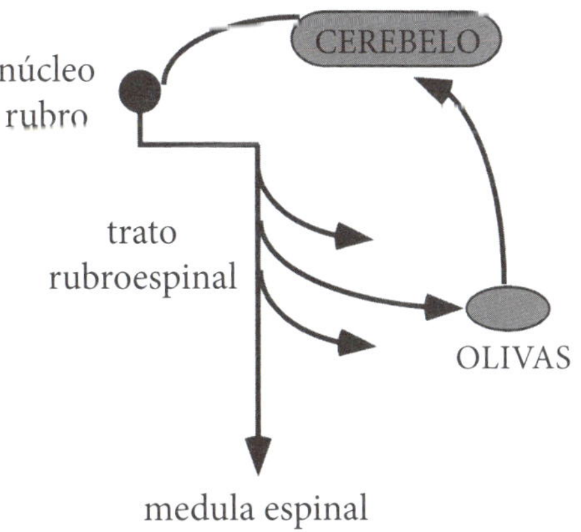

Figura 17.7 O trato rubroespinal cruza (decussa) a linha média próxima de sua origem e ramifica-se para as estruturas cerebrais, incluindo o núcleo interpósito do cerebelo, as olivas e os núcleos vestibulares. Ele é parte do circuito que passa através do cerebelo, do núcleo rubro e da oliva e volta ao cerebelo.

Em gatos, estímulos elétricos no núcleo rubro causa uma excitação di ou trisináptica nos motoneurônios flexores contralaterais e inibe os motoneurônios extensores. Não existem conexões monossinápticas nos motoneurônios α em gatos, mas essas conexões estão presentes em macacos e provavelmente também em humanos.

O núcleo rubro é suspeito de desempenhar um papel significativo no controle dos movimentos voluntários. O neurofisiologista americano Jim Houk e sua equipe sugeriram uma hipótese sobre o controle motor que considera o núcleo rubro fundamental para a formulação de comandos motores em termos compreensíveis para as estruturas da medula espinal (Keifer e Houk, 1994; Miller e Houk, 1995; Houk, Buckingham e Barto, 1996). A entrada para o núcleo rubro vem do núcleo denteado ipsilateral, enquanto sua saída percorre as olivas rumo ao córtex cerebelar. Assim, o núcleo rubro faz parte do circuito que passa através do cerebelo em direção ao núcleo rubro e à oliva e depois volta ao cerebelo.

17.10 Trato vestibuloespinal

Quase todas as informações sobre os tratos vestibuloespinais vêm de experimentos com gatos. Os neurônios no núcleo de Deiters (também chamado *núcleo vestibular lateral*) dão origem ao *trato vestibuloespinal lateral* (figura 17.8). Nele, axônios percorrem ipsilateralmente colunas ventrolaterais da medula espinal e terminam nas lâminas VII e VIII. Outro trato menor, o *trato vestibuloespinal medial*, é composto de axônios dos neurônios do núcleo vestibular medial. Núcleos vestibulares recebem entradas originárias do labirinto e do cerebelo. Presume-se que as projeções vestibuloespinais desempenhem algum papel no controle dos músculos do pescoço, e pesquisadores encontraram projeções monossinápticas entre os núcleos vestibulares e os motoneurônios que controlam os músculos do pescoço.

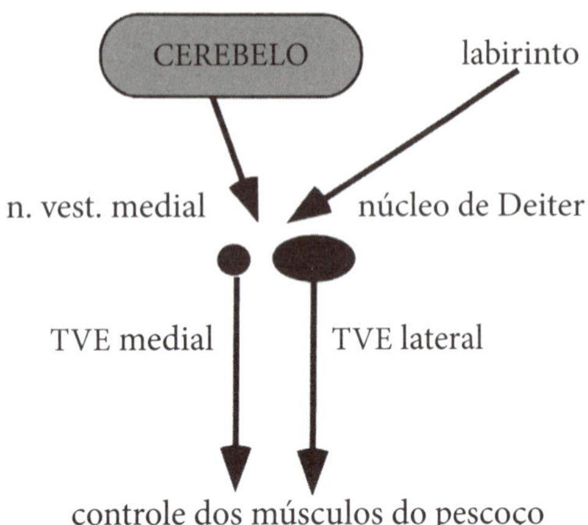

Figura 17.8 Núcleos vestibulares recebem entrada do cerebelo e do labirinto. O núcleo de Deiter dá origem ao trato vestibuloespinal lateral, enquanto o núcleo vestibular medial produz o trato vestibuloespinal medial.

17.11 Trato reticuloespinal e outros tratos descendentes

O trato reticuloespinal se origina no *campo tegmental médio* (uma área na formação reticular bulbar). Essa área abrange vários núcleos, incluindo o *núcleo gigantocelular*, o *núcleo paragigantocelular* e o *núcleo reticular pontino*. A maior parte desse trato desce ao *funículo ventral ipsilateral* da medula espinal. Ele faz conexões nas lâminas VII e VIII da medula espinal e, ao contrário de outros tratos descendentes, este trato não tem uma organização somatotópica. Existe também o trato reticuloespinal cruzado, que viaja no funículo dorsolateral com os tratos corticospinal e rubroespinal. Supõe-se que o trato reticuloespinal provoque a reação de susto, observada em resposta a um estímulo auditivo alto e inesperado. A reação de susto consiste numa breve contração dos muitos músculos da face, do tronco e dos membros numa latência variável de cerca de 150 ms.

Também devemos mencionar dois outros tratos descendentes: o *tectoespinal* e o *interstício-espinal*. O *trato tectoespinal* vem de neurônios do colículo superior. Ele decussa no mesencéfalo e termina no nível dos segmentos cervicais, provavelmente contribuindo para o controle dos músculos do pescoço. O colículo superior recebe uma importante entrada das áreas visuais corticais, de modo que o trato tectoespinal pode desempenhar algum papel na orientação da cabeça em relação aos estímulos visuais. O *trato interstício-espinal* vem dos neurônios do núcleo intersticial na parte rostral do mesencéfalo. Ele termina aproximadamente nas mesmas áreas da medula espinal onde termina o trato vestibuloespinal.

17.12 Tratos proprioespinais

Por definição, *neurônios proprioespinais* têm um soma num segmento espinal e um axônio que termina em outro segmento espinal. Alguns desses neurônios têm axônios relativamente curtos e conectam segmentos vizinhos, como aqueles das intumescências cervical e lombar. Outros neurônios proprioespinais têm axônios longos, que viajam para segmentos espinais remotos.

A maioria dos neurônios proprioespinais recebe uma forte entrada periférica e uma entrada supraespinal relativamente fraca. A exceção mais estudada é o sistema proprioespinal C3-C4, que consiste em neurônios cujo corpo localiza-se no nível da medula espinal C3-C4 e cujos axônios descem até a medula espinal. A maior parte dos axônios projeta-se nos níveis C6 através de T1, enquanto alguns descem à região lombar. Nela, podem participar da coordenação da atividade muscular dos membros superiores e inferiores. O sistema proprioespinal C3-C4 recebe fortes projeções corticospinais monossinápticas e projeções excitatórias mais fracas de outros tratos descendentes. Seus neurônios se projetam sobre os motoneurônios controladores de diferentes músculos do membro anterior (braço) e, portanto, podem estar envolvidos na organização de sinergias (contrações coordenadas de muitos músculos). Os neurônios proprioespinais C3-C4 também recebem projeções locais de interneurônios inibitórios, os quais, por sua vez, recebem entradas oriundas de aferentes periféricos e sistemas supraespinais.

17.13 Nervos cranianos

Os seres humanos, como todos os vertebrados, têm 12 pares de nervos cranianos, que são numerados (com numerais romanos) no sentido rostrocaudal, na ordem em que saem do encéfalo. Alguns desses nervos contêm fibras associadas com o odor (olfato), o gosto, a visão, a audição e a orientação no espaço (equilíbrio). Outros enviam sinais aos músculos da cabeça e do pescoço e ajudam a controlar ações como mover os olhos, mudar as expressões faciais, mastigar, deglutir e falar. Outros ainda participam do funcionamento de glândulas e órgãos viscerais do tórax e abdome.

O primeiro nervo craniano (I) é chamado *nervo olfatório* e conduz informações sobre odor. O segundo nervo (II) transporta informações da retina e é chamado *nervo óptico*. Três pares de nervos ajudam a controlar os movimentos dos olhos: o nervo oculomotor (III), o nervo troclear (IV) e o nervo abducente (VI). O nervo oculomotor também está envolvido no reflexo pupilar descrito no capítulo 25.

O nervo trigêmeo (V) conduz fibras sensoriais e motoras, sendo responsável por sensações desagradáveis, como a dor de dente. Ele também desempenha um papel importante no controle dos movimentos da mandíbula durante a fala e a mastigação. O nervo facial (VII) controla os músculos envolvidos em expressões faciais, incluindo os movimentos dos lábios e das pálpebras. A paralisia desse nervo, conhecida como *paralisia de Bell*, leva à perda de controle sobre os músculos do lado esquerdo ou direito do rosto, mas não leva a nenhuma consequência sensorial desagradável. Felizmente, a paralisia de Bell costuma ser transitória e seguida por uma recuperação espontânea. O nervo facial também inerva as glândulas salivares e lacrimais.

PROBLEMA # 17.6

- A pacientes com paralisia de Bell comumente são prescritos colírios. Por quê?

O nervo vestibulococlear (VIII) transporta informações do ouvido interno relacionadas à audição e ao equilíbrio. O nervo glossofaríngeo (IX) inerva a faringe e participa do reflexo de deglutição e do controle da fala. O nervo hipoglosso (XII) é o nervo craniano que sai da região encefálica mais próxima da medula espinal (principalmente através da cauda). Ele controla os movimentos da língua e contribui significativamente para o controle da fala. O nervo acessório espinal (XI) inerva o músculo trapézio e contribui para os movimentos da cabeça.

O nervo craniano X é muito diferente do resto dos nervos cranianos. É o famoso vago ou nervo pneumogástrico. Ele se origina de neurônios de um núcleo localizado no bulbo e é parte importante do sistema parassimpático, que, em combinação com o sistema simpático, assegura o funcionamento adequado de muitos órgãos vitais do corpo, incluindo todo o trato digestório, o fígado e o pâncreas, o coração, a faringe, a laringe e o esôfago.

Capítulo 17 em resumo

As vias neurais fornecem um meio para a troca de informações e integração entre núcleos do sistema nervoso central. As vias neurais apresentam organização topográfica, que é preservada através dos núcleos de retransmissão e, portanto, cria muitos mapas motores e sensoriais. A informação aferente (sensorial) adentra a medula espinal pelas raízes dorsais e é entregue às estruturas encefálicas por meio da coluna dorsal, do trato espinotalâmico, do trato espinocerebelar e do trato espinorreticular. O tálamo envia informação sensorial a outras estruturas encefálicas, incluindo o córtex. As vias descendentes transmitem sinais motores por meio dos sistemas piramidal e extrapiramidal. O trato piramidal contém fibras corticoespinais e corticobulbares. A maioria de suas fibras cruza a linha mediana no nível do tronco encefálico. As fibras que nao a cruzam inervam músculos envolvidos na rotação do tronco. Outros importantes tratos descendentes são o rubroespinal, o vestibuloespinal e o reticuloespinal. O trato rubroespinal é considerado uma parte importante do sistema de controle dos movimentos voluntários. Presume-se que as projeções vestibuloespinais ajudem a controlar os músculos do pescoço. Os tratos proprioespinais participam no intercâmbio de informação entre segmentos espinais. A maioria dos nervos cranianos participa das funções sensoriais e motoras dos órgãos da cabeça e do pescoço. O vago é uma parte importante do sistema parassimpático.

18

Memória

Palavras-chave e tópicos

- memória de curto prazo
- memória de longo prazo
- habituação de reflexos
- aprendizagem
- reflexos condicionados
- teoria de Pavlov
- hipótese neuronal ou sináptica da memória
- recuperação da memória
- plasticidade
- hipocampo
- síndrome de Korsakoff
- memória espinal

Mecanismos de memória raramente estão no centro da atenção dos pesquisadores que estudam movimentos voluntários. Isso é surpreendente, porque a maioria das teorias sobre controle motor tem um componente de memória implícito ou mesmo explícito. Uma pessoa que avança em direção a um alvo sem olhar para ele certamente se baseia na memória (e em informação cinestésica atual) para gerar comandos apropriados aos efetores e corrigir esses comandos se o movimento for impreciso. A importância da memória é óbvia para quaisquer movimentos hábeis e para o processo de aprendizagem motora. Contudo, a maioria das hipóteses sobre controle motor considera a memória um componente externo proveniente de centros superiores obscuros, muito confiável e absolutamente distante da nossa compreensão atual. Infelizmente, a última visão pessimista não está longe da verdade. Porém, neste capítulo, consideraremos alguns aspectos da memória quando transitarmos do mundo III, baseado em estruturas, ao mundo IV, baseado em comportamentos.

Dois grupos de fenômenos podem ser denominados *memória*. O primeiro grupo (memória 1) é muito amplo e inclui o armazenamento de um traço de um evento por algum tempo após o término dele. De acordo com essa definição, quando uma pessoa pega uma pedra do chão, um buraco no chão representa uma memória 1 da rocha. Aparentemente, muitos dos fenômenos da vida cotidiana satisfazem esse critério, incluindo as interações com objetos animados e inanimados. O segundo grupo de fenômenos (memória 2) está associado com a possibilidade de uma recuperação ativa da memória: um traço de um evento passado está lá, mas não é óbvio e requer esforço ou um estímulo específico para chegar à superfície. Assim, uma cicatriz no rosto de um soldado não é uma memória 2 por si só (é uma memória 1), mas lembranças do evento que resultou na cicatriz o são. Quando pesquisadores falam sobre memória humana, geralmente se referem a esse segundo grupo de fenômenos, associado com seleção, armazenamento e recuperação de informação.

A fronteira entre os dois grupos não é nítida; não é fácil separá-los pelo critério animado *versus* inanimado. Por exemplo, uma reação muscular a um sinal neural pode depender do histórico de suas contrações prévias (em eventos passados). Essa memória é a 1 ou 2? Em contrapartida, que tipo de memória é a unidade de disco rígido de um computador? E a memória RAM?

18.1 Dualismo de Descartes e mecanismos da memória

Existem dois extremos nas reflexões filosóficas a respeito de processos mentais, incluindo aprendizagem e memória. O primeiro é representado pelo *dualismo de Descartes*, que ensinou que todo ser humano é composto de duas entidades independentes, a Alma e o Corpo. A Alma é responsável pelo pensamento e por outras atividades que hoje provavelmente seriam rotulados de *cognição*, enquanto o Corpo obedece à Alma e às leis da natureza. Descartes considerava a *mente* (e todos os atributos da mente, como a capacidade de aprender e memorizar, que é a memória 2) um recurso exclusivamente humano e independente do corpo, assim como de todos os seus componentes materiais.

A segunda visão extrema é o *reducionismo*, que considera todas as características do comportamento humano inequivocamente refletidas nas propriedades físicas mensuráveis dos neurônios e suas conexões (sinapses). Pela abordagem reducionista, aprendizagem e memória residem em alterações na bioquímica ou na morfologia das sinapses entre neurônios. Essa abordagem parece muito mais científica por assumir a possibilidade de localizar e medir essas alterações e, assim, fixar a memória em um substrato. Em geral, a ciência experimental odeia lidar com fenômenos que não possam ser precisamente medidos. Contudo, nem todos os processos da natureza satisfazem os desejos dos cientistas. Por exemplo, o princípio de indeterminação de Heisenberg afirma que é impossível medir a localização exata e o impulso exato de uma partícula, e que os erros de medição tornam-se particularmente proeminentes quando o experimento envolve pequenas partículas, como neutrinos ou fótons. Pesquisadores de física experimental finalmente aceitaram esse fato, embora não sem relutância. Agora, os físicos não sofrem de depressão pelo fato de não poderem definir a posição de um elétron com precisão infinita, ficando felizes por terem uma nova área de estudo que requer formas novas e específicas de análise e promete novos *insights* sobre os fundamentos físicos do nosso mundo. Se uma visão teórica não permite a um investigador fixar um fenômeno em um substrato, isso não significa que a visão seja errada.

Gostaria de considerar que, até prova em contrário, uma função de um sistema complexo é uma propriedade emergente de todos os elementos do sistema e não pode ser atribuída a determinadas alterações em componentes individuais, como neurônios e sinapses. Podemos rotular essa visão de *neodualismo*, pois difere do dualismo puro por definir a mente como uma propriedade emergente do corpo, e não como uma entidade absolutamente independente. Essa propriedade emergente não pode ser reduzida a alterações particulares no estado de neurônios ou sinapses particulares. Porém, para um determinado conjunto de condições externas, ela define o estado e o comportamento do sistema. Por exemplo, a temperatura de uma tigela de água é definida pela energia média das moléculas dentro da tigela — isto é, a temperatura é uma propriedade emergente das moléculas de água. É impossível relacionar a temperatura ao comportamento das moléculas individuais: ela se relaciona apenas ao seu comportamento coletivo. No entanto, a temperatura pode ser considerada um fator independente e externo que afeta moléculas individuais.

PROBLEMA # 18.1

- Quando vemos uma grande pintura, sentimos emoções que refletem as ideias de um artista falecido há muito tempo. De acordo com as visões dualista, reducionista e neodualista, o que acontece no encéfalo quando olhamos para uma tela desse tipo?

PROBLEMA # 18.2

- O grande neurocirurgião e cientista canadense Wilder Penfield estimulava áreas do encéfalo de seus pacientes durante as cirurgias. Os pacientes relataram lembranças muito vivas de eventos de suas vidas. O que se pode concluir sobre o papel dessas áreas no armazenamento e na recuperação da memória?

18.2 Memória muscular

Em física, o termo *histerese* significa que um sistema físico pode exibir diferentes comportamentos de acordo com sua história imediata. Existem efeitos de histerese em elementos do sistema motor humano, particularmente nos músculos (Partridge, 1965; Joyce et al., 1969; Gottlieb e Agarwal, 1988). Por exemplo, imagine que um estimulador externo envie estímulos a um músculo isolado a uma taxa constante (figura 18.1). O comprimento do músculo muda muito lentamente (portanto, podemos ignorar a dependência da força muscular em relação à velocidade), e a força muscular é medida. Se o músculo é alongado, sua força muda ao longo da curva 1. Contudo, se o músculo é encurtado, sua força muda ao longo da curva 2, ainda que ela assuma os mesmos valores de comprimento. Isso significa que a força muscular depende não só do comprimento do músculo, mas também da história muscular.

Outro exemplo de propriedades musculares que mudam conforme a história imediata é o *fenômeno de agarrar*. Ele representa um aumento temporário na resposta muscular a um sinal neural padrão após um breve episódio de contração muscular muito forte. Esse fenômeno pode ser visto, por exemplo, por cerca de 1 ou 2 s após uma breve e forte estimulação elétrica que cause contração tetânica num músculo. Tem sido mostrado que o fenômeno de agarrar reside no músculo e não nas estruturas neurais ou sinapses neuromusculares (Burke, Rudomin e Zajac, 1970, 1976).

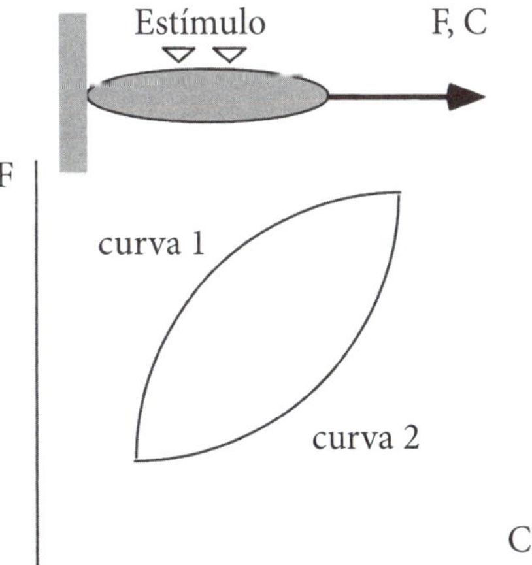

Figura 18.1 Um músculo isolado é estimulado com uma taxa e força constantes. A força muscular depende do comprimento do músculo. Durante alongamentos ou encurtamentos vagarosos, o músculo revela diferentes dependências. Esse comportamento é chamado *histerese*.

PROBLEMA # 18.3

- Dê exemplos de histerese no cotidiano.

18.3 Tipos de memória e aprendizagem

Existem várias classificações para memória e aprendizagem. Uma das classificações básicas distingue memória entre *declarativa* e *não declarativa*. A primeira também é conhecida como memória explícita, e a última, como memória *implícita* ou *processual*. A memória declarativa abrange as memórias de eventos, objetos, pessoas e assim por diante. É uma memória sobre *o quê*. Em contraste, a memória não declarativa é sobre o *como*. Ela envolve habilidades motoras e hábitos, reflexos condicionados e outros fenômenos particularmente relevantes para este livro. Vamos considerar exemplos e mecanismos hipotéticos apenas de memórias não declarativas.

18.4 Habituação de reflexos: um exemplo de aprendizagem não associativa

No início do século XX, descobriu-se que ativar repetidamente reflexos espinais os diminui ou faz que exijam maiores estímulos. Esse efeito tem sido chamado *habituação* e pode durar um tempo considerável. A habituação representa o armazenamento de informação no sistema nervoso central e pode ser considerada um caso de memória 1. A habituação pode ser vista, por exemplo, em experimentos sobre a reação humana ao susto (uma reação motora fásica a um estímulo auditivo alto e inesperado), que diminui em magnitude quando o estímulo é aplicado mais e mais vezes.

Uma resposta habituada pode ser restaurada ou recuperada se um novo estímulo forte for apresentado ao animal ou à pessoa. Esse fenômeno é chamado *desabituação*. Mesmo na ausência de habituação, um forte estímulo pode aumentar uma resposta a um estímulo padrão, que é a *sensibilização*.

Habituação, desabituação e sensibilização são exemplos de aprendizagem não associativa e não declarativa. A *aprendizagem não associativa* ocorre quando o sistema nervoso central ajusta sua resposta às propriedades de um estímulo que se repete.

18.5 Reflexos condicionados: um exemplo de aprendizagem associativa

Um dos subtipos da memória não declarativa é a *aprendizagem associativa*. Esse tipo de aprendizagem envolve a criação de uma relação entre dois estímulos. Exemplos típicos são o *condicionamento clássico* e o *condicionamento operante*. No condicionamento operante, aprende-se a relação entre uma ação praticada por um animal e um estímulo externo (normalmente, uma recompensa de comida). Em outras palavras, o próprio comportamento do animal age como um dos estímulos. O condicionamento clássico envolve um grupo especial de fenômenos denominados *reflexos condicionados*.

É sabido que colocar comida na boca causa salivação, especialmente quando o alimento é seco. Os alimentos estimulam a membrana mucosa da boca, os nervos sensoriais transferem o estímulo ao centro salivatório do encéfalo e esse centro reage à estimulação com um comando para as glândulas salivares. Esse fenômeno ocorre até mesmo nos menores filhotes. Tais mecanismos são denominados *reflexos não condicionados* ou *inatos*. O famoso fisiologista russo I. P. Pavlov descobriu que se um cão faminto ouve um sino ou apito, vê uma lâmpada de determinada cor ou sente algo meio minuto antes de a comida chegar a cada vez que come, gradualmente começa a salivar não quando recebe o alimento, nem quando vê a comida, mas quando o sinal adicional é ativado. Em tais experiências, o pesquisador testemunha o nascimento de uma nova versão do reflexo de salivação, elaborada com meios artificiais. Essa nova versão não é um reflexo inato geral, mas um reflexo que demonstra o enriquecimento da experiência individual do cão. Esses reflexos são denominados *condicionados*, em contraste com os reflexos inatos, não condicionados.

Pavlov propôs uma teoria do funcionamento do encéfalo com base em reflexos condicionados e não condicionados. Essa teoria considera o encéfalo como um órgão puramente reativo, cujo comportamento é definido pelos estímulos do ambiente, e define o comportamento como o processo de "equilibrar" o corpo com o ambiente. Infelizmente para essa teoria e felizmente para os seres humanos (como para muitos outros animais), os animais superiores não agem como sistemas puramente reativos, mas, em vez disso, exploraram o ambiente, formulando necessidades e tentando satisfazê-las, em lugar de esperar por estímulos adequados do ambiente para acionar reflexos condicionados. A atividade é a força motriz do funcionamento do encéfalo humano.

Em meados do século XX, a importância da atividade foi compreendida por outro grande cientista russo, Nikolai Bernstein, que definiu as metas de comportamento como um modo de superar o ambiente, em vez de equilibrar o corpo com ele. Bernstein criou a *fisiologia da iniciativa* (referida imprecisamente nas publicações ocidentais como *fisiologia da atividade*), um campo de estudo completamente novo que tenta explicar o comportamento com base nas necessidades internas e nos objetivos de um animal (ou pessoa). Normalmente, essas necessidades e objetivos estão em conflito com estímulos do ambiente.

Bernstein criou a fisiologia da iniciativa em grande medida com base em seus estudos anteriores de automação do trabalho e movimentos atléticos. Ele descobriu que, com a automação do movimento, a variabilidade de trajetórias dos movimentos e outras características não são eliminadas. Os movimentos não se tornam idênticos nem automáticos, mas o resultado motor final se torna altamente reproduzível. Por exemplo, quando alguém se barbeia com uma lâmina afiada ou atira mirando um alvo, seu sucesso depende de frações de milímetros ou segundos angulares. Apenas a alta variabilidade dos comportamentos dos elementos individuais dos movimentos automatizados permite que seres humanos alcancem uma alta precisão ao realizar repetições em condições de forças sempre presentes e inesperadas. Portanto, os traços de memória de tais movimentos não podem ser dados por fórmulas de movimento, como combinações de padrões de forças musculares, níveis de ativação muscular ou trajetórias articulares. Como discutiremos no capítulo 19, os pesquisadores do controle motor não concordam sobre a natureza física ou fisiológica das variáveis de controle que o sistema nervoso central utiliza durante os movimentos voluntários naturais. Contudo, é seguro dizer que o desenvolvimento de uma habilidade pelo sistema nervoso central é um processo ativo, cujas implicações para a neurofisiologia da memória não foram suficientemente exploradas.

PROBLEMA # 18.4

- Pavlov construiu torres silenciosas nas quais seus cães foram privados de quaisquer estímulos, exceto daqueles usados pelos reflexos condicionados. Com base na teoria dos reflexos condicionados e na fisiologia da iniciativa, preveja o comportamento dos cães.

Outro procedimento utilizado em estudos de memória é o *condicionamento operante*. Ele envolve recompensar um animal (com uma pequena porção de sua comida favorita) por respostas comportamentais corretas. A resposta pode estar sob o aparente controle do animal, como escolha de uma curva correta num labirinto, ou não, como as respostas reflexas espinais. Mesmo os reflexos espinais monossinápticos mais simples podem aprender e armazenar traços de memória em experiências de condicionamento operante, como ficou demonstrado nos engenhosos estudos de Wolpaw e seu grupo (Wolpaw, 1987; Wolpaw e Carp, 1993). Embora possa exigir milhares de repetições, o sistema nervoso central de um animal por fim aprende a modificar um fenômeno aparentemente incontrolável, como a amplitude de uma resposta monossináptica.

PROBLEMA # 18.5

- Que mecanismos fisiológicos poderiam estar envolvidos na mudança de amplitude das respostas monossinápticas nas experiências de Wolpaw?

18.6 Aprendizagem motora

Habilidades motoras são outro exemplo de memórias implícitas, não declarativas. Essa grande área de pesquisa tem implicações tanto para a memória quanto para o controle motor.

Existem muitos livros clássicos sobre aprendizagem motora — incluindo *On Dextery and its Development* (1996), de Bernstein —, bem como livros mais recentes. Os mecanismos neurofisiológicos da aprendizagem motora não são conhecidos, embora estudos recentes de plasticidade neural prometam progressos nesse domínio. A plasticidade neural será discutida mais tarde (veja capítulo 35).

A primeira e mais importante questão relacionada à aprendizagem motora é: o que é aprendido? Normalmente, o mal definido nome *programa motor* é usado para responder a essa pergunta. Esse nome refere-se às variáveis hipotéticas armazenadas na memória que se traduzem em padrões motores após serem recordadas. A menos que explicitemos essas variáveis hipotéticas, a noção de programa motor limita nosso entendimento sobre aprendizagem motora. Em particular, devemos evidenciar em que unidades as variáveis são expressas e medidas. Para darmos esse passo, é preciso aceitar uma das hipóteses de controle motor concorrentes que vamos discutir no próximo capítulo.

Existem outras questões importantes e principalmente não resolvidas na área da aprendizagem motora. Um padrão aprendido de variáveis de controle pode ser aplicado a diferentes efetores? A resposta parece ser sim se considerarmos, por exemplo, a capacidade dos seres humanos em preservar características específicas de sua caligrafia ao escrever em diferentes campos de força e com diferentes efetores, como a mão, o pé, o cotovelo e a boca (Bernstein, 1967; Raibert, 1977). Quando seres humanos aprendem uma modificação incomum da escrita, como escrever no espelho com o braço dominante, isso também melhora sua capacidade de escrever de forma modificada com o braço não dominante sem prática (Latash, 1999; figura 18.2).

Aceitar a resposta afirmativa a essa questão sobre as variáveis de controle tem implicações importantes para o controle motor; em particular, significa que as variáveis hipotéticas de controle não estabelecem padrões de comandos neurais para os músculos, forças musculares e torques articulares.

Outra questão relevante é: qual é o papel da percepção nos padrões motores dos movimentos hábeis? Por um lado, as pessoas podem assinar seus nomes com confiança sob uma variedade de condições, incluindo a escuridão completa. Por outro, sinais sensoriais revelaram exercer fortes efeitos sobre os padrões motores em diversas tarefas (vamos considerar alguns exemplos nos capítulos seguintes). Assim, a pergunta pode ser reformulada: existe uma modulação obrigatória de sinais de controle por sinais sensoriais? Como alternativa, o acoplamento ação-percepção é fácil e modificável pelo encéfalo? O encéfalo pode permitir que os sinais de controle sejam independentes ou impulsionados pela percepção?

18.7 Memória de curto e longo prazo

Duas categorias sobrepostas de memória são identificadas em seres humanos. A primeira é chamada *memória de curto prazo*. Sua eficácia geralmente

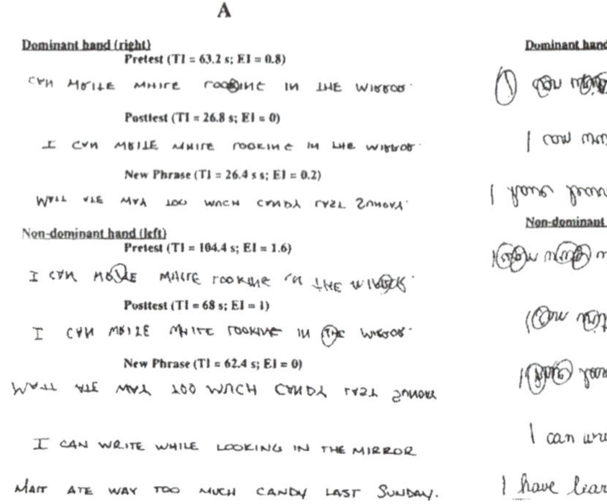

Figura 18.2 Amostras de escrita de dois indivíduos, que usaram letra de forma (*a*) e letra cursiva (*b*). Ambos aperfeiçoaram seu índice de tempo (IT) e seu índice de erro (IE) com a prática. Note que a caligrafia também melhorou na mão não dominante e não praticada, bem como na escrita de uma frase nova, não praticada.

dura alguns minutos ou horas. A *consolidação* da memória é invocada para descrever a conversão das memórias de curto prazo em *memórias de longo prazo*, que podem durar anos, até mesmo uma vida inteira (figura 18.3). Existem muitos casos clínicos, principalmente de diferentes tipos de trauma encefálico, que levam a uma perda ou deficiência de memória. Em particular, alguns pacientes não têm a capacidade de consolidar a memória de curto prazo. Eles demonstram uma capacidade normal para manter a memória de curto prazo, mas perdem essas lembranças quando sua atenção é distraída. Também existem casos em que o trauma provoca uma perda de memórias relacionadas a eventos ocorridos durante certo período de tempo anterior ao trauma (*amnésia retrógrada*) ou uma perda de memórias relacionadas a eventos que aconteceram durante o período imediatamente após o trauma (*amnésia anterógrada*).

A consolidação depende do contexto no qual um evento memorizado ocorre, bem como do seu número de ocorrências. Eventos altamente emocionais têm maiores chances de serem consolidados em memória de longo prazo, mesmo após uma única ocorrência. Coisas mais chatas, como o conteúdo do presente livro, exigem repetição e esforço para serem lembradas.

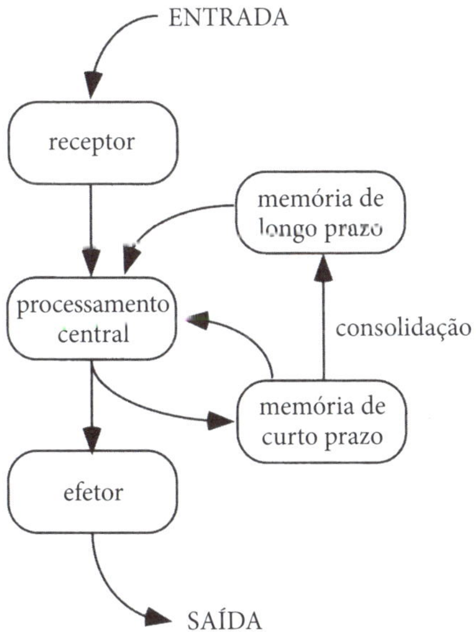

Figura 18.3 O processamento de um estímulo sensorial pode criar um traço de memória de curto prazo em paralelo com a produção de uma saída efetora (motora). A memória de curto prazo pode ser consolidada em memória de longo prazo. Tanto a memória de curto quanto a de longo prazo podem participar do processamento de futuros estímulos sensoriais de entrada e da formação de uma resposta efetora.

18.8 Mecanismos de memória neuronais ou sinápticos?

Se a memória é uma propriedade emergente de muitos neurônios que pertencem a muitas estruturas neuronais, a procura de um local neuronal ou sináptico para uma determinada memória está fadada ao fracasso. Em experimentos clássicos realizados por Karl Lashley, uma tarefa motora aprendida por ratos foi preservada mesmo depois que 98% das áreas corticais relacionadas à tarefa foram removidas cirurgicamente. Além disso, os 2% de área poupada pelo procedimento cirúrgico não tiveram importância. Essas observações sugerem que a memória é um fenômeno distribuído.

Nos anos 1930, o grande neurocientista Lorente de No desenvolveu a teoria de que a memória de curto prazo baseia-se em *circuitos reverberantes*, cadeias de neurônios que dão origem a um determinado padrão de atividade sustentado no tempo e no espaço (figura 18.4). Contudo, essa teoria não foi confirmada. Experimentos não conseguiram localizar repetidos disparos de atividade em circuitos fechados anatomicamente identificados.

Uma teoria alternativa sugere que a memória de curto prazo resulte de modificações dos canais iônicos neuronais e receptores mediadores. Essas modificações alteram a liberação do mediador pré-sináptico ou a sensibilidade pós-sináptica ao mediador. Essa visão baseia-se em numerosas observações de mudanças sinápticas que podem durar de algumas centenas de milissegundos até várias horas ou mesmo dias (Linden, 1996; Hodgson, Docherty e Robbins, 2005; Nicoll e Schmitz, 2005).

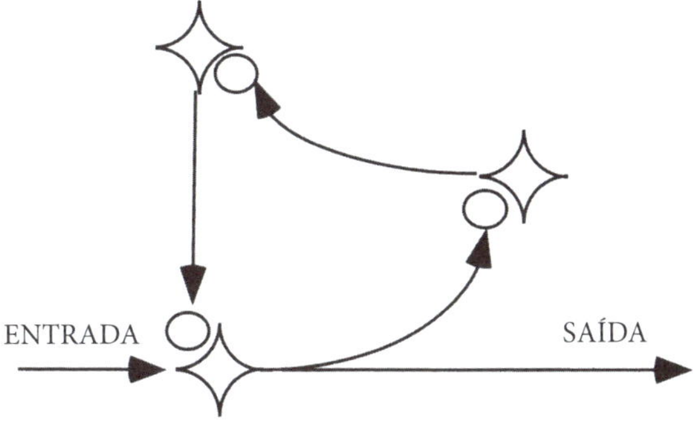

Figura 18.4 Exemplo de circuito reverberante simples. A atividade no circuito persistirá até substâncias cruciais serem esgotadas. Os círculos abertos mostram sinapses excitatórias.

Têm sido descritas mudanças sinápticas mais duradouras, como a *potenciação de longo prazo (PLP)*, a *depressão de longo prazo (DLP)* e a *facilitação pré-sináptica dependente da atividade*. Essas alterações podem ser relevantes ao armazenamento de informação ao longo do tempo, mas sua relação com a memória humana ainda é apenas objeto de especulações.

Outras teorias da memória de curto prazo envolvem a criação de novas vias neuronais ou a síntese de novas proteínas, que também tem sido associada com a consolidação das memórias de curto prazo em memórias de longo prazo.

A respeito da memória motora, os mecanismos neurais são desconhecidos, o que se deve sobretudo ao fato mencionado de que pesquisadores não sabem como variáveis hipotéticas de controle são representadas e armazenadas no sistema nervoso central. Comumente presume-se, de forma bastante arbitrária, que a memória motora reside nas sinapses. Essa suposição é baseada em experiências que compararam certas alterações neurofisiológicas do comportamento. Contudo, padrões de comportamento podem refletir muitos fatores não relacionados diretamente à memória, como o nível de atenção e o estado dos efetores, entre outros.

O uso de sinapses para armazenar memória de longo prazo parece um pouco antieconômico. Ao ser usada para recordar um evento, a sinapse torna-se ocupada e inútil para memórias futuras. Assim, inúmeras sinapses são necessárias para memorizar um único evento. Mesmo o número astronômico de sinapses do sistema nervoso central pode ser insuficiente para apoiar um mecanismo tão grosseiro e óbvio. Aparentemente, memorizar um evento requer *um padrão de atividade nas formações neuronais complexas, cujas organização e composição neuronais podem variar*.

Uma das características mais onipresentes nos movimentos voluntários humanos é a *variabilidade*. Mesmo os movimentos mais hábeis apresentam diferentes perfis cinemáticos, padrões de força muscular e padrões de ativação muscular quando repetidos em experimentos sucessivos. A variabilidade dos movimentos hábeis sugere que exista uma variabilidade comparável nos sinais aferentes dos receptores proprioceptivos. Assim, é seguro pressupor que praticamente todos os neurônios do corpo têm, de alguma forma, diferentes padrões de atividade durante repetições até da tarefa motora mais simples. Esse é provavelmente o argumento mais forte, porque um padrão de controle para um movimento hábil não pode ser representado como uma combinação de atividades num número de neurônios individuais induzida por alterações estáveis nas sinapses individuais.

18.9 Recuperação da memória

Armazenar uma memória não é suficiente: também precisamos de meios para recuperá-la. Alguns dos recursos de recuperação de memória em seres humanos tornam a memória humana completamente contrária à memória do computador. Nos computadores, a memória é organizada sequencialmente. Isso significa que as memórias são armazenadas em endereços específicos, e uma pessoa precisa saber o endereço exato para acessá-las. Em animais e seres humanos, mesmo uma pequena quantidade de informações, às vezes distorcidas, é suficiente para recuperar uma memória correta (lembre-se das experiências de Lashley). Isso é possível porque a memória dos seres humanos é distribuída, e sua recuperação é baseada em conteúdo.

Um exemplo de memória distribuída de natureza inanimada é a holografia (figura 18.5), um método físico de armazenamento de imagens tridimensionais de objetos numa chapa fotográfica. A holografia usa a interação de dois feixes de luz para armazenar a informação. Um dos feixes atua como uma chave, e a informação (o outro feixe) pode ser restaurada apenas com a chave correta. Uma característica interessante desse método é que ele permite que muitas imagens sejam armazenadas numa chapa, contanto que sejam gravadas com diferentes feixes-chave. Outra característica que torna a holografia similar à memória humana é que um pequeno pedaço da chapa é suficiente para restaurar a imagem inteira, embora a qualidade da imagem restaurada possa ser prejudicada. Há vários modelos de memória baseados no princípio holográfico e na anatomia de certas estruturas encefálicas, como o cerebelo (Longuet-Higgins, Willshaw e Buneman, 1970; Poggio, 1973).

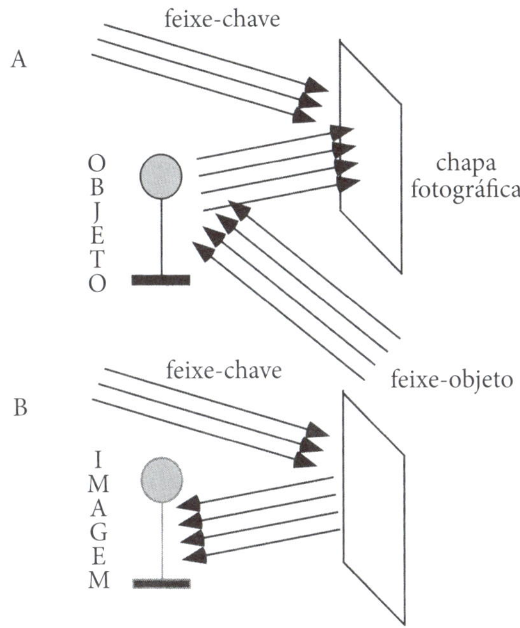

Figura 18.5 A holografia usa dois feixes de luz, um feixe-objeto e um feixe-chave, para criar uma imagem (uma memória) de um objeto sobre uma chapa fotográfica (*A*). Uma chapa pode armazenar várias imagens se forem usados diferentes feixes-chave. Se a placa for iluminada por um feixe-chave, surge a imagem do objeto correspondente (*B*).

18.10 Código genético como um exemplo de memória

Existe um eterno debate que contrapõe *natureza versus educação* ao tentar definir quanto da capacidade e do destino humanos é pré-programado geneticamente e quanto pode ser alterado pela experiência. O código genético é uma maneira de transferir informação entre as gerações e pode ser considerado um exemplo de memória de muito longo prazo. Parte do código genético transporta informações comuns a todos os seres humanos. O número de pernas e braços, olhos e nariz, bem como a pré-conexão das estruturas do sistema nervoso central, não mudou muito durante os milhares de anos de existência humana. Outra parte do código, porém, torna todas as pessoas diferentes quanto à aparência (altura, cor de cabelo etc.) e às suas capacidades. A última afirmação pode soar politicamente incorreta. Contudo, é sabido que algumas pessoas são talentosas em música, enquanto outras têm problemas para assobiar uma melodia simples mesmo após um treino prolongado. O mesmo vale para jogar xadrez, estudar matemática, escrever poesia, jogar basquete, e assim por diante. Observações em gêmeos sugerem que, mesmo que eles sejam separados ao nascer, provavelmente terão capacidades mentais muito similares. Algumas subpopulações humanas têm um maior percentual de fibras musculares lentas, e presume-se que essa seja a causa de serem muito boas em corrida de longa distância, enquanto outras têm uma maior porcentagem de fibras rápidas e tendam a ser muito melhores em corridas de 100 m ou em saltos. Essas suposições são probabilísticas — ou seja, mostram uma mudança numa distribuição quase normal de determinada característica numa subpopulação, embora indivíduos dentro de cada uma das subpopulações possam exibir capacidades diversas.

18.11 Plasticidade no encéfalo

A flexibilidade (plasticidade) das projeções do sistema nervoso central é uma de suas características mais notáveis, provavelmente contribuindo para a aprendizagem motora e para a adaptação a lesões. Após os trabalhos clássicos de Lashley na década de 1930, foi proposto que a lesão encefálica pode levar a uma dramática reorganização topográfica em áreas adjacentes, que pode, em particular, contribuir de forma significativa à recuperação depois de um acidente vascular encefálico (revisto em Boniface, 2001; Siebner e Rothwell, 2003; Seitz et al., 2004). Notou-se que alterações do influxo aferente periférico induzem mudanças no tamanho e no local do campo receptor no córtex encefálico do gato. Houve mudanças nas representações corticais somatossensoriais em macacos após um treinamento específico de uma mão e após a amputação ou fusão de um dedo (Merzenich et al., 1984; Recanzone et al., 1992). A plasticidade no sistema nervoso central não se limita a estados patológicos e estruturas supraespinais grosseiramente alteradas, como demonstrado por experiências sobre alterações em reflexos monossinápticos depois de prolongado condicionamento operante, mencionadas anteriormente (Wolpaw, 1987).

Em seres humanos, a reorganização neurológica de sinais de controle descendentes após a amputação de um membro foi demonstrada por EMT (ver capítulo 35). Nesses estudos, estímulos da bobina em posições ótimas sobre o couro cabeludo recrutaram uma porcentagem maior dos motoneurônios α que controla os músculos na parte residual do membro. Esses mesmos músculos poderiam ser ativados por áreas do couro cabeludo maiores que as áreas responsáveis por ativar os músculos no lado intacto.

Estudos mais recentes sugerem fortemente que a plasticidade encefálica se mantém em adultos saudáveis. Praticar uma tarefa nova, ainda que brevemente, pode alterar projeções descendentes de áreas do encéfalo sobre os músculos envolvidos na tarefa (Classen et al., 1998; Latash, Yarrow e Rothwell, 2003). Essas alterações são específicas da tarefa e podem contribuir para a melhoria de sua execução após certa prática.

18.12 Síndrome de Korsakoff

O alcoolismo crônico e as alterações que provoca no metabolismo por vezes levam a um conjunto complexo de sintomas chamado *síndrome de Korsakoff*, ou psicose. Pacientes com síndrome de Korsakoff demonstram graves *deficit* de memória. Estudos revelaram que esses *deficit* se devem, ao menos em parte, à codificação defeituosa no momento da aprendizagem em vez de mecanismos defeituosos. Esses pacientes se saem muito melhor se lhes são fornecidos indícios ou sugestões parciais. Memórias que podem ser recuperadas por indução são chamadas memórias iniciadoras e ficam intactas mesmo em pacientes com perdas graves de memória. Pacientes com síndrome de Korsakoff sofrem alterações patológicas nos corpos mamilares do hipotálamo e no núcleo dorsal medial do tálamo, o que sugere que essas estruturas também estejam envolvidas na codificação da memória.

18.13 Possível papel do hipocampo e do cerebelo na memória

Pacientes com lesão no hipocampo podem resolver complexos quebra-cabeças mecânicos tão rapidamente e tão bem quanto pessoas sem lesão. Porém, mais tarde não se lembram de terem solucionado o quebra-cabeça ou mesmo de terem trabalhado nele. Assim, existem dois tipos de memória envolvidos nesse procedimento: um aparentemente perfeito e um prejudicado. O primeiro tipo é chamado *memória reflexiva*. Ela se acumula vagarosamente por meio da repetição de muitos experimentos e não depende de processos cognitivos, como comparação e avaliação. Muitas habilidades perceptivas e motoras são exemplos de memória reflexiva. O segundo tipo de memória é a declarativa. Ela depende de processos cognitivos, como avaliação, comparação e inferência, e pode ser estabelecida após um único evento. Ela envolve a restauração do evento todo com base em pequenos pedaços e partes, como, por exemplo, quando recordamos uma celebração ocorrida há um mês ao vermos um feixe de balões.

Como sugerido pelo exemplo que acabei de dar, o hipocampo é importante para armazenar memória declarativa. Os neurônios do hipocampo têm uma plasticidade que pode criar a base para a aprendizagem associativa. A figura 18.6 ilustra esquematicamente como as principais vias excitatórias do hipocampo podem interagir. Entre elas estão a *via fibrosa perfurante*, que corre do *subículo* às células granulares no hilo do *giro denteado*; a *via da fibra musgosa*, que corre das células granulares às células piramidais na área CA3; e as *colaterais de Schaeffer*, que correm da área CA3 às células piramidais na área CA1. Demonstrou-se que uma breve sucessão de estímulos elétricos de alta frequência em uma das três principais vias excitatórias pode produzir um potencial pós-sináptico excitatório estável em neurônios do hipocampo, cuja duração pode ser de horas e mesmo de dias e semanas. Esse fenômeno é chamado *potenciação de longo prazo (PLP)*. Quando descoberto, imediatamente se tornou o principal candidato a substrato da memória.

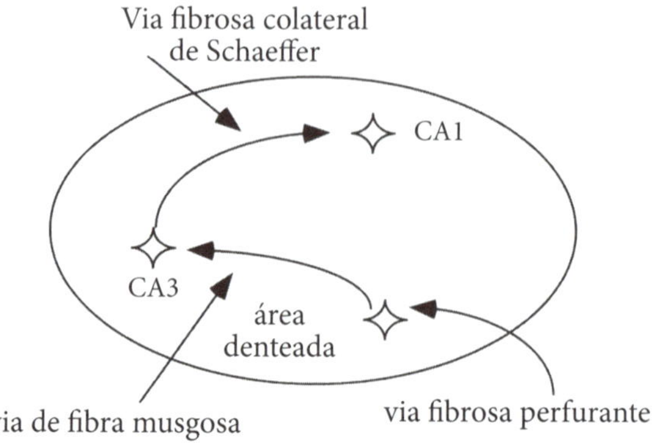

Figura 18.6 O hipocampo é o candidato principal para a armazenagem da memória declarativa. O mecanismo hipotético da memória é baseado em potenciação de longo prazo (PLP), que requer atividades simultâneas em várias fibras excitatórias.

A PLP tem algumas características interessantes:

1. Mais de uma fibra de entrada deve estar ativa para produzir PLP — ou seja, a PLP exige cooperação.
2. As fibras de entrada e o neurônio pós-sináptico devem estar ativos juntos para provocar a PLP — isto é, a PLP é associativa.
3. A PLP é específica da via que a induziu.

Os mecanismos moleculares subjacentes à PLP têm sido estudados extensivamente, sugerindo que pode haver uma gramática molecular de aprendizagem e memória.

O cerebelo tem sido a estrutura favorita para modelos de memória desde os trabalhos clássicos de Marr e Albus (Marr, 1969; Albus, 1971). O desenvolvimento dessas ideias (revistas em Linden, 1996) levou os pesquisadores a ver o cerebelo como uma área de aprendizagem neuronal com uma interação específica entre os dois principais sistemas aferentes de entrada. Presume-se que as fibras musgosas transportem informação sobre estímulos externos e o contexto do movimento, e que as fibras trepadeiras sinalizem erros específicos do movimento e elementos potencialmente prejudiciais no ambiente.

O cerebelo também tem sido considerado uma área hipotética de armazenamento da memória de longo prazo. Várias drogas foram usadas para inativar, de modo reversível, partes do cerebelo em animais previamente treinados para executar tarefas motoras específicas. Com a desativação cerebelar localizada, os efeitos do treinamento anterior desapareceram e os animais começaram a aprender do zero, como se nunca tivessem sido treinados (Robinson, 1976; McCormick e Thompson, 1984; Yeo, Hardiman e Glickstein, 1984). Essas observações apoiam a ideia de que o cerebelo armazena efeitos de treinamento de longo prazo. O papel do cerebelo nas memórias motoras também foi inferido de observações em ratos mutantes com marcada degeneração cerebelar (Lalonde et al., 1996).

Entretanto, existem problemas com a hipótese de que fenômenos como a PLP e o DLP, que ocorrem no hipocampo ou no cerebelo e causam alterações estáveis nas sinapses, representem um substrato de memória. Discutimos algumas dessas questões na seção 18.8.

18.14 Memória espinal

Um estudo de memória espinal em ratos foi realizado por Lev Latash, que usou como modelo o fenômeno da assimetria estável dos reflexos monossinápticos (ver capítulo 8) induzido pela destruição de um dos hemisférios cerebelares (Latash, 1979). Depois desse procedimento cirúrgico, a assimetria dos sinais descendentes provocou uma assimetria nos reflexos H dos membros posteriores à esquerda e à direita. Mais tarde, uma segunda cirurgia foi realizada, com uma transecção total da medula espinal no nível torácico superior. Essa segunda cirurgia eliminou a assimetria dos sinais descendentes que tinha sido a causa original da assimetria do reflexo H. Contudo, se o intervalo de tempo entre as duas cirurgias fosse suficientemente longo, a assimetria dos reflexos persistia após a total transecção espinal.

Vamos considerar as fontes hipotéticas da assimetria reflexa da segunda cirurgia. Elas poderiam ter relação com vestígios da primeira cirurgia (*memória*) armazenados em *motoneurônios*, ou em *terminais aferentes pré-sinápticos*, ou nos *interneurônios* que controlam o arco reflexo monossináptico. Experimentos com o uso de aquecimento após um resfriamento local profundo mostraram uma restauração inicial dos reflexos sem assimetria seguida pela restauração da assimetria. Essas observações, assim como experiências com agentes farmacológicos, apontam os interneurônios como local das mudanças de longo prazo subjacentes à assimetria (uma provável inibição de interneurônios inibitórios). Note que, após a transecção espinal, as influências pré-sinápticas sobre os interneurônios foram removidas. Portanto, a área dos traços de memória deve ser *pós-sináptica*. Esses traços possivelmente dependem de macromoléculas dos corpos celulares.

Pode haver diferenças significativas entre a memória da medula espinal e a memória do encéfalo. Contudo, as observações revelaram apenas que a memória pode ter como base mecanismos que não envolvam alterações estáveis nas sinapses.

Capítulo 18 em resumo

A memória pode ser observada em diferentes níveis, da histerese no comportamento muscular à habituação de reflexos ao condicionamento clássico ou operante para a aquisição de habilidades. A teoria de Pavlov considera o comportamento animal como uma combinação de reflexos inatos e condicionados. A fisiologia da iniciativa de Bernstein enfatiza o princípio da atividade e vê a aquisição de habilidade motora como um processo de busca ativa. A memória de curto prazo dura poucas horas, e seu conteúdo pode ser transferido à memória de longo prazo por meio da consolidação. A memória reflexiva acumula-se lentamente por meio da repetição de muitas experiências, e os processos cognitivos não são cruciais ao seu sucesso. A memória declarativa depende de processos cognitivos, como avaliação, comparação e inferência, e pode ser estabelecida após um único evento. As memórias são distribuídas sobre um substrato, e sua recuperação tem características similares às das imagens holográficas. Os mecanismos neuronais da memória são desconhecidos. A potenciação e o decaimento de longo prazo no hipocampo e no cerebelo frequentemente são vistos como o mecanismo neuronal da memória, de modo que as sinapses seriam o local de armazenagem. Essa visão é bastante controversa. A memória também existe no nível espinal, provavelmente numa região pós-sináptica.

Materiais de revisão

Problemas

1. Que problemas motores podem ocorrer numa pessoa cujo núcleo esquerdo de Deiters tenha sido completamente destruído?

2. A atividade das células de saída do cerebelo aumenta repentinamente em dez vezes. Que tipo de efeito motor se espera disso?

3. Pede-se a uma pessoa para imaginar que está realizando uma tarefa motora, como um movimento rápido do braço. O movimento real não ocorre e os níveis de ativação muscular não mudam. Em quais estruturas do sistema nervoso central são esperadas alterações na atividade de plano de fundo dos neurônios? Em quais estruturas não deve haver mudança na atividade neuronal?

4. Quando ouvimos música clássica, podemos experimentar memórias inesperadas e vivas que aparentemente foram criadas pela mente de um compositor morto há anos. Escolha um posicionamento filosófico (reducionista ou dualista) e sugira um mecanismo neurofisiológico para esse efeito.

5. Após uma lesão na medula espinal no nível médio-toráxico, uma pessoa consegue enviar comandos voluntários aos músculos da perna, mas não tem sensação nesses membros. Quais seções da medula espinal foram danificadas e quais foram poupadas pelo trauma?

6. As bobinas de dois estimuladores magnéticos transcranianos são colocadas sobre o córtex motor primário direito e esquerdo. Quando uma delas gera um estímulo, uma resposta é vista nos músculos do braço contralateral com uma latência de cerca de 20 ms. Quando a outra produz um estímulo, alguns milissegundos antes que a primeira, a resposta diminui. Que mecanismos neurofisiológicos estão envolvidos na modulação da resposta?

Para alunos viciados em testes de múltipla escolha

Você tem 20 minutos para completar este teste. Circule apenas uma resposta (afirmação) para cada pergunta. Escreva uma frase curta explicando por que escolheu essa resposta.

1. Uma pessoa aprende uma nova habilidade motora. Depois que essa habilidade é aprendida, a RMFI mostra um grande aumento do sinal DNOS no cerebelo contralateral. O que se pode concluir?

a. O cerebelo contralateral armazena memórias do desempenho da habilidade.
b. O cerebelo contralateral é importante para a consolidação de memórias implícitas associadas com o aprendizado da habilidade.
c. O cerebelo contralateral desempenha um papel central na recordação das memórias implícitas.
d. O cerebelo contralateral projeta-se diretamente sobre os motoneurônios α ativados durante a execução da habilidade.
e. Nenhuma das alternativas anteriores.

Por quê?

2. Um estímulo magnético transcraniano único e breve aplicado no córtex motor primário

a. induz respostas monossinápticas nos motoneurônios α que inervam os músculos da mão ipsilateral
b. pode diminuir a atividade muscular contralateral
c. produz um aumento estável das forças dos músculos contralaterais
d. tipicamente suprime respostas monossinápticas nos músculos contralaterais
e. nenhuma das alternativas anteriores

Por quê?

3. O que se espera de uma patologia associada à triplicação da produção de dopamina pela substância negra?

a. Dificuldade para iniciar um movimento.
b. Supressão de reflexos monossinápticos.
c. Movimentos mal controlados e excessivos.
d. Projeções mais fracas do tálamo sobre o córtex.
e. Todos os itens acima.

Por quê?

4. As principais células de saída do cerebelo

a. podem gerar potenciais de ação de formatos diferentes
b. fazem sinapses excitatórias em seus neurônios-alvo
c. projetam-se sobre os interneurônios espinais
d. são quiescentes quando o animal está relaxado
e. recebem entradas diretas provenientes do córtex motor

Por quê?

5. Uma pessoa executa uma série de movimentos rítmicos de uma tarefa motora simples, realizando um experimento a cada 5 s e partindo de um estado relaxado. Em alguns dos experimentos, 0,5 s antes do início do movimento, a pessoa recebe um sinal inesperado para não realizar o movimento. O que será observado?

a. Não existe potencial de prontidão nos experimentos abortados.
b. Não existe potencial motor nos experimentos abortados.
c. As respostas monossinápticas aumentam ao longo do tempo quando se planeja ativar os músculos-alvo.
d. A força muscular não depende do comprimento muscular nos experimentos abortados.
e. Todas as alternativas anteriores.

Comportamentos: controle e coordenação

19 Controle motor. 213

20 Sinergias motoras 225

21 Controle postural 235

22 Locomoção 249

23 Movimento multiarticular 259

24 Preensão 269

25 Movimento ocular e visão. 279

26 Cinestesia 287

Materiais de Revisão 297

19

Controle motor

Palavras-chave e tópicos

- controle de força
- programa motor generalizado
- modelos internos
- controle do ponto de equilíbrio
- equifinalidade
- sistemas dinâmicos

Este capítulo e o próximo lidam mais com questões gerais de controle motor e coordenação do que com os mecanismos neurofisiológicos que formam a base dos movimentos naturais coordenados. De qualquer forma, é útil que, antes de considerarmos as bases neurofisiológicas dos comportamentos e desordens motores, apresentemos um quadro teórico geral adequado para abordar questões de controle e coordenação em sistemas biológicos.

19.1 Estrutura do corpo humano: uma fonte de problemas?

O controle motor tem dois componentes óbvios: motor e controle. No capítulo 10, analisamos alguns elementos da teoria do controle. Observe, contudo, que as noções e o aparato computacional da teoria do controle foram desenvolvidos para descrever o controle de objetos inanimados construídos por seres humanos. Existem muitas diferenças importantes entre um objeto artificial controlável, como um robô, e o corpo humano:

1. Os movimentos humanos (e animais) são produzidos por estruturas geradoras de força com características que um engenheiro pode considerar subótimas. Em particular, os músculos são motores elásticos (como uma mola) que atuam sobre os ossos por meio de outra estrutura elástica, o tendão (capítulo 4). Dessa forma, os músculos produzem forças que sempre dependem da carga externa. Em sistemas artificiais, movimentos são produzidos por acionadores que geram força ou torque quase perfeitos, ou seja, sistemas que podem gerar um padrão de tempo pré-definido de força ou torque, independentemente da carga externa.
2. Os músculos são relativamente lentos. Eles demoram para produzir força depois de receber um sinal do sistema nervoso central (capítulo 4). Em robótica, acionadores podem produzir forças que aumentam muito mais rapidamente e com pequeno atraso. Os músculos alteram sua atividade em resposta a mudanças em condições externas por meio de vias reflexas que levam tempo para conduzir potenciais de ação (capítulos 8 e 9). Os circuitos de controle na maioria dos sistemas artificiais são quase instantâneos.
3. Os músculos e suas interações com o sistema nervoso central são essencialmente não lineares. Os engenheiros preferem lidar com sistemas lineares, que reagem a uma pequena alteração na entrada com uma mudança proporcionalmente pequena na saída.

Um engenheiro do século XXI pode ver essas diferenças como falhas importantes ou, pelo menos, como fatores de complicação importantes na estrutura do corpo humano. Para controlar movimentos dessa estrutura aparentemente mal projetada, o sistema nervoso central deve ser computacionalmente poderoso e equipado com um monte de ferramentas sofisticadas para ser capaz de prever as consequências das propriedades dos músculos e das vias neurais e fazer as correções adequadas.

PROBLEMA # 19.1

- Cite um ou dois componentes da estrutura aparentemente subótima do corpo humano relacionados à produção de movimento.

Uma visão filosófica alternativa a respeito do corpo humano é a de que ele é projetado perfeitamente de acordo com a variedade das tarefas humanas na vida cotidiana. Sua estrutura permite um desempenho motor estável e flexível quando as condições externas exigem mudanças nos padrões motores. Segundo essa visão, não devemos ficar envergonhados, mas orgulhosos da estrutura do nosso corpo. O sistema nervoso central não precisa de muletas computacionais para controlar o corpo; são os pesquisadores de controle motor que precisam de teorias melhores.

As diferenças mencionadas entre a estrutura do corpo humano e os sistemas artificiais projetados por seres humanos recomendam cautela aos pesquisadores na aplicação de esquemas de controle desenvolvidos para sistemas artificiais ao controle motor em seres humanos e animais. Contudo, entender os fundamentos da teoria do controle é essencial para dar os primeiros passos na área de controle motor. As formulações e o rigoroso aparato matemático da teoria do controle são exemplos estimulantes para pesquisadores de controle motor, que devem se empenhar na busca de uma abordagem comparativamente rigorosa do controle dos movimentos biológicos.

19.2 Abordagem força-controle

Um dos esquemas de controle mais intuitivos foi construído com base na noção bastante simples de que o sistema motor humano é um sistema que precisa produzir determinada saída mecânica. A maioria das ações diárias, como locomover-se, apontar e alcançar algo, exige que movamos um efetor ou o corpo todo de um ponto específico no espaço a um ponto específico no tempo. Vamos considerar a tarefa de tocar um objeto com a ponta do dedo indicador (figura 19.1).

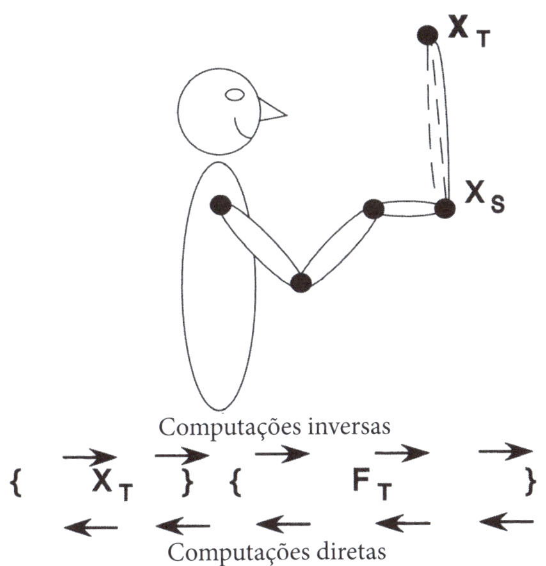

Figura 19.1 Para produzir um movimento de alcançar de uma posição inicial X_S a uma posição-alvo X_T é preciso lidar com vários problemas computacionais, ilustrados aqui e descritos no texto. Três trajetórias possíveis até o ponto final são ilustradas.

O ponto desejado de contato com o objeto pode ser descrito com três coordenadas – alvo ou um vetor X_T tridimensional, enquanto a posição de partida da ponta do dedo indicador pode ser descrita com um vetor tridimensional X_S diferente. Por ora iremos ignorar o problema (potencialmente muito importante) de escolher um sistema de coordenadas no qual os dois vetores sejam computados. Assim, o problema para o sistema de controle é produzir um movimento do braço que desloque a ponta do dedo de X_S a X_T.

Contudo, o projeto anatômico do braço permite somente rotações articulares que traduzam o ponto final. Portanto, precisamos descobrir quais combinações de rotações articulares serão adequadas para mover a ponta do dedo até X_T. O número de eixos independentes das rotações articulares no braço humano é maior que três; se considerarmos somente as articulações do ombro, cotovelo e punho, esse número é sete. O ombro pode se flexionar e estender, abduzir e aduzir, e girar interna e externamente; o cotovelo pode se flexionar e estender; o punho pode se flexionar e estender e abduzir e aduzir; e o antebraço pode pronar e supinar. Assim, o espaço dos ângulos articulares tem sete dimensões, e não é uma tarefa trivial encontrar a configuração articular desejada (que pode ser descrita por um vetor de sete dimensões Φ_T) correspondente ao X_T tridimensional. Essa tarefa é similar à tentativa de resolver três equações com sete incógnitas. O problema de encontrar uma configuração articular correspondente ao local do ponto final é conhecido como um caso particular de *problema da cinemática inversa* (Mussa-Ivaldi, Morasso e Zaccaria, 1989). Ele pertence à classe dos problemas mal formulados. Não existe solução geral para o problema da cinemática inversa, como não existe solução para problemas similares que buscam um grande número de variáveis desconhecidas partindo de um número menor de variáveis conhecidas. Para resolver isso, devemos impor restrições adicionais (adicionar mais equações) ou tratar a questão como um problema de otimização de uma determinada função de custo (Seif-Naraghi e Winters 1990; Latash, 1993). Vamos considerar esse problema com mais detalhes no capítulo 20.

Por ora, vamos presumir que esse problema tenha sido resolvido e um vetor de destino Φ_T tenha sido encontrado. Suponhamos que o vetor de partida dos ângulos articulares Φ_S seja conhecido. A próxima etapa do problema de controle é localizar padrões de torques articulares que movam o braço de Φ_S para Φ_T. Esse problema é conhecido como *problema da dinâmica inversa* (Hollerbach e Atkeson, 1987; An, Atkeson e Hollerbach, 1988; Atkeson, 1989). Potencialmente, é outro problema mal formulado, até porque as configurações iniciais e finais do braço não definem sua trajetória: existe um número infinito de funções de tempo $\Phi(t)$ que podem mover a ponta do dedo ao alvo. Mais uma vez, vamos supor que esse problema tenha sido resolvido e que padrões de torques articulares apropriados, $T(t)$, tenham sido computados.

Apesar disso, o controlador (o sistema nervoso central) só pode produzir alterações ativas no torque articular enviando sinais aos motores fisiológicos, os músculos. Assim, o próximo passo para o controlador é computar padrões de força muscular, $F_M(t)$, adequados para produzir a função exigida $T(t)$. Lembre-se de que as articulações são geralmente envolvidas por muitos músculos. Por exemplo, a aparentemente simples articulação do cotovelo tem três flexores (bíceps braquial e braquiorradial) e três extensores (as cabeças do músculo tríceps). Alguns desses músculos movem mais de uma articulação, enquanto a ativação de um músculo frequentemente produz torque ao longo de vários possíveis eixos de rotação articular (Hogan 1985, 1990; Zajac e Gordon, 1989). Além disso, o torque de articulações individuais é definido não apenas pelas forças produzidas pelos músculos que cruzam a articulação, mas também por outras forças, como forças externas (sobretudo a gravidade) e torques relacionados ao movimento de outras articulações do membro. Os últimos são comumente chamados *torques de interação* (Zatsiorsky, 2002). Mais uma vez, presume-se que esse problema seja resolvido por um dispositivo de computação muito poderoso em algum lugar do sistema nervoso central.

O sistema nervoso central muda as forças musculares ativamente, alterando os níveis de ativação muscular, $A(t)$. Essas funções precisam ser computadas e percebidas para certificar que o vetor das forças musculares é $F_M(t)$. A força muscular depende dos sinais neurais para o músculo e das condições de carga externa real que mudam com o movimento. Assim, essa fase do problema de controle requer a previsão das mudanças exatas que ocorrem no comprimento e na força muscular ao longo do tempo do movimento.

A última fase do problema é computar os sinais de controle fisiológico, $U(t)$, que o encéfalo enviará aos neurônios na medula espinal para ativar motoneurônios α que inervam os músculos envolvidos. Esses padrões devem levar em conta as mudanças nos estímulos que os neurônios motores recebem de receptores periféricos pelas vias reflexas. Assim, todo o processo de computar sinais que descem do encéfalo à medula espinal pode ser representado (de forma muito simplificada!) como

$$\{\boldsymbol{X}_T\}\rightarrow\{\Phi_T\}\rightarrow\{\boldsymbol{T}(t)\}\rightarrow\{\boldsymbol{F}_M(t)\}\rightarrow\{\boldsymbol{A}(t)\}\rightarrow\{\boldsymbol{U}(t)\} \quad (19.1)$$

Depois que a computação é concluída, o encéfalo emite sinais de comando $U(t)$ aos neurônios espinais, que alteram os níveis de ativação dos músculos apropriados de modo que eles produzam os padrões de força necessários. Os padrões de força giram as articulações da configuração inicial para a final, e a tarefa é concluída:

$$\{\boldsymbol{U}(t)\}\rightarrow\{\boldsymbol{A}(t)\}\rightarrow\{\boldsymbol{F}_M(t)\}\rightarrow\{\boldsymbol{T}(t)\}\rightarrow\{\Phi_T\}\rightarrow\{\boldsymbol{X}_T\} \quad (19.2)$$

Existem várias etapas computacionais não triviais envolvidas no processo. Algumas já foram mencionadas e outras o serão mais tarde. Os pesquisadores, normalmente, presumem que o encéfalo possua imenso poder computacional e tenha pouca dificuldade para executar esses cálculos num piscar de olhos. Essa hipótese está longe de ser banal, porque o encéfalo gasta tempo considerável processando informação mesmo quando enfrenta uma tarefa simples, como a de iniciar um movimento rápido do dedo em direção a um de dois alvos pré-definidos.

Tratarei essa abordagem do controle dos movimentos humanos como uma *abordagem força-controle*, porque ela assume que o encéfalo gera sinais de controle com base em padrões pré-computados de forças musculares adequadas para executar a tarefa. Essa hipótese parece muito intuitiva, mas tem sido desafiada por outra visão do controle motor que parte de um conjunto de fatos muito diferente. Antes de passarmos essa segunda visão, vamos considerar duas ramificações da abordagem força-controle.

19.3 Engramas e programa motor generalizado

Em meados da década de 1980, Nikolai Bernstein publicou um dos seus mais influentes trabalhos (Bernstein, 1935). Nele, revisou as características básicas da estrutura do corpo humano e algumas das características conhecidas do comportamento motor. Em particular, ele prestou atenção à capacidade dos seres humanos de realizar ações semiautomáticas similares, como assinar o nome, com efetores diferentes. A figura 19.2 reproduz uma famosa ilustração de Bernstein, em que ele escreveu a palavra russa *coordenação* com o lápis na mão dominante e na não dominante, atado ao cotovelo direito, atado ao pé e colocado entre os dentes. Com base na similaridade aparente das amostras de escrita, Bernstein concluiu que a prática motora levou à elaboração de funções de controle expressas em variáveis hipotéticas que poderiam ser dimensionadas em tempo e magnitude e, em seguida, projetadas sobre sistemas efetores diferentes. Ele chamou essas funções de *engramas*.

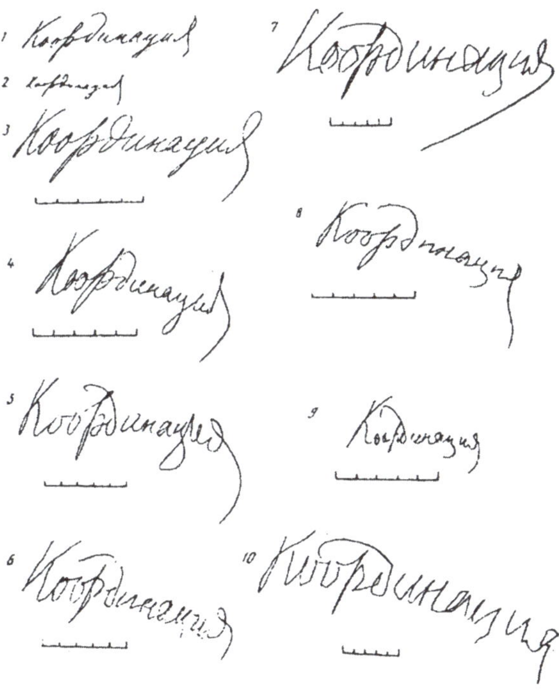

Figura 19.2 Num trabalho influente, Bernstein escreveu a palavra russa *coordenação* com o lápis em ambas as mãos, direita e esquerda, entre os dentes e atado aos ombros direito e esquerdo. Note as características aparentemente preservadas da caligrafia.

Reproduzido de N.A. Bernestein, 1947. *On the construction of movements* (Moscou: Medgiz).

Bernstein avaliou a importância de fatores aparentemente complicadores, vistos na seção anterior, que afetam padrões motores periféricos em combinação com comandos neurais produzidos pelo cérebro. Portanto, ele não associou engramas com forças, torques articulares ou deslocamentos musculares. Em vez disso, tratou-os como variáveis hipotéticas indefinidas.

Na década de 1970, Richard Schmidt desenvolveu a ideia de engramas na *teoria do programa motor generalizado*, ou *teoria do esquema* (Schmidt, 1975, 1980). Essa teoria tem um espírito muito próximo da abordagem força-controle ao assumir que o encéfalo armazena "fórmulas de movimento" expressas em variáveis diretamente relacionadas aos padrões mecânicos associados com ações particulares. O suporte experimental para a teoria do programa motor generalizado veio de estudos que demonstraram padrões de tempo invariáveis em uma sequência de ações que poderiam ter sua velocidade acelerada ou diminuída. Em particular, quando datilógrafos profissionais digitavam uma frase padrão muitas vezes, eles podiam mudar substancialmente a velocidade média da digitação, enquanto a temporização relativa das principais batidas se mostrava bastante invariável (Viviani e Terzuolo, 1980).

PROBLEMA # 19.2

- Em alguns casos, acelerar uma ação motora altera abruptamente o tempo relativo dos subcomponentes da ação. Essa conclusão refuta a teoria do programa motor generalizado?

19.4 Modelos internos

Recentemente, a linha de pensamento das abordagens força-controle e do programa motor generalizado levou pesquisadores ao desenvolvimento de uma influente tendência no estudo do movimento, a qual comumente é tratada como *modelos internos*. A ideia principal por trás dos modelos internos é a de que o sistema nervoso central computa sinais de controle que produzem padrões de força muscular adequados. Essa ideia soa tão obviamente correta que é preciso algum esforço para perceber que pode estar errada. De acordo com essa visão, para alcançar um resultado periférico de uma ação planejada, o encéfalo precisa levar em conta dois fatores:

1. Todas as etapas envolvidas na transformação de sinais neurais em variáveis mecânicas; e
2. Atrasos de tempo na transmissão de informação do encéfalo aos músculos e de receptores periféricos ao encéfalo.

De acordo com isso, considera-se que o encéfalo contém dois tipos de modelos. Os *modelos inversos* computam comandos neurais descendentes com base num efeito mecânico desejado — eles modelam transformações (equação 19.1). Porém, essas computações são feitas com sinais sensoriais que liberam informação um tanto obsoleta sobre o estado da periferia. Além disso, sinais computados no encéfalo atingirão os músculos após um substancial atraso de tempo, de modo que o estado dos músculos provavelmente já terá mudado ainda mais. Outro grupo de modelos, o de *modelos diretos*, leva em consideração possíveis alterações nos músculos e membros em virtude de atrasos de tempo nas vias neurais. Os modelos diretos computam (predizem) os efeitos dos comandos neurais correntes sobre o estado da periferia — eles modelam transformações (equação 19.2). Os processos inversos e diretos são ilustrados na figura 19.3.

Duas fontes de material experimental têm sido usadas para apoiar a ideia de que uma combinação de modelos internos diretos e inversos está envolvida em todos os movimentos propositais. Em primeiro lugar estão as ações antecipatórias dos músculos — essas ações parecem ser baseadas em predições de efeitos mecânicos (Belen'kii et al., 1967; Cordo e Nashner, 1982; Johansson e Westling, 1988; Koshland, Gerilovsky e Hasan, 1991; Massion, 1992; Lacquaniti e Maioli, 1989). Consideraremos alguns exemplos dessas ações nos capítulos sobre controle postural e preensão (capítulos 21 e 24). Em segundo lugar estão os efeitos da aprendizagem motora em campos de força externos incomuns, geralmente simulados com poderosos motores de torque (Shadmehr e Mussa-Ivaldi, 1994), ou com retroalimentação sensorial incomum, que costuma ser obtido com vidros prismáticos ou mapeamento dos movimentos de braço artificialmente modificados no movimento do cursor sobre a tela do computador (Imamizu, Uno e Kawato, 1995).

Os pesquisadores têm tentado ligar modelos internos diretamente a estruturas neurofisiológicas particulares, como o cerebelo (Kawato e Gomi, 1992; Wolpert, Miall e Kawato, 1998). Nesses estudos, alterações plásticas no cerebelo foram demonstradas após movimentos de aprendizagem em condições novas. Essas alterações plásticas foram interpretadas como consequência da formação de novos modelos internos.

Não existe discussão sobre a capacidade dos seres humanos e animais de comportar-se de modo preditivo. Por exemplo, ao seguir uma presa, um predador sempre tenta interceptá-la num local onde espera que ela esteja no futuro. Contudo, qualquer comportamento antecipado significa que o controlador neural contém um modelo interno para computar consequências periféricas de ações planejadas, como forças musculares e torques articulares?

Considere o exemplo a seguir. Quando dirigimos um carro, controlamos seu movimento pressionando os pedais do acelerador e do freio e girando o volante. Nosso encéfalo contém um modelo computacional que prevê alterações na quantidade de gasolina injetada nos cilindros, quando pressionamos o pedal do acelerador; os efeitos mecânicos da explosão de gasolina sobre o movimento translacional dos cilindros; os efeitos

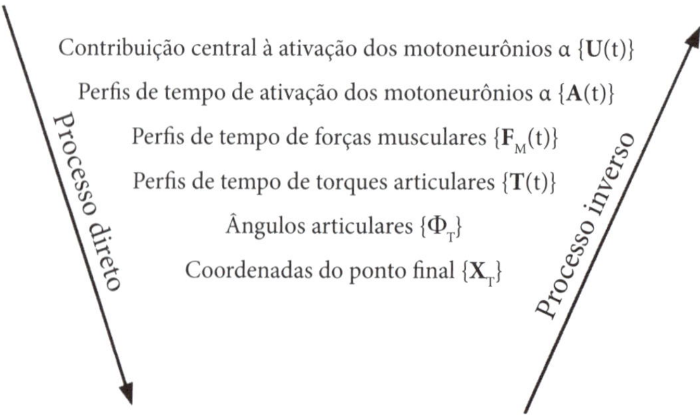

Figura 19.3 Os processos diretos e inversos envolvidos na computação de um simples movimento de alcançar.

que esse movimento tem sobre a rotação das rodas e as interações entre as rodas e o pavimento? Provavelmente, você concorda que a resposta é não. Em vez disso, temos em nosso encéfalo um conjunto de regras que mapeiam nossas ações (pressionar os pedais e girar o volante) sem nenhuma modelagem explícita ou implícita de todos os processos de transformação intermediários.

PROBLEMA # 19.3

- É possível incluir o exemplo da condução do carro na teoria do programa motor generalizado? Existe um "programa para dirigir"?

Uma alternativa à abordagem força-controle, à teoria do programa motor generalizado e à ideia de modelos internos é oferecida pela hipótese do ponto de equilíbrio do controle motor. No capítulo 10, aplicamos essa hipótese ao controle dos movimentos uniarticulares. Agora é tempo de uma análise mais profunda dessa hipótese.

19.5 Hipótese do ponto de equilíbrio: ideias principais

A hipótese do ponto de equilíbrio pode ser rastreada em estudos realizados no início do século XX. O famoso fisiologista alemão Wachholder (revisto em Sternad, 2002) fez uma pergunta aparentemente simples: como os seres humanos podem relaxar os músculos em diferentes posições articulares? Na verdade, os músculos são conhecidos por terem propriedades de mola (capítulo 4). Isso significa que, se um par de músculos agonista-antagonista que agem numa articulação for relaxado numa determinada posição articular (posição A, figura 19.4), um deles será alongado e o outro encurtado quando a articulação se mover para outra posição (posição B, figura 19.4). O equilíbrio de forças será violado, e uma produção de força muscular ativa será necessária para evitar que a articulação volte à posição A. Wachholder mediu a atividade muscular em diferentes posições articulares e descobriu que os seres humanos, de fato, podem relaxar completamente em diferentes posições. Essa observação permitiu-lhe concluir que as propriedades de mola do músculo foram modificadas por estruturas neurais.

Mais tarde, na década de 1950, essa percepção foi generalizada na forma do *paradoxo postura-movimento* (Von Holst e Mittelstaedt, 1950). Naquela época, sabia-se que as posturas articulares são estabilizadas por mecanismos neurofisiológicos, alguns dos quais discutimos nos capítulos 8, 9 e 12. Se uma articulação está em equilíbrio numa combinação específica de carga externa e ângulo (figura 19.5*A*), qualquer desvio dessa combinação gera forças musculares que tentam trazer a articulação de volta a seu equilíbrio. A questão é: como o movimento ativo pode ocorrer sem provocar a resistência desses mecanismos de estabilização postural?

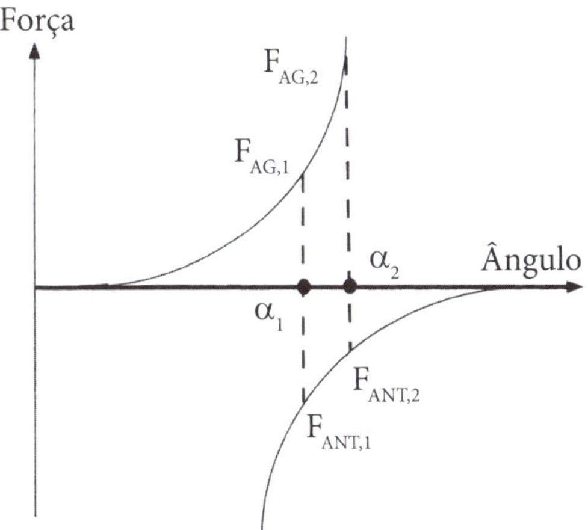

Figura 19.4 Se um músculo agonista e antagonista produzir forças iguais em certo ângulo articular (α_1, $F_{AG,1}=F_{ANT,1}$), as propriedades de mola de um músculo levarão a um desequilíbrio de forças quando a articulação se mover para um novo ângulo (α_2, $F_{AG,1}>F_{ANT,2}$). Esse desequilíbrio atua para mover a articulação de volta para α_1.

PROBLEMA # 19.4

- Que mecanismos fisiológicos contribuem para a estabilização postural de uma articulação se ela for retirada do equilíbrio?

A resposta, sugeriram von Holst e Mittelstaedt, era o *princípio de reaferência*. Os comandos neurais para qualquer movimento ativo reendereçavam sinais aferentes de proprioceptores para uma nova postura. Esses sinais costumavam ser as fontes de informação para os mecanismos de retroalimentação estabilizarem a postura inicial. Agora, a mesma informação é utilizada para estabilizar uma nova postura. Foram necessários cerca de 10 anos para que o princípio de reaferência fosse incorporado numa hipótese que une o controle da postura e o do movimento num esquema único e coerente.

A hipótese do ponto de equilíbrio pressupõe que as estruturas de controle central alteram variáveis fisiológicas associadas com limiares de ativação muscular e reendereçam mecanismos estabilizadores de postura a uma nova postura. Esses mecanismos transformam-se de estabilizantes de postura em produtores de movimento. A figura 19.5B mostra que, se a estabilização postural for reendereçada a uma nova posição articular, a posição articular original torna-se um desvio da nova e mecanismos de estabilização de postura movem a articulação para a nova posição. A capacidade de resolver o paradoxo postura-movimento é exclusiva para a hipótese do ponto de equilíbrio; outras teorias de controle motor têm até agora fracassado nesse teste decisivo.

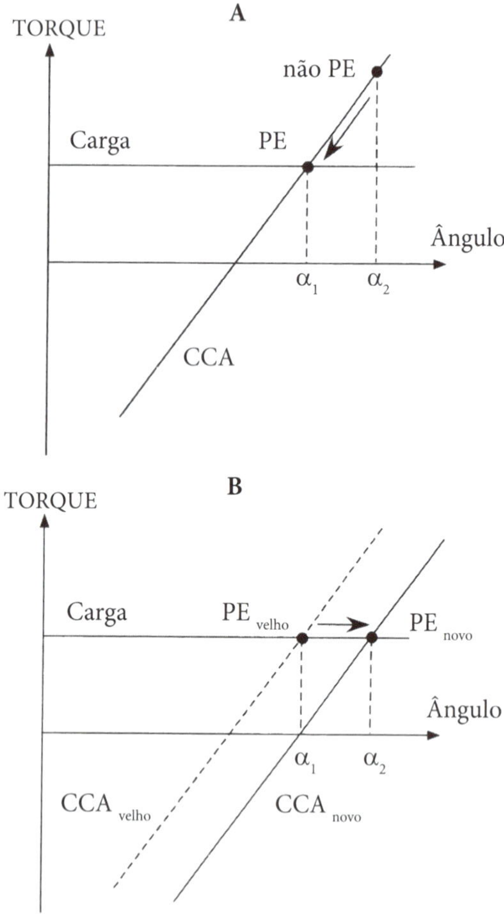

Figura 19.5 (*A*) Uma posição de equilíbrio de uma articulação (PE) é definida pela característica complacente da articulação (CCA) e pela carga externa. Se a articulação for movida para outra posição (α_2), seu torque não mais equilibrará a carga, levando a um ponto de não equilíbrio (não PE). Um movimento da articulação para o PE se seguirá. (*B*) Se os comandos aos músculos da articulação forem alterados para corresponder a um novo PE, os mecanismos estabilizadores de postura serão reendereçados a essa nova posição, o PE original se tornará um não PE e o movimento ocorrerá até o novo PE (PE_{novo}).

Na hipótese do ponto de equilíbrio, a variável de controle fisiológico principal tem sido associada com alterações no nível médio de despolarização subliminar dos motoneurônios α de um grupo, que levam a mudanças no limiar do reflexo tônico de alongamento (λ) no músculo inervado por esse grupo (ver capítulo 10). Para sistemas mais complexos, como uma articulação movida por vários músculos, outras variáveis, como um comando recíproco (r) e um comando de coativação (c) foram introduzidas (Feldman, 1980). Os comandos (*r*, *c*, λ etc.) representam ferramentas que permitem ao sistema atingir seus objetivos, assim como o pedal do acelerador e o volante permitem ao motorista dirigir até o lugar desejado.

19.6 Hipótese do ponto de equilíbrio: pontos sutis

Em muitas ocasiões, a hipótese do ponto de equilíbrio tem sido descrita, de maneira simplificada, como um *modelo massa-mola*, e alterações em λ foram associadas com mudanças no comprimento de repouso da mola (Feldman, 1966; Latash, 1993). Tal definição foi útil em muitos aspectos, mas também foi a raiz de muita confusão. Seguindo Weber (citado em Latash, 1993), outros cientistas, incluindo Bernstein (1935), aplicaram a analogia da mola aos músculos e literalmente modelaram músculos como molas. Contudo, em 1938, Sir A.V. Hill demonstrou que o modelo massa-mola deturpou propriedades dinâmicas básicas dos músculos, incluindo sua produção de energia. Para enfatizar que a hipótese do ponto de equilíbrio não pode ser adequadamente vista como um modelo massa-mola de músculos, devo mencionar que o sistema músculo-carga é essencialmente não linear, por causa de suas propriedades de limiar. As alterações de limiar que ocorrem durante os movimentos tornam o sistema não linear mesmo localmente.

Outra questão relacionada ao controle do ponto de equilíbrio é a *equifinalidade* do movimento. Vários estudos têm mostrado que, quando uma breve perturbação inesperada é aplicada durante um movimento rápido de um membro até um alvo, a trajetória sofre importantes desvios como resultado da perturbação, mas a posição final é alcançada com bastante precisão (Schmidt e

McGown, 1980; Jaric et al., 1999; Rothwell, Traub e Marsden, 1982). A hipótese do ponto de equilíbrio prevê equifinalidade, mas ela faz isso apenas se duas condições são satisfeitas: (1) os padrões de λs não se alteram como resultado da perturbação, e (2) as propriedades de geração de força do músculo periférico não são modificadas pela perturbação. Nessas condições, o estado de equilíbrio final de um sistema é definido somente pelos valores finais dos comandos enviados ao músculo e pelos valores finais da carga externa. Alterações na trajetória induzidas por alterações transitórias na carga externa não deverão ter efeito.

Violações da equifinalidade foram observadas em condições experimentais. Esses experimentos envolveram a aplicação inesperada de forças dependentes do movimento (por exemplo, forças de Coriolis ou outras forças desestabilizadoras proporcionais à velocidade do movimento; Lackner e DiZio, 1994; DiZio e Lackner, 1995; Hinder e Milner, 2003) e que agem durante o movimento, mas não em um estado estacionário. Esses resultados têm sido incluídos na hipótese do ponto de equilíbrio como consequências de mudanças nos sinais de controle que podem ocorrer apesar de instruções explícitas para que a pessoa não intervenha e da falta de conhecimento dela sobre tais mudanças.

As defesas mais simples da hipótese do ponto de equilíbrio (incluindo a do capítulo 10) consideram o limiar do reflexo tônico de alongamento (λ) uma variável exclusivamente controlada pelo encéfalo. Isso não é verdade. Uma série de experimentos mostrou que as reações musculares à mudança de comprimento dependem de outros fatores, como a velocidade da mudança, a história da ativação do grupo motoneuronal e dos efeitos reflexos de outros músculos, incluindo aqueles que cruzam outras articulações (revisto em Feldman e Levin, 1995; Feldman e Latash, 2005). A figura 19.6 ilustra como os efeitos somados de todas as contribuições a λ afetam a relação entre o comprimento do músculo e o número de motoneurônios recrutados.

Para usar o exemplo da direção, quando o motorista gira o volante, o seu esforço é apenas um dos fatores que definem como o volante gira. Um exemplo de um possível fator de influência é a disponibilidade de um sistema de direção assistida do volante, cujo desempenho pode variar em diferentes marcas e modelos de carro.

Presume-se que a principal variável de controle na hipótese do ponto de equilíbrio – o limiar do reflexo tônico de alongamento — seja expressa em unidades de comprimento muscular — ou seja, expressa em unidades posicionais. Essa pressuposição se encaixa na noção geral de que a maioria das nossas tarefas motoras é expressa em unidades de locação.

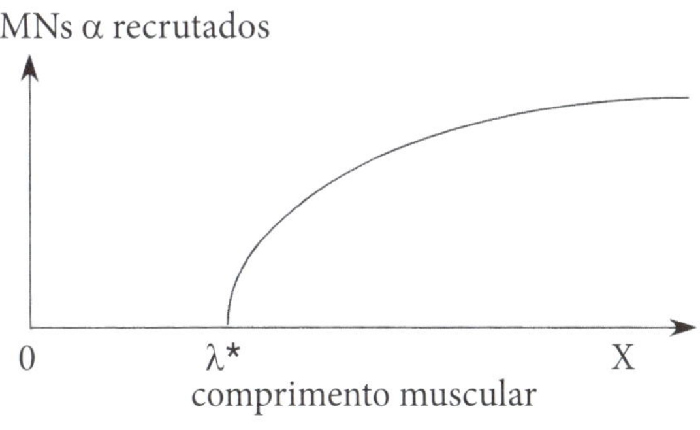

$$\text{O músculo é ativo se } X>\lambda^*$$
$$\lambda^*=\lambda-\mu V+\rho+f(t)$$

Figura 19.6 A relação entre o número de motoneurônios α recrutados e o comprimento do músculo depende do limiar do reflexo tônico de alongamento λ*. Para o músculo ser ativado, seu comprimento *(X)* deve ser maior que λ*. O valor de λ* é definido por vários componentes, incluindo o comando central *(λ)*, a retroalimentação dependente da velocidade (com o ganho *μ*), as interações intermusculares *(ρ)* e as alterações dependentes do histórico *[f(t)]*.

Agora que nos acostumamos com a ideia de que as propriedades elásticas do músculo são uma característica essencial da estrutura do corpo humano, voltemos à afirmação aparentemente óbvia de que o sistema nervoso central tem de certificar-se de que o corpo produza padrões de força adequados a um movimento exigido. Uma vez que força e deslocamento são acoplados em qualquer sistema elástico, essa declaração pode ser reformulada: o sistema nervoso central deve assegurar que movimentos adequados sejam produzidos para os padrões de força requeridos. As duas afirmações estão igualmente erradas para um sistema equipado com geradores de força não dependentes de posição.

PROBLEMA # 19.5

- Algumas hipóteses de controle motor sugerem que o controlador computa previamente os padrões de ativação muscular ou seus precursores diretos, como a total entrada pré-sináptica nos grupos de motoneurônios α. Essas hipóteses evitam os problemas que os modelos de força-controle enfrentam?

19.7 Abordagem de sistemas dinâmicos

A *abordagem de sistemas dinâmicos* nos estudos do movimento originou-se da teoria matemática das equações diferenciais não lineares e sua aplicação à física na década de 1960 (Haken, 1977). Essa abordagem aplica-se a qualquer sistema que muda no tempo, e por isso a palavra *dinâmico* aqui se refere não a alterações de forças, mas de tempo. Presume-se que sistemas dinâmicos sejam caracterizados por dois tipos de comportamento. Ao longo de curtos intervalos de tempo, eles se comportam de modo previsível, determinístico (ou próximo disso); já nos grandes intervalos de tempo, seu comportamento pode ser complexo e pouco previsível. Uma pequena alteração no estado inicial de um sistema dinâmico pode causar pequenas mudanças em seu comportamento numa escala de tempo curta, mas mudanças qualitativas e dramáticas numa escala de tempo mais longa. A possibilidade de analisar essas mudanças qualitativas do comportamento torna a abordagem de sistemas dinâmicos muito atraente para a ciência do movimento, particularmente se o cientista analisa características como a variabilidade e a estabilidade do movimento biológico.

Em geral, qualquer objeto material é um sistema dinâmico. Tanto um tijolo como o corpo humano são sistemas dinâmicos. Contudo, o tijolo é um sistema dinâmico chato para cientistas interessados em controle motor, enquanto o corpo (e seus subsistemas) é um sistema excitante. Isso se deve, em parte, à variabilidade sempre presente dentro do corpo humano, que se reflete na variabilidade dos movimentos humanos e, de alguma forma, garante resultados motores estáveis para a maioria das ações cotidianas.

A abordagem de sistemas dinâmicos tem sido muito bem-sucedida ao tratar questões de desempenho motor, como o tempo relativo de envolvimento de diferentes efetores, a estabilidade das ações no ambiente e o acoplamento entre variáveis perceptuais e motoras (revisto em Kugler e Turvey, 1987; Kelso, 1995). Cito apenas um exemplo clássico de uma aplicação bem-sucedida da abordagem de sistemas dinâmicos ao movimento (Kelso, Southard e Goodman,1979; Kelso, 1984). Quando uma pessoa tenta mover os dois dedos indicadores ritmicamente, existem dois regimes de movimentos confortáveis e caracterizados por baixa variabilidade: os movimentos em fase (os dois dedos flexionam-se e estendem-se simultaneamente) e fora de fase (quando um dedo se flexiona, o outro se estende). O aumento da frequência do movimento não altera esse padrão para o regime em fase. Porém, com alguma frequência o movimento fora de fase mostra desestabilização do padrão de movimento (torna-se mais variável) e muda para o regime em fase. Um modelo particular de sistemas dinâmicos tem sido capaz de descrever esses resultados muito bem (Haken, Kelso e Bunz, 1985), enquanto nenhuma outra abordagem do controle motor foi capaz de lidar com eles.

PROBLEMA # 19.6

- Imagine que movimentos dos dedos produzam um padrão de movimento oposto na tela do computador, de modo que, quando os dedos movem-se em fase, o cursor na tela move-se fora de fase e vice-versa. Qual dos dois padrões de movimento do dedo seria alternado para o outro padrão com um aumento na frequência do movimento?

A hipótese do ponto de equilíbrio pode ser vista como um modelo dinâmico baseado na neurofisiologia para a produção de movimentos voluntários. Ela pressupõe certo acoplamento entre variáveis sensoriais e motoras (o reflexo tônico de alongamento), e opera com a noção de estabilidade (o ponto de equilíbrio). Como consequência, a análise dos movimentos conforme essa hipótese é complicada, e qualquer simplificação pode levar a mudanças qualitativas no resultado.

No âmbito da abordagem de sistemas dinâmicos, é necessário distinguir entre *variáveis de estado* e *parâmetros* dos sistemas. Variáveis como força e deslocamento refletem as leis da física e são chamadas *variáveis de estado*. Qualquer variável que seja precursora direta de uma variável de estado ou resulte de cálculos que usem variáveis de estado também é uma variável de estado. Como exemplo, velocidade, aceleração, taxa de alteração de força, rigidez e amortecimento são todos variáveis de estado. O mesmo é verdadeiro para a magnitude da ativação muscular. Equações da física que ligam variáveis de estado entre si incluem alguns parâmetros que refletem propriedades de objetos em movimento (por exemplo, a massa do objeto). Outros parâmetros podem ser modificados pelo sistema nervoso central. Suas mudanças alteram as relações entre variáveis de estado de acordo com as leis da física.

Considere um pêndulo simples, constituído de uma massa pendurada numa corda leve (figura 19.7). Quando o pêndulo oscila no campo de gravidade, sua posição e as forças que atuam sobre ele mudam de acordo com as leis da física. Seu comportamento dependerá de parâmetros como o comprimento da corda, as coordenadas do ponto de suspensão e a direção da gravidade. Esses parâmetros podem ser modificados para alterar características do pêndulo, como seu período e o ponto sobre o qual ele oscila.

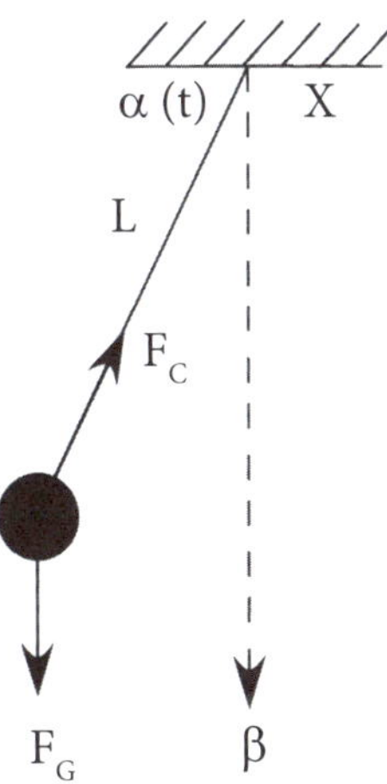

Figura 19.7 O movimento de um pêndulo pode ser descrito por mudanças em sua posição (α) e nas forças atuantes (F_G e F_C) sobre ele. Se uma pessoa deseja controlar um pêndulo, ela deve mudar parâmetros como o comprimento da corda (*L*), a coordenada de suspensão (*X*) e a direção da gravidade (β).

Se o período e a locação do pêndulo mudam, não faz sentido supor que algum controlador hipotético esteja modelando e implementando as forças que atuam sobre a massa para garantir essas alterações. Um controlador pode alterar somente parâmetros do pêndulo, não suas variáveis de estado, pois alterações nas variáveis de estado ocorrem conforme as leis da física.

Esse exemplo ilustra uma regra geral: embora num estado de equilíbrio de todas as forças, não são as forças, mas os parâmetros do sistema que predeterminam onde, nas coordenadas espaciais, esse estado de equilíbrio é alcançado (Glansdorf e Prigogine, 1971). Portanto, para levar um sistema de um estado de equilíbrio a outro, o sistema nervoso central deve alterar parâmetros que sejam independentes das variáveis de estado. A hipótese do ponto de equilíbrio sugere um conjunto de parâmetros (limiares de ativação muscular) que podem ser modificados para implementar esse controle, enquanto as teorias de controle motor alternativas não conseguem fazê-lo.

Capítulo 19 em resumo

Existem duas abordagens básicas do controle motor. A primeira o vê como um processo neural destinado a alcançar perfis de tempo desejados de variáveis de desempenho como força e torque. Nessa abordagem, a teoria do programa motor generalizado presume que o encéfalo armazena fórmulas de movimento expressas em variáveis diretamente relacionadas a padrões mecânicos associados com ações particulares. A ideia de modelos internos pressupõe que as estruturas neurais combinem modelos diretos e inversos para prever mudanças no sistema periférico com base em seu estado corrente e em comandos neurais. As estruturas neurais então computam previamente os sinais adequados para atingir o objetivo motor desejado. Uma visão alternativa é a hipótese do ponto de equilíbrio, que considera os processos de controle neural como parametrização do sistema neuromotor. A hipótese do ponto de equilíbrio resolve o paradoxo movimento-postura e fornece um poderoso instrumento para analisar ações motoras.

20

Sinergias motoras

Palavras-chave e tópicos

- redundância motora
- variabilidade motora
- otimização
- princípio do solavanco mínimo
- princípio de abundância
- sinergias
- hipótese de variância não controlada

É impossível separar questões de controle das questões de coordenação dos movimentos humanos naturais. O capítulo anterior focalizou o controle, abordando as variáveis que o sistema nervoso central usa para controlar os músculos. Este capítulo vai lidar com a coordenação, explorando como efetores individuais (como músculos, articulações e membros) são feitos para agir em conjunto em forma de uma tarefa específica. Finalmente, os dois aspectos do controle motor devem ser combinados num esquema único e coerente. Por enquanto, atingir esse objetivo continua a ser um sonho.

20.1 Redundância motora

No capítulo anterior, encontramos alguns exemplos do problema da redundância motora entre os quais está o da *cinemática inversa* (Mussa-Ivaldi, Morasso e Zaccaria, 1989) — o problema de definir quais rotações angulares num conjunto de articulações de um membro multiarticular moverão a extremidade do membro para a posição final prescrita. Uma vez que o número de eixos independentes de rotação articular é superior a três (a dimensionalidade do espaço externo), esse problema não tem uma solução única. Outro exemplo que temos discutido foi o *problema da dinâmica inversa* (Hollerbach e Atkeson, 1987), que consiste em definir padrões de forças musculares (ou torques articulares) que levarão a extremidade do membro à posição requerida.

Problemas similares alcançam outros níveis para a análise do sistema de produção de movimentos voluntários. Por exemplo, a relativamente simples articulação do cotovelo é rodeada por seis grandes músculos: três flexores e três extensores. Imagine que uma pessoa produza um torque de flexão constante (T_{Fl}) na articulação do cotovelo contra uma resistência externa. O problema é definir as forças musculares que levam ao T_{Fl}. Esse problema é semelhante a uma equação com seis incógnitas:

$$T_{Fl} = \sum_{i=1}^{3} F_{fl,i} \times L_i - \sum_{i=1}^{3} F_{ex,i} \times L_i, \quad (20.1)$$

em que $F_{l,i}$ são forças dos músculos flexores individuais, $F_{ex,i}$ são forças dos músculos extensores individuais, e L_i são braços de alavanca correspondentes. Obviamente, essa equação não pode ser resolvida e por isso tais problemas são considerados *mal formulados*.

Um problema semelhante pode ser extraído no nível de um único músculo: definir quais unidades motoras devem ser recrutadas e com que frequência devem gerar potenciais de ação para produzir um nível exigido de ativação muscular. O princípio do tamanho (capítulo 6) impõe restrições sobre possíveis soluções, mas não prescreve uma solução única para o problema.

PROBLEMA # 20.1

- Se as unidades motoras sempre são recrutadas numa ordem fixa, como a mesma força muscular pode ser produzida por diferentes combinações de unidades motoras?

Nikolai Bernstein via a redundância motora como um problema central do controle motor. Ele formulou-a como o problema de eliminar graus de liberdade redundantes. Esse problema é às vezes chamado *problema de Bernstein* (Turvey, 1990; Latash, 1996), houve duas abordagens qualitativamente diferentes para resolvê-lo: a primeira assume que o controlador central acha uma solução única a cada vez que um problema desse tipo surge, e a segunda pressupõe que o controlador facilita grupos de soluções igualmente aceitáveis, em vez de tentar encontrar soluções únicas.

PROBLEMA # 20.2

- Sugira um par de exemplos de problema de Bernstein presente no cotidiano. O controlador encontra soluções únicas em seus exemplos?

20.2 Abordagens de otimização

Um das abordagens comuns do problema da redundância motora aplica critérios de otimização que permitem escolher uma única solução para o problema. Uma noção central de todas essas abordagens é a *função de custo*, uma função particular do desempenho do sistema que o controlador tenta manter otimizada, comumente em um valor mínimo ou máximo. Estudos do movimento têm usado uma variedade de funções de custo relacionadas ao desempenho mecânico do sistema, a processos de controle hipotético no sistema e a fatores psicológicos, como esforço e conforto (revisto em Nelson, 1983; Seif-Naraghi e Winters, 1990).

Imagine que uma única articulação deva mover-se de uma posição inicial a uma final tão rapidamente quanto possível. Nesse caso, o tempo do movimento pode ser usado como uma função de custo que deve ser minimizada. A solução ideal envolveria o chamado "controle *bang-bang*" (figura 20.1; Nelson, 1983), que usa os níveis máximos de aceleração e desaceleração.

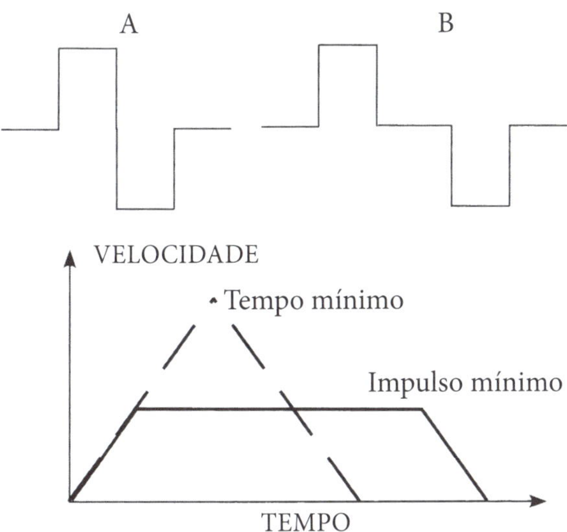

Figura 20.1 A solução ótima para para que haja um deslocamento de uma posição inicial a uma final em um tempo mínimo de movimento é o controle *bang-bang* (a). A solução ótima para um movimento que minimize o impulso é o controle *bang-zero-bang* (b). Em ambos os casos, os perfis de velocidade do movimento diferem do padrão típico em forma de sino.

Isso também é conhecido como *princípio da condução adolescente*: pisa-se até o fim no acelerador quando o farol fica verde e pisa-se forte no pedal do freio quando o farol fica vermelho. O perfil de velocidade para o "controle *bang-bang*" não se parece com o típico padrão em forma de sino observado em experimentos (veja capítulo 11). Para um sistema puramente inercial, a comutação ótima de tempo entre o "*bang*" que acelera e o "*bang*" que desacelera está exatamente no meio do movimento.

Outra função de custo é o impulso do sistema, que é definido como a integral de tempo da força. Para sistemas com amortecimento baixo, minimizar o impulso é equivalente a minimizar o pico de velocidade. Para um dado tempo de movimento, a estratégia ótima é acelerar rapidamente para uma velocidade ótima, manter a velocidade constante e rapidamente desacelerar o sistema. Essa solução é algumas vezes chamada *controle "bang-zero-bang"* (figura 20.1).

Comprovadamente, a função de custo mais influente nos estudos do movimento tem sido a medida integral do solavanco ao quadrado. Solavanco *(J)* é a derivada de tempo da aceleração (ou a terceira derivada de tempo do deslocamento). Essa função de custo foi denominada *critério do solavanco mínimo* (Hogan, 1984; Flash e Hogan, 1985):

$$J = \frac{1}{2}\int_{0}^{MT} (da / dt)^2 \, dt, \qquad (20.2)$$

em que a representa a aceleração e MT indica o tempo do movimento. O critério do solavanco mínimo leva a trajetórias suaves com um perfil de velocidade em forma de sino e uma aceleração simétrica de pico duplo. Esse critério formou a base para a hipótese da trajetória de equilíbrio para movimentos multiarticulares (que será discutida no capítulo 23).

PROBLEMA # 20.3

- Outra abordagem de otimização baseia-se na minimização de uma função de torque-mudança similar à função do solavanco minimizada quanto ao critério do solavanco mínimo. Para que tipo de sistemas mecânicos os dois critérios levarão a resultados idênticos?

Uma abordagem de otimização particular é baseada numa suposta relação entre geração de força muscular e fadiga (Crowninshield e Brand, 1981; Prilutsky, 2000). Esse critério de fadiga mínima tem sido aplicado com êxito para definir padrões de produção de força muscular individual durante tarefas que envolvem vários músculos.

Outro grupo de critérios de otimização inclui características do movimento que não são estritamente definidas, como conforto e esforço (Cruse e Bruwer, 1987; Bruwer e Cruse, 1990; Hasan, 1986). Esses critérios são algumas vezes combinados com outros critérios mecanicistas para formar funções de custo complexas. Em geral, adicionar um critério a uma função de custo só pode melhorar o ajuste entre predições baseadas nessa função de custo e em dados reais.

Uma abordagem de otimização bastante sofisticada foi recentemente desenvolvida com base na ideia de que o planejamento do movimento é executado num espaço de postura de acordo com um conjunto de posturas memorizadas (Rosenbaum et al., 1993). Essa abordagem inclui a seleção de uma postura-alvo e de uma trajetória que mova o efetor da postura inicial para a postura-alvo conforme uma série de critérios associados ao movimento da extremidade do membro, das articulações individuais e assim por diante.

Antes de prosseguirmos, considere o seguinte exemplo do aparente problema de redundância: durante a geração de um potencial de ação, como o encéfalo seleciona um subconjunto particular de íons Na^+ dos zilhões daqueles disponíveis para atravessar a membrana? A maioria dos leitores provavelmente concordaria que esse problema não tem sentido. O sistema nervoso central não atua tão meticulosamente, não se importando quais íons atravessam a membrana, desde que o potencial de ação ocorra. Então, como sabemos que ele se importa com as unidades motoras, as forças musculares, os torques articulares e as rotações articulares mencionados nos exemplos anteriores?

Considere a seguinte situação: você é o condutor de uma orquestra com 100 bateristas e precisa que seus bateristas produzam um ruído de 100 dB. Uma solução é usar um critério de otimização para dizer a cada baterista quanta força colocar em cada batida. Em outras palavras, essa solução consiste em eliminar os graus de liberdade redundantes. Uma solução alternativa é dizer a cada baterista: "Escute o nível do ruído. Se estiver acima de 100 dB, bata mais suavemente; se estiver abaixo, bata com mais força." A segunda solução não elimina os graus de liberdade aparentemente redundantes — ela os utiliza. No segundo caso, a solução conduzirá a um resultado desejado mesmo se um dos bateristas adoecer e decidir ir para casa. A segunda solução é um exemplo de uso de uma *regra coordenativa* para resolver um problema de redundância.

20.3 Princípio da abundância

Até agora, todos os critérios de otimização pressupuseram que o sistema nervoso central se preocupa em fazer escolhas para todos os problemas descritos e de alguma forma computar uma solução única para cada um deles. Se essa suposição está errada, todo o problema de redundância motora torna-se erroneamente formulado. Existem razões para crer que o controlador não computa previamente os padrões motores específicos para cada movimento. Uma das razões primárias é a *variabilidade motora*.

Na década de 1920, Nikolai Bernstein estudou a cinemática dos movimentos de batida feito por ferreiros profissionais sobre o cinzel com o martelo (figura 20.2). Essas pessoas foram perfeitamente treinadas: tinham realizado o mesmo movimento centenas de vezes por dia durante anos. Contudo, executavam cada batida de forma diferente. Bernstein observou que a variabilidade da trajetória da ponta do martelo em uma série de batidas foi menor que a variabilidade das trajetórias das articulações individuais no braço dos ferreiros. Uma vez que, obviamente, o encéfalo não pode enviar sinais diretamente ao martelo, Bernstein concluiu que as articulações não agiam independentemente, mas corrigiam os erros uma da outra. Essa observação sugere que o encéfalo não tenta encontrar uma solução única para o problema da redundância cinemática (eliminando graus de liberdade redundantes), mas usa o aparentemente redundante conjunto de articulações para garantir um desempenho mais preciso da tarefa.

Assim, em uma visão alternativa do problema de coordenar um grande conjunto de elementos, o conjunto é definido não como redundante, mas como abundante. Os numerosos graus de liberdade existentes para cada nível de descrição do sistema de movimentos não criam problemas computacionais para o encéfalo, mas, em vez disso, proveem-lhe um poderoso aparato. Esse aparato permite ao encéfalo combinar flexibilidade de desempenho do movimento com estabilidade do resultado do movimento. O problema da redundância motora é solucionado pela abundância motora: o controlador não procura soluções únicas, mas gera famílias de soluções igualmente capazes de resolver a tarefa. Essa atitude para com a estrutura do corpo humano é tratada como *princípio da abundância* (Gelfand e Latash, 2002).

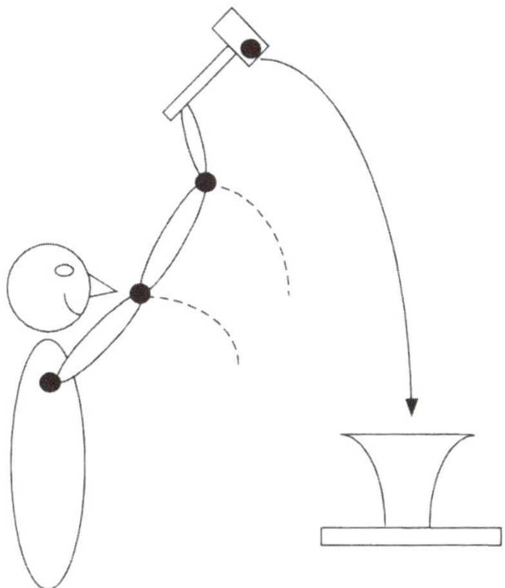

Figura 20.2 Em seus estudos sobre cinemática, Bernstein observou ferreiros profissionais batendo no cinzel com um martelo.

O princípio da abundância pode ser ilustrado com o exemplo anterior de reflexo tônico de alongamento num músculo isolado (capítulo 10). O reflexo tônico de alongamento prevê uma relação entre força e comprimento muscular. Imagine que um músculo seja estático num ponto de equilíbrio que corresponda a certa combinação de força e comprimento (PE_0 na figura 20.3). Agora imagine que uma das unidades motoras ativas do músculo pare de produzir potenciais de ação. A contribuição dessa unidade motora para a força muscular desaparece. A queda na força muscular leva a um desequilíbrio entre forças externas e forças musculares, e ocorre o movimento articular, alongando o músculo. O alongamento do músculo aumenta a atividade nas terminações sensoriais dos fusos musculares e, por meio do reflexo de alongamento, causa uma excitação adicional dos neurônios motores que inervam o músculo. Isso aumenta a força muscular ativa, parcialmente compensando sua queda original (PE_1 na figura 20.3).

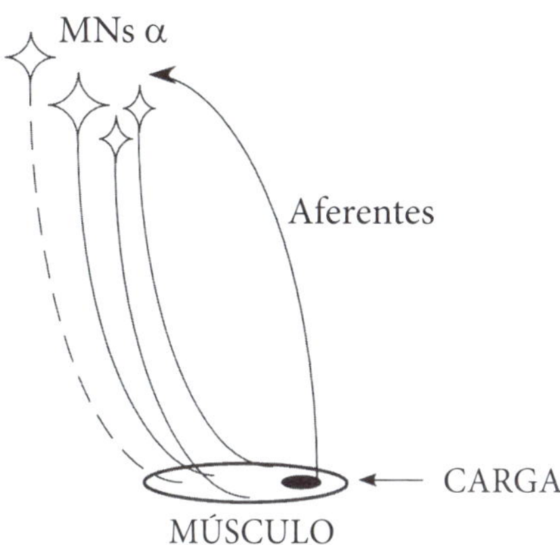

Figura 20.3 O controle do ponto de equilíbrio de um músculo pode ser usado para ilustrar o princípio da abundância. Mudanças espontâneas possíveis no número de motoneurônios α recrutados são parcialmente compensadas pelo reflexo tônico de alongamento. Imagine que o neurônio cujo axônio é mostrado com a linha tracejada pare de disparar. A força do músculo cai, e o músculo se estende sob a ação da carga externa. Esse alongamento leva a uma atividade mais alta no circuito do reflexo tônico de alongamento e, portanto, aumenta a atividade dos motoneurônios remanescentes.

Nesse exemplo, o controlador não buscou uma combinação única de unidades motoras e frequências de disparo que resolveria o aparente problema de Bernstein. Em vez disso, ele usou o reflexo tônico de alongamento para unir as unidades motoras de modo que elas compensassem os erros umas das outras.

20.4 Unidades estruturais e sinergias

O princípio da abundância motora é uma consequência natural de uma visão sobre a coordenação de sistemas multielementos que foi iniciada por Gelfand e Tsetlin (1966). Essa equipe, formada por um brilhante matemático (Israel Gelfand) e um brilhante físico (Michael Tsetlin), propôs uma análise de sistemas biológicos com base num conjunto de definições e axiomas. Gelfand e Tsetlin presumiram que o sistema nervoso central opera com *unidades estruturais*. Uma unidade estrutural é uma organização específica de tarefa dos elementos, ao mesmo tempo que cada elemento de uma unidade estrutural é por si só uma unidade estrutural num nível diferente de análise. *Sinergias* são objetivos de unidades estruturais, enquanto *comportamentos* são padrões extrínsecos que refletem uma sinergia sob condições externas particulares.

Por exemplo, presume-se que uma sinergia proverbial, a locomoção, baseia-se numa unidade estrutural que consiste em uma rede neural responsável por unir diferentes extremidades. O movimento de uma extremidade multiarticular depende de uma unidade estrutural que compreende rotações articulares individuais. Cada rotação articular baseia-se numa unidade estrutural que envolve ações musculares como elementos. Cada músculo é uma unidade estrutural de suas unidades motoras.

PROBLEMA # 20.4

- Cite as menores e maiores unidades estruturais que você pode imaginar.

Gelfand e Tsetlin introduziram o seguinte conjunto de axiomas para descrever o funcionamento das unidades estruturais:

- **Axioma 1**: A estrutura interna de uma unidade estrutural é sempre muito mais complexa que sua interação com o ambiente (que pode incluir outras unidades estruturais).
- **Axioma 2**: Uma parte de uma unidade estrutural não pode por si só ser uma unidade estrutural em relação ao mesmo grupo de tarefas.
- **Axioma 3**: Elementos de uma unidade estrutural que não funcionam com relação a uma tarefa
  – **Axioma 3a**: são eliminados e uma nova unidade estrutural é formada, ou
  – **Axioma 3b**: encontram seu lugar na tarefa.

O primeiro axioma reflete uma característica importante dos objetos biológicos: elementos de um sistema biológico não são menos complexos que o sistema em si. Assim, um sistema biológico não pode ser reduzido a simples elementos que interagem uns com os outros. O número de conexões internas em uma unidade estrutural é mais alto, pelo menos em certa magnitude, que o número de conexões externas. Uma unidade estrutural não é simplesmente um conjunto de elementos, como neurônios, mas um sistema com uma função particular. Alterar conexões entre os elementos pode criar uma unidade estrutural diferente com o mesmo conjunto de elementos.

O segundo axioma implica que não podemos dividir uma unidade estrutural em subunidades que executam variações ou componentes particulares de uma tarefa. Uma unidade estrutural ou funciona como um todo ou não funciona.

O axioma 3a ilustra o princípio da economia, no qual um número mínimo de elementos cumpre determinada tarefa. Não vamos nos deter nisso. O axioma 3b ilustra o princípio da abundância, no qual mais elementos que o necessário participam da atividade de uma unidade estrutural relacionada a uma tarefa. O conjunto de axiomas 1, 2 e 3b descreve sistemas que podem evoluir e formar unidades estruturais capazes de resolver tarefas para as quais não foram originalmente projetadas.

O funcionamento de um laboratório científico ajuda a ilustrar o conceito de unidade estrutural e os três principais axiomas. O laboratório pode ser visto como uma unidade estrutural, enquanto os indivíduos pesquisadores são seus elementos. Vamos supor que o laboratório tenha sido organizado para resolver um problema específico, como a criação de uma ponte. É muito mais simples descrever o resultado final do funcionamento do laboratório — a ponte — que a forma como os pesquisadores interagem uns com os outros (axioma 1). Imaginemos que a tarefa leve seis meses para ser concluída. Se após três meses metade do pessoal for demitido, o restante não será capaz de resolver o mesmo problema (axioma 2) sem uma grande reorganização.

O laboratório pode ser organizado de acordo com o axioma 3a ou com o axioma 3b. No primeiro caso, o número mínimo de pesquisadores é contratado, e a cada um é atribuída uma função única e específica. O laboratório será capaz de cumprir sua finalidade, mas será incapaz de executar qualquer outra tarefa e será muito sensível ao desempenho de cada pesquisador. Em particular, ele será incapaz de completar a tarefa original se um dos seus membros adoecer ou se afastar.

Em alternativa, se o laboratório se basear no princípio da abundância, um grande grupo de pesquisadores talentosos será montado para lidar com o problema. Cada investigador deverá encontrar seu lugar na equipe e contribuir para o processo. Essa equipe pode levar algum tempo para formar uma unidade estrutural adequada à tarefa, mas, depois de formá-la, será capaz de resolver a tarefa original e também poderá reorganizar-se com êxito se a tarefa for modificada (por exemplo, se ela passar a incluir a construção de um arranha-céu). Esse laboratório também pode continuar a funcionar se um dos membros adoecer e faltar por alguns dias.

Hoje, a palavra *sinergia* é usada como sinônimo para o que Gelfand e Tsetlin chamaram *unidade estrutural*. Na seção a seguir, os nomes *sinergia* e *unidade estrutural* serão usados alternadamente.

20.5 Estudos de sinergias motoras: análise dos componentes principais

As sinergias motoras têm duas características: a compensação de compartilhamento e a de erro. Considere, por exemplo, uma sinergia muito simples: dois dedos pressionam um objeto ao mesmo tempo para produzir um determinado nível de força (figura 20.4). Os dedos podem compartilhar a força total de diferentes modos. Três desses padrões de compartilhamento — 25%:75%, 50%:50% e 75%:25% — são ilustrados na figura 20.4. Contudo, o fato de serem os dedos pressionados ao mesmo tempo não faz deles uma sinergia. Imagine que, por razões desconhecidas, um dedo aumente sua força para certa magnitude. O que o outro dedo faz? Existem três cenários básicos: (1) o outro dedo pode não fazer nada, continuando a produzir a mesma força; (2) o outro dedo pode aumentar sua força proporcionalmente para preservar o padrão de compartilhamento; e (3) o outro dedo pode diminuir sua força, de modo que a força total não seja alterada.

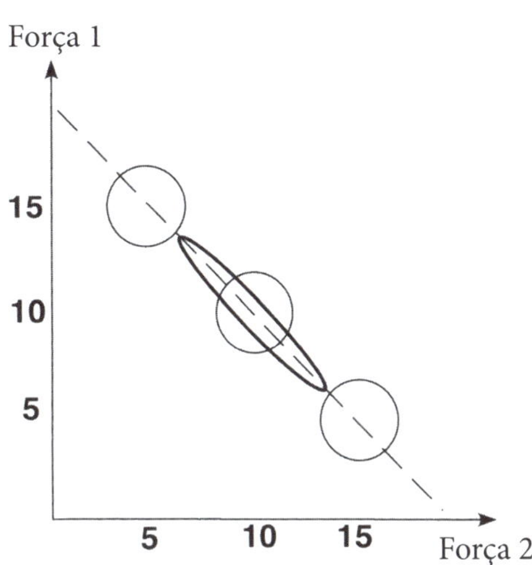

Figura 20.4 As sinergias podem ser caracterizadas pelas compensações de compartilhamento e erro. Nessa ilustração, dois dedos devem ser pressionados ao mesmo tempo para produzir uma força total de 20 N. Existem três padrões de compartilhamento (círculos) que resolvem esse problema. Para cada padrão, existe uma nuvem de pontos de dados (mostrada como uma elipse) que pode mudar a forma e até mesmo levar (a nuvem elíptica, linha cheia) ou não levar (as nuvens esféricas) à compensação do erro.

O primeiro cenário representa uma situação na qual os dois dedos agem de modo completamente independentes. Assim, eles não formam uma sinergia. O segundo cenário descreve uma situação na qual os dois dedos mantêm o padrão de compartilhamento, a despeito do fato de que essa estratégia prejudica o desempenho e leva a um grande erro na força total. O terceiro cenário corresponde a uma sinergia que mantém o valor da força total relativamente inalterado, a despeito de possíveis desvios de forças do dedo em relação aos seus níveis médios. É uma questão de concordar sobre que tipo de interação pode ser chamado *sinergia*.

Muitos estudos buscaram padrões de compartilhamento estáveis entre saídas de elementos em um sistema multielementos e os trataram como sinergias. Existem muitas abordagens computacionais que quantificam como os elementos sofrem covariação em suas saídas: se em relação a uma tarefa ou em relação às várias tentativas de uma tarefa. Sem dúvida, a abordagem mais utilizada é a *análise dos componentes principais (ACP)*. Esse método leva em conta a distribuições de pontos de dados no espaço das variáveis elementares, analisa correlações ou covariações entre pares de variáveis e descreve essas distribuições como um conjunto de eixos principais de um elipsoide, que se assemelha mais à nuvem dos pontos de dados. Cada eixo importante é chamado *componente principal (CP)* e representa um vetor no espaço de variáveis elementares. A principal vantagem da ACP é sua capacidade de representar a distribuição de dados num grande espaço dimensional de variáveis elementares com um número menor de vetores (CPs).

Por exemplo, se uma pessoa em pé voluntariamente oscila, as rotações angulares das três principais articulações do membro inferior (o tornozelo, o joelho e a articulação do quadril) no plano sagital do corpo sofrem covariação, de modo que podem ser relacionadas umas à outras por uma equação linear única (Alexandrov, Frolov e Massion, 1998). Essa relação pode ser vista como um reflexo de uma sinergia cinemática que estabiliza a postura vertical. Uma análise similar aplicada a conjuntos maiores de variáveis, como os padrões de ativação muscular durante movimentos de todo o corpo, indicou vários CPs (normalmente 3 ou 4), que apresentaram grande variação de dados no espaço multidimensional original de variáveis elementares (Saltiel et al., 2001; Ivanenko, Poppele, Lacquaniti, 2004; Ivanenko et al., 2005, 2006; e Macpherson, 2005).

A ACP e suas versões mais sofisticadas, geralmente denominadas *métodos de fatoração de matriz* (Tresch, Cheung e d'Avella, 2006), são muito poderosas em detectar e descrever relações estáveis entre variáveis elementares. Contudo, elas tratam somente de um aspecto das sinergias, o compartilhamento. Um conjunto diferente de métodos tem sido aplicado para quantificar o outro aspecto importante das sinergias, ou seja, a compensação de erro (também chamada flexibilidade).

20.6 Hipótese de variedade não controlada

A maioria dos movimentos humanos naturais é executada num campo de forças externas imprevisível. Ações de elementos como músculos ou articulações são também propensas à variabilidade natural e podem ser vistas como fontes de perturbações para outros músculos e articulações do corpo. Parece haver duas estratégias para garantir o desempenho motor preciso, levando em conta os fatores mencionados. Na primeira, o controlador tem de prever todas as fontes externas e internas de variabilidade motora e usar essas predições para corrigir *on-line* os sinais enviados a todos os efetores (veja discussão de modelos internos no capítulo 19). Como alternativa, o controlador pode organizar os elementos numa sinergia que naturalmente garanta o desempenho motor preciso no ambiente em constante mudança. Em seguida, o controlador apenas tem de definir uma tarefa e delegar a responsabilidade por estabilidade à estrutura inferior, a sinergia (figura 20.5).

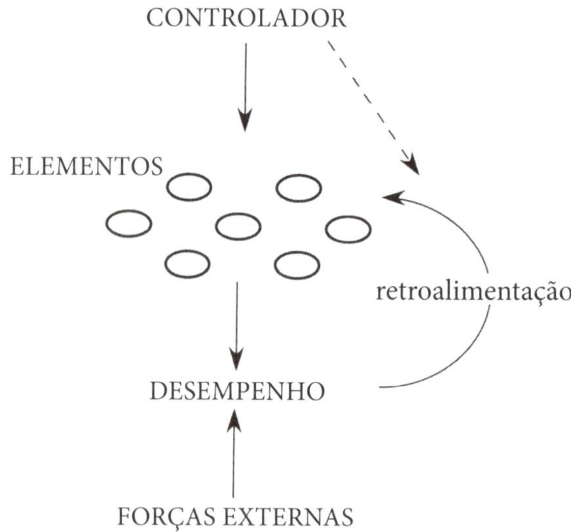

Figura 20.5 Quando o controlador delega a uma sinergia, ele não prescreve o que cada elemento da sinergia deve fazer. Ele define a tarefa geral e organiza ciclos de retroalimentação que garantem uma execução estável da tarefa, dadas as condições externas.

A segunda estratégia está em conformidade com o princípio da abundância motora e pode ser formalizada por meio da hipótese da variância não controlada (Schöner, 1995; Scholz e Schöner, 1999; Latash, Scholz e Schöner, 2002, 2007). De acordo com essa hipótese, o controlador atua num espaço de variáveis elementares, no qual seleciona um subespaço correspondente a um valor desejado (ou a um perfil de tempo desejado) de uma variável de desempenho de todo o sistema. Em seguida, tenta limitar a variabilidade das variáveis elementares fora desse subespaço, permitindo uma variabilidade relativamente grande dentro dele. Esse subespaço tem sido chamado *variedade não controlada*, indicando que variáveis elementares não têm de ser controladas enquanto estão dentro dele.

Em termos mais simples, a variabilidade das variáveis elementares pode ser vista como a soma de dois componentes: variabilidade boa e variabilidade má (assim como bom e mau colesterol). A variabilidade boa (dentro da variedade não controlada) não afeta variáveis de desempenho e, portanto, pode ser relativamente grande. A variabilidade má (ortogonal para a variedade não controlada) altera importantes variáveis de desempenho e tem de ser mantida baixa. Voltemos ao exemplo anterior dos dois dedos que produzem uma força constante. Desvios das forças do dedo ao longo de uma linha correspondente à equação $F_1 + F_2 = F_{tarefa}$ são boa variabilidade porque mantêm a força total no nível exigido (V_{boa} na figura 20.6). Desvios das forças do dedo dessa linha são variabilidade má ($V_{má}$ na figura 20.6).

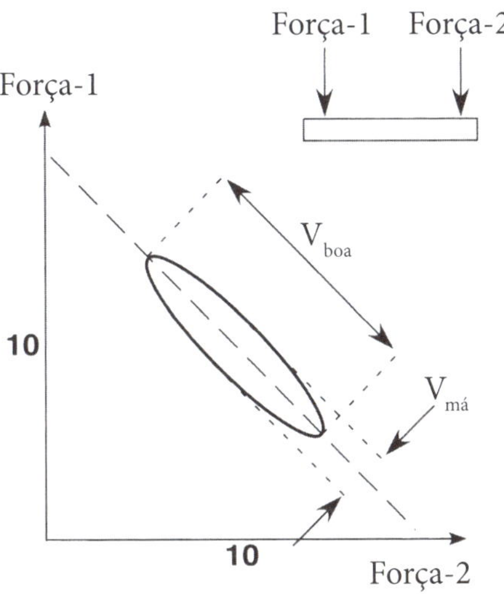

Figura 20.6 A variabilidade para a tarefa de produção de força constante por dois dedos pressionados ao mesmo tempo é a soma da boa e da má variabilidade. A elipse mostra uma distribuição hipotética de pontos de dados coletados em muitos experimentos.

PROBLEMA #20.5

- Você gosta do nome *variabilidade boa*? A variabilidade não causa prejuízo ao desempenho, mas por que ela é boa?

A variabilidade pode ser boa ou má só em relação a uma variável de desempenho específica. Por exemplo, imagine que os dois dedos produzam forças enquanto pressionam os dois lados de um parafuso central (figura 20.7). Para manter o equilíbrio, qualquer aumento na força produzida por um dedo deve ser acompanhado de um aumento similar na força do segundo dedo. Nesse caso, a variabilidade boa está ao longo da linha $F_1 + F_2 = 0$, enquanto a variabilidade má é ortogonal a essa linha.

Para analisar a característica de compensação de erro das sinergias no âmbito da hipótese da variância não controlada, devemos conhecer a relação entre pequenos desvios nas variáveis elementares e alterações numa variável de desempenho que o sistema pode tentar estabilizar.

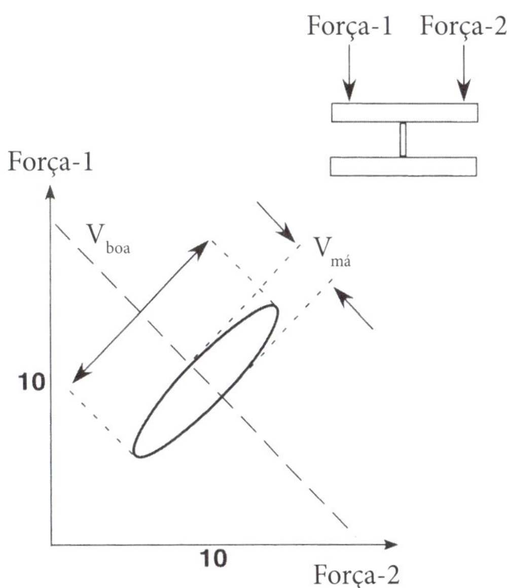

Figura 20.7 Variabilidades boas e más mudam quando a tarefa é modificada, de modo que os dois dedos devem pressionar os dois lados de um parafuso central. A elipse mostra uma distribuição hipotética de pontos de dados coletados de muitos experimentos. Note que o que costumava ser variabilidade boa na tarefa de produzir força (figura 20.6) tornou-se variabilidade má na tarefa de equilibrar o parafuso central (ou pivô).

Essas relações são conhecidas como *matriz jacobiana* do sistema. Elas podem ser encontradas nas propriedades aparentes do sistema, como a geometria do sistema (Zatsiorsky, 1998). Às vezes, porém, essas relações são ocultas e devem ser descobertas em experimentos.

A análise de acordo com a hipótese da variância não controlada permite aos pesquisadores perguntar a um sistema multielemento: "Você é uma sinergia que reprime a variabilidade da variável de performance 'assim assado em' tarefas 'assim assado'? Mais que isso, essa análise nos permite introduzir índices quantitativos de sinergias alegadas e descobrir como eles mudam com a prática, com uma lesão, com a reabilitação, com o envelhecimento, com o desenvolvimento, e assim por diante.

Esses índices quantitativos refletiram as proporções da boa e da má variabilidade, sem dúvida corretamente quantificadas. A última afirmação refere-se ao fato de que índices de variabilidade computada para subespaços de diferentes dimensionalidades têm de ser normalizados pelo número de dimensões em cada um dos subespaços.

PROBLEMA #20.6

- A ACP e a hipótese da variância não controlada podem ser combinadas em um estudo? Que tipo de questões uma abordagem combinada poderia responder?

Capítulo 20 em resumo

O sistema neuromotor humano é caracterizado pela redundância em muitos níveis de análise. A abordagem tradicional do problema da redundância motora baseia-se na ideia de eliminar graus de liberdade redundantes. Abordagens de otimização têm sido comumente usadas para resolver o problema. Uma abordagem alternativa vê o sistema como abundante, não como redundante. Nessa visão, o controlador não busca uma solução única para o problema, mas famílias de soluções equivalentes. As sinergias motoras podem ser caracterizadas por compartilhamento e compensação de erro (flexibilidade). O compartilhamento é comumente identificado e quantificado por meio da análise dos componentes principais e métodos relacionados. Um método quantitativo para estudar sinergias motoras foi desenvolvido de acordo com a hipótese da variância não controlada. Segundo essa hipótese, o controlador atua num espaço de variáveis elementares. Ele limita a variabilidade nesse espaço a um subespaço correspondente a um valor desejado de uma variável de desempenho de todo o sistema. O método é baseado na classificação da variabilidade motora em boa (que não afeta variáveis de desempenho importantes) e em má (que as afeta).

Controle postural

Palavras-chave e tópicos

- postura vertical
- oscilação postural
- sistema vestibular
- papel da visão
- reações pré-programadas
- controle postural antecipatório
- sinergia postural
- efeitos da vibração sobre a postura

A questão do controle postural tem dois aspectos com características comuns e diferentes. Em primeiro lugar, controle postural pode se referir à manutenção da posição de uma parte do corpo em relação ao próprio corpo ou ao ambiente (ou a um objeto externo que se move no ambiente). Considere os seguintes exemplos desse aspecto do controle postural: (a) um patinador mantém os braços em uma bela posição enquanto desliza sobre o gelo; (b) um garçom circula pelo restaurante com uma bandeja na mão direita; e (c) uma pessoa segura um prego com uma mão enquanto bate nele com o martelo.

Em segundo lugar, *controle postural* pode se referir à manutenção da posição do corpo inteiro ou de seu centro de massa em relação ao ambiente ou a uma determinada direção no ambiente (como a direção da gravidade). Exemplos desse aspecto envolvem atividades comuns, como sentar, ficar em pé e andar. A maior parte deste capítulo focalizará o segundo aspecto do controle postural.

21.1 Postura vertical

O fato de os seres humanos serem capazes de manter uma *postura vertical* é um milagre em si mesmo. É difícil imaginar um sistema mecânico que seja menos estável no campo da gravidade. Às vezes, na análise do controle da postura vertical, o corpo humano é representado como um *pêndulo invertido* (figura 21.1), que não é fácil de equilibrar, especialmente quando há perturbações externas e mudanças de orientação em relação ao sentido da gravidade. Porém, o problema é muito mais complicado devido ao número de articulações encontradas ao longo do eixo do pêndulo. Em física, para um sistema mecânico ser estável no campo de gravidade, a projeção de seu centro de massa deve cair dentro da área de apoio (figura 21.2). A área de apoio para um ser humano é relativamente pequena (cerca 0,1 m^2). Para manter o equilíbrio, o sistema nervoso central deve ajustar as interações dos movimentos nas diferentes articulações do corpo.

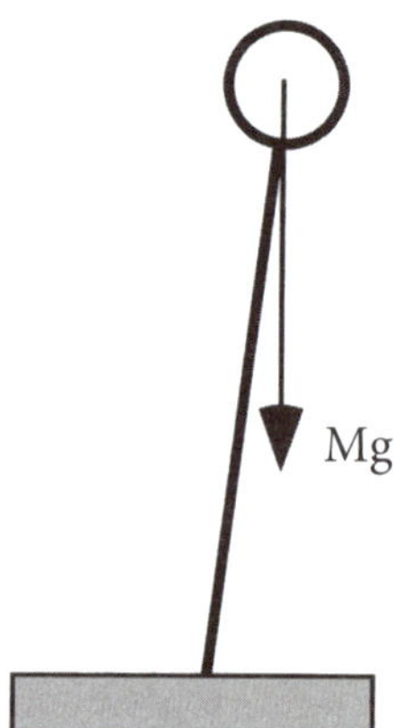

Figura 21.1 O corpo humano no campo de gravidade pode ser representado como um pêndulo invertido, que é inerentemente instável.

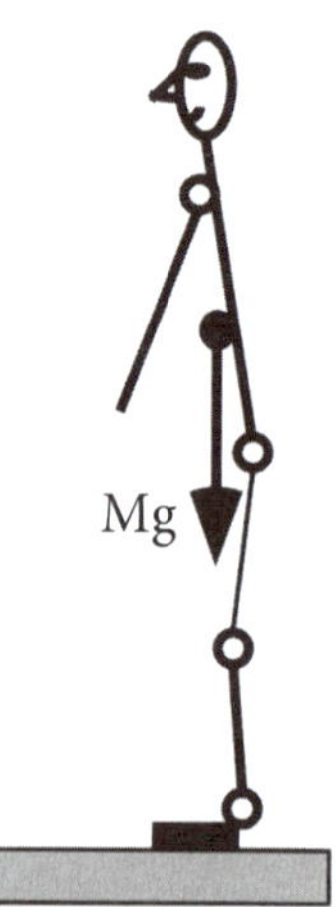

Figura 21.2 O corpo humano tem várias articulações ao longo de seu eixo vertical. Para manter o equilíbrio no campo de gravidade, é preciso que a projeção do centro de massa caia dentro da área de apoio.

PROBLEMA # 21.1

- Uma pessoa pode manter o equilíbrio postural se a projeção do centro de massa cair além dos limites da área de apoio?

Outro milagre é o fato de os seres humanos poderem executar movimentos dos membros sem cair. Análises das forças transitórias que atuam durante os movimentos naturais dos membros sugerem que elas sejam mais que suficientes para destruir o frágil equilíbrio postural. Finalmente, não existem palavras para descrever o sentimento de profunda reverência que os fisiologistas do controle motor experimentam quando veem uma pessoa caminhando. Um pêndulo invertido multiarticulado que pode andar, correr e ainda manter a postura vertical durante o tropeço!

Essas características fantásticas do sistema hipotético de controle da postura vertical não escaparam à atenção de Nikolai Bernstein, que formulou uma série de problemas e abordagens que ainda permanecem no centro da pesquisa contemporânea. Bernstein sugeriu que a programação de um movimento voluntário deve incluir dois componentes distintos. O primeiro refere-se ao próprio movimento; o segundo à manutenção da postura vertical. Bernstein também acreditava que a manutenção da postura vertical era uma ilustração do seu conceito de *sinergias*, isto é, combinações integradas e coordenadas dos comandos motores enviados a elementos como articulações e músculos para alcançar uma meta comum desejada (por exemplo, não cair). Bernstein via as sinergias como blocos de construção dos movimentos. Esses blocos de construção poderiam ser dimensionados e combinados de acordo com uma determinada tarefa motora. Mais tarde, neste capítulo, consideraremos exemplos de sinergias posturais baseados na definição de sinergia apresentada no capítulo 20.

Vamos começar a análise do controle da postura vertical com uma tarefa aparentemente fácil: ficar em pé e imóvel, sem fazer nada. Ficar em pé imóvel está associado a um dos fenômenos mal compreendidos do controle motor — a oscilação postural.

21.2 Oscilação postural

Quando uma pessoa tenta ficar em pé e imóvel, ela nunca está verdadeiramente parada. As mudanças inevitáveis que ocorrem em diferentes características mecânicas da postura vertical são chamadas *oscilação postural*. As trajetórias de duas dessas características têm sido bastante estudadas — a do centro de massa do corpo (CDM) e a do centro de pressão do corpo (CDP). O CDP é o ponto onde a força resultante da superfície de apoio é aplicada ao corpo (figura 21.3). Foram estudadas diferentes características da oscilação, como a velocidade média e a área coberta pela trajetória da oscilação em um intervalo de tempo fixo, bem como as medições mais sofisticadas que consideram a estrutura temporal da oscilação (Collins e De Luca, 1993; Riley et al., 1997; Oullier et al., 2006).

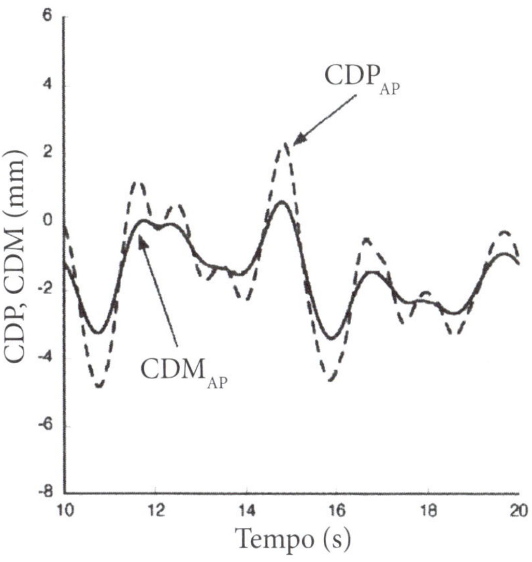

Figura 21.3 Enquanto ficamos imóveis em pé, tanto o centro de massa (CDM) quanto o centro de pressão (CDP) apresentam uma migração espontânea chamada *oscilação postural*.

Deslocamentos no CDP alteram o momento da força resultante que atua sobre o corpo no que diz respeito às articulações do tornozelo. Como resultado, tendem a produzir uma ação rotacional nos segmentos proximais do corpo. Portanto, podemos ver os deslocamentos do CDP como meios de mover o CDM. Durante a postura imóvel, o CDP geralmente mostra deslocamentos consideravelmente maiores que os do CDM por causa da grande inércia do corpo. A maioria dos estudos tem utilizado características da trajetória do CDP para descrever e quantificar a oscilação postural.

A figura 21.4 ilustra a oscilação postural típica (migração do CDP) de uma pessoa em pé com os olhos abertos (*em cima*) e com olhos fechados (*embaixo*). Fechar os olhos aumenta substancialmente a amplitude da oscilação. A figura 21.5 mostra o perfil de tempo da oscilação na direção anteroposterior. A oscilação parece um processo irregular de amplitude modesta, de 1 cm ou menos.

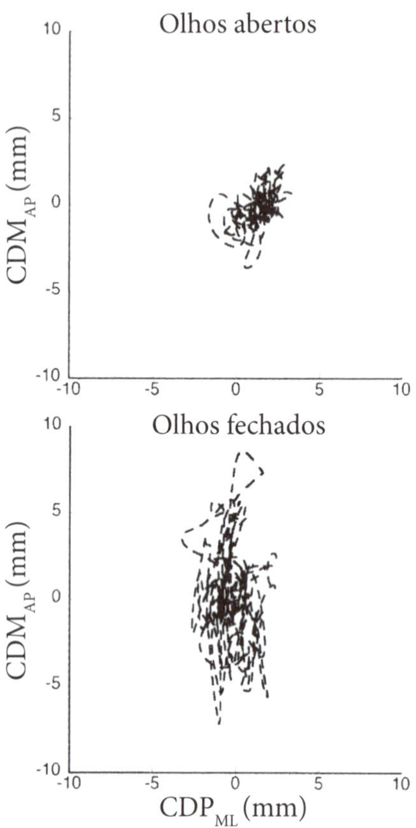

Figura 21.4 A oscilação postural aumenta quando a pessoa fecha os olhos.

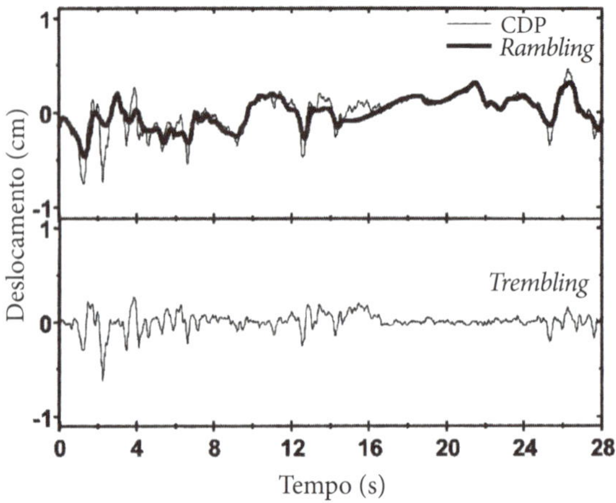

Figura 21.5 A oscilação postural (trajetória CDP) pode ser decomposta em dois componentes: *rambling* e *trembling*.

Reproduzido, com permissão, de Mochizuki L., Duarte M., Amadio, A.C., Zatsiorsky V.M., Latash M.L., 2006, "Changes in postural sway and its fractions in conditions of postural instability", *Journal of Applied Biomechanics* 22: 51-60.

A relação entre os deslocamentos do CDP e do CDM tem sido usada para dividir a oscilação postural em dois componentes. Zatsiorsky e Duarte (1999, 2000) sugeriram que o equilíbrio postural é mantido em relação a um ponto de referência móvel, e não estacionário. Eles desenvolveram um método que decompõe a oscilação em dois processos, denominados *rambling* e *trembling* (figura 21.5). *Rambling* representa a migração do ponto de referência, em relação ao qual o equilíbrio é instantaneamente mantido, enquanto *trembling* é a oscilação do CDP sobre a trajetória *rambling*. De acordo com essa hipótese, o *rambling* reflete processos de controle supraespinais, enquanto o *trembling* é definido pelas propriedades mecânicas periféricas do sistema postural e dos reflexos espinais. Em outras palavras, o corpo oscila sobre uma posição de referência, enquanto a posição de referência migra por razões que não são bem compreendidas.

Há um contínuo debate sobre o papel da rigidez muscular na estabilização postural de uma pessoa imóvel. Primeiro, *rigidez muscular* é um nome mal definido para controle motor (veja o capítulo 4 e Latash e Zatsiorsky, 1993). Geralmente, ele se refere à geração de força muscular contra o alongamento. Supõe-se que a rigidez muscular seja proporcional à magnitude do alongamento até um determinado comprimento e um determinado nível de ativação muscular. Alguns autores afirmam que, no tornozelo ela é suficiente por si só para manter uma postura ereta (Winter et al., 1996, 1998), enquanto outros afirmam que essa hipótese não é apoiada por dados (Morasso e Sanguineti, 2002; Casadio, Morasso e Sanguineti, 2005; Loram, Maganaris e Lakie, 2005).

Há duas visões polarizadas sobre o papel da oscilação postural no equilíbrio. Uma é a de que a oscilação não tem papel funcional e é um ruído, ou seja, um subproduto de um sistema de controle neural que inevitavelmente produz alguma oscilação (Kiemel, Oie e Jeka, 2002). Como discutimos no capítulo 19, a ideia de que algum elemento do corpo humano seja imperfeitamente projetado não é um ponto de partida muito atraente. Portanto, prefiro a outra visão, que pressupõe que a oscilação seja consequência de um processo propositai do sistema nervoso central, refletindo possivelmente uma busca por limites de estabilidade (Riccio, 1993; Riley et al., 1997). Ambas as visões têm procurado apoio em estudos recentes.

PROBLEMA # 21.2

- Levando em conta as duas visões sobre a oscilação postural, preveja o que aconteceria à oscilação se uma pessoa se equilibrasse sobre uma prancha apoiada numa trave estreita. A oscilação seria maior ou menor que a verificada quando a pessoa está em pé no chão? Por quê?

O equilíbrio apropriado exige a integração de informações de diferentes fontes, incluindo *informação vestibular*, *informação visual* e *informação proprioceptiva*. Vamos começar pelo papel dos sistemas vestibular e ocular no controle postural, e então discutiremos a contribuição dos sinais proprioceptivos às correções de postura urgentes.

21.3 Sistema vestibular

O senso de equilíbrio é uma das noções menos notórias em nossa consciência. Os seres humanos tornam-se conscientes do equilíbrio somente quando este é seriamente ameaçado. O sistema vestibular do encéfalo e o ouvido interno fornecem sinais relacionados à orientação da cabeça em relação à gravidade. Seus órgãos periféricos são encontrados no vestíbulo do ouvido interno, e suas estruturas mais importantes são os canais semicirculares e o labirinto.

O *labirinto* ósseo é composto de várias cavidades no osso temporal. Dentro delas está o labirinto membranoso, que é cheio de *endolinfa*, um fluido extracelular incomum cuja composição iônica lembra a do fluido intracelular. O labirinto membranoso é rodeado pela *perilinfa*, cuja composição é similar à do líquido cefalorraquidiano. Bombas de íon mantêm a composição iônica incomum da endolinfa, de modo que seu potencial seja de + 80 mV em relação ao fluido extracelular circundante. As células ciliadas dentro do ouvido interno têm um potencial intracelular de -60 mV, que, somando aos + 80 mV da endolinfa, acrescenta até 140 mV de potencial elétrico motriz.

A organização do ouvido interno é intrincada (figura 21.6). Ambas as extremidades de cada um dos *dutos semicirculares* terminam no *utrículo*. Uma extremidade dilata-se antes de se ligar ao utrículo; essa área é chamada *ampola*. A área com epitélio espesso dentro da ampola é chamada *crista ampular*. Essa região contém células receptoras especializadas conhecidas como *células ciliadas vestibulares*. As células ciliadas vestibulares são inervadas pelas extremidades periféricas dos neurônios sensoriais bipolares no *nervo ampular*. A crista ampular é coberta por uma massa semelhante a um diafragma gelatinoso chamada *cúpula*. Quando a cabeça gira, uma força é criada pela inércia do fluido nos dutos semicirculares. Essa força age sobre a cúpula para deslocar as células ciliadas da crista ampular, o que eventualmente leva a uma alteração na atividade das fibras nervosas que inervam esses receptores.

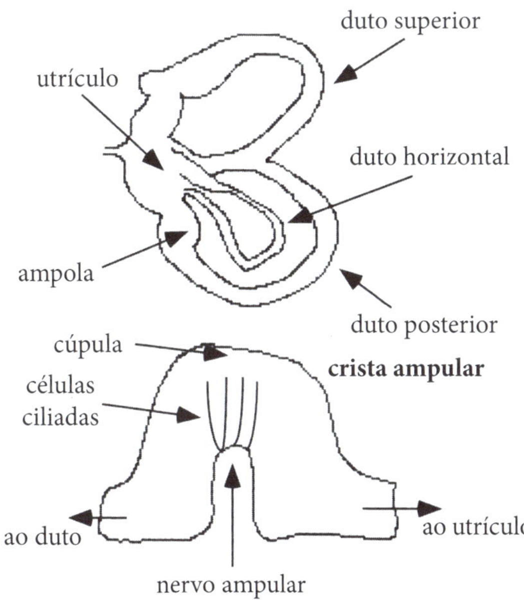

Figura 21.6 No ouvido interno, ambas as extremidades de cada um dos dutos semicirculares terminam no utrículo. Uma extremidade dilata antes de se ligar ao utrículo; essa área é chamada *ampola*. Uma área com epitélio espesso dentro da ampola é chamada *crista ampular*. Essa região contém células receptoras especializadas conhecidas como *células ciliadas vestibulares*. As células ciliadas vestibulares são inervadas pelas extremidades periféricas de neurônios sensoriais bipolares no nervo ampular. A crista ampular é coberta por uma massa semelhante a um diafragma gelatinoso chamada *cúpula*.

PROBLEMA # 21.3

- Por que precisamos de três dutos semicirculares? Poderíamos funcionar com um ou dois? E com quatro?

Esse aparelho receptor é muito sensível e pode detectar uma aceleração angular muito pequena, de 0,1 °/s². Os deslocamentos físicos da cúpula são inferiores a 10 nm, comparáveis aos produzidos pelo som de baixa amplitude no sistema auditivo.

Uma parte do piso no utrículo é espessa e contém receptores de pelo. Essa zona é chamada *mácula* e é coberta por uma substância gelatinosa que contém cristais de carbonato de cálcio chamados *otólitos*. A mácula fica quase horizontal quando a cabeça é mantida verticalmente. Se a cabeça é inclinada ou acelerada numa determinada direção (aceleração linear), os otólitos deformam a substância gelatinosa que, por sua vez, dobra as células ciliadas. Quando dobradas, as células ciliadas geram potenciais de ação.

Assim, células ciliadas nos dutos semicirculares respondem à aceleração angular em direções específicas, enquanto células ciliadas no utrículo respondem à aceleração linear em todas as direções.

Podemos classificar as funções do sistema vestibular em *dinâmica* e *estática*. A função dinâmica é mediada por receptores nos dutos semicirculares, permitindo que os seres humanos situem rotações da cabeça no espaço e desempenhando um papel importante no controle reflexo dos movimentos oculares. A função estática é mediada por células ciliadas no utrículo e no *sáculo* (outra estrutura do ouvido interno em forma de saco). Ela permite que os seres humanos monitorem a posição absoluta da cabeça no espaço e contribui para o controle postural. Os corpos celulares dos neurônios que inervam receptores vestibulares estão localizados no *gânglio vestibular* (também chamado *gânglio de Scarpa*). Esses neurônios são bipolares. Uma ramificação de cada axônio vai para os receptores periféricos (células ciliadas), enquanto a outra ramificação viaja pelo oitavo nervo craniano e termina no tronco encefálico.

Os *núcleos vestibulares* ocupam parte substancial do bulbo. Esse complexo tem quatro núcleos (figura 21.7): o *núcleo vestibular lateral* (também conhecido como *núcleo de Deiters*), o *núcleo vestibular medial*, o *núcleo vestibular superior* e o *núcleo vestibular inferior*. Além de receber sinais dos receptores vestibulares, o núcleo de Deiters recebe entradas originárias do cerebelo e da medula espinal.

PROBLEMA # 21.4

- Quais células cerebelares projetam-se sobre o núcleo de Deiters? Essas projeções podem ser excitatórias ou inibitórias?

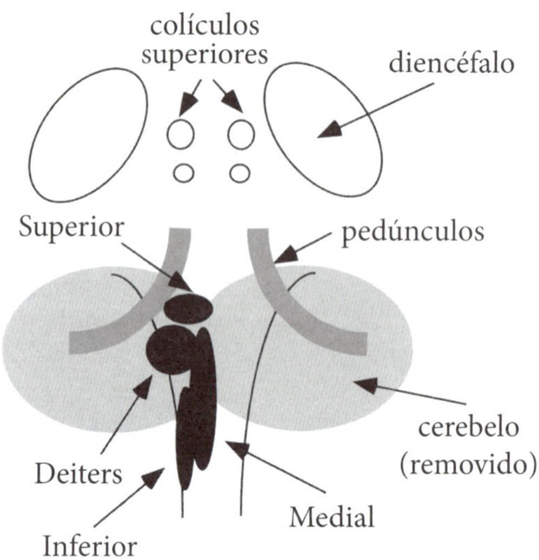

Figura 21.7 Os núcleos vestibulares são o núcleo vestibular lateral (também conhecido como *núcleo de Deiters*), o núcleo vestibular medial, o núcleo vestibular superior e o núcleo vestibular inferior.

Os neurônios da porção dorsal do núcleo de Deiters enviam seus axônios ao *trato vestibuloespinal lateral*, que termina ipsilateralmente nos cornos centrais e tem um profundo efeito facilitatório nos motoneurônios α e -γ que inervam os músculos dos membros. É possível que esta entrada tônica ajude significativamente a produzir a atividade de plano de fundo dos músculos antigravitacionais.

Os núcleos vestibulares medial e superior desempenham um papel importante no controle oculomotor, mediando *reflexos vestíbulo-oculares*. (Note que o controle voluntário dos movimentos oculares ocorre independentemente do sistema vestibular). Sua entrada, que é dinâmica na maior parte, origina-se principalmente de receptores nos dutos semicirculares. Ambos os núcleos enviam os axônios de seus neurônios para dentro do *fascículo longitudinal medial*, um trato que corre para as partes rostrais do tronco encefálico. O núcleo vestibular inferior recebe informações das células receptoras vestibulares e do verme do cerebelo. Suas fibras eferentes contribuem para o *trato vestibuloespinal medial*, que termina bilateralmente na medula espinal cervical e participa do controle reflexo dos músculos do pescoço. As fibras eferentes do núcleo vestibular inferior também contribuem para as *vias vestibulorreticulares*.

21.4 Visão e controle postural

A visão fornece uma das mais confiáveis fontes de informação para o encéfalo humano. Quando informações visuais entram em conflito com informações de outra modalidade, tendemos a acreditar em nossos olhos. Por exemplo, uma vibração de alta frequência e baixa amplitude de um músculo de um membro, em uma pessoa sem informações visuais, frequentemente causa fortes ilusões de movimento dos membros e, às vezes, sensações de posições articulares anatomicamente impossíveis (Craske, 1977; Lackner e Taublieb, 1983; Rolo, Vedel e Roll, 1989). Se a pessoa olhar para o membro, contudo, as ilusões tornam-se muito menos pronunciadas e costumam desaparecer.

O sistema de controle da postura vertical também depende muito da informação visual. Em particular, todos os índices possíveis de estabilidade postural pioram quando uma pessoa está em pé com os olhos fechados (ver figura 21.4). Quando se fica em pé imóvel, há um aumento na oscilação do corpo, maiores desvios do centro de massa em resposta a perturbações posturais e maiores desvios posturais provocados pela vibração dos músculos posturais, que discutiremos mais tarde.

O movimento do plano de fundo visual produz ilusões de movimento corporal no observador (revisto em Oullier et al., 2006). Por exemplo, se uma pessoa está sentada num trem que parou numa estação e o trem no trilho ao lado começa a se mover, a pessoa tem a impressão de que o trem parado está se movendo na direção oposta. Se uma pessoa está em pé e olha para certo padrão numa tela, um movimento acelerado do padrão em direção à pessoa causa uma sensação de movimento para a frente e uma correspondente oscilação do corpo para trás (figura 21.8; veja Van Asten, Gielen e Denier van der Gon, 1988; Dijkstra et al., 1994; Ravaioli et al., 2005).

Da mesma forma, um movimento do padrão para longe da pessoa provoca uma oscilação do corpo para a frente.

Geralmente, existem limites para a confiança do encéfalo humano em qualquer das fontes de informação usadas para o controle postural. Assim, uma ilusão criada pelo fluxo de informação ao longo de um canal é temperada ou mesmo eliminada por informações provenientes de outras fontes. Para criar uma ilusão realmente forte, todas as três fontes de informação sobre a posição e a orientação corporal — vestibular, visual e proprioceptiva — devem ser manipuladas ao mesmo tempo. A Disney World usa esses métodos em passeios simulados, durante os quais espectadores ficam sentados em cadeiras confortáveis que são inclinadas para coincidir com as mudanças da imagem projetada numa tela grande. Recomendo fortemente que você experimente um desses passeios!

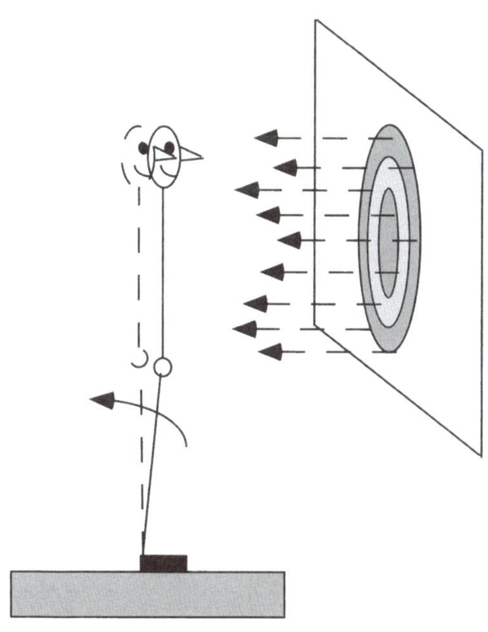

Figura 21.8 Se uma pessoa em pé olha para uma tela que mostra certo padrão, um movimento acelerado do padrão na direção da pessoa provoca uma oscilação do corpo para trás.

21.5 Propriocepção e controle postural

Uma das principais fontes de informação sobre o papel dos sinais de proprioceptores no controle postural é a observação de distúrbios posturais que ocorrem quando sinais proprioceptivos são distorcidos. Alguns dos efeitos de *vibração* muscular de alta frequência e baixa amplitude foram discutidos anteriormente, incluindo o reflexo tônico de vibração e mudanças em outras respostas reflexas. Efeitos da vibração muscular também podem ser observados no controle postural. Eles se relacionam com a atividade anormalmente elevada das terminações de fuso muscular, motivada pela vibração. Lembre-se de que a vibração muscular em um tendão do músculo pode atingir praticamente todas as terminações de fuso do músculo. O sistema nervoso central é enganado por essa informação proprioceptiva e pode interpretá-la como uma indicação de aumento no comprimento do músculo.

Se a vibração é aplicada a um músculo postural, o aumento ilusório no seu comprimento é, além disso, interpretado como uma mudança de orientação corporal. Essa oscilação corporal ilusória é compensada por uma mudança real na posição corporal (Lackner e Levine, 1979; Hayashi et al., 1981). Por exemplo, a vibração do tendão calcâneo faz que as estruturas neurais centrais superestimem o comprimento dos músculos tríceps (vibração produzida por uma oscilação corporal ilusória para a frente). O controlador corrige a oscilação ilusória com uma oscilação corporal real para trás. Esses efeitos são denominados *quedas induzidas por vibração* (QIVs; Eklund, 1969) e são muito fortes quando os olhos da pessoa estão cerrados. A vibração do tendão calcâneo pode mesmo fazer a pessoa cair para trás. Assim, esse experimento exige que o pesquisador permaneça em pé atrás da pessoa para evitar lesões. Se a pessoa abre seus olhos, os efeitos da vibração são atenuados e podem até desaparecer.

Efeitos similares podem ser observados durante a vibração de outros músculos posturais, bem como durante a vibração de músculos que não fazem nenhuma contribuição óbvia ao controle postural. A vibração dos músculos do pescoço causa ilusões similares quanto à posição da cabeça (Lund, 1980). Desvios ilusórios da cabeça podem levar a ilusões vestibulares e, em última análise, a adaptações posturais similares às QIVs observadas durante a vibração dos músculos da perna.

21.6 Adaptações posturais antecipatórias

Já observamos que movimentos voluntários do braço realizados por uma pessoa em pé são *fonte de perturbações posturais* (figura 21.9). Existem duas fontes de perturbações posturais associadas aos movimentos voluntários rápidos. Em primeiro lugar, uma alteração na geometria corporal altera a projeção do CDM, que poderá mover o corpo para fora da área de apoio. Em segundo, durante movimentos do braço, forças inerciais e acoplamentos mecânicos da articulação criam mudanças de torque em numerosas articulações do corpo, incluindo as envolvidas no controle postural.

Portanto, movimentos voluntários, particularmente os rápidos, estão associados a mudanças na atividade dos músculos posturais. Algumas dessas mudanças ocorrem antes que o próprio movimento comece — são os chamados *ajustes posturais antecipatórios (APAs)*. Pressume-se que seu papel seja perturbações da postura vertical causadas pelo movimento (Bouisset e Zattara, 1987; Massion, 1992). Assim, esperamos que os APAs produzam efeitos mecânicos que se oponham à perturbação esperada, seja esta em virtude de um movimento pretendido do membro, seja em virtude de outra ação, como pegar um objeto pesado ou soltar uma carga com os braços estendidos.

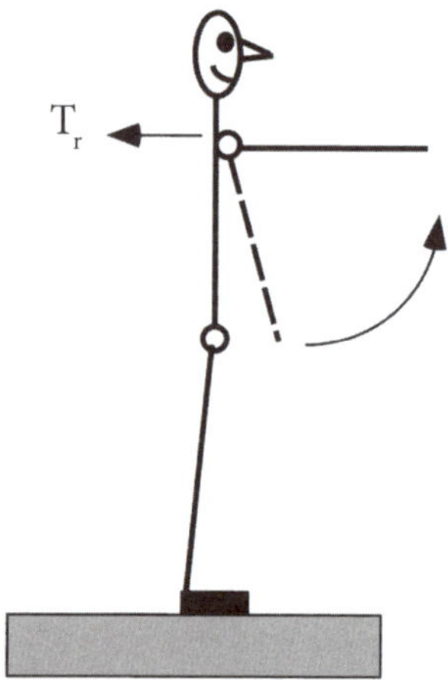

Figura 21.9 Um rápido movimento de braço executado por uma pessoa em pé é fonte de perturbação postural por causa do acoplamento da articulação. Uma rápida flexão do ombro cria torques reativos (T_r), que empurram o corpo para trás.

Os eventos eletromiográficos que ocorrem durante os APAs podem ser observados como mudanças na atividade dos músculos posturais, quando suas consequências mecânicas deslocam o CDP do corpo. Esses ajustes são preparados pelo sistema nervoso central antes que a perturbação real ocorra (ou seja, na forma de antecipação). Como resultado, as consequências mecânicas dos APAs são frequentemente subótimas, de tal modo que uma perturbação postural ocorre.

A figura 21.10 mostra um padrão típico de APAs associado a uma flexão bilateral rápida do ombro (movimento do braço para afrente). As mudanças na atividade de plano de fundo dos músculos posturais ocorrem antes que a atividade do motor primário (um músculo que inicia o movimento exigido do braço) aumente. Em nosso caso, o motor primário é o músculo deltoide (o momento do início de sua atividade está marcado com uma seta na figura 21.10). Essas mudanças deslocam o CDP. Na EMG, podemos ver também reações corretivas na atividade dos músculos posturais, as quais ocorrem cerca de 100 ms após o surto do deltoide na EMG.

As propriedades dos APAs, especialmente a magnitude, dependem de três fatores: a magnitude de uma perturbação esperada, as características da ação motora associada à perturbação e a estabilidade postural. O primeiro fator é fácil de entender: se uma pessoa antecipa uma perturbação maior, APAs maiores são gerados (Aruin e Latash, 1996).

O segundo fator é menos óbvio. O controlador neural dimensiona a magnitude dos APAs com a magnitude da ação que a pessoa usa para acionar uma perturbação, mesmo quando a magnitude da perturbação não depende da ação.

Estudos recentes têm demonstrado que, se uma pequena ação não usual aciona uma perturbação grande, para a amplitude dos APAs pode ser dimensionada para a magnitude da ação mesmo se a perturbação for padrão e totalmente previsível (Aruin e Latash, 1995). Por exemplo, quando uma pessoa atira com um rifle, o rebote comumente leva a uma forte perturbação postural. Uma pessoa deve ser um atirador experiente para ser capaz de gerar APAs que compensem essa perturbação relativamente padrão e previsível. Essa dependência dos APAs em relação às características da ação pode resultar da experiência diária, o que sugere que ações mais vigorosas são normalmente associadas com perturbações mais vigorosas.

O terceiro fator reflete a dependência dos APAs da estabilidade postural e da atividade de plano de fundo de todo o corpo. Os APAs são reduzidos quando a postura vertical é muito estável ou quando é instável (Nardone e Schieppati, 1988; Nouillot, Bouisset e Do, 1992; Aruin, Forrest e Latash, 1998).

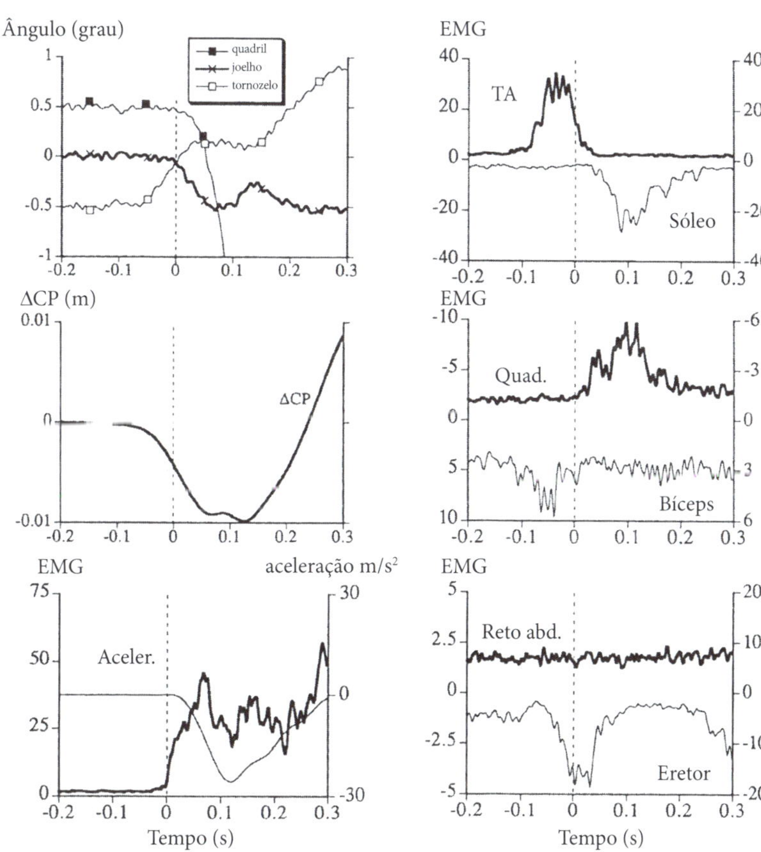

Figura 21.10 Padrão típico de APAs associado a uma flexão rápida bilateral do ombro. Mudanças na atividade de plano de fundo dos músculos posturais ocorrem antes que a atividade do motor primário (deltoide anterior, ΔA no painel de baixo à esquerda) aumente visivelmente. Essas mudanças deslocam o CDP (ΔCP, painel do meio à esquerda) e causam o movimento das principais articulações da perna (painel de cima à esquerda). Mais tarde, podemos observar reações corretivas na atividade dos músculos posturais.

Se uma pessoa executa uma ação associada a uma perturbação postural enquanto caminha ou oscila, os APAs resultantes são modulados de acordo com o ciclo de ação do corpo todo e podem até mesmo mostrar reversões de sua direção (Hirschfeld e Forssberg, 1991; Krishnamoorthy e Latash, 2005). Isso acontece quando os próprios APAs podem desestabilizar a postura, como no caso em que sua ação desloca o CDP em direção a um limite de estabilidade perigosamente próximo.

PROBLEMA # 21.5

- Cite um exemplo do cotidiano em que os APAs são dimensionados em relação a uma ação, e não a uma perturbação esperada.

21.7 Reações posturais corretivas

Existem várias linhas de defesa contra perturbações posturais inesperadas ou não compensadas (tabela 21.1). A primeira é a *elasticidade periférica* de músculos, tendões e outros tecidos. Qualquer deslocamento de uma articulação cria forças elásticas que resistem ao deslocamento. Uma vez que as propriedades elásticas de um músculo dependem de seu nível de ativação (ver capítulo 4), o sistema nervoso central pode definir quão bem a elasticidade periférica neutraliza perturbações ao ajustar a cocontração de pares de músculos que agem nas grandes articulações posturais. Esse método de controle é conhecido como uso de *preflexos* (Prochazka et al., 2000).

A segunda linha de defesa é o *reflexo de alongamento*, que tem componentes fásicos (principalmente monossinápticos) e tônicos (principalmente polissinápticos) (capítulos 8 e 9). O reflexo de alongamento também apresenta viscoelasticidade e ajuda a amortecer perturbações externas, embora com certo atraso reflexo. Contudo, a elasticidade periférica e o reflexo de alongamento não são suficientes para assegurar o equilíbrio do corpo no campo de gravidade. O próximo mecanismo de defesa sofre um atraso mais longo e pertence ao grupo das *reações pré-programadas* (ver capítulo 12). Ele é mais poderoso e mais flexível que os dois primeiros mecanismos. Em certas situações, respostas pré-programadas podem ser vistas em músculos cujo comprimento não é afetado (nem mesmo diminuído) por uma perturbação externa (Marsden, Rothwell e Traub, 1979; Nashner, Woollacott e Tuma, 1979. Nashner e Cordo, 1981).

Nos laboratórios, rotações ou translações inesperadas de plataforma são usadas como fontes de perturbações posturais controladas. Reações pré-programadas a essas perturbações são comumente descritas como combinações de padrões de ativação muscular (EMGs) específicos de determinada perturbação.

A primeira dessas reações tem uma latência de menos de 80 ms, o que sugere um caráter pré-programado, em vez de voluntário. Presume-se que elas sejam acionadas por entradas sensoriais multimodais, com importantes contribuições provenientes de receptores proprioceptivos, visuais e vestibulares. Algumas dessas reações parecem mesmo gerais, como a coativação de pares de músculos

TABELA 21.1

Linhas de defesa da postura vertical

Mecanismo	Atraso de tempo típico	Características importantes
APAs	< 0 ms	Baseada numa perturbação previsível
Elasticidade do músculo e do tendão	0 ms	Pode ser modulada (preflexos)
Reflexos monossinápticos	30 ms	Mal controlados
Reflexos polissinápticos	50 ms	Baixo ganho
Reações pré-programadas	70 ms	Correção aproximada
Ações voluntárias	150 ms	Tardias!

agonista-antagonista, que estabilizam uma articulação postural independentemente da direção da perturbação. Outras reações são específicas do tipo e da direção da perturbação.

Existem padrões de reações posturais corretivas mais usuais. Quando indivíduos jovens e saudáveis ficam de pé sobre uma plataforma, uma lenta translação da plataforma para a frente faz o corpo oscilar para trás e aumenta a atividade dos músculos ventrais (como o tibial anterior, o reto femoral e o reto do abdome). Contudo, uma translação da plataforma para trás resulta numa oscilação do corpo para a frente e leva a um aumento na atividade dos músculos dorsais (como o sóleo, o bíceps femoral e o eretor da coluna vertebral). Essas reações ocorrem com um atraso de cerca de 80 ms, com o recrutamento que segue a ordem do distante ao próximo. Esse padrão de ativação muscular e a cinemática que o acompanha têm sido chamados *estratégia do tornozelo* (Horak e Nashner, 1986).

Quando indivíduos jovens e saudáveis ficam em pé sobre uma superfície de apoio estreita na direção anteroposterior ou quando uma plataforma sofre translação muito rapidamente, a ordem de recrutamento muscular é revertida, indo do próximo ao distante. Esse padrão, chamado *estratégia do quadril* (Horak e Nashner, 1986; Woollacott e Shumway-Cook, 1990), também é visto em pessoas idosas em condições que provocam a estratégia do tornozelo em pessoas jovens (Woollacott, Inglin e Manchester, 1988).

Por causa da geometria corporal humana, um movimento do tornozelo leva a um maior deslocamento horizontal do CDM quando comparado a um movimento do quadril com a mesma amplitude. No entanto, se um erro ocorre e gera uma rotação articular maior ou menor que a ideal, a estratégia do tornozelo pode causar um erro maior no deslocamento do CDM e, consequentemente, aumentar a possibilidade de queda. Assim, a estratégia do tornozelo parece ser mais eficaz e desafiadora, enquanto a estratégia de quadril troca eficácia por segurança. Também existem padrões intermediários de ajustes posturais corretivos que podem envolver a articulação do joelho (Allum et al., 1989).

PROBLEMA # 21.6

- Ajustes posturais antecipatórios e corretivos ocorrem nos músculos do braço? Cite alguns exemplos.

Existem claras diferenças entre APAs e respostas posturais corretivas quanto ao modo de controle e função. Os APAs são iniciados pela pessoa, enquanto as reações posteriores, compensatórias, são iniciadas pela ação de sinais da retroalimentação sensorial. Os APAs tentam prever perturbações posturais associadas com um movimento planejado e minimizá-las, enquanto as reações compensatórias lidam com perturbações de equilíbrio devidas à eficácia subótima dos APAs. Assim, reações antecipatórias e compensatórias são consideradas pré-programadas e diferem no tempo relativo ao movimento dos membros e ao método de gatilho, antecipação ou retroalimentação.

PROBLEMA # 21.7

- Que mudanças nas reações posturais antecipatórias e corretivas são esperadas se a mesma perturbação é aplicada repetidamente a uma pessoa em pé?

PROBLEMA # 21.8

- Quando um carro faz uma curva a alta velocidade, as partes superiores dos corpos do condutor e do passageiro do banco da frente desviam-se em direções opostas, movendo-os um em direção ao outro ou um para longe do outro. Por quê? Se um carro vira à esquerda, em que direções as partes superiores dos corpos do condutor e do passageiro se inclinarão?

21.8 Sinergias posturais

Nikolai Bernstein, cujo nome já encontramos ao longo deste livro, introduziu a noção de *sinergia postural* como uma combinação de sinais de controle enviados a vários músculos para assegurar a estabilidade de um membro ou da totalidade do corpo em antecipação a uma perturbação postural previsível ou em resposta a uma perturbação real. De acordo com essa definição, sinergias posturais podem ser consideradas unidades constitutivas usadas pelo sistema nervoso central para construir sinais de controle significativos a serem enviados para várias articulações e músculos. A existência de sinergias tira parte da carga computacional dos ombros do sistema nervoso central.

No capítulo 20, definimos sinergias de uma forma ligeiramente diferente. De acordo com essa definição, as sinergias são criadas no espaço de variáveis elementares para estabilizar importantes variáveis de desempenho do sistema. Para tarefas posturais, tais variáveis de desempenho podem estar associadas com a localização do CDM, com a localização do CDP, com a orientação do tronco, com a orientação da cabeça, e assim por diante. As variáveis elementares dependem do nível de análise escolhido. Por exemplo, se considerarmos a cinemática da articulação, podemos procurar sinergias posturais no espaço das rotações articulares individuais (Scholz, Schöner e Latash, 2000; Latash, Scholz e Schöner, 2002). Quando uma pessoa se levanta após ter estado sentada (uma ação senta-levanta; Scholz e Schöner 1999), os ângulos articulares sofrem covariações em testes como os que estabilizam a trajetória do CDM na direção horizontal, mas não na direção vertical (ver figura 21.11). Em outro estudo, a covariação do ângulo articular estabilizou tanto a trajetória horizontal do CDM quanto a orientação do tronco durante os movimentos voluntários de oscilação do corpo inteiro (Freitas, Duarte e Latash, 2006).

A definição de Bernstein para sinergia se encaixa melhor na definição de variáveis elementares (blocos de construção). Essa diferença é particularmente evidente nas sinergias multimusculares. Desde o final do século XIX, os pesquisadores concordam que o encéfalo controla os músculos não um por um, mas os reunindo em grupos (Hughlings Jackson, 1889). Em estudos recentes, PCA e métodos similares têm sido usados para identificar esses grupos (Saltiel et al., 2001; Ting e Macpherson, 2005) tratados como sinergias, de acordo com a definição de Bernstein.

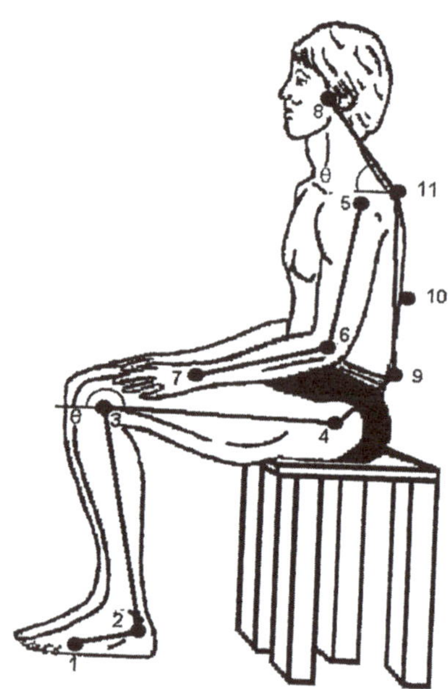

Figura 21.11 Quando uma pessoa executa uma ação senta-levanta, a trajetória do CDM na direção horizontal é estabilizada por mudanças covariadas em ângulos articulares ao longo dos testes, enquanto a trajetória do CDM na direção vertical não o é. Essa análise presume que o corpo humano seja um conjunto de corpos rígidos conectados por articulações.

Springer, *Experimental Brain Research*, vol. 126, 1999, p. 289-306. "The uncontrolled manifold concept: identifying control variables for a functional task," J.P. Scholz e G. Schöner. Com a gentil permissão da Springer Science and Business Media.

Como alternativa, esses grupos podem ser vistos como variáveis elementares (modos do músculo) que o controlador covaria para assegurar a estabilidade postural. Vários estudos recentes analisaram essas sinergias modo-músculo e demonstraram que elas podem ser montadas na forma de tarefas específicas para estabilizar variáveis como a trajetória COP (Krishnamoorthy et al., 2003; Wang, Zatsiorsky e Latash, 2005).

Uma visão tradicional é a de que as sinergias posturais formam um grupo separado de comandos motores que pode ser misturado e combinado com comandos motores focais. Em outras palavras, presume-se que os seres humanos tenham dois bolsos no encéfalo: num dos bolsos, buscamos comandos para movimentos voluntários planejados (uma sinergia do movimento); e no outro, as reações antecipatórias e/ou corretivas adequadas (uma sinergia postural) (figura 21.12). Uma visão alternativa defende que existe apenas um bolso e que a separação de padrões motores periféricos em focais e posturais é feita pelos pesquisadores, não pelo encéfalo (figura 21.13). De acordo com a última visão, qualquer movimento, mesmo o mais localizado envolve muito mais articulações do que aparenta. Assim, mudanças na atividade dos músculos posturais não são um acréscimo, mas parte inerente de um processo de controle da ação.

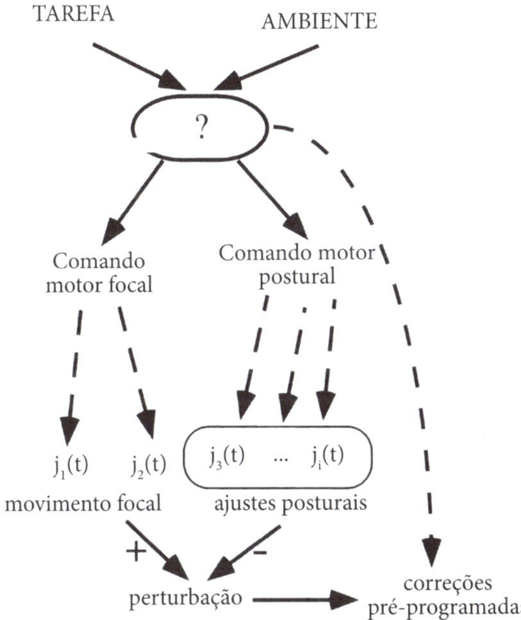

Figura 21.12 Conforme a visão tradicional, o sistema nervoso central gera dois comandos motores com base na tarefa e no campo de força externo. Um está relacionado ao movimento focal, enquanto o outro fornece estabilidade postural.

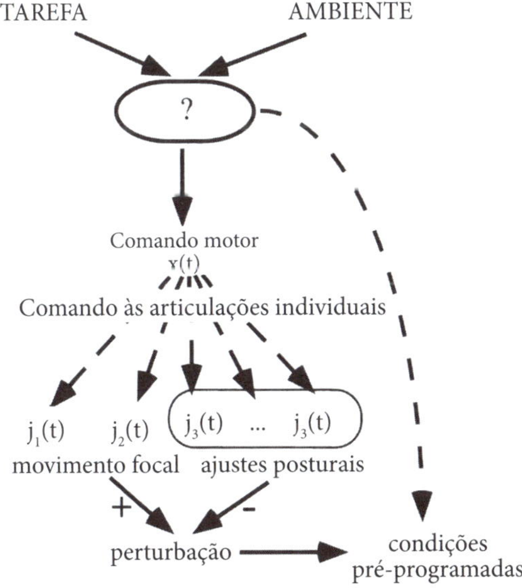

Figura 21.13 O sistema nervoso central gera um comando motor com base na tarefa e no campo de força externo. Mais tarde, esse comando é transformado em comandos para as articulações individuais. Alguns deles podem ter uma função aparentemente postural, enquanto outros podem ter uma função focal. Essa classificação em postural ou focal, contudo, é feita pelos pesquisadores, não pelo encéfalo.

Capítulo 21 em resumo

A postura vertical humana é inerentemente instável. Os movimentos voluntários dos membros geram perturbações posturais por causa do acoplamento articular e de mudanças na geometria corporal. A postura imóvel está associada à oscilação postural. A oscilação depende fortemente de sinais sensoriais, aumentando na falta de visão e diminuindo quando uma pessoa toca um ponto estável no espaço. A estabilização postural é assegurada por meio de vários mecanismos, incluindo adaptações posturais antecipatórias, elasticidade periférica, reflexos musculares, correções posturais pré-programadas e correções voluntárias. A sinergia postural é a relação entre variáveis elementares, como rotações articulares ou recrutamento de grupos musculares, e o objetivo de estabilizar a postura. O aparelho vestibular desempenha um papel importante no equilíbrio postural, sendo composto de núcleos vestibulares e receptores periféricos sensíveis à aceleração. Outros sistemas sensoriais, como a visão e a propriocepção, também contribuem para o controle postural. Mudanças nas informações visuais ou proprioceptivas podem levar a distúrbios posturais.

22

Locomoção

Palavras-chave e tópicos

- geradores de padrão central
- locomoção espinal
- marchas
- reação corretiva ao tropeço
- sistemas dinâmicos de abordagem
- iniciação ao passo

A locomoção é provavelmente a atividade diária mais comum dos animais superiores, incluindo os seres humanos. É definida como uma ação motora que altera a localização do corpo inteiro no ambiente. Animais inferiores não se locomovem e, assim, sua atividade está limitada a uma pequena área ao redor de seu corpo. A locomoção é uma grande invenção da evolução, tendo expandido os horizontes de nossos parentes remotos (antepassados) ao lhes permitir usar qualitativamente novas estratégias de busca de alimento ou escapar de perigos potenciais. Podemos dizer que o surgimento da locomoção criou toda uma nova classe de problemas motores para os animais enfrentarem na vida diária, o que por sua vez criou novos sistemas de controle neural, que abrangem praticamente todo o sistema nervoso central de animais superiores contemporâneos. Sem locomoção, os seres humanos provavelmente ainda estariam esperando que alimentos passassem por seus tentáculos ou tremendo de medo ao assistir um tentáculo maior aproximar-se lentamente de seu corpo impotente.

22.1 Duas abordagens da locomoção

Há muitos tipos de locomoção, como rastejar, voar, nadar, saltar, andar e correr. Neste capítulo, vamos considerar a caminhada e a corrida como os dois modos de locomoção mais usados pelos seres humanos. Uma análise da possível organização das estruturas neurais centrais que controlam a locomoção revela duas abordagens filosóficas concorrentes altamente influentes do controle dos movimentos voluntários. A primeira abordagem é a *programação motora* (ver capítulo 19), que se baseia, no caso da locomoção, na noção de um *gerador de padrão central* (GPC). O GPC é uma estrutura neural hipotética que gera uma atividade neural rítmica. Essa atividade é transformada numa atividade muscular rítmica, levando a um comportamento rítmico, como a locomoção. A *ritmicidade* é uma das características mais comuns e básicas dos comportamentos de locomoção.

PROBLEMA # 22.1

- Alguns animais podem se locomover, de diferentes formas: nadando, caminhando, pulando, saltando, voando etc. Quantos GPCs têm essas criaturas?

A abordagem concorrente considera a ritmicidade proveniente uma característica proveniente de uma atividade neural possivelmente não rítmica e uma interação do aparato periférico (incluindo suas conexões com o sistema nervoso central) com o ambiente. Essa abordagem tem sido chamada *abordagem de sistemas dinâmicos*, ou *geração de padrão dinâmico*. Defendo que ambas as abordagens contêm alguma verdade, mas não toda a verdade, de modo que elas não são concorrentes e podem ser conciliadas.

22.2 Geradores de padrão central

No início do século XX, houve duas visões concorrentes sobre a organização neural da locomoção. Uma das visões originou-se dos trabalhos seminais de Sir Charles Sherrington (1910) sobre reflexos musculares. Em particular, Sherrington estudou o reflexo flexor e o reflexo extensor cruzado (ver capítulo 9). O padrão aparentemente alternado dos movimentos reflexos nos dois membros posteriores se assemelhava a um componente do ato de caminhar. Sherrington concluiu que a locomoção é um padrão motor produzido por respostas reflexas alternantes. Ele generalizou essa conclusão sugerindo que qualquer movimento voluntário é resultado da modulação dos parâmetros de alguns reflexos musculares básicos. Essas ideias formaram a base da hipótese do ponto de equilíbrio (Feldman, 1966, 1986), descrita nos capítulos 10 e 19.

A visão alternativa sobre a locomoção foi desenvolvida por um estudante de Sherrington, Graham Brown (1914). Ele sugeriu que o padrão motor rítmico observado durante a locomoção é produzido por uma rede neural especializada (um GPC), que pode produzir atividade rítmica mesmo na ausência de reflexos musculares. Graham Brown provou que a locomoção ainda é possível depois da desaferenciação de um membro — isto é, na ausência de reflexos ou outros efeitos de retroalimentação provenientes dos proprioceptores do membro.

A noção de GPC originalmente foi representada com esquemas bastante simples, formados por conjuntos de conexões neurais que por si só poderiam gerar atividade rítmica (um exemplo muito simples é apresentado na figura 22.1). Presume-se que o GPC envolva três tipos de célula. Células de dois tipos atuam umas sobre as outras, suprimindo a atividade umas das outras e também fornecendo saída para o aparato executivo (por exemplo, motoneurônios dos músculos envolvidos na locomoção). Supõe-se que essas células ou se fatiguem rapidamente ou se desliguem após um breve período de alta atividade por outras razões. Imagine que um grupo de células torne-se muito ativo, inibindo o outro grupo. Com o tempo, células do primeiro grupo se fadigam e se desligam, e o outro grupo de células é liberado da inibição, tornando-se ativo. Esse ciclo continua até que uma influência externa desative ambos os grupos de células. Os neurônios do terceiro grupo fornecem uma entrada que pode suprimir ou excitar células dos dois primeiros grupos e também modificar a relação entre eles. Assim, o terceiro grupo controla parâmetros de comportamento produzidos por esse sistema simples.

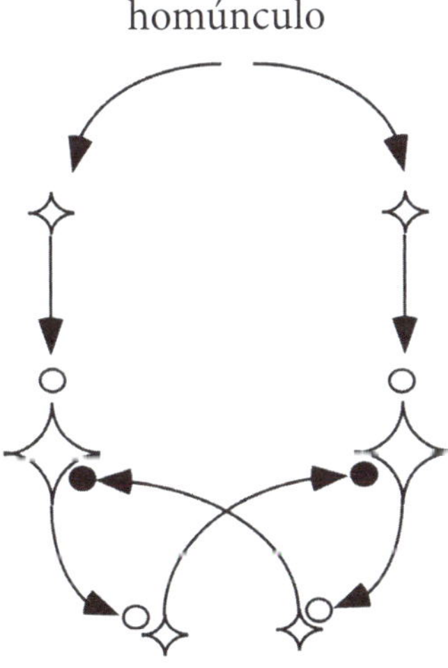

Figura 22.1 Um esquema simples ilustrando um GPC acionado por um centro superior (um homúnculo).

PROBLEMA # 22.2

- Como o sistema mostrado na figura 22.1 pode gerar sinais de saída oscilatórios? Quais parâmetros desse sistema são importantes para a geração de um comportamento rítmico?

A figura 22.2 ilustra a posição de um GPC no sistema de produção do movimento. Supõe-se que o GPC seja controlado por um "centro superior" indefinido, que decide onde, quando e como a locomoção deve ocorrer. O GPC também recebe entradas oriundas de sensores periféricos (como receptores visuais, receptores vestibulares e proprioceptores) e possivelmente de outras estruturas do sistema nervoso central. Em particular, entradas aferentes num GPC podem alterar o padrão de sua atividade e levar, por exemplo, a alterações da marcha (da caminhada ao trote e ao galope). Essas mudanças também podem ser induzidas voluntariamente por meio da modificação da entrada do "centro superior", como mostrado na figura 22.2.

Essa descrição de um GPC deixa uma sensação de insatisfação por causa do vagamente definido "centro superior" e da falta de definições de importantes variáveis. Esse descontentamento provavelmente foi um dos principais estímulos para o desenvolvimento da abordagem alternativa: a geração de padrão dinâmico. Essa abordagem alternativa trata todo o sistema de produção de movimento, incluindo forças externas, como um GPC. Consideraremos a geração de padrão dinâmico mais tarde neste capítulo.

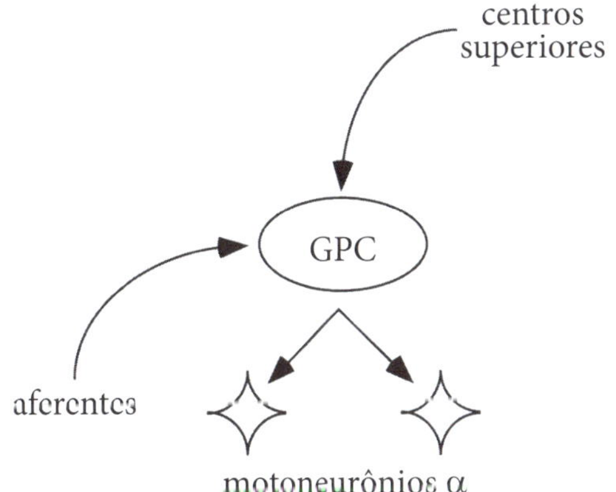

Figura 22.2 Um GPC pode ser controlado por sinais descendentes dos centros superiores e por informação aferente. Finalmente, o GPC muda os padrões de ativação dos grupos de motoneurônios α.

A ideia do GPC pode aplicar-se não somente à locomoção, mas também a outras atividades rítmicas, como a respiração. O suporte experimental para o GPC provém de estudos de ritmos similares ao locomotor (e ritmos de outras atividades) gerados pelo sistema nervoso central de animais cujos movimentos foram suprimidos por agentes como o *curare* (um veneno que suprime a transmissão neuromuscular, originalmente usado por caçadores na América Central e do Sul), bem como de estudos de ritmos gerados por treinos isolados (revisto em Grillner e Wallen, 1985; Orlovsky, Deliagina e Grillner, 1999). Esses últimos estudos demonstraram que certas partes do sistema nervoso central foram capazes de provocar mudanças rítmicas na atividade neural. A questão de como esses ritmos se relacionam com a atividade locomotora real permaneceu aberta até o final da década de 1960.

22.3 Centros de locomoção

Uma série inovadora de experimentos foi realizada no final dos anos 1960 pelo grupo de Shik, Orlovsky e Severin em Moscou, na Rússia (Shik, Orlovsky e Severin, 1967; Shik e Orlovsky, 1976). Esses pesquisadores estimularam a *formação reticular* do mesencéfalo de gatos descerebrados, usando estímulos elétricos de frequência e amplitude constantes. Na formação reticular, encontraram determinadas áreas em que a estimulação causou movimentos rítmicos, como os de locomoção, nas pernas do gato. A frequência da locomoção não se relacionou explicitamente com a frequência da estimulação, que foi de cerca de 30 Hz. Portanto, presume-se que um GPC seja ativado por sinais descendentes gerados pela estimulação. Aumentar a amplitude da estimulação poderia acelerar a locomoção e, num certo nível, mudar a marcha (por exemplo, da caminhada ao trote). A alteração do local do eletrodo permitiu a esses pesquisadores definir uma área em que estimulação poderia levar à locomoção (a *região locomotora mesencefálica*; figura 22.3).

Mais tarde, estudos similares em estruturas dentro dos segmentos superiores da medula espinal permitiram aos pesquisadores seguir a área de locomoção até os segmentos espinais cervicais, revelando o chamado *feixe locomotor* (Selionov e Shik, 1984; Kazennikov e Shik, 1988; figura 22.3). O padrão locomotor induzido não se associa à retroalimentação de proprioceptores periféricos, como ficou comprovado quando padrões similares aos da locomoção foram registrados em nervos de músculo (nas raízes ventrais da medula espinal, num nível adequado) na ausência de atividade muscular periférica, que havia sido bloqueada por curare (Shik, Orlovskii e Severin, 1966).

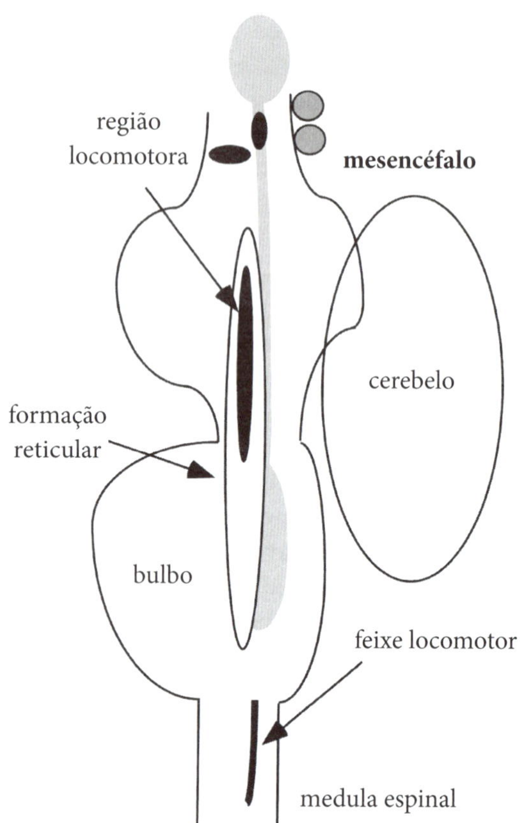

Figura 22.3 A região locomotora mesencefálica e o feixe locomotor.

22.4 Locomoção espinal

A locomoção em *preparações medulares* — ou seja, em animais cuja medula espinal não recebe sinais de estruturas mais rostrais do sistema nervoso central — é conhecida desde os estudos clássicos de Graham Brown e Sherrington no início do século XX. Se a medula espinal de um animal é cortada agudamente, um padrão locomotor é observado por alguns segundos. Por exemplo, uma galinha cuja cabeça acaba de ser cortada corre e até tenta voar. Essas observações são explicadas pela liberação de um GPC espinal de influência inibitória descendente tônica.

Um animal espinal crônico não exibe locomoção na ausência de estímulos externos ou influências especiais. Contudo, se os membros de um gato espinal são colocados numa esteira rolante, o movimento da esteira a uma velocidade constante pode induzir um padrão de movimento dos membros, similares a passadas. Alterar a velocidade da esteira altera a frequência das passadas e transforma a caminhada em trote e depois em galope. Ciclos de passadas também podem ser observados em resposta a determinadas drogas, como a DOPA, que muitas vezes é usado para tratar o mal de Parkinson (ver capítulo 32). No entanto, movimentos de locomoção dos membros posteriores também podem ocorrer num animal em que foram cortadas todas as raízes dorsais da medula espinal que inervam os membros posteriores. Assim, movimentos de locomoção podem ocorrer sem nenhum influxo aferente (Goldberger, 1977; Atsuta, Garcia-Rill e Skinner, 1991). Esses movimentos são, contudo, grosseiramente prejudicados (Shik, Orlovskii e Severin, 1966; Grillner e Zangger, 1975). Essas observações provam que a medula espinal é capaz de produzir atividade similar à locomoção, mesmo sem nenhuma retroalimentação sensorial. Novas experiências, particularmente as realizadas por um grupo sueco liderado por Sten Grillner (revisto em Grillner, 1975; Grillner e Wallen, 1985), demonstraram que existem GPCs individuais para cada membro. Durante a locomoção normal, os GPCs individuais do membro são coordenados para produzir um padrão intermembro coerente.

Com esses dados, podemos concluir que os GPCs para locomoção existem na medula espinal de mamíferos e produzem atividades coordenadas similares à locomoção coordenadas em resposta à estimulação descendente e à entrada periférica. Por diversas razões, essa atividade por si só é insuficiente para garantir a locomoção significativa. Em primeiro lugar, o animal precisa saber por onde se locomover, e, portanto, precisa de sinais de receptores visuais (ou outros) que transportem *informações sobre o ambiente*, incluindo objetos perigosos, atraentes etc. Em segundo lugar, a locomoção está sempre intimamente ligada ao *controle postural* no campo de gravidade (capítulo 21). Em todos os experimentos para investigar a locomoção espinal, os animais foram suspensos com cintos para não precisarem suportar seu próprio peso ou se preocupar em perder o equilíbrio. Em terceiro lugar, a locomoção normal está sempre associada a *perturbações* (por exemplo, pisar sobre uma superfície irregular), que podem exigir correções urgentes. Essas correções serão descritas numa seção posterior.

PROBLEMA #22.3

- Existem GPCs espinais para a postura vertical? Explique sua resposta.

22.5 Controle espinal da locomoção em seres humanos

Embora a ideia da existência de um GPC espinal para a locomoção em cães e gatos fosse aceita há muito tempo, os pesquisadores não tinham certeza de que GPCs espinais similares existiam em primatas superiores e humanos. Até pouco tempo atrás eram infrutíferas as tentativas de induzir locomoção em macacos e humanos após a transecção completa da medula espinal (por meio dos mesmos meios utilizados em experiências com cães e gatos). Apenas no final do século XX é que surgiram os estudos que descreveram padrões de locomoção em macacos e humanos depois de uma lesão completa da medula espinal (Vilensky et al., 1992; Calancie et al., 1994; Shapkova, Shapkova e Mushkin, 1995).

Bebês pequenos mostram movimentos de perna alternantes que se assemelham às passadas em resposta à estimulação mecânica das solas dos pés (Cooke e Thelen, 1987; Thelen e Cooke, 1987). Esses movimentos de locomoção precoces desaparecem por volta de terceiro mês de vida e, então, reaparecem na ação de engatinhar. O desenvolvimento da capacidade de caminhar independentemente tem sido associado à mielinização completa do trato neural e à maturação das estruturas encefálicas (Thelen, 1986, 1995; Sutherland et al., 1988).

Observações em pacientes com lesão da medula espinal levou à sugestão recente da existência de um gerador de locomoção espinal localizado no nível torácico inferior e lombar superior em seres humanos (revisto em Shapkova, 2004). Sob certas condições, esses pacientes demonstraram movimentos involuntários de passadas, mesmo que fossem incapazes de produzir tais movimentos voluntariamente. Em outra série de observações, estímulos elétricos na medula espinal no nível torácico inferior e lombar superior provocaram movimentos de passada em pessoas com lesão na medula espinal. A estimulação causou uma atividade alternada nos músculos das duas pernas, em que a frequência do movimento era diferente da frequência dos estímulos.

A figura 22.4 ilustra o padrão de movimento observado num paciente com a medula espinal lesionada.

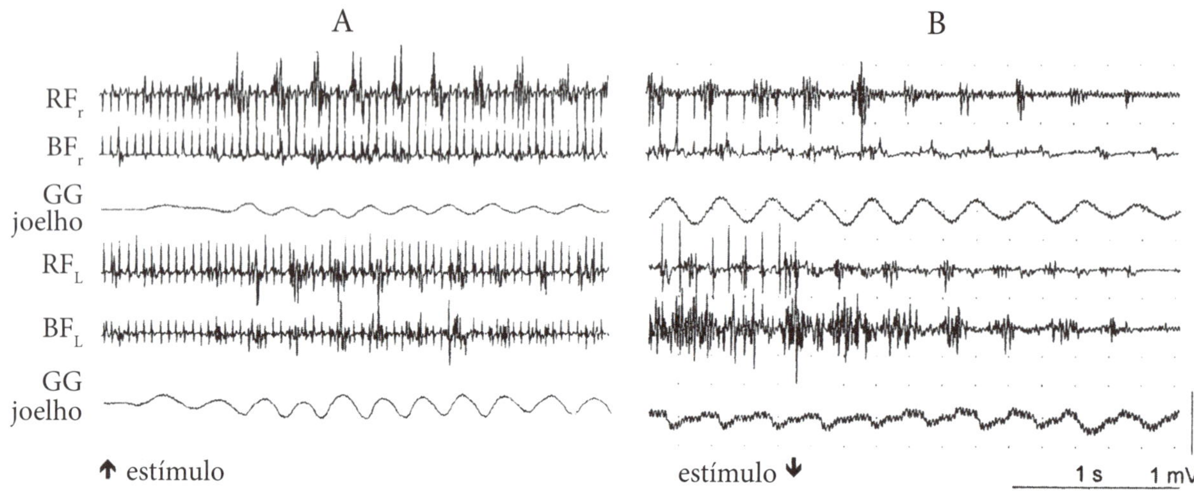

Figura 22.4 Estímulos elétricos na medula espinal de um paciente sem movimento voluntário nas extremidades inferiores provocaram atividade muscular alternada. Note o movimento cíclico nas pernas e a diferença entre a frequência do movimento da perna e a frequência da estimulação.

Reproduzido, com permissão, de E.Yu. Shapkova, 2004, Spinal locomotor capability revealed by electrical stimulation of the lumbar enlargement in paraplegic patients. In: *Progress in Motor Control,* 3ª ed., editado por M.L Latash (Champaign, IL: Human Kinetics), 253-290.

As linhas verticais grandes e muito breves correspondem aos estímulos elétricos aplicados à medula espinal. Existem claros disparos alternados de atividade muscular e mudanças cíclicas em ângulos articulares. Isso significa que a estimulação forneceu uma entrada inespecífica nas estruturas neurais, a qual então gerou um padrão rítmico. A alteração da intensidade e da frequência da estimulação alterou o padrão do movimento induzido tal como ocorreu com o movimento nos experimentos com gatos de Shik e colegas. Às vezes, a estimulação causou movimento rítmico de apenas uma perna ou de apenas uma articulação da perna. Essas observações sugerem que o GPC para locomoção pode ser baseado numa hierarquia de GPCs para cada extremidade e talvez até para cada articulação.

22.6 Padrões de marcha

Se um gato espinal é colocado sobre uma esteira móvel, seus membros posteriores demonstram uma relação de fase estável durante a locomoção induzida. A baixas velocidades, os membros posteriores ficam fora de fase entre si. À medida que a velocidade da esteira aumenta, os membros posteriores preservam a relação de fase até certa velocidade, momento em que a relação entre as cinemáticas dos membros individuais altera-se abruptamente se os animais mudam da caminhada ao trote e do trote ao galope (figura 22.5).

PROBLEMA # 22.4

- Do seu ponto de vista, quais são os fatores mais importantes que limitam a velocidade máxima de locomoção?

Essas e outras observações sugeriram a aplicação da abordagem de sistemas dinâmicos a processos que controlam a locomoção. De acordo com essa abordagem, comportamentos oscilatórios podem apresentar mudanças nas propriedades de estabilidade de sua cinemática e transições de fase em resposta a mudanças numa ou mais variáveis de entrada.

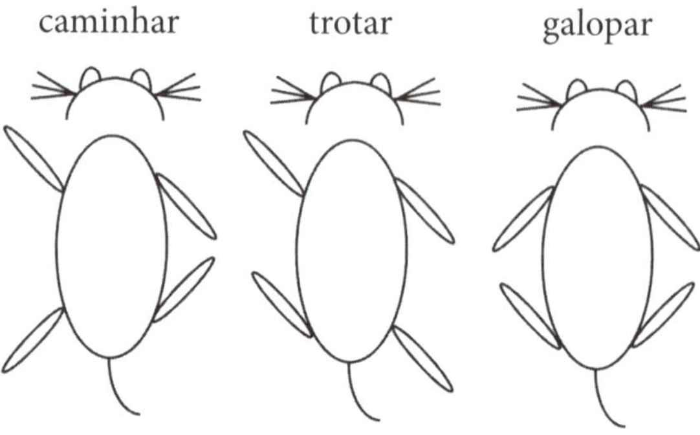

Figura 22.5 As três formas de locomoção principais de um quadrúpede.

Em particular, uma mudança nos sinais descendentes e nas informações periféricas (como nos experimentos de Shik e colegas) pode levar ao aparecimento de um novo regime estável de atividade para o sistema, resultando num novo padrão de marcha.

22.7 Geração de padrão dinâmico

A abordagem alternativa à locomoção (bem como a geração de outros movimentos), conhecida como *abordagem de sistemas dinâmicos*, ou *geração de padrão dinâmico*, foi lançada por um grupo de pesquisadores formado por, entre outros, Scott Kelso, Peter Kugler, Gregor Schöner e Michael Turvey (Kelso et al., 1980; Kugler, Kelso e Turvey, 1980; Kugler e Turvey, 1987; Kelso e Schöner, 1988; Schöner e Kelso, 1988). De acordo com essa abordagem, o sistema de produção de movimentos — incluindo as estruturas neurais centrais; os efetores e suas conexões com as estruturas centrais; as forças ambientais e as fontes de informação sensorial — pode ser modelado com equações diferenciais complexas e não lineares. A expressão *não linear* significa que a resposta do sistema pode mudar desproporcionalmente às mudanças no sinal de entrada. Tais equações normalmente não podem ser resolvidas de forma analítica. Quando aplicadas a problemas motores, podem descrever comportamentos bastante complexos, incluindo comportamentos cíclicos e mudanças em coordenação relativa. Observe que oscilações são características de movimentos de locomoção, enquanto mudanças na coordenação relativa do membro são características de mudanças em marchas.

Um dos pontos fortes da abordagem de sistemas dinâmicos é sua capacidade de lidar com questões de estabilidade obviamente importantes para a locomoção bípede. A análise da locomoção com essa abordagem demonstrou que a estabilidade na direção médio-lateral é crucial (Bauby e Kuo, 2000; Donelan et al., 2004). Em particular, sistemas mecânicos passivos de caminhada podem descer uma rampa somente se, de alguma forma, são estabilizados no sentido médio-lateral (Garcia et al., 1998; Collins et al., 2005).

A abordagem de sistemas dinâmicos tem mostrado sucesso impressionante ao descrever certas características da coordenação motora, incluindo a coordenação intermembros e interarticular. Existem duas visões principais sobre essa abordagem. Segundo a primeira, a única visão correta sobre a produção do movimento voluntário em seres humanos é a posição teórica que une eventos do mundo inanimado e fenômenos biológicos. A visão alternativa a considera outro exemplo de modelagem matemática, um exemplo da tentativa de resolver problemas biológicos com ferramentas desenvolvidas para outras áreas da ciência. Não é surpresa que uma equação complexa possa representar o comportamento complexo melhor que uma equação simples. A questão é saber se a equação tem relevância biológica — em outras palavras, se a seus parâmetros pode ser atribuído significado fisiológico. Até agora, parâmetros de equações usadas no âmbito da abordagem de sistemas dinâmicos têm sido selecionados bastante arbitrariamente para assegurar que o modelo produza os padrões de coordenação desejados.

Tomemos a figura 22.6, que é uma modificação de uma figura originalmente publicada pelos campeões da abordagem de sistemas dinâmicos, Michael Turvey e Claudia Carello (1996), para ilustrar a diferença entre a abordagem de programação motora (ou CPG) e a abordagem de sistemas dinâmicos. O desenho superior (*A*) ilustra o controle dos movimentos locomotores (voar) de uma coruja do ponto de vista da programação motora (ou CPC). O "homúnculo da coruja" controla todos os detalhes dos padrões de movimento da ave, como uma marionete. O desenho do meio (*B*) ilustra a mesma coruja de acordo com a visão de sistemas dinâmicos: sem um homúnculo supremo, mas com inúmeras ligações conectando seus elementos (conexões com variáveis externas também estão implícitas — observe os olhos abertos de coruja!). Essas ligações são o que dá origem às equações não lineares mencionadas, levando potencialmente a padrões comportamentais complexos.

O desenho da abordagem da programação motora carece de coordenação. Todos os detalhes da coordenação são delegados ao controlador final — em outras palavras, são considerados pré-planejados pelo homúnculo onipotente. Essa delegação é pouco atraente por várias razões, sobretudo porque padrões de coordenação similares podem ser observados em animais espinais que aparentemente não têm nenhum homúnculo. Além disso, atribuir os detalhes da coordenação a uma caixa-preta inteligente não resolve o problema, mas apenas enfatiza nossa incapacidade de lidar com ele.

O desenho da visão de sistemas dinâmicos ilustra uma abordagem muito mais atraente para a coordenação, que pode existir sem nenhum supremo resolvedor de problemas, mas falta controle. Essa coruja nunca será capaz de mudar seu comportamento por vontade própria; seu comportamento mudará apenas em resposta aos sinais do ambiente. Lembre-se de que, no capítulo 18, abordamos as diferenças entre a fisiologia de iniciativa e a fisiologia dos movimentos baseados em reflexo, e concluímos que o comportamento poderia não ser baseado exclusivamente em reações a estímulos externos. Assim, esse desenho também é insatisfatório.

O desenho de baixo (*C*) mostra uma coruja híbrida, que controla todas as ligações entre seus elementos e também tem um sinal descendente independente gerado por suas estruturas neurais superiores. Esse sinal descendente pode iniciar ou modificar o movimento, mesmo se o ambiente não o impõe, e representa um ou mais dos importantes parâmetros das equações que descrevem a coordenação. O *princípio da iniciativa* de Bernstein afirma que essa entrada não pode ser reduzida a reações a estímulos externos. A esse respeito, ela permanece misteriosa. Isso pode não parecer muito científico, mas infelizmente não tenho conhecimento de alternativas viáveis ao esquema mostrado na figura 22.6 C. Coordenação e controle podem e devem coexistir para possibilitar a geração central ativa de movimentos significativos e o ajuste da coordenação para o controle e as exigências ambientais.

PROBLEMA # 22.5

- Em experimentos clássicos realizados por Scott Kelso, quando as pessoas batiam dois dedos indicadores num ritmo, o aumento da frequência das batidas poderia levar a uma mudança involuntária do regime fora de fase para o regime em fase. Use as três abordagens ilustradas na figura 22.6 para interpretar essas observações.

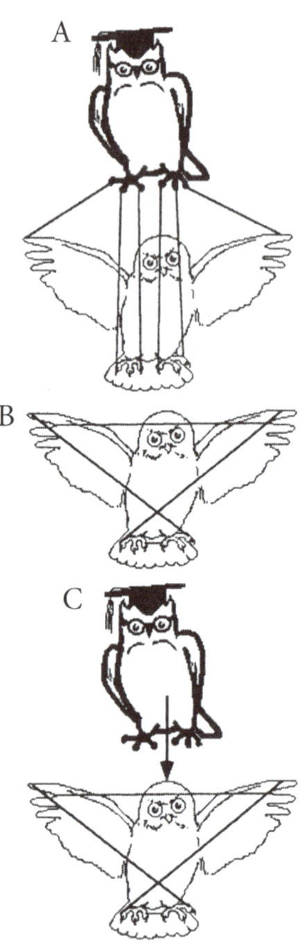

Figura 22.6 Ilustrações da abordagem da programação motora *(A)*, da abordagem de geração de padrão dinâmico *(B)* e de uma combinação das duas *(C)*. A abordagem da programação motora não envolve coordenação, enquanto à de geração de padrão motor falta controle.

22.8 Iniciação ao passo

Para começar a andar, uma pessoa tem de dar o primeiro passo. A questão da iniciação ao passo tem a ver tanto com controle postural quanto com locomoção. Antes de dar um passo, uma pessoa deve manter a postura vertical. Para que um passo ocorra, pelo menos duas condições devem ser atendidas. Em primeiro lugar, o pé da passada deve ser descarregado. Depois, o corpo deve começar a se mover na direção do passo planejado — geralmente, isso significa mover-se para a frente. A primeira condição pode ser satisfeita deslocando-se o peso corporal para o pé de apoio. A segunda requer mudanças nas forças reativas e momentos de força que atuam sobre o corpo.

A figura 22.7 ilustra deslocamentos típicos do CDP durante a preparação do passo (ver também Elble et al., 1994; Lepers e Brenière, 1995). Os deslocamentos do CDP começam mais de 0,5 s antes de a perna que vai pisar perder o contato com o solo.

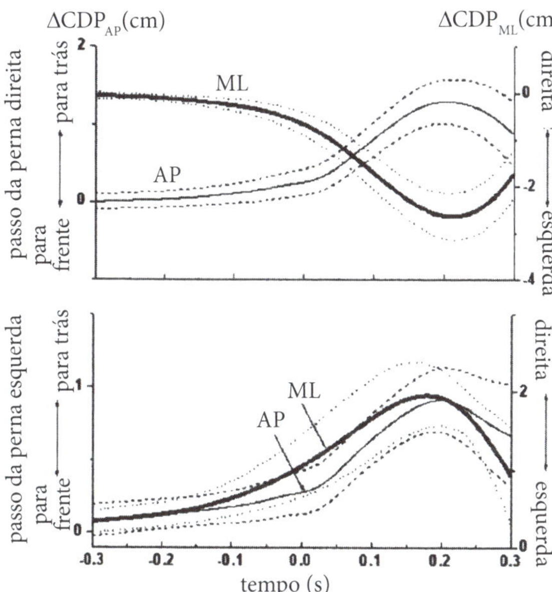

Figura 22.7 Na preparação do passo, o CDP desloca-se para trás e na direção do pé de apoio (após um desvio transitório em direção ao pé que dá o passo).

Springer, *Experimental Brain Research*, vol. 167, 2005, pg. 196-210, "Muscle synergies involved in shifting center of pressure during making a first step", Y. Wang, V.M. Zatsiorsky, e M.L. Latash. Com a gentil permissão da Springer Science and Business Media.

Na direção médio-lateral, o CDP desloca-se em direção ao pé que dá o passo e, em seguida, inverte a trajetória e desloca-se em direção ao pé de apoio. Ao mesmo tempo, o CDP também se desloca para trás. Essa última mudança do CDP produz um momento de força reativa que gira o corpo para a frente.

Essas adaptações posturais da preparação do passo podem ser vistas como obrigatórias, ditadas pelas exigências mecânicas da iniciação ao passo. Às vezes, elas são classificadas como APAs (revisto em Massion, 1992; veja capítulo 21) para as passadas. Contudo, a duração relativamente longa desses ajustes não nos permite considerá-las como resultado de processos de controle puramente de antecipação. A esse respeito, elas diferem dos APAs descritos no capítulo 21.

PROBLEMA # 22.6

- Imagine que uma pessoa esteja em pé numa prancha colocada sobre um suporte tão estreito que não permite ao CDP mudar na direção anteroposterior. Como ela poderia iniciar um passo em tais condições?

22.9 Reação corretiva ao tropeço

A *reação corretiva ao tropeço* é um padrão particular de respostas reflexas automáticas, observadas quando um gato supera um obstáculo inesperado durante a locomoção (veja o capítulo 12). Esse padrão pode ser verificado durante uma estimulação mecânica fraca (mesmo com um sopro de ar) da pele sobre a pata ou a perna ou durante uma breve estimulação elétrica dos nervos da pele ou dermátomos (Duysens e Pearson, 1976; Forssberg, Grillner e Rossignol, 1975, 1977). Padrões similares têm sido apontados em seres humanos (Lisin, Frankstein e Rechtmam, 1973).

A aplicação de qualquer desses estímulos durante a fase de balanço dá origem a uma reação flexora na qual o membro posterior é transferido sobre um obstáculo hipotético (figura 22.8). A mesma estimulação durante a fase de apoio poderia dar origem a uma reação extensora. A latência dessas reações foi mais alta que a dos reflexos monossinápticos e menor que o tempo de reação voluntária. A conveniência funcional dessas reações e sua relativa independência do estímulo sugerem que elas sejam respostas pré-programadas de um mecanismo responsável por reações compensatórias que ocorrem no tropeço real na vida diária (ver capítulo 12).

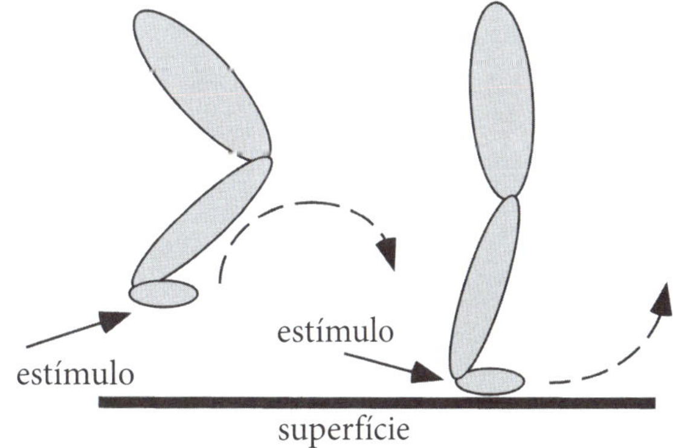

Figura 22.8 A reação corretiva ao tropeço é um ajuste coordenado do padrão de caminhada em resposta a um estímulo externo (mecânico ou elétrico). Ela envolve mudanças na ativação muscular e consequências cinemáticas que dependem da fase em que o ciclo do passo está quando o estímulo é liberado.

PROBLEMA # 22.7

- Pisar em um prego de repente durante uma caminhada gera reações pré-programadas (como saltar e xingar). Que tipo de reação você esperaria de uma pessoa que pisasse em um prego ao atravessar um abismo andando em uma prancha estreita?

Podemos teorizar que a execução de qualquer tarefa motora funcionalmente importante é associada à pré-programação de padrões motores corretivos, dependendo da tarefa e das perturbações que podem ocorrer durante sua execução. Esses padrões pré-programados preparam a rápida iniciação de respostas compensatórias às perturbações. Como essas reações motoras são preparadas pelo sistema nervoso central antes que uma perturbação real ocorra, elas sempre originam correções imperfeitas, que ainda podem ser ajustadas com uma ação voluntária. A locomoção é um dos movimentos mais comuns no dia a dia do animal e na atividade humana. Assim, os movimentos de locomoção são bem protegidos com correções pré-programadas, que podem ser desencadeadas por estímulos proprioceptivos apropriados.

PROBLEMA # 22.8

- Dê exemplos de outras tarefas associadas às correções pré-programadas.

Capítulo 22 em resumo

A locomoção é uma atividade motora em que a localização de todo o corpo do animal no ambiente muda. Estimular eletricamente uma área na formação reticular do mesencéfalo e áreas na medula espinal cervical pode motivar a locomoção e mudar a marcha. A estimulação periférica das pernas, bem como certas drogas, podem levar à iniciação da marcha e a mudanças numa preparação medular de animais. A locomoção pode ser vista como resultado da ação de um GPC sob o controle de uma estrutura executiva superior. Esse GPC pode ajustar sua atividade em resposta a mudanças de informação periférica. Evidências apoiam a existência de GPCs espinais para a locomoção em seres humanos. No entanto, a locomoção pode ser vista como um padrão emergente em um sistema complexo que envolve estruturas neurais centrais, órgãos periféricos e interações com o ambiente. Para iniciar uma passada, os deslocamentos do CDP mostram um padrão característico que libera a perna que dá o passo e cria um momento de força reativa que rotaciona o corpo para a frente. Respostas reflexas à estimulação mecânica de uma pata ou à estimulação elétrica de um nervo aferente num membro dependem da fase da locomoção. Esse padrão é chamado *reação corretiva ao tropeço*.

23

Movimento multiarticular

Palavras-chave e tópicos

- movimento de alcance
- ponto de atuação
- torques de interação
- reflexos interarticulares
- mecanismos espinais de coordenação articular
- reflexo de limpeza
- mecanismos supraespinais
- hipótese do equilíbrio-trajetória

Agora discutiremos como é organizado um movimento unidirecional do membro de certa posição inicial para certa posição final. Esses movimentos são componentes básicos do repertório motor humano diário. Apontar para um objeto, pegar uma xícara de chá, bater um prego com um martelo — todos esses movimentos envolvem movimentos de braço únicos e unidirecionais.

23.1 Movimentos de alcance com alvo

Comecemos por introduzir a noção de *ponto de atuação* (*working point*, WP), um ponto cuja trajetória é mais diretamente relacionada à execução bem-sucedida de uma tarefa motora. Quando apontamos, pegamos ou manipulamos objetos, esse ponto pode estar localizado na ponta do dedo ou em algum lugar na palma da mão. Quando chutamos uma bola de futebol, o ponto de atuação está em algum lugar na ponta do sapato. O ponto de atuação não precisa estar em permanente contato com nosso corpo. Quando Michael Jordan, do Chicago Bulls, atirava a bola de basquete, a tarefa era colocar o ponto de atuação (a bola de basquete) dentro da cesta. Nesse exemplo, o ponto de atuação esteve em contato direto com a mão do jogador somente durante o segmento inicial de sua trajetória. Na maioria dos jogos de computador, o ponto de atuação é a imagem de algo como um avião de guerra ou um super-homem na tela, e o jogador a controla movendo um *joystick*, sem ter nenhum contato mecânico direto com ela.

Se você pedir a uma pessoa desavisada para mover a mão dominante de uma posição confortável a outra posição confortável, esse movimento apresentará certas características (figura 23.1):

1. A trajetória do ponto final será quase em linha reta.
2. O perfil de velocidade do ponto final será quase simétrico (em forma de sino).
3. A aceleração do ponto final terá dois picos.
4. As trajetórias, velocidades e acelerações das articulações individuais poderão apresentar diferentes propriedades, incluindo inversão da direção do movimento.

Se a pessoa repetir várias vezes o mesmo movimento, a variabilidade das trajetórias articulares individuais será alta e a variabilidade da trajetória do ponto final será mais baixa.

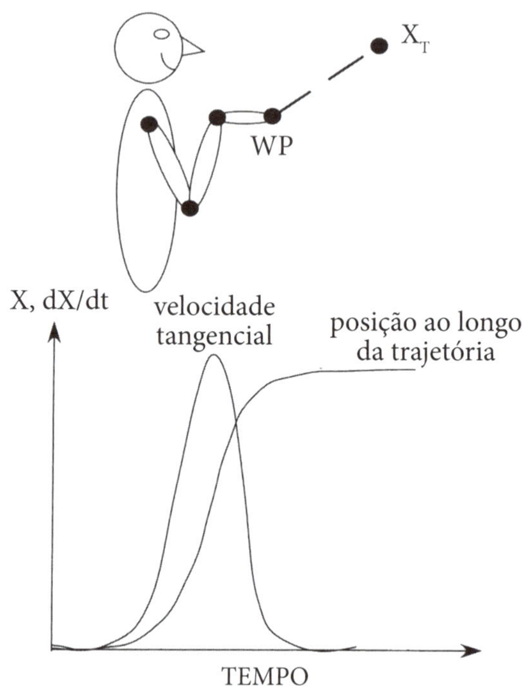

Figura 23.1 Um movimento natural para alcançar um alvo é caracterizado por uma trajetória quase reta do ponto final (o ponto de atuação, WP) e por um perfil de velocidade em forma de sino.

Essas observações datam das pesquisas clássicas de Bernstein com ferreiros na década de 1920.

Assim, a característica mais reproduzível das trajetórias de movimentos multiarticulares de alcance é sua falta de reprodutibilidade, denominada *variabilidade*. A variabilidade é a maldição dos estudos de controle motor que não a investigam claramente. Reduzir a variabilidade é muitas vezes o objetivo dos procedimentos de treinamento na vida real (incluindo o treinamento de atletas ou a reabilitação de pacientes com desordens motoras) e em laboratório. Contudo, a variabilidade é um fenômeno fascinante que obedece às suas próprias leis e estabelece relações consistentes entre tarefa e parâmetros de desempenho (revisto em Newell e Corcos, 1993; Davids, Bennett e Newell, 2005). Qualquer teoria que aspire a descrever como os movimentos multiarticulares são controlados precisa explicar os fenômenos da variabilidade e da flexibilidade dos movimentos humanos naturais.

PROBLEMA # 23.1

▸ O que se pode concluir do fato de que articulações individuais apresentam maior variabilidade quando comparadas com a ponta de uma ferramenta?

23.2 Principais problemas do controle de movimentos de alcance naturais

Durante movimentos de alcançar, o ponto de atuação normalmente se localiza na mão, de modo que controlar sua trajetória num *referencial centrado no corpo* significa controlar uma cadeia de múltiplas ligações que conecta a mão ao corpo. Se o corpo se move enquanto se está tentando controlar a trajetória do ponto de atuação no *espaço cartesiano* exterior, a situação torna-se ainda mais complicada. Duas fontes de complexidade surgem quando progredimos de um movimento uniarticular para um movimento multiarticular mais realista. A primeira fonte se relaciona com a biomecânica mais complicada do sistema periférico controlado. Isso se deve, em particular, a forças como as *forças de Coriolis* e *centrífugas*, que geralmente são ignoradas durante a análise do movimento uniarticular. *Músculos biarticulares* (músculos que ligam articulações adjacentes) também são um fator importante nas interações articulares. Além disso, novos fatores neurofisiológicos, como *reflexos interarticulares* e *intermembros*, podem entrar em jogo quando se trata de movimentos articulares.

Durante movimentos uniarticulares, os músculos que cruzam a articulação e as forças ambientais (como a carga externa e a gravidade) definem o torque articular e a mecânica do movimento articular. Já nos movimentos multiarticulares, existe mais um fator que afeta o torque articular — os *torques de interação*. Os torques de interação numa articulação originam-se do movimento de outras articulações do mesmo membro. Consideremos um sistema biarticular muito simples (figura 23.2). As equações que se seguem descrevem o torque (T) em cada uma das articulações (Zatsiorsky, 2002):

$$T_1 = I_{1,1}\ddot{\alpha}_1 + I_{1,2}\ddot{\alpha}_2 - D\dot{\alpha}^2_2 - 2D\dot{\alpha}_1 D\dot{\alpha}_2 + G_1. \quad (23.1)$$

$$T_2 = I_{2,2}\ddot{\alpha}_2 + I_{2,1}\ddot{\alpha}_1 - D\dot{\alpha}_1{}^2 + G_2. \quad (23.2)$$

Nessas equações, $I_{1,1}$ é o momento de inércia da cadeia em relação à articulação α_1, $I_{2,2}$ é o momento de inércia em relação à articulação α_2, $I_{1,2}$ e $I_{2,1}$ são termos de acoplamento inercial, D é a resistência inercial da cadeia às forças de Coriolis e centrífugas, e G representa componentes de torque de gravidade. Em cada uma das duas equações, existem termos que definem torque em uma das articulações ao mesmo tempo que dependem do movimento da outra articulação. Esses são os torques de interação.

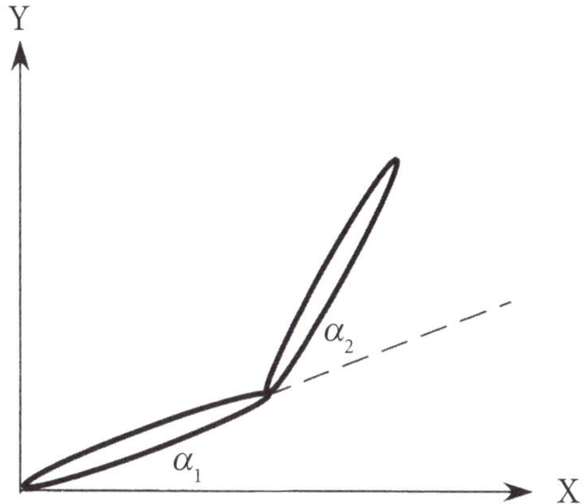

Figura 23.2 Num sistema biarticular simples que se move num plano, os torques em cada uma das duas articulações dependem do movimento da outra articulação (veja equações 23.1 e 23.2).

Vários estudos têm sugerido que a capacidade de lidar com torques de interação é importante para produzir movimentos naturais precisos (Hollerbach e Flash, 1982; Sainburg, Ghez e Kalakanis, 1999; Hank, Dounskaia e Stelmach, 2004). Num estudo, algumas pessoas foram convidadas a fazer um movimento de mão horizontal parecido com o de cortar uma fatia de pão; em seguida, os movimentos de braço resultantes de pessoas saudáveis foram comparados aos de uma pessoa com neuropatia sensorial periférica (Sainburg et al., 1995). Essa condição rara causa a perda completa da sensibilidade em certas áreas do corpo (por exemplo, no braço) sem afetar as vias motoras. Quando a pessoa com a neuropatia não podia ver a ação da mão, a trajetória da mão tornou-se curva. Essa curvatura poderia ser explicada pela incapacidade da pessoa em compensar os torques de interação que surgiram durante essa ação.

Estudos recentes indicam que os braços dominantes e não dominantes têm capacidades diferentes para estabilizar a trajetória do ponto de atuação durante movimentos de braço multiarticulares rápidos em que os torques de interação são alterados (Bagesteiro e Sainburg, 2002, 2003). O braço dominante de pessoas destras é muito melhor na produção de trajetórias retas e suaves até um alvo sob tais condições. Em contraste, o braço não dominante produz trajetórias mais curvas, que, contudo, permitem ao ponto de atuação atingir o alvo com mais precisão que quando controlado pelo braço dominante.

PROBLEMA # 23.2

- Você pode dar exemplos de movimentos uniarticulares do cotidiano? E de experimentos de laboratório?

A segunda fonte de complexidade dos movimentos multiarticulares é o famoso *problema de Bernstein*, relativo à superação de excessivos *graus de liberdade* (veja capítulo 20). Durante praticamente todos os movimentos voluntários, o número de graus de liberdade cinemáticos para um membro, que pode estar associado ao número de eixos independentes de rotação articular sobre todas as articulações do membro, é superior ao número de variáveis necessárias para executar uma tarefa motora ou descrever sua execução. O último número é frequentemente três, que corresponde ao espaço tridimensional no qual vivemos. A figura 23.3 ilustra o problema de Bernstein para um membro de três articulações que deve executar a tarefa de alcançar um alvo. Um número infinito de configurações articulares pode corresponder à posição final do ponto de atuação.

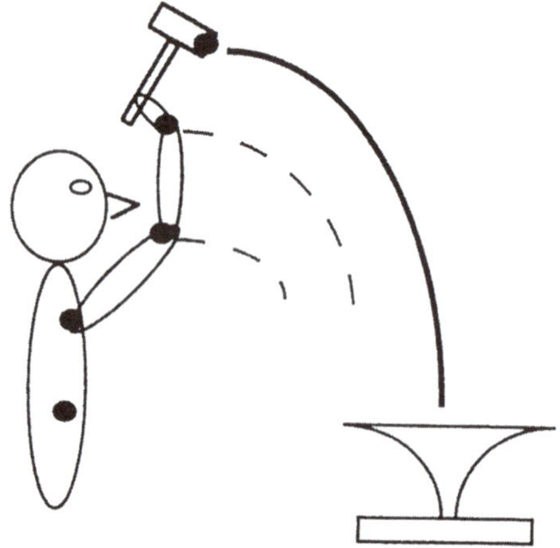

Figura 23.3 Existe um número infinito de configurações do membro (combinações de ângulos articulares) correspondentes a uma posição fixa da ponta (ponto de atuação, WP) de um membro triarticulado.

23.3 Reflexos interarticulares

Quando um estímulo é aplicado a um membro, uma variedade de respostas reflexas pode causar contrações dos músculos que controlam diferentes articulações do membro ou mesmo dos músculos de outro membro. Entre os exemplos mais conhecidos estão o reflexo flexor e o reflexo extensor cruzado, descritos no capítulo 9. Lembre-se de que uma picada de agulha na superfície da pata de um animal ou um estímulo elétrico num nervo cutâneo pode provocar disparos de atividade em praticamente todos os principais músculos flexores do membro. Ao mesmo tempo, um disparo de atividade ocorre nos músculos extensores do membro contralateral. Essas respostas ocorrem com uma latência relativamente longa (entre 50 e 100 ms), o que sugere uma natureza polissináptica. Elas se originam da ativação das fibras aferentes de receptores relativamente pequenos (nociceptores, terminações livres e aferentes musculares secundários), unidos sob o nome de *aferentes do reflexo flexor*.

Num animal ou ser humano intacto, uma mudança no comprimento de um músculo de um membro leva necessariamente a um movimento articular e, portanto, altera o comprimento de outros músculos que cruzam a mesma articulação. A presença de músculos biarticulares cruzando a articulação torna impossíveis movimentos puramente uniarticulares, uma vez que uma mudança no comprimento de um músculo biarticular causaria movimento em articulações adjacentes (figura 23.4). Em experiências com animais, porém, é possível tirar o tendão distal de um músculo de seu lugar de fixação e aplicar mudanças controladas de comprimento muscular sem alterar o comprimento de outros músculos. Além disso, nesses estudos é possível manipular separadamente a força e o comprimento do músculo.

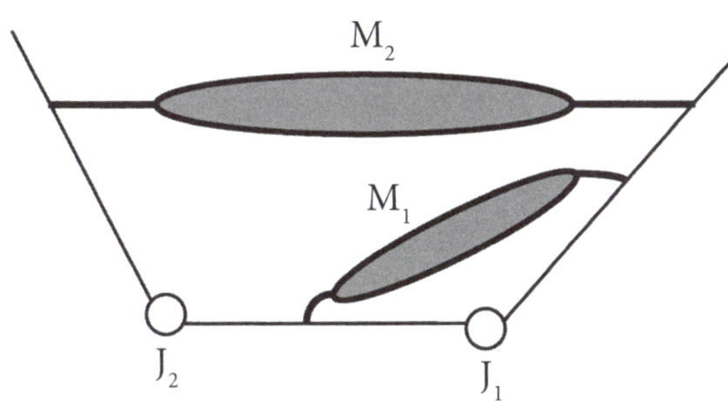

Figura 23.4 Uma mudança no comprimento do músculo M_1 levará a um movimento na articulação J_1. Como resultado, o comprimento do músculo biarticular M_2 também mudará, levando a um movimento na articulação J_2.

T. Richard Nichols e colegas (Nichols, Lawrence III e Bonasera, 1993; Bonasera e Nichols 1996; Nichols, 2002) realizaram uma série desses experimentos e revelaram um padrão complexo de efeitos reflexos entre os músculos do membro posterior de um gato. Esses efeitos poderiam ser provocados por receptores periféricos sensíveis ao comprimento e à força. O padrão clássico desses reflexos, descrito anteriormente (capítulo 9), envolve excitação autogênica e inibição recíproca em decorrência da atividade das fibras aferentes do fuso muscular, bem como inibição autógena causada pelas fibras aferentes dos órgãos tendinosos de Golgi. Nichols mostrou, contudo, que a interação reflexa entre agonistas aparentes (três cabeças do músculo tríceps sural) poderia ser menos clássica e mais assimétrica. Esses padrões são sensíveis do ponto de vista da biomecânica e poderiam fornecer a base para organizar padrões de atividade muscular coordenados (sinergias), presentes nos movimentos funcionais dos membros multiarticulares.

PROBLEMA # 23.3

- Você deseja executar um movimento uniarticular numa articulação atravessada por um músculo uniarticular e por um biarticular. Que tipo de efeitos reflexos entre receptores periféricos no músculo uniarticular e nos motoneurônios α que inervam o músculo biarticular seria útil para tal ação?

23.4 Mecanismos espinais de coordenação multiarticular

Uma variedade de estudos empolgantes sobre controle motor multiarticular foi executada após manipulações de animais. Vamos olhar de perto um grupo de estudos que observou o *reflexo de limpeza* (*wiping reflex*) na *rã espinal*. Essa escolha é definida pelo desempenho intrigante de um objeto aparentemente simples (uma rã espinal) durante uma tarefa motora complicada (limpar um estímulo das costas com um membro posterior — experimente e verá que não é fácil!). *Espinalização* envolve cortar a medula espinal num nível cervical ou torácico superior, de modo que impulsos do encéfalo não possam alcançar os segmentos da medula espinal localizados caudalmente ao lugar da transecção. Contudo, mecanismos neuronais espinais que controlam movimentos do membro posterior permanecem intactos.

Quando um pesquisador colocava um estímulo (um pequeno pedaço de papel embebido numa solução ácida) nas costas de uma rã espinal sentada (figura 23.5), o animal, após certo período latente, realizava uma série de movimentos coordenados que "limparam" o estímulo das costas e algumas vezes até o lançaram para longe do corpo (revisto em Berkinblit, Feldman e Fukson, 1986). A limpeza da mesma área da pele em ciclos sucessivos poderia ser executada em diferentes direções, e a orientação do pé relativa ao estímulo (ângulo de ataque) também poderia mudar. Se o estímulo era colocado sobre o membro anterior ipsilateral, observaram-se movimentos de limpeza precisos, mesmo se mudava a posição do membro anterior em relação ao corpo (Fukson, Berkinblit e Feldman, 1980). Portanto, a medula espinal "sabe" onde os membros estão!

Uma série de experimentos investigou os efeitos de perturbações inesperadas sobre o movimento de limpar (revisto em Latash, 1993). Numa série, um laço de linha frouxo foi colocado sobre o membro posterior para impedir movimentos da articulação do joelho para além de certo limite. A excursão articular máxima do joelho foi de cerca de 5°. A rã foi capaz de remover o estímulo de suas costas na primeira tentativa! O joelho foi liberado e um arranjo foi usado para evitar movimentos na articulação seguinte (mais distal). A rã

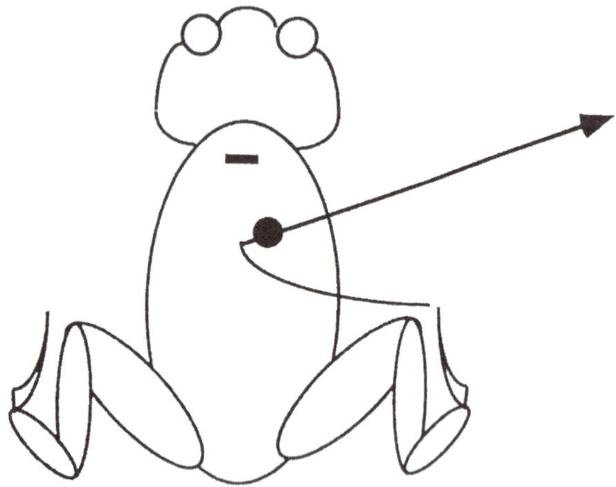

Figura 23.5 Uma rã espinal pode remover um estímulo irritante de suas costas com um movimento coordenado do membro posterior ipsilateral.

Springer e Lawrence Erlbaum, *Dexterity and Its Development*, 1996, p. 286, "The Bernstein problem: How does our brain make its choices?" M.L. Latash e M. Turvey. Com a gentil permissão da Springer Science and Business Media.

mais uma vez removeu o estímulo na primeira tentativa! Em seguida, uma pulseira de chumbo foi colocada na parte distal do membro posterior. O peso da pulseira era semelhante ao do membro posterior, e a rã foi capaz de remover o estímulo com precisão.

Essas experiências mostram que sinais de controle, mesmo no nível espinal, não são formulados em termos de contrações de músculos individuais ou em termos de movimentos de articulações individuais. No entanto, carregar um segmento ou bloquear uma articulação leva a movimentos imprecisos. Os resultados também implicam a existência de correções muito rápidas nos padrões de movimento, que presumivelmente são criadas de acordo com a sequência de sinais de controle gerada pela medula espinal.

Outras investigações dos movimentos do membro posterior da rã espinal usaram estimulação elétrica de estruturas da medula espinal (Giszter, Mussa-Ivaldi e Bizzi, 1993; Bizzi et al., 1995). Esses estudos demonstraram que os efeitos mecânicos dessa estimulação podem ser descritos com um número relativamente pequeno de campos de força básicos, chamados *primordiais motores*. Alguns dos primordiais estavam associados a campos de força que convergem para um ponto de equilíbrio particular na extremidade do membro posterior. Outros campos moveram a extremidade a um limite anatômico que poderia ser relacionado a um ponto de equilíbrio além do alcance anatômico do membro posterior. É possível questionar a adequação fisiológica da estimulação elétrica. Contudo, em geral, essas descobertas apontam para duas conclusões importantes. Em primeiro lugar, o controle da medula espinal do membro posterior usa o princípio do ponto de equilíbrio (ver capítulo 19). Em segundo lugar, o controle pode ser simplificado pela manipulação de um número pequeno de primordiais em vez de um número maior de músculos (veja a discussão sobre sinergias no capítulo 20).

23.5 Mecanismos supraespinais

Anteriormente, apresentamos vários estudos que demonstraram uma dependência entre a atividade da população neuronal numa estrutura encefálica e a direção de um movimento voluntário (capítulos 14, 15 e 16). Embora tenham fracassado em provar que as populações neuronais controlam os movimentos, esses estudos estão em harmonia com a ideia geral de que mecanismos neurais centrais manipulam certos parâmetros relacionados ao movimento de um ponto de atuação (geralmente a extremidade de um membro), em vez de parâmetros relacionados ao controle de músculos ou articulações individuais.

Mais estudos sugerem que a atividade das estruturas supraespinais durante os movimentos voluntários diz respeito às características da trajetória da extremidade. Padrões de atividade neuronal na *área motora suplementar*, no *córtex motor*, no *putâmen* e no *núcleo rubro* sugeriram relações com características de movimento voluntário num nível cinemático bastante abstrato. Esses padrões são compatíveis com ideias gerais sobre o controle da trajetória do ponto de atuação durante movimentos multiarticulares. Tem sido demonstrado que padrões de atividade em células corticais podem codificar a trajetória independentemente das forças musculares exigidas e dos padrões de ativação muscular (Georgopoulos, Schwartz e Kettner, 1986).

James Houk sugeriu que neurônios do núcleo rubro podem participar do controle motor codificando propriedades de sistemas reflexos de retroalimentação na medula espinal (Gibson, Houk e Kohlerman, 1985; Houk e Gibson, 1987). Antes disso, o grupo de Houk descobriu que a atividade dos neurônios separados do núcleo rubro poderia estar relacionada ao início, à velocidade e à amplitude dos movimentos voluntários. Essas são as variáveis básicas que o membro usa para controlar a extremidade. Mais tarde, um modelo mais geral para o controle da extremidade foi sugerido com base em interações entre os núcleos cerebelar e rubro. Esse modelo envolveu circuitos de retroalimentação positivos entre os três núcleos — *núcleo interpósito*, *núcleo rubro magnocelular* e *núcleo reticular tegmentar da ponte* (figura 23.6). Considera-se que esses circuitos estão sob o controle inibitório das *células de Purkinje*.

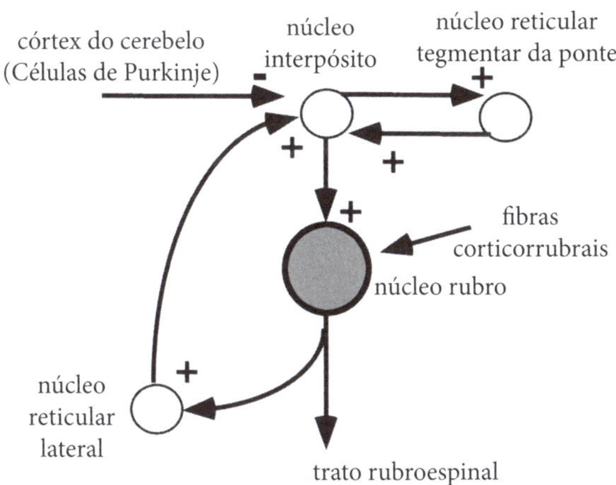

Figura 23.6 Uma interação entre o núcleo rubro e o cerebelo participa da geração de programas motores ao desligar conjuntos de células de Purkinje, desinibindo o circuito de retroalimentação positivo mostrado nesse esquema.

Assim, liberar circuitos de retroalimentação desligando conjuntos de células de Purkinje permite o surgimento de geradores de padrão ajustável e provoca um movimento.

Até recentemente, a maioria dos estudos com animais aplicou breves pulsos elétricos a diferentes estruturas encefálicas para investigar o papel das estruturas na organização dos movimentos. Esse método tem certas vantagens, como a capacidade de medir latências de reações motoras que fornecem informações sobre os circuitos neurais envolvidos. Contudo, esse método é pouco fisiológico, pois durante ações naturais, as estruturas encefálicas são mais suscetíveis a produzir episódios de atividade mais longos. Recentes experiências em macacos mostraram que uma estimulação duradoura (de alguns segundos) do córtex motor primário leva não a movimentos espasmódicos de uma determinada área anatômica (como sugerido pelo homúnculo de Penfield), mas a movimentos multiarticulares coordenados que poderiam envolver vários efetores (Graziano, Aflalo e Cooke, 2005). Essas ações aparentemente involuntárias praticadas pelo macaco pareciam componentes de ações cotidianas naturais fora de contexto. Por exemplo, poderiam ser um movimento do braço em direção à cabeça e uma rotação simultânea da cabeça em direção ao braço, como se o macaco estivesse tentando colocar um pedaço de comida na boca. Essas observações sugerem que a atividade dos neurônios na área motora primária pode estar relacionada a ações multiarticulares complexas e propositais. Essa interpretação, porém, é experimental, porque a longa duração do estímulo permitiu que numerosas estruturas encefálicas fossem envolvidas nas respostas comportamentais observadas.

23.6 Hipótese do equilíbrio-trajetória

A hipótese do equilíbrio-trajetória, originalmente proposta por Tamar Flash e Neville Hogan (Flash e Hogan, 1985), é uma expansão natural da *hipótese do ponto de equilíbrio* uniarticular (ver capítulos 11 e 19). Ela implica que o sistema nervoso central pode deslocar uma posição de equilíbrio do ponto de atuação ao longo de uma trajetória desejada expressa em coordenadas cartesianas externas. Durante um movimento, essa *trajetória virtual* está sempre adiante da posição real do ponto de atuação, e essa disparidade fornece forças ativas que impulsionam o ponto de atuação (figura 23.7). A trajetória real de um ponto de atuação pode diferir da trajetória virtual por causa de uma série de fatores, incluindo as propriedades dinâmicas do membro e as mudanças no campo de força externo. A hipótese do equilíbrio-trajetória evita o problema computacional de dinâmica inversa e cinemática inversa, uma vez que forças musculares não são calculadas pelo sistema nervoso central, mas surgem como resultado de mudanças em variáveis centrais relacionadas a estados de equilíbrio do ponto de atuação no espaço cartesiano externo.

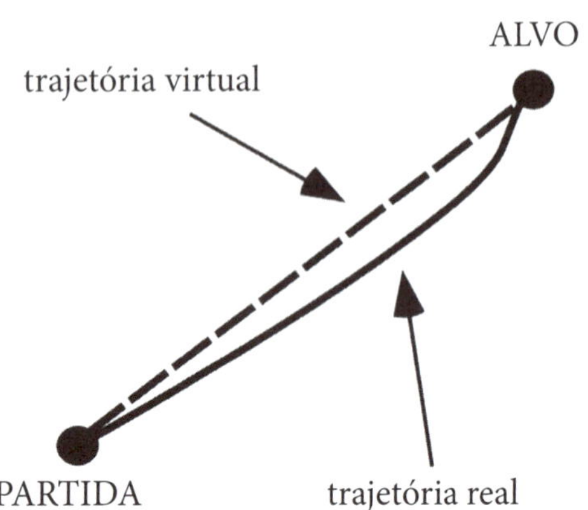

Figura 23.7 De acordo com a hipótese do equilíbrio-trajetória, o sistema nervoso central planeja uma trajetória virtual do ponto de atuação. A trajetória real pode ser diferente por causa de fatores dinâmicos.

A hipótese do equilíbrio-trajetória foi combinada com uma abordagem de otimização chamada *princípio do solavanco mínimo* (ver capítulo 20). De acordo com essa abordagem, o sistema nervoso central gera trajetórias correspondentes a um mínimo de uma função integrada do solavanco (tempo derivativo de aceleração) da extremidade do membro. Essa abordagem tem levado a certo número de previsões teóricas, incluindo caminhos retos de trajetórias do ponto de atuação, perfis de velocidade suaves e unimodais (perfis de velocidade em forma de sino), invariância da trajetória sob translações e rotações, e dimensionamento da trajetória com velocidade e amplitude (Morasso, 1981, 1983). Algumas dessas previsões corresponderam às observações experimentais. Em particular, caminhos quase retos e perfis de velocidade em forma de sino foram observados para várias posições dos pontos de atuação inicial e final e para movimentos de velocidades diferentes. Essas observações correspondem a predições sobre a invariância da trajetória do ponto de atuação.

PROBLEMA #23.4

- De acordo com a hipótese do equilíbrio-trajetória, qual é a variável de controle (ou variáveis de controle) usada pelo encéfalo para produzir movimentos?

23.7 O que é controlado durante movimentos multiarticulares?

Atualmente, podemos sugerir apenas respostas hipotéticas a essa pergunta. Mas primeiro, vamos tentar responder a outra pergunta: que variáveis não podem ser variáveis de controle? Espero que todo o material anterior tenha convencido você de que a lista a seguir **não** contém candidatos viáveis para as cadeiras vagas das variáveis de controle para movimentos multiarticulares:

1. Forças produzidas por músculos individuais.
2. Padrões de ativação (EMGs) de músculos individuais.
3. Torques em articulações individuais.
4. Rotações em articulações individuais.

PROBLEMA #23.5

- Por que níveis de ativação muscular não podem ser variáveis de controle para a produção de movimentos multiarticulares?

Para controlar com precisão a trajetória de um ponto de atuação, o sistema nervoso central deve usar variáveis de controle que se relacionem a variáveis externas funcionalmente significativas, como as coordenadas do ponto de atuação ou o vetor de força gerado no ponto de atuação. Essas variáveis são o que nos preocupa nos movimentos multiarticulares, porque estão diretamente relacionadas ao desempenho, enquanto forças musculares individuais e rotações articulares não são tão importantes, visto que não levam a estranhas configurações dos membros e a problemas posturais. Podemos tratar essas variáveis relacionadas ao desempenho como *variáveis essenciais*, adotando o nome cunhado por Israel Gelfand e Michael Tsetlin mais de meio século atrás (1966). O fato de que a trajetória do ponto de atuação é a variável de desempenho mais reproduzível oferece apoio indireto a essa visão. Se agora nos recordarmos de que nossos músculos têm propriedades semelhantes às de uma mola, torna-se evidente que um ponto de atuação também tem propriedades similares às de uma mola; ou seja, se você congelar um comando motor, as coordenadas de um ponto de atuação no espaço dependerão do vetor de força externo.

Execute a seguinte experiência simples. Peça a um amigo para empurrar o punho dele contra a palma da sua mão em algum lugar na frente do corpo dele (figura 23.8). Em seguida, peça-lhe para *não intervir* e dê empurrões suaves e rápidos no punho dele com sua palma. Você descobrirá que o ponto de atuação (o punho) parece elástico quando resiste a suas tentativas de movê-lo da posição original.

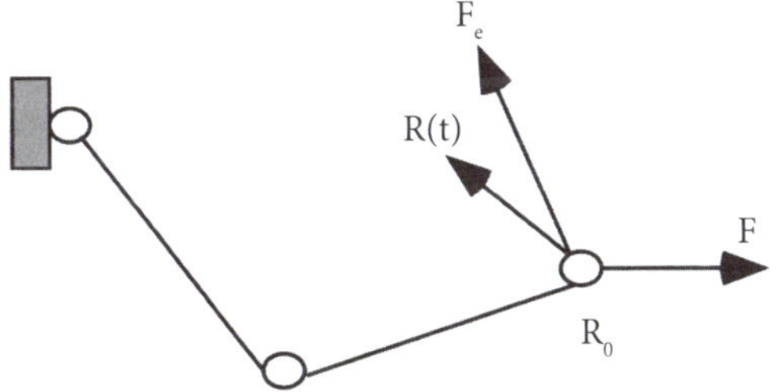

Figura 23.8 Se um ponto de atuação está em equilíbrio e exerce um vetor de força (*F*) num certo ponto (R_0) no espaço de trabalho, uma mudança na força externa (F_e) levará a um movimento do ponto de atuação de maneira similar a uma mola [*R(t)*].

O comando motor das pessoas nesse experimento não define o vetor de posição ou o vetor de força do punho, porque ambos mudam quando se altera a força externa (todos os EMGs também mudariam se você se preocupasse em registrá-los). Em vez disso, ele define parâmetros de sistema parecidos com os de uma mola, que podem ser expressos com um *vetor de equilíbrio* (da mesma forma que a situação relativa ao comprimento de equilíbrio de uma mola regular unidimensional) e as propriedades do campo de força nas proximidades do ponto de equilíbrio gerado por todos os músculos do braço (para um único músculo, essas propriedades podem ser associadas com apenas um número — rigidez aparente). Na verdade, existe um vínculo indireto entre essa abordagem e as observações neurofisiológicas relatadas por Donald Humphrey (1982) quando ele identificou dois grupos de neurônios no córtex motor de um macaco. Estimular os neurônios do primeiro grupo causou movimento numa articulação, enquanto estimular os neurônios do outro grupo causou cocontração dos músculos antagonistas e, assim, modificou a aparente rigidez articular. Esses resultados são exatamente os esperados das células hipotéticas que controlam a posição de equilíbrio e a matriz de rigidez aparente.

Vamos ilustrar a hipótese do equilíbrio-trajetória com a seguinte metáfora: imagine uma bola sobre uma membrana elástica (figura 23.9). A bola estará em equilíbrio no fundo de uma depressão potencial criada por seu peso. Se você quiser mover a bola para um novo ponto, pode calcular e aplicar padrões de força diretamente na bola ou pode alterar o formato do campo de força elástico, por exemplo, pressionando-o perto da bola com um dedo e, em seguida, movendo o dedo para uma nova posição. No segundo caso, possíveis erros na estimativa da massa da bola ou possíveis pequenas perturbações durante o movimento da bola não vão mudar a posição final. A bola finalmente acabará no mesmo lugar: no fundo de uma depressão potencial recém-criada. Essa propriedade é chamada *equifinalidade*. Se você aplicar padrões de força pré-computados diretamente na bola, os mesmos fatores de erro podem resultar em diferentes trajetórias da bola e em diferentes posições finais. Recentemente, abordagens similares foram desenvolvidas por Anatol Feldman e Mindy Levin (1995), que consideram o controle dos movimentos multiarticulares com deslocamento de estruturas posicionais de referência, e por um grupo do qual participam Emilio Bizzi e Sandro Mussa-Ivaldi (Bizzi et al., 1992; Shadmehr, Mussa-Ivaldi e Bizzi, 1993), que propõe que movimentos articulares são controlados com combinações de campos de força aplicados à extremidade de um membro.

Para concluir o presente capítulo, é hora de confessar que o problema de Bernstein para o controle de movimentos multiarticulares permanece sem solução, e, além disso, os pesquisadores fracassaram em criar uma formulação universalmente aceitável para o problema. Tenho a sensação de que a palavra *redundância* pode ser a culpada, porque indica algo de que gostaríamos de nos livrar, e, portanto, pode não ser apropriada para lidar com esse problema. Uma palavra melhor poderia ser *abundância*, que também implica escolha e soluções numerosas, mas não necessariamente as vê como fontes de problemas para o sistema nervoso central. Em vez disso, a abundância pode ser vista como um luxo que permite aos movimentos humanos ser flexíveis e ter propriedades adaptativas.

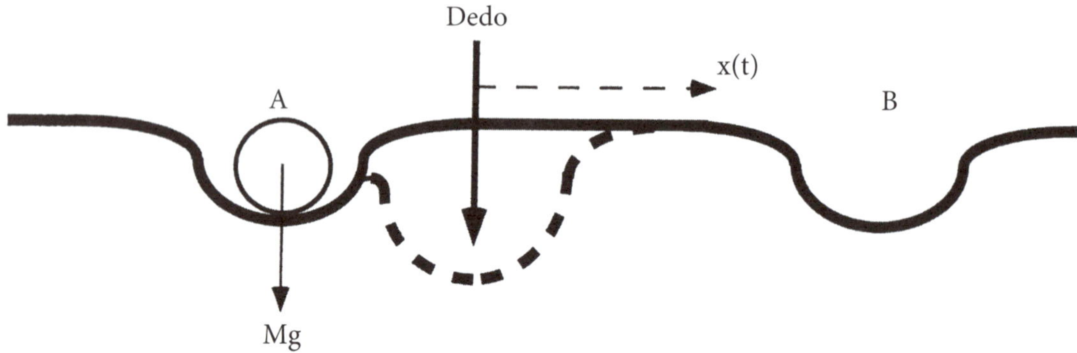

Figura 23.9 Nessa ilustração do controle do ponto de equilíbrio, uma bola sobre uma membrana elástica pode ser movida do ponto A ao ponto B se pressionarmos um dedo na membrana perto do ponto A e o movermos para o ponto B. Nenhum contato direto com a bola é exigido para movê-la.

Capítulo 23 em resumo

Movimentos para alcançar um alvo são caracterizados por trajetórias quase retas do ponto final, perfis de velocidade quase simétricos em forma de sino e perfis de aceleração de dois picos. As trajetórias do movimento variam em testes com a mesma tarefa motora. A trajetória do ponto de atuação (ponto final) apresenta variabilidade menor que a das trajetórias articulares individuais. Os torques de interação desempenham um importante papel nos movimentos multiarticulares. Os reflexos interarticulares e intermusculares fornecem padrões de interação articular que podem beneficiar os movimentos diários. A medula espinal pode organizar movimentos multiarticulares. A hipótese de equilíbrio-trajetória vê o controle de um membro multiarticular como um processo de deslocamento de um ponto de equilíbrio definido pelas propriedades do aparelho motor e pelas forças externas. As variáveis de controle exatas para movimentos multiarticulares são desconhecidas; elas não são padrões de força muscular, padrões de ativação muscular ou trajetórias articulares. O córtex motor, o cerebelo e o núcleo rubro são provavelmente muito importantes para o controle dos movimentos voluntários de alcançar.

24

Preensão

Palavras-chave e tópicos

- músculos da mão
- compartimentos musculares
- representações corticais
- interação do dedo
- sinergias multidígitos
- agarre
- princípio da superposição

A mão humana é singularmente projetada para executar uma grande variedade de ações motoras. Apesar dos notáveis progressos recentes da engenharia, a destreza e a versatilidade da mão humana são inimitáveis por manipuladores artificiais. Quando comparadas à mão humana, todas as mãos robóticas são ineptas e desajeitadas.

A função motora da mão é inseparável de sua função sensorial. As mãos são usadas para explorar objetos pelo toque e manipulá-los mediante a aplicação de forças adequadas e momentos de forças. A função que combina as funções sensorial e motora da mão é chamada *preensão*.

O projeto periférico e o controle neural central da mão são cruciais à sua capacidade de manipular objetos. Nas próximas seções, discutiremos as características dos fatores neurais e periféricos que formam a base da manipulação destra especializada. Também abordaremos a mão como um exemplo particular de sistema redundante controlado por sinergias (ver capítulo 20).

24.1 Articulações e músculos da mão

A mão é uma estrutura anatômica complexa, com ricas propriedades cinemáticas. Existem 27 ossos na mão, no punho e no antebraço humanos: 14 ossos falangiais nos dedos, 5 ossos metacarpais na palma e 8 ossos carpais no punho. Esses ossos compõem quatro grandes grupos articulares da mão que são: as articulações interfalângicas distais, as articulações interfalângicas proximais, as articulações metacarpofalângicas e as articulações carpometacarpais.

Durante manipulações típicas, aplicamos forças com a ponta dos dedos a objetos segurados na mão. O projeto da mão combina cadeias seriais e paralelas (figura 24.1). Dígitos individuais podem ser vistos como mecanismos seriais, com várias articulações ligando a ponta do dedo ao punho. Tais mecanismos são redundantes em tarefas cinemáticas, que normalmente têm menos restrições que articulações. Contudo, em tarefas isométricas produtoras de força, mecanismos seriais são super-restritos, pois um vetor de força na extremidade define inequivocamente todos os torques articulares (Zatsiorsky 2002). Em contraste, quando vários dedos agarram um objeto rígido, entra em ação um mecanismo paralelo que é super-restrito em cinemática, porque o movimento de um dedo provoca o movimento de todos os outros dedos. Contudo, o mecanismo paralelo é redundante em estática, porque um número infinito de combinações de forças do dedo pode produzir a força total necessária (Li, Latash e Zatsiorsky 1998; Burstedt, Flanagan e Johansson, 1999).

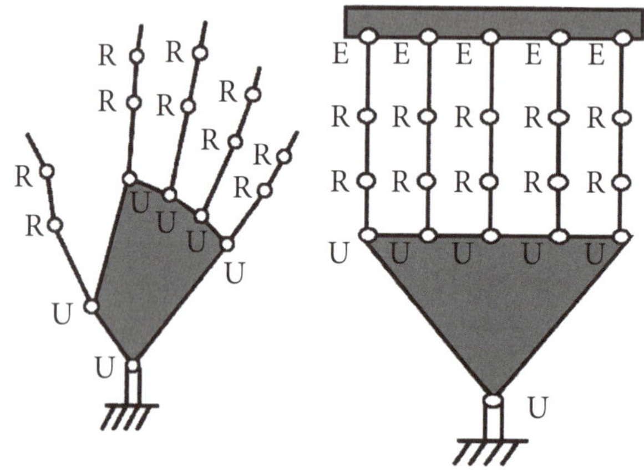

Figura 24.1 O projeto da mão humana inclui cadeias seriais e paralelas. *R*, *E* e *U* representam articulações *revolutas*, *esféricas* e *universais*, respectivamente.

Reproduzido, com permissão, de J.K. Shim, 2005, *Rotational equilibrium control in multi-digit human prehension*. Dissertação de doutorado. © 2005, J.K. Shim.

O aparelho muscular da mão é complexo. Ele contém *músculos intrínsecos*, cujos ventres se localizam dentro da mão, e *músculos extrínsecos*, cujos ventres se situam fora da mão, no antebraço (figura 24.2). A ação aparente dos músculos flexores intrínsecos é dígito-específica com seus tendões distais sendo ligados às falanges proximais de somente um dedo. Contudo, esses músculos também se ligam a uma estrutura tendinosa que forma o *mecanismo extensor*, uma rede de tecidos elásticos passivos que produz uma ação extensora nas articulações distais do dedo. Como resultado, quando uma pessoa pressiona uma falange proximal contra um obstáculo, os músculos intrínsecos produzem a ação focal necessária e também contribuem para o alongamento do dedo nas falanges distais.

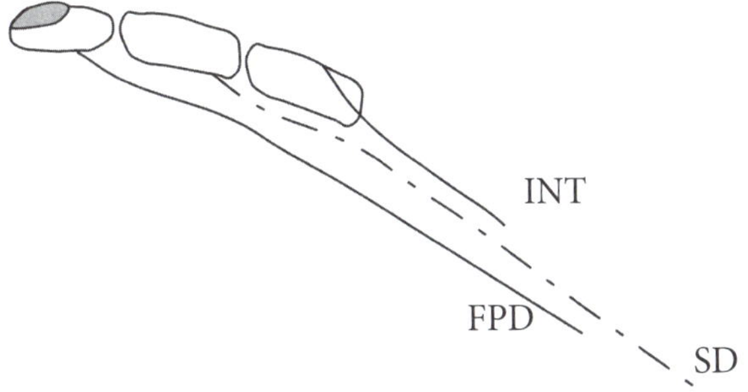

Figura 24.2 Na mão existem músculos intrínsecos e extrínsecos. Os tendões dos músculos flexores extrínsecos (FPD e FSD) ligam-se às falanges distais e intermediárias, enquanto os tendões dos músculos flexores intrínsecos (INT) ligam-se às falanges proximais (eles também contribuem com o mecanismo extensor, não mostrado no desenho).

Cada um dos músculos extrínsecos da mão tem vários tendões distais que se ligam a cada dedo. Por exemplo, o flexor superficial dos dedos (FSD) envia quatro tendões a quatro dedos da mão. Esses tendões conectam-se às falanges intermediárias (Figura 24.2). O outro flexor principal, o flexor profundo dos dedos (FPD), tem quatro tendões, que se ligam às falanges distais dos quatro dedos. Essa estrutura do aparelho muscular contribui para a interdependência das forças e dos movimentos produzidos pelos dedos individuais. Por exemplo, se flexionarmos o dedo anelar, outros dedos também sofrerão alguma flexão. Contudo, essa interdependência não é absolutamente obrigatória: músicos profissionais podem aprender a superá-la e produzir muito mais ações digitais independentes.

Os músculos extrínsecos da mão são vistos às vezes não como estruturas fisiológicas isoladas, mas como combinações de *compartimentos musculares* (Jeneson et al., 1990; Serlin e Schieber, 1993). A ideia de compartimentos implica que subgrupos de unidades motoras produzem forças transmitidas a um dos quatro tendões, produzindo efeitos motores num dos quatro dedos. Essa ideia admite ações digitais independentes e combinadas. Ela recebeu apoio num estudo que mostrou que, quando um único estímulo magnético transcraniano é aplicado à área motora primária do córtex, a força do dedo que responde depende fortemente da força de fundo produzida pelo dedo e só fracamente das forças produzidas pelos outros dedos da mão (Danion, Latash e Li, 2003).

PROBLEMA #24.1

- Quando um único pulso TMS é aplicado ao córtex motor primário, como a resposta de força de um dedo se relaciona com a força de fundo produzida por esse dedo?

24.2 Representações corticais da mão

A mão humana tem um sistema de controle cortical altamente desenvolvido. O córtex motor primário e o trato corticospinal são cruciais para o funcionamento da mão. Neurônios individuais no trato corticospinal produzem efeitos excitatórios e inibitórios sobre os motoneurônios α dos músculos da mão no outro lado do corpo. Os efeitos excitatórios podem ser diretos, resultantes de uma sinapse excitatória única de uma fibra corticospinal em um motoneurônio α. Os efeitos inibitórios são sempre mediados por pelo menos um interneurônio.

Uma lesão do córtex motor primário ou do trato corticospinal leva a um enfraquecimento dramático dos músculos da mão e à perda da destreza. Os seres humanos se tornam menos capazes de mover um dedo sozinho; em vez disso, a tentativa de mover um dedo causa o movimento de todos os dedos da mão. Em macacos, os efeitos de uma lesão são menos dramáticos e a recuperação é mais rápida e completa.

Com a obra clássica de Wilder Penfield (ver capítulo 14), muitas áreas corticais passaram a ser vistas como mapas corporais com representações desproporcionalmente grandes das mãos e dos dedos. Mais recentemente, contudo, métodos novos e mais precisos de avaliação das representações corticais têm gerado muito menos figuras em forma de mosaico, sem fronteiras claras entre as áreas anatômicas (Schieber, 2001; Schieber e Santello, 2004). Além disso, demonstrou-se que essas representações se alteram sob variedades de condições, incluindo lesões e prática (Merzenich et al., 1984; Cohen, Bandinelli, Topka et al., 1991; Recanzone et al., 1992; Classen et al., 1998).

A convergência e a divergência caracterizam projeções motoras de áreas corticais sobre estruturas periféricas, assim como projeções sensoriais de estruturas periféricas sobre áreas corticais. A *convergência* (figura 24.3*A*) são as projeções de duas fontes diferentes que afetam o mesmo neurônio-alvo. *Divergência* são as projeções de um único neurônio (ou grupo de neurônios) sobre vários alvos (figura 24.3*B*). No caso da representação da mão na área motora primária, sinais dos neurônios distribuídos ao longo de um amplo território cortical podem levar a respostas no mesmo músculo da mão e ao movimento do mesmo dedo (convergência), enquanto estímulos num único neurônio cortical podem causar efeitos motores em muitos músculos do braço, incluindo os da mão e os músculos mais próximos que controlam o movimento do cotovelo e do ombro (divergência).

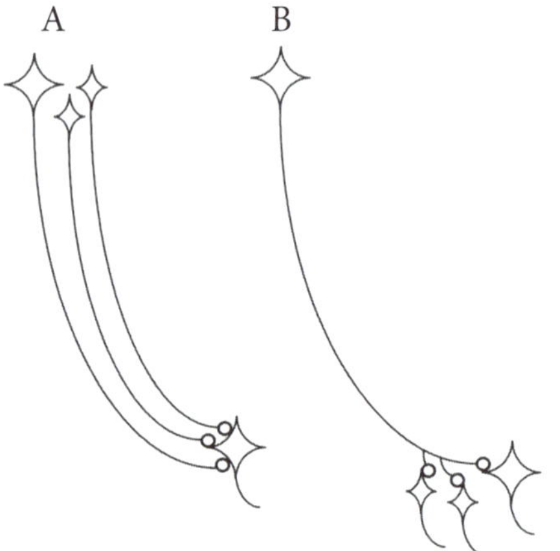

Figura 24.3 Convergência (*A*) refere-se a projeções de duas ou mais fontes diferentes que afetam os mesmos neurônios-alvo. Divergência (*B*) refere-se a projeções de um único neurônio sobre vários alvos.

Essa organização sugere que a atividade dos neurônios corticais diz respeito à ação multiarticular e multidígito, e não à ativação de músculos individuais.

Técnicas de mapeamento encefálico (revistas no capítulo 13) mostram amplas reorganizações de mapas corticais após a amputação de um dedo (Merzenich et al., 1984) ou treinamento especializado, como ler braille (Pascual-Leone et al., 1995; Pascual-Leone, 2001). Tais reorganizações refletem um fenômeno chamado *plasticidade neural*, que provavelmente possibilita processos como aprendizagem motora e reabilitação motora. A plasticidade neural também tem sido demonstrada em experiências em que as pessoas praticam tarefas que envolvem os dedos da mão por períodos de tempo relativamente curtos (abaixo dos 2 h; Classen et al., 1998; Latash, Yarrow e Rothwell, 2003). Essas observações sugerem que as conexões do sistema nervoso central estão continuamente se reestruturando.

PROBLEMA # 24.2

- Quando um estímulo TMS padrão é aplicado no córtex motor primário, quais mudanças nas respostas musculares podem ser esperadas após uma atividade prolongada desse músculo ou de seu antagonista?

24.3 Índices de interação do dedo

Quando uma pessoa pressiona um dedo contra uma superfície fixa, outros dedos também mostram um aumento de força (Kilbreath e Gandevia, 1994; Li, Latash e Zatsiorsky, 1998; Zatsiorsky, Li e Latash, 1998). Esse fenômeno foi denominado *escravização*. Entre os padrões de escravização das pessoas existem diferenças e semelhanças. Normalmente, esses efeitos são mais fortes entre pares de dedos vizinhos e apresentam alguma reciprocidade — ou seja, se o dedo X escraviza fortemente o dedo Y, dedo Y é suscetível de escravizar fortemente o dedo X. O dedo indicador geralmente mostra os menores efeitos de escravização, enquanto o dedo anelar costuma ser o menos independente. Quando uma pessoa pressiona algo com o dedo anelar, os outros dedos da mão mostram forças de escravização relativamente elevadas. A magnitude da escravização pode variar bastante entre indivíduos. Ela muda com fatores como prática especializada (sobretudo em músicos profissionais), idade e desordem motora (Li et al., 2003. Shinohara, Latash e Zatsiorsky, 2003; Chiang, Slobounov e Ray, 2004).

Quando uma pessoa tenta pressionar um objeto tão fortemente quanto possível com vários dedos de uma mão ao mesmo tempo, as forças de pico dos dedos individuais são menores que as obtidas quando a mesma tarefa é executada com apenas um dedo (Ohtsuki 1981; Kinoshita, Murase e Bandou, 1996; Li, Latash e Zatsiorsky, 1998). Esse fenômeno tem sido chamado *deficit de força*. O *deficit* de força aumenta com o número de dedos explicitamente envolvidos na tarefa. Um conjunto de dados típico para tarefas de um só dedo e de vários dedos é mostrado na tabela 24.1. Esses dados ilustram a escravização (produção de força por dedos não envolvidos em tarefas de um só dedo) e o *deficit* de força (forças menores produzidas pelos dedos individuais na tarefa de quatro dedos).

PROBLEMA # 24.3

▸ Que mudanças na escravização e no *deficit* de força podem ser vistas nas mãos direita e esquerda de um violoncelista treinado e destro?

TABELA 24.1

Forças dos dedos típicas registradas em testes de produção de força máxima

Tarefa e dedo	I	M	A	MÍN
I	**49**	10,5	5,5	2,5
M	10	**40**	13	4
A	9	16,5	**30**	10,5
MÍN	6	7	15	**25**
IMAMÍN	**33**	**27**	**22**	**16**

I=indicador, M=médio, A=anelar, MÍN=mínimo. Os números em negrito mostram as forças produzidas pelos dedos instruídos (mestres); outros números mostram as forças produzidas por dedos não instruídos (escravos). Os dados estão em newtons.

O polegar é um dedo especial da mão humana. Seu aparelho muscular é diferente do dos outros dedos; em particular, o polegar não compartilha músculos com nenhum outro dedo. Seu repertório cinemático também difere daquele dos demais dedos. Ele permite ao polegar agir em paralelo com os dedos (por exemplo, quando empurramos uma porta pesada) ou em oposição a eles (por exemplo, quando seguramos um copo de água). Contudo, um estudo sobre a interação entre os dedos não apresentou diferenças significativas entre pares de dedos que incluem o polegar e pares que não o incluem (Olafsdottir, Zatsiorsky et al., 2005). O polegar parece interagir com os outros dedos da mesma forma que os demais dedos interagem uns com os outros. Evidências antropológicas sugerem que o músculo flexor longo do polegar evoluiu de uma parte do flexor profundo dos dedos (Marzke, 1992). Essa poderia ser a origem de algumas das similaridades encontradas entre índices de interação polegar-dedos e índices de interação dedos-dedos.

Os fenômenos da escravização e do *deficit* de força mostram que as forças dos dedos são dependentes umas das outras. Essa interdependência resulta do projeto periférico da mão e da organização do controle neural cortical, particularmente da divergência. Ela reflete padrões de covariação da força dos dedos que beneficiam tarefas diárias — as sinergias multidígitos.

24.4 Sinergias multidígitos em tarefas de pressionar

A ação multidígitos é muito atraente para o estudo das sinergias motoras por causa de alguns fatores. Em primeiro lugar, essas sinergias são aprendidas ao longo da vida e podem mostrar comportamentos reproduzíveis em uma variedade de tarefas. Em segundo lugar, essas sinergias são, obviamente, muito importantes para as atividades diárias. Em terceiro lugar, compreender como essas sinergias são organizadas pode ajudar os clínicos a desenvolver estratégias de tratamento das desordens da mão. Em quarto lugar, as forças e os momentos de forças aplicados pelas pontas dos dedos durante manipulações são relativamente fáceis de gravar e analisar.

No capítulo 20, discutimos duas características das sinergias: *compartilhamento* e *compensação de erro*. As duas têm sido estudadas por meio da produção de força multidígitos. Quando se solicita a uma pessoa que pressione algo com os quatro dedos de uma mão e produza uma força vagarosamente crescente, as forças dos dedos individuais ascendem juntas, de modo que cada dedo produz mais ou menos a mesma porcentagem da força total (figura 24.4). Tipicamente, os dedos indicador e médio produzem cerca de 60% da força total, enquanto os dedos anelar e mínimo produzem os 40% restantes. Esses padrões de compartilhamento estável têm sido relacionados ao *princípio da estabilização dos momentos secundários* (Li, Latash e Zatsiorsky, 1998; Zatsiorsky, Li e Latash, 1998, 2000). Esse princípio sugere que as forças dos dedos são compartilhadas de modo que minimizem a pronação ou supinação do momento total criado pelas forças reativas sobre o eixo longitudinal do antebraço.

É natural supor que, quando uma pessoa produz um valor de estado estacionário ou um padrão de força total de alteração lenta, haja sinergias multidígitos estabilizando o perfil de tempo da força total.

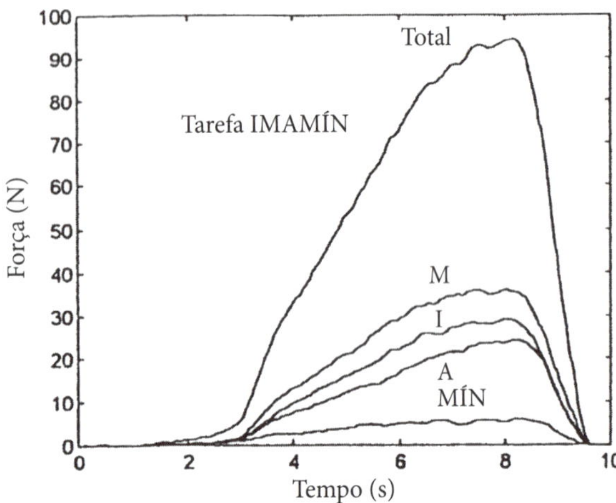

Figura 24.4 Quando uma pessoa produz um perfil de rampa para a força total enquanto pressiona sensores de força com quatro dedos, as forças dos dedos individuais ascendem proporcionalmente acima de toda a variação da força total.

Springer, *Experimental Brain Research*, vol. 119, 1998, pg. 276-286. "Force sharing among fingers as a model of the redundancy problem", Z.-M. Li, M.L. Latash, e V.M. Zatsiorsky. Com a gentil permissão da Springer Science and Business Media.

A hipótese da variedade não controlada (capítulo 20) nos permite testar essa hipótese num experimento. Contudo, para abordar esse problema, um passo importante tem de ser dado. Como mencionado, as forças individuais dos dedos não são independentes umas das outras. Podem-se encontrar, assim, padrões de covariação de força do dedo que refletem não as estratégias de controle específicas de tarefa (sinergias), mas as relações independentes de tarefa entre as forças dos dedos. Para evitar esse problema, os pesquisadores devem descobrir outro conjunto de variáveis que o sistema nervoso central possa manipular de forma independente.

Para tratar esse problema, introduziu-se a noção de modos dos dedos (Zatsiorsky, Li e Latash, 1998; Danion et al., 2003; figura 24.5). A ideia é que o controlador neural não manipula forças dos dedos, mas manipula um conjunto diferente de variáveis hipotéticas relacionadas ao desejo da pessoa de envolver os dedos individuais. Porém, por causa da escravização, cada uma dessas variáveis leva à produção de força por todos os dedos da mão.

A análise da covariação dos modos dos dedos demonstrou a existência de duas sinergias multidígitos (Latash et al., 2001; Scholz et al., 2002). Uma das sinergias, como esperado, estabiliza a força total, e a outra estabiliza o momento de total pronação/supinação gerado pelas forças reativas. Nesses estudos, a produção do momento não faz parte da tarefa. Por isso, as sinergias estabilizantes do

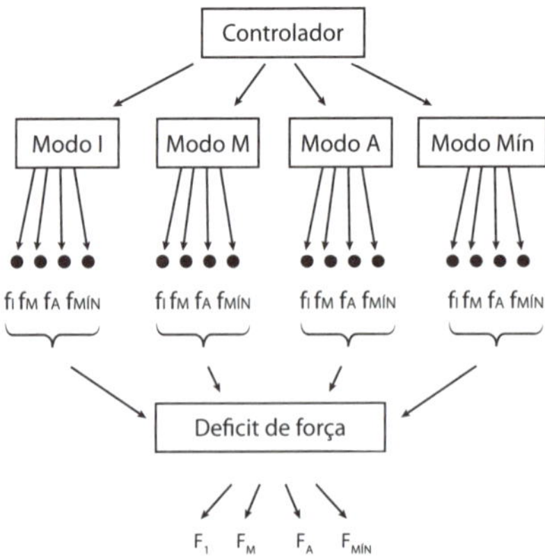

Figura 24.5 Nessa ilustração de modelos dos dedos, o controlador manipula variáveis correspondentes a um desejado movimento dos dedos em uma tarefa multidígitos. Cada variável leva à produção de força por todos os quatro dedos. A espessura das setas reflete um padrão típico de escravização.

momento provavelmente refletem a experiência cotidiana dos seres humanos — uma experiência que coloca muito mais restrições rigorosas para erros no momento da força que para erros na força total de agarro. Por exemplo, quando bebemos água de um copo, a força de agarro apenas tem de estar acima do limite de escorregamento e abaixo do limite de esmagamento do copo, enquanto o momento de força total tem de ser controlado precisamente para evitar o derramamento da água (figura 24.6).

PROBLEMA # 24.4

- Cite uma tarefa natural na qual produzir forças precisas dos dedos seja mais importante que produzir momentos de força precisos.

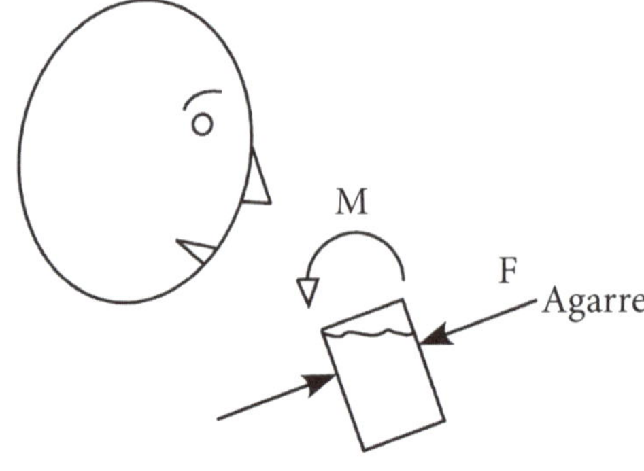

Figura 24.6 Quando uma pessoa toma um gole de um copo, a força de agarre (F_{AGARRE}) pode sofrer uma ampla variação: acima do nível de escorregamento do copo e abaixo do nível do seu esmagamento. A pessoa deve controlar precisamente o momento de força (*M*) para evitar derramar o conteúdo do copo.

24.5 Agarre

Durante a manipulação de objetos, a mão pode produzir diferentes tipos de agarre (Schlesinger, 1919; Napier, 1956), de um agarre de precisão (segurar um pequeno objeto entre as pontas dos dedos indicador e polegar) a um agarre de potência (segurar e usar uma chave inglesa). A análise cinemática do agarre normalmente usa a noção de *abertura de agarre*, que é a separação entre as pontas do polegar e do indicador. Quando uma mão alcança um objeto, a abertura do agarre aumenta para 60% a 70% da duração do movimento de alcançar e, em seguida, começa a fechar. A máxima abertura de agarre de um movimento de agarrar depende das propriedades do objeto a ser agarrado, incluindo tamanho, peso, textura etc. Ações de agarrar dependem fortemente de informações sensoriais, como informação visual e sinais de receptores somatossensoriais nos músculos, tendões, articulações e pele.

A visualização encefálica (bem como estudos mais diretos da atividade encefálica em macacos) sugeriu que três áreas corticais são importantes para o ato de agarrar: o córtex motor primário, o córtex pré-motor e o córtex parietal. Estudos da atividade neural no córtex pré-motor ventral do macaco encontraram neurônios que descarregam tanto durante a execução de ações da mão quanto durante a observação das mesmas ações feitas por outros. Esses neurônios têm sido chamados *neurônios-espelho* (Rizzolatti, Fogassi e Gallese, 2001; Rizzolatti e Craighero, 2004). Evidências indiretas sugerem que neurônios-espelho também existam em seres humanos. Em particular, tem sido mostrado que a observação do agarro ativa significativamente o córtex do giro temporal médio, incluindo as áreas do sulco temporal superior adjacente (área de Brodmann 21) e a parte caudal do giro frontal inferior esquerdo (área de Brodmann 45) (Fadiga, Craighero e Olivier, 2005).

PROBLEMA # 24.5

- Sugira uma explicação funcional para a existência dos neurônios-espelho.

O agarro está associado a dois grupos de sinergias. Em primeiro lugar estão as sinergias cinemáticas, que estabilizam a abertura do aperto. Quando uma pessoa tenta segurar um objeto pequeno entre o dedo indicador e o polegar, uma perturbação mecânica em um dos dedos produz ajustes rápidos no movimento dos dois dedos, de modo que o perfil de tempo da abertura do agarro permanece relativamente inalterado (Cole e Abbs, 1987). Em segundo lugar estão as sinergias cinéticas, que estabilizam a ação mecânica da mão sobre o objeto agarrado. Se uma pessoa segura um objeto firmemente, as forças aplicadas pelos dedos individuais oscilam. As oscilações na força do polegar e na força combinada dos dedos opostos tendem a ser em fase, enquanto as oscilações nas forças de um par de dedos que atua em paralelo são muitas vezes fora de fase (Santello e Soechting, 2000). A primeira relação garante que a força resultante aplicada ao objeto seja pequena, enquanto a segunda impede grandes variações na força total aplicada pelo conjunto de dedos que se opõem ao polegar.

24.6 Sinergias de preensão e princípio da superposição

Sinergias de preensão têm sido definidas como mudanças conjuntas nas forças e nos momentos de força (às vezes chamados *variáveis elementares*) que são produzidas por um conjunto de dedos sobre um objeto segurado pela mão para estabilizar a ação mecânica global da mão sobre o objeto (revisto em Zatsiorsky e Latash, 2004). Se um objeto é apertado com o aperto prismático com todos os cinco dedos da mão (figura 24.7), existem restrições de estática para que o objeto fique em equilíbrio. Para um caso simples de uma carga externa que age verticalmente (ao longo da direção da gravidade) e um torque externo (M) que age no plano do agarro (um plano vertical que contém todos os pontos de contato do dedo com o objeto), três equações têm de ser satisfeitas:

$$0 = F_I^{\,n} + F_M^{\,n} + F_A^{\,n} + F_{MÍN}^{\,n} + F_P^{\,n}. \qquad (24.1)$$

$$L = F_P^{\,t} + F_I^{\,t} + F_M^{\,t} + F_A^{\,t} + F_{MÍN}^{\,t}. \qquad (24.2)$$

$$M = \underbrace{F_P^{\,n}d_P + F_I^{\,n}d_I + F_M^{\,n}d_M + F_A^{\,n}d_A + F_{MÍN}^{\,n}d_{MÍN}}_{\text{Momento de forças normais} = M^n} + \underbrace{F_P^{\,t}r_P + F_I^{\,t}r_I + F_M^{\,t}r_M + F_A^{\,t}r_A + F_{MÍN}^{\,t}r_{MÍN}}_{\text{Momento de forças tangenciais} = M^t}. \qquad (24.3)$$

Os subscritos P, I, M, A e $MÍN$ se referem ao polegar, indicador, médio, anelar e mínimo, respectivamente; os sobrescritos n e t são os componentes de força normal e tangencial, respectivamente; L é a carga (peso do objeto); e os coeficientes d e r correspondem aos braços do momento das forças normal e tangencial, respectivamente, em relação a um centro pré-selecionado.

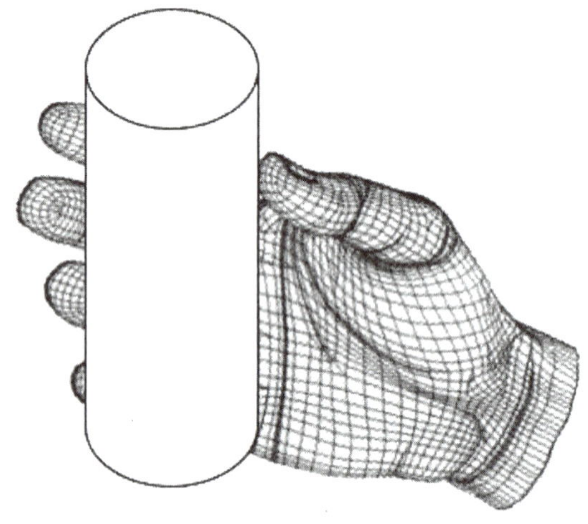

Figura 24.7 Segurar um objeto com um aperto prismático envolve várias limitações mecânicas.

Para simplificar a análise dos agarros multidígitos, um esquema de controle hierárquico tem sido adotado (figura 24.8; Arbib, Iberall e Lyons, 1985; MacKenzie e Iberall, 1994). Esse esquema inclui dois níveis. No nível superior, o efeito mecânico total é distribuído entre o polegar e um dedo virtual — um dedo imaginado cuja ação mecânica iguala a ação combinada de todos os quatro dedos. No nível mais baixo, a ação do dedo virtual é distribuída entre os dedos da mão. Vários estudos apoiam essa ideia de controle hierárquico de dois níveis (Shim, Latash e Zatsiorsky, 2003, 2005).

Estudos experimentais de variações nas forças do dedo individual em repetições da mesma tarefa mostram que os seres humanos de fato satisfazem as três equações (Shim, Latash e Zatsiorsky, 2003). Contudo, eles o fazem de maneira específica. Isso é possível porque existem mais de três variáveis nas equações, o que torna o sistema redundante. Observe que a terceira equação contém variáveis que também aparecem nas

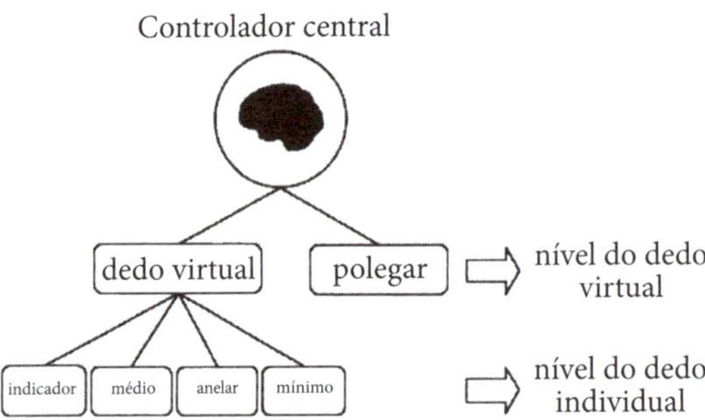

Figura 24.8 O controle hierárquico da mão envolve dois níveis. No primeiro, as ações mecânicas do polegar e do dedo virtual (DV) são definidas. No segundo, a ação mecânica do DV é distribuída entre os dedos reais.

Reproduzido, com permissão, de J.K. Shim, 2005, *Rotational equilibrium control in multi-digit human prehension*. Dissertação de doutorado. © 2005. J.K. Shim.

primeiras duas equações. Assim, poderíamos esperar que uma alteração na ação rotacional alterasse as sinergias que estabilizam a ação de agarrar (produção de força, equações 24.1 e 24.2) e a ação rotacional (equação 24.3). Contudo, experiências demonstraram que os seres humanos dissociam as variáveis elementares em dois grupos. Em um grupo, as variáveis covariam para estabilizar a força total que atua sobre o objeto. O outro grupo reúne variáveis que covariam para estabilizar o efeito rotacional produzido pela mão sobre o objeto. Desse modo, parece haver duas sinergias de preensão, uma estabilizadora de força e uma estabilizadora de momento. As duas sinergias parecem relativamente independentes, de modo que uma alteração numa das variáveis (por exemplo, no momento total) requer ajuste apenas na sinergia correspondente e não afeta a outra (estabilização de força).

Essas observações se encaixam no *princípio da superposição*, sugerido em robótica para o controle de agarres artificiais (Arimoto et al., 2001). O princípio afirma que ações hábeis podem ser decompostas em várias ações elementares independentemente controladas por controladores separados. Um controle desacoplado em robótica reduz o tempo de computação total. Experimentos com humanos indicam que o sistema nervoso central também pode usar o princípio da superposição para organizar o controle de duas ações elementares: (1) apertar um objeto na mão com força adequada e (2) produzir uma ação rotacional sobre o objeto.

PROBLEMA # 24.6

▸ Uma mudança na força de um dedo sempre altera o momento de força sobre qualquer eixo em relação ao qual o vetor de força tenha um braço de alavanca diferente de zero. Como o controle da força de agarro pode ser dissociado do controle do momento de força?

Capítulo 24 em resumo

A mão humana combina estruturas cinemáticos seriais e paralelos. A ação do dedo é controlada por músculos extrínsecos multidígitos e por músculos intrínsecos, específicos de um dedo. Os músculos extrínsecos são compostos de compartimentos com um elevado grau de independência fisiológica. As representações corticais da mão são um mosaico, sem fronteiras claras entre as representações de áreas anatomicamente próximas. As interações dos dedos são refletidas em movimentos não intencionais e na produção de força (escravização) assim como em forças mais baixas produzidas pelos dedos em tarefas multidígitos, em comparação às forças produzidas em tarefas de um só dedo (*deficit* de força). Essas interações têm um forte componente neural e mostram padrões similares entre os dedos de uma mão e entre o polegar e os demais dedos. As sinergias multidígitos usadas para controlar tarefas de pressão comumente seguem padrões que estabilizam o momento de pronação/supinação. Esses padrões podem ser condicionados pela experiência cotidiana, que coloca rigorosas restrições de precisão para a ação rotacional da mão. Durante a manipulação de um objeto na mão, sinergias multidígitos mostram padrões que estabilizam a força de agarro e o momento total das forças aplicadas ao objeto. A existência dessas duas sinergias está em conformidade com o princípio da superposição, sugerido pela robótica.

25

Movimento ocular e visão

Palavras-chave e tópicos

- anatomia do olho
- receptores de luz
- retina
- nervo óptico
- controle oculomotor
- sacadas
- perseguição lenta
- vergência
- reflexo vestíbulo-ocular
- nistagmo
- papel da visão no movimento

Este capítulo aborda dois problemas. Em primeiro lugar, a visão é sem dúvida a fonte mais importante de informação sensorial para orientar os movimentos voluntários diários, incluindo ações de corpo inteiro e de membros. Em segundo, movimentos oculares são um exemplo interessante de controle de um sistema mecânico que difere dramaticamente de outros sistemas, como os dos membros e do corpo inteiro. Assim, discutiremos os mecanismos neurofisiológicos de controle da visão e do movimento ocular.

25.1 O olho

O olho humano é um dispositivo único: por um lado, é um órgão periférico que contém receptores sensíveis à luz; por outro, é parte do sistema nervoso central (ao contrário dos outros sistemas receptores que discutimos até aqui). A estrutura sensorial do olho, a *retina*, origina-se durante o desenvolvimento da ectoderme neural, que também dá origem ao encéfalo. Assim, a retina pode ser considerada uma estrutura encefálica periférica.

A estrutura do olho humano é ilustrada na figura 25.1. A luz que entra pelo olho é focalizada pela *córnea* e pelo *cristalino*. Depois, ela viaja através do *humor vítreo*, que preenche a cavidade ocular, e é absorvida pelos *fotorreceptores* da retina. Por trás da retina está uma camada de *epitélio pigmentado*, cujas células são embaladas com *melanina* preta. A melanina absorve a luz que não é capturada pela retina e a impede de ser refletida na parte de trás do olho e de retornar à retina.

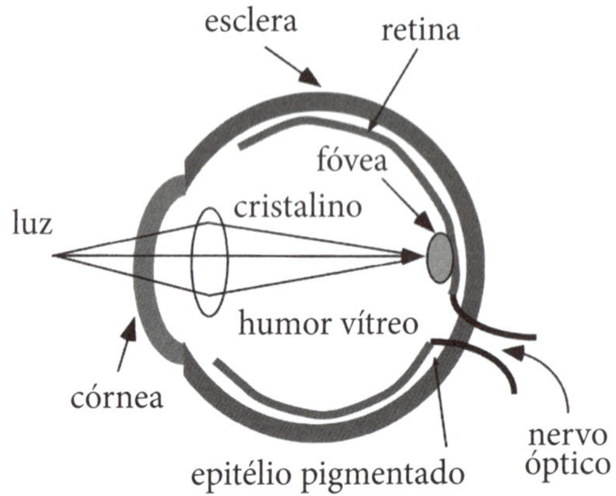

Figura 25.1 A luz que entra no olho é focalizada pela córnea e pelo cristalino. Então viaja através do humor vítreo e é absorvida pelos fotorreceptores da retina. Depois da retina há uma camada de epitélio pigmentado, que absorve a luz não capturada pela retina.

As células do epitélio pigmentado também desempenham um papel importante no metabolismo das células da retina.

A maior concentração de fotorreceptores é a *fóvea*, que também recebe os sinais luminosos menos distorcidos por causa das relativamente poucas células entre os fotorreceptores da fóvea e do cristalino. O centro da fóvea, a *fovéola*, ofereceu a melhor recepção dos sinais luminosos, e os seres humanos constantemente movem seus olhos para focar a cena de interesse sobre a fovéola. Localizado lateralmente à fóvea (mais perto do nariz) está o *ponto cego*, uma área da retina de onde o nervo óptico sai e onde, portanto, não existem fotorreceptores. Se a luz cai sobre o ponto cego, não provoca nenhum efeito sensorial.

PROBLEMA # 25.1

- Se existe um ponto cego em cada olho, por que não vemos buracos quando olhamos ao redor?

25.2 Fotorreceptores

Existem dois tipos de fotorreceptores: os *cones* e os *bastonetes*. Os cones são responsáveis pela visão diurna, quando existe abundância de luz. Eles permitem a visão das cores e oferecem melhor resolução espacial e temporal que os bastonetes. A perda de cones é considerada cegueira legal. Os bastonetes funcionam sob luz fraca e, portanto, possibilitam a visão noturna. O número de bastonetes é vinte vezes maior que o número de cones e existem alguns deles na fóvea. Além disso, sinais dos bastonetes apresentam um alto grau de convergência, ou seja, sinais de bastonetes diferentes atingem o mesmo interneurônio. Essa organização facilita a detecção de estímulos baixos (luz fraca), mas prejudica a resolução espacial e temporal.

Bastonetes e cones têm estruturas internas semelhantes (figura 25.2). São compostos do *segmento externo*, que contém o aparelho fototransdutor; do *segmento interno*, que abriga o núcleo e grande parte do maquinário bioquímico; e do *terminal sináptico*, que faz conexões com células-alvo do receptor. A fototransdução resulta de uma série de eventos bioquímicos no segmento externo dos fotorreceptores. A luz é absorvida por pigmentos visuais (rodopsina nos bastonetes e opsina nos cones). A absorção fecha os canais de Na^+ e, assim, bloqueia o fluxo de Na^+ do espaço extracelular, hiperpolarizando o receptor de membrana.

PROBLEMA # 25.2

- Que *deficit* visual se pode esperar de uma pessoa que tem muito menos rodopsina que o normal?

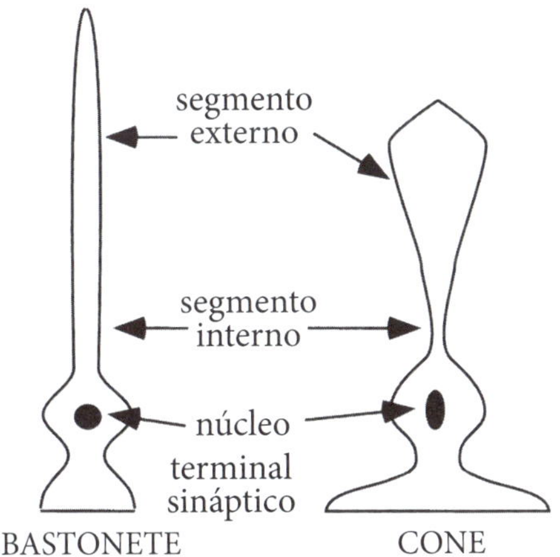

Figura 25.2 Bastonetes e cones formados por um segmento externo, que contém o aparato fototransdutor; um segmento interno, que contém o núcleo e grande parte do maquinário bioquímico; e um terminal sináptico, que se conecta com o receptor das células-alvo.

25.3 Retina e nervo óptico

Logo abaixo do nível fotorreceptor da retina está uma camada intermediária, que contém *neurônios bipolares*, *células amácrinas* e *células horizontais* (figura 25.3). As células amácrinas e horizontais constituem um meio para o fluxo lateral de informação, enquanto as células bipolares desempenham o papel central na transmissão da informação dos fotorreceptores para as *células gangliônicas*. As células gangliônicas localizam-se sob a camada intermediária da retina. Seus campos receptivos redondos são organizados de tal forma que neurônios bipolares no centro de um campo receptivo são despolarizados, enquanto neurônios bipolares na periferia são hiperpolarizados. Esse arranjo aumenta o contraste do estímulo (uma *resposta ligado-/desligado-centro*). Como resultado, a atividade de uma célula gangliônica depende não apenas da intensidade de um estímulo em sua área receptiva, mas também da intensidade dos estímulos nas áreas vizinhas. Isso explica por que, para os seres humanos, as áreas cinza parecem mais escuras num fundo branco que num fundo preto.

Os axônios das células gangliônicas formam o *nervo óptico*, que transporta informação óptica às estruturas encefálicas. O nervo óptico contém 1 milhão de fibras, o que é mais que todas as fibras da raiz dorsal que entram na medula espinal e muito mais que o número de fibras auditivas (cerca de 30.000).

Duas áreas são identificadas em cada retina: a *hemirretina nasal* situa-se medialmente à fóvea, e a *hemirretina temporal*, lateralmente. Se as fóveas de ambos os olhos ficam fixas num ponto, é possível dividir o campo visual numa metade esquerda e numa metade direita (o campo que vemos sem movermos a cabeça). A metade esquerda (direita) do campo visual projeta-se sobre a hemirretina nasal do olho esquerdo (direito) e a hemirretina temporal do olho direito (esquerdo). A luz da região central do campo visual é chamada *zona binocular*. Observe que as imagens na retina são invertidas pelo cristalino (figura 25.4).

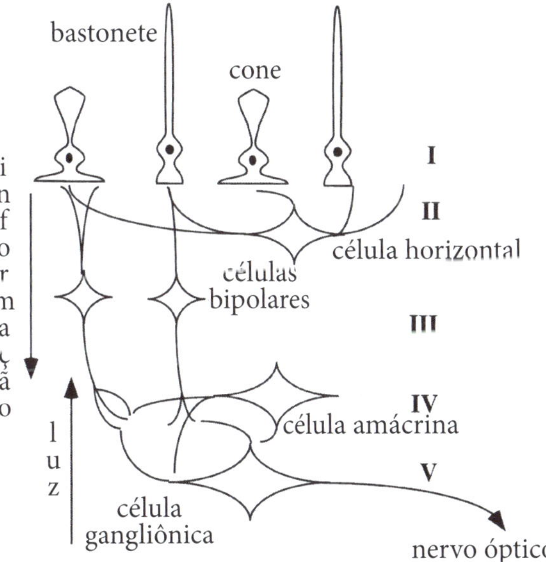

Figura 25.3 Abaixo do nível fotorreceptor da retina está uma camada intermediária, que contém os neurônios bipolares, as células amácrinas e as células horizontais. As células gangliônicas se localizam sob a camada intermediária. Seus axônios formam o nervo óptico. I é a camada nuclear externa, II é a camada plexiforme externa, III é a camada nuclear interna, IV é a camada plexiforme interna e V é a camada de células gangliônicas.

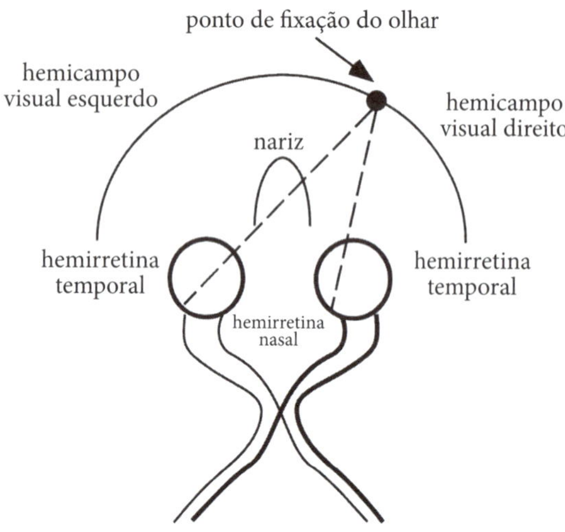

Figura 25.4 O campo visual pode ser dividido em hemicampos esquerdo e direito. Os tratos ópticos conduzem informação da hemirretina temporal ipsilateral e da hemirretina nasal contralateral. Em outras palavras, conduzem informação relacionada ao hemicampo visual contralateral.

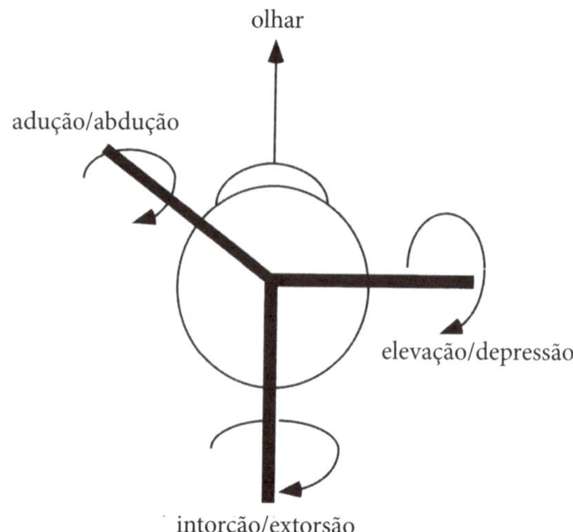

Figura 25.5 Direções do movimento ocular.

25.4 Controle oculomotor

No século XIX, o grande físico e fisiologista alemão von Helmholtz estudou extensivamente os movimentos oculares. Em particular, von Helmholtz percebeu que os movimentos oculares voluntários estão associados a uma sensação de um campo visual estacionário, enquanto os deslocamentos do olho criados artificialmente (por exemplo, pressionando-se seu globo ocular com um dedo) causam uma sensação de ambiente móvel. Essas observações levaram von Helmholtz a uma hipótese sobre o papel do comando motor na percepção em geral e na percepção visual em particular.

Cada olho é controlado por seis músculos (figura 25.5). Esses músculos envolvem *quatro músculos retos* (superior, inferior, lateral e medial) e *dois músculos oblíquos* (superior e inferior). Tais músculos rotacionam o olho em torno de três eixos principais para produzir *adução* e *abdução* (movimentos horizontais), *elevação* e *depressão* (movimentos para cima e para baixo), e *intorção* e *extorsão* (rotação sem alterar a direção do olhar). Movimentos de torção não são normalmente usados nos deslocamentos voluntários do olhar.

Existem cinco tipos funcionalmente diferentes de movimento ocular. Dois tipos de movimentos reflexos mantêm imagens visuais fixadas na retina (na fóvea) durante os movimentos da cabeça. O primeiro mecanismo reflexo é o *reflexo vestíbulo-ocular* (RVO), que atua com uma latência relativamente curta (cerca de 14 ms) a qualquer momento durante o movimento da cabeça. Ele altera a atividade dos músculos oculares e move os olhos durante as rotações da cabeça para estabilizar a imagem do campo visual da retina. Se a rotação da cabeça continua depois que os olhos atingem a borda da órbita, os olhos não permanecem na posição extrema, mas rapidamente invertem a direção de seu movimento e saltam de volta. O fenômeno todo é chamado *nistagmo vestibular*, e a rápida reversão, *fase rápida*. O RVO é coordenado no tronco encefálico. Receptores vestibulares enviam sinais sobre a velocidade da rotação da cabeça para os núcleos vestibulares que se projetam sobre os núcleos oculomotores. O cerebelo ajuda a controlar o ganho de RVO.

O segundo mecanismo é o *sistema optocinético*, que usa informação visual para complementar o RVO. Ele também mantém as características do ambiente estáveis (faces, edifícios etc.) na fóvea durante os movimentos da cabeça. Sua latência é mais longa e leva tempo para se desenvolver. O circuito desse reflexo envolve as estruturas corticais e subcorticais. Os dois sistemas reflexos sofrem habituação e adaptam seu ganho quando, por exemplo, a pessoa está usando óculos.

Quando uma pessoa desloca o olhar de um objeto de interesse a outro, os olhos sofrem uma *sacada*, um movimento de olho muito rápido e preciso que atinge uma velocidade máxima de 900°/s. A velocidade de pico real depende da distância angular entre os objetos, sendo maior para distâncias maiores. Os seres humanos voluntariamente controlam a direção e a amplitude dos movimentos de sacada, mas não a velocidade. A velocidade da sacada muda somente sob a influência de drogas, doenças ou fadiga. Sacadas são exemplos de movimentos controlados em forma de antecipação, porque não há tempo para efeitos de retroalimentação. Elas são controladas pelo *córtex cerebral* com os *gânglios da base*, e são geradas nos *centros reticulares pontinos e mesencefálicos*. Especificamente, a formação reticular pontina gera sacadas horizontais, enquanto a formação reticular mesencefálica gera sacadas verticais.

Se a imagem de um objeto é fixada na fóvea e o objeto começa a se mover, a pessoa mantém a imagem na fóvea com o sistema de *perseguição lenta*, um movimento voluntário cuja velocidade pode ser alterada (se houver vários objetos no campo visual, a pessoa pode escolher um objeto lento ou rápido para seguir). A velocidade máxima de perseguição lenta é de cerca de 100°/s. Contudo, é impossível empregar a perseguição lenta sem um objeto para seguir. Experimente e perceberá que seus olhos vão fazer uma sacada para trazer a imagem de outro objeto para a fóvea. A perseguição lenta tem um sistema de controle muito complexo, que envolve o *córtex estriado*, as *áreas motoras pré-estriadas*, as *pontes* e o *cerebelo*.

O quinto tipo de movimento ocular é a *vergência*, que difere dos primeiros quatro tipos porque causa movimentos oculares desconjugados ou rotações em direções opostas. Esses movimentos fixam o olhar em alvos com profundidades diferentes. Um papel importante na organização da vergência é desempenhado pelas estruturas do mesencéfalo, na região dos *núcleos oculomotores*.

O mecanismo de controle do olho atua contra a inércia muito baixa do olho e nunca encontra perturbações inesperadas. Além disso, a fadiga raramente é um problema. Como resultado, o projeto do sistema oculomotor é diferente do projeto dos músculos esqueléticos que controlam os movimentos dos membros. Os músculos oculares são ricos em fusos musculares, mas existe pouca evidência de um reflexo de alongamento monossináptico. Seus grupos motoneuronais não apresentam inibição recorrente e não existem fibras musculares especializadas rápidas e lentas. A frequência de descarga dos neurônios motores oculares é proporcional à posição e à velocidade do olho (assim como a frequência dos aferentes de fuso Ia).

PROBLEMA # 25.3

- Quais são as funções dos fusos musculares nos músculos oculomotores se estes não demonstram reflexo de alongamento?

25.5 Mecanismos centrais da percepção visual

Os nervos ópticos de cada olho juntam-se um ao outro no *quiasma óptico* e formam dois *tratos ópticos* (esquerdo e direito) que se projetam sobre três regiões subcorticais (figura 25.6). Apenas uma das três áreas, o *núcleo geniculado lateral*, participa da percepção visual. A *área pré-tectal* do mesencéfalo participa dos *reflexos pupilares*, enquanto o *colículo superior* ajuda a gerar movimentos oculares.

Se um olho é atingido pela luz, sua pupila se contrai (*resposta direta*) juntamente com a pupila do outro olho (*resposta consensual*). Esses reflexos são mediados pelos neurônios gangliônicos da retina, cujo disparo reflete mudanças globais do brilho. Esses neurônios projetam-se sobre a área pré-tectal, que é exatamente rostral aos colículos superiores (figura 25.7). Os neurônios na área pré-tectal projetam-se sobre os neurônios parassimpáticos do *núcleo oculomotor acessório*, que se projeta sobre o tronco encefálico e inerva o *gânglio ciliar*. Esse gânglio contém neurônios que inervam o músculo liso do *esfíncter pupilar*.

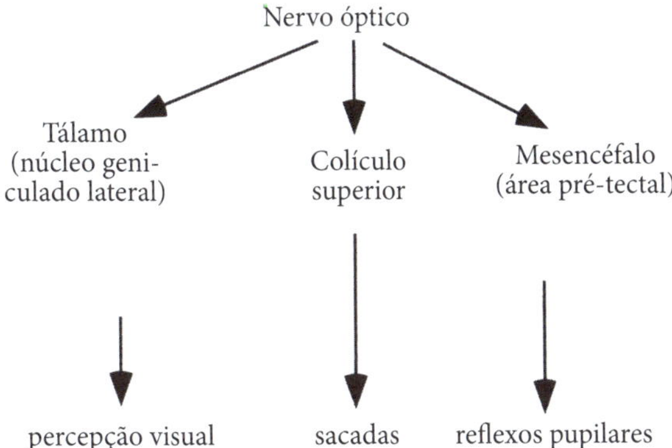

Figura 25.6 O nervo óptico projeta-se sobre três áreas subcorticais: o núcleo geniculado lateral do tálamo, a área pré-tectal do mesencéfalo e o colículo superior. As projeções sobre o colículo superior controlam as sacadas, as projeções pré-tectais controlam os reflexos pupilares e as projeções sobre o núcleo geniculado lateral participam da percepção visual.

Os *colículos superiores* (figura 25.8) coordenam informação de variadas fontes, incluindo visuais, auditivas e somatossensoriais, e ajustam os movimentos da cabeça e dos olhos a um estímulo. A estrutura interna dos colículos superiores é complexa e envolve sete camadas, que contêm três *mapas sensoriais*: o visual, o auditivo e o somatossensorial. Os mapas são alinhados espacialmente entre si, de modo que uma região comum dos colículos superiores recebe vários tipos de informação sensorial sobre o local de um estímulo. Esses mapas sensoriais conectam-se a um *mapa motor* localizado nas camadas mais profundas dos colículos superiores.

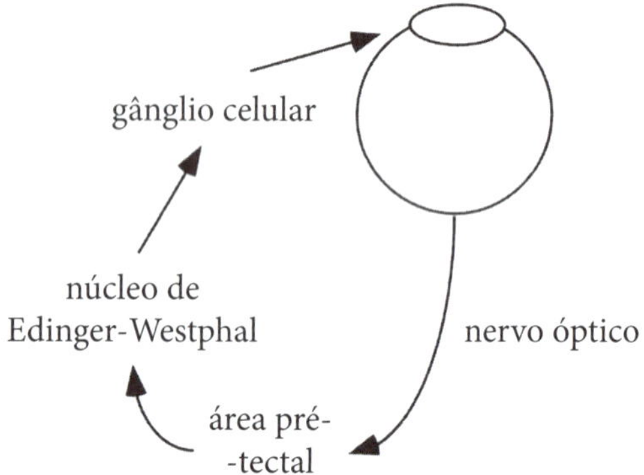

Figura 25.7 Os neurônios na área pré-tectal recebem entradas do nervo óptico e projetam-se sobre o núcleo Edinger-Westphal que, por sua vez, gera uma entrada parassimpática para os neurônios oculomotores no gânglio ciliar. Esses neurônios inervam o músculo liso do esfíncter pupilar.

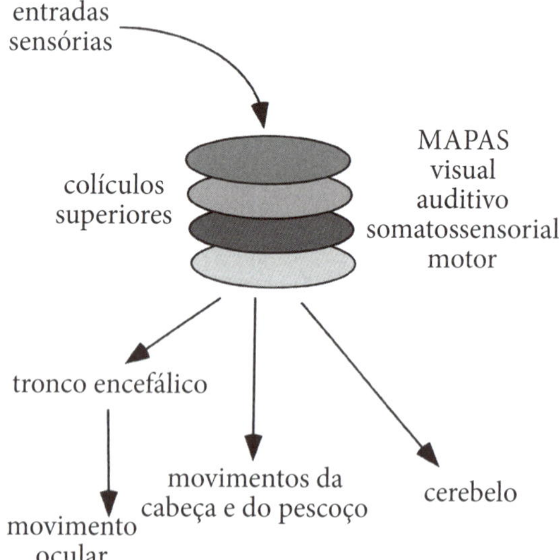

Figura 25.8 Os colículos superiores integram informação sensorial de diferentes fontes e contêm três mapas sensoriais e um mapa motor. Os colículos superiores projetam-se sobre as regiões do tronco encefálico, que controlam os movimentos oculares e contribuem para dois tratos descendentes: o trato tectoespinal, que está envolvido no controle reflexo dos movimentos da cabeça e do pescoço, e o trato tectopontino, que fornece informação visual ao cerebelo para um processamento adicional.

Essa organização permite aos colículos superiores, enquanto eles funcionam com os campos oculares frontais do córtex, usar informação sensorial para o controle dos movimentos oculares de sacada (muito rápidos).

Os colículos superiores projetam-se sobre as regiões do tronco encefálico que controlam os movimentos oculares. Também contribuem com os dois tratos descendentes: o *trato tectoespinal*, que está envolvido no controle reflexo dos movimentos de cabeça e do pescoço, e o *trato tectopontino*, que transmite informações visuais ao cerebelo para um processamento adicional.

A maioria dos axônios retinais projeta-se sobre o *núcleo geniculado lateral*, a mais importante região subcortical que participa da percepção visual. Esse núcleo, por sua vez, projeta-se sobre o *córtex visual primário* (área Brodmann 17). Os axônios das hemirretinas nasais cruzam a linha mediana do quiasma óptico, ao contrário dos axônios das hemirretinas temporais. Como resultado, o trato óptico esquerdo contém informação do hemicampo visual direito, enquanto o trato óptico direito contém informação do hemicampo visual esquerdo. Os campos receptivos dos neurônios no núcleo geniculado lateral são similares aos das células retinais: eles são concêntricos, com um diâmetro correspondente a desvios angulares de cerca de 1°. Esses neurônios produzem uma resposta ligado/desligado-centro semelhante à dos neurônios retinais. Assim, neurônios do núcleo geniculado lateral respondem melhor a pequenos focos de contraste de luz e demonstram uma baixa sensibilidade à luz fosca distribuída.

O próximo ponto de retransmissão no processamento visual é o *córtex visual primário* (figura 25.9), ou área visual 1 (também conhecido como *córtex estriado*, ou *área de Brodmann 17*). A estrutura do córtex visual primário é complexa; uma característica importante e inesperada é que seus neurônios são bastante insensíveis aos focos de luz (que são estímulos muito efetivos para os neurônios geniculados laterais e retinais). Os neurônios do córtex visual primário respondem melhor a estímulos lineares, como uma linha ou uma barra. Esses neurônios decompõem os contornos de uma imagem visual em curtos segmentos de linha com orientações diferentes.

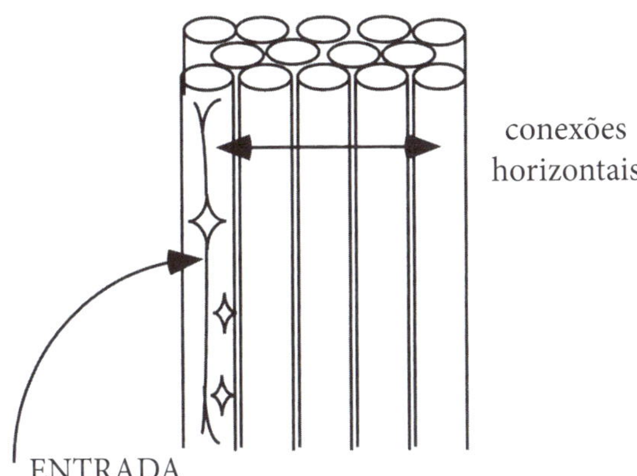

Figura 25.9 O córtex visual primário é organizado em colunas estreitas verticais, que correm da superfície para a matéria branca. Cada coluna tem de 30 a 100 μm de largura e cerca de 2 mm de profundidade. Existe uma mudança ordenada do eixo de orientação de uma coluna para a próxima. Conexões horizontais entre as colunas permitem que a atividade de um neurônio de uma coluna seja influenciada por estímulos correspondentes a outras orientações do olhar.

O córtex visual primário é organizado em colunas verticais estreitas que correm da superfície para a matéria branca (Hubel e Wiesel, 1979; Gilbert e Wiesel, 1979; Ts'o et al., 1990). Cada coluna tem de 30 a 100 μm de largura e cerca de 2 mm de profundidade. Células com eixos de orientação similares tendem a ser organizadas numa coluna. Existe uma mudança ordenada do eixo de orientação do estímulo de uma coluna para outra. Ocasionalmente, as colunas são interrompidas por bolhas, regiões de células em forma de pera que lidam com a percepção de cores, e não com a orientação. As conexões horizontais entre as colunas permitem que um neurônio de uma coluna seja influenciado por estímulos de outras orientações. Essas conexões podem estabelecer uma ligação contextual entre diferentes estímulos visuais.

PROBLEMA # 25.4

- Qual mecanismo neurofisiológico pode explicar a ilusão na qual uma pessoa vê uma mancha cinza redonda na interseção das duas linhas pretas que formam uma cruz?

25.6 Informação visual e movimentos voluntários

A maioria dos movimentos humanos é realizada com controle visual. A informação visual é usada para identificar e localizar um alvo no espaço e para corrigir os movimentos em curso. Um papel crucial na preparação de um movimento em direção a um alvo visual é desempenhado pelo *córtex parietal posterior*, que ocupa as áreas 5, 7, 39 e 40 nos seres humanos e apresenta alta especialização hemisférica. O córtex parietal posterior esquerdo é especializado no processamento de informações linguísticas, enquanto o córtex parietal posterior direito desempenha um papel significativo no processamento de informações espaciais. Pacientes com lesões nessa área demonstram uma incapacidade de sintetizar movimentos cujas coordenadas espaciais correspondam às coordenadas espaciais de um alvo visual. Eles também cometem erros espaciais ao desenhar, geralmente ignorando o lado contralateral do seu campo visual.

A área cortical 5 recebe sua entrada principal de *áreas corticais somatossensoriais* (1, 2 e 3). Ela também recebe entrada do *sistema vestibular*, das *áreas pré-motoras* e das *estruturas corticais límbicas*. Assim, a área cortical 5 é informada sobre a posição do membro, do corpo e da cabeça, sobre planos motores e sobre o estado motivacional. Essa área projeta-se sobre a área 7 e sobre as áreas pré-motoras.

A área 7 está envolvida no processamento de informação visual relacionada à localização de objetos no espaço. Ela integra essa informação com a informação somatossensorial da área 5 e as entradas auditivas oriundas da área 22. A área 7 projeta-se sobre as áreas pré-motoras e sobre o cerebelo lateral, participando do direcionamento dos movimentos.

Conhecer as conexões centrais das diferentes áreas corticais permite especular sobre a integração de informações de diferentes modalidades e seu papel no controle dos movimentos voluntários. A maioria dos movimentos humanos diários é planejada com base em informações visuais sobre o ambiente, e muitos deles também são monitorados com base em informação visual. No capítulo 21, analisamos perturbações posturais causadas por vibração muscular de alta frequência (quedas induzidas por vibração, QIV). As QIV são fortes somente quando o sujeito está em pé com os olhos fechados, e são muito mais fracas e podem até mesmo desaparecer quando os olhos estão abertos. Essa observação sugere que a informação visual pode anular as informações artificiais dos fusos musculares e outros proprioceptores. Contudo, não se pode olhar o tempo todo para todas as partes móveis do corpo. Assim, precisamos suplementar a informação visual com informação de outras fontes sensoriais. Projeções de diferentes sistemas sensoriais sobre as mesmas áreas corticais podem muito bem ser parte do mecanismo de *integração sensório-motora*.

Capítulo 25 em resumo

O olho humano é um órgão periférico que também faz parte do sistema nervoso central. A retina contém dois tipos de receptores sensoriais: os bastonetes e os cones. Os últimos respondem à luz visível, e sua concentração é mais elevada na fóvea. Após o processamento retinal, os sinais vão para o encéfalo através do nervo óptico. No quiasma óptico, algumas das fibras de cada nervo óptico atravessam para o outro lado, formando dois tratos ópticos que transportam informação sobre os campos visuais esquerdo e direito. Cada olho é controlado por três pares de músculos. Os olhos produzem movimentos reflexos induzidos por sinais de receptores vestibulares (RVO) e sinais de receptores ópticos (sistema optocinético). Eles também fazem movimentos muito rápidos chamados *sacadas*, perseguição lenta mais vagarosa e vergência. O núcleo geniculado lateral participa da percepção visual. A área pré-tectal do mesencéfalo participa da produção de reflexos pupilares, enquanto os colículos superiores ajudam a controlar os movimentos do olho. Os colículos superiores contêm diversos mapas sensoriais e motores, incluindo um mapa visual. O córtex visual primário é organizado em colunas verticais estreitas que correm da superfície para a matéria branca. O córtex parietal posterior provavelmente desempenha um papel importante na preparação do movimento em direção a alvos visuais.

26

Cinestesia

Palavras-chave e tópicos

- proprioceptores
- cópia eferente
- cinestesia e hipótese do ponto de equilíbrio
- mecanismos centrais de cinestesia
- ilusões induzidas por vibração
- dor

Os seres humanos estão sempre cientes da posição de segmentos corporais no espaço e em relação um ao outro. Essa sensação é chamada *cinestesia* e nos permite realizar movimentos precisos sem controle visual contínuo, ajustar padrões de variáveis de controle em relação ao campo de força em que nos movemos, executar tarefas motoras que exigem coordenação multimembros, e assim por diante. Este capítulo aborda os mecanismos básicos que produzem a percepção cinestésica.

26.1 Variáveis físicas sentidas pelos proprioceptores

No capítulo 5, consideramos as propriedades de alguns dos receptores periféricos, cujo disparo depende de variáveis físicas, como comprimento, velocidade e força do músculo, ângulo articular, pressão da pele, e assim por diante. Todas essas variáveis podem fornecer informação cinestésica. Contudo, uma análise cuidadosa das propriedades de todos esses receptores mostra que a situação é um pouco complicada; em particular, a estrutura mecânica dos músculos e tendões humanos parece tornar a informação proveniente dos receptores de cada modalidade dependente de muitas das variáveis físicas mencionadas (tabela 26.1). Vamos considerar, mais uma vez, as propriedades dos proprioceptores, examinando seus sinais não como componentes periféricos da maquinaria reflexa, mas como fontes de informação cinestésica.

26.2 Fontes periféricas de informação cinestésica

Os *fusos musculares* e *receptores articulares* parecem candidatos perfeitos para fornecer informações sobre as posições dos segmentos corporais, enquanto os *órgãos tendinosos de Golgi* parecem ser perfeitos detectores de força muscular.

Lembre-se de que fusos musculares são pequenas estruturas espalhadas por todo o músculo de origem em paralelo com as fibras musculares produtoras de energia (extrafusais). Eles contêm receptores de fuso primários e secundários de fuso. Os receptores de fuso primários são sensíveis ao comprimento e à velocidade do músculo, enquanto os secundários são sensíveis somente ao comprimento do músculo.

Até esse ponto, a interpretação física dos sinais dos fusos musculares parece clara. Lembre-se, porém, de que fusos musculares têm um sistema especial de inervação — o *sistema gama* —, que altera a sensibilidade dos receptores primários e secundários. Vários experimentos demonstraram que motoneurônios γ são ativados com motoneurônios α (*coativação α-γ*), o que leva à ativação muscular e ao desenvolvimento da força e/ou do movimento muscular. Isso significa que a atividade de um receptor de fuso depende não só do comprimento real do músculo (e da velocidade, para receptores primários), mas também do nível de ativação muscular. Por exemplo, considere um músculo em condições isométricas (figura 26.1). Para simplificar, presuma que o nível médio de disparo por seus receptores de fuso seja proporcional ao seu comprimento. Agora imagine que a ativação muscular aumenta. O comprimento do músculo não mudará, porque as condições são isométricas. Contudo, a ativação muscular é acompanhada de maior atividade no sistema gama. Assim, podemos esperar um aumento na atividade das terminações do fuso, que pode ser interpretado pelo sistema nervoso central como um movimento, mesmo que nenhum movimento ocorra.

TABELA 26.1
Receptores musculares

Receptor	O que ele mede	Fatores complicadores
Fuso Ia Fuso II	Comprimento, velocidade Comprimento	A sensibilidade é modulada por motoneurônios γ; comprimento muscular é diferente de comprimento "músculo + tendão"
Órgãos tendinosos de Golgi Ib	Força	A força é medida no ponto de ligação entre fibras musculares e tendões. A força é dependente do comprimento e da velocidade. O torque depende do comprimento efetivo da alavanca.
Receptores articulares	Ângulo articular	A sensibilidade é máxima perto dos limites fisiológicos da rotação articular, e mínima na amplitude médio. Os receptores articulares são sensíveis à tensão da cápsula articular.
Receptores cutâneos e subcutâneos	Pressão sobre a pele, deslocamento da pele	A pressão e o deslocamento da pele podem depender de muitos fatores.

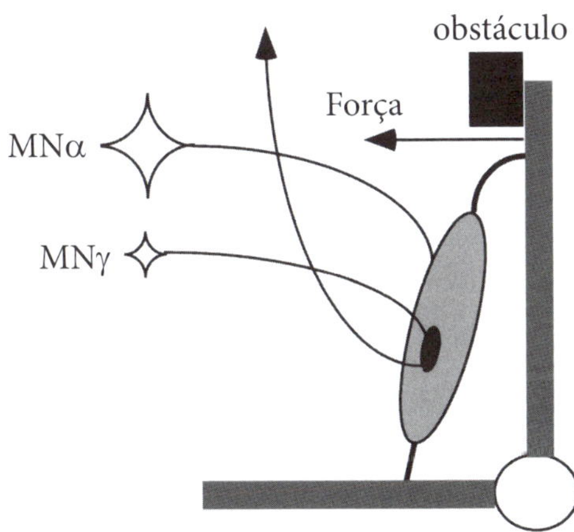

Figura 26.1 Aumentar a ativação muscular sob condições isométricas aumenta a atividade do sistema gama e o nível de disparo das terminações sensoriais do fuso muscular. O sistema nervoso central pode interpretar essa atividade como um movimento articular correspondente ao alongamento muscular.

Em contrapartida, se a articulação é liberada (condições não isométricas; figura 26.2) e ao músculo é permitido encurtar, a atividade dos motoneurônios γ aumentará, e assim o nível de atividade média dos receptores de fuso pode ser o mesmo para diferentes valores de comprimento do músculo. Uma vez que os seres humanos não julgam mal o comprimento do músculo em diferentes níveis de ativação muscular, deve haver um mecanismo que o avalie com precisão sob essas condições. Outro fator complicador é a *elasticidade* do músculo e do tendão. Se um músculo está relaxado, a rigidez aparente de suas fibras está menor que a rigidez do tendão. Se o músculo está ativado, suas fibras mostram rigidez aparente ainda mais elevada que a do tendão. Imagine novamente que um músculo esteja sendo ativado sob condições isométricas (figura 26.3).

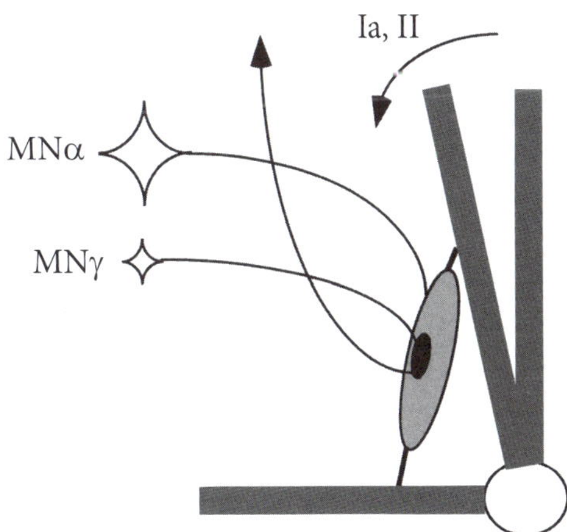

Figura 26.2 Sob condições não isométricas, aumentar a ativação muscular leva ao encurtamento do músculo, acompanhado pelo aumento da atividade do sistema gama. Como resultado, o disparo médio das terminações sensoriais do fuso muscular pode ser o mesmo em diferentes posições articulares.

Embora o comprimento total do complexo músculo + tendão não se altere, o comprimento das fibras musculares diminui durante a ativação, enquanto o comprimento do tendão aumenta. Para avaliar precisamente a posição de um segmento do membro, o sistema nervoso central precisa conhecer mais o comprimento do complexo músculo + tendão que o comprimento das fibras musculares individuais. Contudo, o disparo dos receptores do fuso muscular depende do comprimento das fibras musculares, e não do comprimento do tendão.

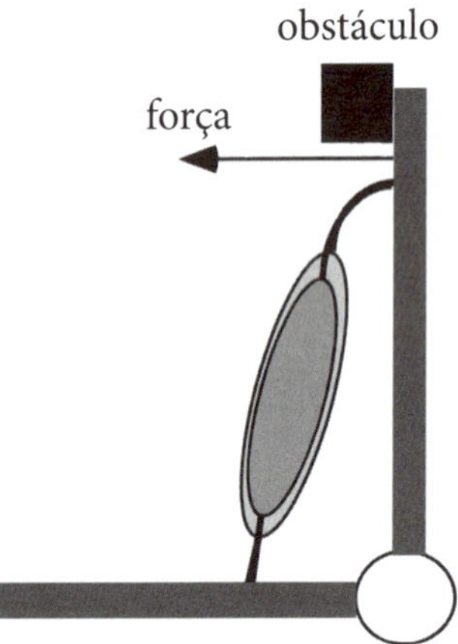

Figura 26.3 Sob condições isométricas, aumentar a ativação muscular aumenta a rigidez das fibras musculares, levando ao seu encurtamento relativo e ao alongamento do tendão.

E o que dizer dos receptores articulares? Para obter informações confiáveis sobre o ângulo articular, é desejável haver um receptor cuja atividade se relacione com o ângulo articular. À primeira vista, os receptores articulares parecem cumprir esse requisito. Porém, se considerarmos apenas os receptores que se adaptam lentamente — receptores que mantêm seu nível de atividade por longo tempo quando não existe nenhum movimento articular —, perceberemos que os extremos de amplitude de movimento articular cobrem o espectro, mas são bastante esparsos no meio dessa amplitude. Essa característica é boa para detectar quando uma rotação articular está se aproximando dos limites fisiológicos, mas não é muito útil para avaliar a posição da articulação quando ela está em algum lugar em sua amplitude média. Além disso, os receptores articulares alteram seu disparo quando a tensão da cápsula articular se altera. Isso acontece especialmente quando músculos que atuam na articulação alteram sua força. Mais uma vez, sob condições isométricas (figura 26.4), a atividade dos receptores articulares possivelmente varia de acordo com uma alteração no nível de ativação muscular, embora nenhum movimento ocorra.

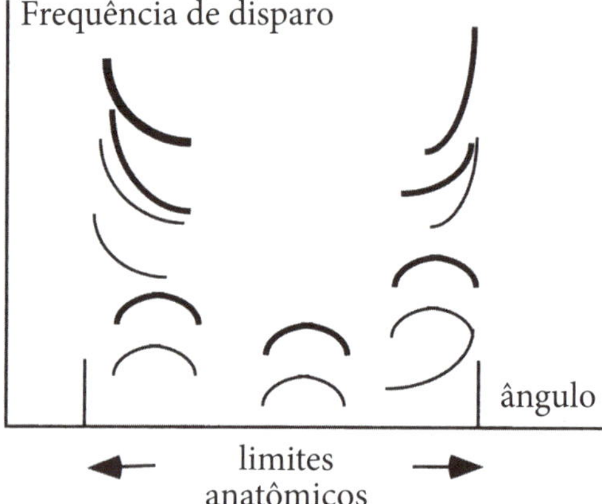

Figura 26.4 Os receptores articulares mostram sensibilidade máxima ao ângulo articular próximo dos limites fisiológicos de rotação articular. Seu nível de disparo também é sensível à tensão da cápsula articular (curvas em negrito).

Parece que, para os receptores articulares e de fuso, o sistema nervoso central tem de ter informação sobre a ativação muscular e as forças musculares (ou torques articulares) para calcular o comprimento do músculo ou o ângulo articular. Vamos examinar as possíveis fontes dessa informação.

Os órgãos tendinosos de Golgi são detectores de força quase ideais. Localizados em série com fibras musculares, eles não são sensíveis ao tamanho do músculo e não têm inervação central. Contudo, calcular torques articulares com base em informações dos órgãos tendinosos de Golgi não é simples, porque a relação entre força muscular e torque articular muda de acordo com o ângulo da articulação, devido a mudanças no braço da alavanca (figura 26.5).

PROBLEMA # 26.1

- A elasticidade muscular e do tendão afeta sinais dos órgãos tendinosos de Golgi? Esses receptores sempre monitoram a força muscular com precisão?

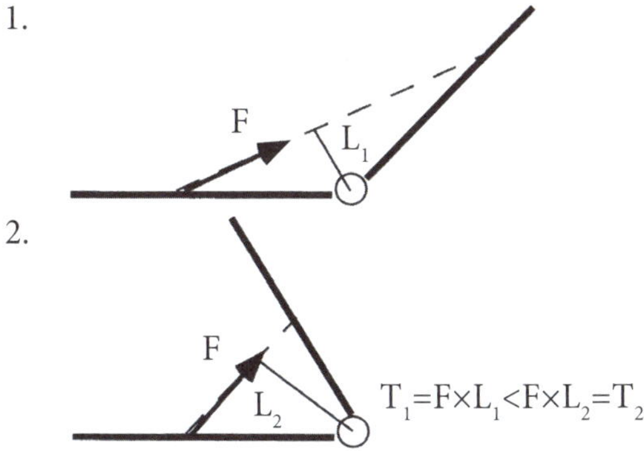

Figura 26.5 O torque articular é a soma dos produtos das forças musculares e dos braços de alavanca correspondentes. O movimento articular muda o braço da alavanca e, portanto, o torque articular depende da força muscular e do ângulo da articulação.

Agora o leitor pode ter chegado à conclusão pessimista de que não existem receptores periféricos que sinalizem variáveis funcionalmente significativas de postura e movimento como os torques articulares e ângulos. Lembre-se, porém, deste princípio filosófico básico: *se um sistema do corpo humano parece imperfeitamente concebido, provavelmente esquecemos algo ou fizemos uma interpretação errada.*

A percepção cinestésica precisa talvez se deva à participação de sinais de vários sensores, e esse projeto tem mais características positivas que problemas em potencial. Por exemplo, se os receptores articulares fossem absolutamente confiáveis e a única fonte de informação posicional, a percepção cinestésica se deterioraria pela inflamação articular (infelizmente, uma condição bastante comum). Se as informações cinestésicas vêm de receptores de tipos diferentes, o sistema torna-se menos suscetível à desordem de um dos sistemas receptores. Na verdade, mesmo se uma articulação é substituída por uma artificial, a noção de posição não sofre (Grigg, Finerman e Riley, 1973; Skinner et al., 1984; Wada et al., 2002).

Agora é hora de voltar ao papel do comando motor na percepção cinestésica. Abordamos essa questão brevemente no capítulo sobre movimentos oculares (capítulo 25). Lembre-se de que, se deslocamos nosso olho pressionando-o com um dedo, percebemos uma mudança no ambiente, algo que um movimento ocular ativo não é capaz de fazer.

26.3 Papel do comando motor na cinestesia

Um possível papel do *comando motor voluntário* na percepção cinestésica foi exposto por Von Holst, que introduziu a noção de *cópia eferente* (às vezes chamada *cópia de eferência*). Uma cópia eferente é uma cópia de um comando motor voluntário e participa da decifração das informações misturadas dos receptores periféricos. Sua importância é particularmente evidente no caso dos receptores de fuso, porque a atividade deles depende da atividade do sistema gama, que por sua vez depende do comando motor descendente atual.

Para discutir o papel do comando motor central na percepção cinestésica, precisamos especificar o que é comando motor. Adoto aqui a *hipótese do ponto de equilíbrio* do controle motor (veja capítulos 10 e 19). De acordo com essa hipótese, um comando motor enviado a um músculo é um valor de limiar do reflexo tônico de alongamento e pode ser descrito por uma posição característica do reflexo tônico de alongamento sobre o plano de força-comprimento (figura 26.6). Como tal, um valor específico de comando motor possibilita apenas certas combinações de comprimento e força muscular (essas combinações correspondem aos pontos sobre a curva de força-comprimento) em estados estacionários e, assim, ajuda a resolver o problema da percepção de posição e força. Em termos mais formais, a curva de força-comprimento corta um subespaço unidimensional do espaço dos estados bidimensionais do músculo.

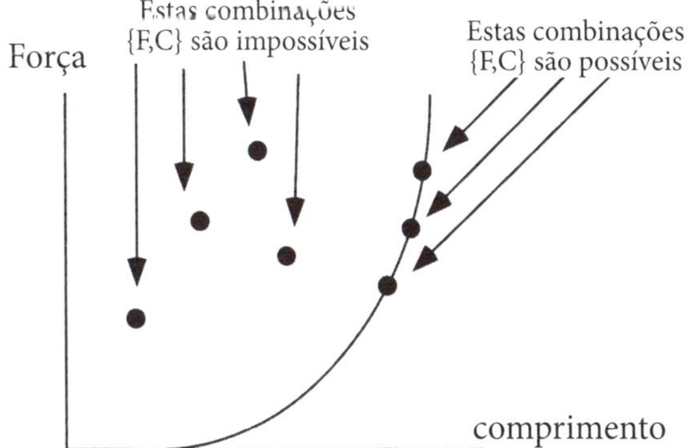

Figura 26.6 De acordo com a hipótese do ponto de equilíbrio, um comando motor enviado a um músculo pode ser descrito como uma força-comprimento fixa característica (o reflexo tônico de alongamento característico). Como tal, ele permite que somente certas combinações de força e comprimento muscular ocorram num estado estático (equilíbrio) e resolve metade dos problemas de percepção de força e comprimento muscular.

Assim, quando uma pessoa envia um comando motor, metade do problema da percepção é resolvida. Agora é necessário cortar outro subespaço unidimensional no espaço dos estados do músculo — ou seja, devemos desenhar outra linha sobre o plano de força-ângulo. Essa linha pode ser derivada de uma soma ponderada das atividades aferentes de todas as fontes disponíveis (figura 26.7). Cada ponto sobre o reflexo tônico de alongamento característico corresponde a valores diferentes de força muscular, comprimento muscular e ângulo articular. Quando um aumenta uma característica invariante, cada ponto corresponde a uma combinação única de atividades receptoras de fuso, de Golgi e articulares. As informações provenientes dessas fontes são redundantes, mas essa redundância (ou a chamamos de abundância?) ajuda a superar potenciais problemas quando qualquer uma das fontes se torna não confiável, talvez como resultado de uma doença.

Assim, quando uma pessoa especifica um comando motor a um músculo, duas características emergem sobre o plano força-ângulo. Uma corresponde a um valor escolhido do comando central (λ, de acordo com a hipótese do ponto de equilíbrio), enquanto a outra corresponde a um certo nível de atividade nos proprioceptores e sinaliza o estado do aparelho periférico.

A interseção das duas características define os valores correntes de comprimento e força musculares.

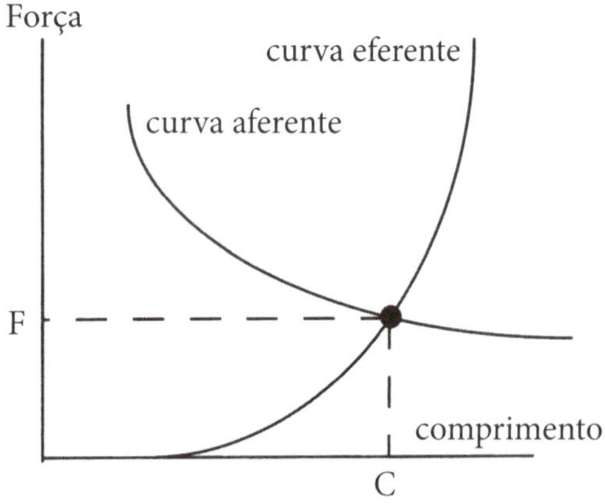

Figura 26.7 Quando uma pessoa envia um comando motor, duas características emergem sobre o plano força-ângulo. A primeira corresponde a um valor escolhido do comando central (curva eferente), enquanto a segunda corresponde a certo nível de atividade dos proprioceptores (curva aferente). A interseção das características define os valores correntes de comprimento e força musculares.

26.4 Para onde vai a informação?

Os sinais de um receptor periférico viajam ao longo do terminal periférico do *axônio em forma de T* de um neurônio ganglionar. Dali são transmitidos ao longo do terminal central do axônio sensorial na medula espinal (figura 26.8). Axônios sensoriais de receptores de modalidades diferentes ascendem nas estruturas supraespinais da *coluna dorsal ipsilateral* e fazem sinapses nos núcleos da coluna dorsal no nível bulbar. Os axônios dos neurônios nesses núcleos cruzam a linha mediana e ascendem mais no lado contralateral do corpo, através da *via lemnisco medial*, até o *núcleo posterior ventral* do tálamo. O *tálamo* é um retransmissor importante, transmitindo informação sensorial às áreas corticais sensoriais. *Projeções talamocorticais* são feitas através de um grande feixe de fibras, chamado *cápsula interna*.

Existem dois tipos de núcleos talâmicos. Os *núcleos retransmissores* processam uma única modalidade sensorial ou processam informação de uma parte distinta do corpo; eles se projetam sobre uma região específica do córtex cerebral e recebem entrada recorrente dessa mesma região.

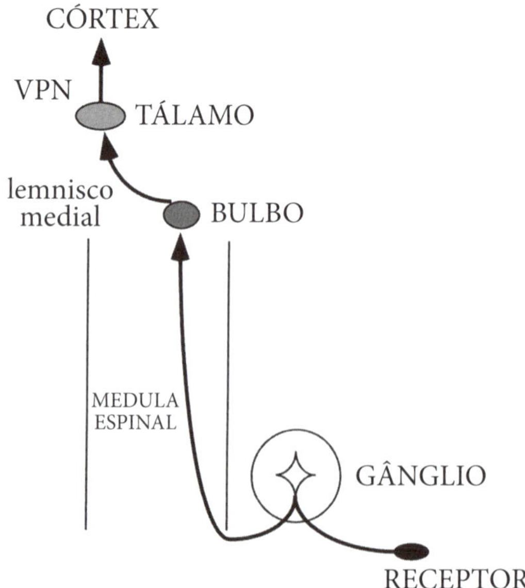

Figura 26.8 Axônios sensoriais de receptores de diferentes modalidades ascendem na coluna dorsal ipsilateral e fazem sinapses no nível bulbar dentro dos núcleos da coluna dorsal. Os neurônios desses núcleos enviam seus axônios pela via do lemnisco medial ao núcleo posterior ventral contralateral do tálamo.

Os *núcleos de projeção difusa* transmitem entradas aferentes relacionadas ao funcionamento das estruturas límbicas e à modulação da própria atividade do tálamo. Suas projeções são mais frequentes. A percepção somatossensorial, que é o foco da nossa atenção, baseia-se na transmissão feita por um núcleo retransmissor.

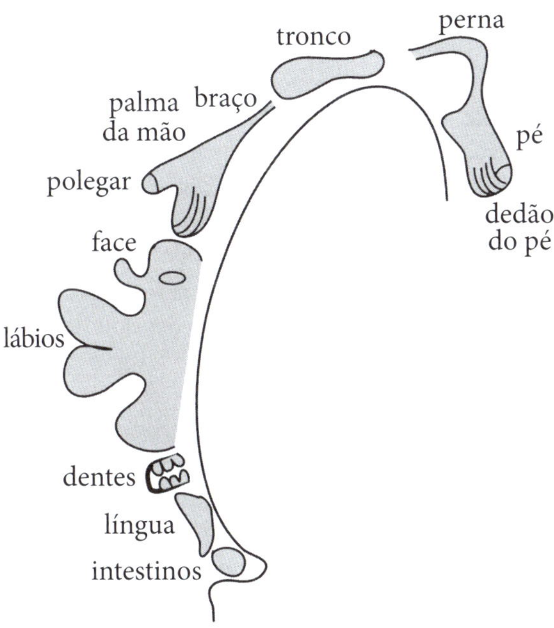

Figura 26.9 Entradas talâmicas projetam-se sobre as áreas somatossensoriais do córtex parietal, onde receptores de toque formam mapas distorcidos da superfície do corpo.

As entradas talâmicas terminam nas *áreas somatossensoriais* (zonas 1, 2, 3a e 3b) do *córtex parietal*. Nelas, criam mapas sensoriais que se parecem com imagens distorcidas do corpo, com representações desproporcionais da face, da língua, da mão e do polegar (figura 26.9). Presume-se que o processamento de informações no córtex contribua para a percepção consciente e também influencie o uso de informação cinestésica para o controle dos movimentos voluntários.

26.5 Ilusões cinestésicas

Ilusões cinestésicas são percepções deficientes da posição ou do movimento de um segmento corporal ou de todo o corpo. Uma vez que a percepção cinestésica se baseia na interação de um processo de controle (uma cópia eferente) e um processo sensorial, dois tipos de ilusões cinestésicas podem ocorrer. As ilusões do primeiro tipo podem resultar de sinais distorcidos enviados por receptores periféricos ou do processamento central distorcido de sinais aferentes. As ilusões do segundo tipo podem resultar de um sinal de cópia eferente distorcido, que ocorre quando um músculo recebe um comando que difere daquele que o encéfalo espera por se basear na cópia eferente.

PROBLEMA # 26.2

- Cite um exemplo de ilusão cinestésica induzida por uma atividade incomum dos receptores da pele.

As ilusões do primeiro tipo têm sido mais amplamente estudadas por meio da *vibração muscular*, um estímulo muito potente para receptores de fuso musculares que provoca um nível anormalmente elevado de atividade nessas terminações sensoriais. O sistema nervoso central interpreta esses sinais como um aumento do comprimento do músculo. Na ausência de outras fontes de informação, essa interpretação leva a uma percepção ilusória de uma nova posição articular correspondente a um comprimento muscular aumentado (Goodwin, McCloskey e Matthews, 1972; Lackner e Levine, 1979; Roll e Vedel, 1982). Por exemplo, a vibração do músculo bíceps braquial causa a sensação de haver uma extensão da articulação do cotovelo, como um bíceps mais longo. Assim, se um pesquisador pede à pessoa para igualar os ângulos articulares do cotovelo dos braços enquanto o bíceps de um dos braços sobre vibração, a pessoa superestimará o comprimento do bíceps vibrante e estenderá menos a articulação do cotovelo correspondente (figura 26.10). Essas ilusões podem ser muito fortes e levar mesmo à percepção de posições articulares anatomicamente impossíveis (Craske, 1977; Latash, 1994), como uma hiperextensão no cotovelo. Se houver outra fonte de informação disponível, como do próprio braço, a ilusão desaparece.

PROBLEMA # 26.3

- Que tipo de ilusão pode ser esperada de uma vibração muscular, com base na servo-hipótese de Merton ou na programação de força direta por estruturas neurais centrais?

PROBLEMA # 26.4

▸ A vibração de um músculo que está encurtando é muito menos efetiva (ou mesmo inefetiva) para induzir ilusões cinestésicas em comparação com a vibração do mesmo músculo durante um movimento de alongamento. Por quê?

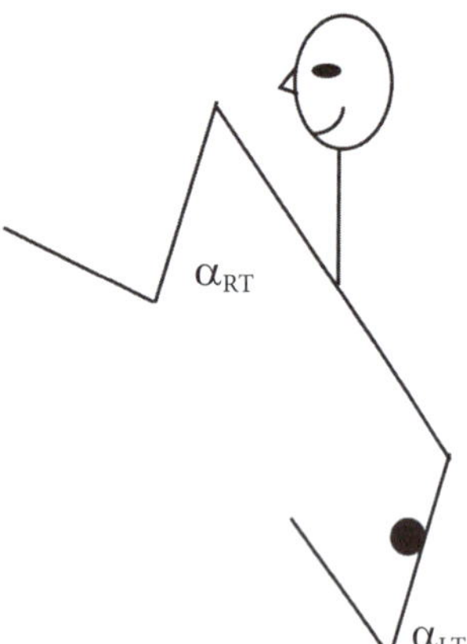

Figura 26.10 Se uma fonte de vibração for colocada sobre o bíceps de um braço, o sistema nervoso central da pessoa superestima o comprimento do bíceps por causa da atividade aumentada das terminações de fuso sensoriais. Como resultado, para a pessoa, as posições articulares dos dois cotovelos parecem iguais quando a articulação do cotovelo no lado da vibração está mais flexionada (compare α_{lt} com α_{rt}).

Os efeitos da vibração muscular são complexos e podem envolver efeitos sensoriais e motores (por exemplo, o reflexo tônico de vibração). Às vezes, ilusões causadas por vibração não são simples e claras. Em particular, a direção de um movimento articular ilusório pode reverter se o sujeito experimentar uma estimulação sensorial de outra modalidade (como auditiva ou visual; Feldman e Latash, 1982). Essas observações sugerem que a vibração muscular pode distorcer o outro componente eferente da percepção cinestésica — ou seja, ela pode distorcer também a cópia eferente.

Na teoria, é possível provocar uma ilusão motora alterando-se artificialmente o nível de ativação muscular. Isso pode ser feito, por exemplo, com uma estimulação muscular elétrica direta sobreposta a uma contração induzida voluntariamente.

PROBLEMA # 26.5

▸ Que tipo de ilusão cinestésica é esperada quando um músculo flexor da articulação é estimulado diretamente por um estimulador elétrico?

26.6 Dor

Dor é um sentimento subjetivo, uma sensação desagradável numa determinada região do corpo constituindo um importante mecanismo de defesa do corpo humano, um mecanismo de informação sobre estímulos potencialmente prejudiciais. A dor pode parecer um incômodo, mas pacientes sem esse sentido correm constante risco de não perceber estímulos que podem causar uma lesão importante (por exemplo, um ferro muito quente, um fogão aceso ou um produto químico que pode danificar a pele).

A sensação de dor tem seu próprio sistema de receptores periféricos (*nociceptores*) e estruturas neurais centrais. Os nociceptores estão espalhados por todo o corpo, na pele e nos tecidos profundos. Eles são pequenas terminações sensoriais que geram potencial de ação em resposta a um estímulo potencialmente prejudicial de uma determinada modalidade, como temperatura, pressão ou determinados produtos químicos. Esses sinais são transmitidos ao longo de fibras finas dos tipos delta A e C. A velocidade de transmissão ao longo das fibras delta A varia de 5 a 30 m/s, enquanto as fibras C transmitem impulsos a velocidades que variam de 0,5 a 2 m/s (veja o capítulo 3). A ativação de fibras delta A por estímulos mecânicos ou térmicos leva à dor aguda de uma picada. A ativação das fibras C está associada com uma dor ardente e duradoura.

A sensibilidade dos nociceptores pode ser aumentada por danos nos tecidos periféricos ou por inflamação (*hiperalgesia*), que pode diminuir o limiar dos estímulos percebidos como dolorosos ou aumentar a magnitude da dor sem alterar o limiar.

A dor pode surgir também na ausência de atividade nociceptora. Exemplos típicos envolvem a dor que acompanha o dano de um nervo periférico ou a dor-fantasma que ocorre após a amputação de um membro. O pior cenário possível é a *dor crônica*, que pode ser sentida numa área do corpo mesmo depois de uma transecção total da medula espinal, que não permite que sinais dessa área atinjam o encéfalo. As origens da dor crônica não são claras, e sua terapia é comumente malsucedida. Uma hipótese é que a sensação subjetiva de dor é criada por uma disparidade entre sinais de proprioceptores e sinais de nociceptores (figura 26.11). Essa hipótese é chamada *teoria do portão para o controle da dor* (Melzack e Wall, 1965; Wall,

1978). Segundo essa teoria, uma diminuição na atividade dos proprioceptores pode ser um fator forte o suficiente para provocar uma sensação de dor crônica sem nenhuma contribuição adicional dos nociceptores. Por exemplo, durante uma *isquemia* (fluxo de sangue bloqueado num membro), as primeiras fibras a interromper a transmissão de impulsos são as condutoras mais rápidas. Elas envolvem, em particular, os aferentes Ia e Ib dos fusos musculares, os órgãos tendinosos de Golgi e também as fibras Aα de grandes receptores cutâneos. Se o fluxo de sangue no braço de uma pessoa é bloqueado, depois de alguns minutos a pessoa relata uma dor ardente nesse membro, a qual diminui após algum tempo. Quando o fluxo de sangue é restaurado, a dor retorna e desaparece após alguns minutos. Provavelmente, todo o mundo já experimentou uma sensação semelhante quando um membro adormeceu depois de uma permanência prolongada numa postura desconfortável e, em seguida, despertou. Essas observações podem ser explicadas pelo bloqueio e restauração ordenados da condução ao longo de fibras aferentes de diversos tamanhos.

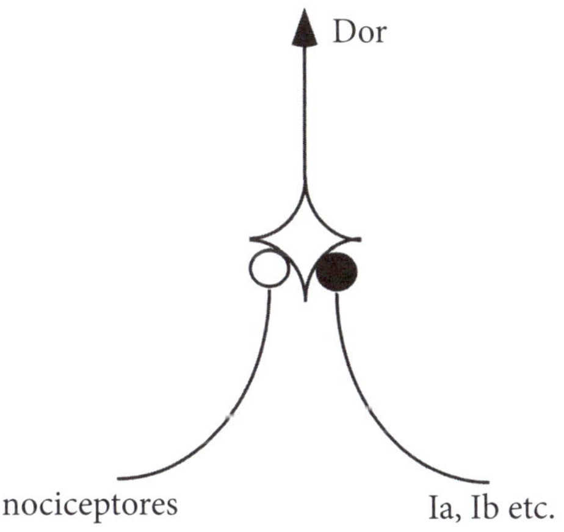

Figura 26.11 A teoria do portão para o controle da dor é baseada numa interação de sinais aferentes de nociceptores e de proprioceptores. Esses sinais convergem sobre interneurônios comuns que recebem sinapses excitatórias de nociceptores e sinapses inibitórias de proprioceptores. A atividade diminuída nos aferentes proprioceptivos pode levar à desinibição do interneurônio e, assim, causar uma dor persistente.

PROBLEMA # 26.6

- Com base na ideia de que a dor é igual a sinais em nociceptores menos sinais em proprioceptores, sugira um método de tratamento da dor crônica.

As fibras aferentes dos nociceptores adentram a medula espinal pelas raízes dorsais e fazem conexões sinápticas com interneurônios nas lâminas de I a V. Elas também enviam ramificações para o *trato de Lissauer*, no qual fazem conexões sinápticas, alguns segmentos rostralmente e alguns segmentos caudalmente à entrada das raízes dorsais. Essa mistura de informações em vários segmentos pode ser a base, em particular, do fenômeno da irradiação da dor, que ocorre quando a dor se espalha além dos limites aparentes do estímulo nociceptivo.

A informação nociceptiva é transmitida às estruturas encefálicas por cinco principais vias ascendentes: o *trato espinotalâmico*, o *trato espinorreticular*, o *trato espinomesencefálico* (que vai para a formação reticular mesencefálica), o *trato espinocervical* (que termina no núcleo cervical lateral) e o trato que corre na coluna dorsal da medula espinal até os núcleos cuneado e grácil do bulbo. O trato espinotalâmico tem sido o mais estudado. O tálamo aparentemente retransmite as informações nociceptivas ao córtex cerebral, mas não está claro como o córtex processa esses sinais. Em particular, pacientes com lesões corticais extensas em áreas somatossensoriais não perdem a capacidade de sentir a dor.

A dor pode ser controlada por mecanismos centrais. Em particular, estimular eletricamente certas áreas do encéfalo, incluindo a região ventrobasal do tálamo e a cápsula interna, pode produzir analgesia sem afetar os sentidos de toque e temperatura. A via descendente que possibilita a analgesia envolve estruturas medulares, como o *núcleo magno da rafe*, o *núcleo paragigantocelular* e o *funículo dorsolateral*. Aumentar a atividade ao longo dessa via suprime a atividade dos neurônios do corno dorsal que respondem a estímulos nocivos. Efeitos similares podem ser produzidos por opiáceos (por exemplo, morfina) e são provavelmente mediados pelo mesmo mecanismo. Mecanismos opioides e não opioides provavelmente estão envolvidos na analgesia induzida pelo estresse, que é bem comum em relatos casuais feitos por atletas, soldados e exploradores.

Capítulo 26 em resumo

A percepção cinestésica baseia-se em sinais de proprioceptores. Cada tipo de proprioceptor fornece informações que por si só não são suficientes para obtermos valores de ângulo articular ou torque. Uma cópia de sinais de comando motor (a cópia eferente) provavelmente desempenha um papel importante na percepção cinestésica. Quando a atividade invulgar dos proprioceptores é mais alta que o normal (como durante a vibração muscular), podem ocorrer ilusões cinestésicas. As informações de proprioceptores ascendem na coluna dorsal ipsilateral, cruzam a linha mediana no nível bulbar e continuar a ir mais no lado contralateral do corpo até o núcleo posterior ventral do tálamo. A partir desse ponto, elas vão para o córtex por meio de projeções talamocorticais. As áreas somatossensoriais no córtex parietal desempenham um papel significativo na percepção cinestésica. A dor é um mecanismo de segurança e está ligada à atividade de certos tipos de receptores periféricos (nociceptores). A sensação subjetiva de dor provavelmente ocorre por causa da disparidade entre sinais de nociceptores e sinais de proprioceptores (teoria do portão para o controle da dor).

Materiais de revisão

Problemas

1. Uma pessoa apresenta reflexos oculares normais sem nenhuma mudança nas estruturas periféricas do olho. De que patologia se pode suspeitar caso a pessoa não relate nenhuma experiência visual (cegueira)?

2. Cite exemplos de ilusões cinestésicas causadas por sinais de cópia eferentes distorcidos ou inadequados.

3. Uma estudante está em pé imóvel. Inesperadamente, um amigo a empurra por trás. Descreva todos os mecanismos que ajudam a estudante a não cair.

4. Quando uma pessoa aumenta gradualmente sua velocidade de caminhada, em algum momento será forçada a começar a correr. Use as ideias de programação motora (GPC) e de geração de padrão dinâmico para explicar essa observação.

5. Aplicar uma vibração de alta frequência e baixa amplitude na parte de trás do pescoço de uma pessoa que está em pé, com os olhos fechados e com os braços pendendo dos lados pode fazer sua postura corporal desviar-se da vertical. Por quê? Em que direção ela moverá o corpo?

6. Uma pessoa faz uma série de rápidos movimentos de alcançar em direção a um alvo, segurando, inesperadamente, uma carga de 1 kg na mão. Numa tentativa, a carga, de repente, passa a pesar 3 kg. A pessoa é instruída a não corrigir as ações voluntariamente. Descreva mudanças nos componentes dos movimentos de agarrar e alcançar e seus atrasos de tempo típicos. Onde o movimento terminará?

Para alunos viciados em testes de múltipla escolha

Você tem 20 minutos para completar este teste. Circule apenas uma resposta (afirmação) para cada pergunta. Escreva uma frase curta explicando por que escolheu essa resposta.

1. Durante um movimento isotônico voluntário rápido,

a. o comprimento das fibras musculares não se altera
b. o disparo antagonista ocorre algumas dezenas de milissegundos antes do agonista
c. as propriedades de amortecimento de músculos e tendões ajudam a acelerar o movimento
d. a rigidez da fibra muscular é maior que no estado relaxado
e. nenhuma das alternativas anteriores

Por quê?

2. A locomoção

a. é produzida por sinais de um GPC no cerebelo
b. não pode ser vista num animal com a medula espinal cirurgicamente separada do encéfalo
c. é protegida contra perturbações inesperadas por reações pré-programadas
d. é uma atividade na qual a posição do corpo no ambiente não muda
e. todos os itens acima

Por quê?

3. Uma pessoa segura um objeto na mão e o move ritmicamente na direção vertical a uma velocidade muito alta (acelerações acima de 1 g). O que se pode esperar disso?

a. A força do agarro sofrerá mudanças rítmicas na frequência do movimento.
b. A força do agarro permanecerá constante.
c. A força do agarro mudará duas vezes a frequência do movimento.
d. A força do agarro será condicionada pela retroalimentação proprioceptiva.
e. Nenhuma das alternativas anteriores.

Por quê?

4. Durante um rápido movimento voluntário do braço,

a. os músculos biarticulares eliminam a redundância motora
b. a variabilidade da trajetória da extremidade nos testes é tipicamente maior que a das articulações individuais do braço
c. os músculos posturais podem apresentar alterações em sua atividade antes do início do movimento
d. reflexos monossinápticos asseguram que erros motores sejam rapidamente amplificados
e. todos os itens acima

Por quê?

5. Você vê um enorme saco que parece muito pesado. Você o levanta com o braço direito, mas ele, na verdade, é muito leve (está vazio) e você quase perde o equilíbrio. Que fenômenos causaram o problema?

a. Adaptações posturais antecipatórias
b. Reflexos monossinápticos de fusos musculares
c. Reflexos monossinápticos de órgãos tendinosos de Golgi
d. Propriedades elásticas de músculos e tendões
e. Respostas pré-programadas

Por quê?

Comportamentos de evolução e mudança

27 Fadiga 301

28 Envelhecimento 309

29 Desenvolvimento típico e atípico 319

27

Fadiga

Palavras-chave e tópicos

- mecanismos musculares da fadiga
- mecanismos espinais da fadiga
- mecanismos supraespinais da fadiga
- adaptações durante a fadiga
- síndrome da fadiga crônica

Nos próximos três capítulos, consideraremos os mecanismos neurofisiológicos de movimentos subótimos realizados por pessoas saudáveis. As razões para tais imperfeições motoras variam. Por exemplo, bebês que mostram movimentos subótimos ainda estão desenvolvendo e aprendendo a usar seus corpos, ao passo que pessoas idosas têm de lidar com os efeitos inevitáveis do envelhecimento sobre o sistema neuromuscular. Existe também um estado que prejudica o desempenho motor em qualquer idade. Esse estado é a fadiga.

27.1 Fadiga e seus contribuidores

Os seres humanos e as máquinas têm uma diferença marcante quanto à reação ao uso prolongado. As máquinas deterioram-se com o funcionamento, de modo que as melhores são aquelas que podem funcionar por longo tempo sem a necessidade de reparos. A situação com a máquina homem é o oposto, pelo menos numa certa escala de tempo. Quanto mais tempo os seres humanos praticam uma determinada atividade, melhor a executam. Os seres humanos não pioram com a prática; em vez disso, tornam-se mais fortes, mais rápidos, sobrevivem mais tempo e ficam mais hábeis, sobretudo no que diz respeito ao tipo de atividade executada. Essa característica dos organismos vivos é denominada *exercitabilidade*.

Contudo, a curto prazo, os seres humanos podem ter o mesmo comportamento das máquinas: seu desempenho declina, e esse declínio pode se estender a outras atividades. Esse fenômeno é chamado *fadiga*. Entre as causas mais aparentes de fadiga estão a *escassez de combustível químico* para o trabalho muscular e a incapacidade do sistema circulatório de remover rapidamente os *produtos do metabolismo muscular* (dos quais o ácido láctico é o mais conhecido). Porém, a fadiga é um fenômeno complexo, que pode envolver fatores de diferentes níveis, como:

- Uma diminuição da capacidade das fibras musculares de gerar força.
- Uma diminuição da eficácia das sinapses neuromusculares.
- Mudanças na atividade de certos receptores periféricos, que afetam seus efeitos reflexos.
- Mudanças nos padrões de disparo (padrões de recrutamento) dos motoneurônios α.
- Mudanças em qualquer nível do processo hipotético de geração de comando motor.
- Fatores psicológicos, como a motivação.

Para os propósitos de nossa discussão, trataremos todas as mudanças que acontecem na sinapse neuromuscular e no músculo como *periféricas* e todas as que ocorrem mais cedo (nos motoneurônios α, na medula espinal e no encéfalo) como *centrais*.

Existem métodos simples para estudar a contribuição relativa dos fatores periféricos e centrais para a fadiga. Aplicar uma curta estimulação elétrica a um músculo ou a seu nervo motor pode induzir uma contração muscular direta. Se um músculo fatigado sofre contrações em resposta à estimulação elétrica direta, e as características das contrações diferem daquelas nos músculos não fatigados, essas diferenças podem ser atribuídas a fatores periféricos (Bigland-Ritchie, Cafarelli e Vollestad, 1986). No entanto, se a resposta de um músculo à estimulação elétrica direta não muda e sua força diminui durante uma ativação voluntária, isso pode ser atribuído a fatores centrais.

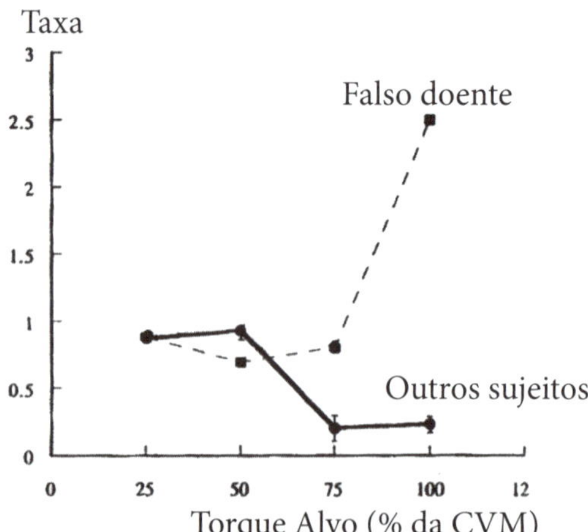

Figura 27.1 Taxa entre as magnitudes das respostas à estimulação elétrica direta tardia (depois de 1 min) e precoce do músculo quadríceps numa contração de estado estacionário nos diferentes níveis de torque da contração voluntária máxima (CVM) a pessoa poderia produzir. A taxa caiu para a maioria dos indivíduos, refletindo uma fadiga periférica, e aumentou num falso doente que fingiu ser incapaz de manter o nível de torque requerido.

Adaptado, com permissão, de M.L. Latash et al., 1994, "Combining electrical muscle stimulation with voluntary contraction for studying muscle fatigue", *Archives of Physical Medicine Reabilitation* 75:29-35. © 1994 The American Congress of Rehabilitation Medicine and The American Academy of Physical Medicine and Rehabilitation.

Por exemplo, imagine que uma estimulação elétrica padrão seja aplicada ao músculo quadríceps no início de uma contração e 1 min após uma contração de estado estacionário em diferentes níveis de torque articular do joelho. Esses níveis variam de 25% (os que não deveriam provocar fadiga) a 100% (os que deveriam causar fadiga). Uma queda na resposta muscular à estimulação que ocorre ao longo do tempo em níveis elevados de torque articular sugere que o músculo perdeu sua capacidade de responder por causa da fadiga e que fatores periféricos desempenharam um papel importante nesse fenômeno. A figura 27.1 ilustra a taxa entre as magnitudes das respostas tardia (após 1 min) e precoce aos estímulos (Latash et al., 1994). Observe que a taxa caiu na maioria das pessoas e aumentou em uma que somente fingiu estar cansada (um "falso doente"). Nessa última pessoa, a "fadiga" foi, obviamente, central. Apesar da existência desses métodos de avaliação aparentemente diretos, a contribuição relativa de fatores centrais e periféricos para a fadiga ainda é muito discutida.

Nem todas as mudanças causadas por fadiga que ocorrem no músculo ou no sistema nervoso central são prejudiciais. Algumas podem ser consideradas *adaptativas*, ou seja, refletem uma tentativa de compensar a queda da força ativa de um músculo cansado.

27.2 Mecanismos musculares da fadiga

Algumas das mudanças induzidas pela fadiga ocorrem dentro do músculo. Elas têm sido estudadas principalmente em manipulações de animais nas quais a fadiga é induzida pela estimulação elétrica direta prolongada de um músculo. Entre essas mudanças estão as seguintes:

▸ *A velocidade de condução do potencial de ação muscular diminui*, levando a uma diminuição em sua amplitude e a um aumento em sua duração quando é registrada com eletrodos de superfície (Fuglevand et al., 1993; figura 27.2). Consequentemente, o potencial de ação pode parar de se propagar por completo. Efeitos similares têm sido vistos em experimentos com K^+ extracelular elevado. Assim, presume-se que o efluxo de íons K^+ durante os potenciais de ação muscular contribua para esse efeito.

PROBLEMA # 27.1

▸ Por que a condução mais lenta diminui a amplitude e aumenta a duração de um potencial na superfície muscular?

▸ *Uma mudança do limiar de excitabilidade* das fibras musculares para potenciais de ação que entram nos axônios motores e para a estimulação externa (Spira, Yarom e Parnas, 1976; Kugelberg e Lindegren, 1979). Essa alteração pode contribuir para a desaceleração da velocidade de condução anteriormente mencionada.

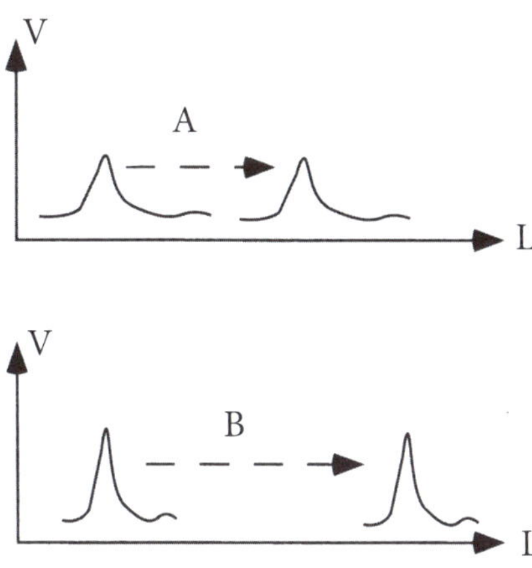

Figura 27.2 Quando eletrodos de superfície são usados para registrar um potencial de ação, o potencial registrado num músculo fatigado *(A)* demonstra amplitude menor, duração mais longa e velocidade de condução mais lenta que o potencial de um músculo não fatigado *(B)*

▸ *Retardamento da fase de relaxamento* depois de um abalo contrátil (Bigland-Ritchie et al., 1983). Isso pode levar a um aumento de duas a três vezes entre o momento do pico de uma contração e a hora em que a força cai para 50% do valor de pico (figura 27.3). Entre os mecanismos possíveis para esse fenômeno estão a remoção de Ca^{++} mais lenta após uma diminuição na concentração de ATP e mudanças no tempo que as pontes cruzadas levam para se desconectar depois que íons Ca^{++} são removidos (Fitts et al., 1982). A figura 27.4 é uma ilustração mais realista das mudanças no potencial de ação composto (resposta M) e no abalo contrátil, induzidas por fadiga.

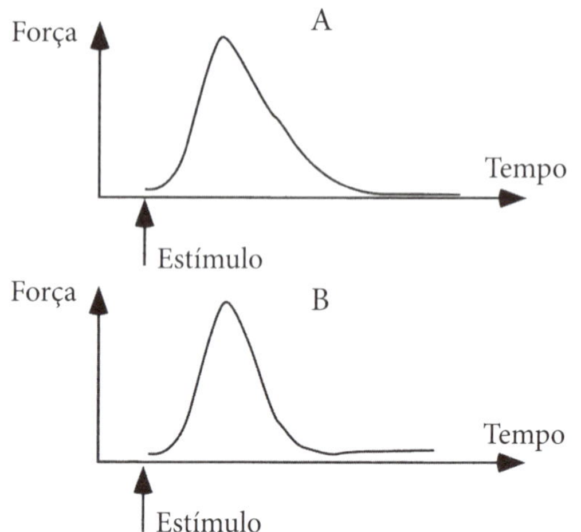

Figura 27.3 Um abalo contrátil de um músculo fatigado *(A)* demonstra uma fase de relaxamento mais longa que a vista num abalo contrátil de um músculo não fatigado *(B)*.

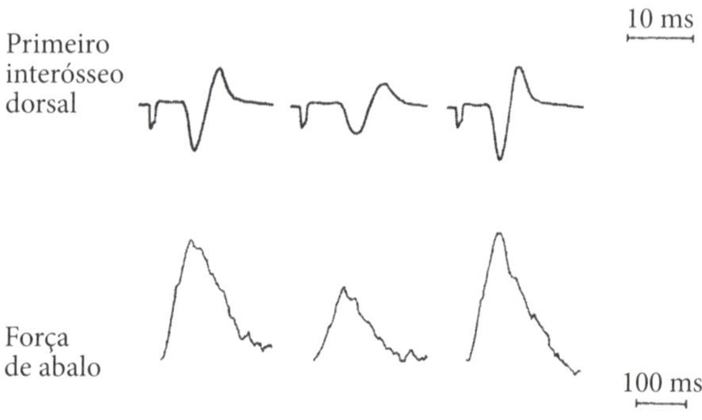

Figura 27.4 Potenciais de ação compostos (respostas M; traçado de cima) e perfis de força de abalo contrátil (traçado de baixo) do primeiro músculo interósseo dorsal antes da fadiga (à esquerda), após a fadiga (no meio) e após a recuperação (direita).

Adaptado com permissão de A.J. Fuglevand et al., "Impairment of neuromuscular propagation during human fatiguing contractions at submaximal forces", *Journal of Physiology* (apagado no original).

▸ Após uma breve estimulação tetânica, a força de abalo contrátil comumente aumenta por um curto período de tempo. Esse efeito é chamado *potenciação pós-tetânica* (PPT; McComas, 1977; Belanger, McComas e Elder, 1983; Vandervoort, Quinlan e McComas, 1983). Efeitos combinados de PPT e fadiga foram observados após uma contração tetânica mais longa (Rankin et al., 1988; Grange e Houston, 1991). O pico do abalo torna-se menor e é prolongado principalmente por causa do prolongamento da fase de relaxamento (ver figura 27.3).

A restauração das características do músculo após uma estimulação tetânica fatigante pode levar minutos e mesmo horas.

27.3 Mecanismos espinais da fadiga

A força da contração voluntária máxima declina com uma contração prolongada, sendo o índice mais comum de fadiga. A diminuição da força muscular é acompanhada por uma diminuição na excitabilidade do motoneurônio α e uma diminuição na frequência de disparo de cada uma das unidades motoras. As unidades motoras individuais diferem quanto à sua capacidade de manter um nível constante de disparo durante uma contração prolongada (ver capítulo 6). As unidades motoras menores e mais lentas não se fatigam tão facilmente e são capazes de manter seu nível de disparo ao longo de toda a contração prolongada. As unidades motoras maiores e mais rápidas são mais suscetíveis de diminuir seu nível de disparo e não conseguem manter um nível sustentado de atividade. De acordo com o princípio de Henneman, unidades motoras maiores são recrutadas por último e deixam de ser recrutadas primeiro durante mudanças voluntárias de força muscular. A fadiga pode alterar a ordem de recrutamento e a modulação da taxa de disparo; em particular, a variabilidade da frequência de disparo aumenta. Contudo, o princípio de tamanho básico continua válido para músculos fatigados. Esse princípio também descreve o desrecrutamento que ocorre durante uma contração prolongada e fatigante mantida num nível constante: unidades motoras maiores sofrem uma diminuição na frequência de disparo e desrecrutamento, enquanto novas unidades motoras são recrutadas ou o padrão de disparo das unidades motoras já recrutadas é alterado para compensar a queda induzida da força muscular.

PROBLEMA # 27.2

▸ Uma contração prolongada e fatigante é acompanhada por um tremor de frequência de 4 a 6 Hz. Você pode citar um mecanismo que explique esse fenômeno?

Um declínio do EMG induzido pela fadiga parece ser central à junção neuromuscular e resultar principalmente da *inibição reflexa autogênica* de um grupo de motoneurônios α (inibição proveniente de receptores de um músculo, a qual afeta motoneurônios que inervam o mesmo músculo).

Em particular, uma *diminuição na amplitude do reflexo H* tem sido observada em músculos fatigados. Contudo, a origem dos presumíveis efeitos reflexos é desconhecida. Uma hipótese favorece um declínio na taxa de disparo dos aferentes de fuso durante contrações isométricas como a causa da inibição induzida por reflexo dos motoneurônios α (Hagbarth et al., 1986; Macefield et al., 1991). Uma hipótese alternativa sugere que essa inibição provém de pequenos aferentes dos Grupos III e IV (incluindo terminações nervosas livres) que reagem aos produtos do metabolismo muscular (Bigland-Ritchie et al., 1986; Woods, Furbush e Bigland-Ritchie, 1987).

PROBLEMA # 27.3

- Uma diminuição na rigidez articular aparente foi relatada durante a fadiga. Cite um mecanismo que explique essa descoberta.

Se uma pessoa mantém um nível constante de força isométrica, o nível médio de interferência do EMG gravado por eletrodos de superfície gradualmente aumenta (figura 27.5). Esse aumento é devido principalmente ao recrutamento de novas unidades motoras, que compensam a redução da contribuição das unidades motoras fatigadas (Garland et al., 1994; Christova e Kossev, 1998).

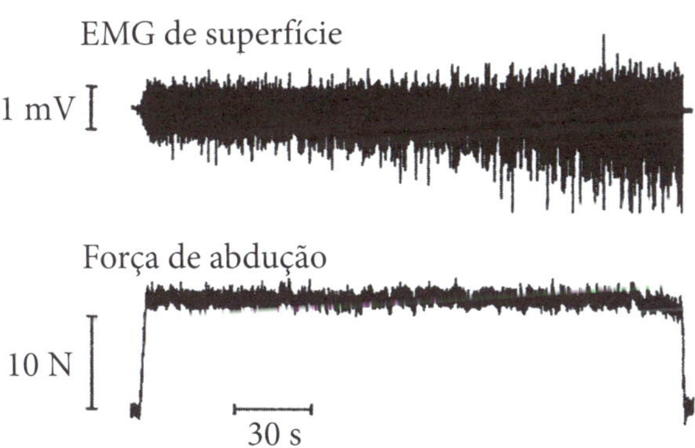

Figura 27.5 Aumento típico na atividade elétrica muscular (EMG; primeiro músculo interósseo dorsal) que ocorre durante a manutenção prolongada de uma força constante.

Adaptado, com permissão, de A.J. Fuglevand et al., 1993, "Impairment of neuromuscular propagation during human fatiguing contractions at submaximal forces", *Journal of Physiology* 460: 549-572.

A frequência de disparo das unidades motoras muda apenas ligeiramente. A fadiga altera a relação entre o nível de ativação muscular e a magnitude do torque articular que o músculo produz. Sob fadiga, um músculo preserva uma relação quase linear entre seu nível de ativação e o torque gerado, mas a inclinação dessa relação linear muda consideravelmente (figura 27.6). Assim, quando fatigado, o músculo pode mostrar um nível de ativação de três a quatro vezes maior enquanto produz o mesmo torque.

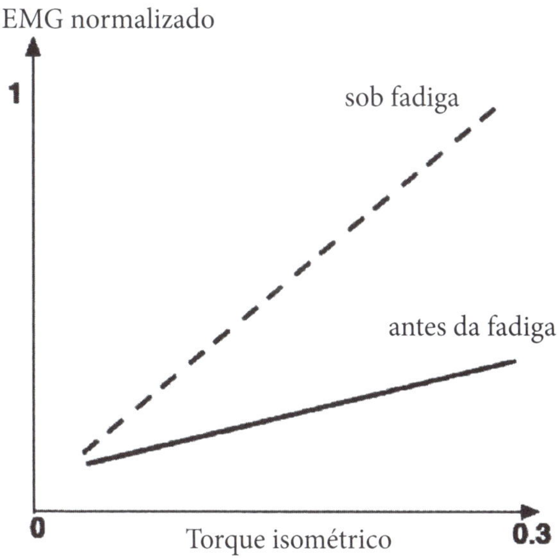

Figura 27.6 Duas relações entre o nível de atividade muscular (EMG normalizado) e o torque muscular isométrico (também normalizado). Quando fatigado (linha tracejada), o músculo mostra níveis de ativação muito mais altos para os mesmos níveis de torque se comparado ao estado anterior à fadiga (linha contínua).

Músculos fatigados exibem mudanças nas respostas reflexas ao alongamento. Reflexos monossinápticos (em particular, o reflexo H) são suprimidos (Hagbarth, Bongiovanni e Nordin, 1995; Nicol et al., 2003; Kalezic et al., 2004). Relatos sobre mudanças no reflexo tônico de alongamento são ambíguos, variando de um ganho menor nos músculos fatigados a uma resposta reflexa inalterada (Marsden et al., 1976a; Kirsch e Rymer, 1987; Zhang e Rymer, 2001). Resultados conflitantes foram relatados para os reflexos M_{2-3} de latência longa (às vezes chamados *reações pré-programadas* ou *provocadas*; ver capítulo 12), sem nenhuma alteração, supressão ou facilitação dessas reações. Por exemplo, uma sequência típica de respostas a uma perturbação mecânica rápida de uma articulação sob fadiga apresentou uma redução significativa na resposta M_1 (reflexo de alongamento monossináptico), mudanças menores na resposta M_2 e um aumento na resposta

M_3 (Windhorst et al., 1986; Balestra, Duchateau e Hainaut, 1992; Duchateau et al., 2002; figura 27.7). Essas observações têm várias implicações. Primeiro, elas apoiam a ideia de que os efeitos da fadiga são mediados por influências pré-sinápticas sobre motoneurônios α que afetam circuitos reflexos específicos de modos diferentes, e não por influências pós-sinápticas que deveriam mostrar influências qualitativamente similares em todas as entradas reflexas. Além disso, essas observações sugerem que respostas M_2 e M_3 envolvem diferentes circuitos neurais.

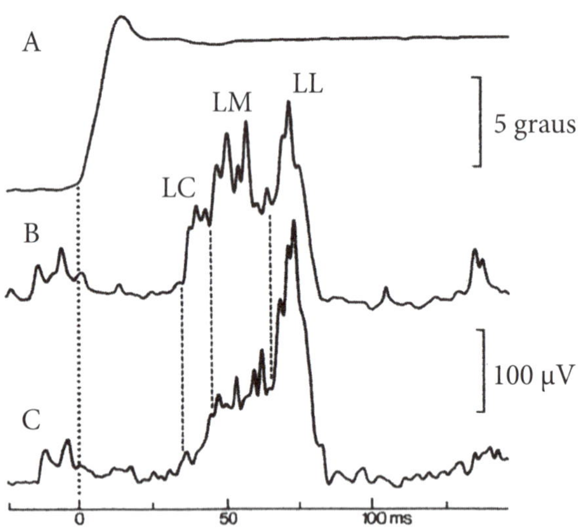

Figura 27.7 A fadiga muda as respostas musculares a um movimento articular rápido imposto externamente. A resposta de latência curta (M_1) diminui tipicamente, enquanto M_2 pode não mudar e M_3 pode aumentar.

Reproduzido de *Electroencephalography and Clinical Neurophysiology*, vol. 85. C. Balestra, J. Duchateau, K. Hainaut, "Effects of fatigue on the stretch reflex in a human muscle", págs. 46-52. Copyright 1992, com permissão da Elsevier.

27.4 Mecanismos supraespinais da fadiga

Todas as estruturas supraespinais envolvidas no controle da ativação muscular voluntária podem contribuir para a diminuição da força muscular observada durante a fadiga. Nos seres humanos, contrações prolongadas e fatigantes são acompanhadas por um aumento gradual na atividade dos neurônios corticais, que pode ser seguido por uma diminuição nessa atividade (Gandevia, 2001; Liu et al., 2002; Benwell et al., 2005), bem como por um aumento no potencial de prontidão (veja o capítulo 14; Barthel et al., 2001). Experimentos demonstraram que a excitabilidade dos neurônios na área motora primária muda durante a contração muscular prolongada (Ljubisavljevic et al., 1996; Taylor et al., 2000; Taylor e Gandevia, 2001). Contudo, as mudanças poderiam variar de sujeito a sujeito e entre os estudos. Neste momento, é impossível identificar estruturas supraespinais ou mecanismos que poderiam ser responsáveis por um papel particularmente importante na queda induzida por fadiga na força de contração muscular voluntária.

A fadiga altera índices de interação do dedo, como escravização e *deficit* de força (veja capítulo 24), durante tarefas de produção de força (Danion et al., 2000, 2001). Essas mudanças não estão limitadas a ações de músculos diretamente envolvidos no exercício fatigante: efeitos da fadiga também são vistos em outras ações executadas pela mão. Por exemplo, quando se realizou um exercício fatigante em que se pressionava algo com a ponta dos dedos, esperava-se que os músculos flexores extrínsecos se fatigassem e que os músculos intrínsecos produzissem forças muito mais baixas sem mostrar sinais de fadiga. Porém, as quedas da força voluntária máxima observadas depois da fadiga foram similares quando os sujeitos fizeram pressão com a ponta dos dedos e com as falanges proximais. Para a última ação, os músculos intrínsecos da mão atuaram como força motora. Essas observações sugerem que mudanças induzidas por fadiga envolvam circuitos neurais que coordenam grupos musculares subjacentes a sinergias multidígitos.

27.5 Mudanças adaptativas durante a fadiga

Primeiro, vamos definir o que é uma *mudança adaptativa*. Esse nome pode ser usado em relação a todas as mudanças secundárias que ocorrem num organismo em reação a algum fenômeno, como a fadiga. Algumas dessas mudanças, porém, podem ser impostas ao sistema e podem não ajudar a neutralizar os efeitos indesejados da causa original. Por exemplo, se uma pedra atinge uma janela, o vidro pode se quebrar, o que não é uma reação adaptativa. Contudo, se o vidro pudesse mudar suas propriedades mecânicas em resposta a um impacto, tornando-se viscoso e absorvendo a energia da pedra sem se quebrar, ele teria uma reação adaptativa útil. Infelizmente para seres humanos e animais, o problema da utilidade de uma reação não pode ter uma solução inequívoca. Por exemplo, contrair ao mesmo tempo muitos músculos do tronco e membros e endurecer todas as articulações pode parecer uma reação subótima se considerarmos o gasto de energia. Mas essa reação pode servir a um propósito se perturbações externas inesperadas ocorrerem e a pessoa não quiser mudar a postura ou perder o equilíbrio. Então, vamos tratar todas as reações secundárias do corpo humano como adaptativas se elas não forem obviamente impostas ao corpo. Em alguns casos, será possível classificar uma reação de útil ou prejudicial; em muitos casos, contudo, será impossível classificar reações com precisão.

Numerosos mecanismos adaptativos à fadiga têm sido sugeridos. O *prolongamento da fase de relaxamento* (figuras 27.3 e 27.4) pode ser considerado adaptativo porque não permite que a força muscular caia rapidamente quando a capacidade do músculo de gerar uma nova contração é prejudicada ou quando motoneurônios α geram potenciais de ação a uma frequência mais baixa. Uma correlação negativa entre o prolongamento da fase de relaxamento e a frequência de disparo das unidades motoras individuais foi verificada (van Groeningen et al., 1999). Essa descoberta tem sentido porque prolongar a fase de relaxamento ajuda a gerar contrações suaves do músculo em uma atividade motoneuronal de baixa frequência.

A *sincronização dos disparos de unidade motora* é outro mecanismo adaptativo. Ela aumenta a força muscular, embora possa eventualmente levar a uma atividade similar à de disparo e a um tétano do tipo dente de serra (*sawtooth*), em vez de uma contração suave. A sincronização de unidades motoras ocorre não somente na fadiga (Bigland e Lippold, 1954; Kadefors, Kaiser e Petersen, 1968; Sato, 1982), mas também em desordens motoras caracterizadas por força muscular reduzida (paresia) por causa de danos no sistema nervoso central (Larsson, 1975; Lindstrom, Malmstrom e Petersen, 1985; Latash, 1988). Quando a sincronização das descargas de unidades motoras aumenta, o espectro do EMG registrado por eletrodos de superfície se desloca em direção à gama de frequências mais baixas (figura 27.8).

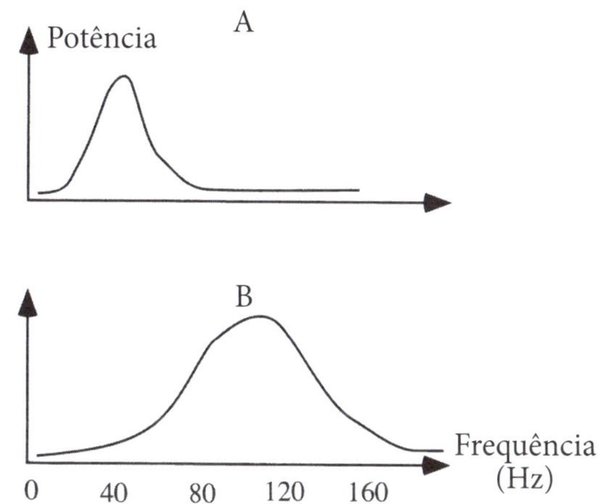

Figura 27.8 Um espectro de EMG registrado por eletrodos de superfície num músculo fatigado (*A*) é deslocado para frequências baixas quando comparado a um espectro de EMG registrado num músculo não fatigado (*B*).

PROBLEMA # 27.4

- Por que o espectro do EMG muda para frequências mais baixas durante a sincronização excessiva da unidade motora? Você pode citar condições que deslocariam o espectro do EMG para frequências altas?

O sistema nervoso central faz uso da redundância notória do aparelho motor, que pode ser vista em diferentes níveis. Por exemplo, se vários músculos podem contribuir para o torque articular numa determinada direção, suas contribuições relativas podem ser alternadas durante uma contração fatigante, de modo que os músculos fatigados possam descansar sem uma queda no torque articular total (Sjogaard et al., 1986; Sjogaard, Savard e Juel, 1988). Efeitos similares são vistos na etapa de recrutamento de unidades motoras quando, durante uma contração prolongada, um grupo de unidades motoras pode ser desativado (desligado) e substituído por outro grupo de unidades motoras. Num momento posterior, o segundo grupo pode descansar enquanto o primeiro reassume o disparo (Jensen, Pilegaard e Sjogaard, 2000). Esses fenômenos são às vezes chamados *rotação muscular* e *rotação de motoneurônio.*

27.6 Fadiga anormal

Pacientes com *esclerose múltipla* (veja capítulo 31) frequentemente experimentam uma sensação de cansaço anormal, desproporcional ao grau de esforço diário ou ao grau de deficiência, representando um importante fator incapacitante (Freal, Kraft e Coryell, 1984; Krupp et al., 1988; Monks, 1989). Esse cansaço costuma ser tratado como *fadiga*, apesar de pacientes com esclerose múltipla comumente o considerar uma experiência muito diferente da fadiga ordinária. Contudo, quando testados em condições de laboratório, com uma contração prolongada e fatigante de um grupo muscular, pacientes com esclerose múltipla sofrem uma queda mais rápida da força muscular, o que sugere que a fadiga muscular ordinária também muda. Um estudo das contribuições relativas de fatores centrais e periféricos para a fadiga muscular na esclerose múltipla demonstrou que fatores centrais desempenham um papel que não foi visto em indivíduos saudáveis (Latash et al., 1996). Esse é um resultado esperado, pois a causa subjacente dos sintomas da esclerose múltipla é a desmielinização de axônios de condução rápida no sistema nervoso central.

Recentemente, muita atenção tem sido dada para um estado caracterizado por exaustão e por uma incapacidade de envolvimento em praticamente qualquer atividade que exija um esforço motor mínimo. Essa condição foi chamada *síndrome da fadiga crônica* (revisto em Johnson, DeLuca e Natelson, 1999; Jason et al., 2005). Sua etiologia é desconhecida, havendo uma possível influência de algum episódio de infeção viral ou distúrbio neurológico central. Não está claro se mudanças na fadiga muscular contribuem para essa condição ou se ela tem uma natureza absolutamente diferente e central. Infelizmente, não existe tratamento.

Capítulo 27 em resumo

A fadiga é um fenômeno complexo que recebe contribuições de fatores psicológicos periféricos e centrais. Músculos fatigados conduzem potenciais de ação mais lentamente e exibem abalos contráteis prolongados, sobretudo por causa do prolongamento da fase de relaxamento. Mudanças relacionadas à fadiga nos reflexos, particularmente a supressão do reflexo H, provavelmente são mediadas por mudanças na atividade de pequenos receptores dos Grupos III e IV. Durante a contração voluntária, o nível do EMG declina e as unidades motoras aumentam a sincronização de seus padrões de disparo com a fadiga. Nos seres humanos, contrações prolongadas e fatigantes são acompanhadas por um aumento gradual da atividade dos neurônios corticais, bem como por um aumento do potencial de prontidão. Uma sensação incomum de fadiga (por exemplo, como a experimentada na síndrome da fadiga crônica e na esclerose múltipla) provavelmente tem natureza central.

Envelhecimento

Palavras-chave e tópicos

- sarcopenia
- reinervação
- mudanças nos reflexos
- mudanças na função sensorial
- coativação excessiva
- mudanças nos movimentos de alcance
- mudanças na postura e na marcha
- mudanças nas sinergias motoras

O envelhecimento está associado a uma variedade de mudanças no corpo humano, mesmo na ausência das desordens que normalmente acompanham o envelhecimento, como o mal de Parkinson, o acidente vascular encéfalico, as neuropatias periféricas e assim por diante. Discutiremos algumas dessas desordens em capítulos posteriores. Neste capítulo, iremos nos concentrar no envelhecimento saudável, buscando as mudanças que ocorrem com a idade na população saudável.

28.1 Movimentos das pessoas idosas

O envelhecimento altera muitos aspectos dos movimentos voluntários. Essas mudanças atingem todas as principais ações motoras que formam o repertório dos movimentos diários, podendo ser vistas em tarefas posturais, locomoção, movimentos de alcançar do braço e manipulações de objetos pela mão. Algumas das diferenças podem ser atribuídas às mudanças relacionadas à idade em estruturas periféricas, especialmente mudanças nas propriedades do músculo. Com a idade, também contribuem com as mudanças dos movimentos as alterações no sistema nervoso central, algumas das quais podem ser consideradas impostas pelo envelhecimento (em particular, pela morte de células neurais), enquanto outras podem representar mudanças adaptativas que tentam atenuar os efeitos da idade sobre o desempenho motor.

Em geral, os idosos produzem movimentos não tão rápidos, suaves, precisos e resistentes a perturbações quanto os de pessoas mais jovens. Uma das características bem estabelecidas do movimento dos idosos é a lentidão em sua iniciação e execução (Stelmach, Goggin e Garcia-Colera, 1987; Stelmach, Goggin e Amrheim, 1988; Welford, 1984). A figura 28.1 ilustra que tempos de reação e tempos de movimento mais longos podem ser vistos em pessoas idosas em diversas tarefas de complexidade variável. Essa figura mostra dados de movimentos em direção a um alvo que foram executados tão rapidamente quanto possível enquanto parâmetros de tarefa — como extensão do movimento, direção e o braço que fazia o movimento — especificados ou não. A diferença na velocidade do movimento persistiu mesmo nos movimentos mais simples, como a flexão uniarticular executada de maneira autocompassada (Buchman et al., 2000; figura 28.2). Movimentos rápidos realizados por pessoas mais velhas tipicamente mostram uma mudança na estrutura cinemática, com uma fase de desaceleração mais

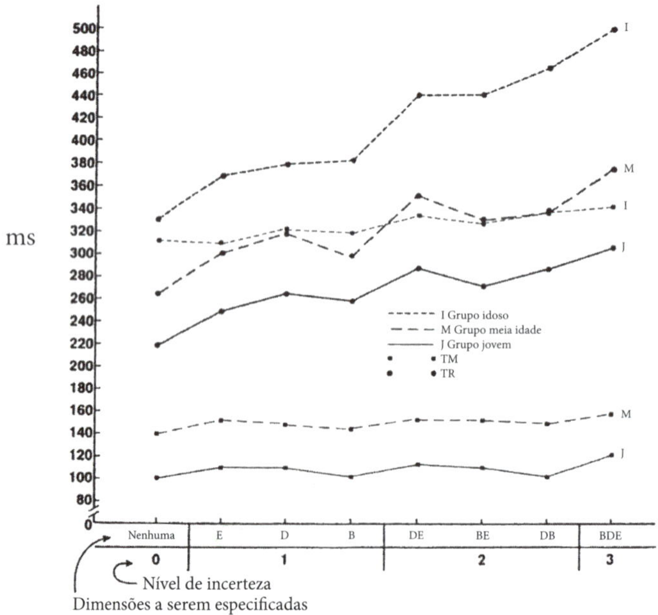

Figura 28.1 Idosos levam mais tempo para iniciar um movimento a um estímulo imperativo, e seus tempos de movimento são também mais longos em comparação com os das pessoas mais jovens e de meia-idade.

Reproduzido, com permissão, de G.E. Stelmach, N.L. Goggin e A. Garcia-Colera, 1987, "Movement Specification Time with Age", *Experimental Aging Research* 13: 39-46. © 1987 Beech Hill Enterprises, Inc.

longa e uma incidência maior de ajustes corretivos (Pratt, Chasteen e Abrams, 1994). Outra característica universal dos movimentos realizados pelos idosos é a produção de força aumentada involuntária, particularmente a cocontração aumentada dos pares de músculos agonista-antagonista que agem numa articulação.

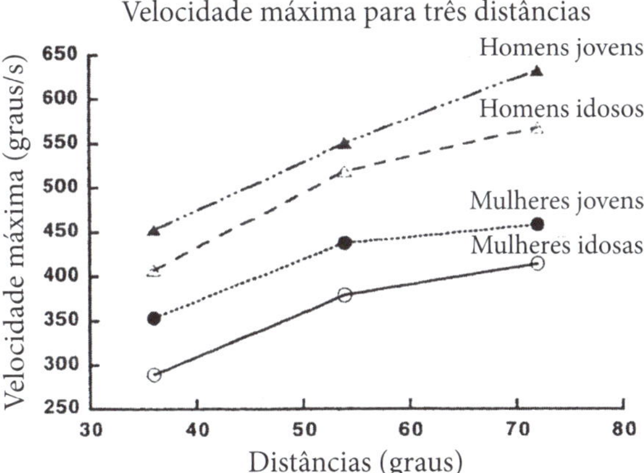

Figura 28.2 Os movimentos voluntários uniarticulares de pessoas idosas são tipicamente mais lentos que os de pessoas mais jovens.

Dados de A.S. Buchman et al., 2000, "Effect of age gender in the control of elbow flexion movements", *Journal of Motor Behavior* 399 32: 391. © 2000 por HELDREF Publ.

PROBLEMA # 28.1

- A cocontração muscular aumentada não contribui para o torque líquido que atua numa articulação e pode ser vista como um desperdício. Você pode mencionar um benefício do aumento da cocontração muscular?

Algumas das diferenças nos movimentos realizados por idosos refletem mudanças na geração e no processamento de informações sensoriais. Os idosos tendem a confiar mais na retroalimentação visual e mostram distúrbios de movimento mais pronunciados ao tentarem se mover com os olhos fechados.

Quando uma pessoa tenta repetir uma ação, todas as características do movimento variam entre as repetições, um fenômeno chamado *variabilidade*. Os idosos tendem a mostrar maior variabilidade, mas esse aumento depende da tarefa. A diferença entre a variabilidade de pessoas idosas e a de jovens tende a ser maior para tarefas que requerem forças relativamente baixas (Cole, Rotella e Harper, 1999; Burnett, Laidlaw e Enoka, 2000; Enoka et al., 2003). Mais mudanças sutis na variabilidade motora também ocorrem com a idade, e essas mudanças são refletidas na magnitude e na estrutura da variabilidade (Vaillancourt e Newell, 2003; Vaillancourt, Larsson e Newell, 2003).

28.2 Mudanças nos músculos e nas unidades motoras relacionadas à idade

O envelhecimento está associado a uma diminuição inevitável da massa muscular (*sarcopenia*), a qual é acompanhada por uma perda de força voluntária e provocada eletricamente (Winegard, Hicks e Vandervoort, 1997). Esse declínio parece começar entre os 50 e 60 anos de idade e varia muito entre os indivíduos (Narici, Bordini e Cerretelli, 1991; figura 28.3). Os músculos perdem área de seção transversal e fibras, particularmente as de contração rápida (Kirkendall e Garrett, 1998; Bemben 1998). As propriedades mecânicas dos tecidos periféricos também se alteram com o envelhecimento. Em particular, o tecido conjuntivo substitui proteínas contráteis (Zimmerman et al., 1993). Como resultado, os idosos apresentam rigidez muscular aparente aumentada (McDonagh, White e Davies, 1984) e complacência do tendão reduzida (Tuite, Renstrom e O'Brien, 1997).

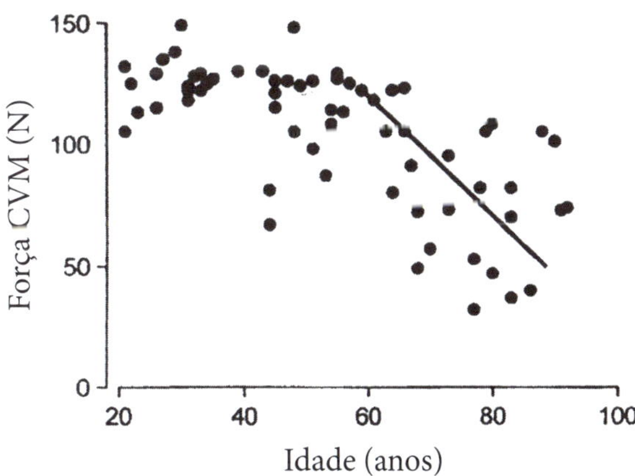

Figura 28.3 A força voluntária máxima do adutor do polegar depende da idade. Note a diminuição da força muscular depois dos 50 anos.

Reproduzido, com permissão, de M.V. Narici, M. Bordini, P. Cerretelli, 1991, "Effect of aging on human aductor pollicis muscle function", *Journal of Applied Physiology* 71: 1277-1281. Com permissão da American Physiological Society.

O número de neurônios corticais cujos axônios formam o trato corticospinal (Eisen, Entezari-Taher e Stewart, 1996) e o número de motoneurônios α

diminuem com a idade (Campbell, McComas e Petito, 1973; Roos, Rice e Vandervoort, 1997). Essa perda torna-se aparente depois dos 60 anos. A atrofia de unidades motoras de limiar alto é particularmente pronunciada (Owings e Grabiner, 1998). Quando os motoneurônios α morrem, grupos de fibras musculares tornam-se *desnervados*, perdendo suas entradas neurais excitatórias. A desnervação é acompanhada de *brotamento* e *reinervação*, quando os axônios dos motoneurônios remanescentes produzem fibras terminais adicionais que fazem sinapses em algumas das fibras musculares vagas (figura 28.4). Esse processo aumenta a *taxa de inervação* — o número médio de fibras musculares por unidade motora.

A desnervação e a reinervação resultam em menos unidades motoras, que se tornam maiores e mais lentas. A relação típica entre o tamanho e a fatigabilidade das unidades motoras (veja o princípio do tamanho no capítulo 6) tende a falhar, e unidades motoras maiores tornam-se tão fatigáveis quanto as menores (Luff, 1998). Essas mudanças são particularmente pronunciadas após os 60 anos.

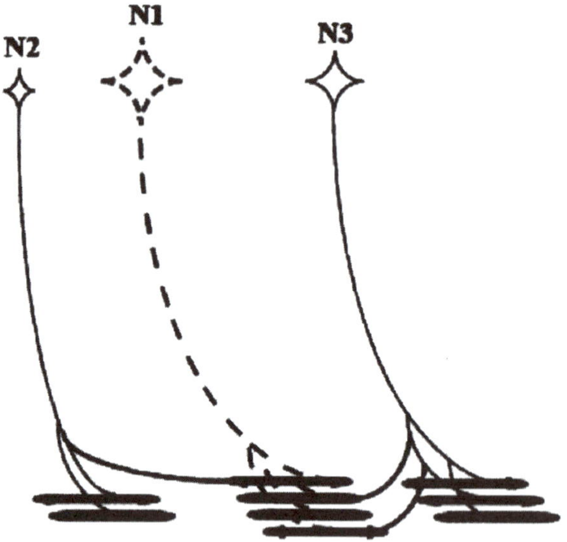

Figura 28.4 Durante a desnervação e a reinervação, a morte de um neurônio N1 leva à desnervação de um grupo de fibras motoras (linhas tracejadas). Axônios dos neurônios N2 e N3 sofrem brotamento (linhas contínuas grossas) e reinervam algumas daquelas fibras. O tamanho das unidades motoras N2 e N3 aumenta.

PROBLEMA #28.2

- Explique por que o tamanho e a fatigabilidade das unidades motoras param de obedecer ao típico princípio do tamanho em pessoas idosas.

A falta de unidades motoras menores pode ser responsável pelo controle deficiente de forças baixas, pela alta variabilidade da força e pela suavidade deficiente dos movimentos dos idosos, pois o recrutamento e o desrecrutamento das unidades motoras maiores causam mudanças maiores na força muscular total. A figura 28.5 ilustra a alta variabilidade da frequência média dos potenciais de ação em unidades motoras do primeiro músculo interósseo dorsal, observada quando indivíduos idosos produziram 5% de sua força voluntária máxima. Note também as maiores oscilações do nível de força (Laidlaw, Bilodeau e Enoka, 2000). Apesar das mudanças nas propriedades da unidade motora, mudanças na fatigabilidade devidas à idade são ambíguas quando quantificadas em termos do desempenho motor. Pode haver aumento e diminuição da fatigabilidade dos idosos, e pode não haver nenhuma mudança (Chan et al., 2000; Bilodeau et al., 2001; Allman e Rice, 2002).

Com a idade, a força torna-se um fator limitante nas atividades cotidianas, como a de se levantar de uma cadeira (Hughes et al., 1997). Existem relatórios controversos sobre possíveis perdas de força diferentes entre os diversos grupos musculares. Alguns autores relataram diferenças significativas na perda de força entre a extremidade superior e a inferior (Grimby et al., 1982) e entre músculos proximais e distais (Nakao, Inoue e Murkami, 1989; Shinohara, Latash e Zatsiorsky, 2003). Outros estudos, contudo, não conseguiram confirmar esses resultados (Viitasalo et al., 1985).

PROBLEMA #28.3

- Explique por que o envelhecimento pode afetar músculos proximais e distais de formas diferentes.

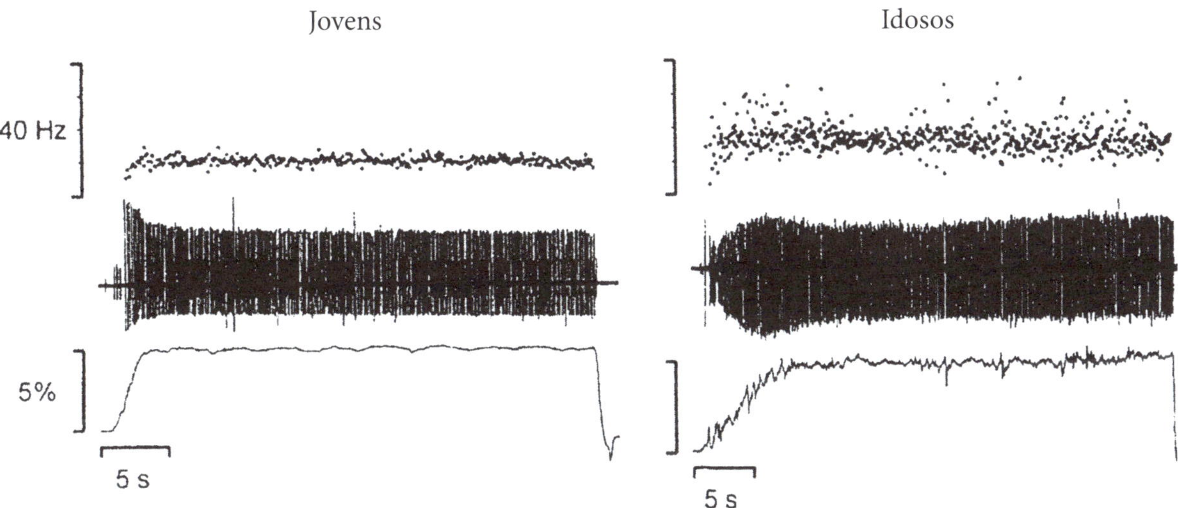

Figura 28.5 Algumas pessoas usaram o primeiro músculo interósseo dorsal para produzir uma força constante com 5% de sua força voluntária máxima. Note a variabilidade maior da força e da frequência dos potenciais de ação de unidades motoras de pessoas idosas.

O envelhecimento causa um declínio na força da mão e uma perda de destreza manual, afetando, portanto, muitas das atividades da vida diária (Boatright et al., 1997; Giampaoli et al., 1999; Hughes et al., 1997; Rantanen et al., 1999; Francis e Spirduso, 2000). A perda de força e destreza da mão está associada com as mudanças no aparelho neuromuscular, como a queda no número de unidades motoras, o aumento no tamanho das unidades motoras e a desaceleração geral de suas propriedades contráteis (Doherty e Brown, 1997; Duchateau e Hainaut, 1990; Kamen et al., 1995; Kernell, Eerbeek e Verhey, 1983; Owings e Grabiner, 1998). Como veremos neste capítulo, o envelhecimento também muda as sinergias multidígitos que estabilizam a função da mão durante a preensão (capítulo 24).

28.3 Reflexos musculares em pessoas idosas

Com a idade, a amplitude das respostas a estímulos sensoriais (ou elétricos) geralmente cai, enquanto sua latência tende a aumentar. A magnitude dos reflexos H (capítulo 8) no idoso é menor que em pessoas mais jovens (Vandervoort e Hayes, 1989). Essa alteração pode ser decorente de fatores periféricos, como uma diminuição na resposta muscular à excitação. Na verdade, já foi relatada uma diminuição semelhante na resposta M direta. Esse achado sugere que a proporção de unidades motoras ativadas durante a testagem do reflexo H pode ficar relativamente inalterada.

Estudos com pancadinha no tendão (reflexo T) mostraram que a magnitude e a latência do reflexo T diferem entre pessoas idosas e jovens. A queda na magnitude do reflexo T foi semelhante à descrita para o reflexo H. A latência mais longa do reflexo T em pessoas idosas sugere uma mudança na velocidade de condução ao longo dos axônios (Henderson, Tomlinson e Gibson, 1980) e uma reação mais lenta das terminações de fuso sensoriais à pancadinha.

PROBLEMA # 28.4

- Por que a velocidade de condução dos potenciais de ação pode mudar com a idade? Cite um mecanismo. Por que a velocidade de reação de uma terminação sensorial pode mudar com a idade?

Reflexos polissinápticos também são menores e atrasados nos idosos. Os mecanismos dessa redução são, em sua maior parte, desconhecidos, mas provavelmente envolvem mudanças na excitabilidade muscular. Embora reações voluntárias a estímulos sensoriais não sejam comumente vistas como reflexos, vale mencionar o bem documentado aumento no tempo de reação simples de pessoas idosas (Warabi, Noda e Kato, 1986). Nas pessoas mais velhas, áreas encefálicas maiores são ativadas em tarefas simples de tempo de reação. Essas áreas incluem o córtex sensório-motor ipsilateral e contralateral, os gânglios da base e o cerebelo (Mattay et al., 2002). É possível que essas descobertas reflitam padrões adaptativos que o sistema nervoso central utiliza para otimizar o desempenho, levando em conta o estado alterado do cérebro e estruturas periféricas.

28.4 Mudanças na função sensorial relacionadas à idade

O envelhecimento está associado a uma perda progressiva de muitas das funções sensoriais humanas. A acuidade visual e a capacidade de concentrar o olhar em objetos próximos diminuem. Com a idade, receptores vestibulares e receptores cutâneos (particularmente os corpúsculos de Meissner) são perdidos (Mathewson e Nava, 1985). Ocorre também uma perda de neurônios sensoriais que inervam receptores sensoriais periféricos — um reflexo da *neuropatia periférica* (ver capítulo 30). Essas mudanças podem ser responsáveis pela deterioração da discriminação tátil de pessoas idosas.

28.5 Padrões de ativação muscular durante movimentos rápidos

Durante movimentos voluntários rápidos, os padrões de EMG trifásicos nos pares de músculos antagonista-agonista (capítulo 11) dos idosos são similares aos vistos em pessoas mais jovens, mas com uma coativação dos músculos relativamente maior (Seidler-Dobrin, He e Stelmach, 1998; Buchman et al., 2000; Klein, Rice e Marsh, 2001). A coativação aumentada parece ser um elemento universal nas muitas tarefas executadas por pessoas idosas (figura 28.6). Às vezes, ela atinge não só os músculos claramente envolvidos, mas também os músculos vizinhos. Por exemplo, estudos do primeiro músculo interósseo dorsal mostraram coativação excessiva do segundo interósseo palmar junto com a coativação de um antagonista (Spiegel et al., 1996). Estudos de respostas posturais também mostraram coativação aumentada nos idosos (Tang e Woollacott, 1998).

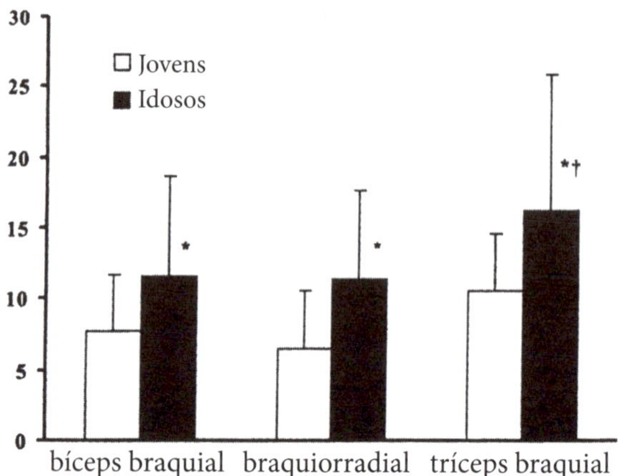

Figura 28.6 Os índices de coativação muscular são mais altos em idosos que nas pessoas mais jovens. Os índices são quantificados para os músculos do cotovelo em percentual de atividade muscular máxima.

Reproduzido, com permissão, de C.S. Klein, C.L. Rice e G.D. Marsh, 2001, "Normalized force, activation e coactivatiom in the arm muscles of young and old men", *Journal of Applied Physiology* 91: 1341-1349. Com a permissão da American Physiological Society.

28.6 Mudanças de postura e marcha relacionadas à idade

A capacidade de controlar a marcha e a postura vertical enfraquece em pessoas mais idosas. Uma postura e um controle de marcha deficientes levam potencialmente a episódios mais frequentes de tropeço e queda — um fator que contribui para a morbidade e mortalidade dos idosos. Ele limita a capacidade de se exercitar e pode, assim, contribuir para mudanças no sistema neuromuscular relacionadas ao envelhecimento.

Quando ficam em pé imóveis, pessoas idosas tipicamente mostram maior oscilação postural (Maki, Holliday e Fernie, 1990; Melzer, Benjuya e Kaplanski, 2004; Fujita et al., 2005). Muitos fatores do envelhecimento podem contribuir para essa mudança, como a mencionada redução da força muscular. Devido a essa perda, os músculos levam mais tempo para inverter um desvio do corpo de um valor-alvo particular. Pessoas idosas também podem apresentar uma percepção reduzida de limites de estabilidade e uma seleção atípica de fontes de informação sensorial adequada usada para a estabilização postural (Hay et al., 1996; Redfern et al., 2001; Teasdale e Simoneau, 2001). Ambos os fatores também podem causar desvios do corpo maiores que os vistos em pessoas mais jovens.

Os ajustes posturais antecipatórios (APAs) representam um mecanismo importante de estabilização postural por controle por antecipação (*feed-forward*) (capítulo 21). Lembre-se de que pessoas jovens mostram mudanças na atividade dos músculos posturais cerca de 100 ms antes de uma ação associada a uma perturbação postural. Os APAs de pessoas idosas ocorrem mais tarde, mais perto do início da ação, e têm magnitude menor (Inglin e Woollacott, 1988; Woollacott, Inglin e Manchester, 1988; Rogers, Kukulka e Soderberg, 1992). A figura 28.7 ilustra os EMGs de uma força motora (músculo deltoide anterior, DA) e dois músculos posturais (músculo paraespinal, PE, e bíceps femoral, BF) durante um rápido movimento de braço realizado por uma pessoa em pé. Observe os disparos antecipados do EMG nos músculos posturais da pessoa jovem (painéis superiores) e os disparos simultâneos do EMG em todos os três músculos do idoso. Esse *deficit* nos APAs pode contribuir para os efeitos desestabilizadores das próprias ações de uma pessoa em postura vertical.

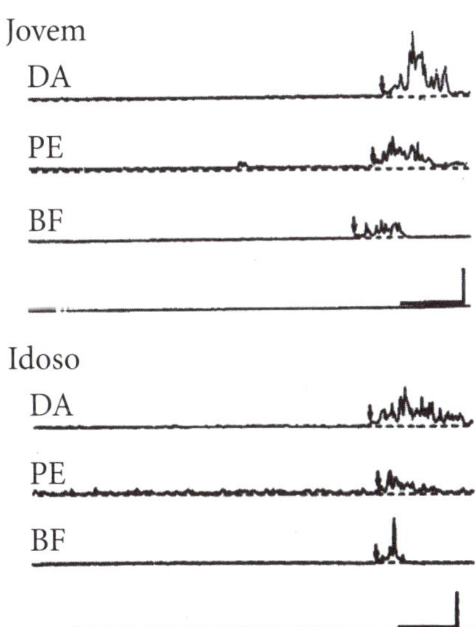

Figura 28.7 EMGs de uma força motriz (músculo deltoide anterior, DA) e de dois músculos posturais (músculo paraespinal, PE, e bíceps femoral, BF) durante um movimento rápido de braço realizado por uma pessoa em pé. Observe os disparos antecipados do EMG nos músculos posturais da pessoa jovem (painéis superiores) e os disparos simultâneos do EMG em todos os três músculos da pessoa idosa.

PROBLEMA #28.5

- Mudanças do APA similares às apresentadas por idosos são vistas em pessoas jovens em pé e imóveis sobre uma prancha com uma área de apoio pequena. Sugira uma explicação comum para as mudanças do APA observadas nesses dois grupos.

Quando a postura é realmente perturbada, diversos mecanismos neutralizam a perturbação. O primeiro envolve a elasticidade de músculos e tendões. Como mencionado anteriormente, os músculos e tendões são mais rígidos em idosos. Assim, pode-se esperar que pessoas mais velhas gerem forças maiores em resposta a uma perturbação. Contudo, essas forças não estão sob controle ativo do sistema nervoso central, e dependem do nível de plano de fundo da ativação muscular, que varia quando se está imóvel em pé. Em contraste, reflexos monossinápticos e polissinápticos são menores e atrasados em pessoas idosas. Essa propriedade potencialmente limita a contribuição desses reflexos para as respostas posturais.

A próxima linha de defesa inclui as respostas pré-programadas (capítulos 12 e 21). Existem vários padrões típicos de respostas musculares a perturbações similares às experimentadas por um passageiro em pé quando um ônibus começa a se mover. Se uma pessoa jovem está em pé confortavelmente e a perturbação não é muito forte, a pessoa provavelmente demonstrará a *estratégia do tornozelo*, descrita no capítulo 21. Em condições similares, idosos são mais propensos a mostrar a *estratégia do quadril* (Horak, Shupert e Mirka, 1989). A magnitude das respostas pré-programadas é menor nos idosos, enquanto o atraso é prolongado (da mesma forma que acontece com reflexos musculares). Existe também uma acentuada cocontração dos grupos musculares agonista-antagonista que atuam nas grandes articulações posturais em resposta a perturbações da postura (Tang e Woollacott, 1998; Woollacott, Inglin e Manchester, 1988).

A velocidade de caminhada preferida diminui após cerca de 60 anos de idade: pessoas idosas dão passadas mais curtas, mas com aproximadamente a mesma frequência (Samson et al., 2001; Laufer, 2005). Elas exercem forças menores sobre o solo, o que é esperado de marchas mais lentas. Entre as razões para a marcha mais lenta estão a fraqueza muscular, particularmente a fraqueza do grupo muscular do flexor plantar do tornozelo, e o equilíbrio deficiente. Uma vez que marchas mais lentas estão associadas com forças de reação menores da superfície de apoio sobre o corpo, também estão associadas com perturbações posturais menores. Caminhar lentamente também permite que uma pessoa ganhe tempo extra para se preparar para um obstáculo ou outra complicação inesperada que pode surgir durante a locomoção. Está demonstrado que a velocidade dos idosos ao caminhar correlaciona-se com o nível de aptidão. Portanto, o exercício parece ser uma forma efetiva de evitar a queda da velocidade.

Mudanças na força muscular relacionadas ao envelhecimento afetam outras atividades que exigem forças elevadas. Em particular, a velocidade máxima de corrida diminui depois dos 30 anos e continua a cair ao longo da vida (figura 28.8).

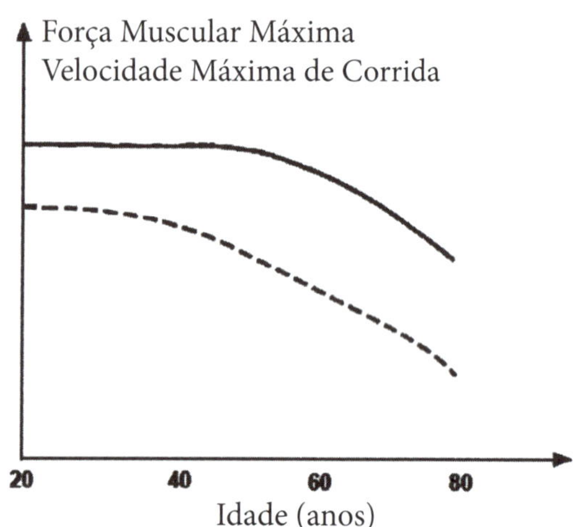

Figura 28.8 A força muscular e a velocidade máxima de corrida mudam com a idade. Ambas caem visivelmente por volta dos 60 anos.

28.7 Função da mão em pessoas idosas

Algumas das diferenças mencionadas entre os padrões motores de pessoas idosas e os de jovens podem estar relacionadas não a mudanças nas propriedades do músculo, nem à velocidade de transmissão de sinais no sistema nervoso central, nem à composição de unidades motoras, nem a outros fatores aparentemente negativos que surgem com a idade, mas sim à coordenação de vários elementos envolvidos em tarefas motoras naturais. O problema da coordenação de conjuntos de elementos redundantes foi discutido no capítulo 20, no qual introduzimos a noção de *sinergias* como organizações neurais, específicas da tarefa, de sinais enviados a elementos que estabilizam certas características do desempenho motor.

Estudos de tarefas de preensão mostraram que idosos tendem a coordenar a ação de seus dedos de um modo diferente do das pessoas mais jovens. Quando levantam um objeto pequeno, idosos tendem a mostrar forças de agarro duas vezes mais altas que as produzidas por pessoas mais jovens (Cole, 1991; Gilles e Wing, 2003; figura 28.9). Pode haver uma boa razão para a aplicação dessas forças aparentemente excessivas. O envelhecimento está associado com mais tremores e com uma variabilidade de movimento mais alta (Galganski, Fuglevand e Enoka, 1993; Enoka et al., 2003). Esses dois fatores contribuem para as forças inerciais mal controladas que podem agir sobre um objeto na mão. Aplicar forças de agarro maiores parece ser uma estratégia sensata para garantir que, mesmo quando surgir uma força inercial inesperada, a margem de segurança aumentada impeça o objeto de escorregar da mão.

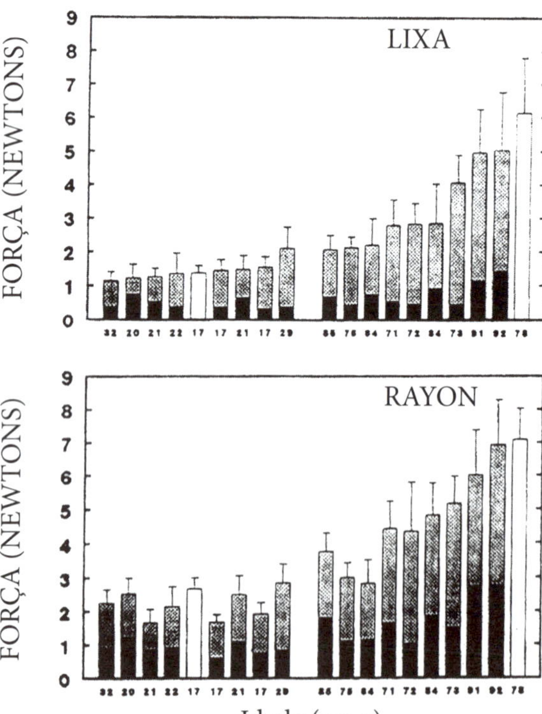

Figura 28.9 As forças de agarro produzidas por pessoas de diferentes idades podem ser representadas como a soma da força mínima necessária para evitar que o objeto escorregue (barras pretas) e a margem de segurança (barras cinzentas). A margem de segurança aumenta em pessoas idosas.

Reproduzido, com permissão, de K.J. Cole, 1991, "Grasp force control in older adults", *Journal of Motor Behavior* 23:251-258. © 1991 Heldref Publications.

Em contrapartida, a aplicação de forças de agarro mais altas pode estar relacionada à função sensorial prejudicada da mão, embora estudos recentes (Cole, Rotella e Harper, 1998, 1999) tenham desafiado a hipótese de que o declínio na capacidade das pessoas mais velhas de agarrar e levantar objetos é devido unicamente à sua sensibilidade tátil prejudicada.

O declínio da força muscular relacionado à idade é maior nos músculos da mão intrínsecos que nos extrínsecos (Shinohara, Latash e Zatsiorsky, 2003). Contudo, durante as tarefas naturais, as forças produzidas por esses grupos musculares devem estar perfeitamente equilibradas. Por exemplo, quando uma pessoa usa a ponta dos dedos para aplicar forças a um objeto na mão, os flexores extrínsecos são geradores de força focal, enquanto os músculos intrínsecos equilibram momentos de força nas articulações metacarpofalangeanas (capítulo 24). As mudanças desproporcionais na força muscular que ocorrem com a idade provavelmente tornam necessário ajustar as sinergias musculares elaboradas pelo encéfalo durante o tempo de vida. Vários estudos de fato têm mostrado que sinergias multidígitos, que estabilizam a força total e o momento total da força (ação rotacional) aplicadas a um objeto, são mais fracas em pessoas idosas que em pessoas jovens (Shinohara et al., 2004; Shim et al., 2004; figura 28.10).

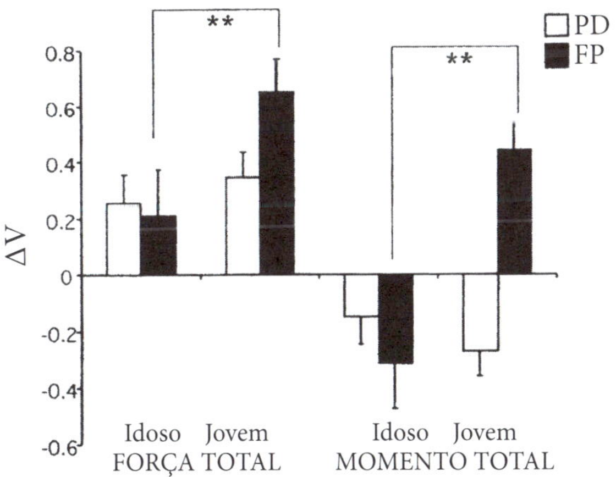

Figura 28.10 Índices de sinergias estabilizando a força total e o momento total das forças em pessoas jovens e idosas que realizaram tarefas isométricas fazendo pressão com as pontas dos dedos (PD) e as falanges proximais (FP). Note os valores geralmente mais baixos do indicador das pessoas idosas, particularmente durante a produção de força com as FP, nas quais se espera que os músculos intrínsecos sejam geradores de força primária.

Springer, *Experimental Brain Research*, vol. 1556, 2004, pág. 282-292 "Finger Interaction during accurate multi-finger force production tasks in young and elderly persons", M. Shinohara, J.P. Scholz, V.M. Zatsiorsky e M.L. Latash. Com a permissão da Springer Science and Business Media.

PROBLEMA #28.6

▸ Quando pessoas idosas manipulam objetos, elas tipicamente aplicam forças maiores com os dedos, que produzem momentos da força direcionados em relação ao ponto de contato do polegar, não contra o momento externo, mas na mesma direção dele. Sugira uma explicação funcional para essa descoberta.

Estudos em que indivíduos idosos executaram tarefas de caligrafia (Contreras-Vidal, Teulings e Stelmach, 1998) sugerem que a coordenação espacial do dedo e os movimentos do punho diminuem com a idade, enquanto o controle dos pulsos de força aplicados por dedos individuais pode ser preservado. Essas observações apontam para dificuldades na coordenação dos pulsos de força produzidos por dedos individuais — ou seja, para problemas nas sinergias multidígitos.

28.8 Mudanças adaptativas nos padrões motores

Vimos que algumas das mudanças do comportamento motor relacionadas à idade são consideradas mudanças adaptativas na organização do controle motor que podem só parecer atípicas, mas na verdade são ótimas no que diz respeito às atividades diárias. Da mesma forma, outras características do comportamento motor exibido por pessoas idosas podem ser vistas como adaptativas. Em particular, a cocontração excessiva de pares de músculos agonista-antagonista pode parecer subótima e um desperdício. Contudo, a mesma cocontração pode ser útil se a pessoa quiser evitar grandes desvios articulares no caso de uma perturbação inesperada, porque a cocontração aumenta a rigidez articular aparente. O *deficit* relacionado ao envelhecimento verificado em respostas reflexas, respostas pré-programadas e APAs torna a cocontração muscular uma das poucas estratégias remanescentes para minimizar perturbações inesperadas.

Da mesma forma, a lentidão do movimento pode ser vista como resultado de músculos fracos ou como uma estratégia de controle deliberada para evitar altas forças de contato e oferecer mais tempo para correções quando algo inesperado acontece. Mudanças imprevistas nas condições externas de execução do movimento são frequentes e podem ser particularmente perigosas para uma pessoa com um controle de equilíbrio prejudicado. Diminuir a velocidade parece ser uma estratégia adaptativa razoável.

28.9 Efeitos do treinamento

Os efeitos do treinamento foram documentados em muitos estudos com indivíduos idosos. Foi demonstrado que o treinamento de força produz forças superiores e a coativação antagonista inferior (Sipila e Suominen, 1995; Tsutsumi et al., 1997; Izquierdo et al., 2003). Uma vez que a área de seção transversal do músculo mostra somente pequenas ampliações durante o treinamento, adaptações neurais provavelmente desempenham um papel importante na produção de efeitos do treinamento (Hakkinen et al., 1998). O treinamento especializado também parece melhorar a capacidade de indivíduos idosos de controlar a força de pinça com precisão (Ranganathan et al., 2001). A manutenção do condicionamento físico e da força muscular pode reduzir oscilações na produção de força. Um relatório recente sugere que oito semanas de treinamento de força causam mudanças significativas na força e na resistência de pessoas idosas (Izquierdo et al., 2003). Ainda falta provar se aumentar a força de uma pessoa idosa pode melhorar as sinergias motoras e os padrões dos movimentos diários.

Capítulo 28 em resumo

O envelhecimento leva a perdas de massa muscular, força e motoneurônios α. Desnervação, brotação e reinervação resultam num menor número de unidades motoras, que são, em média, mais lentas e maiores que as das pessoas mais jovens. As funções sensoriais são prejudicadas com a idade. Reações a estímulos sensoriais, de reflexos monossinápticos a reações voluntárias, geralmente tornam-se mais lentas e menores quanto à magnitude. O controle da postura vertical e da marcha diminui com a idade, levando a quedas mais frequentes. Esse declínio reflete-se em maior oscilação postural, APAs menores e atrasados e reações pré-programadas a perturbações menores. Os padrões de movimento de pessoas idosas são caracterizados pela lentidão e pela cocontração excessiva dos pares de músculos agonista-antagonista. Os movimentos são menos suaves e mais variáveis. Tarefas de preensão estão associadas com excessivas forças de agarro e sinergias multidígitos mais fracas, estabilizando a ação da mão. Algumas das características dos movimentos de pessoas idosas refletem estratégias adaptativas do sistema nervoso central. O treinamento pode aumentar a força e a resistência de pessoas idosas, bem como a exatidão em tarefas de produção de força.

29

Desenvolvimento típico e atípico

Palavras-chave e tópicos

- marcos motores
- maturação do encéfalo
- padrões motores emergentes
- exploração
- síndrome de Down
- síndrome de Asperger
- distúrbio do desenvolvimento da coordenação
- autismo

Neste capítulo, consideraremos determinadas características dos movimentos que aparecem durante o desenvolvimento típico e atípico e tentaremos (sem sucesso) vincular essas características a estruturas neurofisiológicas. Infelizmente, os mecanismos neurofisiológicos do desenvolvimento humano são quase desconhecidos.

29.1 Seres humanos recém-nascidos

Ao nascerem, animais diferentes mostram habilidades distintas para sobreviver no ambiente. Alguns são capazes de atividade independente (chamados *precoces*), enquanto outros são particularmente indefesos (conhecidos como *altriciais*). Em recém-nascidos humanos, as funções sensoriais parecem ser mais maduras que as funções motoras. A maturação dos sistemas sensoriais de diferentes modalidades, contudo, varia significativamente. Os sistemas cinestésico e vestibular são suficientemente maduros ao nascimento, enquanto o sistema visual ainda está em desenvolvimento. Em particular, os axônios do nervo óptico não são totalmente mielinizados e a acuidade visual é deficiente. De modo geral, recém-nascidos humanos são quase indefesos. Isso se deve, pelo menos parcialmente, ao desenvolvimento incompleto do sistema nervoso central.

Ao nascermos, nosso encéfalo pesa cerca de 300 g, 25% do seu peso em um adulto. O aumento do peso do encéfalo é acompanhado por um aumento no número e tamanho dos neurônios, pela mielinização dos respectivos axônios e pelo crescimento de células gliais. Os hemisférios cerebrais já estão formados ao nascimento, mas não são totalmente funcionais, em parte em razão da mielinização incompleta dos tratos neurais. A mielinização dos axônios sensoriais e motores começa antes do nascimento e continua por cerca de seis meses depois dele. Ela segue numa direção cefalocaudal, partindo do encéfalo e se movendo em direção à cauda da medula espinal. Assim, as vias de condução descendentes e ascendentes não são totalmente funcionais até a metade do primeiro ano de vida.

PROBLEMA # 29.1

- O que se espera de fibras mielinizadas incompletas: uma incapacidade de conduzir potenciais de ação ou uma condução lenta?

Outro fator importante para as capacidades motoras dos recém-nascidos é o estado de seus músculos e reflexos. Ao nascimento, cerca de 40% das fibras são de contração lenta, e 45%, de contração rápida. A distribuição relativa dos diferentes tipos de fibra não chega a um estado estacionário até os três anos de idade. Antes disso, as fibras musculares crescem em comprimento e largura. Quando os músculos mudam, mudam os reflexos. Os recém-nascidos contam com um conjunto de reflexos chamados *reflexos primitivos*, como o reflexo de sucção. Eles também apresentam padrões atípicos de reflexos monossinápticos, particularmente excitação monossináptica dos motoneurônios α de um músculo antagonista produzida por sinais de terminações de fuso primárias (Myklebust, 1990; Myklebust e Gottlieb, 1993).

29.2 Marcos motores durante o desenvolvimento típico

Existem duas atitudes básicas em relação ao desenvolvimento motor. A primeira opera com noções como *estágios de desenvolvimento*, *marcos*, *horários* ou mesmo o tique-taque do *relógio biológico*. O nome *marco motor* refere-se à capacidade de um bebê de realizar certas tarefas motoras, como sustentar a cabeça, sentar-se independentemente, andar e apanhar objetos, entre outros. A regularidade notável do surgimento dos marcos durante o desenvolvimento típico tem levado alguns pesquisadores a concluir que o desenvolvimento segue uma sequência fixa e escalonada.

A figura 29.1 ilustra uma sequência típica de marcos e as idades em que se espera que sejam alcançados ao longo do desenvolvimento típico dos bebês. Na verdade, essa figura é uma simplificação importante, porque cada uma das etapas mencionadas representa um comportamento complexo cujos componentes também podem aparecer numa sequência específica. Por exemplo, para ser capaz de andar, um bebê deve primeiro ser capaz de virar, sentar e ficar em pé. Para agarrar um objeto, um bebê tem de ser capaz de identificá-lo, chegar até ele, tocá-lo, pré-moldar a mão e assim por diante.

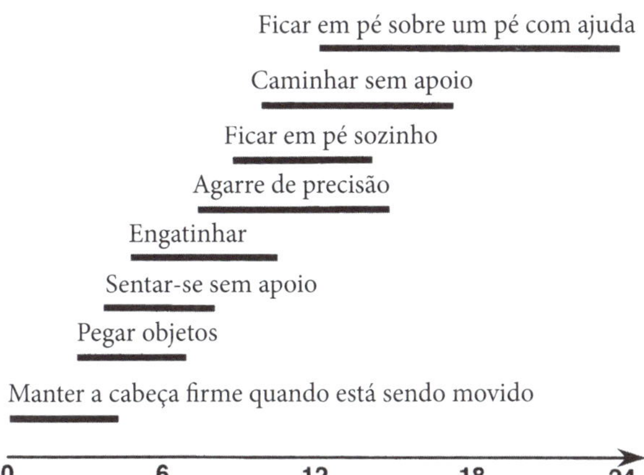

Figura 29.1 Uma sequência típica de marcos motores alcançados ao longo dos primeiros dois anos de vida. As barras horizontais mostram os intervalos de tempo típicos quando determinados marcos são alcançados.

PROBLEMA #29.2

- Como a velocidade de condução pode mudar com a idade? Sugira um mecanismo. Como a velocidade de reação de uma terminação sensorial pode mudar com a idade?

29.3 Exploração e padrões motores emergentes

Uma pesquisa recente sugere que não existem horários fixos para o surgimento de marcos aparentes (Thelen et al., 1993; Thelen, Corbetta e Spencer, 1996). Uma série de estudos feitos pelo grupo de Esther Thelen descobriu evidências de que marcos não são consequência da maturação do sistema nervoso central de acordo com um calendário fixo, mas um resultado da alteração de interações entre restrições impostas pelo organismo e restrições impostas pelo ambiente. Thelen e seus colegas mostraram que comportamentos rítmicos de bebês, como chutar, balançar, acenar com o braço e batucar, tipicamente precedem o surgimento de novos padrões motores funcionais, como o de engatinhar. Thelen viu esses comportamentos não como fenômenos ou ruído encenados, mas como sinais produzidos pelo bebê ao explorar as propriedades físicas do corpo e do meio ambiente.

Essa abordagem alternativa do desenvolvimento motor tem suas raízes na abordagem de sistemas dinâmicos do controle motor (ver capítulos 19 e 22) e na abordagem de psicologia ecológica que remonta às obras clássicas de Gibson (1979). Qualquer ação é considerada um resultado da interação entre processos perceptivos e motores. Durante seus movimentos aparentemente caóticos e sem propósito, os bebês descobrem esses acoplamentos de percepção-ação entre padrões de sinais sensoriais e padrões de variáveis de controle para efetores. Como resultado, desenvolvem comportamentos funcionalmente adequados e estáveis. Desse modo, a variabilidade de padrões motores em bebês é funcionalmente importante e exploratória (revisto em Savelsbergh, van der Kamp e Rosengren, 2006).

PROBLEMA #29.3

- Cite outros exemplos nos quais a variabilidade motora pode ser vista como exploratória e funcionalmente útil.

29.4 Síndrome de Down

A síndrome de Down é uma desordem cromossômica que afeta o desenvolvimento físico e mental. O médico britânico J. L. H. Down originalmente descreveu-a em 1866 como “mongolismo”. A prevalência dessa condição (sua taxa por unidade populacional) varia de 1 em 600 a 1 em 1.000 nascidos vivos. A maioria das crianças nascidas com síndrome de Down tem três cópias do cromossomo 21 em vez de duas, uma condição chamada *trissomia do 21*. Esse cromossomo extra altera significativamente a arquitetura e o funcionamento do encéfalo no nascimento e continua a afetar o desenvolvimento do encéfalo durante toda a infância. A síndrome de Down também está associada a particularidades na anatomia do corpo, como a baixa altura, extremidades curtas e uma tendência à obesidade.

Existem muitos problemas não motores ligados à síndrome de Down. Os mais importantes são a cardiopatia congênita, a obstrução do trato intestinal e o aumento da suscetibilidade à infecção. Recentes progressos em assistência médica, especialmente na cirurgia cardíaca do recém-nascido, assim como a educação especial, aumentaram dramaticamente a expectativa de vida das pessoas com síndrome de Down, alongando-a de menos de dez anos na década de 1940 para mais de 60 anos nos dias atuais. Essa evolução estabeleceu novos desafios, particularmente os relacionados ao funcionamento de pessoas adultas e idosas com síndrome de Down (Connolly, 2001). Depois de 40 anos, pessoas com síndrome de Down são propensas a mostrar sinais da doença de Alzheimer, que também afeta pessoas sem síndrome de Down, mas numa idade muito mais avançada.

Problemas de coordenação motora são apenas uma fração dos desafios que as pessoas com síndrome de Down podem enfrentar durante a vida, mas sem dúvida são os mais frequentemente encontrados na vida cotidiana.

Bebês com síndrome de Down mostram um desenvolvimento da função motora tipicamente lento. Eles levam mais tempo para atingir marcos motores, como agarrar, engatinhar, sentar de forma independente, e assim por diante. Um estudo de Haley (1986) revelou que reações posturais e marcos motores estão estreitamente integrados no desenvolvimento motor típico e atípico. A influência da informação visual sobre a oscilação postural tem sido estudada com base no paradigma da "sala móvel". Nessa sala, as paredes movem-se independentemente do piso e dão a impressão de automovimento. Em crianças pequenas em pé, a sala móvel aumenta a oscilação postural e, em alguns casos, causa uma completa perda de equilíbrio. Crianças com síndrome de Down sofrem um aumento da oscilação postural muito maior sob essas condições, o que sugere que seu sistema de controle postural se baseia mais na informação visual (Butterworth e Cicchetti, 1978). À medida que as crianças crescem, o controle de equilíbrio e estabilidade repousa menos na retroalimentação visual e mais nos sistemas proprioceptivos e vestibulares. Essa mudança deve ocorrer entre os 6 e 7 anos em crianças de desenvolvimento normal (Shumway-Cook e Woollacott, 1985). Um estudo recente em que se usou a sala móvel com crianças mais velhas com síndrome de Down demonstrou que sua maior oscilação postural persiste aos 10 anos de idade (Wade, Van Emmerik e Kernozek, 2000).

Vários estudos têm tentado relacionar *deficit* motores, incluindo o alcance atrasado de marcos motores em pessoas com síndrome de Down, com a hipotonia e a fraqueza (Rarick, Dobbins e Broadhead, 1976; Morris, Vaughan e Vaccaro, 1982; Cioni et al., 1994). *Hipotonia* é um termo mal definido relacionado a outro nome equivocado, *tônus muscular*, que é comumente usado para refletir um sentimento subjetivo de resistência articular ao movimento imposto por outra pessoa (voltaremos a essa noção no capítulo 30). Hipotonia (ou baixo tônus) é a baixa resistência das articulações ao movimento externo — ou seja, implica baixa rigidez articular aparente. Pode resultar de mudanças nas propriedades das estruturas periféricas, como músculos e tendões, bem como de mudanças nas vias reflexas. Os movimentos de pessoas com síndrome de Down são comumente considerados *desajeitados*. A palavra *desajeitado* é usada para indicar movimentos que parecem diferentes ou menos eficientes que os observados na população em geral. Dois componentes principais do desajeitamento na síndrome de Down são a *lentidão* dos movimentos e a *incapacidade de responder rapidamente* às mudanças no ambiente. O último fator pode ser visto em estudos de laboratório como um deficit *na pré-programação* (ver capítulos 12 e 21) e um *tempo de reação mais longo* (o tempo entre a apresentação de um estímulo e a reação motora). A variabilidade no desempenho motor é maior em pessoas com síndrome de Down (a maior variabilidade é típica de uma série de desordens motoras), e esses indivíduos não se ajustam adequadamente a mudanças de informação sensorial.

PROBLEMA # 29.4

- A variabilidade motora maior em jovens adultos com síndrome de Down pode ser vista como exploratória e funcionalmente útil? Por quê?

Movimentos uniarticulares discretos de indivíduos com síndrome de Down são muitas vezes lentos e consistem em vários submovimentos distintos. Em alguns testes, a cinemática do movimento desses indivíduos pode ser caracterizada por um perfil de velocidade em forma de sino que é típico dos movimentos rápidos de pessoas sem síndrome de Down (veja capítulo 11). A cinemática do movimento de outros testes da mesma série, contudo, pode apresentar trajetórias irregulares com solavancos visíveis e possíveis reversões da direção do movimento acompanhadas por vários disparos de atividade nos músculos agonista e antagonista (figura 29.2). Apesar de apresentarem movimentos lentos e "desajeitados", pessoas com síndrome de

Down são tipicamente muito precisas quando se trata de alcançar o alvo prescrito.

O *retardo mental*, comumente associado à síndrome de Down, poderia afetar a tomada de decisões por atrasar a acumulação e a tradução de informação específica do estímulo e da resposta motora. Durante a vida, o sistema nervoso central acumula experiências que lhe permitem prever mudanças inesperadas nas condições externas que ocorrem com bastante frequência. Portanto, se o sistema nervoso central é consciente de sua capacidade de tomar decisões rápidas e adequadas, pode relutar em produzir comandos motores para movimentos muito rápidos, a fim de deixar mais tempo para ações evasivas, corrigir respostas às mudanças no ambiente (perturbações) e atenuar os efeitos potencialmente prejudiciais das perturbações.

Lembre-se de que a pré-programação durante movimentos uniarticulares unidirecionais em pessoas de controle não prejudicado geralmente envolve um *padrão recíproco* de ativação muscular (capítulo 12). Uma carga inesperada aumenta a atividade agonista, enquanto uma descarga inesperada diminui essa atividade, possivelmente aumentando a atividade antagonista. Indivíduos com síndrome de Down costumam apresentar um padrão de coativação de pré-programação que aumenta a atividade dos músculos agonista e antagonista, independentemente da direção de uma perturbação (figura 29.3). Essa diferença deve ser considerada um sinal da incapacidade do sistema de pré-programação para produzir padrões mais típicos ou um sinal de uma estratégia preferencial de um sistema nervoso central alterado?

Se a estratégia recíproca é usada, a pré-programação que aumenta a atividade de um grupo muscular errado pode agravar a perturbação. A estratégia de *coativação* é mais universal por aumentar a rigidez articular e, portanto, atenuar os efeitos das perturbações, independentemente da direção delas. Contudo, a estratégia da coativação é sempre subótima, uma vez que não pode compensar totalmente a perturbação. Pode ser por isso que essa estratégia não é vista em pessoas altamente experientes, que preferem usar a mais efetiva, embora mais desafiante, estratégia recíproca. Aparentemente, a estratégia recíproca está dentro de uma zona de segurança estabelecida por um sistema nervoso central perfeito.

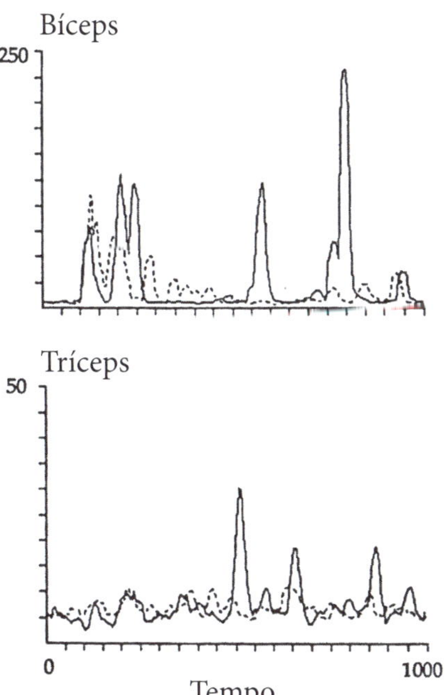

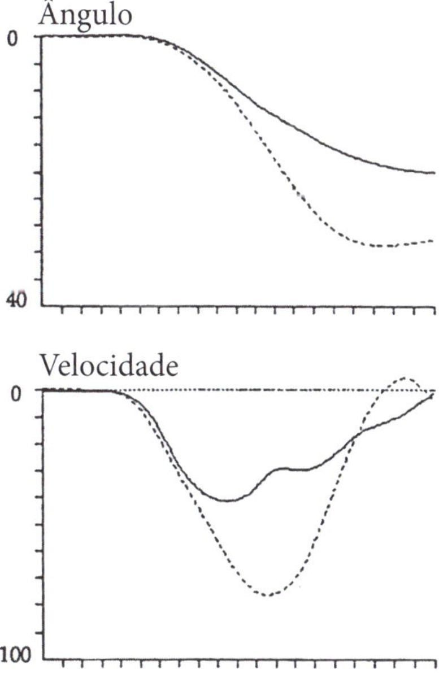

Figura 29.2 Quando uma pessoa com síndrome de Down executou dois movimentos de flexão do cotovelo, uma tentativa (linhas sólidas) foi caracterizada por uma trajetória acidentada e numerosos disparos irregulares do EMG, enquanto a outra (linhas tracejadas) foi muito mais suave e não mostrou muitos disparos irregulares.

Reproduzido, com permissão, de M.L.Latash e D.M. Corcos, 1991. "Kinematic and electromyographic characteristics of single-joint movements by individuals with Down syndrome", *American Journal of Mental Retardation* 96: 189-201.

A coativação poderia ser consequência de uma pré-programação prejudicada ou poderia ser uma medida de segurança que o sistema nervoso central impõe ao movimento de controle dentro dos limites de sua capacidade operacional prejudicada. Novatos que adquirem uma habilidade motora frequentemente têm níveis de cocontração maiores que os ideais, que parecem aumentar a estabilidade e reduzir a probabilidade de erro. Essa cocontração aumentada desaparece depois que a habilidade é bem aprendida. A cocontração também é típica dos movimentos de pacientes com o mal de Parkinson e de idosos saudáveis. Assim, pode ser que a coativação muscular seja uma intervenção ativa do sistema nervoso central, em vez de uma incapacidade de usar padrões habituais de ativação muscular. Nas condições reproduzíveis e amigáveis do laboratório, essas restrições internas podem ser retiradas, proporcionando um desempenho praticamente normal em testes motores. Indivíduos com síndrome de Down bem experientes costumam apresentar uma mistura de padrões recíprocos e de coativação de pré-programação em tentativas diferentes do mesmo bloco de testes.

Descobriu-se que o peso do cerebelo é menor em pessoas com síndrome de Down que na população em geral (Crome e Stern, 1967; Molnar, 1978; Bellugi et al., 1990). Também há relatos de mudanças no cerebelo dos outros grupos de pessoas cujos movimentos podem ser vistos como desajeitados (Berntson e Torello, 1982; Keele e Ivry, 1990). Essas observações, tomadas com o envolvimento do cerebelo na organização das sinergias (capítulo 15; figura 29.4), sugerem que a formação de sinergias apresenta problemas mais graves para pessoas com síndrome de Down que para outras populações. Presume-se que as sinergias sejam o principal mecanismo biológico de controle de um grande número de elementos, com relativamente poucos sinais de comando. Elas simplificam a tarefa de controlar os vários músculos e articulações envolvidos até nos mais simples movimentos do corpo humano.

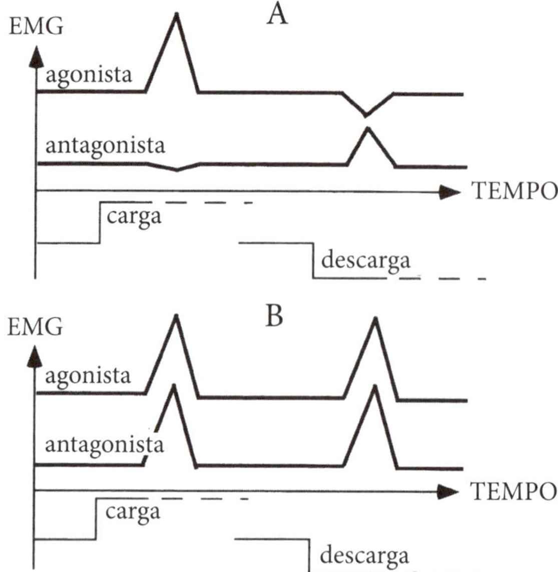

Figura 29.3 Reações musculares a uma mudança inesperada na carga externa durante a tarefa de manter uma posição articular firme. O desenho de cima mostra um padrão típico e recíproco de mudanças na EMG de um músculo agonista e um antagonista em resposta a uma carga e descarga inesperadas. O desenho de baixo ilustra um padrão de coativação mais típico de reações na EMG de pessoas com síndrome de Down.

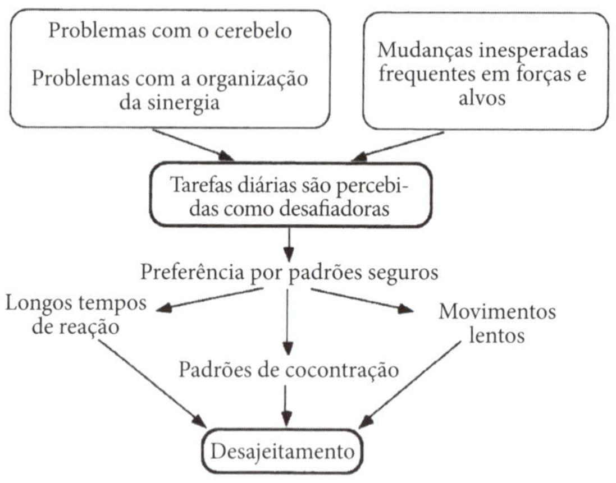

Figura 29.4 Possíveis mudanças em padrões motores resultantes de um envolvimento prejudicado do cerebelo na organização da sinergia.

Reproduzido, com permissão, de M.L. Latash, 2000, "Motor Coordination in Down syndrome: The role of adaptative changes", *In Perceptual-Motor Behavior in Down syndrome*, editado por D.J. Weeks, R.Chua e D. Elliot (Champaign, IL: Human Kinetics, Inc.), 199-223.

Se esse mecanismo funciona mal, o repertório motor cotidiano — que as pessoas da população em geral muitas vezes consideram um direito adquirido e usam sem qualquer esforço visível — pode começar a apresentar grandes problemas, afetando ações diárias como caminhar, ficar em pé ou alcançar um objeto.

29.5 Prática e síndrome de Down

A prática prolongada de movimentos uniarticulares leva a uma notável melhoria no desempenho de pessoas com síndrome de Down: os movimentos tornam-se muito mais rápidos e suaves, sem declínio da precisão (figura 29.5). Essa melhoria é válida para diferentes distâncias e para diferentes posições iniciais e finais. Já se a melhoria adquirida num ambiente padronizado de laboratório pode beneficiar movimentos diários realizados em condições muito menos reproduzíveis é uma questão que permanece aberta. Existem razões suficientes para ser cautelosamente pessimista. Quando o sistema nervoso central de uma pessoa com movimentos atípicos encontra pela primeira vez uma perturbação imprevisível (o que ocorre com frequência na vida cotidiana), ele poderá retornar rapidamente aos antigos padrões confiáveis e seguros. É possível, contudo, que a prática com a inserção de um elemento de incerteza possa persuadir o sistema nervoso central a reconsiderar suas estratégias de controle e adotar modos de controle mais efetivos, embora mais desafiadores.

Um estudo recente sobre sinergias do dedo em pessoas com síndrome de Down mostrou que a prática melhora dramaticamente os índices de sinergia em apenas dois dias (Latash, Kang e Patterson, 2002).

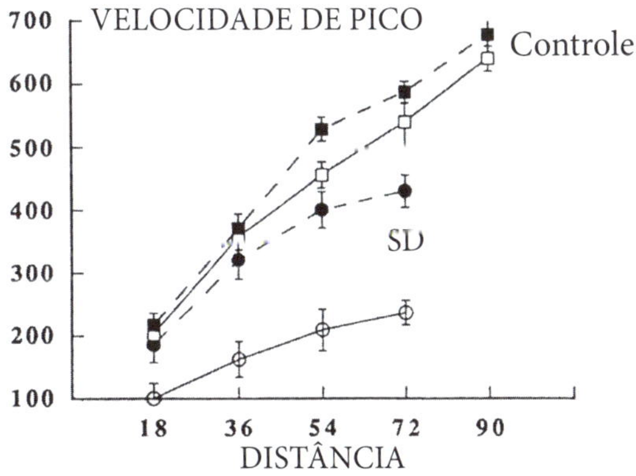

Figura 29.5 A prática prolongada pode melhorar dramaticamente o desempenho de pessoas com síndrome de Down em uma tarefa motora simples (flexão rápida do ombro). Originalmente, as velocidades de pico dos movimentos eram muito baixas (círculos abertos). Com a prática, as velocidades de pico (círculos cheios) aproximaram-se dos níveis de desempenho das pessoas de controle (quadrados abertos). As pessoas de controle também se beneficiam da prática (quadrados cheios), mas em um grau muito menor.

Springer, *Journal of Developmental and Physical Disabilities*, vol. 4, 1992, p. 227-261 "Motor control in Down syndrome: The role of adaptation and practice", M.L. Latash. Com a permissão da Springer Science and Business Media.

Nesse estudo, pessoas com síndrome de Down praticaram tarefas de produção de força precisa enquanto usavam os quatro dedos da mão dominante para pressionar sensores de força individual. Antes da prática, essas pessoas mostraram covariação predominantemente positiva das forças do dedo nos testes. Ou seja, se durante um teste particular um dedo produziu mais que sua parte esperada da força total, os outros dedos estavam propensos a também produzir mais força. Como resultado, a força total desviou-se mais do padrão prescrito. Esse tipo de coordenação do dedo pode ser denominado *estratégia do garfo*: imagine que você agarre o cabo de um garfo, vire o garfo de cabeça para baixo e pressione os quatro dentes sobre os quatro sensores de força (figura 29.6). Se em algum momento você pressionar com mais força, todos os dentes produzirão forças mais altas e mostrarão covariação de força positiva. A estratégia do garfo não tira vantagem da flexibilidade da estrutura da mão, que permite que alguns dedos produzam forças mais altas, enquanto outros produzem forças mais baixas.

PROBLEMA # 29.5

- Sugira uma explicação funcional para a estratégia do garfo.

Após dois dias de prática, pessoas com síndrome de Down aprenderam a executar a tarefa mais precisamente. Elas também começam a mostrar padrões mais típicos de covariação negativa entre as forças dos dedos, o que aparentemente as ajuda a estabilizar a força total (figura 29.7).

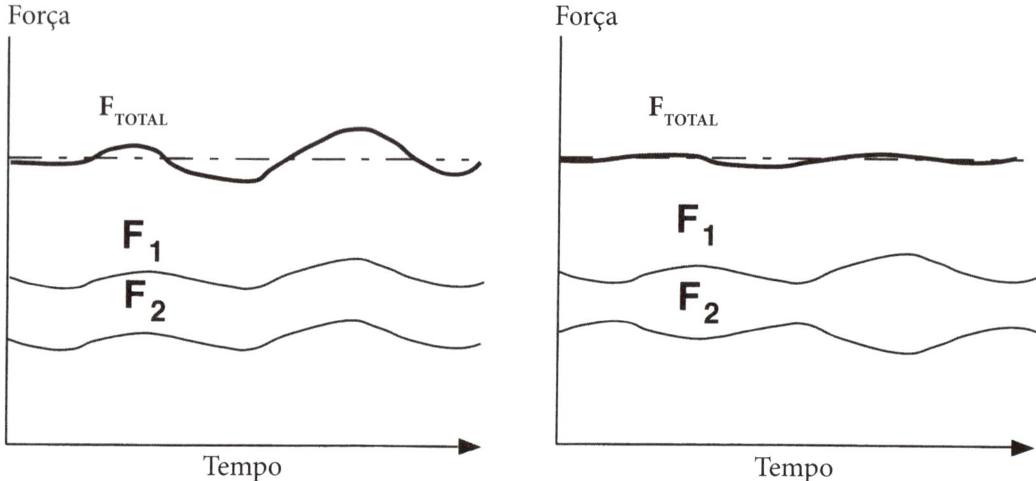

Figura 29.6 Se uma pessoa tenta produzir uma força constante fazendo pressão com dois dedos ou mais, duas estratégias de covariação de força do dedo são possíveis. O gráfico à esquerda ilustra uma estratégia de garfo, na qual as forças do dedo covariam positivamente. O gráfico à direita mostra uma estratégia flexível, na qual as forças do dedo covariam negativamente. Os desvios da força total são menores no gráfico à direita.

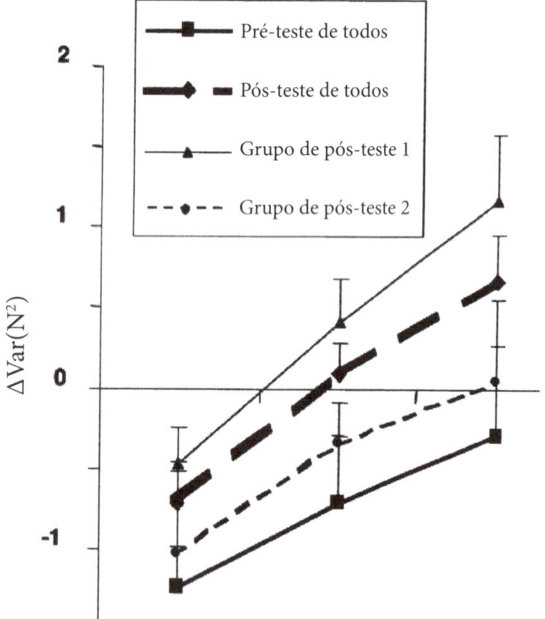

Figura 29.7 Antes da prática, pessoas com síndrome de Down adotavam a estratégia do garfo (valores negativos de Δ *Var*). Depois de dois dias de prática, a estratégia do garfo foi substituída por uma covariação negativa de força do dedo mais típica (valores positivos de Δ Var); essa covariação negativa ajudou a estabilizar a força total. Pessoas que usaram prática variável (Grupo 1) mostraram aperfeiçoamento maior que aquelas que usaram prática bloqueada (Grupo 2).

Springer, *Experimental Brain Research*, vol. 146, 2002, p. 345-355, "Finger coordination in persons with Down syndrome: Atypical patterns of coordination and the effects of practice", M.L. Latash, N. Kang e D. Patterson. Com permissão da Springer Science and Business Media.

Curiosamente, as pessoas com síndrome de Down que trabalharam em várias tarefas motoras durante seu tempo de prática beneficiaram-se mais, enquanto pessoas que praticaram somente a tarefa principal mostraram melhoria menor. Essa constatação de que a prática variável é mais vantajosa que a prática única é apoiada por outros estudos sobre pessoas com síndrome de Down (Edwards e Elliott, 1989; Welsh e Elliot, 2000).

29.6 Autismo

O *autismo* foi descrito pela primeira vez em 1943, pelo Dr. Leo Kanner. Cerca de um em cada 250 nascidos vivos tem autismo, e estima-se que 1,5 milhão de americanos sofram disso.

O autismo é uma desordem de espectro. Isso significa que é caracterizado por um espectro de sinais que não pode ser vinculado a um único mecanismo neurofisiológico. Pessoas com autismo mostram resistência a mudanças, angústia por razões pouco claras, dificuldade de se misturar com os outros, falta de responsividade às palavras e dificuldades na expressão verbal, as quais às vezes se refletem na repetição de palavras. Seu comportamento motor pode ser caracterizado por hábitos diferentes, como excesso de atividade física ou sedentarismo extremo. É comum haver movimentos estereotipados repetidos e movimentos estranhos frequentes. Suas habilidades motoras grossa e fina podem apresentar desenvolvimento muito desigual.

A *síndrome de Asperger* é um distúrbio neurobiológico cujo nome é uma homenagem ao médico austríaco Hans Asperger, que, em 1944, descreveu um padrão de comportamentos em meninos pequenos que demonstravam inteligência e desenvolvimento de linguagem normais, mas exibiam comportamentos autistas e visíveis deficiências nas habilidades sociais e de comunicação. Pessoas com síndrome de Asperger são semelhantes às pessoas com autismo em sua incapacidade de regular a interação social, por meio de elementos não verbais, como postura corporal e gestos, contato visual e expressão facial. Elas mostram preocupação com comportamentos estereotipados, rotinas e rituais, tendo problemas em fazer contatos sociais e desenvolver relacionamentos de igual para igual. Ao contrário das pessoas com autismo, indivíduos com síndrome de Asperger não apresentam atraso significativo no desenvolvimento da linguagem, das competências cognitivas, das habilidades de autoajuda, dos comportamentos adaptativos (com exceção dos necessários à interação social) e da curiosidade sobre o ambiente na infância.

Bebês nascidos com autismo e síndrome de Asperger frequentemente têm características de desenvolvimento motor anormais, incluindo a falta de reflexos protetores quando caem e um atraso para começar a andar (Teitelbaum et al., 1998, 2004). Existem crescentes evidências de que ambas as desordens estão associadas com anormalidades cerebelares (mais pronunciadas no autismo), incluindo massa cinzenta cerebelar reduzida e perda neuronal nos núcleos cerebelares (Courchesne, 1997; Palmen et al., 2004; McAlonan et al., 2005). Como mencionado, anormalidades cerebelares podem causar problemas na montagem das sinergias. Nesse contexto se inserem não apenas atos de coordenação motora, mas também elementos mais genéricos que são levados a trabalhar juntos, como as palavras — caso em que podemos esperar dificuldades com expressão verbal, agramatismos etc. — e as pessoas — caso em que podemos esperar problemas de comunicação e de interação social.

O autismo tem uma característica específica que sugere uma dificuldade em perceber outras pessoas como "outros seres que são apenas como eu e que podem ter suas próprias opiniões e ideias". Essa característica é revelada no teste da *falsa crença* (Muris, Steerneman e Merckelbach, 1998; Pilowsky et al., 2000; Grant, Grayson e Boucher, 2001), em que se mostra a uma pessoa uma sequência de imagens com duas crianças e um bolo. Uma das crianças coloca o bolo na geladeira para certificar-se de que ele não estrague e, em seguida, deixa a sala. O outro garoto pensa que o bolo deve ser comido em poucas horas e deve ser aquecido. Assim, ele tira o bolo da geladeira, coloca-o num armário e deixa a sala. Depois de algum tempo, o primeiro garoto entra na cozinha. A pergunta é formulada: "Onde a primeira criança procurará o bolo?". Caso dê resposta certa (geladeira), a pessoa que está fazendo o teste entende que essas duas personalidades envolvidas na história podem ter visões erradas sobre o mundo (falsas crenças) por causa de informações desatualizadas. Crianças com autismo costumam falhar nesse teste, ao passo que crianças com a mesma idade e com desenvolvimento típico conseguem resolvê-lo.

29.7 Distúrbio do desenvolvimento da coordenação

O *distúrbio do desenvolvimento da coordenação* (DDC) é uma desordem da infância caracterizada por coordenação deficiente e desajeitamento (revisto em Gillberg e Kadesjo, 2003), sendo mais comum em meninos que em meninas. O DDC é um agrupamento bastante vago de comportamentos observáveis que podem resultar de uma variedade de problemas subjacentes. Assim, pode haver vários subgrupos de pessoas diagnosticadas com DDC. Aproximadamente uma em 20 crianças em idade escolar tem algum grau de DDC. Crianças com esse transtorno podem tropeçar em seus próprios pés, colidir com outras crianças, ter problemas ao segurar objetos e exibir marcha instável. Essas crianças têm dificuldades em dominar habilidades de coordenação motora grossa — como engatinhar, caminhar, saltar, ficar sobre um pé só e apanhar uma bola — e tarefas de coordenação fina, como amarrar um cadarço. Algumas crianças também apresentam problemas de expressão discursiva.

Em testes com a tarefa de apontar com precisão, crianças com DDC alcançam uma precisão menor que a de seus pares de controle da mesma idade. A figura 29.8 mostra que crianças de controle e crianças com DDC aumentam a dispersão das posições finais do ponto final conforme o tamanho do alvo; contudo, crianças com DDC mostram muito maior dispersão entre alvos diferentes.

Crianças com DDC mostram atrasos para começar a sentar, engatinhar e andar; *deficit* em escrita e leitura; problemas nas habilidades motoras grossas e finas; e imperícia geral. Seus problemas com controle postural se tornam evidentes em tarefas desafiadoras, como ficar em pé sobre uma perna (Geuze, 2005). Em várias tarefas motoras, elas mostram características atípicas que agora nos são familiares: durante movimentos rápidos, exibem níveis aumentados de coativação de pares musculares agonista-antagonista, e ao manipular objetos, mostram forças de agarro e margens de segurança maiores (Pereira et al., 2001; Raynor, 2001; Zoia et al., 2005).

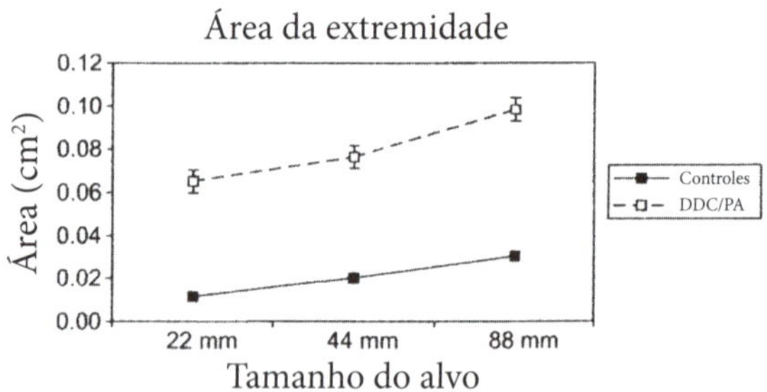

Figura 29.8 Tarefas de apontar alvos de diferentes tamanhos com rapidez e precisão executadas por crianças com distúrbio do desenvolvimento da coordenação e problemas de aprendizagem (DDC/PA) e crianças de um grupo de controle. Ambos os grupos aumentaram a área alcançada pelos pontos finais ao longo dos testes quando o tamanho do alvo aumentou. Esses índices de variabilidade foram muito maiores em crianças com DDC.

Reproduzido de *Human Movement Science*, vol. 22, B.C. Smits-Englesman, P.H. Wilson, Y. Westenberg, J. Duysens, "Fine motor deficiencies in children with developmental coordination disorder and learning disabilities: An underlying open-loop control deficit", p. 495-513. Copyright 2003, com permissão da Elsevier.

O fato de essas características também serem demonstradas por idosos saudáveis e, como veremos em capítulos futuros, por pessoas com diferentes desordens motoras sugere que de fato são adaptações às deficiências do movimento, cujas causas subjacentes podem ser de diferentes tipos.

Assim como nos outros casos de desenvolvimento atípico descritos neste capítulo, as anormalidades motoras do DDC têm sido relacionadas à disfunção cerebelar (O' Hare e Khalid, 2002; Ivry, 2003).

Capítulo 29 em resumo

Os humanos nascem com um sistema nervoso central ainda não desenvolvido por completo. A mielinização continua ao longo dos primeiros seis meses de vida. O desenvolvimento motor progride com base em um conjunto de marcos. A ideia de que esse desenvolvimento segue um calendário fixo tem sido contestada pelos defensores da visão de que ele resulta de interações entre restrições impostas pelo organismo e restrições impostas pelo ambiente. Pessoas com síndrome de Down têm um cromossomo 21 extra. A trissomia do 21 leva a consequências motoras e não motoras. As consequências motoras podem ser resumidas como desajeitamento, que recebe contribuições de tempos de reação mais lentos e variabilidade de movimento mais alta. Pessoas com síndrome de Down apresentam padrões de cocontração de ativação muscular numa variedade de tarefas motoras. A prática altera dramaticamente seus padrões motores. Elas se tornam mais rápidas em testes motores uniarticulares simples. Suas sinergias multidígitos mudam para padrões observados em pessoas sem síndrome de Down. O autismo e a síndrome de Asperger são marcados por aspectos que podem ser parcialmente resumidos como uma capacidade deficiente de formar sinergias, em que a causa pode estar relacionada a mudanças cerebelares. O distúrbio do desenvolvimento da coordenação é um atraso na coordenação motora e também pode estar vinculado com a disfunção cerebelar.

Desordens motoras

30 Desordens periféricas musculares e neurológicas . . . 331

31 Lesão da medula espinal e espasticidade 341

32 Desordens relacionadas aos gânglios da base 353

33 Desordens cerebelares 365

34 Desordens corticais 375

35 Reabilitação motora 389

Materiais de Revisão 399

30

Desordens periféricas musculares e neurológicas

Palavras-chave e tópicos

- distrofias musculares
- miastenia grave
- neuropatias periféricas
- tétano
- síndrome da pessoa rígida
- diabetes
- radiculopatias
- esclerose lateral amiotrófica

Observações clínicas apresentam um sério desafio à análise neurofisiológica, comportamental ou biomecânica do comportamento motor. Primeiro, a linguagem dos relatórios clínicos difere substancialmente da linguagem dos estudos teóricos ou experimentais e requer tradução para tornar os dados inteligíveis. Por exemplo, termos clínicos comumente usados, como *hipotonia* e *rigidez*, não têm definições neurofisiológicas claras e apenas refletem a impressão que um especialista (neurologista ou fisioterapeuta) desenvolve durante o exame clínico de um paciente. Segundo, patologias do movimento são em geral definidas em termos de sinais e sintomas, em vez de mecanismos neurofisiológicos. Essa prática é parcialmente devida à falta de conhecimento sobre os mecanismos subjacentes. Na melhor das hipóteses, uma patologia motora comumente estudada pode ser associada à disfunção de uma formação anatômica relativamente bem localizada no sistema nervoso central. Um exemplo são as mudanças patológicas nos gânglios da base, que são associadas com o mal de Parkinson e a doença de Huntington.

30.1 Miopatias e neuropatias

Começaremos nossa revisão das desordens motoras articulares por aquelas que se originam de uma disfunção nos músculos, nas sinapses neuromusculares, nos axônios periféricos ou nos corpos dos motoneurônios α. A tabela 30.1 lista os locais do corpo associados com desordens do movimento, que podem ser classificadas em *miopatias* (um problema nos músculos) e *neuropatias* (um problema nas estruturas neurais).

TABELA 30.1

Locais do corpo afetados por distúrbios neurológicos

Local	Desordem
Corpo celular do neurônio	ELA (doença de Lou Gehrig)
Raiz	Radiculopatia cervical ou lombar
Axônio	Neuropatia axonal
Mielina	Síndrome de Guillain-Barré
Sinapse neuromuscular	Miastenia grave
Músculo	Distrofia muscular

30.2 Distrofias musculares

Distrofias musculares são doenças genéticas caracterizadas pela fraqueza e degeneração progressivas dos músculos esqueléticos. Entre os homens, as distrofias musculares de Duchenne e de Becker, juntas, afetam um entre 3.500 a 5.000 recém-nascidos (Khurana e Davies, 2003; Tsao e Mendell, 1999; Voisin e de la Porte, 2004). Nos Estados Unidos, cerca de 500 meninos nascem com essas condições a cada ano, enquanto as meninas raramente são afetadas.

A *distrofia muscular de Duchenne* resulta de uma mutação no gene que regula a distrofina, uma proteína envolvida na manutenção da integridade da fibra muscular (Hartigan-O' Connor e Chamberlain, 1999; Nowak e Davies, 2004). É a forma mais comum de distrofia muscular na infância. Os sintomas clínicos começam entre 2 e 6 anos de idade, e a doença evolui rapidamente. Crianças com distrofia muscular de Duchenne muitas vezes demoram para aprender a andar, mostram uma marcha bamboleante e instável e caem facilmente. Uma vez que a doença afeta todos os músculos do corpo, essas crianças também apresentam dificuldades em tarefas como levantar os braços. A maioria dos pacientes torna-se incapaz de andar por volta dos 12 anos. Os estágios finais da distrofia muscular de Duchenne afetam a respiração, causando infecções respiratórias. Por volta dos 20 anos de idade, a maioria dos pacientes tem de usar um respirador.

A *distrofia muscular de Becker* tem muito em comum com a distrofia muscular de Duchenne (Tsao e Mendell, 1999; Nowak et al., 2005). Em particular, pessoas com distrofia muscular de Becker têm defeitos no mesmo gene da distrofina. Os sintomas clínicos aparecem mais tarde, na adolescência, e a doença progride mais lentamente em comparação com a distrofia muscular de Duchenne. A gravidade da doença varia, e meninos e homens com distrofia muscular de Becker têm uma expectativa de vida maior que a daqueles com distrofia muscular de Duchenne.

A *distrofia miotônica* é a forma mais comum de distrofia muscular em adultos, afetando cerca de uma em 10.000 pessoas em todo o mundo (Amack e Mahadevan, 2004; Meola e Moxley, 2004). O nome dessa desordem ressalta um sintoma incomum encontrado somente nessa forma de distrofia — a *miotonia*, um episódio prolongado de atividade muscular após uma contração voluntária. Essa atividade consiste em uma descarga repetitiva das fibras musculares (figura 30.1), com uma frequência inicialmente elevada que diminui gradualmente. Em geral, a miotonia ocorre nos dedos e nos músculos faciais. Outros sintomas incluem alterações na marcha, cataratas, anormalidades cardíacas e perturbações endócrinas. Indivíduos com distrofia miotônica tendem a ter rosto alongado e pálpebras caídas.

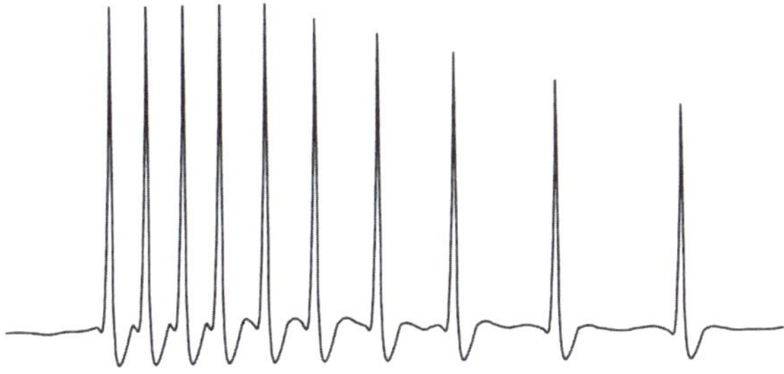

Figura 30.1 Uma descarga miotônica é caracterizada por uma alta frequência que gradualmente declina; note também uma diminuição no tamanho do potencial de ação composto.

PROBLEMA # 30.1

- Sugira um mecanismo fisiológico para a miotonia.

A *distrofia muscular fascio-escápulo-humeral* aparece na adolescência e causa fraqueza progressiva nos músculos faciais e certos músculos dos braços e pernas (Kissel, 1999; Tawil, 2004). Ela progride vagarosamente, e seus sintomas podem variar de leves a incapacitantes. Essa forma de distrofia pode prejudicar a capacidade de andar, a mastigação, a deglutição e a fala. Cerca de metade das pessoas com essa desordem mantém a capacidade de caminhar ao longo da vida.

30.3 Síndromes de atividade contínua da fibra muscular

Uma das síndromes de atividade contínua da fibra muscular mais conhecidas é o *tétano* (Ernst et al., 1997). Geralmente, o tétano surge de uma ferida na pele contaminada pela bactéria *Clostridium tetani*, frequentemente encontrada no solo. A toxina que gera essa bactéria, conhecida como *tetanospasmina*, bloqueia a inibição pós-sináptica no nível espinal e, portanto, produz uma contração muscular descontrolada e duradoura. Aproximadamente 10% dos casos registrados de tétano são fatais. Nos Estados Unidos, onde até 50 casos de tétano ocorrem a cada ano, a mortalidade é maior entre pessoas com 60 anos ou mais.

Uma forma especial de tétano, o tétano neonatal, atinge recém-nascidos que são paridos em condições anti-higiênicas. Antes das imunizações, o tétano neonatal era muito mais comum nos Estados Unidos. Agora, a imunização de rotina contra a síndrome produz anticorpos que as mães passam a seus bebês durante a gestação.

Os disparos de atividade muscular que ocorrem durante o tétano podem ser detidos por um nervo periférico ou neuromuscular bloqueado. A atividade muscular é atenuada também durante o sono e sob anestesia geral ou espinal.

Outra síndrome de excitação excessiva do motoneurônio é a *síndrome da pessoa rígida* (Stayer e Meinck, 1998; Thompson, 2001; Murinson, 2004), que começa entre os 30 e 60 anos de idade. O aparecimento dos sintomas é lento, geralmente começando com dor e tensão nos músculos axiais (os do pescoço, os paravertebrais e os abdominais). Pode demorar alguns meses para os sintomas se tornarem constantes, levando à rigidez dos músculos do tronco. Na maioria dos pacientes, os músculos distais das extremidades e os músculos faciais são poupados. Mas em cerca de 25% dessa população, a musculatura craniana é afetada, causando dificuldades para engolir e expressões faciais incomuns, entre outros efeitos.

A figura 30.2 ilustra as respostas de uma pessoa com síndrome da pessoa rígida a um estímulo auditivo e à estimulação elétrica do dedo. Em ambos os casos, existem vários picos de atividade muscular por todo o corpo, seguidos de contração muscular tônica.

A síndrome da pessoa rígida está associada à contínua atividade das unidades motoras em repouso, e seus sintomas desaparecem durante o sono. A aparente excitação excessiva do motoneurônio nessa condição provavelmente relaciona-se a uma desordem na inibição pré-sináptica. Essa hipótese é apoiada por relatórios sobre os fortes efeitos terapêuticos do baclofeno (Penn e

Mangieri, 1993; Silbert et al., 1995), um análogo do AGAB que provavelmente atua na medula espinal num nível pré-sináptico (veja capítulo 31). Outros sinais da síndrome da pessoa rígida é a coativação excessiva dos pares de músculos agonista-antagonista. Esse estado tem algo de semelhante à espasticidade (discutida no capítulo 31), mas os reflexos monossinápticos na síndrome da pessoa rígida ficam inalterados, enquanto nos músculos espásticos são exagerados.

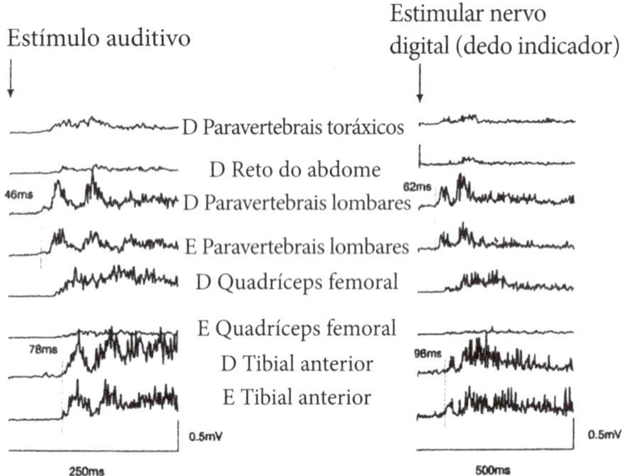

Figura 30.2 Respostas de uma pessoa com síndrome da pessoa rígida a um estímulo auditivo e à estimulação elétrica do dedo. Em ambos os casos, vários disparos de atividade muscular por todo o corpo são seguidos de contração tônica.

Reproduzido de *Parkinsonism and Related Disorders*, vol. 8, P.D. Thompson, The stiff-man syndrome and related disorders", p. 147-153. Copyright 2001, com a permissão da Elsevier.

PROBLEMA # 30.2

- Como os reflexos monossinápticos podem permanecer inalterados na síndrome da pessoa rígida se o problema está relacionado à inibição pré-sináptica reduzida?

A *neuromiotonia* é uma desordem neuromuscular caracterizada pelo lento relaxamento dos músculos após uma contração voluntária ou estimulação elétrica (Vincent, 2000). Indivíduos com essa desordem podem ter dificuldade em soltar um agarro ou se erguer quando estão sentados, além de comumente andar de forma rígida e estranha. A neuromiotonia pode afetar todos os grupos musculares, pode ser adquirida ou herdada e é causada por uma anomalia na membrana muscular. Ela está associada à atividade contínua das fibras musculares isoladas, a qual pode ocorrer quando se está em repouso ou quando há baixa atividade muscular (figura 30.3). O defeito que causa a miotonia está provavelmente nos terminais do axônio motor. O tratamento envolve drogas anticonvulsivantes, fisioterapia e outras medidas de reabilitação.

30.4 Miastenia grave

Uma das desordens motoras periféricas mais estudadas é a *miastenia grave* — uma desordem na transmissão da sinapse neuromuscular (Kothari, 2004). A miastenia grave afeta cerca de 60 pessoas em 1 milhão, e de 3 a 4 novos casos por milhão de pessoas ocorrem anualmente. Ela pode começar em qualquer idade, afetando duas vezes mais mulheres que homens. Na primeira metade do século XX, quando não era tratada, a miastenia grave tinha uma taxa de mortalidade de 30% a 70%. Hoje, pacientes com esse distúrbio têm uma expectativa de vida quase normal.

A miastenia grave parece ser resultado de um processo autoimune no qual o corpo produz anticorpos contra os receptores sensíveis à acetilcolina. Isso causa uma diminuição no número de receptores sensíveis à acetilcolina e uma redução correspondente dos potenciais pós-sinápticos nas fibras musculares. Isso gera características miopáticas nos potenciais da unidade motora, particularmente com um aumento da duração dos potenciais (figura 30.4).

Os sinais clínicos da miastenia grave são a fadiga, a exaustão e a atrofia muscular. Qualquer músculo do corpo pode ser afetado, mas a miastenia grave afeta mais frequentemente os olhos, o rosto, os lábios, a língua, a garganta, o pescoço e as pernas. Quando os músculos do olho são afetados, os sintomas são a ptose da pálpebra e a incapacidade de abrir um olho. Caso seja atingido, o rosto pode ficar rígido, dificultando mastigação, deglutição, riso e fala (disartria). Se os músculos respiratórios são afetados, a miastenia grave pode levar à insuficiência ventilatória e à morte.

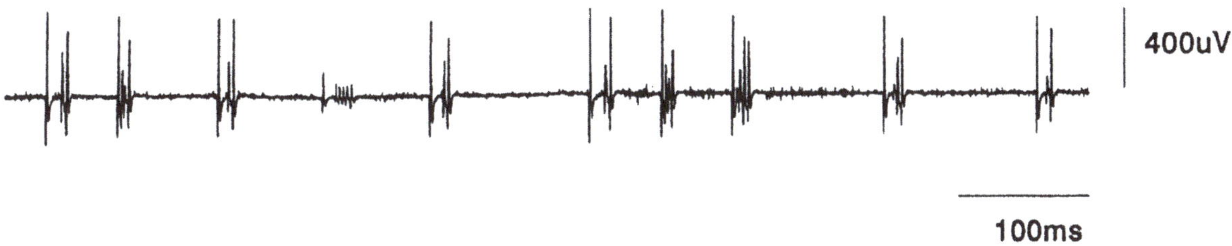

Figura 30.3 Exemplo da descarga (potenciais pequenos) que ocorre na neuromiotonia no histórico de descarga de unidade motora num paciente com o distúrbio.

Reproduzido de *Parkinsonism and Related Disorders*, vol. 8, P.D. Thompson, "The stiff-man syndrome and related disorders", p. 147-153. Copyright 2001, com permissão da Elsevier.

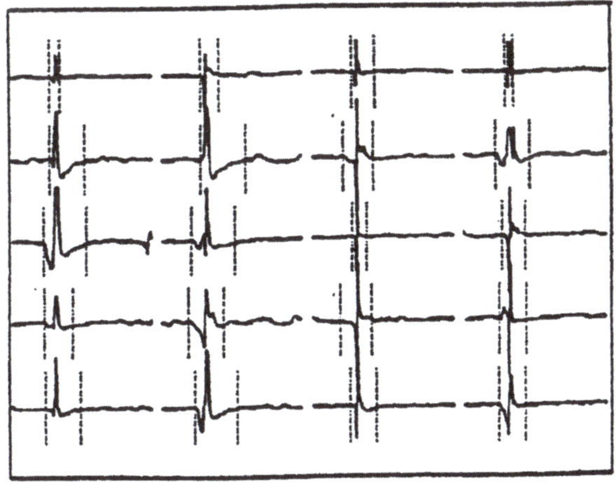

Figura 30.4 Potenciais de unidade motora na miastenia grave mostram características miopáticas típicas, com destaque para as durações mais longas.

Reproduzido, com permissão, de Z. Odabasi, R. Kuruoglu e S. J. Oh, 2000, "Turns--amplitude analysis and motor unit potential analysis in myasthenia gravis", *Acta Neurologica Scandinavica* 101:315-320. © 2000 Blackwell-Synergy.

Existem duas abordagens principais para o tratamento da miastenia grave (Saperstein e Barohn, 2004). Uma é agir sobre a articulação neuromuscular para tentar compensar a queda do número de receptores sensíveis à acetilcolina. Drogas como a neostigmina e a distigmina inibem a acetilcolinesterase, uma enzima que elimina a acetilcolina da fenda sináptica em músculos que funcionam de modo normal. Essas drogas permitem que a acetilcolina fique mais tempo na fenda sináptica e aumente as chances de ativação da membrana muscular pós-sináptica. Existe o risco de efeitos colaterais, porque essas drogas podem causar uma ativação prolongada de músculos saudáveis similar à ativação vista na neuromiotonia.

O método alternativo de tratamento é tentar lidar com o processo autoimune. Isso pode ser feito com timectomia, mas esse método radical pode deixar o sistema imunológico incapaz de proteger o corpo contra infecções comuns. Um tratamento menos dramático é a plasmaférese, que remove anticorpos autoimunes. Esse método deixa o sistema imunológico relativamente inalterado, mas deve ser repetido. Assim, efeitos colaterais parecem ser inevitáveis com qualquer tratamento.

30.5 Neuropatias periféricas

Neuropatias periféricas são classificadas em *mononeuropatias* (as que afetam um único nervo), *mononeuropatias múltiplas* (as que afetam vários nervos de uma área específica do corpo) e *polineuropatias* (desordens sistêmicas que afetam nervos por todo o corpo). Essas desordens têm pontos comuns, incluindo a diminuição da velocidade ou a interrupção completa da condução ao longo de vias neurais periféricas como a principal causa dos sintomas.

As mononeuropatias estão associadas à condução lenta num nervo único; a amplitude dos potenciais motores ou sensoriais é reduzida. Se um nervo motor é afetado, sinais de desnervação podem ser vistos no músculo alvo. A mononeuropatia mais conhecida é a *síndrome do túnel do carpo*, que é a compressão do nervo mediano do punho. O túnel do carpo contém os tendões dos músculos flexores extrínsecos e o nervo mediano. Existem razões diferentes para o aumento da pressão sobre esse nervo. O uso excessivo dos músculos flexores extrínsecos (por exemplo, durante um trabalho com ferramentas elétricas) pode engrossar as bainhas protetoras que cercam os tendões, e as bainhas do tendão também podem inchar. Além disso, o tamanho do túnel do carpo pode predispor geneticamente um indivíduo a essa síndrome.

Os primeiros sintomas da síndrome do túnel do carpo envolvem um formigamento doloroso numa ou em ambas as mãos, sobretudo durante a noite. Quando os sintomas aumentam, o formigamento pode ser sentido durante o dia, comumente nos dedos polegar, indicador e anelar. Assim, a função motora é prejudicada, levando a uma deficiência na capacidade de apertar objetos. Em casos avançados, o músculo tenar na base do polegar sofre atrofia e perda de força. Pessoas com síndrome do túnel do carpo podem começar a parecer desajeitadas e ter problemas com tarefas simples quanto à coordenação dos dedos, como amarrar cadarços ou manipular pequenos objetos. A figura 30.5 ilustra uma condução atrasada dos potenciais de ação no túnel do carpo (Nobuta et al., 2005) — atrasos de mais de 10 ms são considerados graves.

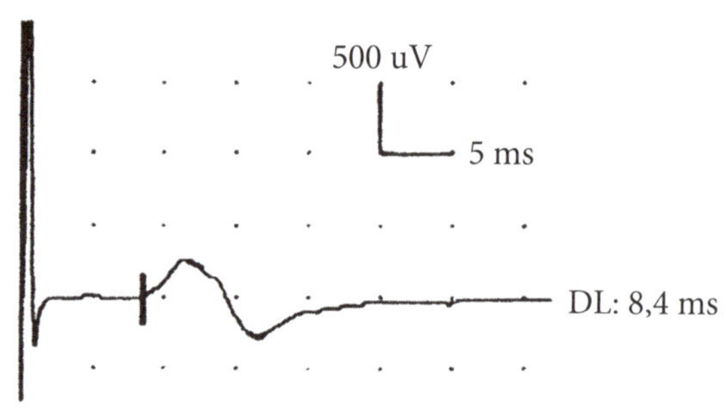

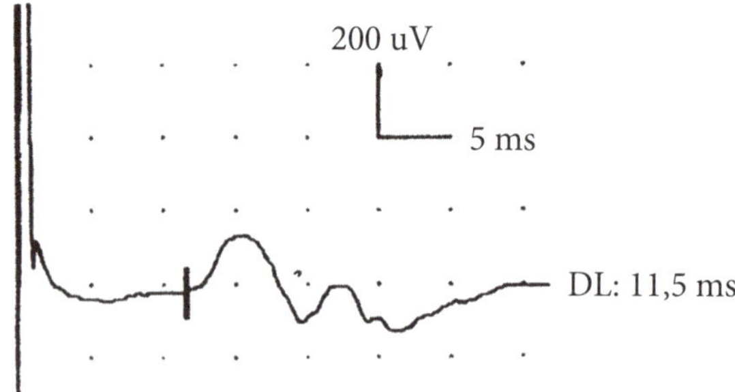

Figura 30.5 Ilustração da condução atrasada de potenciais de ação na área do pulso na síndrome do túnel do carpo. O traçado de cima mostra uma condução moderadamente atrasada, enquanto o de baixo mostra uma condução muito atrasada.

Springer, *Journal of Orthopaedic Science*, vol. 10, 2005, p. 22-26. "Clinical results in severe carpal tunnel syndrome and motor nerve conduction studies", S. Nobuta, K. Sato, T. Komatsu, Y. Miyasaka e M. Hatori. Com permissão da Springer Science and Business Media.

PROBLEMA # 30.3

▸ O que se pode concluir do fato de as deficiências sensoriais serem geralmente vistas antes das deficiências motoras na síndrome do túnel do carpo?

O tratamento da síndrome inclui drogas anti-inflamatórias não esteroides, como a aspirina, o ibuprofeno e outros analgésicos comprados sem receita médica, além de métodos analgésicos aplicados localmente, como compressas de gelo e injeção de lidocaína diretamente no pulso.

Exercícios de alongamento e fortalecimento podem ser úteis. Se os sintomas duram vários meses, uma cirurgia pode ser feita para reduzir a pressão sobre o nervo mediano.

O segundo nervo mais frequentemente comprimido ou lesado no braço humano é o *nervo ulnar*. Ele pode ser comprimido no cotovelo (mais comum) e no punho, causando *paralisia ulnar*. Em razão disso, podem ocorrer desnervação e a paralisia dos músculos supridos por esse nervo: uma das consequências mais graves da compressão do nervo ulnar é a perda da função intrínseca do músculo da mão. A dormência normalmente ocorre antes que quaisquer sinais motores possam ser detectados.

Os nervos das extremidades inferiores também podem ficar comprimidos. A compressão do nervo fibular é chamada *paralisia por pressão fibular*. A compressão do nervo tibial leva à *síndrome do túnel do tarso*, cuja manifestação clínica é semelhante à da síndrome do túnel do carpo.

As mononeuropatias múltiplas podem resultar de várias desordens, como a diabetes melito e a hanseníase. Consideraremos as consequências da diabetes melito na próxima seção.

As polineuropatias podem estar associadas com a desmielinização ou com efeitos tóxicos nos axônios periféricos. A desmielinização pode resultar de uma inflamação crônica ou de um processo autoimune, no qual o sistema imunológico do organismo ataca partes do sistema nervoso periférico. Essa última condição é chamada *síndrome de Guillain-Barré* (Hughes e Cornblath, 2005). A perda da mielina bloqueia a condução ao longo dos axônios afetados, o que resulta numa capacidade reduzida de recrutar unidades motoras em músculos inervados pelos nervos afetados. Reflexos monossinápticos, como espasmos do joelho, são geralmente perdidos.

A síndrome de Guillain-Barré tem uma incidência anual de 0,6 a 2,4 casos por 100.000 pessoas, sendo mais frequentes em homens. Cerca de dois terços dos pacientes têm um histórico de infecção respiratória ou gastrointestinal entre 1 e 3 semanas antes do aparecimento das primeiras manifestações clínicas. A doença é mais comum nas idades de 15 a 35 anos e 50 a 75 anos.

Os primeiros sintomas da síndrome de Guillain-Barré incluem graus variados de fraqueza ou sensações de formigamento nas pernas. O aparecimento dos sintomas é inesperado. Em muitos casos, a fraqueza e as sensações anormais se espalham pelos braços e pela parte superior do corpo. Esses sintomas podem aumentar em intensidade até que o paciente fique quase totalmente paralisado. A maioria das pessoas experimenta o máximo de fraqueza nas duas primeiras semanas após o aparecimento dos sintomas. Contudo, a maior parte dos pacientes se recupera, até mesmo nos casos mais graves, embora alguns continuem a sentir algum grau de fraqueza. A taxa de mortalidade varia de 5% a 10%.

A síndrome de Guillain-Barré partilha características com a esclerose múltipla (desmielinização das vias neurais) e a miastenia grave (uma doença autoimune). Existem várias maneiras de tratar as complicações da doença. Atualmente, as maneiras usadas com mais frequência são a plasmaférese e a terapia de altas doses de imunoglobulina.

30.6 Desordens motoras do diabetes

É relativamente incomum incluir a *diabetes melito* (uma capacidade prejudicada de metabolizar a glicose) entre as desordens motoras. Problemas sensório-motores associados a ela são consequências secundárias e não são vistos em todos os pacientes. Contudo, o número muito grande de casos de diabetes torna essas desordens motoras bastante comuns. O número total de casos de diabetes melito nos Estado Unidos é de cerca de 16 milhões, e cerca de 650.000 novos casos são diagnosticados a cada ano.

Entre as complicações de longo prazo da diabetes estão a neuropatia periférica das fibras motoras e sensoriais, problemas com a função autonômica e a atrofia dos tecidos periféricos. A perda de sinais sensoriais dos receptores periféricos leva a problemas com a coordenação motora e o equilíbrio (van Deursen et al., 1998; van Deursen e Simoneau, 1999). Pessoas que sofrem essas consequências da diabetes têm de confiar na informação visual para ficar em pé, podendo ser incapazes de fazê-lo com os olhos fechados. Essa condição aumenta a probabilidade de queda.

A diabetes geralmente afeta as áreas distais das extremidades inferiores mais que as áreas proximais. Isso resulta numa reorganização dos mecanismos de controle postural que dependem mais de informações de receptores nos músculos proximais da perna. Quando a vibração muscular é aplicada ao tendão calcâneo em pessoas com diabetes, seus efeitos sobre a postura são mais fracos (capítulo 21), enquanto efeitos maiores são observados quando a vibração é aplicada ao tendão patelar (figura 30.6).

PROBLEMA # 30.4

- Imagine que um jovem adulto com diabetes esteja em pé numa plataforma que de repente começa a se mover a uma velocidade moderada. Espera-se que a pessoa empregue a estratégia do tornozelo ou a estratégia do quadril na reação antecipada à perturbação?

30.7 Radiculopatias

O termo *radiculopatia* refere-se a desordens que se originam de danos mecânicos ou inflamatórios em uma raiz espinal ou em um grupo de raízes espinais e que evoluíram o suficiente para causar sintomas neurológicos nas áreas supridas pela raiz afetada. Essas desordens podem levar a problemas sensoriais (formigamento e dor) ou motores (fraqueza), dependendo de quais raízes são afetadas, se as dorsais ou as ventrais. A separação dos sintomas sensoriais e motores torna as radiculopatias diferentes das neuropatias periféricas, as quais afetam as fibras neurais sensoriais e motoras que correm juntas nos nervos comuns.

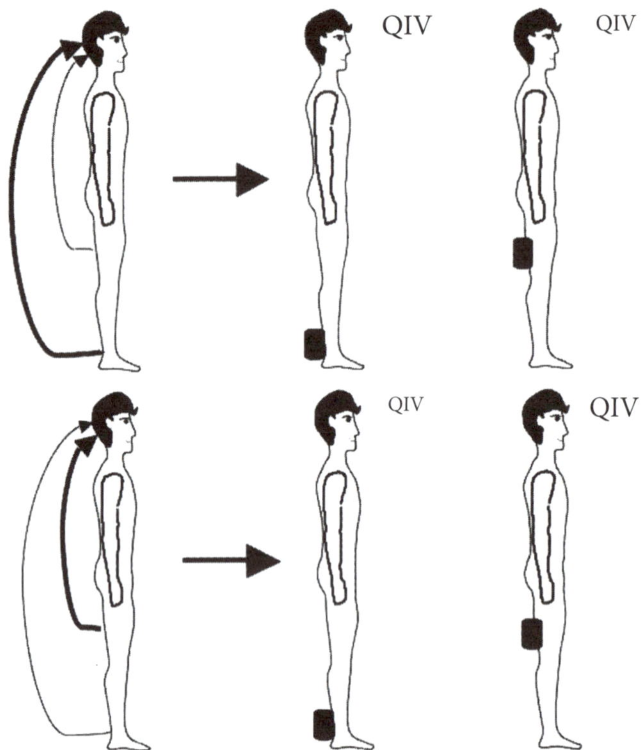

Figura 30.6 Reorganização do controle postural que pode ocorrer em razão da diabetes. Numa pessoa com sinais somatossensoriais intactos (desenhos superiores), informações da parte inferior da perna desempenham um papel importante no controle postural. Como resultado, a vibração (ponto preto) do tendão calcâneo leva a grandes QIVs (quedas induzidas por vibração), enquanto a vibração da parte superior da perna provoca efeitos menores. Numa pessoa com diabetes (desenhos de baixo), sinais não confiáveis de receptores da parte inferior da perna fazem o sistema de controle postural depender mais de informações de receptores da parte superior. Consequentemente, QIVs maiores são observados durante a vibração da coxa, em comparação com as QIVs resultantes da vibração do tendão calcâneo.

Uma das causas mais frequentes de radiculopatias é a hernia de disco, quando a camada exterior (anel) do disco racha e o centro (núcleo), similar a um gel, rompe-se. Isso torna o disco saliente e o faz exercer pressão sobre o nervo que sai da coluna espinal nesse ponto. Os discos espinais também podem sofrer mudanças relacionadas à idade, levando a uma doença degenerativa do disco. Quando as pessoas envelhecem, o teor de água nos discos diminui e eles encolhem. Sem amortecimento suficiente, as vértebras podem pressionar umas às outras, pinçando o nervo, ou podem formar esporas ósseas. Finalmente, as radiculopatias podem resultar da estenose espinal, uma condição que ocorre quando o espaço no centro das vértebras diminui e aperta a coluna espinal e as raízes nervosas.

As radiculopatias mais comuns ocorrem nos níveis cervical e lombossacral. Nos Estados Unidos, radiculopatias lombossacrais atingem cerca de 2% da população. Nesses casos, entre 10% e 25% dos pacientes desenvolvem sintomas persistentes.

30.8 Esclerose lateral amiotrófica

A *esclerose lateral amiotrófica* (ELA; revista em Bruijn, Miller e Cleveland, 2004) é também conhecida como *doença de Lou Gehrig*, em homenagem ao grande jogador de beisebol Lou Gehrig, que morreu de ELA em 1941. A ELA é uma doença relativamente rara que afeta 1 em cada 15.000 americanos, com 5.000 novos casos diagnosticados nos Estados Unidos a cada ano. A ELA é mais comum em homens que em mulheres, e geralmente surge entre os 40 e 60 anos de idade.

A ELA leva à morte progressiva de motoneurônios α, resultando na desnervação muscular e na perda do controle muscular voluntário. Seus primeiros sintomas podem incluir contrações, espasmos ou rigidez; fraqueza muscular em um braço ou em uma perna; fala enrolada e nasalada e dificuldade de mastigar ou engolir. Os pacientes têm problemas crescentes com movimentos voluntários, deglutição (disfagia) e fala (disartria). Finalmente, a doença leva à paralisia, que pode afetar os músculos envolvidos na respiração.

Cerca de 5% a 10% dos casos de ELA são herdados, e cerca de 20% de todos os casos familiares resultam de uma mutação do gene superóxido dismutase 1 (SOD1) (Andersen, 2004). Infelizmente, não existe nenhum tratamento para a ELA. A fisioterapia é usada para aliviar os sintomas e tornar a vida mais confortável para esses pacientes.

PROBLEMA # 30.5

- Pacientes com esclerose múltipla com frequência sentem-se melhor numa sala fria e pior numa quente. Quais outros grupos de pacientes considerados neste capítulo podem se sentir melhor num quarto mais frio? Por quê?

Capítulo 30 em resumo

As desordens motoras periféricas podem se originar de uma disfunção nos músculos, nas sinapses neuromusculares, nos axônios periféricos e nos corpos dos motoneurônios α. Distrofias musculares são doenças genéticas caracterizadas por fraqueza progressiva e degeneração dos músculos esqueléticos. As distrofias musculares Duchenne e Becker estão associadas a defeitos no mesmo gene da distrofina. A distrofia miotônica caracteriza-se pela miotonia, um episódio prolongado de atividade muscular após uma contração voluntária. A miastenia grave é uma desordem na transmissão da sinapse neuromuscular e provavelmente resulta de um processo autoimune. As neuropatias periféricas levam a consequências sensoriais e motoras nas áreas inervadas pelos nervos afetados. A síndrome de Guillain-Barré causa desmielinização de axônios periféricos, a qual pode resultar de um processo autoimune. Plasmaférese e tratamentos imunossupressores são estratégias terapêuticas comuns para a miastenia grave e a síndrome de Guillain-Barré. A diabetes avançada provoca neuropatias periféricas, que prejudicam a coordenação e o equilíbrio. A esclerose lateral amiotrófica leva à morte progressiva de motoneurônios α, resultando na desnervação muscular e na perda do controle muscular voluntário.

31

Lesão da medula espinal e espasticidade

Palavras-chave e tópicos

- lesão da medula espinal
- sinais e sintomas de espasticidade
- reflexo de Babinski
- clônus
- fenômeno do canivete
- paresia
- tratamento da espasticidade
- esclerose múltipla

A lesão da medula espinal é, infelizmente, uma consequência comum de acidentes de automóvel (representam 36% dos casos), quedas, atos de violência e algumas atividades esportivas. Quase meio milhão de pessoas que vivem nos Estados Unidos sobreviveram a uma lesão da medula espinal. Cerca de 10.000 novos casos surgem todos os anos, dos quais mais de 80% envolvem jovens do sexo masculino. As lesões da medula espinal podem ter várias consequências graves. Apenas uma fração delas se relaciona diretamente ao dano mecânico primário dos tecidos, incluindo estruturas neurais. O resto é causado por fenômenos secundários, como edema e perda da entrada pré-sináptica para grupos de neurônios.

31.1 Consequências da lesão da medula espinal

As consequências da lesão da medula espinal se enquadram em dois grupos. O primeiro refere-se à destruição do *aparato neuronal intraespinal*, incluindo interneurônios e motoneurônios. Se todos os motoneurônios α de um grupo que controla um determinado músculo esquelético são destruídos, é impossível restaurar o controle voluntário normal do músculo. No máximo, pode ser possível substituir o controle muscular perdido por dispositivos artificiais impulsionados pelo esforço voluntário da pessoa. Por exemplo, sinais de EMG de músculos saudáveis (ou outras fontes) podem provocar estímulos elétricos em músculos desnervados. Esse método é chamado *estimulação elétrica funcional* (Stein et al., 2002; Kirshblum, 2004).

A medula espinal também contém estruturas neurais que controlam certos componentes de ações voluntárias, como os GPCs para locomoção (ver capítulo 22) e as vias reflexas, cujo funcionamento normal pode ser crucial para a coordenação de movimentos complexos (capítulo 23). A destruição de interneurônios dessas estruturas pode prejudicar a coordenação motora.

O segundo grupo de consequências relaciona-se à lesão das *vias de condução* neurais, tanto ascendentes quanto descendentes. Uma transecção total da medula espinal leva à incapacidade de transmitir sinais ao longo dos tratos neurais ascendentes e descendentes, causando paralisia completa e falta de sensibilidade abaixo do nível do trauma. Até hoje, todas as tentativas de restaurar a função da medula espinal após sua completa transecção não foram bem-sucedidas. Como resultado, as terapias são frequentemente direcionadas não a restaurar, mas a substituir a função perdida, com a ajuda, por exemplo, de estimulação elétrica funcional ou de diferentes próteses, a fim de tornar a vida dos pacientes com essas lesões mais confortável.

As consequências da lesão da medula espinal não se limitam a danos aos movimentos e à sensibilidade. Um grupo de consequências igualmente ou até mesmo mais importante se relaciona ao *funcionamento dos órgãos internos*, em especial o intestino e a bexiga, cujos centros de controle localizam-se na medula espinal. Outro efeito importante é a *dor crônica*, que frequentemente pode ser fantasma. Isso significa que um paciente se queixa de uma dor crônica numa área do corpo que não tem nenhuma sensibilidade a estímulos, dolorosos ou não. A dor crônica pode persistir mesmo quando a medula espinal é seccionada acima do nível em que o paciente localiza a dor — ou seja, a dor pode ter origem puramente central.

O nível da lesão na medula espinal é um importante fator preditivo para o prognóstico (tabela 31.1). Um trauma no nível cervical frequentemente leva à *tetraparesia*, que é a perda parcial da função motora voluntária em todas as quatro extremidades, ou até mesmo à *tetraplegia*, que é a perda total da função motora, combinada com sensibilidade prejudicada abaixo do local do trauma. Um trauma no nível torácico geralmente causa *paraparesia* (paralisia parcial) ou *paraplegia* (paralisia completa), prejudicando somente a função motora das pernas. Traumas cervicais e torácicos estão associados à *espasticidade*, um complexo de sintomas característicos de tratos espinais descendentes danificados. Traumas na seção lombar da medula espinal comumente acarretam paralisia parcial de diferentes graus de gravidade, não acompanhada por espasticidade (*paraparesia flácida*).

TABELA 31.1

Consequências do trauma espinal

Tipo de trauma	Consequência provável
Supraespinal	Hemiparesia ou hemiplegia, possivelmente espástica
Cervical	Tetraparesia ou tetraplegia, possivelmente espástica
Torácico	Paraparesia de membro inferior ou paraplegia, provavelmente espástica
Lombar superior	Paraparesia de membro inferior ou paraplegia, provavelmente espástica
Lombar inferior, sacral	Paralisia parcial inferior ou paraplegia flácida

Imediatamente após uma lesão da medula espinal, a pessoa experimenta um *choque espinal* por alguns minutos ou até algumas horas. Durante o choque espinal, todos os reflexos musculares são suprimidos e o paciente é afetado por uma paralisia completa. Ao longo de poucos dias, semanas ou meses, as consequências típicas da lesão se desenvolvem. Os pacientes muitas vezes recuperam parcialmente os movimentos voluntários e as sensações abaixo do local do trauma. Em alguns casos essa recuperação é acompanhada pelo desenvolvimento de *espasticidade*.

PROBLEMA #31.1

- Você pode sugerir por que não ocorre espasticidade em lesões da medula espinal lombar?

PROBLEMA #31.2

- Em que nível a lesão da medula espinal pode destruir o aparato neuronal dos GPCs locomotores?

31.2 Sintomas da espasticidade

A espasticidade é um componente comum de desordens motoras resultantes de *trauma encefálico* (incluindo *paralisia cerebral* e *AVE*), lesão da medula espinal e determinados processos degenerativos sistêmicos (incluindo a *esclerose múltipla*). Por vezes, é chamada doença do *neurônio motor superior*, embora sintomas espásticos possam ser tratados como *sintomas piramidais*, causando danos à transmissão de sinal ao longo do trato piramidal compreendido entre os neurônios corticais e a medula espinal.

PROBLEMA #31.3

- Você gosta dos nomes *doença do neurônio motor superior* e *sintomas piramidais*? Por quê?

Infelizmente, em muitos casos a espasticidade não permite que os pacientes realizem movimentos voluntários funcionalmente significativos ou que assumam certas posturas. Espasmos espásticos são frequentemente vigorosos e dolorosos, podendo impedir os pacientes de dormir normalmente. Se um paciente está sentado numa cadeira de rodas, os espasmos podem exigir a amarração de suas as pernas à cadeira. Uma vez que a espasticidade está frequentemente associada a uma perda total de sensibilidade nos membros afetados, movimentos espásticos descontrolados podem causar trauma sem o paciente perceber. A espasticidade, por vezes, também está associada à síndrome da dor crônica, que pode levar a uma dor constante excruciante.

Os clínicos definem a espasticidade como uma desordem dos reflexos proprioceptivos espinais que se manifesta como profundas *mudanças nos reflexos ao alongamento do músculo, com um forte componente dependente da velocidade* (Lance e Burke, 1974; Lance, 1980), *reflexos patológicos* e *espasmos* descontrolados, *tônus muscular* aumentado e *função motora voluntária prejudicada*. Essa definição descreve apenas os sintomas, em vez de mecanismos subjacentes. Ela também contém alguns termos vagos, como *um forte componente dependente da velocidade* (o que é forte?) e uma das piores expressões vagas: *tônus muscular*. Os clínicos definem *tônus muscular aumentado* como uma sensação de resistência aumentada quando o médico tenta mover a articulação do paciente.

PROBLEMA #31.4

- Você pode sugerir um mecanismo subjacente ao tônus muscular aumentado? E ao tônus muscular diminuído?

O grande neurologista britânico John Hughlings Jackson classificou os sinais espásticos em *positivos* e *negativos* (tabela 31.2). Os sinais positivos são os fenômenos vistos em pacientes com espasticidade, mas não em pessoas sem espasticidade, e os sinais negativos são os fenômenos típicos de pessoas saudáveis, mas ausentes em pacientes com espasticidade. O primeiro grupo envolve *espasmos* flexores e extensores, o *clônus*, o *fenômeno do canivete*, o *reflexo de Babinski*, os *reflexos cutâneos exagerados*, a *hiper-reflexia autonômica* e elementos de *distonia*. Definiremos a maioria desses termos nos parágrafos seguintes. O segundo grupo inclui *paresia*, *falta de destreza*, *fatigabilidade* e *contraturas*, que diminuem a amplitude de movimentos da articulação.

TABELA 31.2

Sinais de espasticidade

Sinais de espasticidade positivos	Sinais de espasticidade negativos
Espasmos flexores e extensores	Fraqueza (paresia ou plegia)
Clônus	Falta de destreza
Reflexo de Babinski	Fatigabilidade
Reflexos cutâneos exagerados	Contraturas
Fenômeno do canivete	
Hiper-reflexia autonômica	
Elementos de distonia	

Embora geralmente se presuma que a espasticidade esteja ligada a um *deficit* nos mecanismos inibitórios espinais, incluindo a inibição pós e pré-sináptica, não existe consenso sobre o que causa esses *deficit*. Dizer que são decorrentes do distúrbio do funcionamento normal de determinados sistemas descendentes não ajuda, uma vez que esses sistemas não são bem definidos e seu papel no controle motor voluntário não está claro (ver capítulo 17).

As relações entre espasticidade e reflexos musculares não são tão claras como indicam as definições apresentadas. Vamos considerar as mudanças típicas nos reflexos musculares que ocorrem com a espasticidade:

- A espasticidade pode estar associada a reflexos monossinápticos exagerados, inalterados e até mesmo ausentes (incluindo o reflexo H), embora os exageros sejam mais típicos.
- Um correlato comum da espasticidade são os disparos de atividade, como espasmos que ocorrem nos músculos da perna em resposta a uma estimulação tátil da sola do pé (figura 31.1). Algumas vezes, essa resposta é imprecisamente chamada *reflexo de Babinski* ou *reação defensiva*. Ela varia entre pacientes e pode envolver disparos de atividade em todos os principais músculos flexores ou uma contração prolongada dos músculos flexores, com ou sem uma ativação correspondente dos músculos extensores. Esse reflexo pode estar ausente em alguns pacientes com espasticidade.
- Outro sinal típico de espasticidade é o clônus (figura 31.2), uma série de disparos alternados de atividade com uma frequência de 6 a 8 Hz nos músculos flexores e extensores de uma articulação. Essa atividade ocorre em resposta a um movimento articular simples e rápido executado pelo pesquisador (passivamente) ou pelo paciente (se houver controle motor voluntário suficiente). O clônus pode durar cerca de um segundo ou continuar por dezenas de segundos e mesmo minutos até que seja detido mecanicamente, podendo se prender à articulação e impedi-la de se movimentar. O clônus é provavelmente uma auto-oscilação no circuito reflexo de alongamento hiperexcitável (Iansek, 1984; Latash et al., 1989; Hidler e Rymer, 1999): quando um músculo é alongado, um reflexo de alongamento monossináptico exagerado leva à sua contração fásica e, assim, inverte a direção do movimento da articulação. Como resultado, o músculo antagonista é alongado e gera um reflexo de alongamento monossináptico, e assim por diante. Lembre-se de que movimentos articulares normalmente não provocam reflexos monossinápticos. Uma hipótese alternativa afirma que o clônus é resultado do funcionamento de um gerador central (Dimitrijevic, Nathan e Sherwood, 1980; Beres-Jones, Johnson e Harkema, 2003).

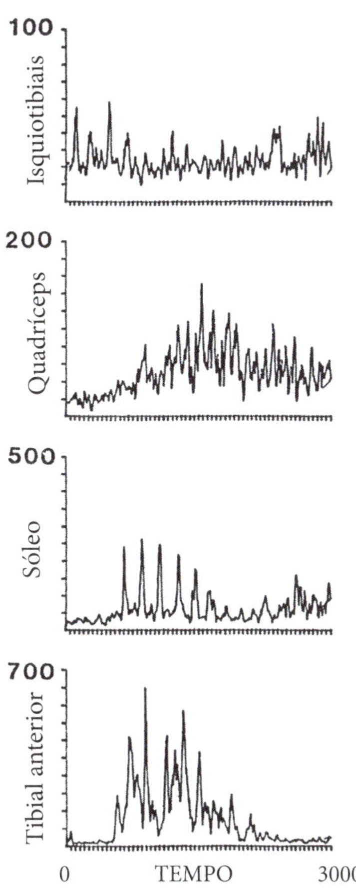

Figura 31.1 Espasmo nos músculos da perna causado pela estimulação tátil da sola sobre o pé num paciente com espasticidade. Algumas vezes essa reação é imprecisamente chamada reflexo de Babinski.

Reproduzido de *Experimental Neurology*, vol. 103, M.L. Latash, R. D. Penn, D.M. Corcos e G.L. Gotlieb, "Short-term effects of intrathecal baclofen in spasticity", p. 167. Copyright 1989, com permissão da Elsevier.

PROBLEMA # 31.5

- Levando em conta essas duas hipóteses conflitantes sobre o clônus, você pode prever como a frequência do clônus mudaria se o membro fosse carregado inercialmente e se a força das contrações fosse diminuída por uma droga?

Se uma articulação de uma pessoa com espasticidade é lentamente flexionada, os extensores articulares aumentam sua atividade e resistem fortemente ao movimento. Contudo, se suficiente força externa é aplicada, essa resistência pode ser superada. Em algum momento, a resistência subitamente desaparece e a articulação colapsa como um canivete. Esse comportamento é chamado *fenômeno do canivete*. É atribuído a uma mudança no equilíbrio dos efeitos reflexos provenientes dos fusos musculares (que resistem ao movimento da articulação) e dos órgãos tendinosos de Golgi (que suprimem essa resistência; ver capítulos 8 e 9).

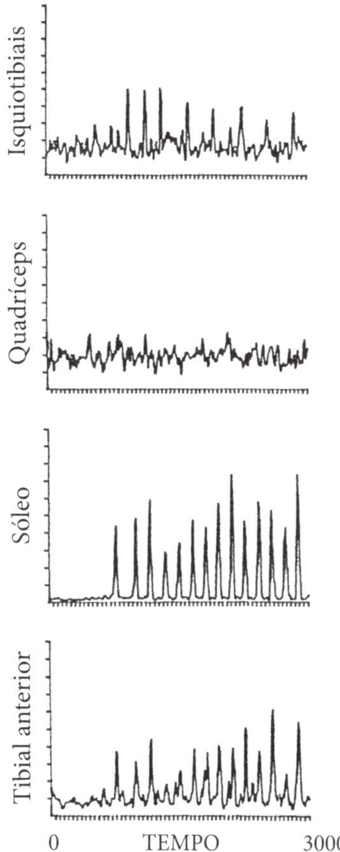

Figura 31.2 Atividade muscular elétrica durante o clônus do tornozelo causada por uma dorsiflexão única e rápida do pé.

Uma variedade de mudanças em diferentes componentes das reações musculares ao alongamento foi relatada em casos de espasticidade. Nenhuma diferença reproduzível nos ganhos de reflexos de latência longa ao alongamento muscular (incluindo o reflexo tônico de alongamento) foi encontrada entre pessoas espásticas e as de controle, e a resistência aumentada ao alongamento muscular tem sido parcialmente atribuída a mudanças periféricas na rigidez de músculos e tendões (Dietz, Quintern e Berger, 1981; Berger, Horstmann e Dietz, 1984; Rack, Ross e Thilmann, 1984; Thilmann, Fellows e Ross, 1991). Porém, quando a espasticidade foi dramaticamente reduzida por *baclofeno intratecal*, o ganho do reflexo tônico de alongamento também foi reduzido (Latash, 1993).

▸ A supressão dos reflexos monossinápticos por vibração muscular, que presumivelmente é mediada por mecanismos inibitórios pré-sinápticos, foi sugerida como um índice quantitativo para a espasticidade (Ashby e Verrier, 1976; Ongeboer de Visser et al., 1989). Essa supressão é normalmente pronunciada em seres humanos: a vibração do tendão calcâneo diminui de 3 a 10 vezes a amplitude de pico a pico do reflexo H no músculo tríceps sural. Em pacientes com espasticidade, contudo, o efeito da vibração é muito menor (menos que duas vezes), ausente ou mesmo invertido, aumentando a amplitude do reflexo H (figura 31.3). Esse índice, porém, não reflete o estado de inibição pós-sináptica e, em alguns casos, pouco se relaciona com a condição clínica. Além disso, em alguns casos de espasticidade, não há reflexos monossinápticos, tornando esse método inaplicável.

Duas escalas clínicas têm sido utilizadas para avaliar quantitativamente a espasticidade. A mais frequente é a *escala de Ashworth*, que reflete o grau de resistência muscular aos movimentos passivos dos membros (tabela 31.3). A outra é a *escala de espasmo*, que reflete a frequência dos espasmos e sua duração, além de definir se seu caráter é geral ou local (tabela 31.4). Ambas as escalas são subjetivas e refletem a impressão geral do médico sobre o estado do paciente, o que é importante do ponto de vista clínico, mas não muito útil para a compreensão dos mecanismos da desordem.

TABELA 31.3

Escala de Ashworth

Pontuação	Descrição do tônus muscular
1	Nenhum aumento do tônus
2	Ligeiro aumento do tônus, dando uma agarrada quando o segmento afetado é flexionado ou estendido
3	Aumento mais marcado do tônus; o segmento afetado é facilmente flexionado ou estendido
4	Aumento considerável do tônus; movimentos passivos tornam-se difíceis
5	A parte afetada fica rígida ao ser flexionada ou estendida

TABELA 31.4

Escala de espasmo

Pontuação	Frequência dos espasmos
0	Nenhum espasmo
1	Espasmos brandos induzidos por estimulação
2	Espasmos raros, ocorrendo menos de uma vez a cada hora
3	Espasmos com frequência maior que uma vez por hora
4	Espasmos com frequência maior que dez vezes por hora

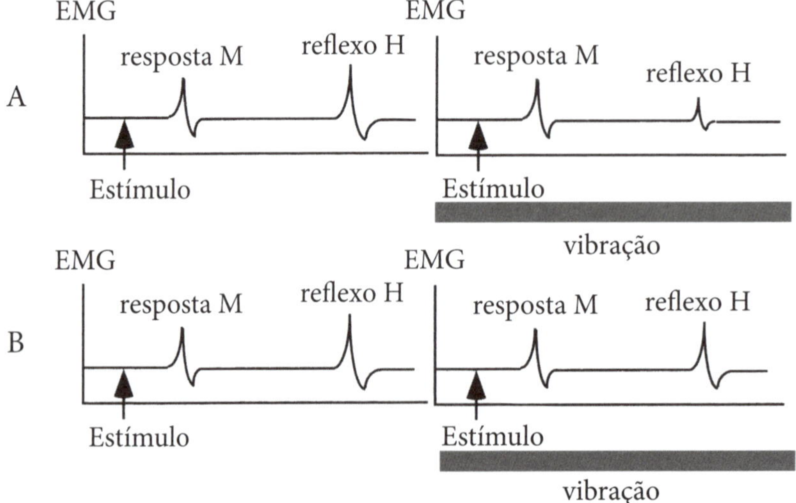

Figura 31.3 Mudanças no reflexo H no músculo sóleo causadas por vibração do tendão do músculo numa pessoa sem espasticidade (*A*; o reflexo H é suprimido) e numa com espasticidade (*B*; o reflexo H não é suprimido).

Há ainda mais ambiguidade nas relações entre espasticidade e controle motor voluntário. Existe controvérsia sobre a relação entre os sinais de espasticidade positivos e negativos (de acordo com a classificação de Hughlings Jackson). Reflexos musculares e espasmos exagerados (sinais positivos) interferem no controle motor voluntário (sinais negativos)? Hughlings Jackson defendia que a eliminação dos sinais positivos de espasticidade não ajudava a função motora voluntária. Essa visão foi contestada numa série de estudos em que reflexos hiperativos e cocontração da musculatura antagonista pareceram interferir na função motora voluntária (Corcos et al., 1986; Latash e Penn, 1996). Contudo, para resolver diretamente esse problema, um tratamento efetivo da espasticidade é necessário.

31.3 Possíveis mecanismos da espasticidade

Considera-se que os seguintes fatores contribuem para o quadro clínico de espasticidade posterior à lesão da medula espinal: rigidez aumentada das estruturas periféricas, falta de inibição pré-sináptica das entradas para os motoneurônios α, falta de inibição pós-sináptica dos motoneurônios α (em particular, *deficit* na inibição recíproca, na inibição Ib e na ação da célula de Renshaw), maior ganho do circuito reflexo tônico de alongamento e limiar alterado do reflexo tônico de alongamento (revisto em Katz e Rymer, 1989; Dietz, 2000; Hultborn, 2003). Uma das hipóteses influentes sobre o controle de movimentos, a

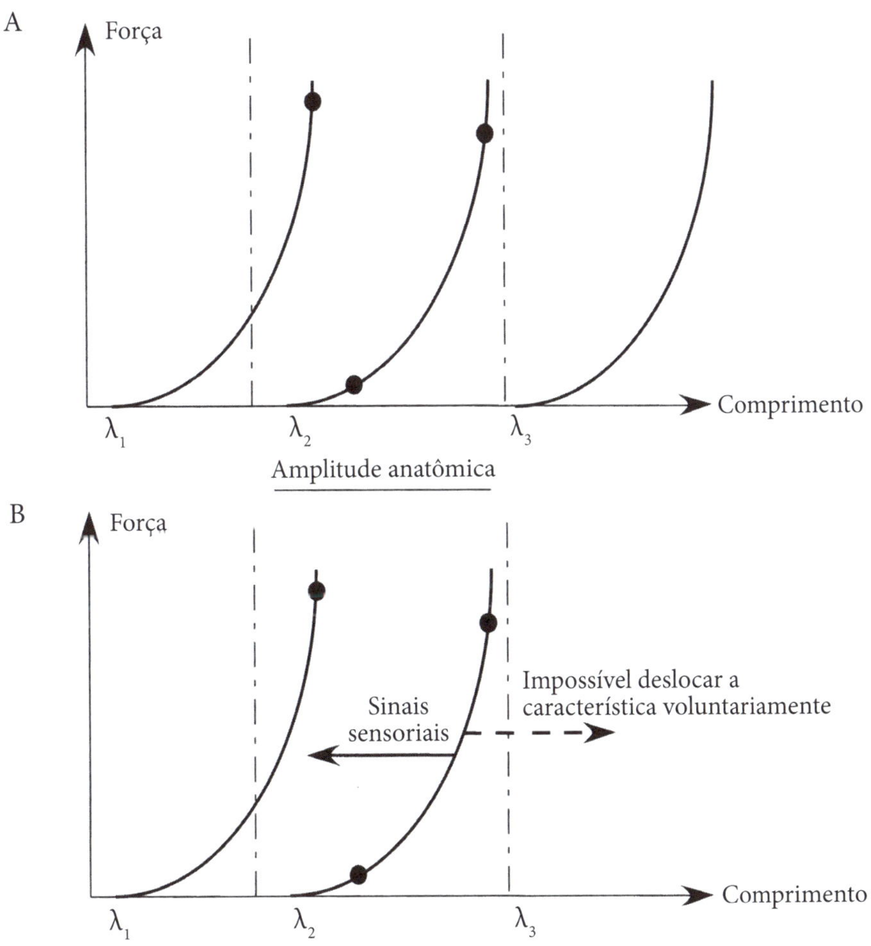

Figura 31.4 (*A*) Tipicamente, o encéfalo é capaz de deslocar a variável de controle λ além da amplitude anatômica dos comprimentos musculares. Esses deslocamentos permitem o relaxamento muscular em qualquer comprimento de músculo (a característica correspondente a λ_3). (*B*) Numa pessoa com espasticidade, o controlador perde a capacidade de deslocar λ ao longo de toda a amplitude (seta tracejada). Como resultado, o músculo pode não ser capaz de relaxar em valores elevados de comprimento. Sinais sensoriais podem deslocar λ (seta sólida), resultando em disparos de atividade muscular (espasmos). Os pontos pretos mostram estados musculares acessíveis.

hipótese do ponto de equilíbrio (capítulo 19), enfatiza que o limiar (λ) do reflexo tônico de alongamento deve mudar corretamente para assegurar o controle neural de um músculo. Há algum tempo, a hipótese do ponto de equilíbrio foi desenvolvida para tratar movimentos de pessoas com espasticidade (Levin e Feldman, 1994; Jobin e Levin, 2000).

Num músculo saudável, presume-se que o controle neural resulte em deslocamentos da característica invariante do músculo (a característica força-comprimento) ao longo do eixo do comprimento (figura 31.4A). Tipicamente, uma pessoa pode relaxar um músculo em qualquer ângulo articular anatomicamente possível (em qualquer comprimento de músculo). Isso significa que a característica invariante (e seu limiar, λ) pode ser deslocada além dos comprimentos musculares anatômicos (a característica mais à direita na figura 31.4A). Em contrapartida, uma pessoa pode produzir elevadas forças musculares mesmo quando o músculo está próximo de seu menor comprimento possível. Isso implica a possibilidade de deslocar λ além da extremidade oposta da amplitude anatômica (a característica mais à esquerda na figura 31.4A).

Para considerar a espasticidade, supõe-se que o controlador perca a capacidade de deslocar λ ao longo de toda a amplitude. Além disso, presume-se que grandes deslocamentos λ possam ser produzidos por retroalimentação sensorial. A figura 31.4B ilustra que uma amplitude diminuída de deslocamentos λ voluntários pode estar associada à excessiva ativação muscular, enquanto sinais aferentes podem desencadear deslocamentos λ, que podem levar a espasmos musculares descontrolados.

Essa hipótese sobre a espasticidade leva a algumas previsões. Mais importante ainda, ela une reflexos musculares exagerados e controle voluntário deficiente num esquema único. Ao fazê-lo, elimina a distinção entre sinais de espasticidade positivos e negativos e sugere que as mudanças num grupo de sinais são acompanhadas por mudanças no outro grupo. Essa previsão é apoiada por uma série de estudos que quantificaram os efeitos do tratamento nos reflexos musculares e movimentos voluntários (Corcos et al., 1986; Latash et al., 1990; Latash e Penn, 1996).

31.4 Tratamento da espasticidade

Até recentemente, o tratamento da espasticidade foi particularmente malsucedido. Tentativas de atenuar sinais e sintomas espásticos envolveram *terapias com drogas*, *fisioterapia* e, no pior dos casos, *processos químicos destrutivos* (como a danificação dos nervos periféricos com fenol ou álcool ou o enfraquecimento das sinapses neuromusculares com toxina botulínica) ou *procedimentos neurocirúrgicos* (como cortar as raízes dorsais de vários segmentos ou danificar a área por onde elas adentram a medula espinal). Drogas de uso oral foram bem-sucedidas numa pequena porcentagem dos casos, marginalmente bem-sucedidas em alguns e praticamente ineficazes na maioria deles. Um medicamento tomado via oral atinge a corrente sanguínea, de modo que a mesma concentração é obtida na medula espinal (onde ele é necessário) e no encéfalo (onde não é). Como resultado, a concentração de uma droga necessária à terapia espinal poderia levar a graves efeitos colaterais no encéfalo, incluindo distúrbios de consciência e até mesmo o coma.

Uma solução bastante engenhosa para esse problema foi proposta pela equipe de Chicago de Richard Penn e Jeffrey Kroin (Penn e Kroin, 1984, 1987; ver também Dralle et al., 1985; Zierski et al., 1988). Trata-se de liberar uma droga diretamente no canal medular (intratecalmente), evitando efeitos sistêmicos (figura 31.5). A droga é mantida num reservatório conectado a uma bomba controlada eletronicamente. A bomba e o reservatório são colocados sob a pele e conectados ao canal medular com um fino cateter. Em estudos recentes, infusões intratecais de *baclofeno*, um agonista do AGAB, demonstraram aliviar efetivamente espasmos musculares e reflexos exagerados. Lembre-se de que o AGAB é um dos principais neuromediadores do sistema nervoso central e está envolvido na inibição pré-sináptica de motoneurônios α.

A eficácia clínica da liberação intratecal de drogas, combinada com sua ação rápida, levou a efeitos dramáticos em muitos pacientes: praticamente todos os sinais espásticos foram eliminados dentro de uma hora do início da liberação do baclofeno. A figura 31.6 ilustra o clônus de tornozelo num paciente com lesão da medula espinal, antes e depois de uma injeção intratecal de baclofeno. A diferença é gritante. As pontuações para as escalas de Ashworth e de espasmo caíram, e o tratamento foi acompanhado por claros ganhos clínicos. O baclofeno intratecal também oferece para os estudos clínicos de controle motor uma rara oportunidade de usar um paciente como seu próprio controle em dois estados: com e sem sinais espásticos.

A maioria desses estudos foi realizada em pacientes com esclerose múltipla e lesão da medula espinal que tiveram espasticidade resistente a todas as terapias não destrutivas disponíveis, incluindo o baclofeno oral. Em alguns pacientes que tinham movimentos voluntários residuais em membros espásticos, a supressão de sinais espásticos, como espasmos, melhorou os padrões de movimento, incluindo a cinemática do movimento e os padrões da EMG (Penn et al., 1989; Latash et al., 1990; Campbell et al., 1995).

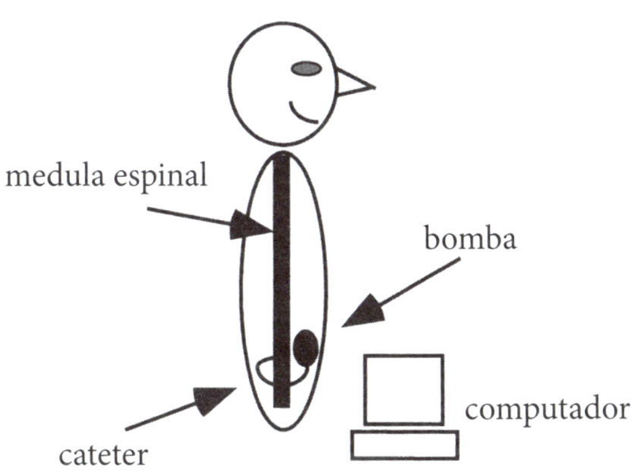

Figura 31.5 A liberação intratecal de drogas é obtida com a implantação de uma bomba programável.

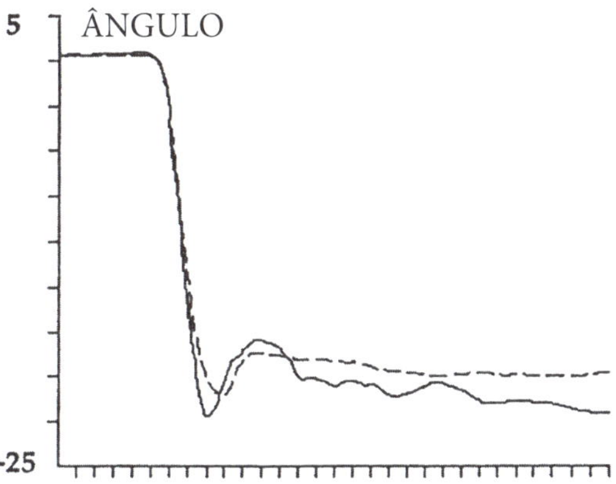

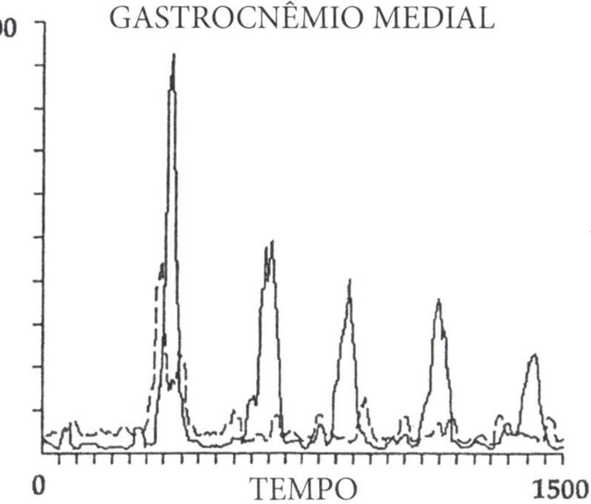

Figura 31.6 Exemplo de clônus de tornozelo num paciente com espasticidade antes e durante o uso do baclofeno intratecal. O estímulo (dorsiflexão do tornozelo) foi o mesmo durante ambos os testes (primeiro painel).

Adaptado, com permissão, de M.L. Latash e R.D. Penn, 1996, "Changes in voluntary motor control induced by intrathecal baclofen in patients with spasticity of different etiology", *Physiotherapy Research International* 1: 229-246.

A figura 31.7 mostra como uma injeção de baclofeno alterou a flexão do cotovelo num paciente com espasticidade. Observe que a melhoria da cinemática do movimento (movimento mais rápido e com menos oscilações) foi acompanhada por menos cocontrações musculares e menos disparos de atividade muscular.

Alguns pacientes apresentaram espasticidade em apenas um lado (o esquerdo ou o direito) do corpo. Esses casos são chamados *hemissíndromes* e são consequências bastante comuns de traumas encefálicos, AVE e paralisia cerebral. Uma constatação potencialmente importante e intrigante sobre pacientes com hemissíndromes tratados com baclofeno intratecal é que eles não notam qualquer fraqueza nos membros afetados, apesar das altas doses da droga. Essa aparente diferença nos efeitos do baclofeno sobre reflexos musculares patológicos e sobre o controle motor voluntário sugere que o medicamento não causa inibição inespecífica e difusa ao longo de todas as estruturas espinais.

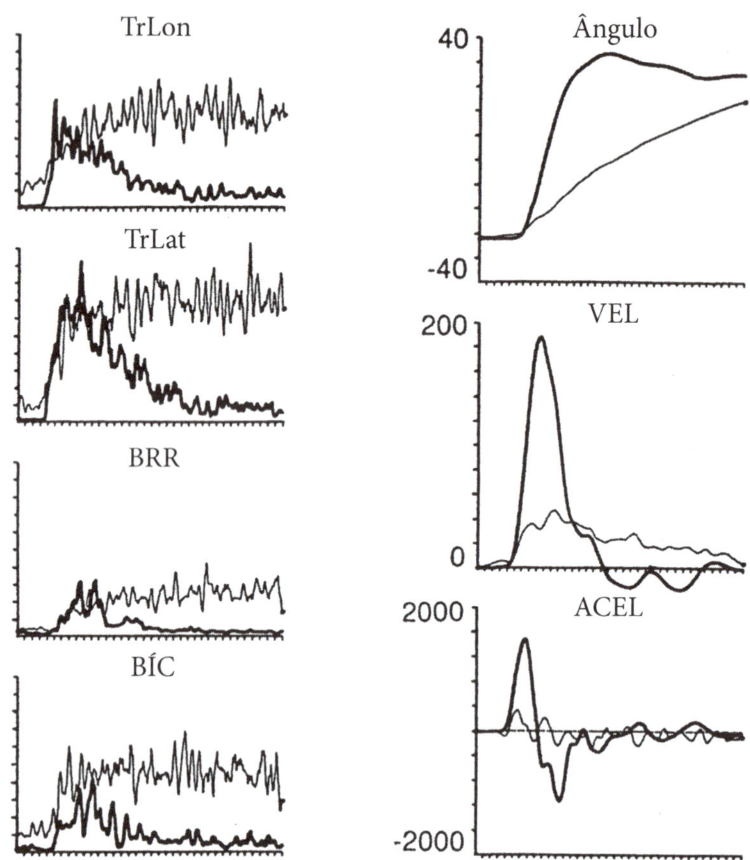

Figura 31.7 Exemplo de cinemática e padrões de EMG durante flexões de cotovelo executadas por um paciente com espasticidade antes (traços finos) e durante o uso de baclofeno intratecal (traços grossos). A velocidade do movimento aumentou e a cocontração muscular diminuiu. TrLon e TrLat são as cabeças longas e laterais do tríceps, BRR é o braquiorradial, BÍC é o bíceps, VEL é a velocidade e ACEL é a aceleração.

Reproduzido, com permissão, de M.L. Latash, 1993, *Control of Human Movement* (Champaign, IL: Human Kinetics), 270.

O local onde o baclofeno atua na medula espinal não está claro. Como uma agonista do AGAB, ele se liga às áreas do receptor do ácido, existentes em grande número no sistema nervoso central. Em particular, os receptores do AGAB sensíveis ao baclofeno são encontrados em terminais aferentes primários. Esses resultados sugerem que os efeitos do baclofeno são possibilitados por um aumento na inibição pré-sináptica. Assim, as observações em pacientes com hemissíndromes podem ser explicadas por diferentes números de receptores sensíveis ao baclofeno em terminais de diferentes sistemas descendentes ou pelas diferentes capacidades dos receptores de se ligar ao baclofeno intratecal devido a fatores anatômicos e outros (por exemplo, difusão do baclofeno ao longo de estruturas da medula espinal). A ausência de mudanças em músculos intactos, verificada em hemissíndromes, sugere que uma reação a longo prazo das estruturas espinais à patologia que induz a espasticidade é o aumento do número de receptores sensíveis ao AGAB ou a sensibilidade dos receptores existentes a entradas reflexas patologicamente ativas.

PROBLEMA #31.6

- A que conclusão se pode chegar sobre o local de ação do baclofeno, levando em conta o fato de que, num paciente com uma hemissíndrome, o baclofeno suprime reflexos monossinápticos em ambos os lados do corpo de forma semelhante, efetivamente suprime sinais espásticos e não altera o controle do lado intacto do corpo?

A figura 31.8 ilustra possíveis consequências de um trauma neural. Qualquer trauma pode diminuir tanto a inibição como a excitação descendentes para os níveis segmentares. A falta de entradas excitatórias deve diminuir os níveis centralmente

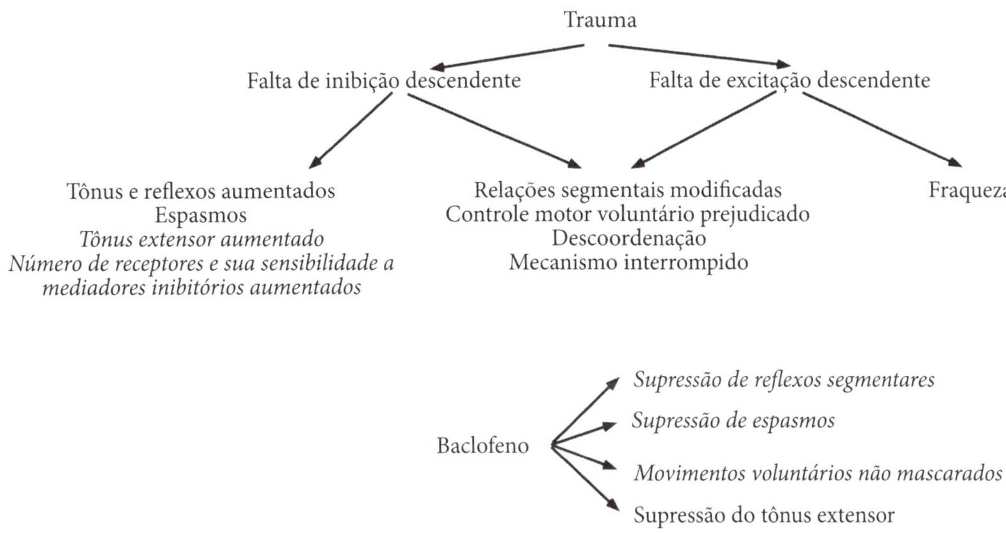

Figura 31.8 Possíveis consequências de uma lesão na medula espinal e da ação do baclofeno. As consequências potencialmente úteis estão em itálico.

Reproduzido, com permissão, de M.L. Latash, 1993, *Control of Human Movement* (Champaign, IL: Human Kinetics), 273.

induzidos de atividade motoneuronal α e, consequentemente, reduzir a força muscular voluntária (causando fraqueza ou *paresia*). Com nossos atuais conhecimentos, é impossível corrigir adequadamente essa deficiência. A estimulação elétrica funcional pode causar contrações musculares mais fortes, mas representa mais uma substituição do que uma correção da função.

A falta de inibição descendente tem várias consequências, incluindo os característicos traços de espasticidade, como espasmos, reflexos exagerados e tônus muscular aumentado (o que quer que isso seja). De acordo com a nossa suposição anterior, ela também pode provocar hipersensibilidade à falta de mediadores inibitórios, incluindo o AGAB, abaixo do local do trauma. A última reação é provavelmente compensatória, uma vez que aumenta a eficácia dos suprimentos remanescentes do AGAB e seus agonistas, incluindo o baclofeno. É como se o sistema nervoso central de alguma forma soubesse que o baclofeno intratecal é artificial e fizesse todos os preparativos necessários para aumentar sua eficácia!

31.5 Esclerose múltipla

A *esclerose múltipla* é uma doença degenerativa caracterizada pela perda da *bainha de mielina* nos axônios de certos tratos neurais. Como resultado, a condução ao longo desses tratos desacelera, perde sua regularidade e pode até mesmo parar. A transmissão saltatória de potenciais de ação torna-se impossível sem a bainha de mielina, o que permite que as correntes locais atinjam o limiar para gerar um potencial de ação no próximo nódulo de Ranvier. Entretanto, o número de canais iônicos é desproporcionalmente elevado nos nódulos de Ranvier e desproporcionalmente baixo sob a bainha de mielina, e a transmissão genérica desmielinizada também é impossível quando a bainha é destruída.

Dados epidemiológicos sobre a esclerose múltipla sugerem que ela atinge entre 10 e 100 pessoas por milhão de habitantes. Existem áreas geográficas que mostram uma incidência muito elevada dessa doença, particularmente o norte da Europa e a América do Norte. A esclerose múltipla é uma doença de adultos jovens, e sua incidência é maior entre os 25 e 65 anos (Martinelli et al., 2004). É vista mais frequentemente em mulheres e mostra forte predisposição genética. A probabilidade de ter esclerose múltipla é 15 vezes maior num irmão ou pai de um paciente diagnosticado com essa doença.

As origens da desmielinização não são conhecidas, e existem duas visões principais concorrentes. A primeira é que a esclerose múltipla é provocada por um vírus não identificado. A segunda é que ela é uma desordem autoimune que ocorre quando os macrófagos e células mononucleares atacam células de mielina.

O quadro clínico da esclerose múltipla varia e depende de quais tratos são afetados (Lublin, 2004). Se o nervo óptico é afetado, a doença pode começar com uma súbita visão embaçada, uma dor maçante no olho, falta de acuidade visual e, por vezes, cegueira aguda. Quando nervos cranianos olfatórios e auditórios são afetados, os sintomas podem incluir surdez unilateral. A desmielinização do tronco encefálico prejudica o equilíbrio e causa tremor intencional, descoordenação dos membros, disartria, fraqueza e dormência faciais e oftalmoplegia unilateral (fraqueza dos músculos oculomotores). A esclerose múltipla também pode levar a mudanças cognitivas quando afeta vias internas do encéfalo.

Quando a esclerose múltipla afeta grandes tratos descendentes necessários ao controle dos movimentos voluntários, como o trato corticospinal, os sintomas são similares aos vistos em pacientes com lesão espinal incompleta no nível cervical ou torácico. Esses sintomas envolvem espasticidade e paresia, que às vezes estão associadas com uma sensibilidade somatossensorial alterada nos segmentos espinais inferiores. Outro sintoma proeminente da esclerose múltipla é o cansaço incomum e desproporcional ao grau de esforço diário (ver capítulo 27). Essa sensação é frequentemente chamada *fadiga*, apesar de pacientes com esclerose múltipla reportarem que ela difere da fadiga normal.

O prognóstico da esclerose múltipla é muito incerto. Um episódio da doença pode ser seguido por 20 anos sem sintomas até que surja novamente. A duração média da doença é de 25 a 30 anos, com uma taxa média de recaída clínica a cada 1 ou 2 anos. Melhoras espontâneas são típicas, mas podem não durar muito. Infelizmente, não existe cura para a causa primária da esclerose múltipla — a desmielinização. Portanto, as estratégias de tratamento se voltam para sintomas específicos dos pacientes, como a espasticidade, e usam fisioterapia e auxílios mecânicos. Também houve tentativas de tratar essa doença com terapia hormonal (corticotropina, prednisolona), modificação da dieta (ácidos graxos poli-insaturados), oxigenação hiperbárica e métodos imunossupressores. A espasticidade associada à esclerose múltipla pode ser tratada com baclofeno intratecal, da mesma forma que a espasticidade originada após uma lesão da medula espinal (Penn et al., 1989; Campbell et al., 1995).

PROBLEMA #31.7

- Pacientes com esclerose múltipla com frequência se sentem melhor numa sala fria e pior numa sala quente. Explique essa descoberta.

Capítulo 31 em resumo

A lesão da medula espinal tem consequências sensório-motoras que refletem a interrupção da transmissão ao longo das vias neurais ascendentes e descendentes e a destruição do aparato neuronal espinal. A espasticidade é típica da lesão da medula espinal e caracteriza-se pela perda parcial ou total do controle voluntário sobre os músculos, pela perda parcial ou total da sensação, por espasmos descontrolados e reflexos exagerados, por uma possível dor crônica e pela interrupção das funções dos órgãos internos do corpo abaixo do local do trauma. O tratamento da espasticidade com liberação intratecal de drogas, particularmente o baclofeno intratecal, tem sido o mais bem-sucedido. A supressão dos espasmos e reflexos pode revelar mais movimentos voluntários normais se não alterar o controle voluntário dos músculos afetados. As mudanças adaptativas ao trauma original provavelmente desempenham um papel importante na ação seletiva das drogas. A esclerose múltipla é uma doença degenerativa progressiva que leva à desmielinização das fibras nas vias neurais centrais. Muitos de seus sintomas sensoriais e motores são similares aos da lesão da medula espinal. O tratamento da esclerose múltipla tem sido insatisfatório, exceto pela eliminação da espasticidade com drogas intratecais.

32

Desordens relacionadas aos gânglios da base

Palavras-chave e tópicos

- sinais cardinais do mal de Parkinson
- bradicinesia
- tremor
- rigidez
- desordens posturais
- tratamento do mal de Parkinson
- doença de Huntington
- hemibalismo
- distonia
- discinesia tardia

Os gânglios da base são uma constelação de núcleos (esquerdos e direitos) emparelhados que desempenham um papel importante em muitas funções do encéfalo (capítulo 16). Neste capítulo, vamos concentrar-nos principalmente sobre o papel do circuito córtico-basal-tálamo-cortical na função motora. Um esquema simplificado desse circuito é apresentado na figura 32.1. Conforme discutido no capítulo 16, o circuito contém duas vias: direta e indireta. Apesar da simplicidade e da incompletude desse esquema (por exemplo, ele não menciona as projeções entre os gânglios da base e os núcleos parapontinos, que são importantes para dar início a movimentos de locomoção), é útil para a análise de desordens relacionadas à disfunções dos gânglios da base. Dados de estudos com animais e observações em pacientes com desordens dos gânglios da base levaram à suposição de que esse circuito desempenha um papel central na coordenação dos movimentos voluntários.

Um desequilíbrio das projeções envolvidas no circuito córtico-basal-tálamo-cortical pode levar a uma variedade de desordens motoras. Comumente, essas desordens são classificadas em hipocinéticas ou hipercinéticas (figura 32.2). O primeiro termo refere-se à pobreza de movimentos, lentidão e problemas com o início do movimento. O último termo indica movimentos excessivos e descontrolados. Vamos começar com a desordem mais conhecida dos gânglios da base, o mal de Parkinson, que é uma hipocinesia.

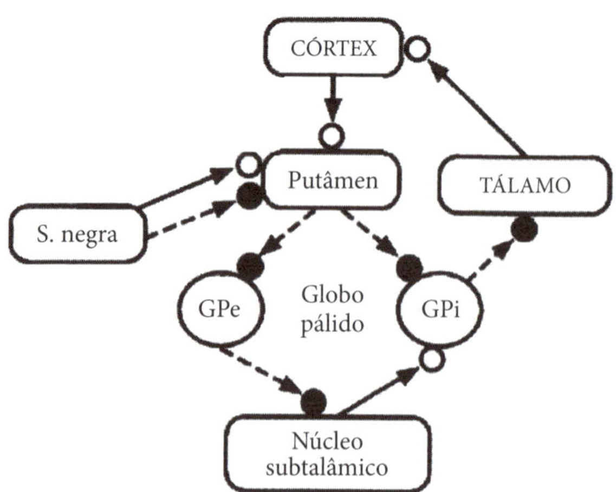

Figura 32.1 Esquema das vias diretas e indiretas no circuito córtico-basal-tálamo-cortical. Projeções excitatórias são mostradas com linhas sólidas e círculos abertos; projeções inibitórias, com linhas tracejadas e círculos cheios.

32.1 Características clínicas do mal de Parkinson

O mal de Parkinson é uma desordem complexa associada com a morte de neurônios produtores de dopamina na *substância negra*.

Pacientes com mal de Parkinson demonstram uma *pobreza de movimentos*, que às vezes é tratada como *acinesia*. A acinesia pode envolver uma expressão facial parecida com uma máscara, postura recurvada, marcha arrastada, falta de movimentos do braço enquanto se anda e posturas

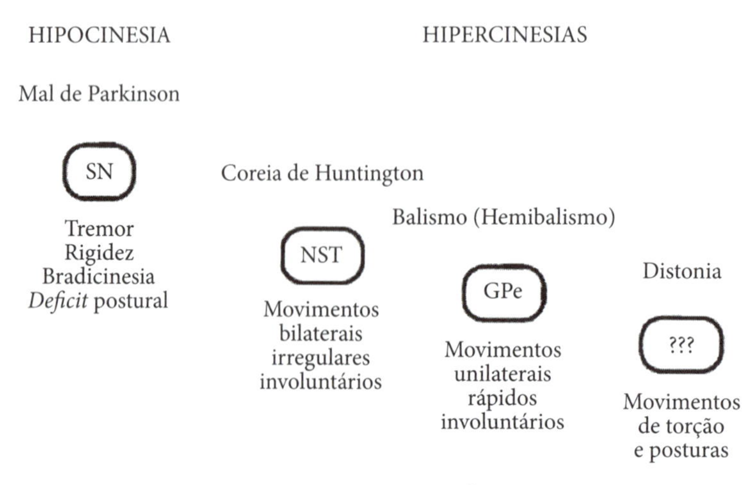

Figura 32.2 Desordens hipocinéticas e hipercinéticas importantes relacionadas com a disfunção de diferentes estruturas nos gânglios da base. SN é a substância negra, NST é o núcleo subtalâmico e GP é o globo pálido (GPe – parte externa do globo pálido).

"congeladas". Os movimentos de pacientes com mal de Parkinson são lentos e frequentemente ineficazes. Durante várias tarefas diárias, esses indivíduos têm problemas para mudar de uma estratégia motora ineficaz para uma alternativa. Também é comum o tremor da mão, tornando difíceis atividades como comer com uma colher e beber de uma xícara.

O mal de Parkinson é relativamente comum, afetando cerca de uma em cada 1.000 pessoas. Essa taxa varia muito entre as subpopulações, dependendo de vários fatores (revisto em Marras e Tanner, 2004). Fatores genéticos contribuem para a doença: uma pessoa tem muito mais probabilidade de desenvolvê-la se seu pai a tiver. Normalmente, o mal de Parkinson afeta pessoas idosas, sendo mais comum em homens. Um tanto surpreendentemente, fatores como fumar e beber álcool têm sido relacionados a uma menor incidência.

Exames histológicos feitos postumamente no encéfalo de pacientes com mal de Parkinson mostram uma *degeneração de neurônios na substância negra* e uma diminuição no teor de dopamina no estriado (mais pronunciada no putâmen) devida à degeneração das conexões nigroestriatais. A degeneração também pode ser vista em outras áreas do encéfalo. Acredita-se que o mal de Parkinson ocorra em razão da deficiência de dopamina estriatal, uma visão compatível com a eficácia da terapia com dopamina (levodopa). As conexões entre os gânglios da base e outras estruturas encefálicas, ilustradas na figura 32.1, levam-nos a concluir que o enfraquecimento das projeções dopaminérgicas da substância negra no estriado pode causar dois tipos de efeitos: 1) efeitos excitatórios dopaminérgicos mais fracos na projeção sobre o pálido interno; e 2) efeitos inibitórios dopaminérgicos mais fracos na projeção sobre o pálido externo (figura 32.3). Como resultado, alterações no funcionamento das vias diretas e indiretas dos gânglios da base levam a uma diminuição na entrada excitatória do córtex encefálico. Isso pode explicar algumas das características do mal de Parkinson, como a pobreza de movimentos.

Há quatro sinais cardinais do mal de Parkinson: *tremor*, *bradicinesia* (acinesia), *rigidez* e deficit *de reflexos posturais* (figura 32.4).

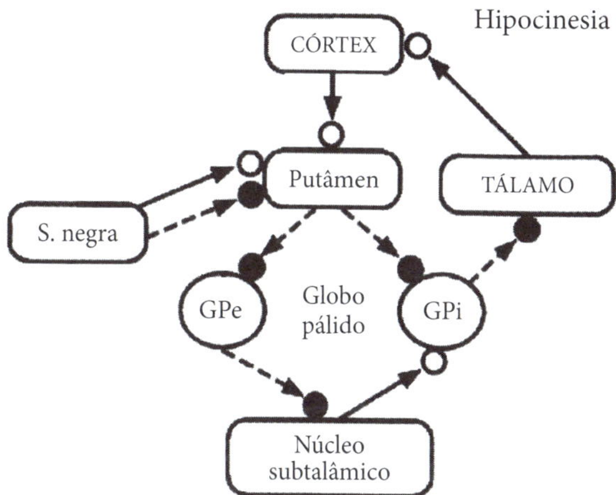

Figura 32.3 O mal de Parkinson está associada com projeções dopaminérgicas mais fracas da substância negra as quais modificam os circuitos diretos e indiretos. Essas mudanças resultam em projeções excitatórias diminuídas do tálamo sobre o córtex. As projeções excitatórias são mostradas como linhas sólidas e círculos claros; as inibitórias são mostradas como linhas tracejadas e círculos escuros. As projeções mais fracas que aquelas de pessoas com mal de Parkinson são mostradas com linhas finas; as mais fortes são mostradas com linhas grossas. Compare com a figura 32.1.

- O *tremor* é caracterizado por uma atividade alternada de 5 a 6 Hz da musculatura antagonista que controla uma articulação. Essa atividade leva a movimentos articulares alternados observados quando se está em repouso (tremor postural) e comumente atenuados durante os movimentos voluntários.
- A *bradicinesia* normalmente se caracteriza pela lentidão de movimentos voluntários e pela dificuldade de iniciá-los, embora também possa indicar *deficit* em movimentos espontâneos ou automatizados. Pode afetar qualquer parte do corpo e ser mais ou menos generalizada.
- A *rigidez* é um aumento prolongado da resistência aos movimentos articulares externamente impostos; essa resistência não mostra dependência da velocidade.
- Os deficit *de reflexos posturais* se manifestam como pobreza de ajustes posturais antecipatórios e como um aumento das correções pré-programadas na atividade dos músculos posturais associadas com movimentos voluntários ou em resposta a uma perturbação externa.

PROBLEMA # 32.1

- Existem evidentes semelhanças entre os sintomas de espasticidade e do mal de Parkinson. Como diferenciar a esclerose múltipla do mal de Parkinson?

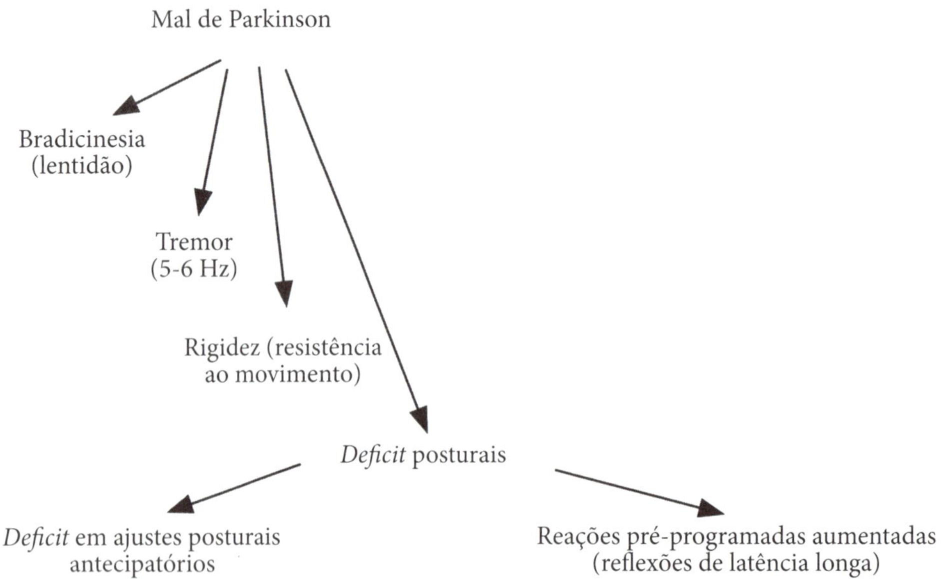

Figura 32.4 Os quatro principais sinais do mal de Parkinson são tremor, rigidez, bradicinesia e *deficit* de reações posturais. O último sinal tem dois componentes: um *deficit* de APAs e um aumento descontrolado de reações pré-programadas.

Uma vez que a causa primária do mal de Parkinson é supraespinal, foi sugerido que as desordens motoras dessa doença sejam decorrentes de alterações nos comandos motores descendentes, enquanto o aparato segmentar geralmente permanece intacto.

Essa visão se apoia em várias observações, incluindo as de reflexos inalterados de espasmo do tendão e ações de latência curta, geralmente normais, de aferentes Ia do músculo. No entanto, várias alterações nos mecanismos segmentares foram relatadas — incluindo um deficit *de inibição recíproca* (Hayashi et al., 1988; Lelli, Panizza e Hallett, 1991; Meunier, Katz e Simonetta-Moreau, 2002) —, as quais poderiam levar a uma considerável cocontração dos músculos antagonistas durante os movimentos voluntários; a um aumento da atividade reflexa durante fases de rastreamento, em que o músculo se alonga; e a uma reação de encurtamento paradoxal, ou fenômeno de Westphal (Andrews, Burke e Lance, 1972; Angel e Lewitt, 1978; Matthews et al., 1990). O *fenômeno de Westphal* é uma excitação reflexa abrupta de um músculo em resposta ao encurtamento muscular externamente imposto. Em certo sentido, é o inverso do reflexo de alongamento.

32.2 Movimentos voluntários no mal de Parkinson

Estudos dos movimentos voluntários no mal de Parkinson têm revelado algumas diferenças em relação aos movimentos de pessoas sem a doença. Ao executarem um movimento simples, em que todos os parâmetros do movimento são conhecidos antecipadamente, pacientes com mal de Parkinson o fazem mais lentamente. Eles apresentam um *aumento do tempo de reação* que cresce para movimentos mais complexos (Heilman et al., 1976; Evarts, Teravainen e Calne, 1981; Sanes, 1985; Stelmach, Worringham e Strand, 1986). O *aumento do tempo do movimento* é acompanhado por uma assimetria considerável das fases de aceleração e desaceleração e se deve principalmente ao prolongamento da fase de desaceleração (Inzelberg, Flash e Korczyn, 1990). Os movimentos de pacientes com mal de Parkinson têm maior sensibilidade aos requisitos de precisão, em comparação com os movimentos de pessoas saudáveis (Rand, Stelmach e Bloedel, 2000).

Estudos de movimentos multiarticulares revelaram problemas adicionais do mal de Parkinson. Esses movimentos mostram coordenação inter-articular prejudicada, possivelmente associada com a previsão deficiente de torques de interação e sua compensação (Dounskaia et al., 2005). Esses movimentos são menos suaves, como refletem seus índices mais elevados de solavanco (ver capítulo 20; Teulings et al., 1997).

A *variabilidade* temporal e espacial dos movimentos dos membros em direção a um alvo é mais elevada no mal de Parkinson (Sheridan, Flowers e Hurrell, 1987). Provavelmente, essa é a característica mais comum de todas as desordens motoras. Foi sugerido que a bradicinesia no mal de Parkinson pode resultar, em parte, da maior variabilidade e do desejo de preservar um nível aceitável de precisão. Em outras palavras, pode ser uma estratégia compensatória adotada pelo encéfalo do paciente, e não um *deficit* primário.

Os movimentos rápidos de pacientes com mal de Parkinson são tipicamente *hipométricos* (eles subestimam o alvo), sobretudo os movimentos de grande amplitude (Flowers, 1976). O movimento-alvo é frequentemente constituído de vários segmentos discerníveis. Correspondendo a isso, os padrões do EMG apresentam ciclos repetidos de disparos agonistas e antagonistas (figura 32.5; Hallett e Khoshbin, 1980; Berardelli et al., 1986; Inzelberg, Flash e Korczyn, 1990). A lenta escalada do EMG durante os movimentos voluntários e a considerável cocontração dos músculos antagonistas (Evarts et al., 1981; Hayashi et al., 1988; Seidler, Alberts e Stelmach, 2001) podem também desorganizar os padrões cinemáticos desses movimentos.

Esses resultados permitiram que os pesquisadores formulassem uma série de hipóteses sobre as origens do *deficit* do controle motor voluntário no mal de Parkinson. Contudo, todas essas formulações implicam que os EMGs ou as forças musculares são medidas adequadas de comando motor voluntário, o que, como sabemos, não é verdade (capítulo 19).

PROBLEMA # 32.2

- Por que forças musculares e EMGs são reflexões inadequadas de comandos centrais enviados durante movimentos voluntários normais?

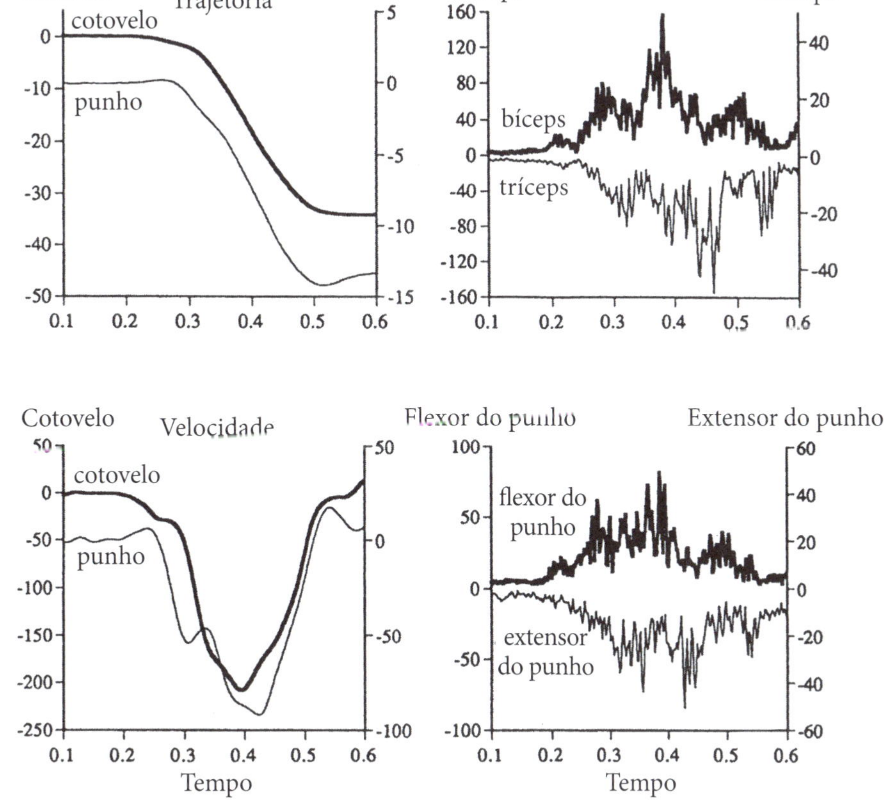

Figura 32.5 Padrões de ativação muscular durante flexão voluntária rápida da articulação do cotovelo realizada por um paciente com mal de Parkinson. Observe a cocontração aumentada e os típicos disparos repetidos de atividade. Isso também foi acompanhado por um movimento menor de punho.

Há quem sugira que o mecanismo que controla a magnitude do EMG durante movimentos rápidos é prejudicado no mal de Parkinson (Pullman et al., 1990). A incapacidade de gerar forças musculares suficientes tem sido atribuída a uma falha básica na energização dos músculos. Concluiu-se também que, embora a forma geral dos programas motores no mal de Parkinson seja preservada, o número e a frequência das unidades motoras ativadas podem ser imprecisos (Dengler et al., 1990).

Contudo, apesar da lenta escalada dos EMGs durante contrações voluntárias isométricas, pacientes com mal de Parkinson no fim atingem a atividade muscular correta. Eles podem produzir níveis de força precisos, embora seu controle da taxa de aumento e diminuição de força pareça ser afetado (Stelmach e Worringham, 1988; Wing, 1988).

Esse conjunto de observações sugere que o problema não são os níveis absolutos de ativação muscular, mas o padrão de tempo de ativação muscular, que parece depender de ações dos circuitos de retroalimentação reflexos e alterações no aparato segmentar espinal.

Os *deficit* de desempenho motor observados no mal de Parkinson se tornam especialmente pronunciados para movimentos multiarticulares sequenciais. Os intervalos entre os componentes dos movimentos sequenciais são prolongados (Berardelli et al., 1986; Benecke et al., 1987). Pacientes com mal de Parkinson também têm problemas para integrar vários componentes numa ação motora (Benecke et al., 1986).

32.3 Controle postural e locomoção no mal de Parkinson

Lembre-se de que o controle postural baseia-se em dois tipos de reações corretivas, cuja função é garantir a estabilidade postural contra perturbações (capítulo 21). Algumas dessas reações ocorrem antes de uma perturbação e são chamadas *ajustes posturais antecipatórios* (APAs). O sistema nervoso central gera APAs de maneira antecipada, tentando atenuar os efeitos de uma perturbação previsível. O segundo grupo envolve reações pré-programadas que o sistema nervoso central prepara antecipadamente. Essas reações são acionadas por um estímulo periférico, informando o sistema nervoso central sobre uma perturbação postural (são baseadas em retroalimentação). As correções pré-programadas lidam com perturbações reais que ocorrem seja porque a eficácia dos APAs é inferior, seja porque são inesperadas.

Pacientes com mal de Parkinson apresentam ajustes posturais profundamente diferentes, o que sugere um dano no mecanismo hipotético de pré-programação. Alongar um músculo quiescente ou voluntariamente ativado de um paciente com mal de Parkinson causa respostas musculares de latência longa (M_{2-3}; capítulo 12), cuja amplitude é consideravelmente maior que a observada em pessoas sem a doença (Rothwell et al., 1982; Cody et al., 1986; Hunter, Ashby e Lang, 1988). As reações pré-programadas associadas a perturbações posturais podem ser moduladas voluntariamente, uma capacidade que é prejudicada pelo mal de Parkinson. Assim, esses pacientes sofrem um aumento descontrolado de reações posturais corretivas acionadas por retroalimentação. Em contrapartida, os APAs vistos em músculos posturais antes de um movimento voluntário comumente têm amplitudes menores em pacientes com mal de Parkinson (Bazalgette et al., 1986). Nesses pacientes, a *cocontração* antecipatória da musculatura antagonista ocorre com mais frequência (Viallet et al., 1987; Bouisset e Zattara, 1990). Embora a cocontração antecipatória aparentemente enrijeça uma articulação e a estabilize contra perturbações, é menos eficiente que o padrão mais comumente observado de atividade alternada em pares de músculos posturais.

O primeiro grupo de observações sugere um aumento descontrolado de um grupo de reações pré-programadas prontamente geradas em condições em que pessoas saudáveis não costumam ser afetados, enquanto o segundo grupo indica uma capacidade prejudicada de gerar APAs apropriados. O último fator pode ser considerado um exemplo de capacidade prejudicada de programar e iniciar movimentos em pacientes com mal de Parkinson.

Parece um bom momento para oferecer uma série de especulações infundadas (figura 32.6): se a capacidade de pré-programar correções motoras for perdida, os padrões mais utilizados de variáveis de controle podem se tornar inúteis, pois qualquer perturbação externa os perturbaria. Suponha que o sistema nervoso central ainda "queira" executar atividades que requerem correções contínuas, como andar e manter a postura vertical. As reações pré-programadas necessárias são armazenadas na memória, mas o mecanismo de seu acionamento adequado está com defeito. O sistema nervoso central pode tentar compensar a pré-programação prejudicada diminuindo o limiar de acionamento para correções pré-programadas ou aumentando o seu ganho. É provável que haja um excesso de compensação. Uma de suas consequências pode ser uma nova perturbação que desencadeie uma reação pré-programada na direção oposta. Vários resultados podem ser esperados desse mecanismo de compensação. Em primeiro lugar, a aparente rigidez do sistema aumentará (uma possível causa da rigidez). Em segundo, oscilações podem ocorrer com um período correspondente a pouco mais que o dobro da latência das reações pré-programadas. A duração desse período se deve ao tempo que os receptores periféricos exigem para reagir a uma perturbação induzida por uma reação pré-programada anterior, e corresponde a oscilações de 5 a 6 Hz (uma possível causa do tremor parkinsoniano). Em terceiro lugar, as ações de caminhar e ficar em pé serão possíveis, embora provavelmente pareçam desajeitadamente rígidas.

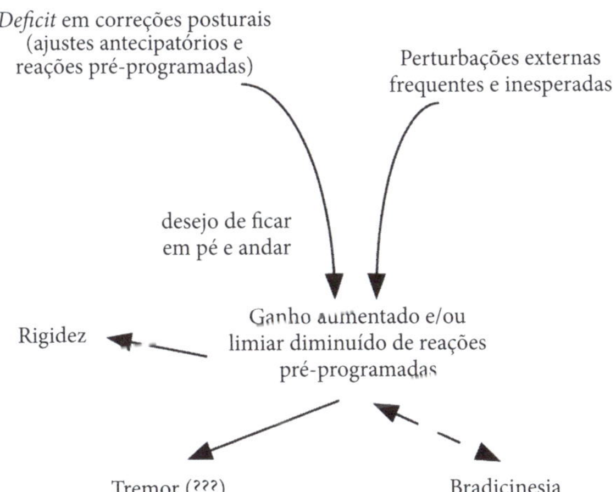

Figura 32.6 Especulações sobre a natureza das várias desordens motoras do mal de Parkinson.

Essas especulações não devem ser tomadas como a verdade última sobre as origens dos *deficit* motores do mal de Parkinson, mas como um exemplo de como reações adaptativas podem ter consequências motoras não triviais.

PROBLEMA # 32.3

- Sugira um experimento que teste a hipótese de que o tremor parkinsoniano é uma oscilação num circuito reflexo de latência longa.

Pacientes com mal de Parkinson fazem muito mais passadas de "aparência normal" do que uma *marcha arrastada* quando caminham sobre faixas pintadas no chão (Giladi, 2001; Morris et al., 2001). Essa observação sugere que o sistema nervoso central de pessoas com mal de Parkinson é capaz de gerar um padrão de passos típico, mas, por razões desconhecidas, não o fazem durante as atividades diárias. Também levanta uma questão importante: esses pacientes devem ser treinados e incentivados a dar mais passadas de aparência normal do que arrastadas?

Mais tarde, no capítulo 35, retomaremos a questão fundamental sobre a pertinência da correção de padrões motores aparentemente anormais. Aqui, gostaria de salientar que a marcha arrastada observada no mal de Parkinson pode ser um padrão motor adaptativo ao sinal cardinal de controle postural prejudicado. A marcha arrastada está associada com forças menores do solo e, assim, pode causar perturbações posturais menores durante a caminhada. No ambiente amigável de um laboratório, onde perturbações posturais inesperadas não acontecem, o sistema nervoso central pode levantar essa restrição autoimposta e facilitar mais passadas de aparência normal. Contudo, tentar reproduzir esse comportamento no ambiente menos previsível da rua pode ser perigoso, potencialmente levando a quedas. E a maioria das ruas não têm listras pintadas a uma distância adequada!

32.4 Tratamento do mal de Parkinson

Apesar dos progressos recentes na compreensão das origens do mal de Parkinson e seus mecanismos neurofisiológicos, o tratamento dessa desordem é principalmente sintomático. A estratégia mais comum é tomar comprimidos que contêm um precursor da dopamina (levodopa). Essa droga causa um forte efeito terapêutico, mas também tem uma série de efeitos colaterais, incluindo náuseas, discinesia (que discutiremos numa seção posterior), mudanças de humor, alucinações, delírios e psicose paranoica. Os pacientes desenvolvem tolerância à levodopa e necessitam de um aumento contínuo da dosagem. Altas doses de levodopa podem acelerar a morte dos neurônios na substância negra. Alguns desses problemas têm sido parcialmente evitados ou minimizados por drogas caracterizadas pela lenta liberação da levodopa, as quais impedem grandes variações diárias na concentração da droga.

Outras abordagens farmacêuticas do mal de Parkinson incluem o uso de inibidores das enzimas catecol-O-metiltransferase (COMT) e monoamina oxidase-B (MAO-B), envolvidas na transformação da levodopa no encéfalo. Essas drogas permitem que o paciente mantenha a dopamina no encéfalo por tempos mais longos. Há também a visão de que o funcionamento do encéfalo saudável depende do equilíbrio entre projeções neurais que usam dopamina e projeções neurais que usam acetilcolina. Essa visão justifica o uso de agentes anticolinérgicos em combinação com terapia de dopamina.

Duas novas maneiras de tratar o mal de Parkinson foram desenvolvidas mais recentemente. A primeira é o transplante nigral fetal ou transplante de células-tronco para a substância negra. Esse método é muito controverso devido a problemas éticos, problemas com imunossupressores e, até agora, sucesso clínico sem grande importância.

O outro método envolve cirurgia destrutiva estereotáxica de estruturas que são hiperexcitadas na doença e a implantação de estimuladores nas estruturas que mostram níveis insuficientes de atividade. Resultados clínicos promissores foram relatados em estudos com estimulação de estruturas talâmicas (Benabid et al., 1998; Lozano e Mahant, 2004; Vaillancourt et al., 2004).

32.5 Doença de Huntington

A *doença de Huntington* é uma desordem relativamente rara, hereditária e neurodegenerativa. Atinge cerca de 80 pessoas por milhão de habitantes (revisto em Gusella e MacDonald, 2004; Marshall, 2004) e geralmente começa na meia-idade, durando de 15 a 20 anos e invariavelmente levando à morte. A mutação do gene responsável pela doença de Huntington já foi identificada. Até agora, todas as pessoas que têm essa mutação desenvolveram a doença, não havendo relatos da doença em pessoas que não apresentam essa mutação.

PROBLEMA # 32.4

- Todos os recém-nascidos devem ser testados para a detecção do gene responsável pela doença de Huntington? Cite razões favoráveis e contrárias aos testes.

A doença de Huntington está associada à *atrofia do núcleo caudado*, à perda precoce de AGAB estriatal e a neurônios encefalinérgicos que se projetam sobre a parte externa do globo pálido e à perda precoce de neurônios que se projetam para a substância negra (essas projeções são mediadas por outro neurotransmissor, a substância P). A atividade glutamatérgica diminui em até 85%, enquanto a atividade colinérgica pode diminuir em 50%. Essas alterações levam a uma saída excessiva do tálamo para o córtex (figura 32.7), causando movimentos excessivos (*hipercinesia*).

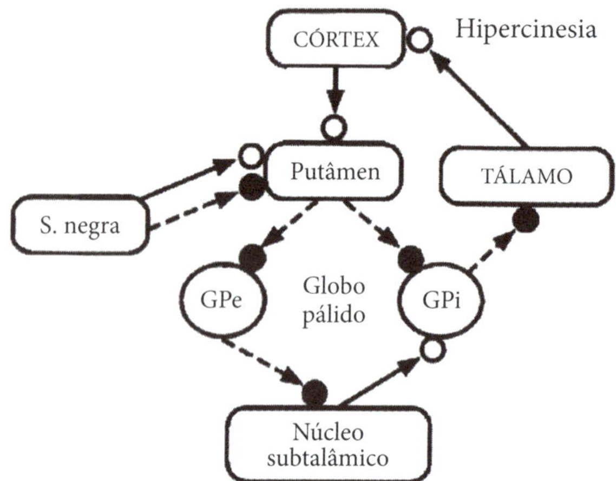

Figura 32.7 A atrofia do núcleo caudado na doença de Huntington leva a mudanças no circuito indireto que resultam numa entrada excitatória mais alta do tálamo para o córtex. Projeções excitatórias são mostradas com linhas sólidas e círculos vazios; projeções inibitórias são mostradas com linhas tracejadas e círculos cheios. Projeções mais fracas que as de pessoas com doença de Huntington são mostradas com linhas finas; projeções mais fortes são indicadas por linhas grossas. Compare com a figura 32.1.

Como tal, a doença de Huntington pode ser vista como o oposto do mal de Parkinson. Contudo, em fases posteriores, pacientes com doença de Huntington podem desenvolver sinais típicos do mal de Parkinson. Essas observações ressaltam a simplicidade e a inadequação do esquema com os circuitos diretos e indiretos que utilizamos até agora.

As características clínicas da doença de Huntington incluem sinais motores e não motores.

A característica motora mais conhecida é a *coreia* (por isso a doença de Huntington também é chamada *coreia de Huntington*). A coreia descreve movimentos generalizados, irregulares, inquietos e muitas vezes pseudointencionais, entre os quais estão movimentos inquietos da mão, marcha similar a uma dança, desajeitamento e fala incompreensível. Tipicamente, a coreia envolve todas as partes do corpo. Nas fases iniciais da doença, ela pode ser suprimida voluntariamente e parece uma inquietação ou movimentos feitos por estresse emocional. Em fases posteriores, os movimentos coreicos podem ser mascarados pela rigidez e pela bradicinesia.

Outras características motoras da doença de Huntington são anormalidades de marcha não coreicas (marcha lenta, rígida e instável, com episódios de congelamento) e anormalidades no movimento do olho (sacadas anormais, problemas com a fixação do olhar). Em fases posteriores, podem ocorrer a disfagia (seleção de alimentos e taxa de mastigação inadequada, controle respiratório deficiente) e a caquexia (perda de peso, enfraquecimento muscular).

PROBLEMA # 32.5

- Algumas das anomalias de marcha observadas na doença de Huntington são muito similares às do mal de Parkinson (marcha lenta, rígida e instável, com episódios de congelamento). Contudo, uma dessas doenças é uma hipocinesia, enquanto a outra é uma hipercinesia. O que se conclui com base nessas observações?

Entre as desordens não motoras da doença de Huntington estão a depressão, a irritabilidade, a perda de habilidades sociais e, em fases posteriores, a demência. Infelizmente, não há tratamento para essa doença. Tentativas de aliviar os sintomas em diferentes fases da doença podem incluir drogas colinérgicas ou medicamentos anticolinérgicos em combinação com levodopa.

32.6 Hemibalismo

Outra desordem hipercinética associada a uma lesão dos gânglios da base é o *balismo*. O balismo ocorre devido a uma lesão no *núcleo subtalâmico*. Essa lesão pode resultar de um acidente vascular encefálico (AVE) ou de uma malformação. Uma vez que os núcleos subtalâmicos à esquerda e à direita estão localizados relativamente longe uns dos outros, lesões seletivas bilaterais dos dois núcleos subtalâmicos são extremamente improváveis. Mais comumente, a lesão ocorre num deles e leva a sinais clínicos limitados no lado contralateral do corpo. Portanto, frequentemente o balismo é chamado *hemibalismo*.

A lesão do núcleo subtalâmico aumenta a quantidade de excitação que as estruturas corticais recebem do tálamo (figura 32.8) e, portanto, leva a movimentos excessivos num lado do corpo. O hemibalismo tipicamente resulta em movimentos rápidos incontroláveis das extremidades contralaterais. Esses movimentos são bastante semelhantes aos da coreia, mas são mais rápidos e têm amplitudes maiores. O tratamento do hemibalismo é sintomático, semelhante ao da coreia.

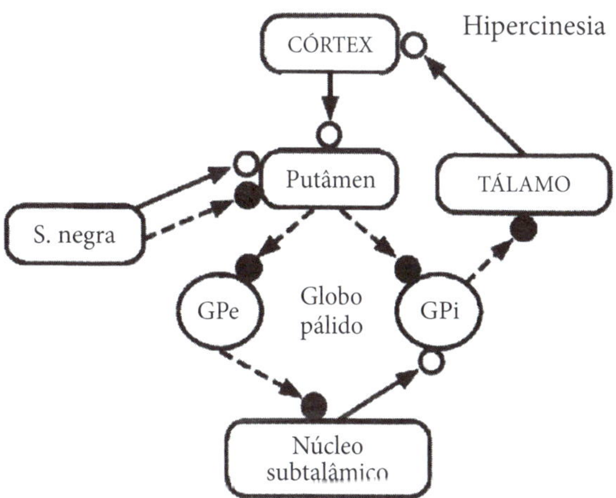

Figura 32.8 A atrofia do núcleo subtalâmico leva ao balismo (hemibalismo). Ela altera o circuito indireto e a entrada excitatória superior do tálamo para o córtex. Projeções excitatórias são mostradas com linhas sólidas e círculos vazios; projeções inibitórias são mostradas com linhas tracejadas e círculos cheios. Projeções mais fracas que as de pessoas sem balismo são mostradas com linhas finas; projeções mais fortes são indicadas por linhas grossas. Compare com a figura 32.1.

32.7 Distonia

A distonia é definida como uma síndrome de contrações musculares prolongadas que produzem movimentos de torção repetitivos e posturas anormais. Essa definição bastante vaga reúne casos de etiologias diferentes. Contudo, um número substancial de pacientes com distonia mostra anormalidades nos gânglios da base que justificam a inclusão dessa desordem hipercinética neste capítulo.

As distonias são classificadas em primárias (*idiopáticas*) e secundárias. A distonia primária pode iniciar na infância e está relacionada a uma mutação num gene DYT1. Ela também pode começar na meia-idade, caso em que dados epidemiológicos sugerem a influência de fatores genéticos. A distonia secundária pode estar associada com uma variedade de fatores, incluindo síndromes neurológicas hereditárias (por exemplo, a doença de Huntington), outros distúrbios neurológicos (por exemplo, a esclerose múltipla e o mal de Parkinson) e causas ambientais (como traumatismo, medicamentos, toxinas, encefalite). A distonia secundária pode também ser psicogênica. A tabela 32.1 mostra a maior porcentagem de distonia psicogênica entre as várias desordens psicogênicas do movimento.

TABELA 32.1

Desordens psicogênicas do movimento

Desordem	Frequência
Distonia	39%
Tremor	20%
Anormalidade da marcha	5%
Mioclonia	11%
Mal de Parkinson	5%
Tiques	0,7%
Síndrome da pessoa rígida	0,3%

Outra classificação das distonias as descreve de acordo com suas áreas afetadas. Chamam-se distonias *focais* quando uma única área está envolvida. São exemplos de distonias focais o *blefaroespasmo* (a face superior é afetada, levando ao cerramento bilateral intermitente ou prolongado da pálpebra como resultado de contrações involuntárias), *disfonia espasmódica* (as cordas vocais são afetadas, causando fala imperfeita, esforço vocal e tons de voz mais baixos), *torcicolo* (o pescoço é afetado, levando a movimentos de torção da cabeça e posturas desajeitadas) e *cãibra de escritor* (um braço é afetado, o que causa contrações involuntárias dos músculos do membro, com movimentos de torção e repetitivos e posturas anormais). Quando as distonias envolvem duas ou mais áreas contíguas, são chamadas *segmentares*. Por exemplo, distonias cranianas envolvem o rosto, a mandíbula, a língua e as cordas vocais, enquanto distonias axiais envolvem o pescoço e o tronco.

As distonias que atingem duas ou mais áreas não contíguas são chamadas *multifocais*. Em particular, a hemidistonia é um tipo de distonia multifocal. Por fim, quando o tronco, pelo menos uma perna e mais uma área estão envolvidos, as distonias são chamadas *generalizadas*.

As distonias focais são relativamente comuns, com cerca de 30 casos para 100 mil pessoas, enquanto as distonias generalizadas são mais raras, com cerca de três casos para 100.000 indivíduos. Entre as distonias focais, existe um grupo associado ao uso excessivo de um membro durante atividades profissionais. Essas distonias incluem a cãibra de escritor (que afeta escritores, datilógrafos e taquígrafos), a cãibra de músico (vista em guitarristas e trompetistas) e a cãibra de atleta (relativamente comum entre golfistas, jogadores de sinuca e lançadores de dardo). Curiosamente, nessas distonias o membro afetado ainda pode ser usado em outras atividades que exigem contrações dos mesmos grupos musculares. Por exemplo, a cãibra de escritor não causa problemas com o uso de garfo e faca.

PROBLEMA # 32.6

- Sabendo que os músculos e articulações afetados pela cãibra de escritor podem não mostrar sinais distônicos em outras atividades, que conclusões podemos tirar sobre as origens da câimbra de escritor?

Como mencionado anteriormente, a *variabilidade* é a característica mais geral dos movimentos voluntários desordenados. Isso é particularmente verdadeiro para os movimentos distônicos, cujas características distintivas incluem a *irregularidade* (figura 32.9). As características comuns dos movimentos distônicos são oscilações, hesitações, reversões temporárias de trajetória e múltiplos disparos de EMG (em contraste com o padrão EMG trifásico, discutido no capítulo 11). Uma característica dos movimentos distônicos que, embora típica, não ocorre em todos os pacientes é

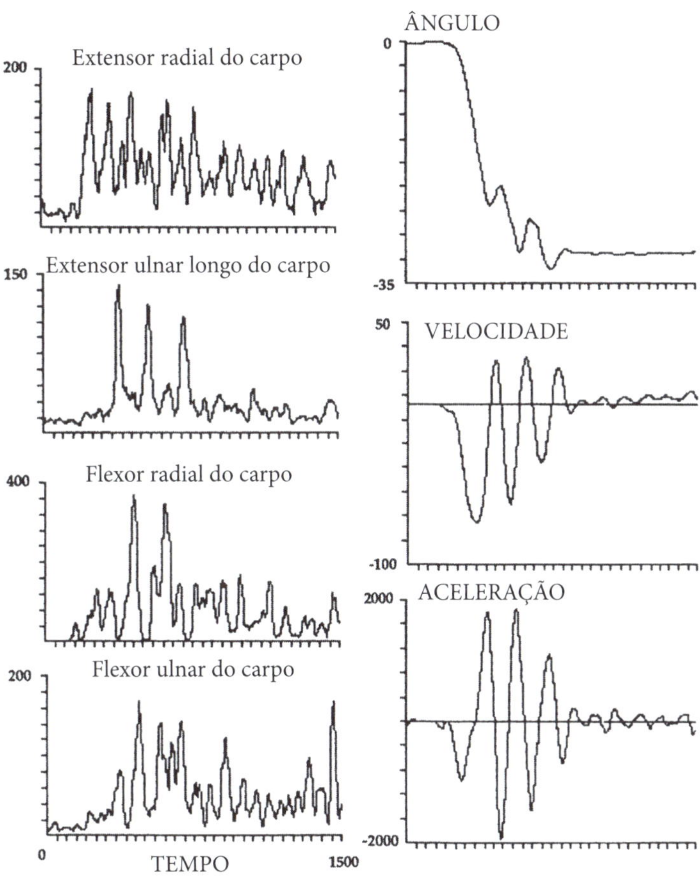

Figura 32.9 Padrões típicos de flexão voluntária do punho numa pessoa com distonia. Os padrões de EMG são caracterizados por disparos múltiplos e irregulares. A trajetória é acidentada e pode mostrar hesitações e reversões.

Springer, *Biological Cybernetics*, vol. 71, 1995, p. 87-94, "Abnormal motor patterns in the framework of equilibrium-point hypothesis: A cause for dystonic movements?" M.L. Latash e S.R. Gutman. Com a gentil permissão da Springer Science and Business Media.

a *coativação* da musculatura antagonista e dos músculos distantes durante movimentos unidirecionais rápidos do membro.

A distonia é aparentemente um *problema de controle*, um desequilíbrio entre os sinais descendentes que pode não estar necessariamente relacionada a alguma patologia discernível nas estruturas supraespinais ou espinais.

Várias anormalidades segmentares da distonia foram descritas, particularmente um *deficit* na inibição mediada por Ia e o fenômeno de Westphal (Safronov e Kandel, 1975; Chen, Tsai e Lu, 1995; Berardelli et al., 1998). Estas, contudo, não são vistas em todos os pacientes e podem representar alterações secundárias do sistema em resposta a uma desordem primária de controle motor duradoura. Na verdade, padrões motores semelhantes aos vistos em movimentos distônicos têm sido enquadrados na hipótese do ponto de equilíbrio (Latash e Gutman, 1994).

O tratamento da distonia é em grande parte sintomático. Pode incluir levodopa, agentes antidopaminérgicos e terapia anticolinérgica. Em casos graves, a toxina botulínica pode ser usada para evitar contrações musculares indesejáveis na área afetada. Alguns pacientes descobrem manobras específicas que ajudam a controlar movimentos distônicos, as quais podem ser ações como tocar uma parte afetada do corpo e, às vezes, usar objetos inanimados (por exemplo, uma bolsa). Essas manobras são comumente chamadas *gestos*.

32.8 Discinesia tardia

O tratamento farmacológico de longa duração de distúrbios neurológicos crônicos é às vezes associado a uma desordem motora chamada *discinesia tardia* (revista em Goetz e Horn, 2004). Esse termo refere-se a movimentos involuntários de aparecimento tardio resultantes da administração crônica de agentes que bloqueiam receptores de dopamina. A discinesia tardia pode ser induzida por uma variedade de medicamentos, incluindo antipsicóticos, antidepressivos, supressores da tosse e anti-hipertensivos. Ela pode estar associada com a *distonia tardia* e a *acatisia tardia*. Esse último termo refere-se à agitação.

Os sinais clínicos da discinesia tardia envolvem movimentos de mastigação repetitivos e estalos de língua. A distonia tardia pode causar uma *crise oculogírica* — uma distonia dos músculos extraoculares que leva a um desvio ocular prolongado, geralmente para cima, bem como a movimentos involuntários de torção do pescoço, do tronco, da região oral ou da face.

Capítulo 32 em resumo

As desordens dos gânglios da base podem levar à pobreza de movimentos (hipocinesia) ou a movimentos excessivos (hipercinesia). O mal de Parkinson resulta de uma perda de neurônios produtores de dopamina na substância negra. Seus sintomas incluem pobreza de movimentos, tremor de 5 ou 6 Hz, rigidez, bradicinesia (lentidão) e *deficit* no controle postural. Um *deficit* de ajustes posturais antecipatórios e um aumento descontrolado de reações posturais corretivas parecem contribuir para os *deficit* posturais. O tratamento mais comum do mal de Parkinson é a administração de um precursor da dopamina (levodopa). Foram obtidos resultados clínicos promissores com estimulação elétrica do tálamo e dos gânglios da base. A doença de Huntington é uma desordem genética associada a uma disfunção do núcleo caudado. Ela leva à demência e a movimentos coreicos. O hemibalismo é consequência de uma lesão num dos núcleos subtalâmicos, levando a movimentos descontrolados, rápidos e de grande amplitude no lado contralateral do corpo. A distonia é uma desordem do movimento que, em alguns casos, está vinculada a uma disfunção dos gânglios da base. Os movimentos voluntários de quem sofre de distonia caracterizam-se por posturas de torção prolongadas de segmentos dos membros, das pernas, do pescoço e do tronco. O tratamento farmacológico de longa duração de distúrbios neurológicos crônicos pode levar à discinesia tardia. Seus sinais clínicos envolvem movimentos repetitivos de mastigação e estalo de língua.

33

Desordens cerebelares

Palavras-chave e tópicos

- anormalidade de postura e marcha
- tremor cerebelar
- rigidez cerebelar
- dismetria
- ataxias
- ataxia de Friedreich
- síndrome cerebelar cognitiva afetiva

O cerebelo é, sem dúvida, a mais enigmática estrutura do encéfalo. Por um lado, contém mais neurônios que o resto das estruturas do encéfalo juntas. Por outro, um animal pode sobreviver à remoção completa do cerebelo, recuperar-se e viver satisfatoriamente. Observações de mudanças comportamentais em animais após uma lesão completa ou parcial do cerebelo resultaram na visão de que o cerebelo lida principalmente com a função motora, incluindo o equilíbrio. Apenas há relativamente pouco tempo o cerebelo tem sido associado a outras funções, como cognição e emoção. No capítulo sobre desenvolvimento motor (capítulo 29), discutimos eventuais ligações entre funções cerebelares e comportamentos atípicos, motores e não motores, na síndrome de Down, autismo, síndrome de Asperger e DDC. Essas e outras observações nos levam a uma mudança na compreensão do cerebelo não como um órgão "motor" do encéfalo, mas como uma estrutura envolvida em muitas funções encefálicas cruciais a uma variedade de comportamentos engenhosos e sofisticados.

33.1 Consequências de lesões cerebelares em animais

Lesões cerebelares produzem diferentes efeitos em animais diferentes (revisto em Rothwell 1994; Bastian, Mugnaini e Thach 1999). Em cães e gatos, essas lesões aumentam o tônus muscular (o que quer que esteja implícito nesse nome indefinido). O tônus aumentado é particularmente forte nos músculos extensores do membro e do pescoço e cria uma imagem típica de *rigidez extensora*. Esses efeitos podem ser vistos logo após a ablação dos lobos cerebelares anteriores. A rigidez não é diminuída quando se cortam as raízes dorsais, o que significa que não depende de reflexos de alongamento (ou de quaisquer outros reflexos de proprioceptores). Assim, presume-se que se deva a um aumento na excitabilidade de motoneurônios α, sendo denominada *rigidez alfa*. O mecanismo da rigidez extensora baseia-se, provavelmente, no aumento de atividade do trato vestibuloespinal. Esse trato origina-se no *núcleo de Deiters* (o núcleo vestibular lateral), que normalmente recebe entradas inibitórias provenientes dos lobos cerebelares anteriores. Lesões cerebelares em cães e gatos também afetam a atividade do sistema fusimotor. Esses efeitos são inibitórios e reduzem os reflexos de alongamento. Em alguns dias, os efeitos das lesões cerebelares são seguidos por uma recuperação relativamente rápida do tônus extensor e uma sensibilidade de alongamento quase normal.

Em primatas, a entrada cerebelar para o núcleo de Deiters é menor. Possivelmente, esse é o motivo pelo qual as lesões cerebelares não afetam fortemente a excitabilidade dos motoneurônios α. Presume-se que a maioria dos efeitos das lesões cerebelares sobre os movimentos em primatas seja mediada por uma ação no sistema fusimotor. Tais lesões levam a um tônus muscular reduzido (*hipotonia*), que se recupera muito lentamente ou não (Gilman 1969). Os *deficit* também ocorrem na taxa e na força das contrações musculares voluntárias, bem como num tremor de baixa frequência (3-5 Hz) que, por vezes, é chamado *tremor cerebelar*. Os *deficit* são particularmente pronunciados durante movimentos que envolvem um componente postural. Uma conclusão geral provisória baseada nessas observações é a de que o cerebelo é responsável por fornecer equilíbrio entre a ativação dos sistemas motoneuronais α e γ (Thach, Goodkin e Keating, 1992).

PROBLEMA # 33.1

- Que tipo de alterações nos efeitos descendentes sobre os motoneurônios γ pode gerar um tônus muscular reduzido?

Em experimentos com animais, o resfriamento local reversível é usado para estudar como lesões locais de estruturas do encéfalo afetam os movimentos. O resfriamento local dos núcleos denteado e interposto de macacos leva a *deficit* motores semelhantes aos vistos em pacientes com desordens cerebelares (revisto em Thach et al., 1992; Thach, Goodkin e Keating, 1992). Durante movimentos uniarticulares, as alterações típicas são:

- Aumento do tempo de reação.
- Aumento da distância do movimento (o animal ultrapassa o alvo, apresentando *hipermetria*), acompanhado por um prolongado disparo de EMG agonista e um disparo EMG antagonista atrasado.
- O ritmo de um movimento oscilatório pode ser interrompido devido ao tempo mais longo gasto em pontos decisivos.

- Movimentos lentos são segmentados, tornam-se irregulares e demonstram um tremor de 3 a 5 Hz.
- Uma perturbação induz um padrão de EMG alternado nos músculos flexores e extensores, levando a uma oscilação articular (figura 33.1).
- Durante o rastreamento de um alvo visual, o movimento torna-se irregular e o animal parece perder sua capacidade de usar informações relacionadas à velocidade.

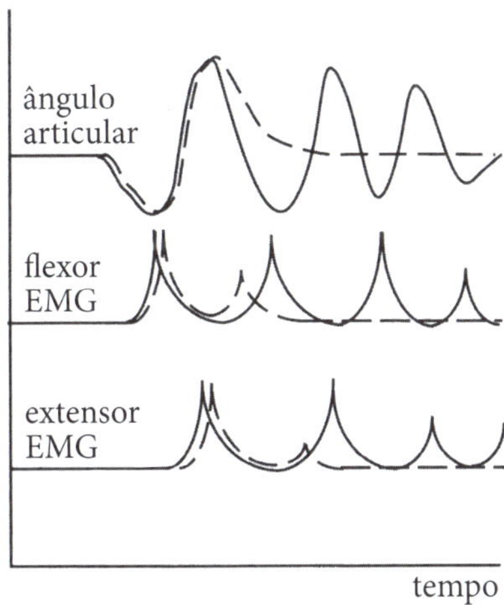

Figura 33.1 Após uma lesão cerebelar, perturbar uma articulação pode levar a um padrão de EMG alternado em flexores e extensores articulares e a uma oscilação articular. As linhas tracejadas são padrões registrados antes da lesão; as linhas sólidas são padrões registrados após a lesão.

Essas alterações podem ser relativamente leves e normalmente permitem que o animal realize a tarefa, ainda que de forma desajeitada.

Os *deficit* de movimento tornam-se muito mais pronunciados quando movimentos multiarticulares são realizados (revisto em Bastian, Mugnaini e Thach, 1999). O resfriamento dos núcleos fastigiais em macacos produz incapacidade de sentar, ficar em pé ou andar e causa quedas frequentes. O resfriamento dos núcleos interpostos leva a um grave tremor de 3 a 5 Hz, que é particularmente pronunciado durante movimentos orientados (*tremor de ação*). O resfriamento dos núcleos denteados leva à importante hipermetria e a uma incapacidade de usar agarro de precisão para apanhar alimentos. Podemos concluir que o cerebelo está muito mais envolvido na coordenação de vários músculos que no controle de sistemas uniarticulares.

PROBLEMA #33.2

- No início deste livro, argumentamos que não existem movimentos uniarticulares. Como esse argumento pode ser conciliado com os diferentes efeitos que as lesões cerebelares têm sobre as ações uni e multiarticulares?

Os efeitos das lesões cerebelares tornam-se muito mais pronunciados quando animais executam tarefas novas ou tarefas familiares em condições novas. Por exemplo, um gato com lesão cerebelar pode ser capaz de descer escadas, mas apenas se todos os degraus tiverem a mesma altura. Um degrau anormalmente alto ou baixo pode levá-lo a tropeçar, o que não ocorre com animais com cerebelo intacto.

33.2 Causas de desordens cerebelares

Vários eventos podem matar os neurônios no cerebelo ou afetar as vias de entrada ou saída cerebelares, causando desordens cerebelares nos seres humanos (revisto em Cooper, Johnson e Montgomery Jr., 2004). Duas causas principais de morte neuronal são o suprimento insuficiente de sangue (isquemia) e os tumores. As vias neurais que conectam o cerebelo ao resto do encéfalo podem experimentar desmielinização ou desordens neurodegenerativas de diferentes etiologias. Uma das desordens mais comuns desse grupo é a *atrofia olivopontocerebelar (OPCA)*, que leva à atrofia das fibras neurais que constituem uma das duas principais entradas para o cerebelo – as fibras trepadeiras originárias das olivas inferiores (capítulo 15).

As consequências das lesões cerebelares dependem da área afetada. Por exemplo, o verme recebe a maior parte de suas informações de entrada da periferia e do tronco cerebral e relativamente pouca informação do córtex. Suas saídas também se projetam principalmente sobre o tronco encefálico e sobre a medula espinal. Uma lesão do verme ou de seu núcleo cerebelar principal de saída, o núcleo fastigial, comumente afeta a postura e o equilíbrio e pode causar marcha e *ataxia* troncular (desordem caracterizada pela descoordenação, levando a problemas no início do movimento e em sua decomposição em segmentos). Ao mesmo tempo, movimentos das extremidades podem ser relativamente poupados.

A área paravermal recebe entradas provenientes da periferia, do tronco encefálico e do córtex, incluindo o córtex motor. Suas saídas são dirigidas ao tronco encefálico e ao córtex. Uma lesão nessa área ou em seu núcleo de saída, o núcleo interposto, altera a atividade do córtex motor antes do início do movimento. Lesões restritas a essa área são muito raras; portanto, é difícil atribuir-lhes um grupo específico de sintomas.

A zona lateral recebe a maior parte de sua entrada do córtex e relativamente pouco de sua entrada da periferia. Na maior parte, suas saídas objetivam o córtex (e o tronco encefálico). Uma lesão nessa área ou no núcleo denteado leva a problemas nos movimentos voluntários das extremidades nas quais ocorrem ataxia e tremor.

33.3 Anormalidades de postura e marcha

Desordens de equilíbrio e locomoção são as consequências clínicas mais comuns das lesões cerebelares. Essas desordens podem aparecer sozinhas (quando o verme ou o núcleo fastigial é afetado) ou em combinação com desordens de movimentos do membro. Pacientes com desordens cerebelares tipicamente mostram maior oscilação postural (Diener et al., 1984; Horak e Diener, 1994; figura 33.2). Em muitos pacientes, essa oscilação aumentada é vista na direção anteroposterior. Fechar os olhos amplifica a oscilação (Ohashi, Nakagawa e Asai, 1993). Quando em pé, esses pacientes afastam mais os pés, aparentemente para aumentar a estabilidade postural.

Quando as pessoas com desordens cerebelares reagem a translações inesperadas de plataforma, suas respostas posturais são exageradas (Horak e Diener, 1994). Ambos os músculos que atuam na articulação do tornozelo mostram um aumento em sua resposta, em comparação com respostas vistas numa pessoa sem desordem cerebelar (figura 33.3). Diferenças particularmente dramáticas são vistas na atividade de EMG do músculo antagonista (tibial anterior).

Os *deficit* de marcha nas desordens cerebelares são caracterizados por uma série de passadas irregulares, com colocação de pé muito variável nas direções anteroposterior e médio-lateral (Diener e Dichgans, 1992; Thach e Bastian, 2004).

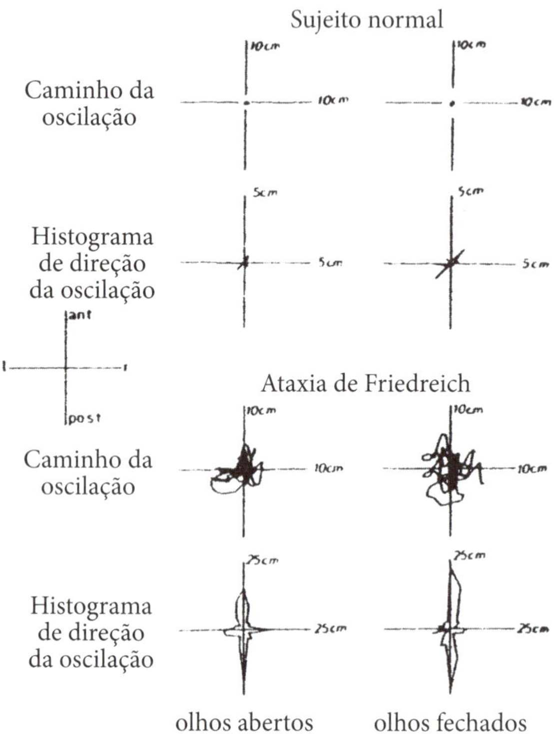

Figura 33.2 Um paciente com ataxia de Friedreich (gráficos inferiores) mostra uma oscilação muito maior do que a de uma pessoa sem essa desordem (gráficos superiores), tanto com os olhos abertos quanto com os olhos fechados.

Reproduzido de *Electroencephalography and Clinical Neurophisiology*, vol. 57, H.C. Diener, J. Dichgans, M. Bacher e B. Gompf. "Quantification of postural sway in normals and patients with cerebellar diseases", p. 134-142. Copyright 1984, com permissão da Elsevier.

Há excessiva elevação dos pés durante a caminhada. Essas desordens de marcha tornam-se mais pronunciadas quando a complexidade da tarefa aumenta, como durante uma caminhada na ponta dos pés ou para trás.

PROBLEMA # 33.3

- Como você distinguiria a marcha de um paciente com uma desordem cerebelar da de uma pessoa com doença de Huntington?

Tarefas posturais e de locomoção podem ser acompanhadas por um tremor de tronco ou cabeça de uma frequência de 1 a 3 Hz. Esse tremor é chamado *titubeação*. É constituído por movimentos de balanço e pode ser percebido na realização de qualquer tarefa postural, como a de se sentar.

33.4 Movimentos voluntários em desordens cerebelares

Pessoas com desordens cerebelares podem executar a maioria das tarefas motoras diárias; contudo, seus movimentos parecem desajeitados. O desajeitamento em desordens cerebelares recebe contribuições de vários fatores (figura 33.4). Os movimentos voluntários dessas pessoas são iniciados com mais atraso. Erros em magnitude de força, velocidade e tempo levam a amplitudes de movimento imprecisas (*dismetria*) e problemas com mudança de trajetória em momentos apropriados, como em tarefas em que é preciso traçar uma trajetória de um formato específico (Beppu, Suda e Tanaka, 1984; Miall, 1998; Topka et al., 1998). Houve tentativas de vincular esses problemas a erros na programação de padrões precisos de ativação muscular e a problemas na interrupção do movimento.

Desordens cerebelares com tempo de movimento prejudicado apresentam dois fenômenos: *disdiadococinesia* e *disritmocinesia*. O primeiro termo refere-se à incapacidade de manter um ritmo constante durante movimentos alternados e repetitivos, tais como os da ação de opor cada dedo contra o polegar numa rápida sucessão. O último termo refere-se a uma incapacidade de produzir um ritmo exigido, como um batuque. Os dois tipos de tarefa resultam em ações irregulares e descoordenadas.

Uma diminuição menor da força muscular acompanha desordens cerebelares, mas não parece ser um fator limitante para as tarefas motoras diárias. Contudo, a descrição de pessoas com desordens cerebelares comumente inclui um *tônus muscular* anormal. Essa anormalidade é bastante ambígua porque é uma combinação de um tônus (definição pobre) aparentemente reduzido com a rigidez cerebelar. Ela tem sido associada à atividade atenuada de motoneurônios γ que inervam fibras musculares intrafusais e controlam a sensibilidade das terminações sensoriais de fuso (Thach, Goodkin e Keating, 1992).

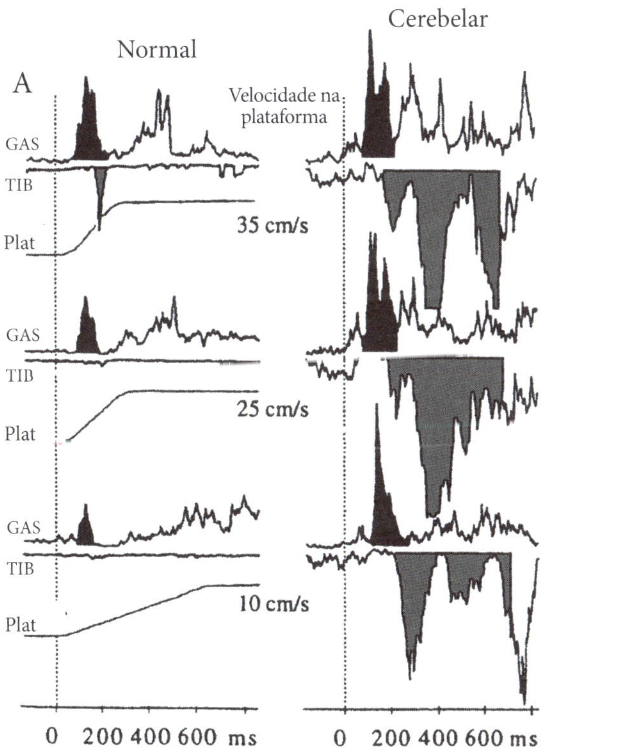

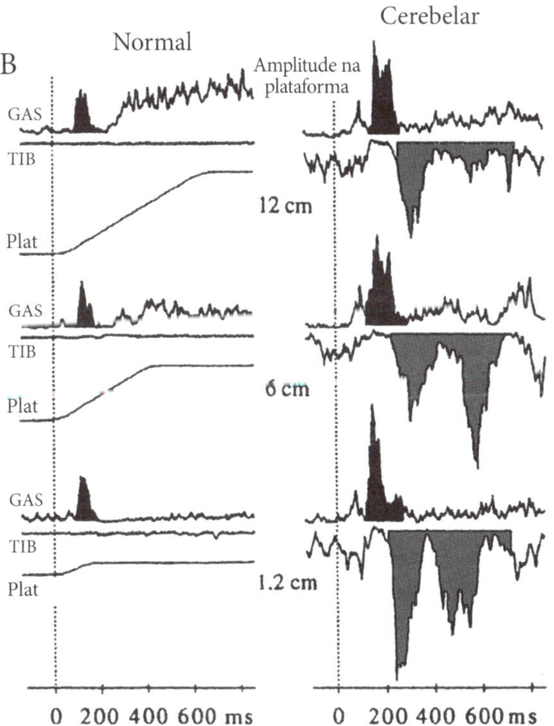

Figura 33.3 As respostas posturais à translação de plataforma observadas numa pessoa com desordem cerebelar são muito maiores que as vistas numa pessoa sem desordem cerebelar. A pessoa com a desordem mostra uma ativação substancial do músculo antagonista (tibial) que não é vista na outra pessoa.

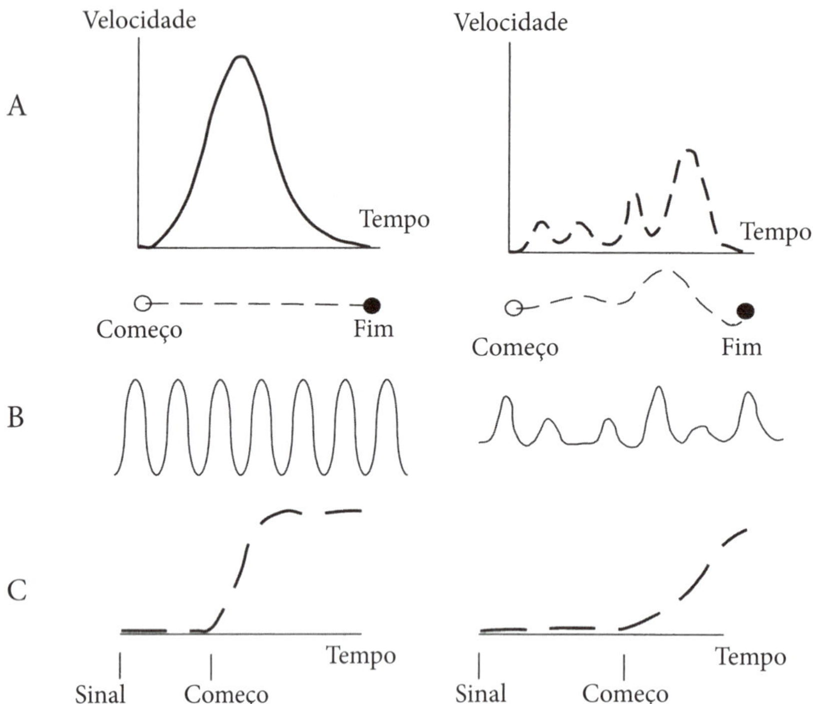

Figura 33.4 As características típicas dos movimentos desordenados que ocorrem após uma lesão cerebelar são (*a*) uma trajetória irregular com múltiplos picos de velocidade durante movimentos de alcançar, (*b*) a incapacidade de manter o ritmo e (*c*) um atraso grande e uma lenta iniciação do movimento. Os gráficos da esquerda se referem a uma pessoa sem lesão, enquanto os da direita se referem a uma pessoa com lesão cerebelar.

Movimentos realizados por pessoas com desordens cerebelares geralmente são decompostos em fragmentos, um fenômeno denominado *segmentação do movimento*. Esse fenômeno é particularmente evidente durante tarefas complexas que envolvem coordenação multiarticular (Becker et al., 1991; Topka, Konczak e Dichgans, 1998). Há também uma desordem marcada dos movimentos seriais, que possivelmente se relaciona com os problemas com o tempo do movimento.

Durante movimentos multiarticulares, pessoas com desordens cerebelares são propensas a mostrar trajetórias curvas, em contraste com as trajetórias retas tipicamente observadas nesses movimentos quando executados por pessoas saudáveis (capítulo 23). A causa disso pode ser a coordenação deficiente entre as articulações, que talvez resulte de uma capacidade prejudicada do controlador neural para prever e considerar torques de interação articular (Bastian et al., 1996; figura 33.5). Note, contudo, que essa visão aceita a ideia de que a coordenação articular resulta da computação, feita pelo sistema nervoso central, dos perfis de torque requeridos, um axioma que recebeu severas críticas (ver capítulos 19 e 20).

PROBLEMA # 33.4

- Que tipo de erros motores é possíveç esperar de um jogador de beisebol com uma leve desordem cerebelar que tenta rebater ou apanhar a bola?

As desordens cerebelares também afetam os músculos faciais, provocando uma fala arrastada e *nistagmo* (saltos repetitivos dos olhos). Outras desordens dos movimentos extraoculares incluem rastreamento visual e reflexo vestíbulo-ocular prejudicados.

Pacientes com desordens cerebelares mostram *dificuldades na aprendizagem* de algumas tarefas motoras. Efeitos semelhantes podem ser vistos em macacos por meio de experimentos com resfriamento de estruturas cerebelares. Em particular, quando um ser humano ou animal usa prismas que distorcem a percepção visual, o reflexo vestíbulo-ocular (que mantém o eixo do globo ocular numa posição constante durante os movimentos da cabeça) se adapta rapidamente. Essa adaptação não existe nas desordens cerebelares (Martin et al., 1996; figura 33.6).

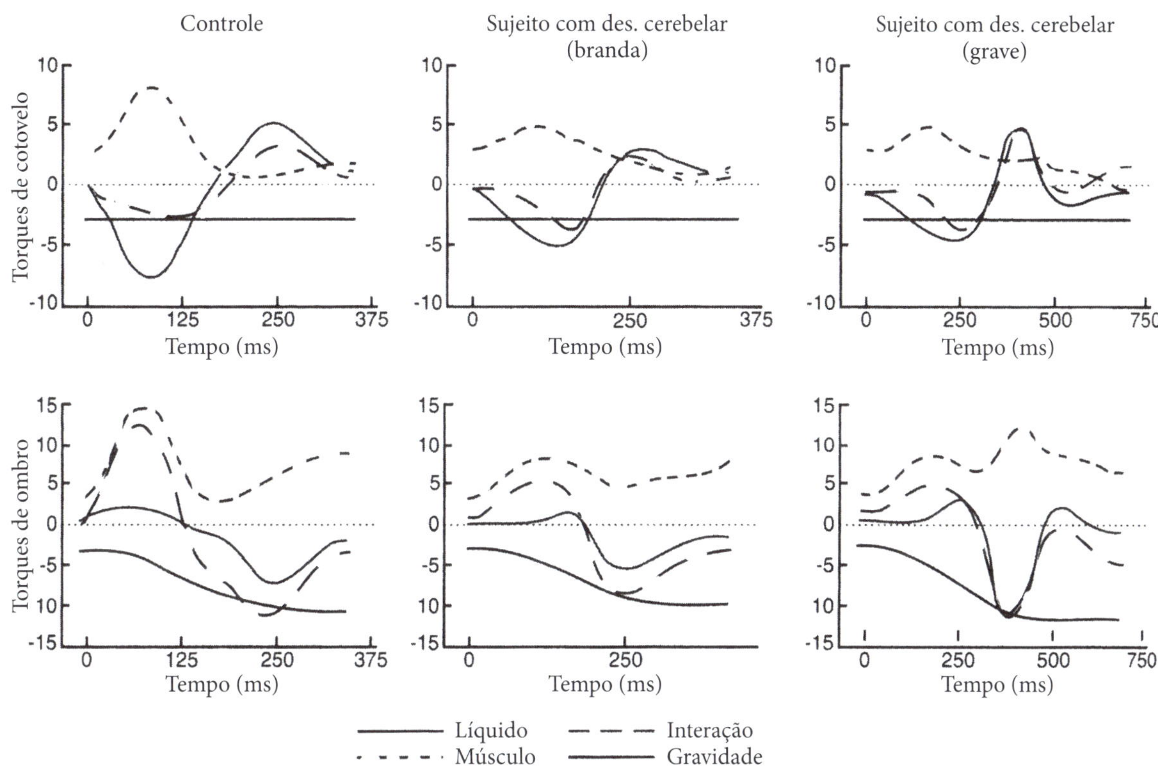

Figura 33.5 Componentes de torques articulares de cotovelo e ombro durante movimentos de apontar feitos por uma pessoa sem desordem cerebelar (à esquerda), uma pessoa com leve desordem cerebelar (no meio) e uma pessoa com grave desordem cerebelar (à direita). O torque líquido segue de perto o torque de interação nas pessoas com desordens cerebelares, sugerindo uma capacidade prejudicada de responder por esses torques ao gerar torques musculares.

Dados de A.J. Bastian et al., 1996, "Cerebellar ataxia: Abnormal control of interaction torques across multiple joints", *Journal of Neurophysiology* 76:492-509.

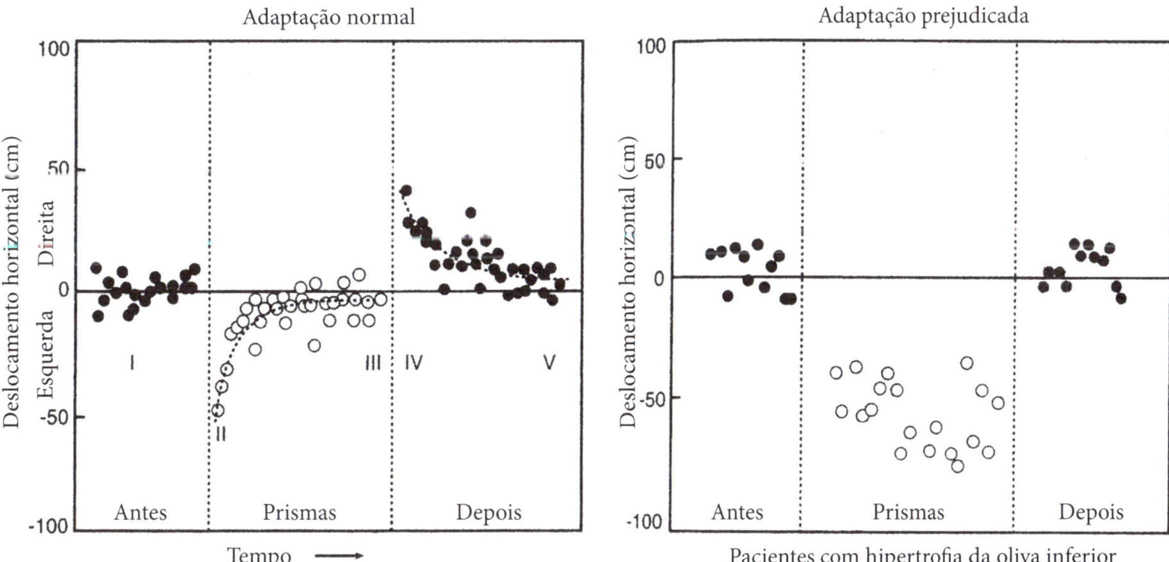

Figura 33.6 (*À esquerda*) Colocar óculos prismáticos causa um erro quando uma pessoa lança um pequeno objeto em direção a um alvo. Esse erro, contudo, é rapidamente corrigido (a ação adapta-se à nova informação visual). Depois que os prismas são retirados, há um efeito posterior, e os erros ocorrem na direção oposta. (*À direita*) Uma pessoa com uma desordem cerebelar (hipertrofia da oliva inferior) praticamente não mostra adaptação e efeito posterior ao colocar óculos prismáticos.

Adaptado de T.A. Martin et al., 1996, "Throwing while looking through prisms. I. Focal olivocerebellar lesions impair adaptation", *Brain* 119:1183-1198. © 1996 Oxford University Press.

33.5 Tremor cerebelar

Além de causar titubeação, as desordens cerebelares também provocam tremor (movimentos cíclicos involuntários) dos membros (revisto em Gilman, Bloedel e Lechtenberg, 1981). O tremor cerebelar tem dois tipos de componentes, os estáticos e os cinéticos, e sua frequência varia de 4 a 6 Hz. O *tremor estático ou postural* em pacientes com desordens cerebelares pode parecer semelhante ao do mal de Parkinson. Ele é visto quando uma pessoa tenta manter um membro numa determinada posição durante alguns segundos. Pacientes com mal de Parkinson, contudo, sofrem tremor estático em repouso completo, como quando um braço repousa sobre um joelho, enquanto pacientes com desordens cerebelares mostram tremor estático quando mantêm ativamente uma postura constante do membro.

Quando um paciente com desordem cerebelar inicia um movimento voluntário de membro, o movimento pode ser associado com um *tremor cinético*, que envolve disparos de ativação alternados em grupos musculares proximais. O tremor pode tornar-se mais forte quando o membro alcança um alvo, como quando a mão se aproxima de um copo de bebida. Esse tremor é chamado *intencional*, embora esse termo tenha sido tachado de enganoso, porque considera em conjunto o tremor postural e o cinético (Gilman, Bloedel e Lechtenberg, 1981).

Numerosos mecanismos foram apontados como contribuições para o tremor cerebelar (revisto em Bastian, Mugnaini e Thach, 1999), como a atividade em circuitos de retroalimentação proprioceptivos de receptores sensíveis ao alongamento ao córtex, as respostas M^{2-3} ao alongamento aumentadas (ver capítulo 12) e um *deficit* primário geral na estabilização do membro durante tarefas posturais.

Outro fenômeno atípico que algumas vezes leva a um movimento rítmico em pessoas com desordens cerebelares denomina-se *pausa-e-rebote* (*check-and-rebound*). Quando se solicita a uma pessoa saudável que estenda um braço e feche os olhos e, em seguida, outra bate ligeiramente em seu punho, existe um movimento rápido e preciso do braço de volta para sua posição original. Pessoas com desordens cerebelares mostram um grande deslocamento do membro e ultrapassam a posição original. Essa resposta é seguida por uma sequência de movimentos oscilatórios que finalmente levam o membro de volta para sua posição original.

PROBLEMA # 33.5

- Sugira um mecanismo fisiológico para o fenômeno da pausa-e-rebote.

33.6 Ataxias

Nos seres humanos, desordens cerebelares são acompanhadas de *ataxia* dos movimentos voluntários. Ataxia é a decomposição do movimento em vários segmentos irregulares (revisto em Gilman, 2004). Tem sido associada a problemas na iniciação, finalização e controle de velocidade do movimento. Um caso particular de ataxia que afeta o movimento dos articuladores da fala denomina-se *disartria atáxica*.

Existe um grupo de desordens atáxicas que são herdadas e caracterizadas por descoordenação e problemas de equilíbrio. Trata-se de desordens neurodegenerativas tipicamente progressivas que podem levar à disfunção significativa e à morte. Provavelmente a mais comum das ataxias herdadas é a *ataxia de Friedreich* que, entre caucasianos, atinge uma entre 30.000 a 50.000 pessoas. É limitada a determinadas áreas geográficas, como a Europa, o norte da África, o Oriente Médio e a Índia. Os sinais clínicos da ataxia de Friedreich aparecem antes dos 25 anos de idade; eles incluem disartria, perda de reflexos e neuropatia axonal sensorial, com perda de sensibilidade cutânea e proprioceptiva. Em algumas pessoas, a mesma mutação genética leva a uma ataxia de início tardio, que envolve hiper-reflexia e sinais de espasticidade.

A segunda ataxia herdada mais comum é a *ataxia telangiectasia*. Essa desordem começa cedo na infância. Os pacientes precisam de cadeiras de rodas na segunda década de vida, e sua vida não se estende além do início da idade adulta. A ataxia telangiectasia leva à ataxia progressiva, à disartria, à hipotonia facial e a anormalidades oculomotoras.

Outras ataxias herdadas são as espinocerebelares, que são relativamente raras e limitadas a subpopulações particulares. As ataxias raramente respondem a tratamento farmacológico. Cuidados de apoio e reabilitação continuam a ser as únicas opções para ajudar esses pacientes e suas famílias.

33.7 Síndrome cerebelar cognitiva afetiva

Recentemente, mais atenção passou a ser dada às consequências não motoras das desordens cerebelares. Essas consequências foram reunidas sob o nome *síndrome cerebelar cognitiva afetiva* (Schmahmann e Sherman, 1998; Schmahmann, 2004). Elas são particularmente proeminentes em pacientes com lesões do lobo posterior e da verme.

Pacientes com lesões cerebelares demonstram deterioração de capacidades gerais, como as de planejamento, raciocínio abstrato, trabalho de memória e cognição espacial. A última característica reflete-se nos problemas que eles experimentam quando copiam imagens complexas ou desenham figuras de objetos familiares com características espaciais regulares, como o mostrador de um relógio. Ela também pode se refletir no desempenho de tarefas aparentemente simples, como dividir um objeto desenhado num pedaço de papel em duas partes iguais.

Os *deficit* de linguagem em pessoas com desordens cerebelares incluem uso impróprio da gramática (*agramatismo*) e inflexões de voz incomuns (*disprosódia*). A fluência verbal pode ser perdida. Desordens cerebelares também podem levar a mudanças de personalidade que resultam em comportamento desinibido e inadequado.

O tratamento de desordens cerebelares com drogas tem demonstrado eficácia limitada. Há relatos de que medicamentos como o 5-hidroxitriptofano, clonazepam e vitamina E têm benefícios limitados. Em caso de infarto, hemorragias e neoplasias, o tratamento médico e cirúrgico, radioterápico ou quimioterápico para tratar a causa original da desordem comumente é seguido por fisioterapia.

Em geral, estudos com animais e em pessoas com patologias cerebelares sugerem que o cerebelo desempenha um papel importante no aprendizado de coisas novas, mas não necessariamente no uso do que já foi aprendido. As coisas novas podem relacionar-se a diferentes áreas, incluindo coordenação motora, habilidades de linguagem, capacidades cognitivas e interações sociais. Todos esses fenômenos parecem ter uma importante característica comum: as interações de muitos elementos (efetores motores, palavras, conceitos e pessoas). Talvez problemas com o cerebelo prejudiquem a formação de unidades estruturais (ver capítulo 20) e, assim, são refletidos em todos os aspectos das atividades humanas, em que formar unidades estruturais é crucial para o sucesso.

PROBLEMA # 33.6

- Sugira uma explicação para o reflexo da vibração tônica suprimido (ver capítulo 9) em desordens cerebelares.

Capítulo 33 em resumo

Em seres humanos, lesões cerebelares estão associadas a lesões, tumores ou processos desmielinizantes que afetam o trato neural responsável por transportar informações do cerebelo e para este. As lesões cerebelares levam a desordens motoras grossas, que podem incluir rigidez, tremores, hipotonia, dismetria, ataxia e assinergia. O tremor em pessoas com desordens cerebelares tem um componente estático postural e um componente cinético intencional. A rigidez cerebelar pode ser mediada por anormalidades em entradas para motoneurônios γ ou α. Existem mudanças de postura, que se torna instável, e na marcha, que se caracteriza por passadas irregulares e excessiva elevação do pé em balanço. Os movimentos voluntários de pessoas com desordens cerebelares são fragmentados e com coordenação interarticular deficiente. Também mostram sincronização pobre, particularmente em movimentos seriais. A aprendizagem motora é gravemente afetada por desordens cerebelares, que causa uma deficiência nas reações adaptativas a mudanças de informação sensorial. A ataxia herdada, particularmente a ataxia de Friedreich, constitui distúrbios neurológicos progressivos que afetam seriamente a função motora. A síndrome cerebelar cognitiva afetiva é uma deficiência de habilidades, como as de planejamento, raciocínio abstrato, trabalho de memória e cognição espacial.

34

Desordens corticais

Palavras-chave e tópicos

- AVE
- negligência
- apraxia
- mioclonia
- tremor essencial
- tiques
- síndrome de Tourette
- paralisia cerebral
- síndrome de Williams
- doença de Wilson

O córtex dos grandes hemisférios contribui para uma variedade de funções, incluindo a cognição, a percepção e a ação (capítulo 14). Assim, uma lesão cortical pode levar a um espectro de consequências, dependendo de sua localização e extensão. Desordens motoras associadas ao mau funcionamento dos circuitos neurais que envolvem neurônios corticais variam de leves (por exemplo, algumas formas de tremor essencial) a incapacitantes, até mesmo ameaçando a vida (por exemplo, desordens após um grande acidente vascular encefálico). Para começar este capítulo, consideraremos as consequências típicas de uma lesão de lobos corticais diferentes, presumindo que a lesão tenha dimensão moderada e que não se associe a nenhuma desordem neurodegenerativa (para revisão veja Watts e Koller, 2004). Tais lesões podem resultar de malformações, pequenos acidentes cerebrovasculares ou ferimentos.

34.1 Lesões de diferentes lobos corticais

Lesões dos *lobos frontais* levam a alterações de comportamento que incluem irritação, perseveração (ações repetitivas, aparentemente sem propósito) e conduta social irregular. Essas consequências podem estar associadas ao surgimento dos reflexos primitivos, tais como o reflexo de agarrar e o de sugar.

As lesões dos *lobos parietais* causam um defeito na atenção dada aos eventos que ocorrem no campo visual contralateral (revisto em Mesulam, 1999; Vallar, Bottini e Paulesu, 2003). Isso pode causar *negligência* (não reconhecer objetos presentes no campo visual contralateral) ou mesmo *negação* (ver os membros contralaterais do próprio corpo como pertencentes a outra pessoa). Curiosamente, a negligência pode ser associada a uma capacidade prejudicada de se imaginar atuando no campo contralateral, embora a capacidade de atuar nesse campo possa estar preservada (Danckert et al., 2002). Por exemplo, depois que uma pessoa pega algumas bolas no campo visual perfeito, o ipsilateral, ela pode apanhar uma bola lançada no campo contralateral. Porém, mais tarde a pessoa não consegue considerar essa ação e insiste que a bola chegou à sua mão "por si só". Essas observações sugerem que o encéfalo não integra as fontes de informação somatossensoriais e visuais geralmente intactas com a percepção do corpo.

Pacientes com lesões dos lobos parietais são também suscetíveis de mostrar *apraxia*, que é uma desordem das habilidades motoras simples. A apraxia é particularmente comum em pessoas com áreas parietais do hemisfério dominante lesadas.

As lesões dos *lobos temporais* podem levar a convulsões, agressão e episódios de raiva explosiva. A *afasia* (fala desordenada) pode ser vista em casos de lesões do lobo temporal dominante. Lesões bilaterais das extremidades dos *lobos occipitais* podem causar grave negligência e cegueira virtual.

As lesões corticais resultam frequentemente em desordens de linguagem que dependem fortemente da área afetada. Existem diferentes tipos de afasia. A *afasia não fluente* caracteriza-se por uma fala lenta e pela perseveração em repetir palavras e combinações de palavras. É mais comum em lesões do córtex frontal posterior, do córtex motor inferior e da ínsula adjacente. Já a *afasia fluente* é uma deficiência de linguagem que resulta em um discurso fluente não substancial, podendo ser causada por uma lesão do giro temporal superior posterior. A *afasia de condução* é o discurso fluente com confusões semânticas, sendo mais comum em casos de lesões posteriores.

34.2 AVE

O acidente vascular encefálico (AVE), comumente chamado derrame, envolve uma interrupção do fornecimento de sangue a uma área do encéfalo por causa da ruptura de vasos sanguíneos ou do bloqueio do fluxo sanguíneo. O quadro clínico depende fortemente da área afetada e da extensão do acidente.

AVEs que afetam o bulbo causam risco de morte. Eles podem prejudicar a função cardíaca e a respiração. Também podem causar problemas com movimentos voluntários, principalmente se interromperem a transmissão ao longo das vias descendentes.

Quando um AVE afeta o tronco encefálico, provoca consequências relacionadas à disfunção de vários núcleos que ali se encontram. AVEs no tronco encefálico geralmente provocam problemas vestibulares e problemas associados ao controle postural. Problemas oculomotores podem levar ao nistagmo, enquanto a disartria (discurso desordenado) pode resultar da disfunção dos núcleos cranianos que inervam os articuladores da fala. Os AVEs no tronco encefálico podem causar uma descoordenação de movimentos semelhante à de uma disfunção da entrada da fibra trepadeira no cerebelo. Quando as vias corticospinais são lesadas, os pacientes podem apresentar sinais de espasticidade típicos dos AVEs que afetam os grandes hemisférios.

PROBLEMA # 34.1

- Que partes do corpo provavelmente mostrarão sinais espásticos após um derrame unilateral afetar as vias corticospinais?

Os AVEs que afetam os grandes hemisférios têm consequências motoras e não motoras, incluindo cognição prejudicada. As consequências motoras gerais incluem hemiparesia, espasticidade e descoordenação, que afetam a postura e a locomoção (Dietz e Berger, 1984; Diener et al., 1993; Levin, 1996; Kautz et al., 2005). Após um AVE cortical, os pacientes frequentemente mostram uma postura estreita (colocando os pés demasiado perto um do outro no sentido médio-lateral) e uma marcha de tesoura (colocando o pé de abordagem de modo que bloqueie o futuro caminho do pé de suporte). As duas características contribuem para a instabilidade postural posterior ao AVE e retardam a recuperação dos pacientes.

As características clínicas dos AVEs corticais compõem uma escala de sintomas que vão do proximal ao distal, sendo os músculos distais os mais afetados. Em especial, o funcionamento da mão é suscetível de ser mais afetado que movimentos do braço, como o de alcançar, que são controlados por grupos musculares mais proximais (Shelton e Reding, 2001; Mercier e Bourbonnais, 2004; Michaelsen et al., 2004).

Na literatura clínica, as consequências de lesões do trato corticospinal são algumas vezes chamadas *síndromes do motoneurônio superior*. Esse nome implica que existem dois motoneurônios envolvidos no controle do movimento: um motoneurônio superior, no córtex, e um motoneurônio inferior, na medula espinal (o motoneurônio α). A falta de um mapeamento que mostre cada área cortical e músculo (ver capítulos 14 e 24) torna esse nome ambíguo e mesmo enganoso. Seguindo a terminologia introduzida por Hughlings Jackson, os sinais clínicos de AVEs classificam-se em positivos e negativos. Esses termos não são usados como sinônimos de bom e mau; em vez disso, descrevem os fenômenos motores que surgem em pacientes com lesões corticais (como o tônus muscular aumentado, reflexos exagerados e espasmos) e os fenômenos motores que são perdidos por eles (como fraqueza e descoordenação).

Depois de um AVE cortical, os membros dos dois lados do corpo muitas vezes mostram graus dramaticamente diferentes de deficiência.

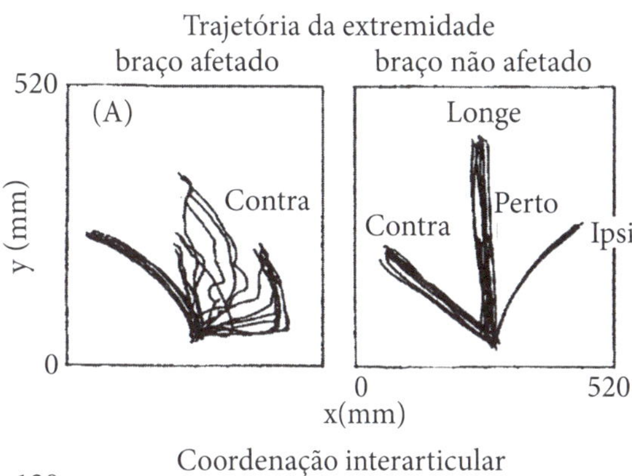

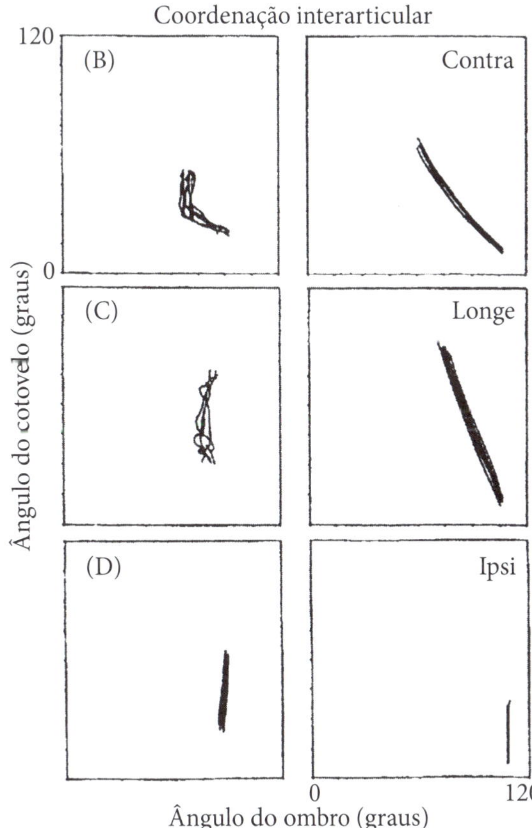

Figura 34.1 Após um AVE, os movimentos de alcançar são caracterizados por trajetórias irregulares e marcadamente curvas.

Às vezes, um lado do corpo é até considerado saudável. Essa é uma percepção imprecisa, pois alterações na função motora de membros relativamente perfeitos foram documentadas (Colebatch e Gandevia, 1989; Cramer et al., 1997; Jones, Donaldson e Parkin, 1989). O AVE é seguido por *alterações plásticas* das projeções dentro do encéfalo e entre as estruturas encefálicas e a medula espinal (revisto em Johansson, 2000; Rossini e Pauri, 2000; Hallett, 2001). O papel das fibras não cruzadas do trato descendente pode aumentar, deslocando o equilíbrio do controle do membro do hemisfério contralateral lesionado para o ipsilateral poupado.

Após um AVE unilateral, movimentos de alcançar do braço contralateral caracterizam-se por trajetórias irregulares, que se desviam das trajetórias quase retas do movimento de alcançar típico (painéis esquerdos na figura 34.1). O movimento do braço ipsilateral pode mostrar trajetórias quase normais (painéis da direita na figura 34.1).

Quando um objeto é colocado mais longe do corpo, os pacientes que tiveram um grave AVE são mais propensos a usar o movimento do tronco para ajudar a alcançar algo (figura 34.2). Essa estratégia pode ser vista como uma adaptação à perda de controle sobre os músculos do braço.

A recuperação costuma ser espontânea e lenta após um AVE. O grau de recuperação varia amplamente, de quase completa à deficiência residual. Ela pode ser auxiliada por drogas e fisioterapia. A terapia farmacológica depois de um AVE tem vários objetivos, entre os quais está o de prevenir a formação de coágulos de sangue, que podem resultar em AVEs secundários. Medicações antiespásticas são usadas para aliviar os sinais positivos de espasticidade e facilitar os movimentos voluntários.

Como os AVEs muitas vezes levam a hemissíndromes que afetam muito menos um lado do corpo que o outro, os pacientes tendem a executar suas tarefas diárias com seus membros relativamente poupados. Eles deslocam o centro de pressão em direção ao pé relativamente perfeito enquanto estão em pé, usam a mão relativamente não afetada ao comer (mesmo que essa mão seja não dominante), e assim por diante. Essas estratégias ajudam os pacientes a executar várias

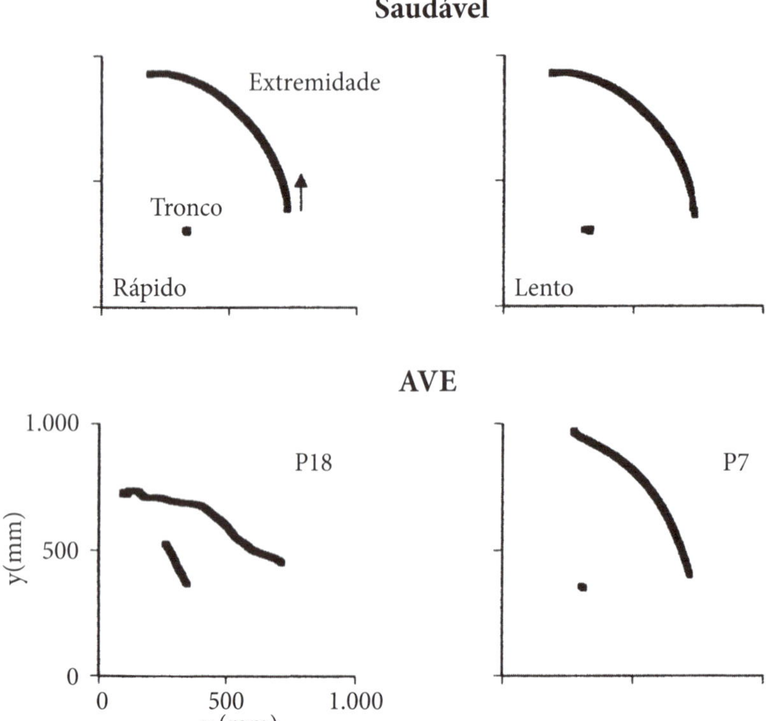

Figura 34.2 Depois de um AVE, pacientes usam o movimento do tronco para alcançar como uma estratégia adaptativa. Note a falta de movimento do tronco em pessoas sem AVE (painéis do topo) e num paciente levemente afetado por AVE (painel inferior direito). Em contraste, o paciente mais afetado pelo AVE (painel inferior esquerdo) mostra movimento substancial de tronco.

tarefas motoras, mas também podem retardar a recuperação da função motora dos membros afetados. Para encorajar ou mesmo forçar os pacientes a usar seus membros afetados, é sugerida a terapia de restrição induzida (revisto em Taub e Morris, 2001; Mark e Taub, 2004). Essa abordagem procura evitar que o membro relativamente poupado participe das tarefas diárias (por exemplo, usando uma mitene), de modo que os pacientes precisem usar a mão prejudicada numa variedade de atividades. O uso forçado é uma abordagem controversa, uma vez que limita a gama de tarefas que os pacientes são capazes de realizar. Vários estudos têm mostrado que executar movimentos bilaterais pode beneficiar a reabilitação de AVE (revisto em Rose e Winstein, 2004; Cauraugh e Summers, 2005). Aparentemente, terapia de restrições induzidas e terapia de movimentos bilaterais são incompatíveis.

Uma estratégia semelhante à terapia de restrição induzida é usada para facilitar a recuperação do controle postural. Requer que se coloque uma palmilha em forma de cunha no sapato usado no pé relativamente perfeito (painel superior na figura 34.3).

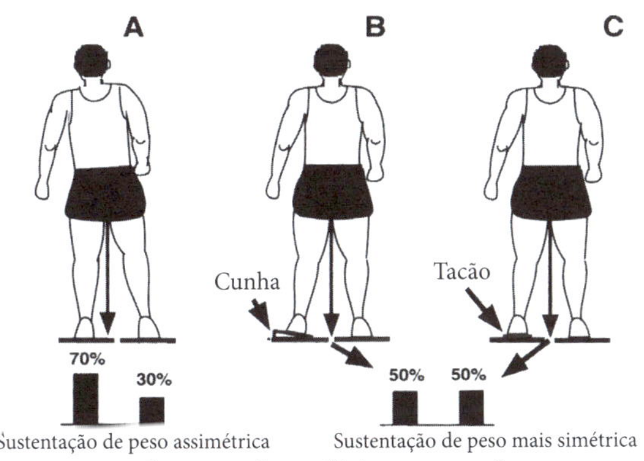

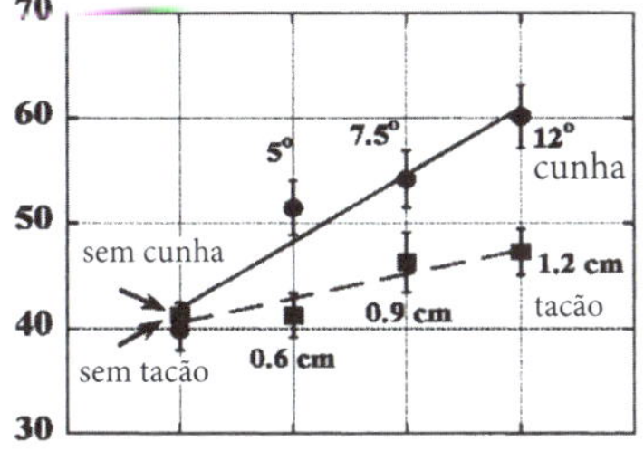

Figura 34.3 Depois de um AVE, os pacientes estão suscetíveis a colocar mais de 50% do peso corporal sobre o pé (relativamente poupado) contralateral. Ao fazê-lo, podem retardar a recuperação da função da perna afetada. Usar palmilhas em forma de cunha melhora a distribuição do peso sobre os dois pés e acelera a recuperação.

Reproduzido, com permissão, de G.M. Rodriguez e A.S. Aruin, 2002, "The effect of shoe wedges and lifts on symmetry of stance and weight bearing in hemiparetic individuals", *Archives of Physical Medicine Rehabilitation* 83:478-482. © 2002 Academy of Physical Medicine and Rehabilitation.

A palmilha desloca o peso do corpo em direção ao pé afetado (painel inferior da figura 34.3), forçando seu uso em tarefas posturais e locomotoras (Rodriguez e Aruin, 2002).

34.3 Mioclonia

Mioclonia é um breve solavanco muscular causada por uma descarga neuronal (revisto em Toro e Hallett, 2004). Pode ser acompanhada por um único disparo de atividade muscular ou por disparos repetitivos. Outras desordens podem acompanhar a mioclonia, tais como a distonia (capítulo 32) e o tremor essencial (próxima seção).

Em condições especiais, a mioclonia pode ocorrer em pessoas sem desordem do movimento. A mioclonia noturna da perna é o exemplo mais comum. Quando a mioclonia é o único problema neurológico ou o mais importante, é chamada *mioclonia essencial*. A maioria dos casos de mioclonia essencial é familiar. Ela pode ser parte da epilepsia idiopática, particularmente em crianças. A mioclonia secundária pode estar associada a trauma, intoxicação (bismuto), insuficiência renal, doença de Huntington, atrofia olivopontocerebelar e degeneração corticobasal.

Clinicamente, a mioclonia divide-se em espontânea, reflexa e de ação (revisto em Obeso e Zamarbide, 2004). A mioclonia espontânea pode afetar um único músculo ou um pequeno grupo de músculos (focal), vários grupos musculares (multifocal) ou todo o corpo (generalizada). A parte esquerda da figura 34.4 ilustra a mioclonia espontânea que afeta vários músculos do braço numa pessoa com distonia mioclônica (Obeso et al., 1983). Esse tipo de mioclonia pode estar associado a um ataque de epilepsia mioclônica. Picos mioclônicos espontâneos de atividade muscular podem ser singulares ou rítmicos. No último caso, a frequência de disparos musculares de EMG é relativamente baixa, entre 1 e 4 Hz. A atividade mioclônica pode persistir mesmo durante o sono.

A *mioclonia reflexa* é desencadeada por estímulos visuais, auditivos ou somatossensoriais, e a *mioclonia de ação* está associada a tentativas de executar uma ação voluntária (figura 34.5; Obeso, Rothwell e Marsden, 1985). Isso pode afetar músculos posturais e motores primários focais. Por exemplo, quando uma pessoa em pé realiza um movimento de braço, pode-se ver atividade muscular mioclônica nos músculos do braço e nos músculos posturais da perna e do tronco. A mioclonia de ação pode ser *negativa* quando, em vez de produzir um disparo de atividade muscular, cria um período de silêncio numa ativação muscular contínua, de estado estacionário. Um exemplo de mioclonia negativa é mostrado pela seta no lado direito da figura 34.4. A mioclonia negativa em músculos posturais pode comprometer a estabilidade postural.

A mioclonia cortical pode resultar de uma lesão focal, como um tumor, um trauma ou um AVE, e também pode acompanhar a epilepsia focal. Acredita-se que a atividade mioclônica tenha origem no córtex sensorial-motor, com sinais de neurônios corticais se propagando através do trato corticospinal. Essa hipótese é apoiada por atrasos de tempo diferentes de disparos de EMG mioclônicas nos músculos do braço e da perna, de 35 a 50 ms e de 60 a 70 ms, respectivamente, em resposta a determinados tipos de estimulação periférica (reflexo C; Sutton e Mayer, 1974. Shibasaki, Yamashita e Kuroiwa, 1978). A figura 34.6 ilustra respostas a estímulos elétricos aplicados a um nervo do braço (o nervo mediano) e a um nervo da perna (o nervo tibial). Os estímulos produzem atipicamente grandes potenciais evocados somatossensoriais (chamados *PESs gigantes*) e respostas EMG com atrasos, o que sugere que há transmissão dos potenciais de ação por meio de um circuito transcortical.

As características clínicas da mioclonia cortical são espasmos musculares espontâneos localizados e, às vezes, com generalização secundária (são seguidos por disparos de atividade em grupos musculares vizinhos).

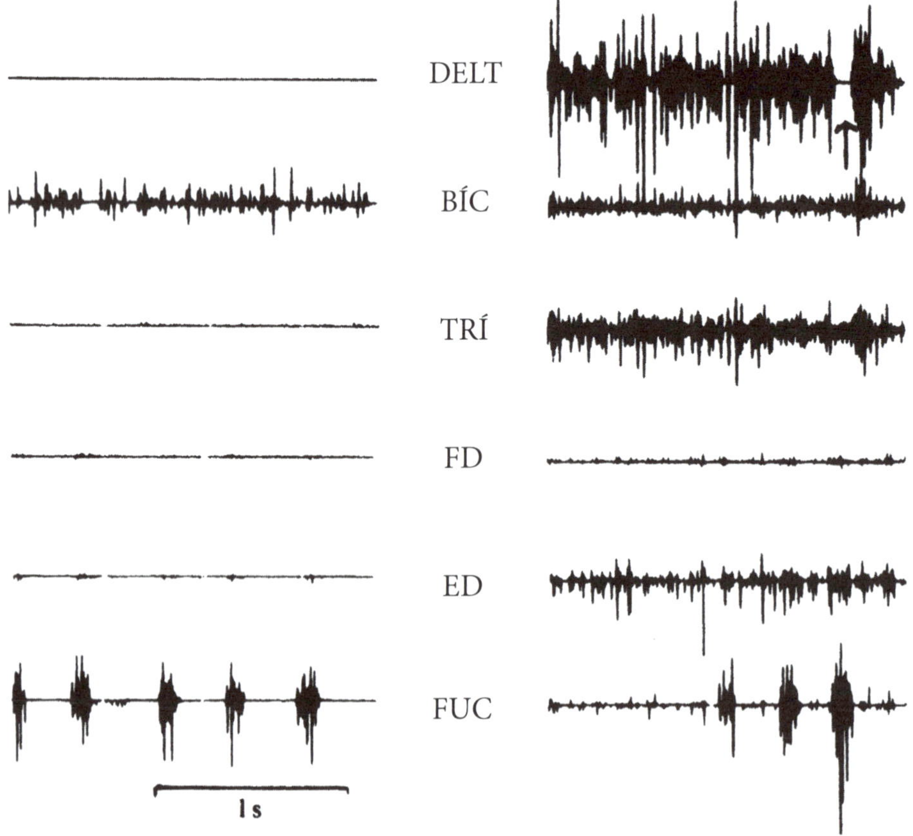

Figura 34.4 Gravações de EMG no braço direito de um paciente com distonia mioclônica. Os registros à esquerda são de mioclonia espontânea, enquanto os da direita são de mioclonia de ação, com um episódio de mioclonia negativa (mostrado pela seta). DELT é o deltoide, BÍC é o bíceps, TRÍ é o tríceps, FD são os flexores do dedo, ED são os extensores do dedo e FUC é o músculo flexor ulnar do carpo.

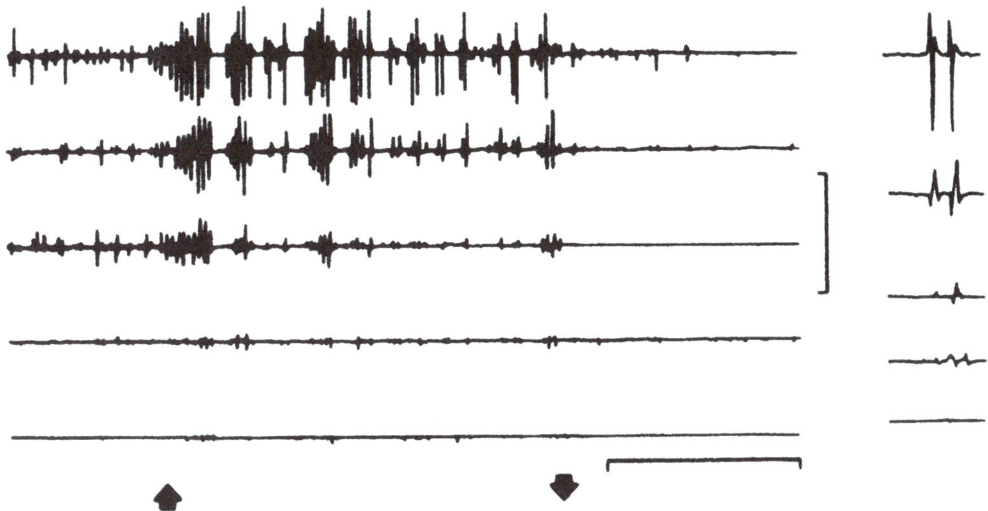

Figura 34.5 Gravações de EMG do braço direito de um paciente com mioclonia de ação. De cima para baixo, registros do deltoide, bíceps, tríceps, extensores do dedo e flexores do dedo. A barra de tempo equivale a 2 s. A inserção direita mostra as descargas de EMG mais detalhadamente (a barra de tempo equivale a 100 ms).

Reproduzido, com permissão, de J.A. Obeso, J.C Rothwell e C.D. Marsden, 1985, "The spectral of cortical myoclonus: from local reflex jerks to spontaneous motor epilepsy", *Brain* 108:193-224. © 1985 Oxford University Press.

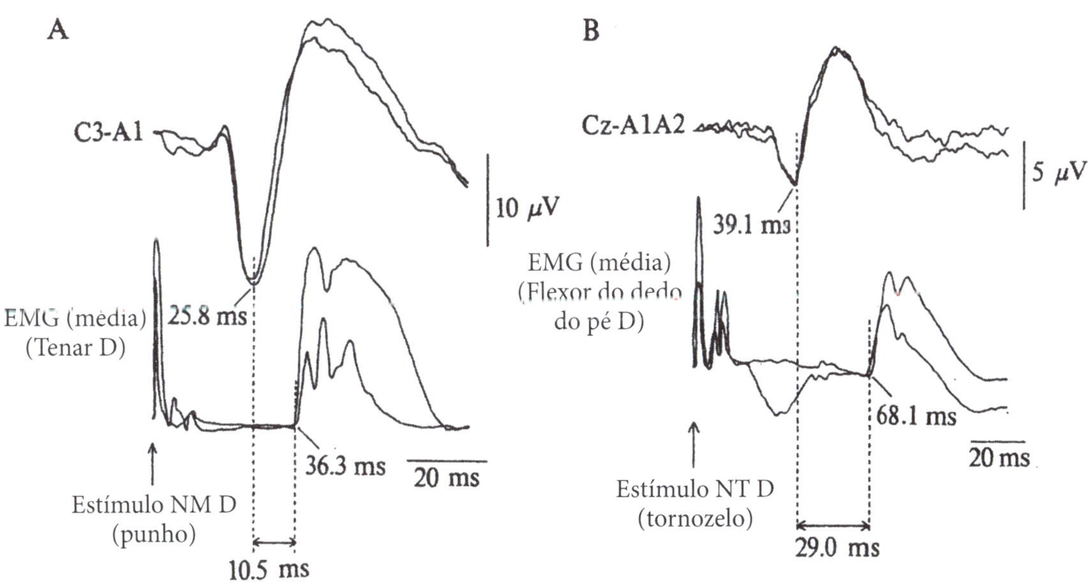

Figura 34.6 Potenciais evocados somatossensoriais gigantes e reflexo C em resposta à estimulação do nervo mediano direito do punho (*A*) e do nervo tibial direito do tornozelo (*B*). Observe a latência mais longa da resposta flexora do dedo do pé em (*B*), comparada com a resposta do músculo tenar direito em (*A*).

Reproduzido, com permissão, de H. Shibasaki, Y. Yamashita, R.. Neshige, S. Tobimatsu, e R. Fukui, 1985, "Pathogenesis of giant somatosensory evoked potentials in progressive myoclonic epilepsy", *Brain* 108:225-240. © Oxford University Press.

Os disparos de EMG são breves, durando algumas dezenas de milissegundos. Os potenciais evocados registrados no córtex somatossensorial em resposta à estimulação periférica da pele tipicamente apresentam amplitudes maiores.

Há pouco tempo, uma desordem relativamente rara recebeu muita atenção por causa de focos da doença da vaca louca. Esta desordem, a *doença de Creutzfeldt-Jakob*, é uma encefalopatia rara, fatal e transmissível que leva rapidamente à demência progressiva e à mioclonia (revista em Johnson e Gibbs Jr., 1998; Weihl e Roos, 1999).

Casos de mioclonia podem ter origem não cortical. A mais comum é a *mioclonia reticular reflexa*, que tipicamente leva a contrações musculares generalizadas. A atividade mioclônica também pode ter origem espinal, possivelmente induzida por sinais que viajam ao longo de vias proprioespinais.

O maior problema no tratamento da mioclonia cortical é que as descargas mioclônicas usam as mesmas vias fisiológicas envolvidas nos movimentos voluntários. A terapia medicamentosa pode eliminar a mioclonia, mas também pode ter efeitos colaterais significativos sobre os movimentos voluntários. Drogas que parecem agir aumentando a atividade do AGAB no córtex, como o 5-hidroxitriptofano (um precursor da serotonina), o clonazepam e o piracetam, têm sido usadas para tratar a mioclonia.

PROBLEMA # 34.2

- Como uma descarga mioclônica pode ser diferenciada de um espasmo espástico?

34.4 Tremor essencial

O *tremor essencial* é bastante comum (revisto em Cersosimo e Koller, 2004) atingindo cerca de 1% das pessoas jovens e de 2% a 5% dos idosos. A frequência de movimento do tremor essencial varia entre 4 e 12 Hz. Esse tremor é mais comumente visto nas mãos e pode ser unilateral. Contudo, também pode ser bilateral e afetar outros grupos musculares. Ele pode ser visto em tarefas posturais e pode aumentar e diminuir com o movimento voluntário. As chances de ter tremor essencial são mais elevadas para pessoas com outro membro da família que sofra dessa desordem. Fatores de curto prazo que aumentam o tremor essencial incluem altas temperaturas, emoções, fadiga e estimulantes do sistema nervoso central (como o café).

A origem do tremor essencial não é conhecida. Acredita-se que seja gerado por estruturas neurais centrais, em vez de representar uma oscilação num circuito neural que envolva terminações sensoriais periféricas. As estruturas encefálicas implicadas no tremor essencial incluem os tratos piramidais, o cerebelo e as olivas inferiores.

PROBLEMA # 34.3

- Sugira um experimento para testar a hipótese de que o tremor essencial seja uma oscilação automática num circuito com receptores sensoriais.

A menos que o tremor seja incapacitante, ele não é tratado. Numa grande porcentagem dos pacientes, o álcool produz um efeito temporário dramático, atenuando o tremor essencial. Quando o tremor essencial interfere significativamente nas atividades diárias, as estratégias de tratamento variam de agentes periféricos para induzir paralisia muscular (toxina botulínica) a neurolépticos, psicoterapia e hipnose.

34.5 Tiques

Um *tique* é uma ação estereotipada breve, repetitiva e aparentemente sem propósito, que pode envolver um músculo ou grupo de músculos. Normalmente, os tiques são vistos na infância, mas podem persistir durante toda a vida. Em crianças, os tiques são comumente associados à síndrome de Tourette (que discutiremos na próxima seção).

Os tiques são classificados em primários ou secundários. Os primários podem ser transitórios, durando de um mês a um ano, e crônicos, durando mais de um ano. Os secundários podem se seguir a uma infecção (encefalite), estar associados a uma desordem dos gânglios da base ou ser induzidos por drogas. A série de drogas apontadas como causadoras de tiques é muito ampla e inclui estimulantes, anticonvulsivantes, levodopa, anti-depressivos e pílulas anticoncepcionais.

Os tiques podem ser rápidos (clônicos) ou prolongados (distônicos). Pacientes relatam que *tiques motores* e *tiques vocais* são passíveis de controle voluntário — eles seguem uma vontade de produzir uma ação ou um som. Porém, pesquisadores e médicos veem os tiques como involuntários: ao contrário dos movimentos voluntários, os tiques não são precedidos por um potencial de prontidão (capítulo 14). Às vezes, os pacientes têm breves experiências sensórias antes dos tiques, chamadas *tiques sensoriais*. A tabela 34.1 resume os tiques motores, sensoriais e vocais, simples e complexos.

A origem neurofisiológica dos tiques é desconhecida. Eles parecem resultar de anormalidades nas vias córtico-estriato-talâmicas e, portanto, resultam de uma desordem relacionada aos gânglios da base. As terapias para os tiques refletem o potencial envolvimento dos gânglios da base: são usados bloqueadores de dopamina e drogas como a acetilcolina.

TABELA 34.1

Tiques comuns

Motores	Vocais	Sensoriais
	Simples	
Piscar de olhos frequente	Fungar pelo nariz	Queimação
Blefaroespasmo	Grunhir	Tensão
Fazer caretas	Limpar a garganta	Tensão muscular
Fazer bico de amuo com os lábios	Latir	Formigamento
Abrir a mandíbula	Rosnar	Coceira
Sacudir a cabeça	Tossir	Impulsão
Encolher os ombros	Gemer	
Cerrar o punho	Sussurrar	
	Complexos	
Girar a cabeça	Arquejar	Tensão interior
Cuspir	Arrotar	Síndrome de dor
Bater (em si mesmo ou nos outros)	Gaguejar	Tique fantasma
Pular	Ecolalia	
Agachar-se	Coprolalia	
Dar empurrões pélvicos ou abdominais		

PROBLEMA # 34.4

- Como você distinguiria um tique de uma descarga mioclônica?

34.6 Síndrome de Tourette

Tiques em crianças podem estar associados à síndrome de Tourette, que recebeu esse nome por causa do neurologista francês Georges Gilles de la Tourette (revisto em State, Pauls e Leckman, 2001). As seguintes cinco condições devem ser atendidas para uma criança ser diagnosticada com síndrome de Tourette:

1. Presença de múltiplos tiques motores e vocais.
2. Os tiques ocorrem muitas vezes ao dia, quase todos os dias ou intermitentemente por pelo menos um ano.
3. Os tiques causam aflição ou significativa deterioração social, ocupacional e em outras áreas.
4. O início do tique deve ser antes dos 18 anos de idade.
5. Os tiques não são decorrentes da ação direta de uma droga ou de uma condição médica geral.

A síndrome de Tourette é tradicionalmente vista como uma desordem rara, embora avaliações da sua prevalência variem de 0,03% a 4% em crianças em idade escolar, predominando em meninos na razão de 3 para 1. Um estudo recente relatou uma anomalia genética no cromossomo 13 que, num pequeno número de casos, pode estar ligada à síndrome de Tourette (Abelson et al., 2005).

Crianças com síndrome de Tourette mostram inteligência normal, mas com dificuldades em leitura, escrita e aritmética. São propensas à automutilação, à obsessão, à hostilidade, a insultos, a comentários depreciativos, à destruição de propriedade e assim por diante. Em geral, crianças com síndrome de Tourette podem parecer apenas crianças de comportamento inadequado. Em cerca de 50% dos casos, a síndrome de Tourette é acompanhada por transtorno de *deficit* de atenção/hiperatividade (TDAH) e causa comportamento obsessivo-compulsivo.

Os sintomas da síndrome de Tourette tipicamente progridem rostral a caudalmente, com os primeiros sinais ocorrendo no olho, na face e nos movimentos da cabeça; com a idade, avançam para movimentos de pernas e tronco.

Como acontece com a maioria dos distúrbios neurológicos, os mecanismos neurofisiológicos subjacentes à síndrome de Tourette são desconhecidos. A hipersensibilidade dos receptores de dopamina estriatal é suspeita. Essa hipótese é apoiada pela eficácia das drogas antagonistas para receptores de dopamina e pelas observações de que os sintomas pioram sob drogas dopaminérgicas.

Os tiques na síndrome de Tourette por vezes lembram características motoras de outras desordens. Em particular, podem assemelhar-se a solavancos musculares na mioclonia. Contudo, tiques motores mais complexos e tiques distônicos sustentados tipicamente ocorrem na síndrome de Tourette. Outro fator de diferenciação é que a mioclonia aumenta com o movimento intencional, enquanto os tiques podem ser suprimidos intencionalmente, pelo menos por um tempo. Os tiques faciais podem assemelhar-se ao blefaroespasmo (distonia). Porém, raramente são limitados a movimentos oculares. Além disso, a síndrome de Tourette costuma surgir na infância, enquanto a distonia idiopática se inicia na fase adulta.

Em casos leves, a maioria das crianças com síndrome de Tourette não exige medicação e se adapta bem à desordem. É importante educar os membros da família, colegas e pessoas da escola sobre a síndrome, bem como oferecer suporte e aconselhamento a essas crianças. A farmacoterapia é usada apenas quando os tiques são funcionalmente incapacitantes.

34.7 Paralisia cerebral

Paralisia cerebral é uma desordem inata e não progressiva vista em crianças pequenas. A prevalência da paralisia cerebral é de aproximadamente dois casos em 1.000 nascimentos. A taxa de casos entre meninos e meninas é de 1,5 para 1 (revisto em Reddihough e Collins, 2003). A paralisia cerebral pode resultar de fatores genéticos, como malformações congênitas do sistema nervoso central, bem como de complicações da gestação, trabalho de parto e do parto. O nascimento prematuro e um peso muito baixo ao nascer correlacionam-se a uma chance maior de paralisia cerebral. A falta de oxigênio (hipóxia) durante o parto é outro fator potencial.

Desordens motoras na paralisia cerebral incluem descoordenação, espasticidade, distonia e disartria (revisto em Gorter et al., 2004). Elas podem ou não ser acompanhadas de epilepsia, retardo mental e perturbações visuais. A diplegia espástica, com ou sem ataxia, pode ser vista em quase 50% das crianças com paralisia cerebral. A hemiplegia e a tetraplegia podem ocorrer em cerca de 30% dos casos.

As consequências da paralisia cerebral são agravadas pelo fato de que essa condição persiste durante períodos cruciais do desenvolvimento. Por exemplo, contrações espásticas de certos grupos musculares podem resultar em posturas articulares inadequadas mantidas na maior parte do tempo. Como resultado, o encurtamento crônico patológico das fibras musculares pode ocorrer, levando à perda permanente de toda a amplitude de movimentos de uma articulação. Assim, mesmo que a causa primária (como a espasticidade) da desordem seja tratada com êxito, o movimento articular poderá ser gravemente prejudicado.

PROBLEMA # 34.5

- Crianças com paralisia cerebral às vezes caminham na ponta dos pés. Como você distinguiria esse jeito de andar da coreia de Huntington?

O tratamento da paralisia cerebral é dirigido às suas consequências primárias (tais como fraqueza, descoordenação e espasticidade) e suas consequências atrasadas (como mudanças crônicas no comprimento da fibra muscular). Medicamentos antiespásticos mostraram sucesso limitado contra a paralisia cerebral, embora fortes efeitos do baclofeno intratecal tenham sido descritos em alguns casos (Latash e Penn, 1996). A figura 34.7 ilustra os efeitos do baclofeno intratecal sobre o espasmo clônico do tornozelo, enquanto a figura 34.8 mostra padrões de movimentos voluntários do pé antes e depois do baclofeno intratecal. De modo geral, o baclofeno suprimiu significativamente o espasmo clônico, atenuou os disparos descontrolados da atividade muscular durante movimentos voluntários e permitiu trajetórias de movimento mais suaves a velocidades mais altas.

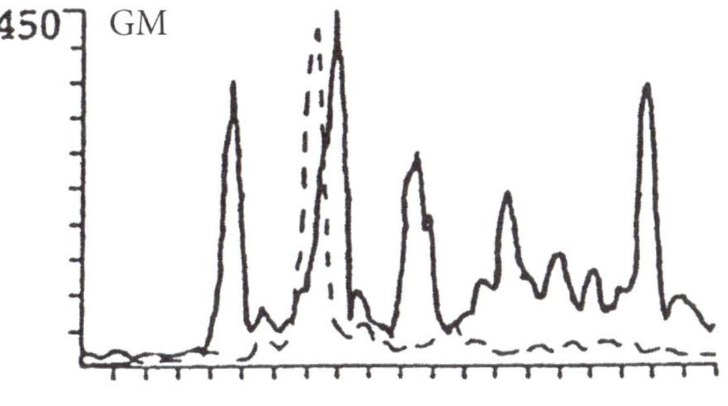

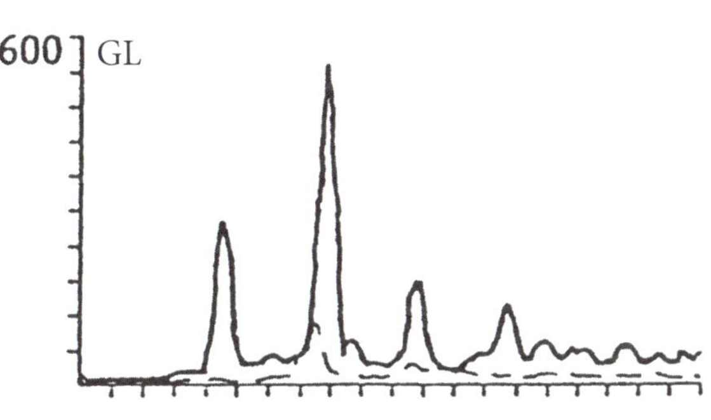

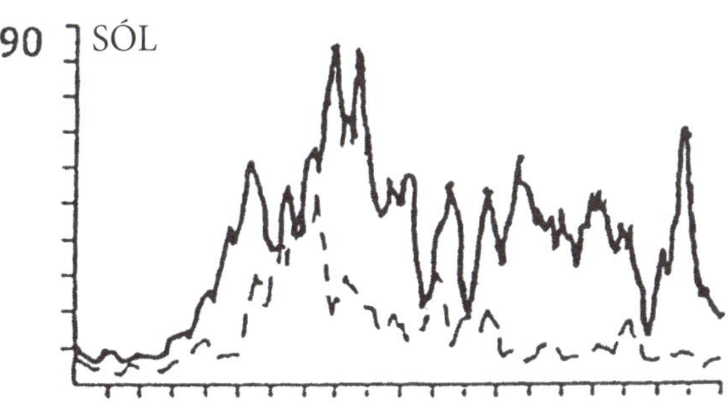

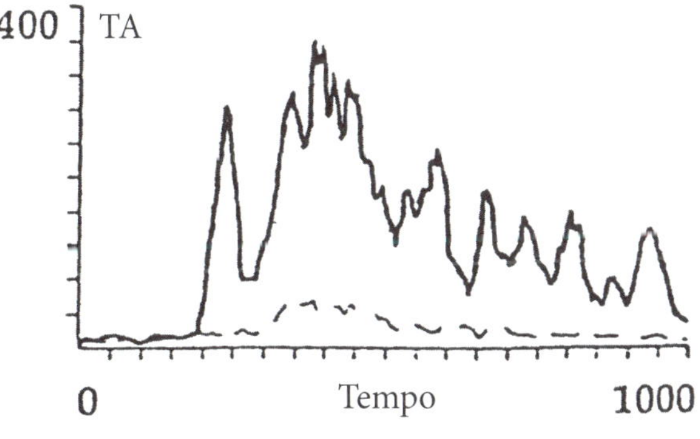

Figura 34.7 Os efeitos do baclofeno intratecal sobre um espasmo clônico do tornozelo produzido por uma dorsiflexão rápida e passiva do tornozelo numa pessoa com paralisia cerebral (as linhas sólidas foram registradas antes do uso de baclofeno intratecal, enquanto as linhas tracejadas foram registradas depois). Os disparos de atividade muscular são menores quando o paciente usa a droga. GM é o gastrocnêmio medial, GL é o gastrocnêmio lateral, SÓL é o sóleo e TA é o tibial anterior.

Reproduzido, com permissão, de M. Latash e R. D. Penn, 1996, "Changes in voluntary motor control induced by intrathecal baclofen", *Physiotherapy Research International* 1:229-246. © 1996 por Whurr Publishers Ltd.

O mesmo pode ser dito sobre a eficácia da fisioterapia. Procedimentos ortopédicos são usados com relativa frequência para superar as consequências tardias indesejadas do desenvolvimento atípico de crianças com paralisia cerebral.

34.8 Síndrome de Williams

A *síndrome de Williams* é uma doença rara, que afeta uma em 50.000 crianças. Está associada ao volume cerebral reduzido a um QI não verbal gravemente reduzido. Em contrapartida, crianças com síndrome de Williams mostram alta fluência verbal e gramatical (revisto em Mervis, 2003). Suas descrições de objetos e animais são coloridas e cheias de detalhes. Contudo, elas são incapazes de desenhar uma imagem simples e coerente dos mesmos objetos ou animais. Também mostram *deficit* pronunciados quando têm de copiar uma figura.

PROBLEMA # 34.6

- Outra desordem rara está associada a um córtex basicamente intacto e a um cerebelo gravemente anormal. Que diferenças marcantes existem entre pessoas com essa desordem e crianças com síndrome de Williams?

34.9 Doença de Wilson

A *doença de Wilson* é uma condição rara caracterizada por depósitos de cobre no encéfalo (no córtex e nos gânglios da base) e também no fígado e outros órgãos (revisto em Brewer, 2005). Está provavelmente relacionada a uma anomalia genética que altera o metabolismo do cobre. Essa desordem pode ser vista em pessoas jovens. Seus sinais clínicos incluem um tremor incomum diferente de qualquer outra ação cíclica involuntária que consideramos até agora. O tremor é lento (1-2 Hz ou mais lento) e é comumente visto enquanto uma pessoa com doença de Wilson tenta manter uma postura constante de um membro. O tremor mostra três características: um *bater de asas*, um *crescendo* e um *espalhamento*. O bater de asas envolve movimentos de rotação peculiares da mão e do braço que lembram um pássaro batendo as asas. O crescendo refere-se à amplitude crescente do tremor: ele pode começar como um tremor relativamente pequeno e, em seguida, crescer até se tornar um grande movimento dos membros. O espalhamento indica como o tremor tipicamente começa numa das articulações de um braço (por exemplo, o punho) e, em seguida, envolve outras articulações do mesmo braço e talvez até do outro braço.

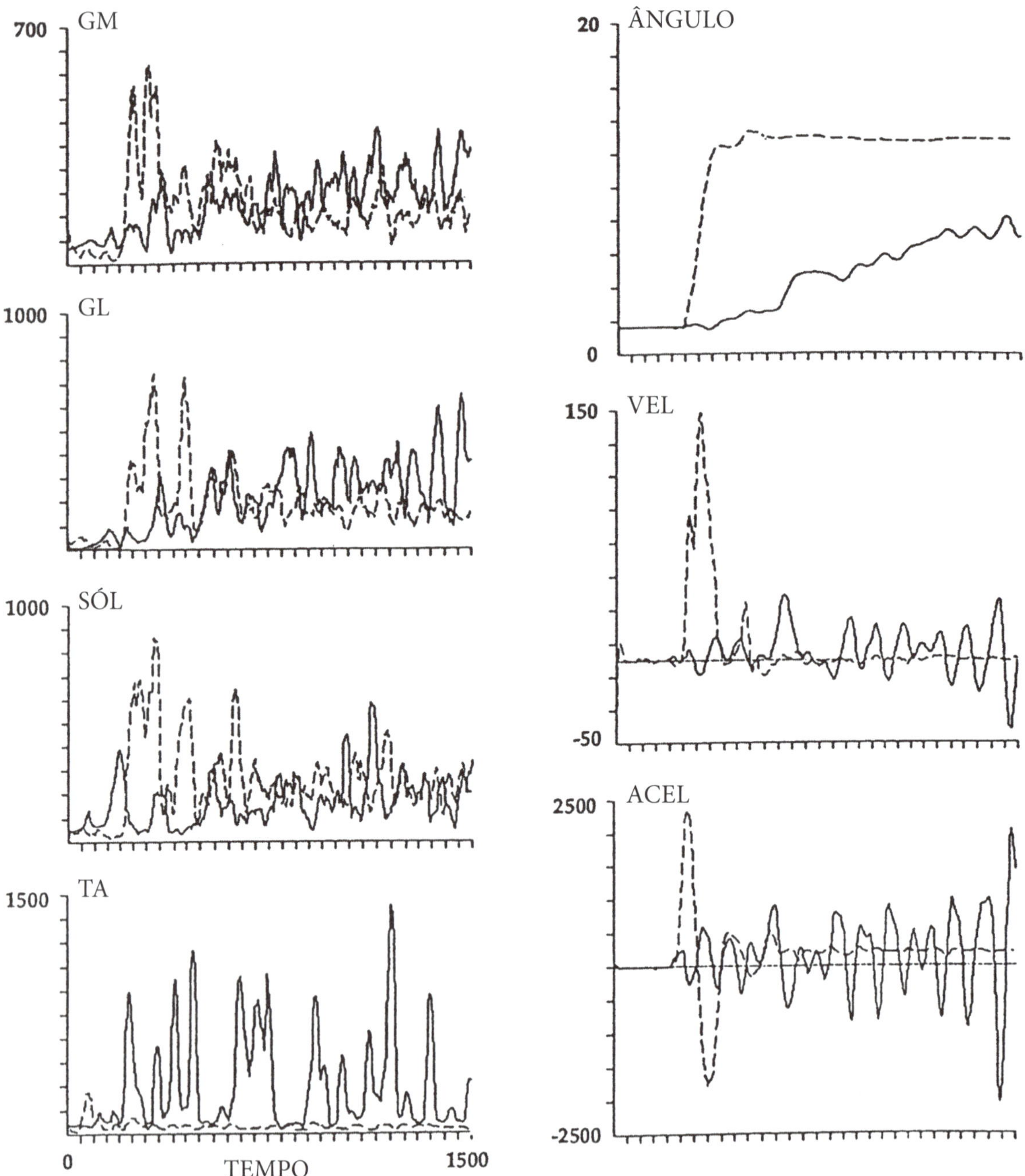

Figura 34.8 Efeitos do baclofeno intratecal sobre movimentos cinemáticos e padrões de EMG produzidos durante flexão plantar voluntária do tornozelo feita por uma pessoa com paralisia cerebral (as linhas sólidas foram registradas antes do baclofeno intratecal, enquanto as tracejadas foram registradas depois). A trajetória é mais suave e a velocidade é mais alta quando o paciente está usando a droga; os níveis de EMG são geralmente reduzidos. GM é o gastrocnêmio medial, GL é o gastrocnêmio lateral, SÓL é o sóleo e TA é o tibial anterior. VEL é a velocidade e ACEL a aceleração.

Outras características clínicas da doença de Wilson são expressão facial semelhante a uma máscara, postura inclinada, marcha arrastada e fala enrolada. Todas essas características assemelham-se a sinais do mal de Parkinson e sugerem que os depósitos de cobre afetam a transmissão de informações no circuito córtico-basal-tálamo-cortical.

PROBLEMA # 34.7

- Que efeitos das drogas colinérgicas são esperados na doença de Wilson?

Capítulo 34 em resumo

Dependendo do local e da extensão, as lesões corticais levam a uma variedade de consequências motoras, sensoriais e cognitivas. Os AVEs resultam de uma interrupção do fornecimento normal de sangue a uma área do encéfalo. Eles levam a uma mistura de sinais positivos e negativos, originalmente na metade contralateral do corpo, incluindo fraqueza, descoordenação e espasticidade. Exercitar as partes afetadas do corpo parece ser mais eficaz para a recuperação. A mioclonia é uma breve contração muscular que pode ocorrer espontaneamente ou ser provocada por um estímulo sensorial (mioclonia reflexa) ou por uma ação voluntária (mioclonia de ação). Os tiques são ações estereotipadas breves, repetitivas e aparentemente sem propósito. Eles podem ser sensoriais, motores ou vocais. Os tiques são, algumas vezes, associados à síndrome de Tourette, uma condição que afeta crianças pequenas e que é tipicamente transitória. O tremor essencial é relativamente comum e é provável que resulte da ação de um oscilador neural central, possivelmente envolvendo estruturas corticais. A paralisia cerebral é uma condição inata não progressiva que se caracteriza por descoordenação, espasticidade, distonia e disartria. A doença de Wilson está relacionada a depósitos anormais de cobre no corpo, particularmente no córtex e nos gânglios da base. Os pacientes com essa doença mostram um tremor peculiar caracterizado por um bater de asas, um crescendo e um espalhamento.

35

Reabilitação motora

Palavras-chave e tópicos

- variabilidade
- prioridades do SNC
- plasticidade
- mudanças adaptativas em padrões motores
- amputação de membro
- síndrome de Down

Estudos de populações cuja capacidade de executar movimentos voluntários é prejudicada devido a razões naturais (como o *envelhecimento*), anomalias genéticas (como a *síndrome de Down*), trauma (como a *lesão da medula espinal*) ou enfermidade (como o *mal de Parkinson*) frequentemente resultam numa pergunta básica: observam-se padrões motores que podem ser um pouco diferentes daqueles vistos na população em geral, mas são realmente anormais? Em outras palavras, eles devem ser corrigidos? Essa pergunta é importante não só para a compreensão dos mecanismos de controle sobre movimentos normais e desordenados, mas também para avaliar a eficácia das atuais abordagens terapêuticas e estabelecer um foco para o desenvolvimento de novas terapias.

Um equívoco comum é considerar ruim qualquer desvio principal dos padrões motores vistos na população em geral. Esse equívoco é revelado no modo como os resultados da investigação são apresentados e interpretados e como são feitas as prescrições para corrigir padrões motores aparentemente "errados". Apresentarei uma visão alternativa a esse equívoco e, em seguida, darei alguns exemplos (revistos em Latash e Anson, 1996).

35.1 Existem movimentos normais?

Para classificar um movimento como *anormal*, temos de definir o que é *movimento normal*. Há várias razões para se afirmar que essa definição não existe e, além disso, não pode existir. Uma dessas razões é a variabilidade motora (revista em Newell e Corcos, 1993; Davids et al., 2006). Quando uma pessoa executa a mesma tarefa várias vezes, os padrões motores gerados pelos efetores individuais variam entre as tentativas consecutivas. Bernstein referiu-se a essa característica dos movimentos humanos como *repetição sem repetição* (Bernstein, 1947, 1967), indicando que resolver a mesma tarefa repetidamente não significa repetir os mesmos padrões motores. A variabilidade motora natural sugere que, mesmo para a tarefa mais simples, não existe algo como um "movimento normal" único que resolve a tarefa.

Outra razão para questionar a possibilidade de definir *movimento normal* é a variabilidade inter-pessoal observada nos padrões motores. Essa variabilidade reflete as diferenças entre os indivíduos geneticamente influenciadas e as criadas por suas experiências ao longo da vida. Uma pessoa alta pode apanhar um copo colocado na prateleira de cima de um armário de cozinha, enquanto uma pessoa mais baixa pode usar uma estratégia completamente diferente para resolver essa tarefa motora, como subir num banquinho. Um cozinheiro profissional fatia uma cebola usando movimentos muito diferentes daqueles que o matemático profissional usa. Vários estudos mostram que pessoas jovens e saudáveis, que são usadas como sujeitos de controle na maioria dos estudos do movimento, podem ou não apresentar certas características de desempenho motor, incluindo aqueles reveladores de sinergias motoras (Latash et al., 2001; Olafsdottir, Yoshida et al., 2005).

Esses exemplos sugerem que para qualquer tarefa motora diária, há um espectro de movimentos que um observador externo pode ou não ver como correspondentes aos que a maioria das pessoas comumente usa. Esses movimentos podem variar de altamente refinados a um pouco desajeitados. Essa classificação obviamente dependerá dos observadores. Contudo, existem características comuns entre padrões motores produzidos pela maioria das pessoas sem deficiência de movimento.

Agora vou introduzir a noção de um conjunto de regras que o sistema nervoso central da maioria dos seres humanos usa para selecionar famílias particulares de padrões motores nos infinitos conjuntos disponíveis (ver capítulo 20). O sistema nervoso central utiliza essas regras sempre que resolve problemas motores do dia a dia. Chamarei essas regras de *prioridades do SNC*, elas são consideradas comuns a todas as pessoas sem habilidades motoras altamente especializadas e sem nenhuma característica que as desqualificariam para servir como sujeitos de controle em estudos do movimento executados nos típicos laboratórios que pesquisam os movimentos humanos.

A figura 35.1 ilustra a ideia de prioridades do SNC. Padrões de movimento produzidos por uma pessoa média sem habilidades motoras especializadas formam um espectro que, numa das extremidades, agrupa a *imperícia* e *movimentos prejudicados*, e na outra, a *perfeição* e *movimentos exclusivamente especializados*. As prioridades do SNC são consideradas comuns a todas as pessoas na parte central do espectro. Crianças desajeitadas e atletas de elite movem-se nos extremos opostos do espectro.

Se os padrões de movimento caem além dos limites do espectro e numa área que pode ser considerada patológica ou de algum modo especial, as prioridades do SNC podem mudar e produzir padrões motores aparentemente atípicos. Essa alteração pode ocorrer na ausência de qualquer patologia neurológica ou motora grossa; por exemplo, pode ocorrer com cognição alterada (como em pessoas com síndrome de Down ou esquizofrenia). Mais além dos limites do espectro (à esquerda na figura 35.1) está uma área associada a alterações morfológicas, bioquímicas ou estruturais no sistema nervoso central que podem afetar padrões motores por si só e também por meio das prioridades do SNC alteradas, como no mal de Parkinson e na lesão da medula espinal.

Em direção à extremidade esquerda do eixo na figura 35.1, coloquei alterações periféricas, como a amputação, que certamente limitam padrões motores por si só, mas podem também levar à reorganização do sistema nervoso central e, assim, alterar as prioridades do SNC.

Algumas tentativas foram feitas para decifrar as prioridades do SNC. Mais frequentemente, investigadores tentam adivinhar as soluções internas do sistema nervoso central pesquisando as consequências de *otimizar* certas funções de desempenho (ver capítulo 20). Tentativas de minimizar ou maximizar certas *funções de custo* com base na cinemática do movimento (como velocidade máxima, aceleração máxima ou contração), na dinâmica do movimento (como torques articulares), na energia ou em noções como fadiga, conforto e esforço não têm contribuído para o avanço de nossa compreensão de como os movimentos naturais realmente são controlados. Algumas dessas abordagens apresentam uma impressionante correspondência com a cinemática de movimento real observada em experimentos. Contudo, esse ajuste não significa que o sistema nervoso central intacto minimize uma função de contração ou torque articular, ou calcule uma função de conforto ou faça algo do tipo. Em vez disso, ele sugere que as soluções que o sistema nervoso central prefere não violam excessivamente nenhum desses princípios. Assim, as prioridades do SNC permanecem desconhecidas.

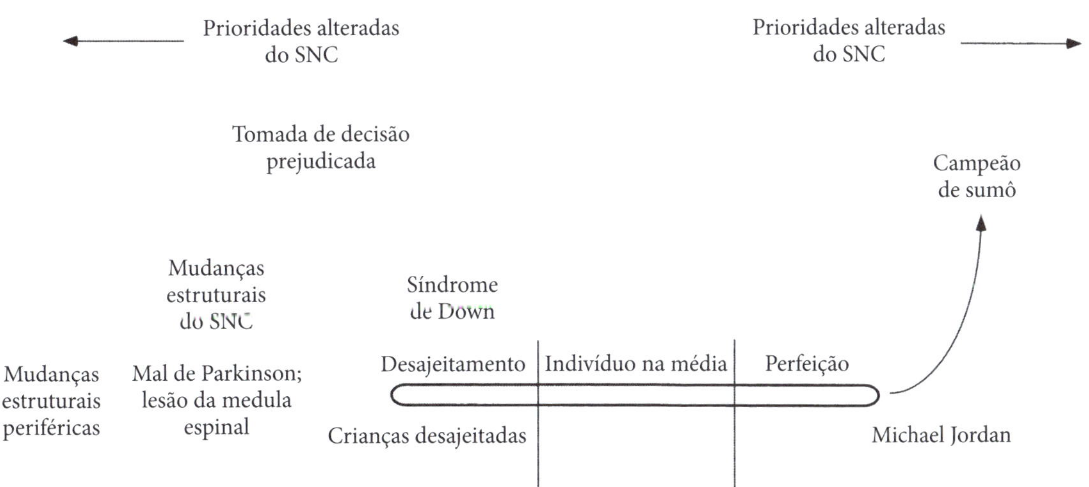

Figura 35.1 O espectro de padrões típicos de movimento agrupa, numa das extremidades, a imperícia e os movimentos prejudicados, e, na outra, a perfeição e os movimentos exclusivamente especializados. Além do espectro, na área que pode ser considerada patológica, as prioridades do SNC mudam, levando potencialmente a padrões atípicos de movimento.

Reproduzido, com permissão, de M.L. Latash e J.G. Anson, 1996, "What are normal movements in atypical populations", *Behavioral and Brain Sciences* 19:55-106. © 1996 Cambridge University Press.

35.2 De volta às unidades estruturais e sinergias

No capítulo 20, debatemos o problema da redundância motora e introduzimos a noção de unidade estrutural (uma *sinergia*) como uma organização neural que ajuda a garantir um desempenho de tarefa estável, confiável e flexível para um sistema multielementos. Naquele momento, propositadamente evitei questionar de onde vem a entrada numa unidade estrutural e para onde a unidade estrutural direciona sua saída. Agora farei três sugestões axiomáticas:

1. Uma entrada numa unidade estrutural sempre vem de outra unidade estrutural.
2. Os elementos de uma unidade estrutural são eles mesmos unidades estruturais.
3. A saída de uma unidade estrutural sempre serve como entrada para outra unidade estrutural.

Considere o controle dos músculos que cruzam a articulação do cotovelo (figura 35.2). Esse é um típico sistema mecanicamente redundante. A geração de sinais de controle enviados a esses músculos (λs; veja a hipótese do ponto de equilíbrio no capítulo 19) é realizada por uma unidade estrutural (UE_{J1}) que assegura a ação articular necessária. Contudo, uma vez que não existe algo como um movimento uniarticular, a UE_{J1} deve funcionar em sinergia com unidades estruturais que controlam outras articulações (UE_{J2}, UE_{J3} etc.).

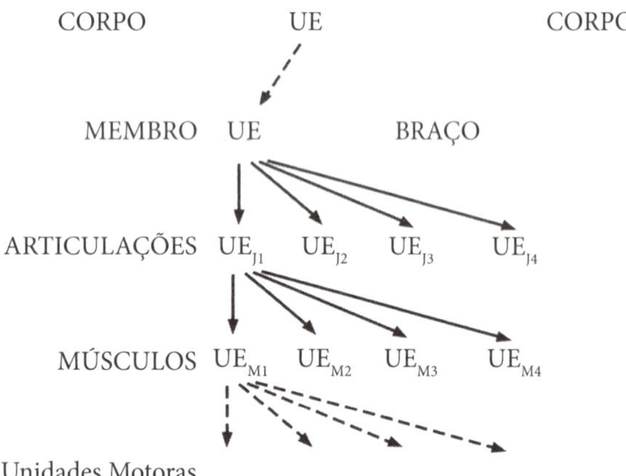

Figura 35.2 Uma hierarquia de unidades estruturais (UE). Cada unidade estrutural recebe sinais de uma unidade hierarquicamente superior e gera saída para um conjunto de unidades hierarquicamente inferiores.

Todas essas unidades estão unidas numa unidade estrutural maior ($UE_{BRAÇO}$), que pode, por exemplo, garantir uma trajetória estável do ponto final do membro multiarticular. Assim, a $UE_{BRAÇO}$ fornece entrada para a UE_{J1} (e a outras UEs no mesmo nível hierárquico de controle). A saída da UE_{J1} é dirigida aos circuitos neurais que controlam músculos individuais. Contudo, como mencionado anteriormente (capítulo 20), cada músculo pode ser visto como uma unidade estrutural (UE_{M1}, UE_{M2}, UE_{M3}, etc.) composta de suas unidades motoras.

O esquema mostrado na figura 35.2 pode ser estendido tanto "para cima" quanto "para baixo". Por exemplo, a $UE_{BRAÇO}$ pode usar como entrada sinais provenientes de uma unidade estrutural que controla ações de todo o corpo. Num nível ainda mais elevado, podem ser invocadas unidades estruturais que envolvam sinais sensoriais, interações com outras pessoas e assim por diante. Se empurrarmos esse esquema a um limite lógico, ele acaba com uma eterna questão: como a ideia de ligar a TV entra em meu encéfalo? Nesse ponto, eu desisto e honestamente admito que esse problema está além da minha conta e além das minhas capacidades mentais. Até que ponto podemos nos mover ao longo da hierarquia das unidades estruturais? Não sei a resposta; talvez possamos estender o esquema até o nível das macromoléculas e talvez ainda mais profundamente.

Um ponto importante é que, em qualquer nível dessa hierarquia hipotética potencialmente infinita, existe uma possibilidade de escolha: a saída de cada nível não é prescrita pela entrada para esse nível. Em cada nível, os processos de mapear entradas em saídas podem ser definidos por conjuntos de regras que podem variar mesmo entre "sujeitos de controle" típicos. Se considerarmos uma pessoa cujo material genético, anatomia ou experiência de vida diferem significativamente do que é observado na população geral, esses conjuntos hipotéticos de regras podem diferir ainda mais. Os conjuntos de regras alterados levam a padrões alterados de movimento que podem parecer desajeitados a um observador externo na ausência de qualquer patologia subjacente. Estou certo de que os atores da famosa sátira de Monty Python, "O Ministério dos Andares Idiota," não têm grandes distúrbios neurológicos diagnosticados. Eles simplesmente praticaram maneiras de andar idiotas e conseguiram produzir padrões locomotores que fariam um médico tremer se fossem observados durante um exame clínico.

35.3 Mudanças nas prioridades do SNC

Vamos considerar o mais detalhadamente possível mudanças nas prioridades do SNC. A existência de escolha em cada nível da hierarquia de controle (teoricamente, pelo menos) sugere que o *sistema nervoso central pode querer reconsiderar suas prioridades* em determinadas situações, quando os componentes do sistema de produção de movimento são grosseiramente alterados, a tarefa é atípica ou as condições externas são incomuns. Uma mudança nas prioridades do SNC pode levar a uma alteração correspondente nos padrões de movimentos voluntários externamente observados. Por exemplo, o salto de Fosbury aparentemente não é um padrão coordenativo que o sistema nervoso central prefira usar para saltar numa base diária. Mas, sob as condições artificiais de uma competição de atletismo, quando não existem alterações inesperadas no campo de força externo ou obstáculos ocultos e há apenas uma prioridade (saltar por sobre a barra na maior altura possível), o sistema nervoso central pode ser persuadido a usar esse novo padrão incomum de coordenação. Assim, alterando as condições externas da execução do movimento (o contexto de uma tarefa motora, em sentido amplo) e dedicando-se à prática extensiva, uma pessoa pode ser capaz de alterar as prioridades do SNC e forçar o sistema nervoso central a apresentar padrões de movimento muito diferentes daqueles comumente vistos na população em geral. Compare, por exemplo, padrões de caminhada de bailarinos com os de lutadores de sumô.

Alterações nas prioridades do SNC provavelmente ocorrem durante os primeiros estágios da vida humana. Esses *saltos de desenvolvimento* parecem surgir depois que o sistema nervoso central descobre a biomecânica de seus próprios efetores e as propriedades físicas básicas dos campos de força externos (revisto em Thelen, 1995; Savelsbergh, van der Kamp e Rosengren, 2006). Por exemplo, engatinhar pode ser considerado uma solução temporária para a locomoção de bebês cujo controle do sistema de equilíbrio é imaturo e não permite o caminhar bípede adulto. Mais tarde, o sistema nervoso central descobre novas soluções, e a criança deixa de engatinhar para caminhar e correr.

Considere o sistema de controle motor de uma pessoa com uma deficiência crônica. A experiência de vida dessa pessoa é preenchida com movimentos voluntários do dia a dia em condições em que se mudam com frequência objetivos e forças externas. Se as diferenças entre essa pessoa e o sujeito de controle médio são grandes o suficiente, existe uma chance justa de o sistema nervoso central reconsiderar suas prioridades e elaborar, para tarefas motoras diárias, padrões de movimento que parecem diferentes daqueles observados nos sujeitos de controle médios. Eu certamente não quero dizer que prioridades alteradas do SNC seja o único fator importante para a definição de padrões motores anormais. Um sistema prejudicado poderá realmente não ser capaz de mostrar padrões de movimento vistos na população em geral. Considere, por exemplo, padrões de movimento após uma amputação de membro ou após uma lesão completa da medula espinal. No entanto, vamos focalizar as mudanças nos padrões de movimento que não são forçados no sistema por uma grande deficiência crônica, mas, em vez disso, resultam da reação de uma pessoa a uma deficiência primária.

Um carro com um motor quebrado não reconsidera suas prioridades e adota estratégias alternativas. A capacidade do corpo humano em adaptar-se às alterações patológicas reflete as diferenças básicas entre o carro e o corpo humano. Em primeiro lugar, a estrutura do carro não envolve redundância, portanto não há espaço para coisas como prioridades, escolha e estratégias. Segundo, o carro não tem um encéfalo. O encéfalo com a redundância, torna a estrutura do corpo humano, incluindo o sistema para produzir movimentos voluntários, flexível e capaz de se adaptar não apenas a alterações nas condições externas, mas também, pelo menos em certa medida, a alterações dentro do próprio corpo.

35.4 Papel da plasticidade do SNC

A reorganização adaptativa no sistema nervoso central resulta provavelmente de sua capacidade de exibir *plasticidade*, particularmente alterações nas projeções neurais entre suas estruturas.

A plasticidade é uma das características mais notáveis do sistema nervoso central, e provavelmente contribui para a aprendizagem motora e a adaptação ao trauma. Com as obras clássicas de Lashley, da década de 1930 (revistas em Bruce, 2001), foi proposto que uma lesão no córtex encefálico pode levar a uma dramática *reorganização topográfica* em áreas corticais adjacentes, que pode, em particular, contribuir de forma significativa para a recuperação depois de um AVE (revisto em Nudo, 2003; Cauraugh, 2004; Ward, 2005). Alterações no fluxo aferente periférico parecem induzir *alterações* de tamanho e localização *do campo receptor* no córtex encefálico do gato. Alterações em representações corticais somatossensoriais em macacos foram observadas após treinamento específico de uma mão e depois da amputação ou fusão de um dedo (figura 35.3). A plasticidade não está limitada a estados patológicos grosseiramente alterados e a estruturas supraespinais. Lembrem-se, também, dos estudos do grupo de Jonathan Wolpaw (capítulo 18), que demonstraram mudanças na excitabilidade do reflexo H durante condicionamento operante prolongado em macacos.

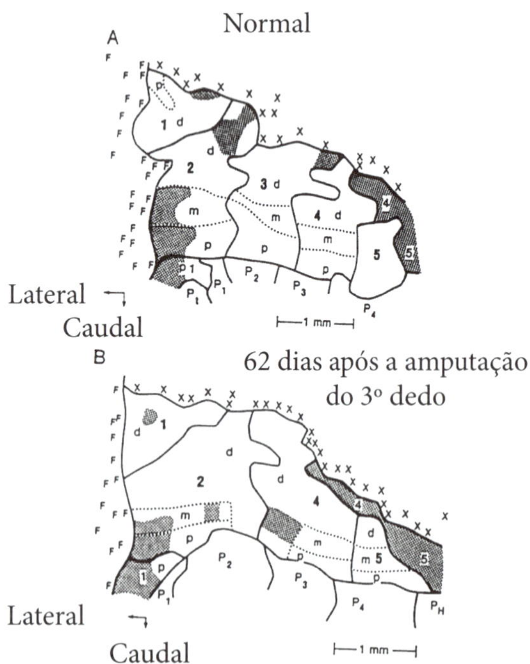

Figura 35.3 Mudanças na representação cortical somatossensorial ocorridas num macaco após a amputação de um de seus dedos (3º dedo). Após a amputação, as representações dos 2º e 4º dedos expandiram-se e ocuparam a área anteriormente representada pelo 3º dedo.

Reproduzido, com permissão, de M. M. Merzenich, R.J. Nelson, M.P. Stryker, M.S. Cynader, A. Schoppmann e J.M. Zook, 1984, "Somatosensory cortical map changes following digit amputation in adult monkeys", *The Journal of Comparative Neurology* 224:591-605. Reproduzido com permissão de Wiley-Liss, Inc., uma subsidiária da John Wiley & Sons, Inc.

Alterações plásticas foram observadas em pessoas sem deficiência após treinamento especializado de longa duração, como leitura em Braille ou estudo de um instrumento musical (Pascual-Leone et al., 1995; Cohen et al., 1997; Sterr et al., 1998; Pascual-Leone, 2001). Essas mudanças, contudo, também podem ser vistas após uma prática relativamente breve, limitada a uma ou duas horas (Classen et al., 1998; Latash, Yarrow e Rothwell, 2003). Isso significa que o sistema nervoso central humano está sempre refazendo a si mesmo. Muitos estudos mostram alterações em projeções neuronais após uma grande lesão do sistema nervoso central. Por exemplo, um AVE cortical unilateral causa alterações nas projeções inter-hemisféricas e nas projeções descendentes sobre a medula espinal (Netz, Lammers e Homberg, 1997; Carmichael, 2003; Celnik e Cohen, 2004). Essas alterações são vistas como fatores importantes que promovem a adaptação do organismo lesado e o capacita a desempenhar melhor tarefas diárias.

Em particular, demonstrou-se que o AVE causa um aumento das projeções inibitórias inter-hemisféricas do hemisfério não afetado sobre o hemisfério afetado (Duque et al., 2005).

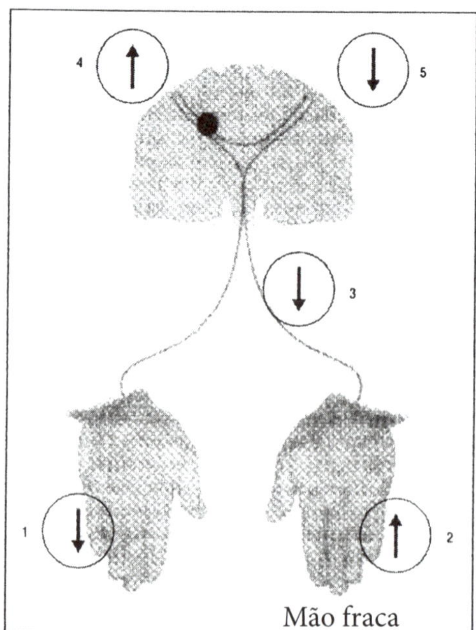

Figura 35.4 Possíveis estratégias que influenciam a função da mão após um AVE unilateral.

Reproduzido, com permissão, de N.S. Ward e L.G. Cohen, 2004. "Mechanisms underlying recovery of motor function after stroke", *Archive of Neurology* 61: 1844-1848. ©2004 American Medical Association.

Essas alterações podem interferir na recuperação da função residual das partes do corpo controladas pelo hemisfério afetado. Várias estratégias sugeridas para lidar com esse problema são ilustradas na figura 35.4. Elas envolvem a promoção da plasticidade no hemisfério afetado com TMS (círculo 4 na figura 35.4; Butefisch et al., 2004), aumentando os sinais somatossensoriais da mão afetada (círculo 2 na figura 35.4; Conforto, Kaelin-Lang e Cohen, 2002); atividade bloqueadora no córtex motor não afetado, também usando TMS, mas com parâmetros diferentes (círculo 5 na figura 35.4; Schambra, Sawaki e Cohen, 2003); e diminuição da entrada somatossensorial da mão não afetada (círculo 1 na figura 35.4; Werhahn et al., 2002).

35.5 Mudanças adaptativas em padrões motores

Qualquer grande diferença de longa duração entre pessoas com e sem deficiências (por exemplo, cognição alterada na síndrome de Down, biomecânica e fontes aferentes alterados em caso de amputação, reflexos alterados e, possivelmente, outros mecanismos de espasticidade ou pré-programação alterados no mal de Parkinson) modifica todo o sistema de geração de movimento, de modo que suas prioridades são suscetíveis de serem reconsideradas e os padrões de controle que costumavam ser ideais são suscetíveis de já não o serem.

Para qualquer padrão motor aparentemente anormal, a primeira pergunta a fazer é esta: *o que o sistema nervoso central toma como seu objetivo primário durante a execução de determinada tarefa motora?* Uma resposta simples, como seguir a exata instrução dada pelo pesquisador, pode ser verdadeira para indivíduos saudáveis e motivados, embora mesmo entre eles, considerações como minimizar o desconforto ou agradar o pesquisador possam ser tão importantes quanto otimizar o desempenho.

Outros componentes, frequentemente ignorados, de uma tarefa motora que o sistema nervoso central pode considerar importantes incluem aqueles relacionados a manter o *olhar fixo*, o *equilíbrio* da cabeça e do corpo, e a *postura* dos membros em relação ao tronco durante os movimentos requeridos. Controlar movimento voluntário exige a manutenção de uma *estrutura de referência* para ajudar com possíveis perturbações internas e externas. Essa estrutura de referência pode indicar a posição de um segmento, de uma extremidade ou de todo o corpo. Também pode se referir a um conceito mais geral de equilíbrio — ou seja, pode indicar a manutenção da projeção do centro de gravidade do corpo dentro da área de suporte.

Em indivíduos com deficiência, podemos esperar que fatores menos óbvios desempenhem um papel importante na escolha da estratégia do movimento. Por exemplo, lembre-se de que pacientes com o mal de Parkinson alteram sua marcha arrastada quando pisam em linhas traçadas no chão (Morris et al., 2001). As observações de marcha melhorada são muito convincentes. Elas sugerem que pacientes com mal de Parkinson devem ser treinados num ambiente de fisioterapia com linhas traçadas no chão para promover uma marcha mais comumente usada. Contudo, como mencionado anteriormente, dois fatores devem nos tornar cautelosos quanto a essa recomendação. Em primeiro lugar, a marcha arrastada no mal de Parkinson pode ser uma consequência do controle postural desordenado e do desejo do paciente de evitar grandes forças de contato desestabilizadoras enquanto anda. Em segundo lugar, fora do laboratório, não existem linhas traçadas na calçada. A marcha arrastada pode não parecer normal, mas pode muito bem ser ideal para o grupo de tarefas diárias que os pacientes enfrentam e para o estado do sistema que controla a postura vertical.

Vamos agora discutir detalhadamente mais um exemplo de movimentos alterados quando algumas das anormalidades aparentes em padrões motores tendem a ser consequências de mudanças adaptativas do sistema nervoso central (ver também a discussão sobre desordens motoras causadas por lesão da medula espinal no capítulo 31 e por mal de Parkinson no capítulo 32). Esse exemplo é a amputação de membros.

35.6 Amputação

Na amputação de membros, a causa primária da aparente desordem motora é inequivocamente clara. A amputação do membro leva a uma grande mudança nas relações biomecânicas e neurofisiológicas desenvolvidas durante a vida do paciente. Contudo, há evidências de que a amputação do membro pode envolver uma grande reorganização de ambas as projeções aferente (sensorial) e eferente (motora) e que essas consequências por si só podem contribuir para a mudança nos padrões motores vista em pessoas com amputações.

Alterações consideráveis ocorrem na biomecânica do ato de caminhar após uma amputação da perna. Em pessoas sem amputação, os flexores plantares do tornozelo são os principais geradores de energia. O papel dos extensores de quadril na geração de energia é relativamente pequeno. Em pessoas amputadas abaixo do joelho, os flexores plantares do tornozelo estão, obviamente, indisponíveis, e os extensores de quadril tornam-se a principal fonte de absorção e de geração de energia (Czerniecki, Gitter e Munro, 1991). Esse rearranjo é adaptativo, pois permite que pessoas amputadas andem, embora a marcha resultante possa ser energeticamente menos eficiente.

As consequências da amputação também envolvem *reorganização neurológica* em níveis segmentares e suprasegmentares (Cohen, Bandinelli, Findley et al., 1991; Cohen, Bandinelli, Topka et al., 1991; Fuhr et al., 1992). Obviamente, a eliminação de considerável número de proprioceptores residentes na parte amputada de perna altera abruptamente os padrões de influxo aferente e pode modificar o peso relativo da contribuição das outras projeções reflexas, aparentemente não afetadas. Lembre-se de que a contribuição reflexa é um fator importante nos padrões naturais de movimentos voluntários. Comandos motores descendentes devem aparentemente se embasar no estado das conexões reflexas. Além disso, influxo proprioceptivo é usado para gerar ajustes automáticos e pré-programados na atividade dos músculos que proporcionam estabilidade postural durante movimentos voluntários. Assim, a amputação de uma porção distal de uma perna pode reorganizar comandos motores descendentes e fazer o controle postural deixar de depender predominantemente de propriocepção para depender de outras modalidades, como sinais visuais e vestibulares.

A reorganização neurológica de sinais de controle descendentes que surge após uma amputação abaixo do joelho em seres humanos foi estudada com a *estimulação magnética transcraniana (EMT)*. Nesses estudos, estímulos em posições ideais da bobina recrutaram uma porcentagem maior de motoneurônios α que controlam os músculos da perna residual (Fuhr et al., 1992; figura 35.5). Esses músculos poderiam também ser ativados por áreas maiores do couro cabeludo. Resultados semelhantes foram verificados numa pessoa com ausência congênita da parte distal do braço esquerdo (Cohen, Bandinelli, Topka et al., 1991; figura 35.6). Assim, projeções corticospinais descendentes são suscetíveis de ser reorganizadas após uma amputação.

35.7 Considerações práticas

A finalidade deste capítulo tem sido salientar o papel potencial das *mudanças adaptativas* do sistema nervoso central. Em particular, os profissionais devem ser advertidos contra rápidas conclusões sobre a incapacidade do SNC de um paciente de produzir "movimentos corretos", baseadas em observações de padrões motores periféricos "errados". Assim, a noção de *normalidade* em relação a padrões motores periféricos deve ser tratada com cautela, possivelmente como outro equívoco comum.

Veja as conclusões práticas mais importantes que podem ser tiradas deste capítulo e anteriores:

1. As mudanças adaptativas do sistema nervoso central podem desempenhar um papel importante na formação do comportamento do paciente (padrões motores).
2. A terapia deve ser direcionada a otimizar o comportamento funcional, e não os padrões do movimento (isso pode ser chamado *abordagem pragmática*). Os terapeutas devem aproveitar as habilidades adaptativas do sistema nervoso central: devem identificar os objetivos e oferecer as ferramentas que permitam que o sistema nervoso central encontre uma solução.
3. Os estímulos aos processos de aprendizagem (e, portanto, às mudanças plásticas do sistema nervoso central) devem desempenhar um papel proeminente na reabilitação. Por exemplo, praticar uma tarefa em condições incertas pode ser um método promissor de terapia.
4. Corrigir a causa primária de uma desordem deve ser a primeira prioridade, embora infelizmente a possibilidade de fazê-lo seja muito rara.

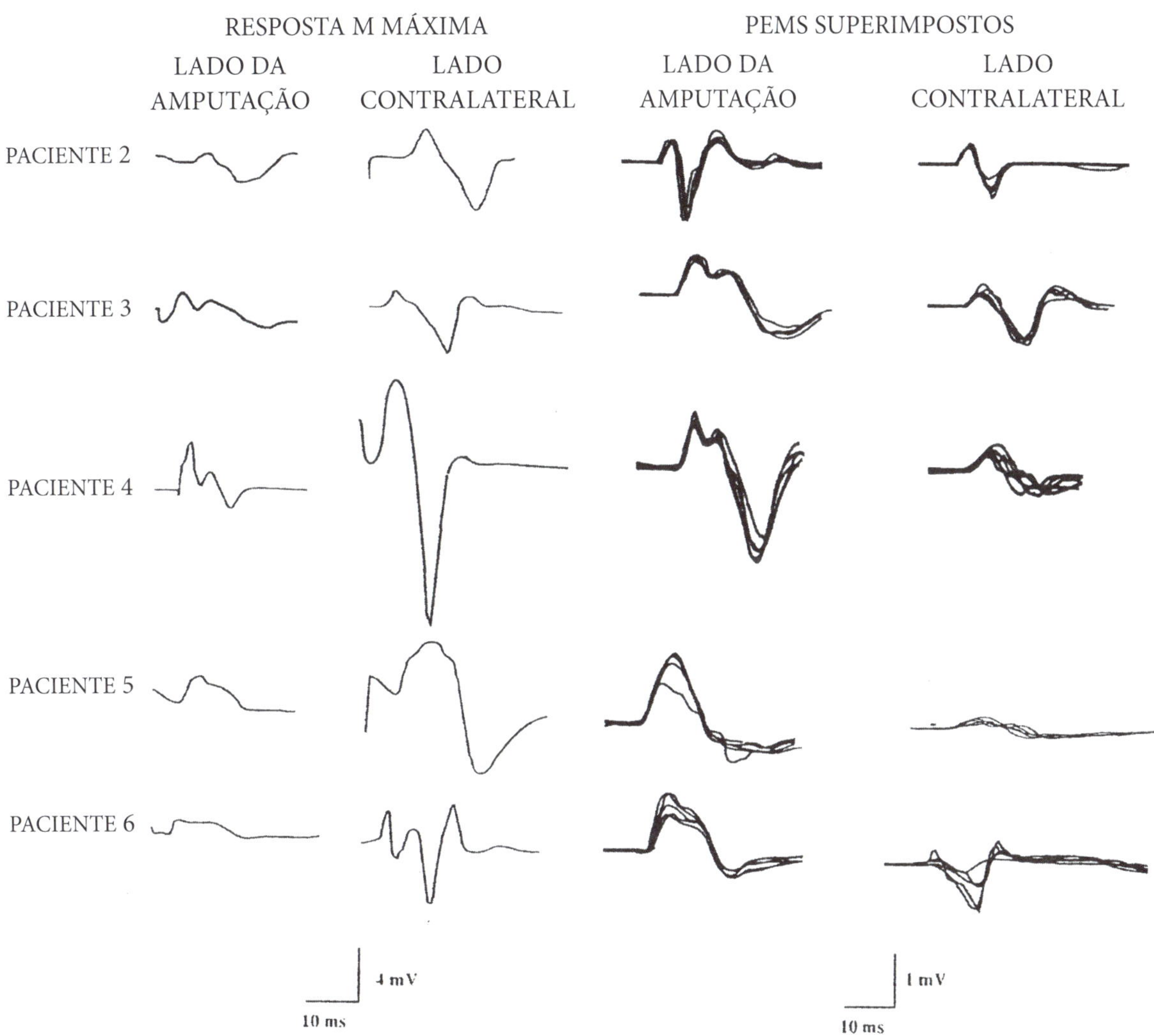

Figura 35.5 Respostas M máximas e potenciais evocados motores (PEMs) para TMS no músculo quadríceps de uma pessoa com amputação unilateral abaixo do joelho. Note as respostas M menores e PEMs maiores no lado amputado do corpo.

Reproduzido de Electroencephalografy of Clinical Neurophisiology, vol. 85, P. Fuhr, L.G. Cohen, N. Dang, T.W. Findley, S. Haghighi, J. Oro e M.Hallett, "Physiological analysis of motor reorganization following lower limb amputation," p. 53-60. Copyright 1992, com permissão da Elsevier.

Fisioterapeutas e terapeutas ocupacionais têm algumas vantagens importantes sobre o sistema nervoso central de um paciente, como a capacidade de prever resultados de longo prazo e de compreender que se exercitar de forma desconfortável ou mesmo com dor pode ser necessário para atingir um ideal funcional. Se o sistema nervoso central puder gerar padrões adaptativos sem supervisão, ele poderá se estabelecer num nível ideal em relação a uma função, porque qualquer atividade exploratória leva para longe desse ideal (leva a uma deterioração da função).

Ele pode nunca descobrir que existe um ideal muito mais global logo atrás de um cume próximo. A dor é outro fator que o sistema nervoso central não gosta de experimentar. Assim, exercitar-se com dor ou deterioração funcional temporária pode ter vantagens nunca descobertas pelo sistema nervoso central, mas pode ser prescrito por um terapeuta para otimizar as metas funcionais a longo prazo.

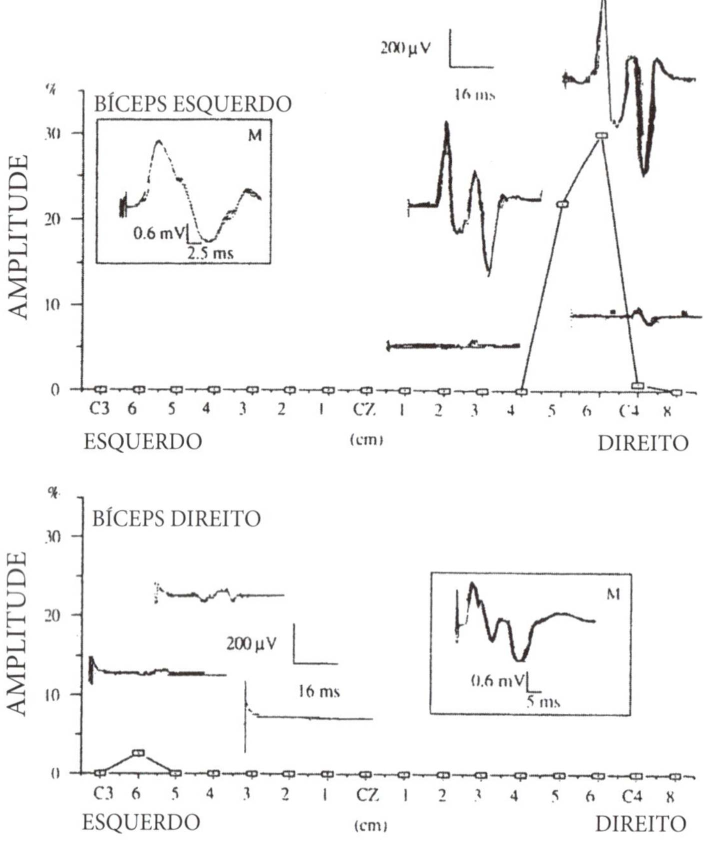

Figura 35.6 Potenciais evocados motores (PEMs) para TMS nos músculos bíceps direito e esquerdo de uma pessoa nascida sem um aspecto distal do braço esquerdo. Note os PEMs maiores no lado esquerdo.

Reproduzido de Electroencephalografy and Clinical Neurophisiology supl. 43, L.G. Cohen, S. Bandinelli, H.R. Topka, P. Fuhr, B.J. Roth e M. Hallett, "Topographic maps of human motor cortex in normal and pathological conditions: Mirror movements, amputations and spinal cord injuries", p. 36-50. Copyright 1991, com permissão da Elsevier.

Capítulo 35 em resumo

A possibilidade de escolha nos movimentos voluntários humanos e a plasticidade do sistema nervoso central permitem alterações adaptativas nos padrões de movimento de pessoas com uma desordem cognitiva, neural central ou periférica. Padrões de movimento de pessoas com certas desordens podem diferir dos de pessoas saudáveis, mas esses padrões podem ser ideais para um determinado estado do sistema de produção de movimento. As mudanças adaptativas tendem a predominar nos padrões de movimento de pessoas com desordens cognitivas, desempenham um papel importante em pacientes com desordens neurais centrais e contribuem para padrões motores em pacientes com membro amputado. As estratégias de reabilitação devem ser direcionadas para a otimização da função, em vez de tentarem tornar os padrões de movimento tão "normais" quanto possível. Um terapeuta deve oferecer ao sistema nervoso central do paciente ferramentas e metas funcionais e supervisionar o processo de reabilitação para certificar-se de que o paciente não se instale num local ideal por causa da dor e da incapacidade de fazer previsões de longo prazo.

Materiais de revisão

Problemas

1. Uma pessoa com mal de Parkinson pega um saco pesado com a mão direita. Descreva todos os mecanismos que ajudam a pessoa a manter o equilíbrio (incluindo típicos atrasos de tempo, eficácia etc.). Como cada um desses mecanismos diferirá daqueles que uma pessoa sem mal de Parkinson exibe numa situação similar?

2. Uma pessoa tenta manter a flexão plantar máxima do tornozelo contra um obstáculo por 2 min. A força cai cerca de 50%. Um breve estímulo elétrico é aplicado ao nervo do músculo (n. tibial) ao final dos 2 minutos de esforço de flexão contínuo. O estímulo induz uma resposta M e um reflexo H. O que se pode dizer sobre as unidades motoras que contribuíram para a resposta M e o reflexo H? Você esperaria que as respostas (resposta M, reflexo H e força contrátil) fossem maiores ou menores que as vistas no mesmo músculo testado em condições sem fadiga e de relaxamento? Por quê?

3. Uma pessoa sofre uma lesão que causa grandes danos unilaterais ao córtex motor primário. Que tipo de deficiências motoras são esperadas? O que acontecerá com essas deficiências motoras se dermos a essa pessoa uma grande dose de dopamina? E se administrarmos uma grande dose de baclofeno? Por quê?

4. Uma pessoa com atrofia olivopontocerebelar unilateral tenta desenhar um triângulo tão rapidamente quanto possível com a mão afetada. Descreva como esses movimentos de desenho diferem dos realizados por uma pessoa da mesma idade sem atrofia olivopontocerebelar. Desenhe o perfil de velocidade da trajetória do lápis.

5. Uma pessoa idosa em pé é empurrada inesperadamente por trás (não muito fortemente!). Descreva como as respostas de estabilização de postura diferem das vistas numa pessoa jovem.

6. Um jovem adulto com síndrome de Down segura um peso de 1 kg numa mão e usa esse braço para fazer uma série de movimentos rápidos de alcançar um alvo. Num dos testes, a carga de repente aumenta em cinco vezes. Descreva as alterações nas variáveis eletromiográficas e cinemáticas e seus típicos atrasos de tempo (em comparação com os observados nos testes sem perturbações). Onde terminará o movimento perturbado?

Para alunos viciados em testes de múltipla escolha

Você tem 20 minutos para completar este teste. Circule apenas uma resposta (afirmação) para cada pergunta. Escreva uma frase curta explicando por que escolheu essa resposta.

1. Um paciente com hemibalismo no lado esquerdo do corpo tem eletrodos implantados em ambos os núcleos subtalâmicos (NST). O que se poderia fazer para aliviar temporariamente os sintomas?

a. Estimular o NST esquerdo e causar uma lesão no NST direito.
b. Estimular o NST direito e causar uma lesão no NST esquerdo.
c. Estimular o NST esquerdo e não fazer nada no NST direito.
d. Estimular o NST direito e não fazer nada no NST esquerdo.
e. Causar uma lesão nos dois NSTs.

Por quê?

2. Uma pessoa mostra espasmos musculares breves e descontrolados como atividade muscular postural que algumas vezes desaparece brevemente. O que se pode recomendar como tratamento? Escreva o diagnóstico provável.

a. estimulação do globo pálido externo
b. baclofeno oral
c. injeção de toxina botulínica nos músculos posturais
d. duas doses de vodka
e. nenhuma das alternativas anteriores

Por quê?

3. Uma pessoa mostra rotação de cabeça descontrolada e desajeitada à esquerda, a qual leva a uma postura torcida prolongada. Quais dos seguintes fenômenos também podem ser observados? Escreva o diagnóstico provável.

a. alívio de sintomas com estímulos sensoriais
b. tiques sensoriais anteriores aos tiques motores
c. problemas com adaptação do movimento às novas condições
d. tremor de cerca de 8 Hz e hipotonia
e. APAs diminuídos

Por quê?

4. Um paciente com atividade aumentada dos núcleos subtalâmicos deve mostrar

a. pobreza de movimentos voluntários, particularmente nos membros contralaterais
b. reflexos maiores nos membros do mesmo lado do corpo
c. movimentos descontrolados de grande amplitude num lado do corpo
d. APAs aumentados
e. espasmos descontrolados precedidos por sensações de formigamento

Por quê?

5. Uma pessoa com 20 anos de idade se queixa de agitação involuntária da mão, que começa sozinha quando ela está tranquilamente sentada e, em seguida, aumenta em magnitude e se espalha para outras partes do corpo. Qual é provavelmente o problema?

a. mioclonia
b. mal de Parkinson
c. acúmulo de cobre nos gânglios da base
d. tremor essencial
e. uma desordem cerebelar

Por quê?

Laboratórios

Introdução

O propósito dos seis estudos de laboratório a seguir é ilustrar certas matérias abordadas no livro e oferecer experiências práticas de laboratório. Cada estudo é semelhante a um estudo experimental real sobre um grupo de problemas de pesquisa discutido no corpo principal do texto. Cada um dos estudos laboratoriais descritos envolve muito trabalho e deve ser feito em uma sessão de 1 a 1,5 hora. Dependendo da disponibilidade de equipamentos, das limitações de tempo, da preparação dos alunos e de outros fatores, alguns dos estudos podem ser abreviados, enquanto outros podem ser realizadas no prazo de duas ou três sessões. Cada estudo inclui os seguintes componentes:

- Propósito
- Projeto
- Equipamento
- Procedimento
- Análise e apresentação de dados
- Resultados esperados
- Interpretação

Os alunos devem escrever uma interpretação das próprias conclusões. Devem realizar os estudos experimentais em grupos, cujo tamanho será limitado pelo número total de alunos da turma e pela disponibilidade das instalações experimentais. O tamanho ideal do grupo é de 3 a 5 alunos, para que um aluno possa atuar como objeto do estudo, enquanto os outros agem como os pesquisadores. Se o tempo permitir, as funções devem ser revezadas. Depois dos estudos experimentais, cada grupo (ou cada aluno) deve escrever um trabalho curto, reunindo todos os dados gerados pelo grupo e fazendo uma análise estatística.

Os estudos de laboratório exigem um conjunto mínimo de equipamento. Os listados a seguir são essenciais para a realização das sessões:

- Pelo menos dois amplificadores eletromiográficos (EMG), com eletrodos, fios e cabos. Em nosso laboratório, registramos sinais EMG com um sistema especialmente projetado, que inclui eletrodos eletrocardiográficos pediátricos descartáveis, autoadesivos (um é usado como eletrodo de aterramento), fios com conectores de clip nos eletrodos, pré-amplificadores em miniatura localizados a cerca de 10 cm dos eletrodos, longos fios para a caixa principal do amplificador, e amplificadores principais (com ganho total de 3.000).
- Um estimulador elétrico com eletrodos estimulantes e uma unidade de isolamento. Em nosso laboratório, usamos um estimulador Grass S48 com uma unidade de isolamento SIU5. O projeto recomendado de eletrodos de estimulação é ilustrado na Figura L.1. Observe que um eletrodo é plano, enquanto o outro tem forma de cogumelo. Esses eletrodos são projetados para estimular o nervo tibial na fossa poplítea, a fim de induzir respostas M e reflexos H nos músculos tríceps sural.

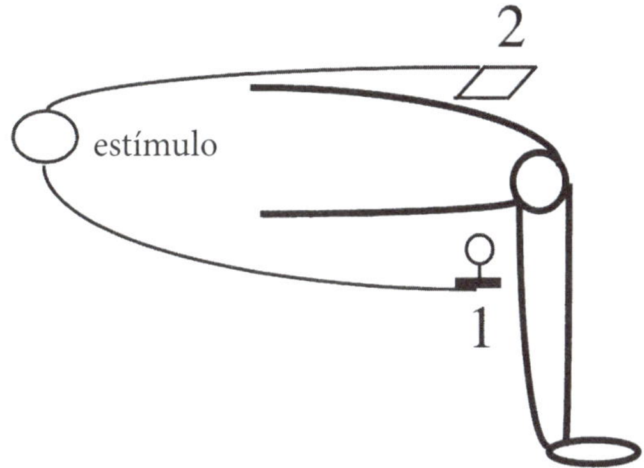

Figura L.1 Projeto recomendado de eletrodos de estimulação para estudos do reflexo H e da resposta M no músculo tríceps sural.

▸ Um aparelho produtor de vibração. Um massageador portátil oferece vibração de baixa amplitude a 60 Hz.

▸ Um conjunto de goniômetros. Esses dispositivos para medir o ângulo articular podem ser comprados ou criados com uma fonte de alimentação externa (uma bateria) e um potenciômetro rotacional.

▸ Um sistema de gravação. Um sistema baseado em um computador com um cartão digitalizador A/D pode ser usado para exibir e registrar sinais. Nós usamos um computador Macintosh com placas de aquisição de dados da National Instruments e *software* desenvolvido pela Lab View.

Os seguintes equipamentos são desejáveis para as sessões de laboratório:

▸ Um acelerômetro. Dispositivos em miniatura com amplificadores para medir aceleração são produzidos por vários fabricantes; nossos acelerômetros são os da Sensotec.

▸ Uma plataforma de força. Em nosso laboratório, usamos uma plataforma AMTI OR-6.

LABORATÓRIO #1

Respostas musculares à estimulação elétrica do nervo muscular (Capítulo 8)

FINALIDADE

Gravar e analisar respostas musculares a breves pulsos de estimulação elétrica aplicados ao nervo muscular e interpretar os diferentes aspectos do comportamento das respostas musculares.

PROJETO

Breves pulsos elétricos são aplicados ao nervo tibial na fossa poplítea, e respostas musculares no músculo sóleo são registradas. Esperam-se duas respostas: uma resposta direta (resposta M) e um reflexo monossináptico (reflexo H). A latência e a amplitude pico a pico de ambas as respostas são medidas. Parâmetros da estimulação elétrica (como sua amplitude, frequência e duração de pulso) são alterados sistematicamente. As mudanças nas latências e amplitudes das respostas musculares são analisadas.

EQUIPAMENTO

A instalação experimental deve incluir um estimulador elétrico com uma unidade de isolamento e eletrodos estimulantes, um amplificador de EMG e um sistema de gravação e medição. A instalação experimental é ilustrada na Figura L.2.

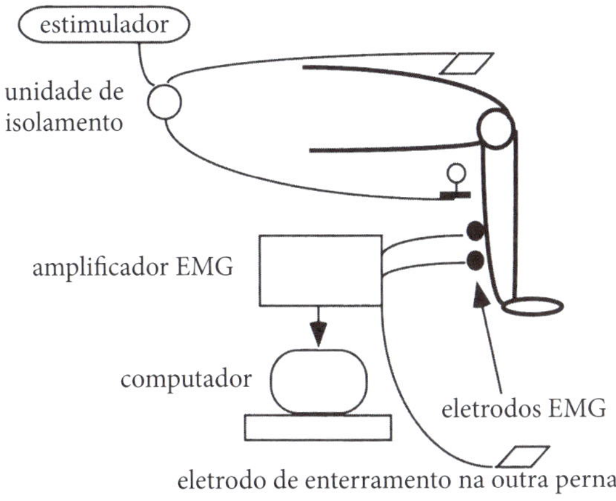

Figura L.2 Projeto de experimentos do Laboratório #1.

PROCEDIMENTO

Faça a pessoa sentar-se confortavelmente numa cadeira e descansar os pés firmemente no chão. Os ângulos articulares do quadril, joelho e tornozelo devem medir, cada um, cerca de 110° (a extensão articular completa é de 180°). Coloque os dois eletrodos de gravação de EMG sobre o ventre muscular do músculo sóleo direito a uma distância de cerca de 4 cm. Um eletrodo de aterramento pode ser colocado sobre a outra perna. Esfregue a pele sob os eletrodos com uma bola de algodão ou um paninho embebido em álcool. Aguarde até que o álcool evapore da pele e coloque os eletrodos de gravação sobre ela, pressionando-os firmemente. Se necessário, use fita adesiva para manter os eletrodos no lugar. Conecte os fios aos eletrodos. Peça à pessoa para contrair voluntariamente o músculo algumas vezes (flexão plantar do tornozelo) e observe o sinal no dispositivo de gravação. Quando o músculo for relaxado, o nível de ruído deve ser muito baixo. Quando o músculo se contrair, deve haver um claro pico de atividade.

Ligue o estimulador e defina a duração do pulso em 1 ms, a frequência da estimulação em 0,5 Hz e a amplitude da estimulação em 10 V. Coloque o eletrodo estimulante plano (ver figura L.1) na parte superior da coxa da pessoa, logo acima do joelho. Coloque o eletrodo estimulante em forma de cogumelo na porção lateral da fossa poplítea. Aumente a amplitude da estimulação em pequenas etapas. Em cada etapa, tente mover ligeiramente o eletrodo em forma de cogumelo e procure sinais de contração muscular. Quando o músculo começar a se contrair em resposta à estimulação, tente posicionar o eletrodo em forma de cogumelo para induzir o máximo de resposta. Depois que os eletrodos de estimulação forem idealmente posicionados, fixe-os no lugar com um elástico. Desligue o estimulador.

Agora você está pronto para executar a experiência. Defina a frequência da estimulação em 0,1 Hz (um estímulo fornecido a cada 10 s). Aumente a amplitude da estimulação em etapas de

5 V. A princípio, não será vista nenhuma reação do músculo. Em seguida, uma ligeira contração vai surgir. Tipicamente, a primeira contração é induzida pelo circuito reflexo monossináptico. Assim, você deve esperar que a primeira resposta muscular seja o reflexo H e que surja com uma latência (atraso de tempo do estímulo, que será visto como um salto abrupto no sinal de EMG) de cerca de 35 ms. Continue a aumentar a amplitude da estimulação até observar uma resposta anterior (a resposta M a uma latência de cerca de 8 ms). Continue a aumentar a amplitude e observe a supressão e o desaparecimento do reflexo H. Uma ilustração das alterações da resposta M e do reflexo H é mostrada na Figura L.3.

Encontre uma amplitude de estimulação na qual a resposta M e o reflexo H tenham aproximadamente a mesma amplitude. Faça o pulso de estimulação de 0,1 ms. Aumente a duração do pulso em etapas durar 0,1 ms até atingir 2 ms. Observe alterações na amplitude da resposta M e do reflexo H.

Defina a duração do impulso em 1 ms. Aumente a frequência da estimulação, alterando-a de 0,1 Hz para 0,3 Hz, 0,5 Hz, 1 Hz, 2 Hz, 5 Hz e 10 Hz. Observe alterações nas amplitudes da resposta M e do reflexo H. Note que, para cada condição, você precisa analisar somente um registro. Você pode analisar, por exemplo, as respostas musculares ao quinto estímulo.

ANÁLISE E APRESENTAÇÃO DOS DADOS

Meça a amplitude pico a pico da resposta M (A_M) e do reflexo H (A_H) em cada registro. Faça gráficos mostrando como A_M e A_H dependem de variáveis manipuladas, incluindo a amplitude da estimulação, a duração do pulso e a frequência da estimulação. Para cada condição e para cada sujeito, calcule as taxas A_H/A_M e $A_H/A_{Hmáx}$, em que $A_{Hmáx}$ é o valor máximo de amplitude do reflexo H observado numa determinada pessoa. Faça gráficos mostrando como $A_H/A_{Hmáx}$ depende dos parâmetros da estimulação.

RESULTADOS ESPERADOS

São esperados as seguintes relações gerais:

- Aumentar a amplitude da estimulação leva a um aumento monotônico na amplitude da resposta M, que então se estabiliza em algum nível.
- Aumentar a amplitude da estimulação inicialmente aumenta a amplitude do reflexo H e, em seguida, suprime esse reflexo, que finalmente desaparece.
- A taxa A_H/A_M mostra uma diminuição quase monotônica com o aumento da amplitude de estimulação, caindo de um valor muito alto a zero.

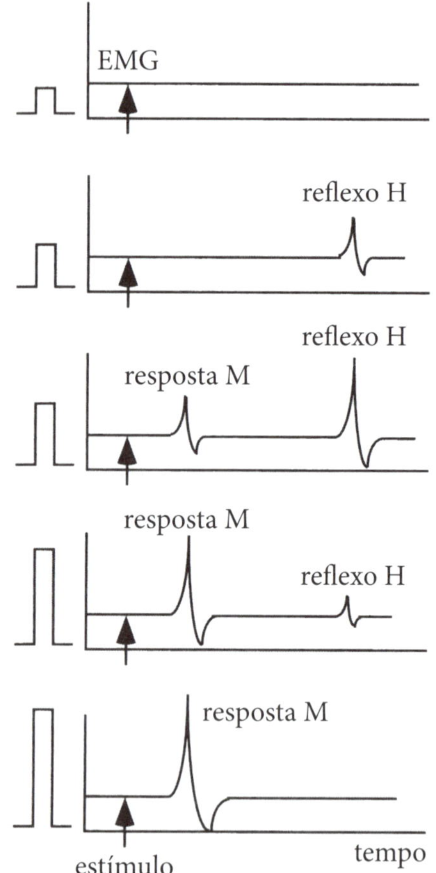

Figura L.3 Alterações esperadas no reflexo H e na resposta M com um aumento na amplitude do campo elétrico.

- Pulsos de estimulação muito curtos podem ser incapazes de provocar alguma resposta muscular; aumentar a largura do pulso aumenta a resposta M e o reflexo H.
- Aumentar a frequência da estimulação não afeta a resposta M, enquanto a amplitude do

reflexo H diminui com o aumento da frequência e talvez desapareça completamente.

INTERPRETAÇÃO

A estimulação elétrica de baixa intensidade excita primeiro as fibras neurais maiores (axônios) do nervo, as quais são as fibras aferentes Ia, cuja excitação leva a um reflexo H monossináptico no músculo. Aumentar a amplitude da estimulação aumenta a amplitude de reflexo H enquanto mais e mais fibras são excitadas pelo estímulo. Simultaneamente, axônios eferentes de motoneurônios α são excitados pela estimulação e dão origem a uma resposta muscular direta com uma latência mais curta (resposta M). O reforço posterior da estimulação aumenta a resposta M; o reflexo H, no entanto, cresce menos, por causa da condução antidrômica nos axônios eferentes. Disparos antidrômicos impedem os motoneurônios de ser excitados por disparos aferentes, porque a membrana do motoneurônio está num estado refratário quando os estímulos aferentes chegam.

Aumentar a frequência da estimulação não afeta a resposta M, mas inibe o reflexo H. Essa observação indica que existe uma sinapse central no reflexo H, mas não na resposta M, porque as sinapses do sistema nervoso central são menos capazes de conduzir estímulos de alta frequência.

Os pulsos de estimulação mais curtos fazem cargas totais menores passarem através da membrana. Como resultado, as fibras aferentes e eferentes ficam menos propensas a ser excitadas por pulsos mais curtos.

LABORATÓRIO #2

Excitação e inibição pós e pré-sinápticas (Capítulos 7, 8 e 9)

FINALIDADE

Observar e registar os efeitos da excitação durante a ativação de um grupo motoneuronal e os efeitos da inibição pré-sináptica e pós-sináptica usando, como teste, reflexos monossinápticos.

PROJETO

Breves pulsos elétricos são aplicados ao nervo tibial na fossa poplítea e, em seguida, respostas musculares no músculo sóleo são registradas. Os parâmetros de estimulação são escolhidos para induzir uma resposta M e um reflexo H. Amplitudes pico a pico das duas respostas são medidas quando o sujeito está relaxado. Em seguida, solicita-se à pessoa que ative voluntariamente o músculo tríceps sural ou seu antagonista, o músculo tibial anterior. Registram-se as amplitudes pico a pico da resposta M e do reflexo H. Depois, vibração de alta frequência é aplicada ao tendão calcâneo, e novamente amplitudes pico a pico da resposta M e do reflexo H são registradas.

EQUIPAMENTO

A instalação experimental deve incluir um estimulador elétrico com uma unidade de isolamento e eletrodos estimulantes, dois amplificadores de EMG, um aparelho produtor de vibração (massageador portátil) e um sistema de gravação e medição. A instalação experimental é ilustrada na figura L.4.

PROCEDIMENTO

Siga as instruções do laboratório #1 para posicionar a pessoa e definir onde colocar os eletrodos. Coloque pares de eletrodos de gravação EMG no músculo sóleo e no músculo tibial anterior (dois amplificadores de EMG são requeridos). Encontre uma posição ideal para os eletrodos de estimulação e, em seguida, fixe-os no lugar. Use os mesmos parâmetros de estimulação elétrica usados no laboratório #1. Encontre uma amplitude de estimulação que induza uma resposta M visível e um grande reflexo H. Não altere os parâmetros da estimulação durante o experimento.

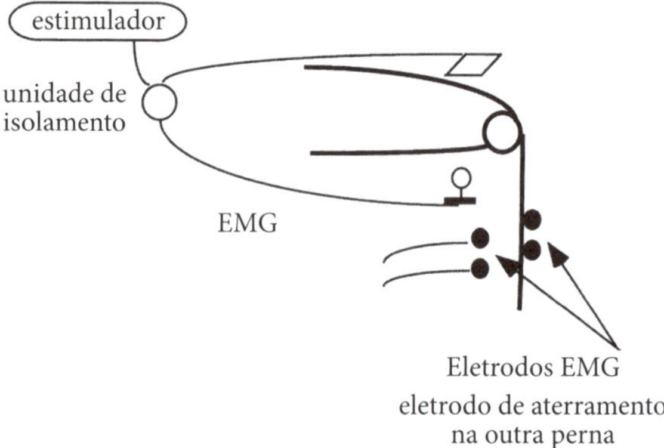

Figura L.4 Projeto dos experimentos no Laboratório #2.

Registre as respostas musculares à estimulação quando a pessoa estiver relaxada. Peça a ela para aumentar o nível de ativação do músculo tríceps (levantar um pouco o calcanhar do chão). Use o sinal EMG para monitorar o aumento na atividade do sóleo. Registre as respostas musculares à estimulação elétrica do nervo. Peça à pessoa para relaxar novamente. Após 10 s, peça-lhe para levantar ligeiramente a parte anterior do pé do chão (ativar o músculo tibial anterior). Monitore o aumento da atividade tibial com o sinal EMG correspondente Registre novamente a resposta M e o reflexo H no músculo sóleo. Repita os experimentos com ativação do sóleo e do músculo tibial três vezes.

Peça à pessoa para relaxar novamente. Aplique estímulos elétricos a cada 10 s. Após o segundo estímulo, aplique a vibração ao tendão calcâneo. Observe a diminuição de amplitude do reflexo H, enquanto a amplitude da resposta M permanece inalterada. Mantenha a vibração por 30 s (durante três estímulos). Enquanto aplica a vibração, observe o reflexo tônico de vibração, que pode ocorrer no músculo tríceps sural. Se isso ocorrer, peça à pessoa para relaxar os músculos. Após 30 s, desligue a vibração. Assista à restauração do reflexo H por 30 s (durante três estímulos). Repita o mesmo experimento na presença de um reflexo tônico de vibração. Se nenhum reflexo tônico de vibração ocorrer, peça à pessoa para ativar o músculo sóleo durante as vibrações, levantando um pouco o calcanhar do chão.

ANÁLISE E APRESENTAÇÃO DOS DADOS

Calcule a amplitude pico a pico média da resposta M e do reflexo H nos testes em que a pessoa estava relaxada e nenhuma vibração foi aplicada. Calcule os valores médios da amplitude pico a pico das duas respostas para a ativação do sóleo e para a ativação tibial separadamente. Trace um gráfico de coluna mostrando as amplitudes da resposta M e do reflexo H nas três condições mencionadas.

Trace mudanças (contra o tempo) da amplitude de pico a pico da resposta M e do reflexo H durante o experimento com vibração na presença e na ausência de atividade muscular tônica. Indique o tempo de aplicação de vibração com uma barra sólida sob o gráfico.

RESULTADOS ESPERADOS

Com a atividade do sóleo, a amplitude do reflexo H aumenta, enquanto a da resposta M não muda. Com a atividade tibial, a amplitude de reflexo H diminui, enquanto a da resposta M não muda.

Quando se usa vibração, a amplitude do reflexo H diminui gradualmente e, então, é lentamente restaurada após a extinção da vibração. Essa supressão do reflexo H também deve ser vista na ativação muscular (voluntária ou reflexa).

INTERPRETAÇÃO

A ativação voluntária de um músculo está associada a um aumento na excitabilidade do grupo de motoneurônios α que inerva o músculo. Assim, a ativação voluntária aumenta a amplitude do reflexo H. Se um músculo antagonista é ativado voluntariamente, a inibição recíproca leva a uma inibição pós-sináptica do grupo de motoneurônios e suprime a amplitude do reflexo H.

A vibração do tendão aumenta a inibição pré-sináptica dos terminais aferentes Ia e então suprime o reflexo H (nenhuma alteração é esperada na resposta M). Esses efeitos podem ser mais fortes que a excitação pós-sináptica associada à ativação reflexa ou voluntária do músculo.

LABORATÓRIO #3

Reações pré-programadas (reflexos de latência longa; Capítulo 12)

FINALIDADE

Observar, registrar e analisar como as instruções dadas à pessoa, a previsibilidade da perturbação e a amplitude da perturbação esperada afetam reações pré-programadas em diferentes músculos.

PROJETO

Reações pré-programadas em EMGs de músculos do braço e de músculos do corpo são estudadas durante perturbações de carga. Solicita-se às pessoas que não interfiram nos efeitos das perturbações nem as neutralize muito rapidamente. A magnitude e a direção da perturbação são variadas para que sejam percebidas ou ignoradas pela pessoa.

EQUIPAMENTO

A instalação experimental deve incluir dois amplificadores EMG, um goniômetro, uma plataforma de força, um conjunto de cargas e um sistema de gravação e medição. Um acelerômetro é desejável.

PROCEDIMENTO

Experiência #1: Peça à pessoa para sentar-se numa cadeira e colocar o cotovelo direito sobre uma mesa colocada na frente da cadeira (figura L.5). O antebraço e a mão dela devem estar na vertical e a palma deve facear a pessoa. Coloque eletrodos EMG sobre o bíceps e a cabeça lateral do tríceps (não se esqueça do eletrodo de aterramento!). Fixe o acelerômetro na ponta de um dedo ou sobre a palma da mão. Você usará sinais do acelerômetro para detectar o tempo exato da perturbação. Peça à pessoa para fechar os olhos. Para começar, peça-lhe para não corrigir a posição do braço se ela for alterada. Aplique alguns breves empurrões e puxões ao antebraço, movendo-o em cerca de 45°. Registre os EMGs e alterações no ângulo articular. Em seguida, instrua a pessoa a retornar o braço à sua posição original o mais rapidamente possível. Aplique empurrões e puxões similares, mas de modo que sejam inesperados. Registre os EMGs e as alterações no ângulo articular. Finalmente, antes de cada perturbação, informe a pessoa em que direção ela ocorrerá (se será um empurrão ou um puxão). Mais uma vez, registre as alterações no ângulo articular e nos EMGs.

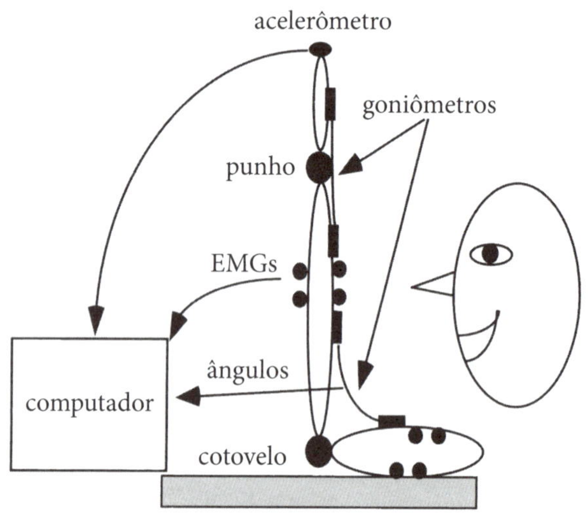

Figura L.5 Projeto da experiência 1 no Laboratório #3.

Experiência #2: Peça à pessoa para ficar em pé numa plataforma de força (figura L.6). Se nenhuma plataforma de força estiver disponível, a pessoa pode ficar em pé no chão; nesse caso, apenas os EMGs serão analisados. Coloque eletrodos nos músculos tibial anterior e sóleo (se mais canais EMG estiverem disponíveis, também coloque eletrodos no reto femoral, no bíceps femoral, no reto do abdome e no eretor da coluna vertebral). Peça à pessoa para ficar em pé com os olhos fechados, estender os braços e segurar a barra com a carga suspensa por uma corda curta. Fixe o acelerômetro sobre a barra com fita adesiva. Você usará sinais do acelerômetro para detectar o tempo exato da perturbação. Inesperadamente corte a corda para que a carga caia. Use cargas de pesos diferentes sempre que substituir a corda por uma nova. Como alternativa, você pode erguer a carga rápida e inesperadamente. Registre os sinais EMG e os da plataforma de força. Em seguida, peça à pessoa para ficar em pé, parada, com as mãos de lado e com os olhos fechados. Coloque o acelerômetro sobre o ombro dela. Empurre-a ligeiramente para a frente ou para trás algumas vezes. Numa série de empurrões, não lhe dê nenhuma informação prévia sobre a direção de um empurrão programado.

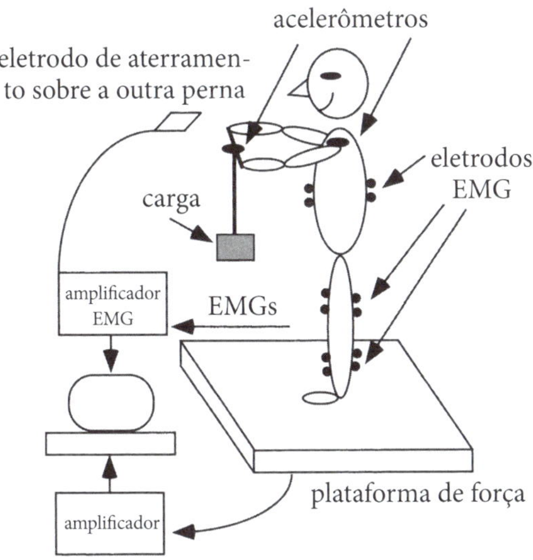

Figura L.6 Instalação experimental para a experiência 2 do Laboratório #3.

Em outra série, sempre diga à pessoa antecipadamente de qual direção o empurrão virá.

ANÁLISE E APRESENTAÇÃO DOS DADOS

Para caracterizar os disparos EMG, os seguintes parâmetros devem ser medidos:

- A latência de cada resposta EMG, que é o atraso entre o primeiro sinal visível de uma perturbação (você pode usar sinais do acelerômetro ou da plataforma como marcadores) e o início de um claro disparo EMG.
- A amplitude de cada disparo EMG
- A duração de cada disparo EMG

Se possível, calcule a integral sob o traçado EMG retificado nos limites de tempo em que se espera que ocorrreram reações pré-programadas (por exemplo, de 50 a 120 ms após a perturbação). Note que você está interessado em disparos EMG que começam até 150 ms após a perturbação.

Para cada músculo gravado, faça um gráfico mostrando a dependência dos parâmetros EMG mencionados em relação à instrução (experiência #1), à disponibilidade de informação preliminar sobre a direção da perturbação (experiências #1 e #2) e à magnitude da perturbação (experiência #2). Procure diferenças na latência e na magnitude das respostas pré-programadas. Também procure diferenças nas características das respostas pré-programadas dos músculos distais (sóleo e tibial anterior) e proximais (reto femoral, bíceps femoral, eretor da coluna vertebral, reto do abdome).

RESULTADOS ESPERADOS

As respostas pré-programadas serão vistas em todas as condições com uma latência entre 50 a 70 ms. Latências mais longas podem ser esperadas em músculos distais (sóleo e tibial anterior), enquanto latências mais curtas podem ser esperadas em músculos proximais (músculos reto do abdome e eretor da coluna vertebral).

A magnitude das respostas pré-programadas depende muito da instrução. Na experiência #1, respostas fortes serão vistas para a instrução de retornar à posição tão rapidamente quanto possível, em comparação com respostas para as instruções de relaxar. A disponibilidade de informações preliminares sobre a direção de uma perturbação próxima pode alterar a magnitude e o padrão das respostas. Se a direção de uma perturbação for conhecida antecipadamente, um padrão recíproco de pré-programação pode ser esperado. Em outras palavras, a atividade resultante da prática de um músculo de um par agonista-antagonista aumentará, enquanto a atividade do outro músculo diminuirá. Se a direção da perturbação for desconhecida, um padrão de coativação pode ser observado (os níveis de ativação aumentarão em ambos os músculos). Um aumento na magnitude de uma perturbação esperada (experiência #2, queda de cargas de diferente magnitude) pode levar a um aumento na reação pré-programada.

INTERPRETAÇÃO

As reações pré-programadas ocorrem a uma latência intermediária, que é definida pelo tempo de percurso nos nervos periféricos e pelo tempo de processamento central. A magnitude e o padrão de uma reação pré-programada a uma perturbação são determinados antes que ela ocorra. Essas reações podem ser dimensionadas de acordo com a magnitude prevista de uma perturbação. Tipicamente, usa-se um padrão recíproco de pré-programação. Um sujeito que não sabe em qual direção ocorrerá uma perturbação pode usar um padrão de coativação de pré-programação.

LABORATÓRIO #4

Cinemática e padrões EMG durante movimentos uniarticulares (Capítulo 11)

FINALIDADE

Estudar as propriedades dos padrões EMG durante movimentos voluntários uniarticulares em distâncias e velocidades diferentes, contra cargas inerciais diferentes e sob requisitos de precisão diferentes.

PROJETO

Padrões EMG de músculos bíceps e tríceps e cinemática articular durante movimentos uniarticulares de cotovelo são registrados enquanto as pessoas são convidadas a se mover ao longo de distâncias prescritas, a velocidades prescritas, com ou sem uma carga adicional na mão e com ou sem restrições de precisão explícitas.

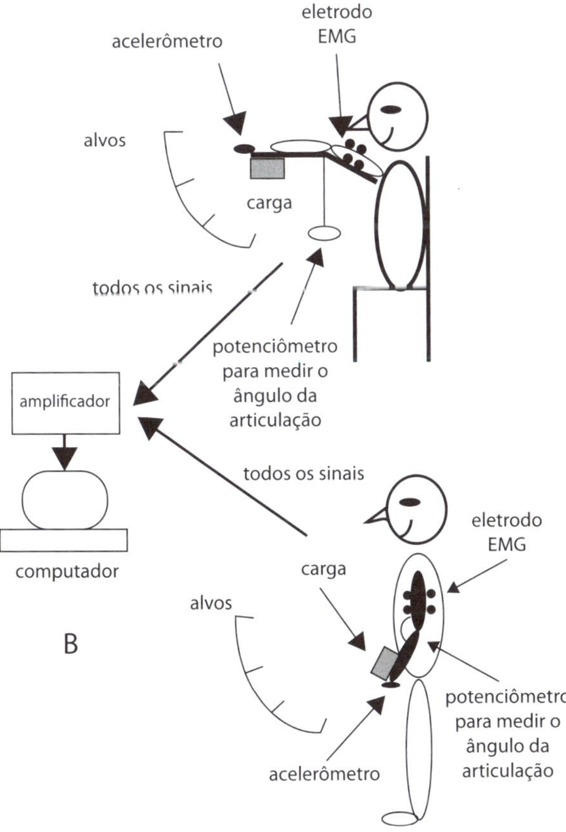

Figura L.7 Ilustração da instalação experimental para o Laboratório #4.

EQUIPAMENTO

A instalação experimental deve incluir dois amplificadores EMG, um goniômetro, um conjunto de cargas e um sistema de gravação e medição. Um acelerômetro é desejável. A instalação experimental é ilustrada na figura L.7.

PROCEDIMENTO

Para essa experiência, é melhor usar um manipulandum movendo-se num plano horizontal (para evitar possíveis efeitos da gravidade). Se nenhum manipulandum estiver disponível, podem ser estudados movimentos num plano sagital. Coloque eletrodos EMG de gravação sobre o bíceps direito e o tríceps da pessoa. Anexe um goniômetro de modo que ele meça o ângulo na articulação do cotovelo. Prenda com fita adesiva um acelerômetro na ponta de um dedo ou na palma da mão. Prepare um conjunto de cargas (por exemplo, de 0,5, 1, 2 e 5 lb ou 0,25, 0,5, 1 e 2 kg) que possam ser fixadas no punho (incrementos, como caneleiras com velcro, também podem ser usadas). Prepare um sistema para a apresentação de alvos espaciais. Alvos podem ser desenhados sobre uma parede ou fixados num estande independente. Os tamanhos de alvo recomendados são 1, 2 e 5 polegadas (2,5, 5 e 13 cm).

Peça à pessoa para ficar em pé de frente para os alvos, com ambos os braços pendendo soltos dos lados, o dedo indicador direito estendido (ele será usado como um ponteiro), todos os outros dedos e o polegar flexionados. Apresente o alvo maior (5 pol. ou 13 cm) com cerca de 40° da flexão. Peça à pessoa para fazer uma série de movimentos (por exemplo, seis movimentos) da posição inicial ao alvo numa velocidade confortável. Insista que ela acerte o alvo em pelo menos cinco dos seis testes. Grave cada movimento. Em seguida, instrua a pessoa a executar uma série de movimentos rápidos. Depois peça-lhe para executar uma série enquanto se move o mais rapidamente possível.

Diga à pessoa que, nos testes seguintes, os movimentos devem ser realizados tão rápida e precisamente quanto possível. Mude a posição do alvo de modo que ele corresponda a distâncias do movimento de 20°, 40° e 50°. Grave uma série de movimentos para cada posição.

Apresente o alvo a 40° e peça à pessoa para executar movimentos com diferentes cargas adicionais presas ao punho. Registre uma série de movimentos para cada valor de carga. Remova a carga e substitua o alvo grande pelo menor. Insista que a pessoa preserve o nível aceito de precisão e ainda se mova tão rapidamente quanto possível. Registre séries de movimentos para alvos de tamanhos diferentes.

ANÁLISE E APRESENTAÇÃO DOS DADOS

Para analisar os dados, você precisará comparar os testes e calcular a média dos dados dos testes de cada série. (Como alternativa, para poupar tempo, a análise pode ser restrita a testes representativos únicos para cada uma das condições. Nesse caso, as medições podem ser feitas diretamente na tela do monitor.) A comparação dos testes pode ser feita em relação a certo ponto no tempo referente ao início do movimento, como o primeiro desvio visível do sinal do acelerômetro ou o primeiro aumento visível na prática EMG do músculo propulsor (bíceps, nesse caso). Antes de calcular a média, é necessário filtrar e retificar os sinais EMG. Recomenda-se filtragem passa-baixas a 50 Hz (por exemplo, usando-se um filtro Butterworth *zero-lag* de segunda ordem). Depois que os testes de cada série tiverem sido comparados e a média tiver sido calculada, meça os seguintes índices para cada série:

- Velocidade de pico
- Tempo de movimento
- Valor de pico do primeiro disparo EMG do bíceps (agonista)
- Valor de pico do disparo EMG do tríceps (antagonista)
- Intervalo de tempo entre o início do primeiro disparo EMG do bíceps e o início do atrasado disparo do tríceps (latência antagonista)

Trace gráficos mostrando como cada um dos índices medidos depende de parâmetros de tarefa, como distância do movimento, velocidade (confortável, alta ou tão alta quanto possível), tamanho do alvo e carga adicional.

RESULTADOS ESPERADOS

A velocidade de pico deverá aumentar com a velocidade do movimento, distância e tamanho do alvo. Deve diminuir com um aumento na carga adicional. O tempo do movimento deve diminuir com o aumento da velocidade do movimento e o aumento do tamanho do alvo. Ele deve aumentar com a distância e com carga adicional.

O valor de pico do primeiro disparo agonista deve aumentar com a velocidade do movimento, distância, tamanho do alvo e talvez a carga. O valor de pico do disparo antagonista tende a aumentar com a velocidade do movimento, carga e tamanho do alvo; pode mostrar alterações não monotônicas conforme a distância do movimento. A latência antagonista tende a aumentar com a distância do movimento e a carga. Deverá diminuir com a velocidade do movimento e o tamanho do alvo.

INTERPRETAÇÃO

Os resultados podem ser descritos de acordo com diferentes estruturas teóricas. Se você assumir que o sistema nervoso central requer certos padrões de ativação muscular para corresponder aos padrões de torque muscular exigidos, a linguagem original da hipótese da estratégia dual pode ser usada, o que implica que os movimentos são controlados com pulsos retangulares de excitação enviados aos grupos motoneuronais, de modo que a largura e a amplitude de cada pulso e o atraso entre os pulsos para os grupos agonista e antagonista são modulados de acordo com os parâmetros da tarefa.

Como alternativa, os EMGs podem ser considerados como consequência dos comandos centrais e efeitos reflexos de receptores sensíveis à cinemática do movimento. Nesse caso, a linguagem da hipótese do ponto de equilíbrio pode ser usada.

LABORATÓRIO #5

Controle postural (capítulo 21)

FINALIDADE

Estudar os diferentes mecanismos que possibilitam postura vertical no campo de gravidade e como eles dependem de perturbações posturais, ações do sujeito, disponibilidade de visão e adequação das informações cinestésicas periféricas.

PROJETO

Enquanto as pessoas estão em pé, sinais de força da plataforma e EMGs de músculos posturais e de certos músculos do braço são registrados durante movimentos de braço rápidos e voluntários e liberação de carga induzida voluntariamente pela pessoa ou pelo pesquisador. Enquanto a pessoa está parada em pé com os olhos abertos ou fechados, uma vibração é aplicada a um tendão muscular importante da perna. Mudanças na postura são observadas e medidas.

EQUIPAMENTO

A instalação experimental deve incluir pelo menos dois amplificadores EMG (usar oito seria melhor), uma plataforma de força, um conjunto de cargas, um aparelho produtor de vibração e um sistema de gravação e medição. Um acelerômetro é desejável. A instalação experimental é ilustrada na figura L.8.

PROCEDIMENTO

Coloque eletrodos EMG nos ventres musculares dos seguintes músculos de um lado do corpo: sóleo, tibial anterior, reto femoral, bíceps femoral, reto do abdome, eretor da coluna vertebral e cabeças posterior e anterior do deltoide. Fixe o acelerômetro com fita adesiva ao punho ou à palma da mão direita; sempre posicione o acelerômetro de modo que seu eixo de sensibilidade máxima fique na direção de uma ação planejada.

Experiência #1: Peça à pessoa para ficar em pé parada na plataforma e executar flexões rápidas de ombro de ambos os braços, de modo que os dois estejam horizontais na posição final. Em outra série, peça à pessoa para executar extensões de ombro rápidas e bilaterais (movimentos de ambos os braços para trás) dentro de uma faixa confortável. Na última série, peça à pessoa para executar abduções de ombro rápidas e bilaterais (movimento para os lados), de modo que ambos os braços estejam horizontais na posição final.

Experiência #2: Peça à pessoa para ficar em pé na plataforma e segure uma carga nos braços estendidos. Numa série, peça-lhe que deixe cair a carga com um movimento de braço, como uma abdução de ombro rápida, de baixa amplitude e bilateral. Em outro experimento, execute a descarga você mesmo (por exemplo, pendure uma carga numa corda presa a uma barra segura pela pessoa e então levante a carga rapidamente ou corte a corda com uma tesoura). Execute a segunda série sob duas condições: (1) sem que a pessoa olhe para a carga (com os olhos fechados) e (2) enquanto a pessoa observa como você induz a descarga. Na última experiência, você pode ajudar a pessoa ligando um metrônomo auditivo e avisando-a de que a carga cairá na terceira batida.

Experiência #3: Peça à pessoa que fique em pé parada. Aplique uma vibração ao tendão calcâneo direito ou ao tendão patelar direito. Observe alterações na postura sob duas condições: (1) com a pessoa em pé de olhos abertos e (2) com a pessoa em pé de olhos fechados.

Em todas as experiências, registre alterações na atividade de fundo dos músculos posturais, bem como deslocamentos do centro de pressão (COP) tanto na direção anteroposterior (AP) quanto na médio-lateral (ML).

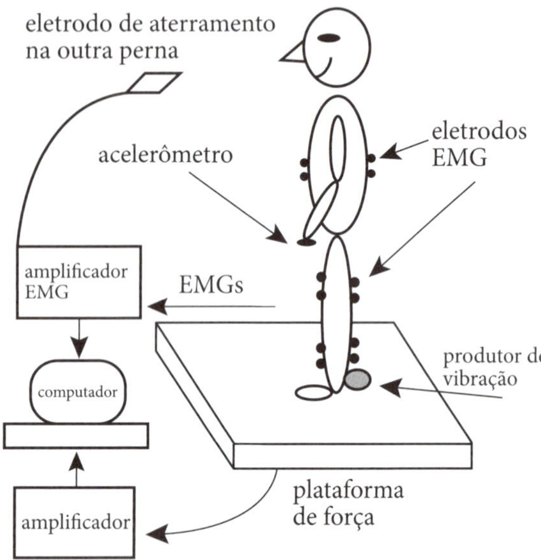

Figura L.8 Ilustração da instalação experimental para o Laboratório #5.

Esses deslocamentos podem ser calculados com base nos sinais da plataforma, como ($\Delta M_X/F_Z$) e ($\Delta M_X/F_Z$), em que $\Delta M_{Y,Z}$ são alterações nos momentos das forças sobre dois eixos (AP e ML) e F_Z é a força de reação de solo vertical medida pela plataforma.

ANÁLISE E APRESENTAÇÃO DOS DADOS

Para a análise dos dados, você precisará dos índices quantitativos de alterações na atividade EMG de fundo dos músculos posturais. Dependendo dos métodos de medição disponíveis, integrais EMG durante intervalos de tempo adequados, amplitudes EMG de pico ou durações do disparo EMG podem ser utilizados. Você deverá ter índices separados de alterações EMG para ajustes posturais antecipatórios (APAs) e, mais tarde, para reações pré-programadas. Assim, você precisará definir o início do tempo da ação do sujeito (ou descarga), o que pode ser feito com o auxílio do sinal do acelerômetro ou, em casos de movimento voluntário, com a ajuda do sinal EMG do motor primário (músculo deltoide posterior ou anterior). Após esse tempo (t_0) ser definido, os APAs podem ser quantificados utilizando-se as alterações EMG que ocorrem antes de t_0 ou algumas dezenas de milissegundos depois de t_0 (de modo que nenhum efeito de retroalimentação sobre o EMG possa ocorrer). Reações pré-programadas podem ser quantificadas usando-se intervalos de tempo — que se iniciam cerca de 50 ms após o t_0 e terminam cerca de 150 ms após t_0. Deslocamentos do COP durante APAs também podem ser avaliados. Por exemplo, a posição do COP em t_0 pode ser comparada à sua posição algumas centenas de milissegundos (por exemplo, 300 ms) antes desse tempo.

Para os dados coletados na experiência #1, anote os índices de alterações em EMGs durante os APAs e durante reações pré-programadas como funções da direção do movimento do braço. Em seguida, registre os deslocamentos do COP como funções da direção do movimento.

Para a experiência #2, compare alterações no EMG de fundo de músculos posturais e deslocamentos do COP durante APAs associados à descarga autoinduzida e às descargas inesperada e esperada induzidas pelo pesquisador.

Durante experimentos com vibração muscular (experiência #3), você precisará avaliar os deslocamentos do COP em ambas as direções (AP e ML) durante a vibração e, então, como funções de tempo. Compare as dependências observadas durante a vibração dos diferentes tendões (tendões calcâneo e patelar) e também as observadas enquanto a pessoa estava em pé com os olhos abertos e em pé com os olhos fechados.

RESULTADOS ESPERADOS

Na experiência #1, os APAs aparecerão nos EMGs e nos deslocamentos do COP durante movimentos de braço para a frente e para trás, mas não durante movimentos de braço para os lados. A direção dos APAs deve depender da direção do movimento. Os APAs devem ser seguidos por reações pré-programadas, cujos padrões também dependerão da direção do movimento.

Na experiência #2, você deve ver APAs claros durante a descarga autoiniciada e nenhum APA durante a descarga iniciada pelo pesquisador, mesmo quando a pessoa foi capaz de prever o momento de perturbação (na série em que observou como o pesquisador induziu a descarga). As reações pré-programadas devem ocorrer em todas as séries e devem ser maiores na série com descarga induzida pelo pesquisador.

Na experiência #3, a vibração do tendão calcâneo deve deslocar o corpo para trás, enquanto a vibração do tendão patelar deve deslocar o corpo para a frente. Um deslocamento lateral do corpo também é esperado, pois a vibração é aplicada a uma única perna. Todos os efeitos da vibração deverão ser maiores quando o sujeito estiver com os olhos fechados.

INTERPRETAÇÃO

As experiências #1 e #2 sugerem que há dois tipos de reações posturais defensivas contra perturbações. Reações do primeiro tipo (APAs) são geradas na expectativa de uma perturbação somente se esta é criada pela ação da própria pessoa. A magnitude e a direção dos APAs são ajustadas de acordo com efeitos mecânicos antecipados de uma perturbação esperada. Os APAs são sempre subótimos e não podem compensar idealmente a perturbação; assim, eles são seguidos por reações baseadas na retroalimentação do segundo tipo (reações pré-programadas).

A experiência #3 ilustra o papel da informação visual e cinestésica no controle postural. A vibração de um músculo leva a uma atividade inusitadamente alta dos aferentes de fuso, o que o sistema nervoso central interpreta como um aumento no comprimento do músculo. Por sua vez, o aumento no comprimento do músculo é interpretado como uma mudança na posição articular, e uma correção a essa mudança ilusória é introduzida. Essa correção resulta num movimento real de todo o corpo. A informação visual torna o sistema menos suscetível a ilusões introduzidas por informações cinestésicas distorcidas, e violações da postura vertical causadas por vibração tornam-se menores quando os olhos estão abertos.

LABORATÓRIO #6

Organização dos movimentos multiarticulares (capítulo 23)

FINALIDADE

Analisar a organização de um movimento-alvo de um membro multiarticular, particularmente as propriedades da articulação, as trajetórias da extremidade e os padrões de ativação muscular.

PROJETO

Pessoas sentadas ou em pé usam o braço direito para realizar movimentos rápidos de apontar para um alvo visual. Registram-se as trajetórias articulares e os padrões EMG dos músculos principais. Pede-se às pessoas que também usem uma mão para manipular objetos seguros pela outra mão.

EQUIPAMENTO

A instalação experimental deve incluir quatro amplificadores EMG, três goniômetros e um sistema de gravação e medição. Um acelerômetro é desejável. A instalação experimental é ilustrada na figura L.9.

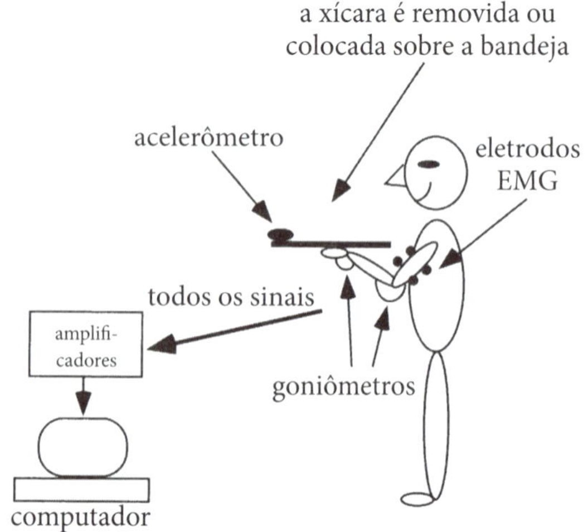

Figura L.9 Ilustração da instalação experimental do Laboratório #6, experiência #3.

PROCEDIMENTO

Experiência #1: Peça à pessoa para sentar-se numa cadeira baixa perto de uma mesa e colocar o antebraço sobre a mesa em frente ao corpo. O antebraço e a mão devem estar verticais, com a palma virada para o sujeito. Coloque eletrodos EMG sobre o bíceps, tríceps, flexor do punho (flexor radial do carpo) e extensor do punho (extensor ulnar do carpo). Posicione dois goniômetros de modo que meçam as variações nas articulações do cotovelo e do punho no plano de flexão e extensão. Fixe o acelerômetro com fita adesiva na ponta de um dedo. Peça para executar uma série dos seguintes movimentos rápidos: flexões de cotovelo, extensões de cotovelo, flexões de punho e extensões de punho. Cada movimento deve variar mais de 40°.

Experiência #2: Peça à pessoa para ficar em pé. Coloque três goniômetros para medir a abdução e a adução no ombro e a flexão e extensão no cotovelo e no punho. Peça à pessoa para executar uma série de movimentos rápidos de apontar para o alvo com o braço direito, começando com o braço direito totalmente estendido e abduzido (o braço inteiro deve estar na horizontal, num plano frontal).

Experiência #3: Coloque eletrodos EMG sobre os músculos bíceps e tríceps do braço direito. Peça à pessoa para ficar em pé e usar a mão esquerda para segurar uma bandeja com uma carga (por exemplo, um jarro) na posição horizontal. Coloque um acelerômetro na bandeja e posicione os goniômetros de modo que meçam ângulos de flexão e extensão do punho e do cotovelo do braço esquerdo. Peça à pessoa para executar duas tarefas: (1) usar a mão direita para pegar a carga da bandeja e (2) colocar a carga de volta na bandeja. Então, execute as mesmas tarefas para que a pessoa observe suas ações.

ANÁLISE E APRESENTAÇÃO DOS DADOS

Experiência #1: Defina a série de tempo para os sinais EMG e ângulos articulares para cada tarefa separadamente. Compare o tempo e o formato dos disparos EMG nos pares de músculo flexor e extensor que controlam as duas articulações. Você pode usar durações, amplitudes ou integrais de disparos EMG, ou pode até mesmo usar correlações cruzadas das curvas EMG para quantificar o tempo relativo de disparos EMG, dependendo do equipamento disponível. Compare o tempo do disparo antagonista para cada articulação com a cinemática real da articulação.

Experiência #2: Defina a série de tempo para ângulos articulares e para a trajetória da extremidade do membro (calculada com base no ângulo articular e no comprimento de segmentos do braço medidos na pessoa). Para uma série de testes, calcule o desvio padrão de cada ângulo articular e as coordenadas da extremidade do membro para pontos específicos na trajetória, como o tempo de aceleração máxima, o tempo da velocidade de pico da extremidade do membro, o tempo de desaceleração máxima da extremidade do membro e o tempo da finalização do movimento. Use os desvios padrão dos ângulos e a configuração real do membro para prever o desvio padrão das coordenadas da extremidade do membro em cada ponto. Compare os valores previstos com aqueles medidos.

Experiência #3: Compare os testes em relação ao tempo de descarga da bandeja (definido por meio do sinal do acelerômetro; você também pode usar métodos alternativos, como usar um interruptor elétrico e quebrar ou estabelecer um contato entre a carga e a bandeja). Calcule alterações na atividade de fundo do músculo em relação ao tempo de alinhamento (como no cálculo feito no laboratório #5). Faça isso separadamente para testes de carga e descarga realizados pela pessoa ou por você.

RESULTADOS ESPERADOS

Experiência #1: Uma sinergia entre os sinais de controle enviados às articulações do punho e do cotovelo deve criar uma estreita relação entre os padrões EMG de dois pares flexor-extensor. Essa relação pode ser revelada por meio da correlação entre parâmetros que caracterizam disparos EMG correspondentes. Uma vez que se presume que essa relação tenha origem central, não se espera que os padrões EMG se correlacionem estreitamente com a cinemática articular, particularmente para a articulação cujo movimento não foi prescrito pela instrução (essa correlação poderia ser esperada se os padrões EMG tivessem natureza puramente reflexa).

Experiência #2: As articulações individuais devem mostrar índices de variabilidade relativa maiores que a trajetória do ponto final do membro. Desvios padrão, no entanto, não são medidas adequadas para obtermos essa conclusão. Assim, a variabilidade prevista do ponto final do membro (calculada com base na geometria do membro e nos índices de variabilidade para articulações individuais) em determinados pontos sobre a trajetória deve ser maior que a variabilidade efetivamente medida.

Experiência #3: Ajustes antecipatórios nos músculos do braço que segura a bandeja devem ocorrer quando a carga é retirada e devolvida pela outra mão. Esses ajustes não serão vistos quando manipulações da carga forem feitas, mesmo quando a pessoa observar o pesquisador.

INTERPRETAÇÃO

Movimentos multiarticulares são controlados por combinações de sinais enviados a articulações individuais e músculos relacionados uns aos outros por uma regra (uma sinergia), de modo que um objetivo comum seja alcançado. As sinergias podem levar, em particular, à compensação do erro entre articulações se um movimento for executado em condições de redundância motora.

As alterações antecipadas na atividade dos músculos do membro podem ser vistas se estes estiverem envolvidos numa tarefa postural e a pessoa executar uma ação que perturbe a postura. Esses ajustes antecipatórios não são vistos quando uma perturbação postural é previsível, mas não está associada a uma ação executada pela pessoa. Assim, ajustes antecipatórios podem ser vistos como padrões periféricos distintos associados a uma ação motora sempre dirigida a músculos focais e posturais.

Glossário

abalo (contrátil) — Breve contração muscular em resposta a um único *potencial de ação* pré-sináptico ou a uma única condição sincronizada de potenciais de ação (capítulo 4).

acetilcolina — *Neurotransmissor* e mediador da excitação neuromuscular (capítulo 4).

ácido gama-aminobutírico (AGAB) — *Neurotransmissor* comum no sistema nervoso central (capítulo 3).

acinesia — Desordem caracterizada por pobreza de movimentos (capítulo 32).

actina — Molécula que é um importante elemento gerador de força em um músculo esquelético (capítulo 4).

afasia — Desordem da linguagem falada (capítulo 34).

aferentes do reflexo flexor — Grupo de receptores periféricos que contribui para o *reflexo flexor* (capítulo 9)

agonista — Músculo cuja ativação leva ao efeito motor requerido (capítulos 8, 11).

ajustes posturais antecipatórios (APAs) — Alterações na atividade dos músculos posturais antes de uma perturbação postural autogerada (por exemplo, antes de um movimento voluntário rápido) (capítulo 21).

amnésia — Perda de memória (capítulo 18).

ampola — Área dilatada de um duto semicircular, na qual se encontram células receptoras vestibulares (células ciliadas); essa área é inervada pelo nervo ampular (capítulo 21).

angiografia — Método para visualizar o estado dos vasos sanguíneos, injetando-se uma substância opaca (contraste) aos raios X no sistema circulatório (capítulo 13).

antagonista — Músculo cuja ativação aparentemente contraria o efeito motor requerido (capítulos 8, 11).

apraxia — Desordem de habilidades motoras simples (capítulo 34).

aprendizagem associativa — Um dos subtipos de memórias não declarativas, a aprendizagem associativa ocorre pela criação de uma relação entre dois estímulos (capítulo 18).

arco reflexo — Circuito que tipicamente envolve um receptor, uma unidade de processamento central (estruturas neurais) e uma estrutura de saída (um músculo) (capítulo 8).

área locomotora (área mesencefálica) — Área do *bulbo* e do *mesencéfalo* que, se estimulada eletricamente, pode levar um animal descerebrado a se *locomover* (capítulo 22).

área motora primária — Área 4 do córtex pré-central; requer correntes de estimulação baixa para induzir movimento visível (capítulo 14).

área motora suplementar — Área cortical (área 6) cuja estimulação requer correntes maiores e provoca movimentos mais complexos, em comparação com os vistos durante estimulação da *área motora primária* (capítulo 14).

áreas corticais somatossensoriais — Áreas 1, 2, 3a e 3b do córtex parietal; recebem entradas originárias do *tálamo* e contêm mapas sensoriais que se parecem com imagens distorcidas do corpo (capítulo 25).

ataxia — Decomposição do movimento em vários segmentos irregulares (capítulo 33).

ataxia de Friedreich — Desordem genética neurodegenerativa caracterizada por *disartria*, perda de reflexos e neuropatia sensória axonal (capítulo 33).

ataxia telangiectasia — Desordem genética neurodegenerativa que causa *ataxia*, *disartria* e hipotonia facial progressivas, além de anormalidades oculomotoras (capítulo 33).

ativação recíproca — Padrão de ativação muscular no qual um músculo de um par *agonista-antagonista* aumenta a sua atividade, enquanto o outro músculo não (capítulo 11).

atrofia olivopontocerebelar (OPCA) — Desordem que causa a atrofia da entrada da fibra trepadeira no cerebelo (capítulo 33).

autismo — Transtorno caracterizado por resistência a mudanças, aflição por razões pouco claras, dificuldade na interação social, falta de responsividade às palavras e dificuldade de expressão verbal (capítulo 29).

AVE (acidente vascular encefálico, AVE) — Interrupção do fornecimento normal de sangue a uma área do encéfalo (capítulo 34).

axônio — A fibra de saída de um neurônio; comumente, a fibra mais longa proveniente do *cone axonal* (capítulo 3).

baclofeno — Droga usada para tratar *espasticidade*; um agonista do *ácido gama-aminobutírico* (AGAB) (capítulo 31).

balismo — Desordem dos *gânglios da base* caracterizada por movimentos involuntários rápidos, de grande amplitude e irregulares, associados a uma lesão no *núcleo subtalâmico* (capítulo 32).

barreira sangue-encéfalo (barreira hematoencefálica) — Membrana entre o *líquido cefalorraquidiano* e o sangue, essa barreira ajuda a manter a homeostase do sistema nervoso central (capítulo 13).

bastonete — Fotorreceptor que funciona com pouca luz e, assim, permite a visão noturna (capítulo 25).

blefaroespasmo — Em geral, um sinal de *distonia*; afeta a porção superior da face e leva ao cerramento bilateral intermitente ou contínuo da pálpebra como resultado de contrações involuntárias (capítulo 32).

bomba de sódio e potássio — Mecanismo ativo que mantém a diferença das concentrações de íons através de *membranas* biológicas (capítulo 2).

bradicinesia (acinesia) — Lentidão de movimentos típica do *mal de Parkinson* (capítulo 32).

brotamento — Crescimento de novos terminais axonais; costuma causar a *reinervação* (capítulo 28).

bulbo — Parte do sistema nervoso central que se conecta com a medula espinal e com o encéfalo; contém, entre outras estruturas vitais, o centro cardíaco, o centro respiratório e o centro vasomotor (capítulo 13).

cãibra de escritor — *Distonia* específica de certas tarefas que causa contrações involuntárias de músculos do braço, com torção, movimentos repetitivos e posturas anormais (capítulo 32).

célula de Renshaw — *Interneurônio* inibitório que é excitado por sinais de *motoneurônios* de um grupo e inibe a atividade do mesmo grupo motoneuronal (inibição recorrente) (capítulo 7).

células de Golgi — Interneurônios inibitórios do cerebelo que são excitados por fibras paralelas e que fazem conexões inibitórias com os dendritos das células granulares (capítulo 15).

células de Purkinje — Grandes células inibitórias do *cerebelo*, do qual são a única saída (capítulo 15).

células piramidais — Grandes neurônios do *córtex cerebral*; a origem do trato piramidal (capítulo 14).

centro de pressão (COP) — Ponto em que a força reativa da superfície de apoio atinge uma pessoa em pé (capítulo 21).

cerebelo — Grande estrutura encefálica que fica logo atrás do *bulbo* e das *pontes* (capítulo 15).

choque espinal — Estado que ocorre após a lesão da medula espinal, durando de alguns minutos a algumas horas; os reflexos musculares são suprimidos e o paciente mostra paralisia completa (capítulo 31).

cinemática inversa (problema de) — Problema de encontrar uma configuração articular correspondente a uma localização particular do ponto final de um membro multiarticular (capítulo 19).

cinestesia — Consciência da posição de segmentos corporais no espaço e em relação uns aos outros (capítulo 26).

círculo límbico (sistema límbico) — Estruturas do encéfalo (o *hipotálamo*, o fórnix, o *hipocampo*, o núcleo amigdaloide e o giro do cíngulo do *córtex cerebral*) envolvidas na geração de reações emocionais (capítulo 13).

clônus — Série de disparos de atividade alternadas nos músculos flexores e extensores de uma articulação a uma frequência de 6 a 8 Hz; pode ser induzido por um movimento articular rápido (capítulo 31).

coativação — Ativação simultânea dos músculos agonista e antagonista que atuam numa articulação (capítulo 11)

coativação α-γ — Ativação simultânea de *motoneurônios* α-γ durante a ativação muscular voluntária (capítulo 10).

colículos (superior e inferior) — Estrutura do *mesencéfalo* que ajuda a processar informações visuais e auditivas (capítulo 13).

compartimentos musculares — Subgrupo de fibras musculares unidas por uma função comum que não é compartilhada pelas outras fibras do músculo (capítulo 6).

concêntrica (contração) — Contração muscular que diminui o comprimento do músculo (capítulo 4).

condicionamento operante — Situação experimental que ocorre quando a relação entre uma ação do animal e um estímulo externo está sendo aprendida (capítulo 18).

condições isométricas — Contração do músculo enquanto o comprimento das fibras musculares não muda; é inatingível em experimentos. Também é a contração do músculo quando o comprimento dele e o sistema de tendão não mudam (capítulos 4, 11).

condições isotônicas — Contração do músculo enquanto a carga externa aparente sobre ele não muda; normalmente não são alcançadas em experimentos (capítulos 4, 11).

condução antidrômica — Condução de *potenciais de ação* ao longo do *axônio* para o *soma* (capítulo 5).

condução ortodrômica — Condução de *potenciais de ação* ao longo do *axônio* do *soma* (capítulo 5).

cone — Um fotorreceptor; os cones contribuem para a visão das cores e oferecem melhor resolução espacial e temporal que os *bastonetes* (capítulo 25).

cone axonal — Área por onde o *axônio* sai do *soma*; é caracterizado por uma maior capacidade de gerar *potenciais de ação* (capítulo 3).

consolidação — Transferência de informação da *memória de curto prazo* para a *memória de longo prazo* (capítulo 18).

controle de retroalimentação — Mudança de sinais de comando efetuada por um controlador com base em seus resultados (capítulo 10).

controle por antecipação — Geração de variáveis de comando efetuada por um controlador independentemente do resultado (capítulo 10).

convecção — Movimento de um solvente (por exemplo, a água) e das partículas dissolvidas nele devido às diferenças de pressão hidrostática (capítulo 1).

convergência — Fenômeno em que sinais de neurônios distribuídos em um território cortical relativamente amplo provocam respostas no mesmo músculo e movem o mesmo efetor (capítulo 24).

cópia eferente (cópia de eferência) — Cópia hipotética de sinais de comando motor que participa da percepção cinestésica (capítulo 26).

coreia (doença de Huntington) — Desordem dos *gânglios da base* caracterizada por movimentos involuntários excessivos e irregulares e por uma marcha similar a uma dança (capítulo 32).

corpo caloso — Importante trato neural que conecta os dois grandes hemisférios corticais (capítulo 13).

corrente de entrada persistente (CEP) — Corrente despolarizante produzida por canais sensíveis à tensão e que não mostram *inativação* (capítulo 3).

córtex (cerebral, cerebelar) — A fina camada externa do encéfalo; é apinhado de corpos neuronais (capítulos 14, 15).

córtex pré-motor — Parte da área pré-motora (área 6) do córtex encefálico (capítulo 14).

deficit de força — Fenômeno que ocorre quando um dedo produz força máxima menor ao ser usado com outros dedos da mão, em comparação com quando é usado independentemente (capítulo 24).

dendrito — Fibra relativamente curta conectada ao corpo neuronal; comumente serve como local de sinais de entrada para o *neurônio* (capítulo 3).

depressão de longo prazo (DLP) — Diminuição duradoura da excitabilidade de um neurônio após uma entrada sináptica específica (capítulo 18).

despolarização — Diminuição do valor absoluto do potencial de *membrana* negativo (capítulo 2).

diencéfalo — Importante estrutura encefálica quase totalmente rodeada pelos hemisférios cerebrais (capítulo 13).

difusão — Movimento de partículas dissolvidas em virtude de uma diferença de concentração de partículas (capítulo 1).

dinâmica inversa (problema de) — Problema de encontrar torques articulares que assegurem uma trajetória particular do ponto final de um membro multiarticular (capítulo 19).

discinesia tardia — Movimentos involuntários tardios resultantes de administração crônica de agentes bloqueadores de receptores de dopamina (capítulo 32).

disdiadococinesia — Incapacidade de manter um ritmo constante durante movimentos repetitivos alternados; é típica de desordens cerebelares (capítulo 33).

disfonia espasmódica — Distonia focal que afeta as cordas vocais, causando uniformidade diminuída da fala, voz forçada e redução do volume sonoro (capítulo 32).

dismetria (hipometria, hipermetria) — Incapacidade de alcançar uma posição final requerida, em que predominantemente o alvo não é alcançado ou é ultrapassado (capítulo 33).

disprosódia — Inflexões incomuns de voz (capítulo 33).

distonia — Desordem neural complexa caracterizada por movimentos involuntários com componentes rotacionais pronunciados (capítulo 32).

distrofia miotônica — A forma adulta mais comum de *distrofia muscular* caracterizada pela *miotonia* (capítulo 30).

distrofia muscular — Doença genética caracterizada por fraqueza progressiva e degeneração dos músculos esqueléticos (capítulo 30).

distrofia muscular de Becker — *Distrofia muscular* semelhante à *distrofia muscular de Duchenne*, mas com progressão mais lenta e sintomas clínicos que aparecem mais tarde, na adolescência (capítulo 30).

distrofia muscular de Duchenne — *Distrofia muscular* resultante de uma mutação no gene que regula a distrofina, uma proteína envolvida na manutenção da integridade da fibra muscular (capítulo 30).

distrofia muscular fascio-escápulo-humeral — Forma de *distrofia muscular* que aparece na adolescência e causa fraqueza lenta e progressiva nos músculos faciais e em certos músculos dos braços e pernas (capítulo 30).

distúrbio do desenvolvimento da coordenação (DDC) — Desordem da infância caracterizada por coordenação pobre e desajeitamento (capítulo 29).

divergência —Fenômeno que ocorre quando um neurônio cortical isolado é estimulado e surgem efeitos motores em muitos músculos de uma extremidade (capítulo 24).

doença de Creutzfeldt–Jakob — Encefalopatia rara, fatal e transmissível que leva a uma demência de progresso rápido e à mioclonia (capítulo 34).

doença de Huntington — Desordem hereditária neurodegenerativa associada com a atrofia do *núcleo caudado* e que leva a movimentos descontrolados, incluindo uma marcha similar a uma dança (*coreia*) (capítulo 32).

doença de Wilson — Condição rara caracterizada por depósitos de cobre no encéfalo (córtex e gânglios da base) e em outros órgãos e por um *tremor* incomum (capítulo 34).

dopamina — *Neurotransmissor* cujo *deficit causa* o *mal de Parkinson* (capítulo 3).

eferente (fibra) — Axônio que transmite sinais de uma estrutura mais central a uma mais periférica; normalmente, é um axônio de um motoneurônio (capítulo 3).

elemento elástico — Elemento mecânico que se deforma sob a influência de uma força externa, gera força contra a deformação e pode armazenar e liberar sua energia potencial (capítulo 4).

eletroencefalografia (EEG) — Método para registrar ondas de atividade encefálica por meio de eletrodos colocados sobre o crânio (capítulo 13).

eletrólito — Fragmento de uma molécula com carga elétrica total diferente de zero (capítulo 1).

eletromiografia (EMG) — Método para registrar *potenciais de ação* compostos gerados por fibras musculares (capítulo 6).

engrama — Função de controle expressa em variáveis hipotéticas que podem ser dimensionadas em tempo e magnitude e, então, aplicadas a diferentes sistemas efetores (capítulo 19).

equação de Hill — Equação que descreve a relação entre força muscular e velocidade de encurtamento muscular (capítulo 4).

equação de Nernst — Equação para calcular o potencial de equilíbrio de um íon na presença de um campo elétrico e a diferença de concentração de íons (capítulo 1).

equifinalidade — Capacidade de um sistema móvel de chegar a uma posição final planejada apesar das possíveis mudanças transitórias que ocorrem nas forças externas durante o movimento (capítulos 19, 23).

escala de Ashworth — Escala clínica mais utilizada para avaliar quantitativamente a espasticidade, a escala de Ashworth reflete o grau de resistência muscular aos movimentos passivos dos membros (capítulo 31).

esclerose lateral amiotrófica (ELA, doença de Lou Gehrig) — Doença que causa a morte progressiva dos motoneurônios α e resulta na desnervação muscular e na perda do controle muscular voluntário (capítulo 30).

esclerose múltipla (EM) — Doença sistêmica que leva à perda da bainha de *mielina* nos tratos do sistema nervoso central (capítulo 31).

escravização — Fenômeno que ocorre quando os dedos produzem uma força pretendida que leva os outros dedos a produzir uma força não pretendida (capítulo 24).

espasticidade — Complexo de sintomas associados à interrupção da transmissão ao longo dos *tratos espinais descendentes*; envolve espasmos descontrolados, *tônus muscular* aumentado e *reflexos* musculares aumentados ao alongamento, com um pronunciado componente dependente de velocidade (capítulo 31).

estimulação elétrica funcional — Método para substituir uma função motora perdida. São usados sinais de EMG de músculos saudáveis (ou de outras fontes) para conduzir estímulos elétricos aplicados a músculos paralisados (capítulo 31).

estimulação magnética transcraniana (EMT) — Método não invasivo que usa um campo magnético capaz de mudar rapidamente para estimular estruturas encefálicas (capítulo 13).

estratégia do quadril — Padrão de respostas em músculos posturais a uma perturbação externa; esse padrão mostra um movimento mais pronunciado na articulação do quadril (capítulo 21).

estratégia do tornozelo — Padrão de respostas dos músculos posturais a uma perturbação externa; esse padrão mostra um movimento mais pronunciado na articulação do tornozelo (capítulo 21).

excêntrica (contração) — Contração muscular que aumenta o comprimento do músculo (sob a influência de forças externas) (capítulo 4).

exteroceptor — *Receptor* que transduz informações do ambiente (capítulo 5).

feixe locomotor — Área na medula espinal cervical que, caso estimulada eletricamente, pode levar um animal descerebrado a se *locomover* (capítulo 22).

fenda sináptica — Intervalo entre a *membrana pré-sináptica* e a *membrana pós-sináptica* (capítulo 3).

fenômeno de agarrar — Aumento temporário na resposta do músculo a um sinal neural padrão após um breve episódio de forte contração muscular (capítulo 18).

fenômeno de Westphal — Excitação *reflexa* abrupta de um músculo em resposta a um encurtamento muscular externamente imposto (capítulo 32).

fenômeno do canivete — Queda súbita na resistência articular ao movimento passivo; é típico da *espasticidade* (capítulo 31).

fibra aferente — Axônio que transmite sinais de uma estrutura mais periférica a uma mais central; comumente, uma fibra sensorial, que é a ramificação periférica do axônio de um neurônio *proprioceptor* (capítulos 3, 5).

fibras extrafusais — Fibras musculares produtoras de força externas aos *fusos* musculares (capítulo 5).

fibras intrafusais — Fibras musculares encontradas nos fusos musculares e inervadas por um sistema especial de neurônios fusimotores (motoneurônios γ) (capítulo 5).

fisiologia da atividade — teoria desenvolvida por Bernstein, segundo a qual os movimentos voluntários são iniciados por processos ativos do sistema nervoso central (capítulo 18).

formação reticular — Estrutura que contém inúmeros pequenos neurônios que ocupam áreas do bulbo e do mesencéfalo; a origem do trato reticuloespinal (capítulo 13).

fotorreceptores (cones e bastonetes) — Neurônios especializados do olho que geram *potenciais de ação* em resposta à luz visível (capítulo 25).

fóvea — Área da *retina* com a mais alta densidade de fotorreceptores (capítulo 25).

fovéola — Área central da *fóvea*; permite uma melhor percepção dos estímulos luminosos (capítulo 25).

função custo — Função bastante arbitrária usada para resolver um problema de redundância (*problema de Bernstein*) (capítulo 20).

fuso (muscular) — Estrutura fusiforme localizada paralelamente às fibras musculares produtoras de potência; contém *terminações primárias* e *secundárias* sensíveis a mudanças no comprimento e na velocidade do músculo (capítulo 5).

gânglio — Grupo de neurônios unidos por uma função comum (capítulo 5).

gânglio ciliar — Gânglio que contém neurônios que inervam o músculo liso do esfíncter pupilar (capítulo 25).

gânglio vestibular (gânglio de Scarpa) — *Gânglio* inerva receptores vestibulares (capítulo 21).

gânglios da base — Várias estruturas emparelhadas no encéfalo que desempenham um importante papel na geração e na coordenação do movimento voluntário (capítulo 16).

geração de padrão dinâmico (abordagem de sistemas dinâmicos) — Abordagem matemática que usa equações diferenciais não lineares para descrever o comportamento de um sistema complexo (capítulos 19, 22).

gerador de padrão central (GPC) — Estrutura neural hipotética que pode gerar uma atividade neural rítmica, a qual mais tarde se transforma numa atividade muscular rítmica responsável por comportamentos rítmicos, como a locomoção (capítulo 22).

globo pálido — Estrutura neural que é parte dos *gânglios da base* (capítulo 16).

grau de liberdade — Variável independente que descreve um sistema multielementos no nível escolhido (capítulo 11).

habituação — Diminuição na resposta a um estímulo mediante repetições desse estímulo (capítulo 18).

hemibalismo — *Balismo* associado à lesão de um dos núcleos subtalâmicos (capítulo 32).

hemissíndrome — Deterioração da função sensório-motora na metade esquerda ou direita do corpo; costuma ocorrer após uma lesão supraespinal (capítulo 31).

hipercinesia — Deficiência motora caracterizada por movimentos excessivos (capítulo 32).

hiperpolarização — Aumento no valor absoluto do potencial negativo de membrana (capítulo 2).

hipocampo — Área no fundo do prosencéfalo suspeita de desempenhar um papel importante na memória de curto prazo e na consolidação de informações da memória de curto prazo na de longo prazo (capítulos 13, 18).

hipocinesia (acinesia) — Deficiência motora caracterizada por pobreza de movimentos voluntários (capítulo 32).

hipófise — Glândula pituitária, uma das quatro principais estruturas do diencéfalo (capítulo 13).

hipometria — Dificuldade em alcançar o alvo, típica do *mal de Parkinson* (capítulo 32).

hipotálamo — Estrutura do diencéfalo que desempenha um importante papel nas funções autonômicas e emocionais; parte do círculo límbico (capítulo 13).

hipótese da estratégia dual — Suposição de que existam duas estratégias durante os movimentos voluntários: com e sem controle explícito ou implícito sobre o tempo do movimento (capítulo 11).

hipótese da trajetória de equilíbrio — Hipótese que supõe que o encéfalo especifique uma sequência de pontos de equilíbrio (uma trajetória de equilíbrio) para um *ponto de atuação*, enquanto sua trajetória real é igualmente definida por forças externas (capítulo 23).

hipótese da variedade não controlada — Hipótese sobre o controle de sistemas multielemento, em conformidade com o *princípio da abundância* (capítulo 20).

hipótese do ponto de equilíbrio — Hipótese sobre o controle do movimento que pressupõe que o encéfalo funcione com variáveis de controle relacionadas às coordenadas espaciais dos limiares de ativação muscular (capítulos 10, 19). É também uma hipótese sobre o controle motor que supõe que o sistema nervoso central manipule estados de equilíbrio do sistema efetor além da carga (capítulo 10).

hipotonia — Estado de *tônus muscular* diminuído, comumente verificado na *síndrome de Down* (capítulo 29). É também uma diminuição da resistência de uma articulação a um movimento externo (capítulo 29).

histerese — Quando uma dependência de uma variável em relação a outra variável é condicionada pela direção da mudança da última (capítulo 18).

homúnculo — Pequena pessoa fictícia que fica no encéfalo e toma decisões relacionadas à adequação das ações a serem tomadas (capítulo 14).

imagem por ressonância magnética (IRM) — Método indireto para avaliar a atividade neural no encéfalo (capítulo 13).

imagem por ressonância magnética funcional (IRMf) — Método de visualização do encéfalo que compara medições de RMI realizadas antes e depois da execução de uma tarefa (capítulo 13).

inativação (dos canais de sódio) — Queda na condutância da membrana para íons de sódio que leva a um *período refratário absoluto* e evita o efeito reverso (*backfiring*) dos *potenciais de ação* (capítulo 2).

inibição pós-sináptica — Influência inibitória sobre a *membrana pós-sináptica* de um neurônio (capítulo 7).

inibição pré-sináptica — Influência inibitória sobre a *membrana pré-sináptica* de uma sinapse; é seletiva em relação à sinapse envolvida (capítulo 7).

inibição recíproca — Sistema que usa interneurônios Ia inibitórios e suprime a atividade de um grupo motoneuronal quando um grupo antagonista está sendo excitado (capítulo 9).

interneurônios — Neurônios que recebem e transmitem informações de outros neurônios. Os interneurônios Ia possibilitam a inibição recíproca; as células de Renshaw, a inibição recorrente; e os interneurônios Ib, os efeitos inibidores dos órgãos tendinosos de Golgi (capítulo 7).

interoceptor — *Receptor* que transduz informações de dentro do corpo (capítulo 5).

isquemia — Bloqueio do fluxo de sangue em uma área do corpo; interrompe a transmissão de potenciais de ação ao longo dos nervos (capítulo 26).

latência — Atraso entre um estímulo e uma reação (capítulo 8).

lei do tudo ou nada — Lei que descreve a geração de uma resposta padrão não graduada a um estímulo que excede um determinado limite (capítulo 2).

limiar de membrana — Potencial de membrana que gera um *potencial de ação* (capítulo 2).

líquido cefalorraquidiano — Fluido que desempenha um importante papel na troca de substâncias por *difusão* no sistema nervoso central; preenche os *ventrículos* e o canal central (capítulo 13).

lobos — Partes dos grandes hemisférios cerebrais (frontal, parietal, occipital, temporal e ínsula) (capítulo 13).

locomoção — Ação motora que altera a localização do corpo inteiro no ambiente (capítulo 22).

magnetoencefalografia (MEG) — Método para estudar o campo magnético produzido por correntes elétricas no encéfalo (capítulo 13).

mal de Parkinson — Desordem complexa caracterizada por um componente motor associado a uma deficiência no funcionamento dos *gânglios da base* (capítulo 32).

marco (motor) — Habilidade de um bebê para executar determinada tarefa motora, como segurar a cabeça, sentar-se independentemente, andar, alcançar objetos e assim por diante (capítulo 29).

matéria branca — Tecido neural composto principalmente de vias de condução (capítulo 7).

matéria cinzenta — Tecido neural que contém principalmente corpos neuronais (capítulo 7).

mecanismo extensor — Rede de tecidos elásticos passivos que produz uma ação extensora nas articulações distais do dedo quando flexores intrínsecos do dedo são ativados (capítulo 24).

membrana — Estrutura biológica parcialmente permeável que separa as estruturas internas de uma célula do ambiente (capítulo 1).

membrana pós-sináptica — Área da membrana de uma célula excitável que recebe estímulos excitatórios ou inibitórios através de uma *sinapse* (capítulo 3).

membrana pré-sináptica — Área da membrana de uma fibra neural que transmite informações por meio de uma *sinapse* (capítulo 3).

memória de curto prazo — Memória que dura alguns minutos ou horas (capítulo 18).

memória de longo prazo — Memória que dura por toda a vida (capítulo 18).

memória não declarativa — Memória relacionada ao *como*; envolve habilidades motoras e hábitos, reflexos condicionados e outros fenômenos (capítulo 18).

miastenia grave — Desordem de transmissão na sinapse neuromuscular, em que o corpo produz anticorpos contra os receptores de acetilcolina; provavelmente resulta de um processo autoimune (capítulo 30).

mielina — Substância composta de células gliais que formam um escudo protetor em torno de axônios, levando a um aumento da velocidade de condução dos *potenciais de ação* (capítulo 3).

mioclonia — Breve solavanco muscular que é causado por uma descarga neuronal; pode ser fisiológica ou um componente de uma doença neurológica (capítulo 34).

miosina — Molécula que é um importante elemento para a geração de força em um músculo esquelético (capítulo 4).

miotonia — Episódio prolongado de atividade muscular após uma contração voluntária (capítulo 30).

modelos internos — Abordagem que pressupõe que o sistema nervoso central computa sinais de controle que levam à produção de padrões adequados de força muscular (capítulo 19).

modelos massa-mola — Modelos que presumem que o movimento voluntário pode ser adequadamente representado como o movimento de uma massa sobre uma mola com parâmetros modificáveis (capítulo 19).

motoneurônio α — Neurônio que inerva fibras musculares extrafusais produtoras de força (capítulo 6).

motoneurônios γ — Pequenos motoneurônios que inervam *fibras intrafusais* e que alteram a sensibilidade das *terminações de fuso* ao comprimento muscular (motoneurônios γ estáticos) e à velocidade (motoneurônios γ dinâmicos) (capítulo 5).

motor primordial — Bloco constitutivo hipotético de uma variedade de ações motoras; presume-se que os primordiais sejam dimensionados e combinados para produzir ações (capítulo 23).

músculos extrínsecos (mão) — Músculos que ficam no antebraço, fora da mão (capítulo 24).

músculos intrínsecos (mão) — Músculos localizados na mão (capítulo 24).

não eletrólito — Molécula ou fragmento de molécula sem carga elétrica líquida (capítulo 1).

negação — Estado no qual uma pessoa vê seus próprios membros como se pertencessem a outra pessoa; a negação pode ser consequência de um acidente vascular encefálico (capítulo 34).

negligência — Estado no qual uma pessoa não reconhece objetos presentes em seu campo visual; pode ser consequência de um acidente vascular encefálico (capítulo 34).

nervos cranianos — Doze pares de nervos que se originam de núcleos nas estruturas supraespinais e desempenham um importante papel no controle da cabeça e dos músculos do pescoço, assim como nas funções autonômicas (capítulo 17).

neuromiotonia — Desordem neuromuscular caracterizada pelo lento relaxamento dos músculos após uma contração voluntária ou estimulação elétrica (capítulo 30).

neurônio — Célula excitável; é uma unidade do sistema nervoso (capítulo 3).

neurônios-espelho — Neurônios corticais ativos durante a execução de ações da mão e durante a observação das mesmas ações sendo feitas por outros (capítulo 24).

neurotransmissor (mediador) — Substância liberada através da *membrana pré-sináptica*; pode *despolarizar* ou *hiperpolarizar* a *membrana pós-sináptica* (capítulo 3).

nistagmo — Movimentos (saltos) repetitivos dos olhos (capítulo 33).

nociceptores — Pequenas terminações sensoriais que geram *potencial de ação* em resposta a estímulos potencialmente prejudiciais, como temperatura, pressão ou determinados produtos químicos; participam da criação da sensação de dor (capítulo 26).

nódulos de Ranvier — Interrupções na bainha de *mielina* que contêm alta concentração de canais de sódio; lugares onde o *potencial de ação* pode ser gerado durante a transmissão ao longo de fibras mielinizadas (capítulo 3).

núcleo caudado — Estrutura neural que é parte dos gânglios da base (capítulos 13 e 15).

núcleo geniculado lateral — Importante região subcortical que participa da percepção visual; projeta-se para o *córtex* visual primário (capítulo 25).

núcleo rubro — Estrutura do mesencéfalo que dá origem ao trato rubroespinal (capítulo 13).

núcleo subtalâmico — Estrutura neural que é parte dos *gânglios da base* (capítulo 15).

núcleos cerebelares (denteado, fastigial e interposto) — Estruturas encefálicas que medeiam a saída cerebelar (capítulo 15).

núcleos vestibulares (vestibular lateral ou de Deiters, vestibular medial, vestibular superior e vestibular inferior) — Fontes do *trato vestibuloespinal*; localizam-se no bulbo (capítulo 21).

onda F — Resposta muscular (induzida por estimulação elétrica do nervo muscular) que não envolve transmissão *sináptica* central; o estímulo induz uma condição *antidrômica* nos axônios motores e leva a uma condição *ortodrômica* (capítulo 8).

organização topográfica — Organização de projeções neurais em que neurônios anatomicamente próximos numa estrutura projetam-se sobre alvos anatomicamente próximos (capítulo 17).

órgão tendinoso de Golgi — Receptor que se localiza na junção entre músculo e tendão e que é sensível às mudanças na força muscular (capítulo 5).

oscilação postural — Migração espontânea do centro de gravidade e do *centro de pressão* do corpo enquanto se fica em pé imóvel (capítulo 21).

osmose — Movimento da água entre dois compartimentos causado por diferentes concentrações de água, que são medidas como a concentração total de todas as partículas (capítulo 1).

otimização — Abordagem do problema de *redundância* motora que busca uma solução capaz de alcançar um valor ideal de uma determinada *função de custo* (capítulo 20).

otólitos — Cristais de carbonato de cálcio presentes no ouvido interno que participam da detecção da aceleração linear (capítulo 21).

padrão trifásico — Padrão EMG que tipicamente acompanha movimentos voluntários; consiste num disparo *agonista* seguido por um *antagonista* e um segundo disparo agonista (capítulo 11).

paradoxo postura-movimento — Questão de como um movimento ativo pode ocorrer sem provocar a resistência dos mecanismos de estabilização postural (capítulo 19).

paralisia cerebral — Transtorno inato e não progressivo que afeta crianças pequenas (capítulo 34).

paralisia ulnar — Mononeuropatia periférica causada pela compressão do nervo ulnar, comumente no nível do cotovelo (capítulo 30).

paresia — Perda parcial de controle voluntário sobre o músculo de uma área do corpo (capítulo 31).

pedúnculos cerebelares — Seis tratos neurais que conectam o *cerebelo* com o resto do sistema nervoso central (capítulo 15).

período refratário (absoluto) — Período em que uma estrutura excitável não pode ser excitada nem mesmo por um estímulo externo muito forte (capítulo 2).

período refratário (relativo) — Período em que uma estrutura excitável precisa de um estímulo mais forte que o habitual para gerar uma resposta (capítulo 2).

perseguição lenta — Movimento relativamente lento do olho que mantém a imagem de um objeto sobre a *fóvea* (capítulo 25).

perseveração — Ações repetitivas, aparentemente sem propósito (capítulo 29).

plasticidade (neural) — Capacidade de modificar conexões neurais em resposta a uma lesão ou a um treinamento específico (capítulos 18, 35).

ponte — Parte do encéfalo localizado quase rostralmente no *bulbo* (capítulo 13).

ponte cruzada — Conexão molecular entre uma molécula de *actina* e uma molécula de *miosina*; durante contrações musculares, as pontes cruzadas geram força (capítulo 4).

ponto cego — Área da *retina* pela qual o nervo óptico sai do olho; essa área carece de fotorreceptores (capítulo 25).

ponto de atuação — Ponto cuja trajetória é crucial ao sucesso de um movimento multiarticular (capítulo 23).

potenciação de longo prazo (PLP) — Aumento duradouro da excitabilidade de um neurônio após uma entrada sináptica específica (capítulo 18).

potenciação pós-tetânica (PPT) — Breve aumento na força de abalo contrátil após uma breve estimulação tetânica (capítulo 27).

potencial de ação — Padrão breve de mudanças no potencial de membrana que atua numa unidade de transmissão de informações dentro de tecidos excitáveis e entre eles (capítulo 2).

potencial de equilíbrio (íon) — Potencial que surge quando não há movimento passivo líquido de um íon através de uma membrana (capítulo 1).

potencial de equilíbrio (membrana) — Potencial que é mantido numa membrana na ausência de estímulos externos (capítulo 1).

potencial de prontidão (potencial de Bereitschaft) — Mudança lenta e negativa do *EEG* vista 1,5 s antes de um movimento voluntário (capítulo 14).

potencial evocado — Potencial sincronizado com um evento externo (por exemplo, um estímulo) (capítulo 13).

potencial pós-sináptico excitatório (PPSE) — Mudança breve e *despolarizante* no potencial da *membrana pós-sináptica* (capítulo 3).

potencial pós-sináptico inibitório (PPSI) — Breve mudança *hiperpolarizante* no potencial da *membrana pós-sináptica* (capítulos 3, 7).

preensão — Exploração de objetos pelo toque e manipulação de objetos por meio da aplicação de forças e momentos de forças adequados (capítulo 24).

princípio da abundância — Ideia de que o controlador neural não procura padrões motores únicos, mas, em vez disso, facilita famílias de soluções igualmente capazes de resolver a tarefa (capítulo 20).

princípio da superposição — Princípio que assume que a saída de um conjunto de elementos com várias entradas é igual à soma das saídas produzidas por cada uma das entradas aplicadas separadamente (capítulo 24).

princípio de Henneman (princípio do tamanho) — Princípio que afirma que unidades motoras são recrutadas da menor para a maior (capítulo 6).

princípio de reaferência — Hipótese de que qualquer ação voluntária exige o reendereçamento de sinais aferentes de proprioceptores a uma nova postura (capítulo 19).

princípio do solavanco mínimo — Princípio de otimização que se baseia na minimização de uma medida integral de solavanco (derivativo da aceleração) durante um movimento voluntário (capítulo 20).

problema de Bernstein (problema da redundância) — Um mal formulado problema de escolha em que o sistema nervoso central seleciona um padrão de variáveis em um determinado nível de análise com base num efeito somado requerido de um nível de análise mais elevado (capítulo 20).

programa motor — Combinação de variáveis hipotéticas armazenadas na memória e que se traduzem nos padrões motores requeridos após serem recordadas (capítulo 19).

programa motor generalizado (teoria do esquema) — Teoria que supõe que o encéfalo armazene padrões de variáveis diretamente relacionadas a padrões mecânicos associados à produção de ações particulares (capítulo 19).

proprioceptor — *Receptor* que transduz informação sobre a configuração relativa e o estado dos segmentos corporais (capítulo 5).

putâmen — Estrutura neural que é parte dos *gânglios da base* (capítulo 16).

quedas induzidas por vibração (QIVs) — Distúrbios posturais induzidos por vibração de baixa amplitude e alta frequência aplicada a um músculo postural ou a seu tendão (capítulo 21).

quiasma óptico — lugar onde os dois nervos ópticos juntam-se um ao outro (capítulo 25).

radiculopatia — Desordem que se origina de danos mecânicos ou inflamatórios a uma raiz espinal ou a um grupo de raízes espinais (capítulo 30).

raiz dorsal (espinal) — Conjunto de fibras neurais que levam informações periféricas para dentro da medula espinal (capítulo 17).

raiz ventral (espinal) — Conjunto de fibras neurais que transportam sinais (motores) de saída de motoneurônios para suas estruturas inervadas (capítulo 7).

reação corretiva ao tropeço — Resposta reflexa a uma estimulação mecânica ou elétrica de uma perna; essa reação consiste no movimento coordenado do membro que o leva a passar sobre um obstáculo fictício (capítulos 12, 22).

reações posturais corretivas — *Reações pré-programadas* que ocorrem nos músculos posturais em resposta a perturbações externas (capítulos 12, 21).

reações pré-programadas (reflexos de latência longa, reflexo de alongamento funcional, M_2-M_3 ou reações provocadas) — Reações musculares aos sinais externos (por exemplo, perturbações) previamente preparadas pelo sistema nervoso central e acionadas por um estímulo periférico apropriado (capítulo 12).

receptor — Neurônio especializado ou estrutura subcelular que gera *potenciais de ação* em resposta a fontes específicas de energia (capítulo 5).

receptores articulares — Terminações receptoras localizadas dentro e em torno da cápsula articular; esses receptores são sensíveis ao ângulo articular (tipicamente, ângulos próximos dos limites anatômicos do movimento articular) e à tensão da cápsula articular (capítulo 5).

receptores cutâneos — Terminações receptoras sensíveis ao deslocamento, à pressão, à temperatura da pele etc.; esses receptores incluem corpúsculos de Pacini, discos de Merkel, corpúsculos de Meissner e terminações de Ruffini (capítulo 5).

reducionismo — Abordagem que tenta descrever as propriedades de um sistema usando as propriedades de seus elementos; é, por definição, inaplicável à análise de *sistemas complexos* (capítulo 1).

redundância — Disponibilidade de mais variáveis que o necessário para resolver uma tarefa (capítulo 19).

redundância motora — Disponibilidade de mais variáveis que o necessário para resolver uma tarefa motora (capítulo 20).

reflexo — Termo incorreto que implica uma reação relativamente estereotipada e padronizada a um estímulo externo; reflexos monossinápticos envolvem apenas uma sinapse central; reflexos oligossinápticos, algumas sinapses centrais; e reflexos polissinápticos, muitas sinapses centrais (capítulo 8).

reflexo condicionado — *Reflexo* que se desenvolve para um novo estímulo quando este e um velho estímulo associado ao reflexo ocorrem simultaneamente (capítulo 18).

reflexo de alongamento fásico — Resposta reflexa monossináptica ao rápido alongamento do músculo (o mesmo que *reflexo T*) (capítulo 9).

reflexo de Babinski — Resposta dos músculos da perna à estimulação tátil da sola do pé (capítulo 31).

reflexo de descarga — Diminuição da atividade muscular quando a carga é repentinamente diminuída (capítulo 10).

reflexo de limpeza — Reflexo que consiste em um movimento coordenado de um animal espinal para remover um estímulo irritante de sua pele (capítulo 23).

reflexo extensor cruzado — Contração reflexa dos principais músculos extensores de um membro contralateral em resposta a um estímulo que causa um *reflexo flexor* no membro ipsilateral (capítulo 9).

reflexo flexor — *Reflexo polissináptico* visto em vários músculos flexores principais em resposta a uma estimulação mecânica ou elétrica dos *aferentes do reflexo flexor* (capítulo 9).

reflexo H — Reflexo monossináptico induzido por estimulação elétrica do nervo muscular (capítulo 8).

reflexo pupilar — Adaptação reflexa do tamanho da pupila à luz efetuada pela área pré-tectal do *mesencéfalo* (capítulo 25).

reflexo T — Resposta *reflexa monossináptica* a um alongamento muscular rápido (por exemplo, a uma pancadinha no tendão) (capítulo 8).

reflexo tônico de alongamento — *Reflexo polissináptico* que aumenta o nível de ativação muscular mediante um alongamento lento do músculo (capítulo 9).

reflexo tônico de vibração — *Reflexo polissináptico* que aumenta o nível de ativação muscular induzida por uma vibração de baixa amplitude e alta frequência de um músculo ou tendão (capítulo 9).

reflexo vestíbulo-ocular (RVO) — *Reflexo* que coordena movimentos do olho e da cabeça, ajudando a manter um campo visual constante (capítulo 25).

reflexos primitivos — Reflexos vistos em recém-nascidos que tipicamente desaparecem à medida que a criança se desenvolve (capítulo 29).

região locomotora mesencefálica — Área do *bulbo* e do *mesencéfalo* que, se estimulada eletricamente, pode levar um animal descerebrado a se *locomover* (capítulo 22).

reinervação — Processo de *brotamento* axonal que forma novas sinapses (capítulos 6, 28).

reobase — A menor amplitude de estímulo que pode levar à geração de um *potencial de ação* para um estímulo de duração muito longa (infinita) (capítulo 3).

resposta M — Resposta muscular direta (contração) à estimulação elétrica do nervo muscular (capítulo 8).

retículo sarcoplásmático — Sistema de cisternas que contém íons de Ca^{++} em uma fibra muscular (capítulo 4).

retina — Camada das estruturas internas do olho; contém *fotorreceptores* (capítulo 25).

retroalimentação negativa — Retroalimentação que diminui a magnitude do estímulo original (capítulo 2).

retroalimentação positiva — Retroalimentação que aumenta a magnitude de um estímulo original (capítulos 2, 10).

rigidez — Resistência aumentada de um segmento de membro a tentativas de movê-lo com uma força externa; típico do *mal de Parkinson* (capítulo 32).

sacada — Movimento de olho muito rápido e preciso usado para desviar o olhar de um objeto a outro (capítulo 25).

sarcolema — Membrana de uma célula muscular (capitulo 4).

sarcômero — Unidade de produção de força de um filamento muscular (capítulo 4).

servo — Sistema de *controle de retroalimentação* que permite a geração perfeita de um valor desejado de um parâmetro de saída (capítulo 10).

servo-hipótese — Hipótese sobre o controle motor que considera o mecanismo do *reflexo tônico de alongamento* como um *servo* perfeito (capítulo 10).

sinais negativos (de espasticidade) — Fenômenos vistos em pessoas sem espasticidade, mas ausentes em pacientes com espasticidade, particularmente com perda de força e descoordenação (capítulo 31).

sinais positivos (de espasticidade) — Sinais clínicos vistos num paciente com *espasticidade* que não são vistos em pessoas sem espasticidade; envolvem espasmos e *tônus muscular* aumentado (capítulo 31).

sinapse — Lugar onde sinais são transmitidos de uma célula excitável (um *neurônio*) a outra (um neurônio ou uma fibra muscular) (capítulo 3).

sinapse não obrigatória — *Sinapse* em que a chegada de um único *potencial de ação* à *membrana pré-sináptica* não produz um potencial de ação na *membrana pós-sináptica* (capítulo 3).

sinapse neuromuscular — Lugar onde um *potencial de ação* na *membrana pré-sináptica* de um *axônio* motor excita a membrana muscular *pós-sináptica* (capítulo 4).

sinapse obrigatória — *Sinapse* em que a chegada de um *potencial de ação* à *membrana pré-sináptica* produz sempre um potencial de ação na *membrana pós-sináptica* (capítulo 3).

síndrome da fadiga crônica — Sensação persistente de exaustão e incapacidade de participar de qualquer tipo de atividade que envolva esforço motor, ainda que pouco (capítulo 27).

síndrome da pessoa rígida — Síndrome de atividade contínua da fibra muscular, levando a uma rigidez dos músculos do tronco (capítulo 30).

síndrome de Asperger — Desordem neurobiológica caracterizada pelo desenvolvimento normal da inteligência e da linguagem em combinação com comportamentos que lembram os do autismo e por marcadas deficiências nas habilidades sociais e de comunicação (capítulo 29).

síndrome de Down — Desordem cromossômica que afeta o desenvolvimento físico e mental e que está vinculada à trissomia do cromossomo 21 (capítulo 29).

síndrome de Guillain-Barré — Polineuropatia associada à desmielinização das fibras neurais periféricas (capítulo 30).

síndrome de Tourette — Desordem complexa, mais comum em meninos, caracterizada por *tiques* (capítulo 34)

síndrome de Williams — Rara desordem inata associada a volume cerebral reduzido e Q.I. não verbal gravemente prejudicado, mas com alta fluência verbal e gramatical (capítulo 34).

síndrome do túnel do carpo — Mononeuropatia causada por compressão do nervo mediano no túnel do carpo (capítulo 30).

síndrome do túnel do tarso — Mononeuropatia periférica causada por compressão do nervo tibial; é semelhante à *síndrome do túnel do carpo* (capítulo 30).

sinergia (postural ou movimento) — Organização neural de sinais enviados a elementos (músculos, articulações, efetores etc.) de um sistema multielemento, assegurando o desempenho estável de uma tarefa (capítulo 20).

sinergias de preensão — Mudanças conjuntas nas forças e nos momentos de forças produzidos por um conjunto de dedos sobre um objeto na mão, as quais estabilizam a ação mecânica global da mão sobre o objeto (capítulo 24).

sistema complexo — Sistema cujas propriedades não derivam das propriedades de seus elementos (capítulo 1).

sistema optocinético — Sistema que mantém características estáveis do ambiente sobre a *fóvea* durante os movimentos da cabeça (capítulo 25).

soma — Corpo de um *neurônio* que contém organelas; costuma ser local dos sinais de entrada (capítulo 3).

somação espacial — Aumento do efeito combinado de dois (ou mais) estímulos quando eles chegam simultaneamente a diferentes locais da mesma estrutura excitável (por exemplo, um *neurônio*) (capítulo 3).

somação temporal — Aumento no efeito de um estímulo quando este segue outro estímulo após um pequeno atraso (capítulo 3).

substância negra — Estrutura do mesencéfalo, parte dos *gânglios da base* e importante fonte de *dopamina* no encéfalo (capítulo 15).

tálamo — Grande estrutura do diencéfalo que desempenha um papel importante na coordenação sensório-motora (capítulo 13).

teoria de Pavlov dos reflexos condicionados — Teoria que presume que o comportamento é uma combinação de *reflexos* não condicionados (inatos) e *condicionados* (capítulo 18).

teoria do filamento deslizante — Teoria de que a produção de força muscular se baseia em interações moleculares, principalmente entre moléculas de *actina* e *miosina* (capítulo 4).

teoria do portão para o controle da dor — Teoria que sugere que a sensação subjetiva de dor é criada por uma disparidade entre sinais de *proprioceptores* e de *nociceptores* (capítulo 26).

terminação sensorial — Parte de uma célula receptora capaz de gerar potenciais de ação em resposta a influências específicas (fontes de energia) (capítulo 5).

terminações de fuso — Receptores primários sensíveis a mudanças no comprimento e velocidade do músculo e receptores secundários sensíveis ao comprimento do músculo, mas não à velocidade (capítulo 5).

tétano — Contração muscular sustentada produzida por uma sequência de *potenciais de ação* nos *axônios* motores (capítulo 4). É também uma síndrome de atividade contínua da fibra muscular produzida pela toxina tetanospasmina, que bloqueia a inibição pós-sináptica no nível espinal (capítulo 30).

tique — Ação estereotipada breve, repetitiva e aparentemente sem propósito, que pode envolver um músculo ou grupos de músculos; componente da *síndrome de Tourette* (capítulo 34).

titina — Macromolécula com propriedades elásticas que desempenha um papel importante no comportamento mecânico dos músculos esqueléticos (capítulo 4).

titubeação — *Tremor* de tronco ou cabeça com uma frequência de 1 a 3 Hz; é típica das desordens cerebelares (capítulo 33).

tomografia computadorizada — Método para reconstruir imagens tridimensionais dos tecidos com base em uma série de imagens bidimensionais (capítulo 13).

tomografia por emissão de pósitrons (TEP) — Método de processamento de imagens do encéfalo que rastreia um isótopo radioativo injetado no sistema circulatório (capítulo 13).

tônus (muscular) — Termo incorreto que indica uma impressão de resistência experimentada por um examinador que tenta mover um segmento de membro de outra pessoa (capítulos 29, 35).

tônus muscular — Noção mal definida que reflete a percepção subjetiva de um neurologista ou um fisioterapeuta sobre a resistência articular ao movimento passivo (capítulo 29).

torcicolo — *Distonia* que afeta os músculos do pescoço (capítulo 32).

torques de interação — Componentes de torque articular relacionados ao movimento de outras articulações (capítulos 19, 23).

trato cerebroespinal — Um dos principais tratos descendentes que participam do controle dos movimentos voluntários (capítulo 14).

trato proprioespinal — Tratos neurais que transportam informação de um segmento da medula espinal a outro (capítulo 17).

trato vestibuloespinal — Trato neural que se origina de *núcleos vestibulares* e se projeta sobre estruturas espinais e núcleos do nervo craniano (capítulo 17).

tratos ascendentes — Tratos neurais que transportam informação de receptores periféricos e da medula espinal até o encéfalo (trato espinotalâmico, tratos espinocerebelares, trato espinorreticular, tratos vestibuloespinais e trato tectoespinal) (capítulo 17).

tratos descendentes — Tratos neurais que transportam informação do encéfalo à medula espinal (trato corticospinal, trato corticobulbar, trato piramidal, trato rubroespinal, tratos vestibuloespinais, tratos reticuloespinais e trato tectoespinal) (capítulo 17).

tremor — Atividade alternada em pares de músculos agonista-antagonista que controlam uma articulação, levando a movimentos articulares alternados; atinge de 3 a 5 Hz em desordens *cerebelares*, cerca de 6 Hz no *mal de Parkinson*, e de 8 a 12 Hz em pessoas sem doença (tremor fisiológico) (capítulo 32).

tremor cerebelar — Tremor de baixa frequência (3-5 Hz) verificado em pacientes com desordens cerebelares (capítulo 33).

tremor cinético — *Tremor* associado ao início de um movimento voluntário (capítulo 33).

tremor de ação — Tremor que ocorre quando uma pessoa tenta executar um movimento voluntário (capítulo 33).

tremor essencial — Tremor com uma frequência entre 4 e 12 Hz que não é acompanhado por doença neurológica diagnosticada (capítulo 34).

tropomiosina — Molécula longa paralela a uma molécula de *actina* (capítulo 4).

troponina — Molécula que bloqueia uma área para a formação de *pontes cruzadas* (capítulo 4).

túbulo-T — Invaginação do *sarcolema* próxima das cisternas do *retículo sarcoplásmático* (capítulo 4).

unidade estrutural — Organização de elementos específica de tarefas de um sistema multielemento (capítulo 20).

unidade motora — Motoneurônio α e todas as fibras musculares que ele inerva; unidade de produção de força nos músculos esqueléticos (capítulo 6).

ventrículos (encéfalo) — Espaços ocos dentro do encéfalo, cheios de *líquido cefalorraquidiano* (capítulo 13).

vergência — Movimento ocular que fixa o olhar em alvos de diferentes profundidades (capítulo 25).

Bibliografia

Livros Recomendados

Davids, K., S. Bennett, e K.M. Newell. 2006. *Movement system variability*. Champaign, IL: Human Kinetics.

Enoka, R.M. 2002. *Neuromechanics of human movement*. 3ª ed. Champaign, IL: Human Kinetics.

Kandel, E.R., J.H. Schwartz, e T.M. Jessell, eds. 1999. *Principles of neural science*. 4ª ed. New York: McGraw-Hill.

Kelso, J.A.S. 1995. *Dynamic patterns: The self-organization of brain and behavior*. Cambridge, MA: MIT Press.

Kugler, P.N., e M.T. Turvey. 1987. *Information, natural law, and the self-assembly of rhythmic movement*. Hillsdale, NJ: Erlbaum.

Latash, M.L., e V.M. Zatsiorsky, eds. 2001. *Classics in movement science*. Champaign, IL: Human Kinetics.

Newell, K.M., e D.M. Corcos. 1993. *Variability in motor control*. Champaign, IL: Human Kinetics.

Orlovsky, G.N., T.G. Deliagina, e S. Grillner. 1999. *Neuronal control of locomotion. From mollusk to man*. Oxford: Oxford University Press.

Rothwell, J.C. 1994. *Control of human voluntary movement*. 2ª ed. London: Chapman & Hall.

Watts, R.L., e W.C. Roller, eds. 2004. *Movement disorders. Neurological principles and practice*. 2ª ed. New York: McGraw-Hill.

Windhorst, U., e H. Johansson, eds. 1999. *Modern techniques in neuroscience research*. Berlin: Springer-Verlag.

Winters, J.M., e S.L.-Y. Woo, eds. 1990. *Multiple muscle systems. Biomechanics and movement organization*. New York: Springer-Verlag.

Zatsiorsky, V.M. 1998. *Kinematics of human motion*. Champaign, IL: Human Kinetics.

Zatsiorsky, V.M. 2002. *Kinetics of human motion*. Champaign, IL: Human Kinetics.

Zigmond, M.J., F.E. Bloom, S.C. Landis, J.L. Roberts, e L.R. Squire, eds. 1999. *Fundamental neuroscience*. San Diego: Academic Press.

Referências

Abelson, J.F, K.Y. Kwan, B.J. O'Roak, D.Y. Baek, A.A. Stillman, T.M. Morgan, C.A. Mathews, D.L. Pauls, M.R. Rasin, M. Gunel, N.R. Davis, A.G. Ercan-Sen-cicek, D.H. Guez, J.A. Spertus, J.F. Leckman, L.W. Dure 4th, R. Kurlan, H.S. Singer, D.L. Gilbert, A. Farhi, A. Louvi, R.P. Lifton, N. Sestan, e M.W. State. 2005. Sequence variants in SLITRK1 are associated with Tourette's syndrome. *Science* 310:317-20.

Agarwal, G.C., e G.L. Gottlieb. 1980. Effect of vibration on the ankle stretch reflex in man. *Electroencephalogr Clin Neurophysiol* 49:81-92.

Albus, J.S. 1971. A theory of cerebellar function. *Math Biosci* 10:25-61.

Alexander, G.E., M.D. Crutcher, e M.R. DeLong. 1990. Basal ganglia-thalamocortical circuits: Parallel substrates for motor, coulomotor, 'prefrontal' and 'limbic' functions. *Progr Brain Res* 85:119-46.

Alexandrov, A., A. Frolov, e J. Massion. 1998. Axial synergies during human upper trunk bending. *Exp Brain Res* 118:210-20.

Allman, B.L., e C.L. Rice. 2002. Neuromuscular fatigue and aging: Central and peripheral factors. *Muscle Nerve* 25:785-96.

Allum, J.H.J. 1975. Response to load disturbances in human shoulder muscles: The hypothesis that one component is a pulse test information signal. *Exp Brain Res* 22:307-26.

Allum, J.H.J. 1983. Organization of stabilizing reflex responses in tibialis anterior muscles following ankle flexion perturbations of standing man. *Brain Res* 264:297-301.

Allum J.H.J., F. Honneger, e C.R. Pfaltz. 1989. The role of stretch and vestibulospinal reflexes in the generation of human equilibrating reactions. *Prog Brain Res* 80: 399-409.

Amack, J.D., e M.S. Mahadevan. 2004. Myogenic defects in myotonic dystrophy. *Dev Biol* 265:294-301.

An, C.H., C.G. Atkeson, e J.M. Hollerbach. 1988. *Model-based control of a robot manipulator*. Cambridge, MA: MIT Press.

Andersen, P.M. 2004. The genetics of amyotrophic lateral sclerosis (ALS). *Clin Neurophysiol* Suppl. no. 57:211-27.

Andersson, G., e D.M. Armstrong. 1987. Complex spikes in Purkinje cells in the lateral vermis (b zone) of the cat cerebellum during locomotion. *J Physiol* 385:107-34.

Andrews, C.J., D. Burke, e J.W. Lance. 1972. The response to muscle stretch and shortening in Parkinsonian rigidity. *Brain* 95:795-812.

Angel, R.W., e P.A. Lewitt. 1978. Unloading and shortening reactions in Parkinson's disease. *J Neurol Neurosurg Psychiatr* 41:919-23.

Arbib, M.A., T. Iberall, e D. Lyons. 1985. Coordinated control programs for movements of the hand. In *Hand function and the neocortex*, ed. A.W. Goodwin e I. Darian-Smith, 111-29. Berlin: Springer-Verlag.

Arimoto, S., K. Tahara, M. Yamaguchi, P.T.A. Nguyen, e H.Y. Han. 2001. Principles of superposition for controlling pinch motions by means of robot fingers with soft tips. *Robotica* 19:21-8.

Aruin, A.S., W.R. Forrest, e M.L. Latash. 1998. Anticipatory postural adjustments in conditions of postural instability. *Electroencephalogr Clin Neurophysiol* 109:350-9.

Aruin, A.S., e M.L. Latash. 1995. The role of motor action in anticipatory postural adjustments studied with self-induced and externally-triggered perturbations. *Exp Brain Res* 106:291-300.

Aruin, A.S., e M.L. Latash. 1996. Anticipatory postural adjustments during self-initiated perturbations of different magnitude triggered by a standard motor action. *Electroencephalogr Clin Neurophysiol* 101:497-503.

Asanuma, H. 1973. Cerebral cortical control of movements. *Physiologist* 16:143-66.

Asatryan, D.G., e A.G. Feldman. 1965. Functional tuning of the nervous system with control of movements or maintenance of a steady posture. I. Mechanographic analysis of the work of the limb on execution of a postural task. *Biophysics* 10:925-35.

Ashby, P., e M. Verrier. 1976. Neurophysiological changes in hemiplegia, possible explanation for initial disparity between muscle tone and tendon reflexes. *Neurology* 26:1145-51.

Atkeson, C.G. 1989. Learning arm kinematics and dynamics. *Annu Rev Neurosci* 12:157-83.

Atkeson, C.G., e J.M. Hollerbach. 1985. Kinematic features of unrestrianed vertical arm movements. *J Neurosc*i 5:2318-20.

Atsuta, Y, E. Garcia-Rill, e R.D. Skinner. 1991. Control of locomotion in vitro: I. Deafferentation. *Somatosens Mot Res* 8:45-53.

Bagesteiro, L.B., e R.L. Sainburg. 2002. Handedness: Dominant arm advantages in control of limb dynamics. *J Neurophysiol* 88:2408-21.

Bagesteiro, L.B., e R.L. Sainburg. 2003. Nondominant arm advantages in load compensation during rapid elbow joint movements. *J Neurophysiol* 90:1503-13.

Balestra, C, J. Duchateau, e K. Hainaut. 1992. Effects of fatigue on the stretch reflex in a human muscle. *Electroencephalogr Clin Neurophysiol* 85:46-52.

Barthel, T, D. Mechau, T. Wehr, R. Schnittker, H. Liesen, e M. Weiss. 2001. Readiness potential in different states of physical activation and after ingestion of taurine and/or caffeine containing drinks. *Amino Acids* 20:63-73.

Barto, A.G., A.H. Fagg, N. Sitkoff, e J.C. Houk. 1999. A cerebellar model of timing and prediction in the control of reaching. *Neural Comput* 11:565-94.

Bastian, A.J., T.A. Martin, J.G. Keating, e WT. Thach. 1996. Cerebellar ataxia: Abnormal control of interaction torques across multiple joints. *J Neurophysiol* 76:492-509.

Bastian, A.J., E. Mugnaini, e W.T Thach. 1999. Cerebellum. In *Fundamental neuroscience*, ed. M.J. Zigmond, FE. Bloom, S.C. Landis, J.L. Roberts, and L.R. Squire, 973-92. San Diego: Academic Press.

Bauby, C.E., e A.D. Kuo. 2000. Active control of lateral balance in human walking. *J Biomech* 33:1433-40.

Bawa, P., e D.C. McKenzie. 1981. Contribution of joint and cutaneous afferents to longer-latency reflexes in man. *Brain Res* 211:185-9.

Bazalgette, D., M. Zattara, N. Bathien, S. Bouisset, e P. Rondot. 1986. Postural adjustments associated with rapid voluntary arm movements in patients with Parkinson's disease. *Adv Neurol* 45:371-4.

Becker, W.J., B.L. Morrice, A.W. Clark, e R.G. Lee. 1991. Multi-joint reaching movements and eye--hand tracking in cerebellar incoordination: Investigation of a patient with complete loss of Purkinje cells. *Can J Neurol Sci* 18:476-87.

Belanger, A.Y, A.J. McComas, e G.B.C. Elder. 1983. Physiological properties of two antagonistic human muscle groups. *Eur J Appl Physiol* 51:381-93.

Belen'kii, V.Y, V.S. Gurfinkel, e Y.I. Pal'tsev. 1967. Elements of control of voluntary movements. *Biofizika* 10:135-41.

Bellugi, U., A. Bihrle, T. Jernigan, D. Trauner, e S. Doherty. 1990. Neuropsychological, neurological and neuroanatomical profile of Williams syndrome. *Am J Med Genet* Suppl. no. 6:115-25.

Bemben, M.G. 1998. Age-related alterations in muscular endurance. *Sports Med* 25:259-69.

Benabid, A.L., A. Benazzouz, D. Hoffmann, P. Limousin P. Krack, e P. Pollak. 1998. Long-term electrical inhibition of deep brain targets in movement disorders. *Mov Disord* Suppl. no. 13(3): 119-25.

Benecke, R., J.C. Rothwell, J.P.R. Dick, B.L. Day e C.D. Marsden. 1986. Performance of simultaneous movements in patients with Parkinson's disease. *Brain* 109:739-57.

Benecke, R., J.C. Rothwell, J.P.R. Dick, B.L. Day, C.D. Marsden. 1987. Disturbance of sequential movements in patients with Parkinson's disease. *Brain* 110:361-79.

Benwell, N.M., M.L. Byrnes, F.L. Mastaglia, e G.W. Thickbroom. 2005. Primary sensorimotor cortex activation with task-performance after fatiguing hand exercise. *Exp Brain Res* 167:160-4.

Beppu, H., M. Suda, e R. Tanaka. 1984. Analysis of cerebellar motor disorders by visually guided elbow tracking movement. *Brain* 107:787-809.

Berardelli, A., J.P.R. Dick, J.C. Rothwell, B.L. Day, e C.D. Marsden. 1986. Scaling of the size of the first agonist EMG burst during rapid wrist movements in patients with Parkinson's disease. *J. Neurol Neurosurg Psychiatr* 49:1273-9.

Berardelli, A., J.C. Rothwell, M. Hallett, P.D. Thompson, M. Manfredi, e C.D. Marsden. 1998. The pathophysiology of primary dystonia. *Brain* 121:1195-212.

Berger, W., D. Horstmann, e V. Dietz. 1984. Tension development and muscle activation in the leg during gait in spastic hemiparesis: Independence of muscle hypertonia and exaggerated stretch reflexes. *J Neurol Neurosurg Psychiatr* 47:1029-33.

Beres-Jones, J.A., T.D. Johnson, e S.J. Harkema. 2003. Clonus after human spinal cord injury cannot be attributed solely to recurrent muscle-tendon stretch. *Exp Brain Res* 149:222-36.

Berkinblit, M.B., A.G. Feldman, e O.I. Fukson. 1986. Adaptability of innate motor patterns and motor control mechanisms. *Behav Brain Sci* 9:585-638.

Bernstein, N.A. 1930. A new method of mirror cyclographie and its application towards the study of labor movements during work on a workbench. [em russo] *Hygiene, Safety and Pathology of Labor* 5:3-9; 6:3-11.

Bernstein, N.A. 1935. The problem of interrelation between coordination and localization. [em russo] *Arch Biol Sci* 38:1-35.

Bernstein, N.A. 1947. *On the construction of movements.* [em russo] Moscow: Medgiz.

Bernstein, N.A. 1967. *The co-ordination and regulation of movements.* Oxford: Pergamon Press.

Bernstein, N.A. 1996. On dexterity and its development. In *Dexterity and its development*, ed. M.L. Latash e M.T Turvey, 1-244. Mahwah, NJ: Erlbaum.

Bernstein, N.A. 2003. *Contemporary studies on the physiology of the neural process.* Moscou: Smysl.

Berntson, G.G., e M.W. Torello. 1982. The paleocer-ebellum and the integration of behavioral function. *Physiol Psychol* 10:2-12.

Bigland, B., e O.C.J. Lippold. 1954. Motor unit activity in the voluntary contraction of human muscle. *J Physiol* 125:322-35.

Bigland-Ritchie, B., E. Cafarelli, e N.K. Vollestad. 1986. Fatigue of submaximal static contractions. *Acta Physiol Scand* 128(Suppl. no. 556): 137-48.

Bigland-Ritchie, B., N.J. Dawson, R.S. Johansson, e O.C.J. Lippold. 1986. Reflex origin for the slowing of motoneuron firing rates in fatigue of human voluntary contraction. *J Physiol* 379:451-9.

Bigland-Ritchie, B., R. Johansson, O.C.J. Lippold, e J.J. Woods. 1983. Contractile speed and EMG changes during fatigue of sustained maximal voluntary contractions. *J Neurophysiol* 50:313-24.

Bilodeau, M., T.K. Henderson, B.E. Nolta, P.J. Pursley, e G.L. Sandfort. 2001. Effect of aging on fatigue characteristics of elbow flexor muscles during sustained submaximal contraction. *J Appl Physiol* 91:2654-64.

Bizzi, E., S.R Giszter, E. Loeb, F.A. Mussa-Ivaldi, e P. Saltiel. 1995. Modular organization of motor behavior in the frog's spinal cord. *Trends Neurosci* 18:442-6.

Bizzi, E., N. Hogan, F.A. Mussa-Ivaldi, e S. Giszter. 1992. Does the nervous system use equilibrium-point control to guide single and multiple joint movements? *Behav Brain Sci* 15:603-13.

Bloedel, J.R. 1992. Functional heterogeneity with structural homogeneity: How does the cerebellum operate? *Behav Brain Sci* 15:666-78.

Boatright, J.R., G.M. Kiebzak, D.M. O'Neil, e R.D. Peindl. 1997. Measurement of thumb abduction strength: Normative data and a comparison with grip and pinch strength. *J Hand Surg* 22:843-8.

Bonasera, S.J., e T.R. Nichols. 1996. Mechanical actions of heterogenic reflexes among ankle stabilizers and their interactions with plantarflexors of the cat hindlimb. *J Neurophysiol* 75:2050-70.

Boniface, S.J. 2001. Plasticity after acute ischaemic stroke studied by transcranial magnetic stimulation. *J Neurol Neurosurg Psychiatr* 71:713-5.

Bongaardt, R. 2001. How Bernstein conquered movement. In *Classics in movement science*, ed. M.L. Latash e V.M. Zatsiorsky, 59-84. Champaign, IL: Human Kinetics.

Bouisset, S., e M. Zattara. 1987. Biomechanical study of the programming of anticipatory postural adjustments associated with voluntary movement. *J Biomech* 20:735-42.

Bouisset, S., e M. Zattara. 1990. Segmental movement as a perturbation to balance? Facts and concepts. Em *Multiple muscle systems. Biomechanics and movement organization*, ed. J.M. Winters e S.L.-Y. Woo, 498-506. Nova York: Springer-Verlag.

Braitenberg, V. 1967. Is the cerebellar cortex a biological clock in the millisecond range? *Progr Brain Res* 25:2334-46.

Brewer, G.J. 2005. Neurologically presenting Wilson's disease: Epidemiology, pathophysiology and treatment. CNS *Drugs* 19:185-92.

Brooks, V.B., e W.T. Thach. 1981. Cerebellar control of posture and movement. In *Handbook of physiology, the nervous system*, ed. V.B. Brooks, 877-945. Baltimore: Williams & Wilkins.

Bruce, D. 2001. Fifty years since Lashley's "In search of the engram: Refutations and conjectures." *J Hist Neurosci* 10:308-18.

Bruijn, L.I., T.M. Miller, e D.W Cleveland. 2004. Unraveling the mechanisms involved in motor neuron degeneration in ALS. *Annu Rev Neurosci* 27:723-49.

Bruwer, M., e H. Cruse. 1990. A network model for the control of the movement of a redundant manipulator. *Biol Cybern* 62:549-55.

Buchman, A.S., S. Leurgans, G.L. Gottlieb, C.H. Chen, G.L. Almeida, e D.M. Corcos. 2000. Effect of age and gender in the control of elbow flexion movements. *J Mot Behav* 32:391-9.

Burke, R.E., P. Rudomin, e F.E. Zajac. 1970. Catch property in single mammalian motor units. *Science* 168:122-4.

Burke, R.E., P. Rudomin, e F.E. Zajac. 1976. The effect of activation history on tension production by individual muscle units. *Brain Res* 109:515-29.

Burnett, R.A., D.H. Laidlaw, e R.M. Enoka. 2000. Coactivation of the antagonist muscle does not covary with steadiness in old adults. *J Appl Physiol* 89:61-71.

Burstedt, M.K., J.R. Flanagan, e R.S. Johansson. 1999. Control of grasp stability in humans under different frictional conditions during multidigit manipulation. *J Neurophysiol* 82:2393-2405.

Butefisch, C, V. Khurana, L. Kopylev, e L.G. Cohen. 2004. Enhancing encoding of a motor memory in the primary motor cortex by cortical stimulation. *J Neurophysiol* 91:2110-6.

Butterworth, G., e D. Cicchetti. 1978. Visual calibration of posture in normal and motor retarded Down's syndrome infants. *Perception* 7:513-25.

Calancie, B., B. Needham-Shropshire, P. Jacobs, K. Wilier, G. Zych, e B.A. Green. 1994. Involuntary stepping after chronic spinal cord injury. Evidence for a central rhythm generator for locomotion in man. *Brain* 117:1143-59.

Campbell, M.J., A.J. McComas, e F. Petito. 1973. Physiological changes in aging muscles. *J Neurol Neurosurg Psychiatr* 36:174-82.

Campbell, S.K., G.L. Almeida, R.D. Penn, e D.M. Corcos. 1995. The effects of intrathecally administered baclofen on function in patients with spasticity. *Phys Ther* 75:352-62.

Carmichael, S.T 2003. Plasticity of cortical projections after stroke. *Neuroscientist* 9:64-75.

Casadio, M., RG. Morasso, e V. Sanguineti. 2005. Direct measurement of ankle stiffness during quiet standing: Implications for control modelling and clinical application. *Gait Posture* 21:410-24.

Cauraugh, J.H. 2004. Coupled rehabilitation protocols and neural plasticity: Upper extremity improvements in chronic hemiparesis. *Restor Neurol Neurosci* 22:337-47.

Cauraugh, J.H., e J.J. Summers. 2005. Neural plasticity and bilateral movements: A rehabilitation approach for chronic stroke. *Progr Neurobiol* 75:309-20.

Celnik, P. A., e L.G. Cohen. 2004. Modulation of motor function and cortical plasticity in health and disease. *Restor Neurol Neurosci* 22:261-68.

Cersosimo, M.G., e W.C. Roller. 2004. Essential tremor. In *Movement disorders. Neurological principles and practice*, ed. R.L. Watts e W.C. Roller, 431-57. Nova York: McGraw-Hill.

Chan, C.W.Y, G. Melvill Jones, R.E. Kearney, e D.G.D. Watt. 1979. The late electromyographic response to limb displacement in man. I. Evidence for supraspinal contribution. *Electroencephalogr Clin Neurophysiol* 46:173-81.

Chan, C.W.Y, e R.E. Kearney. 1982. Is the functional stretch reflex servo controlled or preprogrammed? *Electroencephalogr Clin Neurophysiol* 53:310-24.

Chan, K.M., A.J. Raja, F.J. Strohschein, e K. Lechelt. 2000. Age-related changes in muscle fatigue resistance in humans. *Can J Neurol Sci* 27:220-8.

Chen, R.S., C.H. Tsai, e C.S. Lu. 1995. Reciprocal inhibition in writer's cramp. *Mov Disord* 10:556-61.

Cheney, P.D., e E.E. Fetz. 1984. Corticomotoneuronal cells contribute to long-latency stretch reflexes in the rhesus monkey. *J Physiol* 349:249-72.

Chiang, H., S.M. Slobounov, e W. Ray. 2004. Practice-related modulations of force enslaving and cortical activity as revealed by EEG. *Clin Neurophysiol* 115:1033-43.

Christova, P., e A. Kossev. 1998. Motor unit activity during long-lasting intermittent muscle contractions in humans. *Eur J Appl Physiol Occup Physiol* 77:379-87.

Cioni, M., A. Cocilovo, F. Di Pasquale, M.B. Araujo C.R. Siqueira, e M. Bianco. 1994. Strength deficit of knee extensor muscles of individuals with Down syndrome from childhood to adolescence. *Am J Ment Retard* 99:166-74.

Cisek, P., e J.F Kalaska. 2005. Neural correlates of reaching decisions in dorsal premotor cortex: Specification of multiple direction choices and final selection of action. *Neuron* 45:801-14.

Classen, J., J. Liepert, S.P. Wise, M. Hallett, e L.G. Cohen. 1998. Rapid plasticity of human cortical movement representation induced by practice. *J Neurophysiol* 79:1117-23.

Cody, F.W.J., N. MacDermott, P.B.C. Matthews, e H.C. Richardson. 1986. Observations on the genesis of the stretch reflex in Parkinson's disease. *Brain* 109:229-49.

Cohen, L.G., S. Bandinelli, T.W. Findley, e M. Hal-lett. 1991. Motor reorganization after upper limb amputation in humans: A study with focal magnetic stimulation. *Brain* 114:615-27.

Cohen, L.G., S. Bandinelli, H.R. Topka, P. Fuhr, B.J. Roth, e M. Hallett. 1991. Topographic maps of human motor cortex in normal and pathological conditions: Mirror movements, amputations and spinal cord injuries. *Electroencephalogr Clin Neurophysiol Suppl.* no. 43:36-50.

Cohen, L.G., P. Celnik, A. Pascual-Leone, B. Corwell, L. Falz, J. Dambrosia, M. Honda, N. Sadato, C. Ger-loff, M.D. Catala, e M. Hallett. 1997. Functional relevance of cross-modal plasticity in blind humans. *Nature* 389:180-3.

Cole, K.J. 1991. Grasp force control in older adults. *J Mot Behav* 23:251-8.

Cole, K.J., e J.H. Abbs. 1987. Kinematic and electromyographic responses to perturbation of a rapid grasp. *J Neurophysiol* 57:1498-1510.

Cole, K.J., D.L. Rotella, e J.G. Harper. 1998. Tactile impairements cannot explain the effect of age on a grasp and lift. *Exp Brain Res* 121:263-9.

Cole, K.J., D.L. Rotella, e J.G. Harper. 1999. Mechanisms for age-related changes of fingertip forces during precision gripping and lifting in adults. *J Neurosci* 19:3238-47.

Colebatch, J.G., e S.C. Gandevia. 1989. The distribution of muscular weakness in upper motor neuron lesions affecting the arm. *Brain* 112:749-63.

Collins, J.J., e C.J. De Luca. 1993. Open-loop and closed-loop control of posture: A random-walk analysis of center-of-pressure trajectories. *Exp Brain Res* 95:308-18.

Collins, S., A. Ruina, R. Tedrake, e M. Wisse. 2005. Efficient bipedal robots based on passive-dynamic walkers. *Science* 307:1082-5.

Coltz, J.D., M.T.V. Johnson, e T.J. Ebner. 1999. Cerebellar Purkinje cell simple spike discharge encodes movement velocity in primates during visuomotor arm tracking. *J Neurosci* 19:1782-1803.

Conforto, A.B., A. Kaelin-Lang, e L.G. Cohen. 2002. Increase in hand muscle strength of stroke patients after somatosensory stimulation. *Ann Neurol* 51: 122-5.

Connolly, B.H. 2001. Aging in individuals with lifelong disabilities. *Phys Occup Ther Pediatr* 21:23-47.

Contreras-Vidal, J.L., S. Grossberg, e D. Bullock. 1997. A neural model of cerebellar learning for arm movement control: Cortico-spino-cerebellar dynamics. *Learn Mem* 3:475-502.

Contreras-Vidal, J.L., H.L. Teulings, e G.E. Stel--mach. 1998. Elderly subjects are impaired in spatial coordination in fine motor control. *Acta Psychol* 100:25-35.

Cooke, D.W., e E. Thelen. 1987. Newborn stepping: A review of puzzling infant co-ordination. *Dev Med Child Neurol* 29:399-404.

Cooper, S.E., D.S. Johnson, e E.B. Montgomery Jr. 2004. Pathophysiology of cerebellar disorders. In *Movement disorders. Neurological principles and practice*, ed. R.L. Watts e W.C. Roller, 737-60. Nova York: McGraw-Hill.

Corcos, D.M., G.L. Gottlieb, e G.C. Agarwal. 1989. Organizing principles for single joint movements. II. A speed-sensitive strategy. *J Neurophysiol* 62:358-68.

Corcos, D.M., G.L. Gottlieb, G.C. Agarwal, e B.P. Flaherty. 1990. Organizing principles for single joint movements. IV. Implications for isometric contractions. *J Neurophysiol* 64:1033-42.

Corcos, D.M., G.L. Gottlieb, R.D. Penn, B. Myklebust, e G.C. Agarwal. 1986. Movement deficits caused by hyperexcitable stretch reflexes in spastic humans. *Brain* 109:1043-58.

Cordo, P.J., e L.M. Nashner. 1982. Properties of postural adjustments associated with rapid arm movements. *J Neurophysiol* 47:1888-905.

Courchesne, E. 1997. Brainstem, cerebellar and limbic neuroanatomical abnormalities in autism. *Curr Opin Neurobiol* 7:269-78.

Cramer, S.C, G. Nelles, R.R. Benson, J.D. Kaplan, R.A. Parker, e K.K. Kwong. 1997. A functional MRI study of subjects recovered from hemiparetic stroke. *Stroke* 28:2518-27.

Craske, B. 1977. Perception of impossible limb positions induced by tendon vibration. *Science* 196:71-3.

Crivello, F, e B. Mazoyer. 1999. Positron emission tomography of the human brain. Em *Modern techniques in neuroscience research*, ed. U. Windhorst e H. Johansson, 1083-98. Berlin: Springer-Verlag.

Crome, L.C, e J. Stern. 1967. *Pathology of mental retardation*. London: Churchill.

Crowninshield, R.D., e R.A. Brand. 1981. A physiologically based criterion of muscle force prediction in locomotion. *J Biomech* 14:793-801.

Cruse, H., e M. Bruwer. 1987. The human arm as a redundant manipulator: The control of path and joint angles. *Biol Cybern* 57:137-44.

Crutcher, M.D., e M.R. DeLong. 1984. Single cell studies of the primate putamen, Parts 1 and 2. *Exp Brain Res* 53:233-58.

Czerniecki, J.M., A. Gitter, e C. Munro. 1991. Joint moment and muscle power output characteristics of below knee amputees during running: The influence of energy storing prosthetic feet. *J Biomech* 24:63-75.

Danckert, J., S. Ferber, T. Doherty, H. Steinmetz, D. Nicolle, e M.A. Goodale. 2002. Selective, non-lateralized impairment of motor imagery following right parietal damage. *Neurocase* 8:194-204.

D'Angelo, E. 2005. Synaptic plasticity at the cerebellum input stage: Mechanisms and functional implications. *Arch Ital Biol* 143:143-56.

Danion, E, M.L. Latash, Z.-M. Li, e V.M. Zatsiorsky. 2000. The effects of fatigue on multi-finger coordination in force production tasks. *J Physiol* 523:523-32.

Danion, E, M.L. Latash, Z.-M. Li, e V.M. Zatsiorsky. 2001. The effect of a fatiguing exercise by the index finger on single- and multi-finger force production tasks. *Exp Brain Res* 138:322-9.

Danion, E, M.L. Latash, e S. Li. 2003. Finger interactions studied with transcranial magnetic stimulation during multi-finger force production tasks. *Clin Neurophysiol* 114:1445-55.

Danion, F, G. Schoner, M.L. Latash, S. Li, J.P. Scholz, e V.M. Zatsiorsky. 2003. A force mode hypothesis for finger interaction during multi-finger force production tasks. *Biol Cybern* 88:91-8.

Davids, K., S. Bennett, e K.M. Newell. 2005. *Movement system variability*. Champaign, IL: Human Kinetics.

Day, B.L., H. Riescher, A. Struppler, J.C. Rothwell, e C.D. Marsden. 1991. Changes in the response to magnetic and electrical stimulation of the motor cortex following muscle stretch in man. *J Physiol* 433:41-57.

De Schutter, E., e R. Maex. 1996. The cerebellum: Cortical processing and theory. *Curr Opin Neurobiol* 6:759-64.

Deecke, L., e H.H. Kornhuber. 1969. Distribution of readiness potential, pre-motor positivity and motor potential of the human cerebral cortex preceding voluntary finger movements. *Exp Brain Res* 7:158-68.

DeLong, M.R. 1999. The basal ganglia. In *Principles of neural science*. 4th ed., ed. E.R. Kandel, J.H. Schwartz, e T.M. Jessell, 853-67. Nova York: McGraw-Hill.

DeLong, M.R., M.D. Crutcher, e A.P. Georgopoulos. 1985. Primate globus pallidus and subthalamic nucleus: Functional organisation. *J Neurophysiol* 53:530-43.

DeLong, M.R., e A.P. Georgopoulos. 1979. Motor function of basal ganglia as revealed by studies of single cell activity in the behaving primate. *Adv Neurol* 24:131-40.

DeLong, M.R., e A.P. Georgopoulos. 1981. Motor functions of the basal ganglia. In *Handbook of physiology*, ed. V.B. Brooks, 1017-61. Baltimore: Williams & Wilkins.

Dengler, R., A. Konstanzer, J. Gillespie, M. Argenta, W. Wolf, e A. Struppler. 1990. Behavior of motor units in parkinsonism. *Adv Neurol* 53:167-73.

Diekmann, V, S.N. Erne, e W. Becker. 1999. Magnetoencephalography. In *Modern techniques in neuroscience research*, ed. U. Windhorst e H. Johansson, 1025-54. Berlin: Springer-Verlag.

Diener, H.C., M. Bacher, B. Guschlbauer, C. Thomas, e J. Dichgans. 1993. The coordination of posture and voluntary movement in patients with hemiparesis. *J Neurol* 240:161-7.

Diener, H.C., e J. Dichgans. 1992. Pathophysiology of cerebellar ataxia. *Mov Disord* 7:95-109.

Diener, H.C, J. Dichgans, M. Bacher, e B. Gompf. 1984. Quantification of postural sway in normals and patients with cerebellar diseases. *Electroencephalogr Clin Neurophysiol* 57:134-42.

Dietz, V. 2000. Spastic movement disorder. *Spinal Cord* 38:389-93.

Dietz, V, e W. Berger. 1984. Interlimb coordination of posture in patients with spastic paresis. Impaired function of spinal reflexes. *Brain* 107:965-78.

Dietz, V, J. Quintern, e W. Berger. 1981. Electrophysiological studies of gait in spasticity and rigidity. Evidence that altered mechanical properties of muscle contribute to hypertonia. *Brain* 104:431-49.

Dietz, V, J. Quintern, e W. Berger. 1984. Corrective reactions to stumbling in man: Functional significance of spinal and transcortical reflexes. *Neurosci Lett* 44:131-5.

Dijkstra, T.M., G. Schoner, M.A. Giese, e C.C.A.M. Gielen. 1994. Frequency dependence of the action-perception cycle for postural control in a moving visual environment: Relative phase dynamics. *Biol Cybern* 71:489-501.

Dimitrijevic, M.R., PW Nathan, e A.M. Sherwood. 1980. Clonus: The role of central mechanisms. *J Neurol Neurosurg Psychiatr* 43:321-32.

Dizio, P., e J.R. Lackner. 1995. Motor adaptation to Coriolis force perturbations of reaching movements: Endpoint but not trajectory adaptation transfers to the nonexposed arm. *J Neurophysiol* 74:1787-92.

Doherty, T.J., e W.F. Brown. 1997. Age-related changes in the twitch contractile properties of human thenar motor units. *J Appl Physiol* 82:93-101.

Donelan, J.M., D.W. Shipman, R. Kram, e A.D. Kuo. 2004. Mechanical and metabolic requirements for active lateral stabilization in human walking. *J Biomech* 37:827-35.

Dounskaia, N., C.J. Ketcham, B.C. Leis, e G.E. Stelmach. 2005. Disruptions in joint control during drawing arm movements in Parkinson's disease. *Exp Brain Res* 164:311-22.

Dralle, D., H. Muller, J. Zierski, e N. Klug. 1985. Intrathecal baclofen for spasticity. *Lancet* 2(8462): 1003.

Dreher, J.C, e J. Grafman. 2002. The roles of the cerebellum and basal ganglia in timing and error prediction. *Eur J Neurosci* 16:1609-19.

Duchateau, J., C. Balestra, A. Carpentier, e K. Hainaut. 2002. Reflex regulation during sustained and intermittent submaximal contractions in humans. *J Physiol* 541:959-67.

Duchateau, J., e K. Hainaut. 1990. Effects of immobilization on contractile properties, recruitment and firing rates of human motor units. *J Physiol* 422: 55-65.

Duque, J., F. Hummel, P. Celnik, N. Murase, R. Mazzoc-chio, e L.G. Cohen. 2005. Transcallosal inhibition in chronic subcortical stroke. *Neuroimage* 28:940-6.

Duysens, J., e K.G. Pearson. 1976. The role of cutaneous afferents from the distal hindlimb in the regulation of the stepcycle in thalamic cats. *Exp Brain* Res 24:245-55.

Edwards, J.M., e D. Elliott. 1989. Asymmetries in intermanual transfer of training and motor overflow in adults with Down's syndrome and nonhandicapped children. *J Clin Exp Neuropsychol* 11:959-66.

Eisen, A., M. Entezari-Taher, e H. Stewart. 1996. Cortical projections to spinal motoneurons: Changes with aging and amyotrophic lateral sclerosis. *Neurology* 46:1396-404.

Eklund, G. 1969. Influence of muscle vibration on balance in man. A preliminary report. *Acta Soc Med Ups* 74:113-7.

Elble, R.J., C. Moody, K. Leffler, e R. Sinha. 1994. The initiation of normal walking. *Mov Disord* 2:139-46.

Ellaway, P.H., N.J. Davey, e M. Ljubisavljevic. 1999. Magnetic stimulation of the nervous system. In *Modern techniques in neuroscience research*, ed. U. Windhorst e H. Johansson, 869-892. Berlin: Springer-Verlag.

English, A.W. 1984. An electromyographic analysis of compartments in cat lateral gastrocnemius muscle during unrestrained locomotion. *J Neurophysiol* 52:114-25.

Enoka, R.M., E.A. Christou, S.K. Hunter, K.W Kornatz, J.G. Semmler, A.M. Taylor, e B.L. Tracy. 2003. Mechanisms that contribute to differences in motor performance between young and old adults. *J Electromyogr Kinesiol* 13:1-12.

Ernst, M.E., M.E. Klepser, M. Fouts, e M.N. Marangos. 1997. Tetanus: Pathophysiology and management. *Ann Pharmacother* 31:1507-13.

Evarts, E.V. 1968. Relation of pyramidal tract activity to force exerted during voluntary movement. *J Neurophysiol* 31:14-27.

Evarts, E.V., H. Teravainen, e D.B. Calne. 1981. Reaction time in Parkinson's disease. *Brain* 104:167-86.

Fadiga, L., L. Craighero, e E. Olivier. 2005. Human motor cortex excitability during the perception of others' action. *Curr Opin Neurobiol* 15:213-8.

Farina, D., R. Merletti, e R.M. Enoka. 2004. The extraction of neural signals from the surface EMG. *J Appl Physiol* 96:1486-95.

Feldman, A.G. 1966. Functional tuning of the nervous system with control of movement or maintenance of a steady posture. II. Controllable parameters of the muscle. *Biophysics* 11:565-78.

Feldman, A.G. 1980. Superposition of motor programs. I. Rhythmic forearm movements in man. *Neuroscience* 5: 81-90.

Feldman, A.G. 1986. Once more on the equilibrium-point hypothesis (X-model) for motor control. *J Mot Behav* 18:17-54.

Feldman, A.G., e M.L. Latash. 1982. Inversions of vibration-induced senso-motor events caused by supraspinal influences in man. *Neurosci Lett* 31:147-51.

Feldman, A.G., e M.L. Latash. 2005. Testing hypotheses and the advancement of science: Recent attempts to falsify the equilibrium-point hypothesis. *Exp Brain* Res 161:91-103.

Feldman, A.G., e M.F. Levin. 1995. Positional frames of reference in motor control: Their origin and use. *Behav Brain Sci* 18:723-806.

Fink, G.R. 2004. Functional MR imaging: From the BOLD effect to higher motor cognition. *Clin Neurophysiol* Suppl. no. 57:458-68.

Fitts, R.H., J.B. Courtright, D.H. Kim, e F.A. Witzmann. 1982. Muscle fatigue with prolonged exercise: Contractile and biochemical alterations. *Am J Physiol* 242: C65-73.

Flash, T., e N. Hogan. 1985. The coordination of arm movements: An experimentally confirmed mathematical model. *J Neurosci* 5:1688-1703.

Fleckenstein, J.L., D. Watumull, L.A. Bertocci, R.W Parkey, e R.M. Peshock. 1992. Finger-specific flexor recruitment in humans: Depiction by exercise-enhanced MRI. *J Appl Physiol* 72: 1974-7.

Flowers, K.A. 1976. Visual "closed-loop" and "open-loop" characteristics of voluntary movements in patients with parkinsonism and intention tremor. *Brain* 99:269-310.

Forssberg, H., S. Grillner, e S. Rossignol. 1975. Phase dependent reflex reversal during walking in chronic spinal cat. *Brain Res* 85:103-7.

Forssberg, H., S. Grillner, e S. Rossignol. 1977. Phasic gain control of reflexes from the dorsum of the paw during spinal locomotion. *Brain Res* 132:121-39.

Fortier, P.A., J.R Kalaska, e A.M. Smith. 1989. Cerebellar neuronal activity related to whole-arm reaching movements in the monkey. *J Neurophysiol* 62:198-211.

Frahm, J., P. Fransson, e G. Kriiger. 1999. Magnetic resonance imaging of the human brain function. In *Modern techniques in neuroscience research*, ed. U. Windhorst e H. Johansson, 1055-1082. Berlin: Springer-Verlag.

Francis, K.L., e W.W. Spirduso. 2000. Age differences in the expression of manual asymmetry. *Exp Aging Res* 26:169-80.

Freal, J.E., G.H. Kraft, e J.K. Coryell. 1984. Symptomatic fatigue in multiple sclerosis. *Arch Phys Med Rehabil* 65:135-8.

Freitas, S.M.S.F, M. Duarte, e M.L. Latash. Forthcoming. Two kinematic synergies in voluntary whole-body movements during standing. *J Neurophysiol.*

Fuglevand, A.J., K.M. Zackowski, K.A. Huey, e R.M. Enoka. 1993. Impairment of neuromuscular propagation during human fatiguing contractions at submaximal forces. *J Physiol* 460:549-72.

Fuhr, P., L.G. Cohen, N. Dang, T.W. Findley, S. Haghighi, J. Oro, e M. Hallett. 1992. Physiological analysis of motor reorganization following lower limb amputation. *Electroencephalogr Clin Neurophysiol* 85:53-60.

Fujita, T, S. Nakamura, M. Ohue, Y. Fujii, A. Miyauchi, Y. Takagi, e H. Tsugeno. 2005. Effect of age on body sway assessed by computerized posturography. *J Bone Miner Metabol* 23:152-6.

Fukson, O.I., M.B. Berkinblit, e A.G. Feldman. 1980. The spinal frog takes into account the scheme of its body during the wiping reflex. *Science* 209:1261-3.

Galganski, M.E., A.J. Fuglevand, e R.M. Enoka. 1993. Reduced control of motor output in a human hand muscle of elderly subjects during submaximal contractions. *J Neurophysiol* 69:2108-15.

Gandevia, S.C. 2001. Spinal and supraspinal factors in human muscle fatigue. *Physiol Rev* 81:1725-89.

Garcia, M., A. Chatterjee, A. Ruina, e M. Coleman. 1998. The simplest walking model: Stability complexity, and scaling. *J Biomech Eng* 120:281-8.

Garland, S.J., R.M. Enoka, L.P. Serrano, e G.A. Robinson. 1994. Behavior of motor units in human biceps brachii during a submaximal fatiguing contraction. *J Appl Physiol* 76:2411-9.

Gelfand, I.M. 1991. Two archetypes in the psychology of man. *Nonlinear Sci Today* 1:11-6.

Gelfand, I.M., e M.L. Latash. 2002. On the problem of adequate language in biology. In *Structure-function relations in voluntary movement*. Vol. 2 de *Progress in motor control*, ed. M.L. Latash, 209-28. Champaign, IL: Human Kinetics.

Gelfand, I.M., e M.L. Tsetlin. 1966. On mathematical modeling of the mechanisms of the central nervous system. In *Models of the structural-functional organization of certain biological systems*, ed. I.M. Gelfand, VS. Gurfinkel, S.V Fomin, e M.L. Tsetlin, 9-26. Moscou: Nauka. [em russo] (uma tradução em ingles está disponível na edição de 1971 da MIT Press: Cambridge MA)

Georgopoulos, A.P. 1986. On reaching. *Annu Rev Neurosci* 9:147-70.

Georgopoulos, A.P., J.F. Kalaska, R. Caminiti, e J.T. Massey. 1982. On the relations between the direction of two-dimensional arm movements and cell discharge in primate motor cortex. *J Neurosci* 2:1527-37.

Georgopoulos, A.P., A.B. Schwartz, e R.E. Kettner. 1986. Neural population coding of movement direction. *Science* 233:1416-9.

Georgopoulos, A.P., J.T. Lurito, M. Petrides, A.B. Schwartz, e J.T. Massey. 1989. Mental rotation of the neuronal population vector. *Science* 243:234-6.

Geuze, R.H. 2005. Postural control in children with developmental coordination disorder. *Neural Plast* 12:183-96.

Ghez, C, e J. Gordon. 1987. Trajectory control in targeted force impulses. I. Role of opposing muscles. *Exp Brain Res* 67:225-40.

Giampaoli, S., L. Ferrucci, F. Cecchi, C. Lo Noce, A. Poce, A. Santaquilani, M.F. Vescio, e A. Menotti. 1999. Hand-grip strength predicts insident disability in non-disabled older men. *Age & Aging* 28:283-8.

Gibson, A.R., J.C. Houk, e N.J. Kohlerman. 1985. Relation between red nucleus discharge and movement parameters in trained macaque monkeys. *J Physiol* 358:551-70.

Gibson, J.J. 1979. *The ecological approach to visual perception*. Boston: Houghton Mifflin.

Gielen, C.C.A.M., K. van der Oosten, e F. Pull ter Gunne. 1985. Relations between EMG activation patterns and kinematic properties of aimed movements. *J Mot Behav* 17:421-42.

Giladi, N. 2001. Gait disturbances in advanced stages of Parkinson's disease. *Adv Neurol* 86:273-8.

Gilbert, CD., e T.N. Wiesel. 1979. Morphology and intracortical projections of functionally characterised neurones in the cat visual cortex. *Nature* 280:120-5.

Gillberg, C, e B. Kadesjo. 2003. Why bother about clumsiness? The implications of having developmental coordination disorder (DCD). *Neural Plast* 10:59-68.

Gilles, M.A., e A.M. Wing. 2003. Age-related changes in grip force and dynamics of hand movement. *J Mot Behav* 35:79-85.

Gilman, S. 1969. The mechanism of cerebellar hypotonia: An experimental study in the monkey. *Brain* 92:621-38.

Gilman, S. 2004. Clinical features and treatment of cerebellar disorders. In *Movement disorders. Neurological principles and practice*, ed. R.L. Watts e W.C. Roller. 723-736. Nova York: McGraw-Hill.

Gilman, S., J.R. Bloedel, e R. Lechtenberg. 1981. *Disorders of the cerebellum*. Philadelphia: Davis.

Giszter, S.F., F.A. Mussa-Ivaldi, e E. Bizzi. 1993. Convergent force fields organized in the frog's spinal cord. *J Neurosci* 13:467-91.

Glansdorf, P., e I. Prigogine. 1971. *Thermodynamic theory of structures, stability and fluctuations*. Nova York: Wiley.

Goetz, C.C., e S. Horn. 2004. Tardive dyskinesia. In *Movement disorders. Neurological principles and practice*, ed. R.L. Watts e W.C. Roller, 629-638. Nova York: McGraw-Hill.

Goldberger, M.E. 1977. Locomotor recovery after unilateral hindlimb deafferentation in cats. *Brain Res* 123:59-74.

Goodkin, H.P., e W.T. Thach. 2003. Cerebellar control of constrained and unconstrained movements. II. EMG and nuclear activity. *J Neurophysiol* 89:896-908.

Goodwin, G.M., D.L. McCloskey, e P.B. Matthews. 1972. The contribution of muscle afferents to kin-aesthesia shown by vibration induced illusions of movement and by the effects of paralysing joint afferents. *Brain* 95:705-48.

Gordon, J., e C. Ghez. 1987. Trajectory control in targeted force impulses. II. Pulse height control. *Exp Brain Res* 67:241-52.

Gorter, J.W., P.L. Rosenbaum, S.E. Hanna, R.J. Palisano, D.J. Bartlett, D.J. Russell, S.D. Walter, P. Raina, B.E. Galuppi, e E. Wood. 2004. Limb distribution, motor impairment, and functional classification of cerebral palsy. *Dev Med Child Neurol* 46:461-7.

Gottlieb, G.L. 1996. On the voluntary movement of compliant (inertial-viscoelastic) loads by parcellated control mechanisms. *J Neurophysiol* 76:3207-29.

Gottlieb, G.L., e G.C. Agarwal. 1972. The role of the myotatic reflex in the voluntary control of movements. *Brain Res* 40:139-143.

Gottlieb, G.L., e G.C. Agarwal. 1980. Response to sudden torques about ankle in man. II. Postmyotatic reactions. *J Neurophysiol* 43:86-101.

Gottlieb, G.L., e G.C. Agarwal. 1988. Compliance of single joints: Elastic and plastic characteristics. *J Neurophysiol* 59:937-51.

Gottlieb, G.L., D.M. Corcos, e G.C. Agarwal. 1989. Strategies for the control of voluntary movements with one mechanical degree of freedom. *Behav Brain Sci* 12:189-250.

Gottlieb, G.L., D.M. Corcos, e G.C. Agarwal. 1989. Organizing principles for single-joint movements. I: A speed-insensitive strategy. *J Neurophysiol* 62:342-57.

Gottlieb, G.L., D.M. Corcos, G.C. Agarwal, e M.L. Latash. 1990. Organizing principles for single joint movements. Ill: Speed-insensitive strategy as a default. *J Neurophysiol* 63:625-36.

Graham Brown, T. 1914. On the nature of the fundamental activity of the nervous centres; together with an analysis of the conditioning of the rhythmic activity in progression and a theory of the evolution of function in the nervous system. *J Physiol* 48:18-46.

Grange, R.W, e M.E. Houston. 1991. Simultaneous potentiation and fatigue in quadriceps after a 60-second maximal voluntary isometric contraction. *J Appl Physiol* 70:726-31.

Grant, C.M., A. Grayson, e J. Boucher. 2001. Using tests of false belief with children with autism: How valid and reliable are they? *Autism* 5:135-45.

Granzier, H.L., e S. Labeit. 2005. Titin and its associated proteins: The third myofilament system of the sarcomere. *Adv Protein Chem* 71:89-119.

Granzier, H.L., e S. Labeit. 2004. The giant protein titin: A major player in myocardial mechanics, signaling, and disease. *Circ Res* 94:284-95.

Graybiel, A.M. 1995. Building action repertoires: Memory and learning functions of the basal ganglia. *Curr Opin Neurobiol* 5:733-41.

Graybiel, A.M. 1997. The basal ganglia and cognitive pattern generators. *Schizophr Bull* 23:459-69.

Graziano, M.S., T.N. Aflalo, e D.F. Cooke. 2005. Arm movements evoked by electrical stimulation in the motor cortex of monkeys. *J Neurophysiol* 94:4209-23.

Graziano, M.S.A., C.S.R. Taylor, e T. Moore. 2002. Complex movements evoked by microstimulation of precentral cortex. *Neuron* 34:841-51.

Grigg, P., G.A. Finerman, e L.H. Riley. 1973. Joint-position sense after total hip replacement. *J Bone Joint Surg Am* Vol 55:1016-25.

Grillner, S. 1975. Locomotion in vertebrates: Central mechanisms and reflex interaction. *Physiol Rev* 55:247-304.

Grillner, S., e P. Wallen. 1985. Central pattern generators for locomotion, with special reference to vertebrates. *Annu Rev Neurosci* 8:233-61.

Grillner, S., e P. Zangger. 1975. How detailed is the central pattern generator for locomotion? *Brain Res* 88:367-71.

Grimby, G., B. Danneskold-Samsoe, K. Hvid, e B. Saltin. 1982. Morphology and enzymatic capacity in arm and leg muscles in 78-81 year old men and women. *Acta Physiol Scand* 115:125-34.

Gusella, J.R, e M.E. MacDonald. 2004. Genetics and molecular bioloby of Huntington's disease. Em *Movement disorders. Neurological principles and practice*, ed. R.L. Watts e W.C. Roller, 571-88. Nova York: McGraw-Hill.

Gutman, A.M. 1991. Bistability of dendrites. *Int J Neural Syst* 1:291-304.

Hagbarth, K.-E., E.J. Runesch, M. Nordin, R. Schmidt, e E.U. Wallin. 1986. Gamma loop contributing to maximal voluntary contraction in man. *J Physiol* 380:575-91.

Hagbarth, K.-E., L.G. Bongiovanni, e M. Nordin. 1995. Reduced servo-control of fatigued human finger extensor and flexor muscles. *J Physiol* 485:865-72.

Haken, H. 1977. Synergetics: *An introduction. Nonequilibirium phase transitions and self-organization in physics, chemistry, and biology*. Berlin: Springer-Verlag.

Haken, H.J.A.S. Kelso, e H. Bunz. 1985. A theoretical model of phase transitions in human hand movements. *Biol Cybern* 51:347-56.

Hakkinen, K., R.U. Newton, S.E. Gordon, M. McCor-mick, J.S. Volek, B.C. Nindl, L.A. Gotshalk, W.W. Campbell, W.J. Evans, A. Hakkinen, B.J. Humphries, e W.J. Kraemer. 1998. Changes in muscle morphology, electromyographic activity, and force production characteristics during progressive strength training in young and older men. *J Gerontol Biol Med Sci* 53: B415-23.

Haley, S.M. 1986. Postural reactions in infants with Down syndrome. Relationship to motor milestone development and age. *Phys Ther* 66:17-22.

Hallett, M. 2001. Plasticity of the human motor cortex and recovery from stroke. *Brain Res Rev* 36:169-74.

Hallett, M., e S. Khoshbin. 1980. A physiological mechanism of bradykinesia. *Brain* 103:301-14.

Hartigan-O'Connor, D., e J.S. Chamberlain. 1999. Progress toward gene therapy of Duchenne muscular dystrophy. *Semin Neurol* 19:323-32.

Hasan, Z. 1986. Optimized movement trajectories and joint stiffness in unperturbed, inertially loaded movements. *Biol Cybern* 53:373-82.

Hauber, W. 1998. Involvement of basal ganglia transmitter systems in movement initiation. *Progr Neurobiol* 56:507-40.

Hay, L., C. Bard, M. Fleury, e N. Teasdale. 1996. Availability of visual and proprioceptive afferent messages and postural control in elderly adults. *Exp Brain Res* 108:129-39.

Hayashi, A., Y. Kagamihara, Y. Nakajima, H. Nara-bayashi, Y. Okuma, e R. Tanaka. 1988. Disorder in reciprocal innervation upon initiation of voluntary movement in patients with Parkinson's disease. *Exp Brain Res* 70:437-40.

Hayashi, R., A. Miyake, H. Jijiwa, e S. Watanabe. 1981. Postural readjustment to body sway induced by vibration in man. *Exp Brain Res* 43:217-25.

Heckman, C.J., M.A. Gorassini, e D.J. Bennett. 2005. Persistent inward currents in motoneuron dendrites: Implications for motor output. *Muscle Nerve* 31:135-56.

Heckman, C.J., R.H. Lee, e R.M. Brownstone. 2003. Hyperexcitable dendrites in motoneurons and their neuromodulatory control during motor behavior. *Trends Neurosci* 26:688-95.

Heilman, K.M., D. Bowers, R.T. Watson, e M. Greer. 1976. Reaction time in Parkinson's disease. *Arch Neurol* 33:139-40.

Henderson, G., B.E. Tomlinson, e P.H. Gibson. 1980. Cell counts in human cerebral cortex in normal adults throughout life using an image analysing computer. *J Neurol Sci* 46:113-36.

Hesse, S., H. Schmidt, C. Werner, e A. Bardeleben. 2003. Upper and lower extremity robotic devices for rehabilitation and for studying motor control. *Curr Opin Neurol* 16:705-10.

Hidler, J.M., e W.Z. Rymer. 1999. A simulation study of reflex instability in spasticity: Origins of clonus. *IEEE Trans Rehabil Eng* 7:327-40.

Hill, A.V. 1938. The heat of shortening and the dynamic constants of muscle. *Proc Roy Soc London B Biol Sci* 126:136-95.

Hinder, M.R., e T.E. Milner. 2003. The case for an internal dynamics model versus equilibrium point control in human movement. *J Physiol* 549:953-63.

Hirsch, J.C, A. Fourment, e M.E. Marc. 1983. Sleep-related variations of membrane potential in the lateral geniculate body relay neurons of the cat. *Brain Res* 259:308-12.

Hirschfeld, H., e H. Forssberg. 1991. Phase-dependent modulations of anticipatory postural activity during human locomotion. *J Neurophysiol* 66:12-9.

Hodgson, M., D. Docherty, e D. Robbins. 2005. Post-activation potentiation: Underlying physiology and implications for motor performance. *Sports Med* 35:585-95.

Hogan, N. 1984. An organizational principle for a class of voluntary movements. *J Neurosci* 4:2745-54.

Hogan, N. 1985. The mechanics of multi-joint posture and movement control. *Biol Cybern* 52:315-31.

Hogan, N. 1990. Mechanical impedance of single- and multi-articular systems. In *Multiple muscle systems. Biomechanics and movement organization*, ed. J.M. Winters e S.L.-Y. Woo, 149-64. Nova York: Springer-Verlag.

Hollerbach, J.M., e C.G. Atkeson. 1987. Deducing planning variables from experimental arm trajectories pitfalls and possibilities. *Biol Cybern* 56:279-92.

Hollerbach, J.M., e T. Flash. 1982. Dynamic interaction between limb segments during planar arm movements. *Biol Cybern* 44:67-7.

Horak, F.B., e H.C Diener. 1994. Cerebellar control of postural scaling and central set in stance. *J Neurophysiol* 72:479-93.

Horak, F.B., e L.M. Nashner. 1986. Central programming of postural movements: Adaptation to altered support-surface configurations. *J Neurophysiol* 55:1369-81.

Horak, F.B., C.L. Shupert, e A. Mirka. 1989. Components of postural dyscontrol in the elderly: A review. *Neurobiol Aging* 10:727-38.

Houk, J.C. 1976. An assessment of stretch reflex function. *Progr Brain Res* 44:303-14.

Houk, J.C, J.T. Buckingham, e A.G. Barto. 1996. Models of the cerebellum and motor learning. *Behav Brain Sci* 19:368-83.

Houk, J.C, e A.R. Gibson. 1987. Sensorimotor processing through the cerebellum. In *New concepts in cerebellar neurobiology*, ed. J. S. Ring, 387-416. Nova York: Liss.

Hubel, D.H., e T.N. Wiesel. 1979. Brain mechanisms of vision. *Sci Am* 241:150-62.

Hughlings Jackson, J. 1889. On the comparative study of disease of the nervous system. *Br Med J*, August 17, 1889, 355-62.

Hughes, R.A., e D.R. Cornblath. 2005. Guillain-Barre syndrome. *Lancet* 366:1653-66.

Hughes, S., J. Gibbs, D. Dunlop, P. Edelman, R. Singer, e R.W. Chang. 1997. Predictors of decline in manual performance of older adults. *J Am Geriatr Soc* 45:905-10.

Hultborn, H. 2003. Changes in neuronal properties and spinal reflexes during development of spasticity following spinal cord lesions and stroke: Studies in animal models and patients. *J Rehabil Med* Suppl. no. 41:46-55.

Humphrey, D.R. 1982. Separate cell systems in the motor cortex of the monkey for the control of joint movement and of joint stiffness. Em P.A. Buser, V.A. Cobb, e H. Okuma (eds.), *Electroencephalogr Clin Neurophysiol* Suppl. no. 36:393-408, Amsterdam: Elsevier Science.

Hunter, J.P., P. Ashby, e A.E. Lang. 1988. Afferents contributing to the exaggerated long latency reflex response to electrical stimulation in Parkinson's disease. *J Neurol Neurosurg Psychiatr* 51:1405-10.

Iansek, R. 1984. The effects of reflex path length on clonus frequency in spastic muscles. *J Neurol Neurosurg Psychiatr* 47:1122-4.

Imamizu, H., Y. Uno, e M. Kawato. 1995. Internal representation of the motor apparatus: Implications from generalization in visuomotor learning. *J Exp Psychol Hum Percept Perform* 21:1174-98.

Imamizu, H., T. Kuroda, S. Miyauchi, T. Yoshioka, e M. Kawato. 2003. Modular organization of internal models of tools in the human cerebellum. *PNAS* 100:5461-6.

Inglin, B., e M.H. Woollacott. 1988. Anticipatory postural adjustments associated with reaction time arm movements: A comparison between young and old. *J Gerontol* 43:M105-13.

Inzelberg, R., T. Flash, e A.D. Korczyn. 1990. Kinematic properties of upper-limb trajectories in Parkinson's disease and idiopathic torsion dystonia. *Adv Neurol* 53:183-9.

Ito, M. 1989. Long-term depression. *Annu Rev Neurosci* 12:85-102.

Ito, M. 2005. Bases and implications of learning in the cerebellum — adaptive control and internal model mechanism. *Progr Brain Res* 148:95-109.

Ivanenko, Y.P., G. Cappellini, N. Dominici, R.E. Poppele, e F. Lacquaniti. 2005. Coordination of locomotion with voluntary movements in humans. *J Neurosci* 25:7238-53.

Ivanenko, Y.P., R.E. Poppele, e F. Lacquaniti. 2004. Five basic muscle activation patterns account for muscle activity during human locomotion. *J Physiol* 556:267-82.

Ivanenko, Y.P., W.G. Wright, V.S. Gurfinkel, F. Horak, e P. Cordo. 2006. Interaction of involuntary post-contraction activity with locomotor movements. *Exp Brain Res* 169:255-60.

Ivanitsky, A.M., A.R. Nikolaev, e G.A. Ivanitsky. 1999. Electroencephalography. Em *Modern techniques in neuroscience research*, ed. U. Windhorst e H. Johansson, 971-998. Berlin: Springer Verlag.

Ivry, R.B. 2003. Cerebellar involvement in clumsiness and other developmental disorders. *Neural Plast* 10:141-53.

Ivry, R.B., S.W. Keele, e H.C. Diener. 1988. Dissociation of the lateral and medial cerebellum in movement timing and movement execution. *Exp Brain Res* 73:167-80.

Ivry, R.B., e R.M. Spencer. 2004. The neural representation of time. *Curr Opin Neurobiol* 14:225-32.

Izquierdo, M., K. Hakkinen, J. Ibanez, A. Anton, M. Garrues, M. Ruesta, e E.M. Gorostiaga. 2003. Effects of strength training on submaximal and maximal endurance performance capacity in middle-aged and older men. *J Strength Condit Res* 17:129-39.

Jalinous, R. 1998. *Guide to magnetic stimulation.* Woburn, MA, The MagStim Company, Ltd.

Jankowska, E. 1979. New observations on neuronal organization of reflexes from tendon organ afferents and their relation to reflexes evoked from muscle spindle afferents. In *Reflex control of posture and movement*, ed. R. Granit e O. Pompeiano, 29-36. Amsterdam: Elsevier Science.

Jankowska, E., A. Lundberg, e D. Stuart. 1983. Propriospinal control of interneurons in spinal reflex pathways from tendon organs in the cat. *Brain Res* 261:317-20.

Jansons, H. 1992. Bernstein: The microscopy of movement. In *Biolocomotion: A century of research using moving pictures*, ed. A. Cappozzo, M. Marchetti, e V. Tosi, 137-174. Rome: Promograph.

Jaric, S., S. Milanovic, S. Blezic, e M.L. Latash. 1999. Changes in movement kinematics during single-joint movements against expectedly and unexpectedly changed inertial loads. *Hum Mov Sci* 18:49-66.

Jason, L.A., K. Corradi, S. Torres-Harding, R.R. Taylor, e C. King. 2005. Chronic fatigue syndrome: The need for subtypes. *Neuropsychol Rev* 15:29-58.

Jeka, J.J., e J.R. Lackner. 1994. Fingertip contact influences human postural control. *Exp Brain Res* 100:495-502.

Jeneson, J.A., J.S. Taylor, D.B. Vigneron, T.S. Willard, L. Carvajal, S.J. Nelson, J. Murphy--Boesch, e T.R. Brown. 1990. 1H MR imaging of anatomical compartments within the finger flexor muscles of the human forearm. *Magn Reson Med* 15:491-6.

Jensen, B.R., M. Pilegaard, e G. Sjogaard. 2000. Motor unit recruitment and rate coding in response to fatiguing shoulder abductions and subsequent recovery. *Eur J Appl Physiol* 83:190-9.

Jobin, A., e M.F. Levin. 2000. Regulation of stretch reflex threshold in elbow flexors in children with cerebral palsy: A new measure of spasticity. *Dev Med Child Neurol* 42:531-40.

Johansson, B.B. 2000. Brain plasticity and stroke rehabilitation: The Willis lecture. *Stroke* 31:223-30.

Johansson, R.S., e G. Westling. 1988. Coordinated isometric muscle commands adequately and erroneously programmed for the weight during lifting task with precision grip. *Exp Brain Res* 71:59-71.

Johnson, R.T., e C.J. Gibbs Jr. 1998. Creutzfeldt-Jakob disease and related transmissible spongiform encephalopathies. *N Engl J Med* 339:1994-2004.

Johnson, S.K., J. DeLuca, e B.H. Natelson. 1999. Chronic fatigue syndrome: Reviewing the research findings. *Ann Behav Med* 21:258-71.

Jones, R.D., I.M. Donaldson, e P.J. Parkin. 1989. Impairment and recovery of ipsilateral sensory-motor function following unilateral cerebral infarction. *Brain* 112:113-32.

Joyce, G.C, P.M.H. Rack, e H.F. Ross. 1974. The forces generated in the human elbow joint in response to imposed sinusoidal movements of the forearm. *J Physiol* 240:351-74.

Joyce, G.C, P.M.H. Rack, e D.R. Westbury. 1969 The mechanical properties of cat soleus muscle during controlled lengthening and shortening movements *J Physiol* 204: 461-474.

Kadefors, R., E. Kaiser, e I. Petersen. 1968. Dynamic spectrum analysis of myo-potentials with special reference to muscle fatigue. *Electromyography* 8:39-74.

Kalezic, I., L.A. Bugaychenko, A.I. Kostyukov, A.I. Pilyavskii, M. Ljubisavljevic, U. Windhorst, e H. Johansson. 2004. Fatigue-related depression of the feline monosynaptic gastrocnemius-soleus reflex. *J Physiol* 556:283-96.

Kamen, G., S.V. Sison, C.C. Du, e C. Patten. 1995. Motor unit discharge behavior in older adults during maximal-effort contractions. *J Appl Physiol* 79:1908-13.

Karrer, R., Z. Wojtascek, e M.G. Davis. 1995. Event-related potentials and information processing in infants with and without Down syndrome. *Am J Ment Retard* 100:146-59.

Katz, R.T., e W.Z. Rymer. 1989. Spastic hypertonia: Mechanisms and measurement. *Arch Phys Med Rehabil* 70:144-55.

Kautz, S.A., P.W. Duncan, S. Perera, R.R. Neptune, e S.A. Studenski. 2005. Coordination of hemiparetic locomotion after stroke rehabilitation. *Neurorehabil Neural Repair* 19:250-8.

Kawato, M. 1999. Internal models for motor control and trajectory planning. *Curr Opin Neurobiol* 9:718-27.

Kawato, M., e H. Gomi. 1992. The cerebellum and VOR/ OKR learning models. *Trends Neurosci* 15:445-53.

Kazennikov, O., B. Hyland, M. Corboz, A. Babalian, E.M. Rouiller, e M. Wiesendanger. 1999. Neural activity of supplementary and primary motor areas in monkeys and its relation to bimanual and unimanual movement sequences. *Neuroscience* 89:661-74.

Kazennikov, O.V., e M.L. Shik. 1988. Propagation of the activity along the "stepping strip" of the spinal cord in the cat. [em russo] *Neirofiziologiia* 20:763-9.

Keele, S.W., e R. Ivry. 1990. Does the cerebellum provide a common computation for diverse tasks? A timing hypothesis. *Ann New York Acad Sci* 608:179-211.

Keifer, J., e J.C. Houk. 1994. Motor function of the cerebellorubrospinal system. *Physiol Rev* 74:509-42.

Kelso, J.A.S. 1984. Phase transitions and critical behavior in human bimanual coordination. *Am J Physiol* 246: R1000-4.

Kelso, J.A.S. 1995. Dynamic patterns: *The self-organization of brain and behavior*. Cambridge, MA: MIT Press.

Kelso, J.A.S., K.G. Holt, P.N. Kugler, e M.T. Turvey. 1980. On the concept of coordinative structures as dissipative structures. II. Empirical lines of convergence. In *Tutorials in motor behavior*, ed. G.E. Stelmach e J. Requin, 49-70. Amsterdam: North-Holland Publishing Company.

Kelso, J.A.S., e G. Schoner. 1988. Self-organization of coordinative movement patterns. *Hum Mov Sci* 7:27-46.

Kelso, J.A.S., D.L. Southard, e D. Goodman. 1979. On the nature of human interlimb coordination. *Science* 203:1029-31.

Kernell, D., O. Eerbeek, e B.A. Verhey. 1983. Relation between isometric force and stimulus rate in cat's hindlimb motor units of different twitch contraction time. *Exp Brain Res* 50:220-7.

Ketcham, C.J., N.V. Dounskaia, e G.E. Stelmach. 2004. Multijoint movement control: The importance of interactive torques. *Progr Brain Res* 143:207-18.

Kissel, J.T. 1999. Facioscapulohumeral dystrophy. *Semin Neurol* 19:35-43.

Khurana, T.S., e K.E. Davies. 2003. Pharmacological strategies for muscular dystrophy. *Nat Rev Drug Discov* 2:379-90.

Kiemel, T, K.S. Oie, e J.J. Jeka. 2002. Multisensory fusion and the stochastic structure of postural sway. *Biol Cybern* 87:262-77.

Kilbreath, S.L., e S.C. Gandevia. 1994. Limited independent flexion of the thumb and fingers in human subjects. *J Physiol* 479:487-97.

Kinoshita, H., T. Muiase, e T. Bandou. 1996. Grip posture and forces during holding cylindrical objects with circular grips. *Ergonomics* 39:1163-76.

Kirkendall, D.T. e W.E. Garrett Jr. 1998. The effects of aging and training on skeletal muscle. *Am J Sports Med* 26:598-602.

Kirschm, R.F. e W.Z. Rymer. 1987. Neural compensation for muscular fatigue: Evidence for significant force regulation in man. *J Neurophysiol* 57:1893-910.

Kirshblum, S. 2004. New rehabilitation interventions in spinal cord injury. *J Spinal Cord Med* 27:342-50.

Klein, C.S., C.L. Rice e G.D. Marsh. 2001. Normalized force, activation and coactivation in the arm muscles of young and old men. *J Appl Physiol* 91:1341-9.

Koshland, G.F., L. Gerilovsky e Z. Hasan. 1991. Activity of wrist muscles elicited during imposed or voluntary movements about the elbow joint. *J Mot Behav* 23.91-100.

Kothari, M.J. 2004. Myasthenia gravis. *J Am Osteopath Assoc* 104:377-84.

Krakauer, J., e C. Ghez. 2000. Voluntary movement. In *Principles of neural science*. 4ª ed., ed. E.R. Kandel, J.H. Schwartz, e T.M. Jessell, 756-80. Nova York: McGraw-Hill.

Krishnamoorthy, V, e M.L. Latash. 2005. Reversals of anticipatory postural adjustments during voluntary sway. *J Physiol* 565:675-84.

Krishnamoorthy V., M.L. Latash., J.R Scholz, e V.M. Zatsiorsky. 2003. Muscle synergies during shifts of the center of pressure by standing persons. *Exp Brain Res* 152:281-92.

Krupp, L.B., L.A. Alvarez X.G. LaRocca, e L.C. Scheinberg. 1988. Fatigue in multiple sclerosis. *Arch Neurol* 45:435-7.

Kugelberg, E., e B. Lindegren. 1979. Transmission and contraction fatigue of rat motor units in relation to succinate dehydrogenase activity of motor unit fibers. *J Physiol* 288:285-300.

Kugler, P.N., J.A.S. Kelso, e M.T. Turvey. 1980. On the concept of coordinative structures as dissipative structures. I. Theoretical lines of convergence. In *Tutorials in motor behavio*r, ed. G.E. Stelmach e J. Requin, 3-45. Amsterdam: North-Holland Publishing Company.

Kugler, P.N., e M.T. Turvey. 1987. *Information, natural law, and the self-assembly of rhythmic movement.* Hillsdale, NJ: Erlbaum.

Lackner, J.R., e P. DiZio. 1994. Rapid adaptation to Coriolis force perturbations of arm trajectory. *J Neurophysiol* 72:1-15.

Lackner, J.R., e M.S. Levine. 1979. Changes in apparent body orientation and sensory localization, induced by vibration of postural muscles; vibratory myesthetic illusions. *Aviat Space Environ Med* 50:346-54.

Lackner, J.R., e A.B. Taublieb. 1983. Reciprocal interactions between the position sense representations of the two forearms. *J Neurosci* 3:2280-5.

Lacquaniti, R, e C. Maioli. 1989. The role of preparation in turning anticipatory and reflex responses during catching. *J Neurosci* 9:1134-48.

Laidlaw, D.H., M. Bilodeau, e R.M. Enoka. 2000. Steadiness is reduced and motor unit discharge is more variable in old adults. *Muscle Nerve* 23:600-12.

Lalonde, R., M. Filali, A.N. Bensoula, e F. Lestienne. 1996. Sensorimotor learning in three cerebellar mutant mice. *Neurobiol Learn Mem* 65:113-20.

Lamarre, Y, G. Spidalieri, e C.E. Chapman. 1983. A comparison of neuronal discharge recorded in the sensory-motor cortex, parietal cortex, and dentate nucleus of the monkey during arm movements triggered by light, sound or somesthetic stimuli. *Exp Brain Res* Suppl. no. 7:140-56.

Lance, J.W. 1980. The control of muscle tone, reflexes, and movement: Robert Wartenberg Lecture. *Neurology* 30:1303-13.

Lance, J.W., e D. Burke. 1974. Mechanisms of spasticity. *Arch Phys Med Rehabil* 55:332-7.

Lange, D.H., e G.F Inbar. 1999. Modern techniques in ERP research. In *Modern techniques in neuroscience research*, ed. U. Windhorst e H. Johansson, 997-1024. Berlin: Springer-Verlag.

Larsson, L.-E. 1975. On the relation between the EMG frequency spectrum and the duration of symptoms in lesions of the peripheral motor neuron. *Electroencephalogr Clin Neurophysiol* 38:69-78.

Latash, L.P. 1979. Trace changes in the spinal cord and some basic problems of the neurophysiology of memory. In *Seventh Gagra Talks: The neurophysiological basis of memory*, ed. T.N. Oniani, 118-30. Tbilisi, Georgia: Metsniereba.

Latash, M.L. 1988. Spectral analysis of the electromyo-gram (EMG) in spinal cord trauma patients. I. Different types of the EMG and corresponding spectra. *Electromyogr Clin Neurophysiol* 28:319-27.

Latash, M.L. 1993. *Control of human movement.* Champaign, IL: Human Kinetics.

Latash, M.L. 1994. Reversals of the tonic vibration reflex in shoulder muscles. [em russo] *Hum Physiol* 20(5): 56-60.

Latash, M.L. 1996. How does our brain make its choices? In *Dexterity and its development*, ed. M.L. Latash e M.T. Turvey 277-304. Mahwah, NJ: Erlbaum.

Latash, M.L. 1997.The answer may be 42. So, what is the question? *Mot Contr* 1:205-7.

Latash, M.L. 1999. Mirror writing: Learning, transfer, and implications for internal inverse models. *J Mot Behav* 31:107-12.

Latash, M.L., e J.G. Anson. 1996. What are normal movements in atypical populations? *Behav Brain Sci* 19:55-106.

Latash, M.L., e S.R. Gutman. 1994. Abnormal motor patterns in the framework of the equilibrium-point hypothesis: A cause for dystonic movements? *Biol Cybern* 71:87-94.

Latash, M.L., E. Kalugina, J.J. Nicholas, C. Orpett, D. Stefoski, e F. Davis. 1996. Myogenic and central neurogenic factors in fatigue in multiple sclerosis. *Mult Scler* 1:236-41.

Latash, M.L., N. Rang, e D. Patterson. 2002. Finger coordination in persons with Down syndrome: Atypical patterns of coordination and the effects of practice. *Exp Brain Res* 146:345-55.

Latash, M.L., e R.D. Penn. 1996. Changes in voluntary motor control induced by intrathecal baclofen. *Physiother Res Intern* 1:229-46.

Latash, M.L., R.D. Penn, D.M. Corcos, e G.L. Gottlieb. 1989. Short-term effects of intrathecal baclofen in spasticity. *Exp Neurol* 103:165-72.

Latash, M.L., R.D. Penn, D.M. Corcos, e G.L. Gottlieb. 1990. Effects of intrathecal baclofen on voluntary motor control in spastic paresis. *J Neurosurg* 72:388-92.

Latash, M.L., J.R Scholz, F. Danion, e G. Schoner. 2001. Structure of motor variability in marginally redundant multi-finger force production tasks. *Exp Brain Res* 141:153-65.

Latash, M.L., J.P. Scholz, e G. Schoner. 2002. Motor control strategies revealed in the structure of motor variability. *Exerc Sport Sci Rev* 30:26-31.

Latash, M.L., J.P. Scholz, e G. Schoner. 2007. Toward a new theory of motor synergies. *Motor Control* 11: 275-307.

Latash, M.L., K. Yarrow, e J.C. Rothwell. 2003. Changes in finger coordination and responses to single pulse TMS of motor cortex during practice of a multi-finger force production task. *Exp Brain Res* 151:60-71.

Latash, M.L., M. Yee, C. Orpett, A. Slingo, e J.J. Nicholas. 1994. Combining electrical muscle stimulation with voluntary contraction for studying muscle fatigue. *Arch Phys Med Rehabil* 75:29-35.

Latash, M.L., e V.M. Zatsiorsky. 1993. Joint stiffness: Myth or reality? *Hum Mov Sci* 12:653-92.

Laufer, Y. 2005. Effect of age on characteristics of forward and backward gait at preferred and accelerated walking speed. *J Gerontol Biol Med Sci* 60:627-32.

Lee, R.G., e A. Hendric. 1977. Selective modification of human spinal and long-loop reflexes by vibration. *Electroencephalogr Clin Neurophysiol* 43:606-10.

Lelli, S., M. Panizza, e M. Hallett. 1991. Spinal cord inhibitory mechanisms in Parkinson's disease. *Neurology* 41:553-6.

Lemon, R.N., P.A. Kirkwood, M.A. Maier, K. Nakajima, e P. Nathan. 2004. Direct and indirect pathways for corticospinal control of upper limb motoneurons in the primate. *Progr Brain Res* 143:263-79.

Lepers, R., e Y. Breniere. 1995. The role of anticipatory postural adjustments and gravity in gait initiation. *Exp Brain Res* 107:118-24.

Levin, M.F. 1996. Interjoint coordination during pointing movements is disrupted in spastic hemiparesis. *Brain* 119:281-93.

Levin, M.F. e A.G. Feldman. 1994. The role of stretch reflex threshold regulation in normal and impaired motor control. *Brain Res* 657:23-30.

Li, S., M.L. Latash, G.H. Yue, V. Siemionow, e V. Sahgal. 2003. The effects of stroke and age on finger interaction in multi-finger force production tasks. *Clin Neurophysiol* 114:1646-55.

Li, Z.-M., M.L. Latash, e V.M. Zatsiorsky. 1998. Force sharing among fingers as a model of the redundancy problem. *Exp Brain Res* 119:276-86.

Liddell, E.G.T, e C.S. Sherrington. 1924. Reflexes in response to stretch (myotatic reflexes). *Proc Roy Soc London B Biol Sci* 96:212-42.

Linden, D.J. 1996. Cerebellar long-term depression as investigated in a cell culture preparation. *Behav Brain Sci* 19:339-46.

Lindstrom, L., J.-E. Malmstrom, e I. Petersen. 1985. Clinical applications of spectral analysis of EMG. In *Electromyography and evoked potentials. Theories and applications*, ed. A. Struppler e A. Weindl, 108-13. Berlin: Springer-Verlag.

Lisin, V.V., S.I. Frankstein, e M.B. Rechtman. 1973. The influence of locomotion on flexor reflex of the hind limb in cat and man. *Exp Neurol* 38:180-3.

Liu, J.Z., T.H. Dai, V. Sahgal, R.W. Brown, e G.H. Yue. 2002. Nonlinear cortical modulation of muscle fatigue: A functional MRI study. *Brain Res* 957:320-9.

Ljubisavljevic, M., S. Milanovic, S. Radovanovic, I. Vukcevic, V. Kostic, e R. Anastasijevic. 1996. Central changes in muscle fatigue during sustained submaximal isometric voluntary contraction as revealed by transcranial magnetic stimulation. *Electroencephalogr Clin Neurophysiol* 101:281-8.

Llinas, R. 1985. Functional significance of the basic cerebellar circuit in motor coordination. In *Cerebellar functions*, ed. J.R. Bloedel, J. Dichgans, e W. Precht. Springer-Verlag: Berlin.

Longuet-Higgins, H.C., D.J. Willshaw, e O.P. Bun--eman. 1970. Theories of associative recall. *Q Rev Biophys* 3:223-44.

Loram, I.D., C.N. Maganaris, e M. Lakie. 2005. Active, non-spring-like muscle movements in human postural sway: How might paradoxical changes in muscle length be produced? *J Physiol* 564:281-93.

Lozano, A.M., e N. Mahant. 2004. Deep brain stimulation surgery for Parkinson's disease: Mechanisms and consequences. *Parkinsonism Relat Disord* 10 (Suppl. no. 1): S49-57.

Lublin, F.D. 2004. Clinical features and diagnosis of multiple sclerosis. *Neurol Clin* 23:1-15.

Luff, A.R. 1998. Age-associated changes in the innervation of muscle fibers and changes in the mechanical properties of motor units. *Ann Nova York Acad Sci* 854:92-101.

Lund, S. 1980. Postural effects of neck muscle vibration in man. *Experientia* 36:1398-40.

Lundberg, A. 1975. Control of spinal mechanisms from the brain. Vol. 2 de *The nervous system*, ed. D.B. Tower, p. 253-265. Nova York: Raven Press Publishers.

Lundberg, A. 1979. Multisensory control of spinal reflex pathways. In *Reflex control of posture and movement*, ed. R. Granit and O. Pompeiano, 11-28. Amsterdam: Elsevier Science.

McAlonan, G.M., V. Cheung, C. Cheung, J. Suckling, G.Y Lam, K.S. Tai, L. Yip, D.G. Murphy, e S.E. Chua. 2005. Mapping the brain in autism. A voxel-based MRI study of volumetric differences and inter-correlations in autism. *Brain* 128:268-76.

McComas, A.J. 1977. *Neuromuscular function and disorders*. Boston: Butterworths.

McCormick, D.A., e R.F. Thompson. 1984. Cerebellum: Essential involvement in the classically conditioned eyelid response. *Science* 223:296-9.

McDonagh, M.J., M.J. White, e C.T. Davies. 1984. Differential effects of ageing on the mechanical properties of human arm and leg muscles. *Gerontology* 30:49-54.

McKinley, P.A., J.L. Smith, e R.J. Gregor. 1983. Responses of elbow extensors to landing forces during jump downs in cats. *Exp Brain Res* 49:218-28.

MacKenzie, C.L., e T. Iberall. 1994. *The grasping hand*. Amsterdam: North-Holland Publishing Company.

Macefield, G., K.-E. Hagbarth, R. Gorman, S. Gandevia, e D. Burke. 1991. Decline in spindle support to \ga\-motoneurons during sustained voluntary contractions. *J Physiol* 440:497-512.

Maki, B.E., P.J. Holliday, e G.R. Fernie. 1990. Aging and postural control. A comparison of spontaneous- and induced-sway balance tests. *J Am Geriatr Soc* 38:1-9.

Mark, V.W, e E. Taub. 2004. Constraint-induced movement therapy for chronic stroke hemiparesis and other disabilities. *Restor Neurol Neurosci* 22:317-36.

Marr, D. 1969. A theory of cerebellar cortex. *J Physiol* 202:437-70.

Marras, C., e C.M. Tanner. 2004. Epidemiology of Parkinson's disease. Em *Movement disorders. Neurological principles and practice*, ed. R.L. Watts e W.C. Roller, 177-96. Nova York: McGraw-Hill.

Marsden, C.D., L. Deecke, H.J. Freund, M. Hallett, R.E. Passingham, H. Shibasaki, J. Tanji, e M. Wiesen-danger. 1996. The functions of the supplementary motor area. Summary of a workshop. *Adv Neurol* 70:477-87.

Marsden, C.D., R.A. Merton, e H.B. Morton. 1976. Stretch reflex and servo action in a variety of human muscles. *J Physiol* 259:531-60.

Marsden, C.D., R.A. Merton, e H.B. Morton. 1976. Servo action in the human thumb. *J Physiol* 257:1-44.

Marsden, C.D., J.C. Rothwell, e M. Traub. 1979. Long latency stretch reflex of the human thumb can be reversed if the task is changed. *J Physiol* 293:41P-2P.

Marshall, F.J. 2004. Clinical features and treatment of Huntington's disease. In *Movement disorders. Neurological principles and practice*, ed. R.L. Watts e W.C. Roller, 589-602. Nova York: McGraw-Hill.

Martin, T.A., J.G. Keating, H.P. Goodkin, A.J. Bastian, e W.T Thach. 1996. Throwing while looking through prisms. I. Focal olivocerebellar lesions impair adaptation. *Brain* 119:1183-98.

Martin, N, S. Grafton, F. Vinuela, J. Dion, G. Duckwiler, J. Mazziotta, R. Lufkin, e D. Becker. 1992. Imaging techniques for cortical functional localization. *Clin Neurosurg* 38:132-65.

Martinelli, V., M. Rodegher, L. Moiola, e G. Comi. 2004. Late onset multiple sclerosis: Clinical characteristics, prognostic factors and differential diagnosis. *Neurol Sci* 25 (Suppl. no. 4): S350-5.

Marzke, M.W 1992. Evolutionary development of the human thumb. *Hand Clin* 8:1-8.

Massion, J. 1992. Movement, posture and equilibrium: Interaction and coordination. *Progr Neurobiol* 38:35-56.

Mattay, V.S., F. Fera, A. Tessitore, A.R. Hariri, S. Das, J.H. Callicott, e D.R. Weinberger. 2002. Neurophysiological correlates of age-related changes in human motor function. *Neurology* 58:630-5.

Matthews, P.B.C. 1959. The dependence of tension upon extension in the stretch reflex of the soleus of the decerebrate cat. *J Physiol* 47:521-46.

Matthews, P.B.C. 1970. The origin and functional significance of the stretch reflex. In *Excitatory synaptic mechanisms, ed.* P. Andersen e J.R.S. Jansen, 301-15. Oslo, Norway: Universitetsforlaget.

Matthews, P.B.C. 1972. *Mammalian muscle receptors and their central actions.* Baltimore: Williams & Wilkins.

Matthews, P.B.C, F.W. Cody, H.C Richardson, e N. MacDermott. 1990. Observations on the reflex effects seen in Parkinson's disease on terminating a period of tendon vibration. *J Neurol Neurosurg Psychiatr* 53:215-9.

Mathewson, R.C., e P.B. Nava. 1985. Effects of age on Meissner corpuscles: A study of silver--impregnated neurites in mouse digital pads. *J Comp Neurol* 231:250-9.

Meijer, O. 2002. Bernstein versus Pavlovianism: An interpretation. In *Structure-function relations in voluntary movement.* Vol. 2 de *Progress in motor control,* ed. M.L. Latash, 229-50. Champaign, IL: Human Kinetics.

Melzack, R., e P.D. Wall. 1965. Pain mechanisms: A new theory. *Science* 150:971-9.

Melzer, I., N. Benjuya, e J. Raplanski. 2004. Postural stability in the elderly: A comparison between fallers and non-fallers. *Age Ageing* 33:602-7.

Meola, G., e R.T. Moxley. 2004. Myotonic dystrophy type 2 and related myotonic disorders. *J Neurol* 251:1173-82.

Mercier, C, e D. Bourbonnais. 2004. Relative shoulder flexor and handgrip strength is related to upper limb function after stroke. *Clin Rehabil* 18:215-21.

Merton, P.A. 1953. Speculations on the servo--control of movements. In *The spinal cord,* ed. J.L. Malcolm, J.A.B Gray, e G.E.W Wolstenholm, 183-98. Boston: Little, Brown.

Mervis, C.B. 2003. Williams syndrome: 15 years of psychological research. *Dev Neuropsychol* 23:1-12.

Merzenich, M.M., R.J. Nelson, M.S. Stryker, M.S. Cynader, A. Schoppman, e J.M. Zook. 1984. Somatosensory cortical map changes following digit amputation in adult monkeys. *J Comp Neurol* 224:591-605.

Mesulam, M.M. 1999. Spatial attention and neglect: Parietal, frontal and cingulate contributions to the mental representation and attentional targeting of salient extrapersonal events. *Phil Trans Roy Soc Lond B Biol Sci* 354:1325-46.

Meunier, S., R. Katz, e M. Simonetta-Moreau. 2002. Central nervous system lesions and segmental activity. *Adv Exp Med Biol* 508:309-13.

Meyer-Lohmann, J., B. Conrad, K. Matsunami, e V.B. Brooks VB. 1975. Effects of dentate cooling on pre-central unit activity following torque pulse injections into elbow movements. *Brain Res* 94: 237-251.

Miall, R.C. 1998. The cerebellum, predictive control and motor coordination. *Novartis Found Symp* 218:272-84.

Michaelsen, S.M., S. Jacobs, A. Roby-Brami, e M.R Levin. 2004. Compensation for distal impairments of grasping in adults with hemiparesis. *Exp Brain Res* 157:162-73.

Middleton, F.A., e P.L. Strick. 2000. Basal ganglia and cerebellar loops: Motor and cognitive circuits. *Brain Res Rev* 31:236-50.

Miller, A.D., e V.B. Brooks. 1981. Late muscular responses to arm perturbations persist during supraspinal dysfunctions in monkeys. *Exp Brain Res* 41:146-58.

Miller, L.E., e J.C. Houk. 1995. Motor co-ordinates in primate red nucleus: Preferential relation to muscle activation versus kinematic variables. *J Physiol* 488:533-48.

Molnar, G.E. 1978. Analysis of motor disorder in retarded infants and young children. *Am J Ment Defic* 83:213-22.

Monks, J. 1989. Experiencing symptoms in chronic illness: Fatigue in multiple sclerosis. *Int Disabil Stud* 11:78-83.

Morasso, P. 1981. Spatial control of arm movements. *Exp Brain Res* 42:223-7.

Morasso, P. 1983. Coordination aspects of arm trajectory formation. *Hum Mov Sci* 2:197-210.

Morasso, P.G., e V. Sanguineti. 2002. Ankle muscle stiffness alone cannot stabilize balance during quiet standing. *J Neurophysiol* 88:2157-62.

Morris, M.E., F.E. Huxham, J. McGinley, e R. Iansek. 2001. Gait disorders and gait rehabilitation in Parkinson's disease. *Adv Neurol* 87:347-61.

Morris, A.P., S.E. Vaughan, e P. Vaccaro. 1982. Measurements of neuromuscular tone and strength in Down's syndrome children. *J Ment Defic Res* 26: 41-6.

Murinson, B.B. 2004. Stiff-person syndrome. *Neurologist* 10:131-7.

Muris, P., P. Steerneman, e H. Merckelbach. 1998. Difficulties in the understanding of false belief: Specific to autism and other pervasive developmental disorders? *Psychol Rep* 82:51-7.

Mushiake, H., M. Inase, e J. Tanji. 1991. Neuronal activity in the primate premotor, supplementary, and precentral motor cortex during visually guided and internally determined sequential movements. *J Neurophysiol* 66:705-18.

Mussa-Ivaldi, F.A., P. Morasso, e R. Zaccaria. 1989. Kinematic networks. A distributed model for representing and regularizing motor redundancy. *Biol Cybern* 60:1-16.

Myklebust, B.M. 1990. A review of myotatic reflexes and the development of motor control and gait in infants and children: A special communication. *Phys Ther* 70:188-203.

Myklebust, B.M., e G.L. Gottlieb. 1993. Development of the stretch reflex in the newborn: Reciprocal excitation and reflex irradiation. *Child Dev* 64:1036-45.

Nakao, M., Y. Inoue, e H. Murkami. 1989. Aging process of leg muscle endurance in males and females. *Eur J Appl Physiol* 59:209-14.

Napier, J.R. 1956. The prehensile movements of the human hand. *J Bone Joint Surg* 38B:902-13.

Nardone, A., e M. Schieppati. 1988. Postural adjustments associated with voluntary contractions of leg muscles in standing man. *Exp Brain Res* 69:469-80.

Narici, M.V., M. Bordini, e P. Cerretelli. 1991. Effect of aging on human adductor pollicis muscle function. *J Appl Physiol* 71:1277-81.

Nashner, L.M. 1976. Adapting reflexes controlling human posture. *Exp Brain Res* 26:59-72.

Nashner, L.M. 1980. Balance adjustments of humans perturbed while walking. *J Neurophysiol* 44:650-64.

Nashner, L.M. 1982. Adaptation of human movement to altered environments. *Trends Neurosci* 5:358-61.

Nashner, L.M., e P.J. Cordo. 1981. Relation of automatic postural responses and reaction-time voluntary movements of human leg muscles. *Exp Brain Res* 43:395-405.

Nashner, L.M., e G. McCollum. 1985. The organization of human postural movements: A formal basis and experimental synthesis. *Brain Behav* 8:135-72.

Nashner, L.M., M. Woollacott, e G. Tuma. 1979. Organization of rapid responses to postural and locomotor-like perturbations of standing man. *Exp Brain Res* 36:463-79.

Nelson, W. 1983. Physical principles for economies of skilled movements. *Biol Cybern* 46:135-47.

Netz, J., T. Lammers, e V. Homberg. 1997. Reorganization of motor output in the non-affected hemisphere after stroke. *Brain* 120:1579-86.

Newell, R.M., e D.M. Corcos. 1993. *Variability in motor control.* Champaign, IL: Human Rinetics.

Nichols, T.R. 1989. The organization of heterogenic reflexes among muscles crossing the ankle joint in the decerebrate cat. *J Physiol* 410:463-77.

Nichols, T.R. 2002. Musculoskeletal mechanics: A foundation of motor physiology. *Adv Exp Med Biol* 508:473-9.

Nichols, T.R., J.H. Lawrence III, e S.J. Bonasera. 1993. Control of torque direction by spinal pathways at the cat ankle joint. *Exp Brain Res* 97:366-71.

Nicol, C., S. Kuitunen, H. Ryrolainen, J. Avela, e P.V. Komi. 2003. Effects of long- and short-term fatiguing stretch-shortening cycle exercises on reflex EMG and force of the tendon-muscle complex. *Eur J Appl Physiol* 90:470-9.

Nicoll, R.A., e D. Schmitz. 2005. Synaptic plasticity at hippocampal mossy fibre synapses. *Nat Rev Neurosci* 6:863-76.

Nobuta, S., K. Sato, T. Komatsu, Y. Miyasaka, e M. Hatori. 2005. Clinical results in severe carpal tunnel syndrome and motor nerve conduction studies. *J Orthop Sci* 10:22-6.

Nouillot, P., S. Bouisset, e M.C. Do. 1992. Do fast voluntary movements necessitate anticipatory postural adjustments even if equilibrium is unstable? *Neurosci Lett* 147:1-4.

Nowak, K.J., e K.E. Davies. 2004. Duchenne muscular dystrophy and dystrophin: Pathogenesis and opportunities for treatment. *EMBO Rep* 5:872-6.

Nowak, K., K. McCullagh, E. Poon, e K.E. Davies. 2005. Muscular dystrophies related to the cytoskeleton/nuclear envelope. *Novartis Found Symp* 264:98-111.

Nudo, R.J. 2003. Adaptive plasticity in motor cortex: Implications for rehabilitation after brain injury. *J Rehabil Med Suppl.* no. 41:7-10.

Obeso, J.A., J.C. Rothwell, A.E. Lang, e C.D. Marsden. 1983. Myoclonic dystonia. *Neurology* 33:825-30.

Obeso, J.A., J.C. Rothwell, e C.D. Marsden. 1985. The spectrum of cortical myoclonus: From focal reflex jerks to spontaneous motor epilepsy. *Brain* 108:193-224.

Obeso, J.A., e I. Zamarbide. 2004. Classification, clinical features, and treatment of myoclonus. In *Movement disorders. Neurological principles and practice*, ed. R.L. Watts e W.C. Roller, 659-69. Nova York: McGraw-Hill.

Odabasi, Z., R. Kuruoglu, e S.J. Oh. 2000. Turns--amplitude analysis and motor unit potential analysis in myasthenia gravis. *Acta Neurol Scand* 101:315-20.

O'Hare, A., e S. Khalid. 2002. The association of abnormal cerebellar function in children with developmental coordination disorder and reading difficulties. *Dyslexia* 8:234-48.

Ohashi, N., H. Nakagawa, e M. Asai. 1993. Contribution of vision to the stabilization of body sway in patients with spinocerebellar degeneration. *Acta Otolaryngol Suppl.* no. 504:117-9.

Ohtsuki, T. 1981. Inhibition of individual fingers during grip strength exertion. *Ergonomics* 24:21-36.

Ojakangas, C.L., e T.J. Ebner. 1992. Purkinje cell complex and simple spike changes during a voluntary arm movement learning task in the monkey. *J Neurophysiol* 68:2222-36.

Olafsdottir, H., N. Yoshida, V.M. Zatsiorsky, e M.L. Latash. 2005. Anticipatory covariation of finger forces during self-paced and reaction time force production. *Neurosci Lett* 381:92-6.

Olafsdottir, H., V.M. Zatsiorsky, e M.L. Latash. 2005. Is the thumb a fifth finger? A study of digit interaction during force production tasks. *Exp Brain Res* 160:203-13.

Ongeboer de Visser, B.W., L.J. Bour, J.H.T.M. Koelman, e J.D. Speelman. 1989. Cumulative vibratory indices and the H/M ratio of the soleus H-reflex: A quantitative study in control and spastic patients. *Electroencephalogr Clin Neurophysiol* 73:162-6.

Orlovsky, G.N., T.G. Deliagina, e S. Grillner. 1999. *Neuronal control of locomotion. From mollusk to man*. Oxford: Oxford University Press.

Oullier, O., L. Marin, T.A. Stoffregen, R.J. Bootsma, e B.G. Bardy. 2006. Variability in postural coordination dynamics. In *Movement system variability*, ed. R. Davids, S. Bennett, e K.M. Newell, 25-47. Champaign, IL: Human Kinetics.

Owings, T.M., e M.D. Grabiner. 1998. Normally aging older adults demonstrate the bilateral deficit during ramp and hold contractions. *J Gerontol Biol Med Sci* 53:B425-9.

Packard, M.G., e B.J. Knowlton. 2002. Learning and memory functions of the basal ganglia. *Annu Rev Neurosci* 25:563-93.

Palmen, S.J., H. van Engeland, P.R. Hof, e C. Schmitz. 2004. Neuropathological findings in autism. *Brain* 127:2572-83.

Panzer, V.P., S. Bandinelli, e M. Hallett. 1995. Biomechanical assessment of quiet standing and changes associated with aging. *Arch Phys Med Rehabil* 76:151-7.

Partridge, L.D. 1965. Modifications of neural output signals by muscles: A frequency response study. *J Appl Physiol* 20:150-6.

Pascual-Leone, A. 2001. The brain that plays music and is changed by it. *Ann New York Acad Sci* 930:315-29.

Pascual-Leone, A., N. Dang, L.G. Cohen, J.P. Brasil-Neto, A. Cammarota, e M. Hallett. 1995. Modulation of muscle responses evoked by transcranial magnetic stimulation during the acquisition of new fine motor skills. *J Neurophysiol* 74:1037-45.

Penfield, W., e T. Rasmussen. 1950. The cerebral cortex of man. *A clinical study of localization of function*. Nova York: Macmillan.

Penn, R.D., e J.S. Kroin. 1984. Intrathecal baclofen alleviates spinal cord spasticity. *Lancet* 1(8385): 1078.

Penn, R.D., e J.S. Kroin. 1987. Long-term intrathecal baclofen infusion for treatment of spasticity. *J Neurosurg* 66:181-5.

Penn, R.D., e E.A. Mangieri. 1993. Stiff-man syndrome treated with intrathecal baclofen. *Neurology* 43:2412.

Penn, R.D., S.M. Savoy, D. Corcos, M. Latash, G. Gottlieb, B. Parke, e J.S. Kroin. 1989. Intrathecal baclofen for severe spinal spasticity. *N Engl J Med* 320:1517-21.

Pereira, H.S., M. Landgren, C. Gillberg, e H. Forssberg. 2001. Parametric control of fingertip forces during precision grip lifts in children with DCD (developmental coordination disorder) and DAMP (deficits in attention motor control and perception). *Neuropsychologia* 39:478-88.

Petersen, N.T., H.S. Pyndt, e J.B. Nielsen. 2003. Investigating human motor control by transcranial magnetic stimulation. *Exp Brain Res* 152:1-16.

Phillips, C.G. 1969. Motor apparatus of the baboon's hand. *Proc Roy Soc London B Biol Sci* 173:141-74.

Pilowsky, T, N. Yirmiya, S. Arbelle, e T. Mozes. 2000. Theory of mind abilities of children with schizophrenia, children with autism, and normally developing children. *Schizophr Res* 42:145-55.

Poggio, T. 1973. On holographic models of memory. *Kybernetik* 12:237-8.

Pratt, J., A.L. Chasteen, e R.A. Abrams. 1994. Rapid aimed limb movements: Age differences and practice effects in component submovements. *Psychol Aging* 9:325-34.

Prilutsky, B.I. 2000. Coordination of two- and one-joint muscles: Functional consequences and implications for motor control. *Mot Contr* 4:1-44.

Prochazka, A., F. Clarac, G.E. Loeb, J.C. Rothwell, e J.R. Wolpaw. 2000. What do reflex and voluntary mean? Modern views on an ancient debate. *Exp Brain Res* 130:417-32.

Prochazka, A., V. Gritsenko, e S. Yakovenko. 2002. Sensory control of locomotion: Reflexes versus higher-level control. *Adv Exp Med Biol* 508:357-67.

Pullman, S.L., R.L. Watts, J.L. Juncos, e J.N. Sanes. 1990. Movement amplitude choice reaction time performance in Parkinson's disease may be independent of dopaminergic status. *J Neurol Neurosurg Psychiatr* 53:279-83.

Rack, P.M.H., H.F. Ross, e A.F. Thilmann. 1984. The ankle stretch reflexes in normal and spastic subjects: The response to sinusoidal movement. *Brain* 107:637-54.

Raibert, M.H. 1977. Motor control and learning by the state space model. PhD diss., MIT.

Rand, M.K., G.E. Stelmach, e J.R. Bloedel. 2000. Movement accuracy constraints in Parkinson's disease patients. *Neuropsychologia* 38:203-12.

Ranganathan, V.K., V. Siemionow, V. Sahgal, e G.H. Yue. 2001. Effects of aging on hand function. *J Am Geriatr Soc* 49:1478-84.

Rankin, L.L., R.M. Enoka, K.A. Volz, e D.G. Stuart. 1988. Coexistence of twitch potentiation and tetanic force decline in rat hindlimb muscle. *J Appl Physiol* 65:2687-95.

Rantanen, T., J.M. Guralnik, D. Foley, K. Masaki, S. Leveille, J.D. Curb, e L. White. 1999. Midlife hand grip strength as a predictor of old age disability. *JAMA* 281:558-60.

Rarick, G.L., D.A. Dobbins, e G.G. Broadhead. 1976. *The motor domain and its correlates in educated handicapped children*. Englewood Cliffs, NJ: Prentice Hall.

Ravaioli, E., K.S. Oie, T. Kiemel, L. Chiari, e J.J. Jeka. 2005. Nonlinear postural control in response to visual translation. *Exp Brain Res* 160:450-9.

Raynor, A.J. 2001. Strength, power, and coactivation in children with developmental coordination disorder. *Dev Med Child Neurol* 43: 676-84.

Recanzone, G.H., M.M. Merzenich, W.M. Jenkins, K.A. Grajski, e H.R. Dinse. 1992. Topographic reorganization of the hand representation in cortical area 3b of owl monkeys trained in a frequency-discrimination task. *J Neurophysiol* 67:1031-56.

Reddihough, D.S., e K.J. Collins. 2003. The epidemiology and causes of cerebral palsy. *Aust J Physiother* 49:7-12.

Redfern, M.S., J.R. Jennings, C. Martin, e J.M. Furman. 2001. Attention influences sensory integration for postural control in older adults. *Gait Posture* 14:211-6.

Riccio, G.E. 1993. Information in movement variability about the qualitative dynamics of posture and orientation. In *Variability and motor control*, ed. K.M. Newell e D.M. Corcos, 317-58. Champaign, IL: Human Kinectics.

Riley, M.A., S. Wong, S. Mitra, e M.T. Turvey. 1997. Common effects of touch and vision on postural parameters. *Exp Brain Res* 117:165-70.

Rizzolatti, G., e L. Craighero. 2004. The mirror--neuron system. *Annu Rev Neurosci* 27:169-92.

Rizzolatti, G., L. Fogassi, e V. Gallese. 2001. Neurophysiological mechanisms underlying the understanding and imitation of action. *Nat Rev Neurosci* 2:661-70.

Robinson, D.A. 1976. Adaptive gain control of the vestibuloocular reflex by the cerebellum. 39:954-69.

Rodriguez, G.M., e A.S. Aruin. 2002. The effect of shoe wedges and lifts on symmetry of stance and weight bearing in hemiparetic individuals. *Arch Phys Med Rehabil* 83:478-82.

Rogers, M.W., C.G. Kukulka, e G.L. Soderberg. 1992. Age-related changes in postural responses preceding rapid self-paced and reaction time arm movements. *J Gerontol* 47:M159-65.

Roll, J.P., e J.P. Vedel. 1982. Kinaesthetic role of muscle afferents in man, studied by tendon vibration and microneurography. *Exp Brain Res* 47:177-90.

Roll, J.P., J.P. Vedel, e R. Roll. 1989. Eye, head and skeletal muscle spindle feedback in the elaboration of body references. *Progr Brain Res* 80:113-23.

Roos, M.R., C.L. Rice, e A.A. Vandervoort. 1997. Age-related changes in motor unit function. *Muscle Nerve* 20:679-90.

Rose, D.K., e C.J. Winstein. 2004. Bimanual training after stroke: Are two hands better than one? *Top Stroke Rehabil* 11:20-30.

Rosenbaum, D.A., S.E. Engelbrecht, M.M. Busje, e L.D. Loukopoulos. 1993. Knowledge model for selecting and producing reaching movements. *J Mot Behav* 25:217-27.

Rossini, P.M., A.T. Barker, A. Berardelli, M.T. Caramia, G. Caruso, R.Q. Gracco, M.R. Dimitrijevic, M. Hallett, Y. Katayama, C.H. Lucking, A.L. Maertens-de Noordhout, C.D. Marsden, N.M.F. Murray, J.C. Rothwell, M. Swash, e C. Tomberg. 1994. Non-invasive electrical and magnetic stimulation of the brain, spinal cord and roots; basic principles and procedures for routine clinical application. *Electroencephalogr Clin Neurophysiol* 91:79-92.

Rossini, P.M., e F. Pauri. 2000. Neuromagnetic integrated methods tracking human brain mechanisms of sensorimotor areas 'plastic' reorganisation. *Brain Res Rev* 33:131-54.

Rothwell, J.C. 1994. *Control of human voluntary movement*. 2nd ed. London: Chapman & Hall.

Rothwell, J.C. M.M. Traub, e C.D. Marsden. 1982. Automatic and "voluntary" responses compensating for disturbances of human thumb movements. *Brain Res* 248:33-41.

Safronov, V.A., e E.I. Kandel. 1975. The reflex on shortening (the Westphal phenomenon) in deforming muscular (torsion) dystrophy. [em russo] *Zh Nevropatol Psikhiatr Im S S Korsakova* 75:1495-1500.

Sainburg, R.L. 2005. Handedness: Differential specializations for control of trajectory and position. *Exerc Sport Sci Rev* 33:206-13.

Sainburg, R.L., C. Ghez, e D. Kalakanis. 1999. Intersegmental dynamics are controlled by sequential anticipatory, error correction, and postural mechanisms. *J Neurophysiol* 81:1045-56.

Sainburg, R.L., M.F. Ghilardi, H. Poizner, e C. Ghez. 1995. Control of limb dynamics in normal subjects and patients without proprioception. *J Neurophysiol* 73:820-35.

Saltiel, P., K. Wyler-Duda, A. D'Avella, M.C. Tresch, e E. Bizzi. 2001. Muscle synergies encoded within the spinal cord: Evidence from focal intraspinal NMDA iontophoresis in the frog. *J Neurophysiol* 85:605-19.

Samson, M.M., A. Crowe, P.L. de Vreede, J.A. Dessens, S.A. Duursma, e H.J. Verhaar. 2001. Differences in gait parameters at a preferred walking speed in healthy subjects due to age, height and body weight. *Aging* 13:16-21.

Sanes, J.N. 1985. Information processing deficits in Parkinson's disease during movement. *Neuropsychol* 23:381-92.

Santello, M., e J.F. Soechting. 2000. Force synergies for multifingered grasping. *Exp Brain Res* 133:457-67.

Saperstein, D.S., e R.J. Barohn. 2004. Management of myasthenia gravis. *Semin Neurol* 24:41-8.

Sato, H. 1982. Functional characteristics of human skeletal muscle revealed by spectral analysis of the surface electromyogram. *Electromyogr Clin Neurophysiol* 22:459-516.

Savelsbergh, G.J.P., J. van der Kamp, e K.S. Rosengren. 2006. Functional variability in perceptual motor development. Em *Movement system variability*, ed. K. Davids, S. Bennett, e K.M. Newell, 185-98. Champaign, IL: Human Kinetics.

Schambra, H.M., L. Sawaki, e L.G. Cohen. 2003. Modulation of excitability of human motor cortex (M1) by 1 Hz transcranial magnetic stimulation of the contralateral M1. *Clin Neurophysiol* 114:130-3.

Schieber, M.H. 1999. Voluntary descending control. In *Fundamental neuroscience*, ed. M.J. Zigmond, F.E. Bloom, S.C. Landis, J.L. Roberts, e L.R. Squire, 931-49. San Diego: Academic Press.

Schieber, M.H. 2001. Constraints on somatotopic organization in the primary motor cortex. *J Neurophysiol* 86:2125-43.

Schieber, M.H., e M. Santello. 2004. Hand function: Peripheral and central constraints on performance. *J Appl Physiol* 96:2293-300.

Schlesinger, G. 1919. Der Mechanische Aufbau der Kunstlichen Glieder. In *Ersatzglieder und Arbeitshilfen fur Kriegsbeschadigte und Unfallverletzte*, ed. M. Borchardt, 321-699. Berlin: Springer.

Schmahmann, J.D. 2004. Disorders of the cerebellum: Ataxia, dysmetria of thought, and the cerebellar cognitive affective syndrome. *J Neuropsychiatry* 16:367-78.

Schmahmann, J.D., e J.C. Sherman. 1998. The cerebellar cognitive affective syndrome. *Brain* 121:561-79.

Schmidt, R.A. 1975. A schema theory of discrete motor skill learning. *Psychol Rev* 82:225-60.

Schmidt, R.A. 1980. Past and future issues in motor programming. *Res Q Exerc Sport* 51:122-40.

Schmidt, R.A., e C. McGown. 1980. Terminal accuracy of unexpected loaded rapid movements: Evidence for a mass-spring mechanism in programming. *J Mot Behav* 12:149-61.

Scholz, J.P., F. Danion, M.L. Latash, e G. Schöner. 2002. Understanding finger coordination through analysis of the structure of force variability. *Biol Cybern* 86:29-39.

Scholz, J.P., e G. Schöner. 1999. The uncontrolled manifold concept: Identifying control variables for a functional task. *Exp Brain Res* 126:289-306.

Scholz, J.P., G. Schöner, e M.L. Latash. 2000. Identifying the control structure of multijoint coordination during pistol shooting. *Exp Brain Res* 135:382-404.

Schöner, G. 1995. Recent developments and problems in human movement science and their conceptual implications. *Ecol Psychol* 8:291-314.

Schöner, G., e J.A.S. Kelso. 1988. Dynamic pattern generation in behavioral and neural systems. *Science* 239:1513-20.

Schwartz, A.B. 1993. Motor cortical activity during drawing movements: Population representation during sinusoid tracing. *J Neurophysiol* 70:28-36.

Schwindt, P., e W.E. Crill. 1977. A persistent negative resistance in cat lumbar motoneurons. *Brain Res* 120:173-8.

Schwindt, P., e W.E. Crill. 1981. Negative slope conductance at large depolarizations in cat spinal motoneurons. *Brain Res* 207:471-5.

Seidler, R.D., J.L. Alberts, e G.E. Stelmach. 2001. Multijoint movement control in Parkinson's disease. *Exp Brain Res* 140:335-44.

Seidler-Dobrin, R.D., J. He, e G.E. Stelmach. 1998. Coactivation to reduce variability in the elderly. *Mot Contr* 2:314-30.

Seif-Naraghi, A.H., e J.M. Winters. 1990. Optimized strategies for scaling goal-directed dynamic limb movements. In *Multiple muscle systems. Biomechanics and movement organization*, ed. J.M. Winters e S.L.-Y. Woo, 312-34. Nova York: Springer-Verlag.

Seitz, R.J., C.M. Butefisch, R. Kleiser, e V. Homberg. 2004. Reorganisation of cerebral circuits in human ischemic brain disease. *Restor Neurol Neurosci* 22:207-29.

Selionov, V.A., e M.L. Shik. 1984. Medullary locomotor strip and column in the cat. *Neuroscience* 13:1267-78.

Serlin, D.M., e M.H. Schieber. 1993. Morphologic regions of the multitendoned extrinsic finger muscles in the monkey forearm. *Acta Anat* 146:255-66.

Shadmehr, R., e F.A. Mussa-Ivaldi. 1994. Adaptive representation of dynamics during learning of a motor task. *J Neurosci* 14:3208-24.

Shadmehr, R., F.A. Mussa-Ivaldi, e E. Bizzi. 1993. Postural force fields of the human arm and their role in generating multijoint movements. *J Neurosci* 13:45-62.

Shapiro, D.C., e C.B. Walter. 1986. An examination of rapid positioning movements with spatiotemporal constraints. *J Mot Behav* 18:373-95.

Shapkov, Y.T., E.Y. Shapkova, e A.Y. Mushkin. 1995. Spinal generators of human locomotor movements. *4th IBRO World Congr Neurosci Abstracts* (Kyoto, Japan) 349.

Shapkova, E.Y. 2004. Spinal locomotor capability revealed by electrical stimulation of the lumbar enlargement in paraplegic patients. In *Progress in motor control* vol. 3, ed. M.L. Latash e M.F. Levin, 253-90. Champaign, IL: Human Kinetics.

Shelton, F.N.A.P., e M.J. Reding. 2001. Effect of lesion location on upper limb motor recovery after stroke. *Stroke* 32:107-12.

Sheridan, M.R., K.A. Flowers, e J. Hurrell. 1987. Programming and execution of movement in Parkinson's disease. *Brain* 110:1247-71.

Sherrington, C.S. 1910. Flexion reflex of the limb, crossed extension reflex, and reflex stepping and standing. *J Physiol* 40:28-121.

Shibasaki, H., Y. Yamashita, e Y. Kuroiwa. 1978. Electroencephalographic studies of myoclonus: Myoclonus-related cortical spikes in progressive myoclonic epilepsy. *Brain* 108:225-40.

Shik, M.L., e G.N. Orlovskii 1976. Neurophysiology of locomotor automatism. *Physiol Rev* 56:465-501.

Shik, M.L., G.N. Orlovskii e F.V. Severin. 1966. Organization of locomotor synergism. [em russo] *Biofizika* 11:879-86.

Shik, M.L., F.V. Severin, e G.N. Orlovskii. 1967. Structures of the brain stem responsible for evoked locomotion. [em russo] *Fiziol Zh SSSR Im I M Sechenova* 53:1125-32.

Shim, J.K., M.L. Latash, e V.M. Zatsiorsky. 2003. Prehension synergies: Trial-to-trial variability and hierarchical organization of stable performance. *Exp Brain Res* 152:173-84.

Shim, J.K., M.L. Latash, e V.M. Zatsiorsky. 2005. Prehension synergies in three dimensions. *J Neurophysiol* 93:766-76.

Shim, J.K., B. Lay, V.M. Zatsiorsky, e M.L. Latash. 2004. Age-related changes in finger coordination in static prehension tasks. *J Appl Physiol* 97:213-24.

Shinohara, M., S. Li, N. Kang, V.M. Zatsiorsky, e M.L. Latash. 2003. Effects of age and gender on finger coordination in maximal contractions and submaximal force matching tasks. *J Appl Physiol* 94:259-70.

Shinohara, M., M.L. Latash, e V.M. Zatsiorsky. 2003. Age effects on force production by the intrinsic and extrinsic hand muscles and finger interaction during maximal contraction tasks. *J Appl Physiol* 95:1361-9.

Shinohara, M., J.P. Scholz, V.M. Zatsiorsky, e M.L. Latash. 2004. Finger interaction during accurate multi-finger force production tasks in young and elderly persons. *Exp Brain Res* 156:282-92.

Shumway-Cook, A., e M.H. Woollacott. 1985. Dynamics of postural control in the child with Down syndrome. *Phys Ther* 65:1315-22.

Siebner, H.R., e J. Rothwell. 2003. Transcranial magnetic stimulation: New insights into representational cortical plasticity. *Exp Brain Res* 148:1-16.

Silbert, P.L., J.Y. Matsumoto, P.G. McManis, K.A. Stolp-Smith, B.A. Elliott, e K.M. McEvoy. 1995. Intrathecal baclofen therapy in stiff-man syndrome: A double-blind, placebo-controlled trial. *Neurology* 45:1893-97.

Sipila, S., e H. Suominen. 1995. Effects of strength and endurance training on thigh and leg muscle mass and composition in elderly women. *J Appl Physiol* 78:334-340.

Sjogaard, G., G. Savard, e C. Juel. 1988. Muscle blood flow during isometric activity and its relation to muscle fatigue. *Eur J Appl Physiol Occup Physiol* 57:327-35.

Sjogaard, G., B. Kiens, K. Jorgensen, e B. Saltin. 1986. Intramuscular pressure, EMG and blood flow during low-level prolonged static contraction in man. *Acta Physiol Scand* 128:475-84.

Skinner, H.B., R.L. Barrack, S.D. Cook, e R.J. Haddad Jr. 1984. Joint position sense in total knee arthroplasty. *J Orthop Res* 1:276-83.

Smits-Engelsman, B.C., P.H. Wilson, Y. Westenberg, e J. Duysens. 2003. Fine motor deficiencies in children with developmental coordination disorder and learning disabilities: An underlying open-loop control deficit. *Hum Mov Sci* 22:495-513.

Spencer, R.M., H.N. Zelaznik, J. Diedrichsen, e R.B. Ivry. 2003. Disrupted timing of discontinuous but not continuous movements by cerebellar lesions. *Science* 300(5624): 1437-9.

Spidalieri, H.J., L. Busby, e Y. Lamarre. 1983. Fats ballistic arm movements triggered by visual, auditory, and somesthetic stimuli in the monkey. II. Effects of unilateral dentate lesion on discharge of precen-tral cortical neurons and reaction. *J Neurophysiol* 50:1359-79.

Spiegel, K.M., J. Stratton, J.R. Burke D.S. Glendinning, e R.M. Enoka. 1996. The influence of age on the assessment of motor unit activation in a human hand muscle. *Exp Physiol* 81:805-19.

Spira, M.E., Y. Yarom, e I. Parnas. 1976. Modulation of spike frequency by regions of special axonal geometry and by synaptic inputs. *J Neurophysiol* 39:882-99.

State, M.W., D.L. Pauls, e J.F. Leckman. 2001. Tourette's syndrome and related disorders. *Child Adolesc Psychiatr Clin* 10:317-31.

Stayer, C., e H.M. Meinck. 1998. Stiff-man syndrome: An overview. *Neurologia* 13:83-8.

Stein, R.B., S.L. Chong, K.B. James, A. Kido, G.J. Bell, L.A. Tubman, e M. Belanger. 2002. Electrical stimulation for therapy and mobility after spinal cord injury. *Progr Brain Res* 137:27-34.

Stelmach, G.E., N.L. Goggin, e A. Garcia-Colera. 1987. Movement specification time with age. *Exp Aging Res* 13:39-46.

Stelmach, G.E., N.L. Goggin, e P.C. Amrheim. 1988. Aging and the restructuring of precued movements. *Psychol Aging* 3:151-7.

Stelmach, G.E., e C.J. Worringham. 1988. The preparation and production of isometric force in Parkinson's disease. *Neuropsychol* 26:93-103.

Stelmach, G.E., C.J. Worringham, e E.A. Strand. 1986. Movement preparation in Parkinson's disease: The use of advance information. *Brain* 109:1179-94.

Sternad, D. 2002. Wachholder e Altenberger 1927: Foundational experiments for current hypotheses on equilibrium-point control in voluntary movements. *Mot Contr* 6:299-302.

Sterr, A., M.M. Muller, T. Elbert, B. Rockstroh, C. Pantev, e E. Taub. 1998. Perceptual correlates of changes in cortical representation of fingers in blind multifinger Braille readers. *J Neurosci* 18:4417-23.

Strick, P.L. 1983. The influence of motor preparatioon on the response of cerebellar neurons to limb displacements. *J Neurosci* 3:2007-20.

Stuart, D.G., P.A. Pierce, R.J. Callister, A.M. Brichta, e J.C. McDonagh. 2001. Sir Charles S. Sherrington: Humanist, mentor, and movement neuroscientist. In *Classics in movement science*, ed. M.L. Latash e V.M. Zatsiorsky, 317-74. Champaign, IL: Human Kinetics.

Sutherland, D.H., R. Olshen, E.N. Biden, e M.P. Wyatt. 1988. *The development of mature walking*. London: MacKeith Press.

Sutton, G.G., e R.F. Mayer. 1974. Focal reflex myoclonus. *J Neurol Neurosurg Psychiatr* 37:207-17.

Tang, P.F., e M.H. Woollacott. 1998. Inefficient postural responses to unexpected slips during walking in older adults. *J Gerontol Biol Med Sci* 53:M471-80.

Tatton, W.G., P. Bawa, I.C. Bruce, e R.G. Lee. 1978. Long loop reflexes in monkeys: An interpretive base for human reflexes. *Progr Clin Neurophysiol* 4:229-45.

Taub, E., e D.M. Morris. 2001. Constraint-induced movement therapy to enhance recovery after stroke. *Curr Atherosclerosis Rep* 3:279-86.

Tawil, R. 2004. Facioscapulohumeral muscular dystrophy. *Curr Neurol Neurosci Rep* 4:51-4.

Taylor, J.L., G.M. Allen, J.E. Butler, e S.C. Gande--via. 2000. Supraspinal fatigue during intermittent maximal voluntary contractions of the human elbow flexors. *J Appl Physiol* 89:305-13.

Taylor, J.L., e S.C. Gandevia. 2001. Transcranial magnetic stimulation and human muscle fatigue. *Muscle Nerve* 24:18-29.

Teasdale, N., e M. Simoneau. 2001. Attentional demands for postural control: The effects of aging and sensory reintegration. *Gait Posture* 14:203-10.

Thach, W.T. 1978. Correlation of neural discharge with pattern and force of muscular activity, joint position, and direction of intended next movement in motor cortex and cerebellum. *J. Neurophysiol* 41:654-76.

Thach, W.T. 1998. A role for the cerebellum in learning movement coordination. *Neurobiol Learn Mem* 70:177-88.

Thach, W.T., e A.J. Bastian. 2004. Role of the cerebellum in the control and adaptation of gait in health and disease. *Progr Brain Res* 143:353-66.

Thach, W.T., H.G. Goodkin, e J.G. Keating. 1992. Cerebellum and the adaptive coordination of movement. *Annu Rev Neurosci* 15:403-42.

Thach, W.T., S.A. Kane, J.W. Mink, e H.P. Goodkin. 1992. Cerebellar output: Multiple maps and motor modes in movement coordination. In *The cerebellum revisited*, ed. R. Llinas e C. Sotelo, 283-300. Nova York: Springer-Verlag.

Thelen, E. 1986. Development of coordinated movement: Implications for early human development. In *Motor development in children:* Aspects of coordination and control, ed. H.T.A. Whiting e M.G. Wade, 107-24. Dordrecht, The Netherlands: Martinus Nijhoff.

Thelen, E. 1995. Motor development. A new synthesis. *Am Psychol* 50:79-95.

Thelen, E., e D.W. Cooke. 1987. Relationship between newborn stepping and later walking. A new interpretation. *Dev Med Child Neurol* 29:380-93.

Thilmann, A.F., S.J. Fellows, e H.F. Ross. 1991. Biomechanical changes at the ankle joint after stroke. *J Neurol Neurosurg Psychiatr* 54:134-9.

Teitelbaum, O., T. Benton, P.K. Shah, A. Prince, J.L. Kelly, P. Teitelbaum. 2004. Eshkol-Wachman movement notation in diagnosis: The early detection of Asperger's syndrome. *PNAS* 101:11909-14.

Teitelbaum, P., O. Teitelbaum, J. Nye, J. Fryman, e R.G. Maurer. 1998. Movement analysis in infancy may be useful for early diagnosis of autism. *PNAS* 95:13982-7.

Teulings, H.L., J.L. Contreras-Vidal, G.E. Stelmach, e C.H. Adler. 1997. Parkinsonism reduces coordination of fingers, wrist, and arm in fine motor control. *Exp Neurol* 146:159-70.

Thelen, E., D. Corbetta, K. Kamm, J.P. Spencer, K. Schneider, e R.F. Zernicke. 1993. The transition to reaching: Mapping intention and intrinsic dynamics. *Child Dev* 64:1058-98.

Thelen, E., D. Corbetta, e J.P. Spencer. 1996. Development of reaching during the first year: Role of movement speed. *J Exp Psychol Hum Percept Perform* 22:1059-76.

Thompson, P.D. 2001. The stiff-man syndrome and related disorders. *Parkinsonism Relat Disord* 8:147-53.

Timmann, D., S. Watts, e J. Hore. 1999. Failure of cerebellar patients to time finger opening precisely causes ball high-low inaccuracy in overarm throws. *J Neurophysiol* 82:103-14.

Ting, L.H., e J.M. Macpherson. 2005. A limited set of muscle synergies for force control during a postural task. *J Neurophysiol* 93:609613.

Topka, H., J. Konczak, e J. Dichgans. 1998. Coordination of multi-joint arm movements in cerebellar ataxia: Analysis of hand and angular kinematics. *Exp Brain Res* 119:483-92.

Topka, H., J. Konczak, K. Schneider, A. Boose, e J. Dichgans. 1998. Multijoint arm movements in cerebellar ataxia: Abnormal control of movement dynamics. *Exp Brain Res* 119:493-503.

Toro, C., e M. Hallett. 2004. Pathophysiology of myoclonic disorders. In *Movement disorders. Neurological principles and practice*, ed. R.L. Watts e W.C. Koller, 671-81. Nova York: McGraw-Hill.

Traub, M.M., J.C. Rothwell, e C.D. Marsden. 1980. A grab reflex in the human hand. *Brain* 103:869-84.

Tresch, M.C, V.C. Cheung, e A. d'Avella. 2006. Matrix factorization algorithms for the identification of muscle synergies: Evaluation on simulated and experimental data sets. *J Neurophysiol* 95:2199-2212.

Tsao, C.Y., e J.R. Mendell. 1999. The childhood muscular dystrophies: Making order out of chaos. *Semin Neurol* 19:9-23.

Ts'o, D.Y., R.D. Frostig, E.E. Lieke, e A. Grinvald. 1990. Functional organization of primate visual cortex revealed by high resolution optical imaging. *Science* 249:417-20.

Tsutsumi, T., B.M. Don, L.D. Zaichkowsky, e L.L. Delizonna. 1997. Physical fitness and psychological benefits of strength training in community dwelling older adults. *Appl Hum Sci* 16:257-66.

Tuite, D.J., P.A. Renstrom, e M. O'Brien. 1997. The aging tendon. *Scand J Med Sci Sports* 7:72-7.

Turner, R. 2000. fMRI: Methodology—sensorimotor function mapping. *Adv Neurol* 83:213-20.

Turvey, M.T. 1990. Coordination. *Am Psychol* 45:938-53.

Turvey, M.T., e C. Carello. 1996. Dynamics of Bernstein's level of synergies. In *Dexterity and its development*, ed. M.L. Latash e M.T. Turvey, 339-76. Mahwah, NJ: Erlbaum.

Vallbo, A.B. 1971. Muscle spindle response at the onset of isometric voluntary contractions. Time difference between fusimotor and skeletomotor effects. *J Physiol* 218:405-31.

Vallbo, A.B. 1981. Basic patterns of muscle spindle discharge in man. In *Muscle receptors and movement*, ed. A. Taylor e A. Prochazka, 263-75. London: Macmillan.

van Asten, W.N., C.C. Gielen, e J.J. Denier van der Gon. 1988. Postural adjustments induced by simulated motion of differently structured environments. *Exp Brain Res* 73:371-83.

Vaillancourt, D.E., L. Larsson, K.M. Newell. 2003. Effects of aging on force variability, single motor unit discharge patterns, and the structure of 10, 20, and 40 Hz EMG activity. *Neurobiol Aging* 24:25-35.

Vaillancourt, D.E., e K.M. Newell. 2003. Aging and the time and frequency structure of force output variability. *J Appl Physiol* 94:903-12.

Vaillancourt, D.E., J. Prodoehl, L. Verhagen Metman, R.A. Bakay, e D.M. Corcos. 2004. Effects of deep brain stimulation and medication on bradykinesia and muscle activation in Parkinson's disease. *Brain* 127:491-504.

Vallar, G., G. Bottini, e E. Paulesu. 2003. Neglect syndromes: The role of the parietal cortex. *Adv Neurol* 93 293-319.

Vandervoort, A.A., J. Quinlan, e A.J. McComas. 1983. Twitch potentiation after voluntary contraction. *Exp Neurol* 81:141-52.

Vandervoort, A.A., e K.C. Hayes. 1989. Plantarflexor muscle function in young and elderly women. *Eur J Appl Physiol Occup Physiol* 58:389-94.

Van Deursen, R.W., M.M. Sanchez, J.S. Ulbrecht, e P.R. Cavanagh. 1998. The role of muscle spindles in ankle movement perception in human subjects with diabetic neuropathy. *Exp Brain* Res 120:1-8.

Van Deursen, R.W., e G.G. Simoneau. 1999. Foot and ankle sensory neuropathy, proprioception, and postural stability. *J Orthop Sports Phys Ther* 29:718-26.

Van Groeningen, C.J., E.J. Nijhof, FM. Vermeule, e C.J. Erkelens. 1999. Relation between torque history, firing frequency, decruitment levels and force balance in two flexors of the elbow. *Exp Brain Res* 129:592-604.

Van Kan, P.L., J.C. Houk, e A.R. Gibson. 1993. Output organization of intermediate cerebellum of the monkey. *J Neurophysiol* 69:57-73.

Viallet, F., J. Massion, R. Massarino, e R. Khalil. 1987. Performance of a bimanual load-lifting task by Parkinsonian patients. *J Neurol Neurosurg Psychiatr* 50:1274-83.

Viitasalo, J. J., P. Era, A.L. Leskinen, e E. Heikkinen. 1985. Muscle strength profiles and anthropometry in random samples of men aged 31-35, 51-55, and 71-75 years. *Ergonomics* 28:1563-74.

Vilensky, J.A., A.M. Moore, E. Eidelberg, e J.G. Walden. 1992. Recovery of locomotion in monkeys with spinal cord lesions. *J Mot Behav* 24:288-96.

Vincent, A. 2000. Understanding neuromyotonia. *Muscle Nerve* 23:655-7.

Viviani, P., e C. Terzuolo. 1980. Space-time invariance in learned motor skills. In *Tutorials in motor behavior*, ed. G.E. Stelmach e J. Requin, 525-33. Amsterdam: North-Holland Publishing Company.

Voisin, V., e S. de la Porte. 2004. Therapeutic strategies for Duchenne and Becker dystrophies. *Int Rev Cytol* 240:1-30.

Von Holst, E., e H. Mittelstaedt. 1950/1973. Daz reaf-ferezprincip. Wechselwirkungen zwischen Zentral-nerven-system und Peripherie. *Naturwiss* 37:467-76, 1950. The reafference principle. In *The behavioral physiology of animals and man. The collected papers of Erich von*

Holst. R. Martin (tradutor), 1, 139-173. Coral Gables, FL: University of Miami Press.

Wada, M., H. Kawahara, S. Shimada, T. Miyazaki, e H. Baba. 2002. Joint proprioception before and after total knee arthroplasty. *Clin Orthop Relat Res* 403:161-7.

Wade, M.G., R.V. Van Emmerik, e T.W. Kernozek. 2000. Atypical dynamics of motor behavior in Down syndrome. In *Perceptual-motor behavior in Down syndrome*, ed. D.J. Weeks, R. Chua, e D. Elliott, 277-304. Champaign, IL: Human Kinetics.

Wahnoun, R., J. He, e S.I. Helms Tillery. 2006. Selection and parameterization of cortical neurons for neuroprosthetic control. *J Neural Eng* 3:162-71.

Wall, P.D. 1978. The gate control theory of pain mechanisms. A re-examination and re-statement. *Brain* 101:1-18.

Wang, Y., V.M. Zatsiorsky, e M.L. Latash. 2005. Muscle synergies involved in shifting center of pressure during making a first step. *Exp Brain Res* 167:196-210.

Warabi, T., H. Noda, e T. Kato. 1986. Effect of aging on sensorimotor functions of eye and hand movements. *Exp Neurol* 92:686-97.

Ward, N.S. 2005. Neural plasticity and recovery of function. *Progr Brain Res* 150:527-35.

Ward, N.S., e L.G. Cohen. 2004. Mechanisms underlying recovery of motor function after stroke. *Arch Neurol* 61:1844-8.

Watts, R.L., e W.C. Koller, eds. 2004. *Movement disorders. Neurological principles and practice*. 2ª ed. Nova York: McGraw-Hill.

Weihl, C.C., e R.P. Roos. 1999. Creutzfeldt-Jakob disease, new variant Creutzfeldt-Jakob disease, and bovine spongiform encephalopathy. *Neurol Clin* 17:835-59.

Welford, A.T. 1984. Psychomotor performance. *Annu Rev Gerontol Geriatr* 4:237-73.

Welsh, T., e D. Elliott. 2000. Preparation and control of goal-directed limb movements in persons with Down syndrome. In *Perceptual--motor behavior in Down syndrome*, ed. D.J. Weeks, R. Chua, e D. Elliott, 49-70. Champaign, IL: Human Kinetics.

Werhahn, K.J., J. Mortensen, R.W. Van Boven, K.E. Zeuner, e L.G. Cohen. 2002. Enhanced tactile spatial acuity and cortical processing during acute hand deafferentation. *Nat Neurosci* 5:936-8.

Wetts, R., J.F. Kalaska, e A.M. Smith. 1985. Cerebellar nuclear cell activity during antagonsit cocontraction and reciprtocal inhibition of forearm muscle. *J Neurophysiol* 54:231-44.

Windhorst, U., C.N. Christakos, W. Koehler, T.M. Hamm, R.M. Enoka, e D.G. Stuart. 1986. Amplitude reduction of motor unit twitches during repetitive activation is accompanied by relative increase of hyperpolarizing membrane potential trajectories in homonymous \ga\--motoneurons. *Brain Res* 398:181-4.

Winegard, K.J., A.L. Hicks, e A.A. Vandervoort. 1997. An evaluation of the length-tension relationship in elderly human plantarflexor muscles. *J Gerontol Biol Med Sci* 52:B337-43.

Wing, A.M. 1988. A comparison of the rate of pinch grip force increases and decreases in Parkinsonian bradykinesia. *Neuropsychol* 26:479-82.

Winter, D.A., F. Prince, J.S. Frank, C. Powell, e K.F. Zabjek. 1996. Unified theory regarding A/P and M/L balance in quiet stance. *J Neurophysiol* 75:2334-43.

Winter, D.A., A.E. Patla, F. Prince, M. Ishac, e K. Gielo-Perczak. 1998. Stiffness control of balance in quiet standing. *J Neurophysiol* 80:1211-21.

Wolpaw, J.R. 1987. Operant conditioning of primate spinal reflexes: The H-reflex. *J Neurophysiol* 57:443-59.

Wolpaw, J.R., e J.S. Carp. 1993. Adaptive plasticity in spinal cord. *Adv Neurol* 59:163-74.

Wolpert, D.M., R.C. Miall, e M. Kawato. 1998. Internal models in the cerebellum. *Trends Cognit Sci* 2:338-47.

Woods, J.J., F. Furbush, e B. Bigland-Ritchie. 1987. Evidence for a fatigue-induced reflex inhibition of motoneuron firing rates. *J Neurophysiol* 58:125-37.

Woollacott, M., B. Inglin, e D. Manchester. 1988. Response preparation and posture control. Neuromuscular changes in the older adult. *Ann Nova York Acad Sci* 515:42-53.

Woollacott, M.H., e A. Shumway-Cook. 1990. Changes in posture control across the life span—a systems approach. *Phys Ther* 70:799-807.

Yeo, C.H., M.J. Hardiman, e M. Glickstein. 1984. Discrete lesions of the cerebellar cortex abolish the classically conditioned nictitating membrane response of the rabbit. *Behav Brain Res* 13:261-6.

Zajac, F.E., e M.E. Gordon. 1989. Determining muscle's force and action in multi-articular movements. *Exerc Sport Sci Rev* 17:187-230.

Zatsiorsky, V.M. 1998. *Kinematics of human motion*. Champaign, IL: Human Kinetics.

Zatsiorsky, V.M. 2002. *Kinetics of human motion*. Champaign, IL: Human Kinetics.

Zatsiorsky, V.M., e M. Duarte. 1999. Instant equilibrium point and its migration in standing tasks: Rambling and trembling components of the stabilogram. *Mot Contr* 3:28-38.

Zatsiorsky, V.M., e M. Duarte. 2000. Rambling and trembling in quiet standing. *Mot Contr* 4:185-200.

Zatsiorsky, V.M., e M.L. Latash. 2004. Prehension synergies. *Exerc Sport Sci Rev* 32:75-80.

Zatsiorsky, V.M., Z.-M. Li, e M.L. Latash. 1998. Coordinated force production in multi-finger tasks. Finger interaction and neural network modeling. *Biol Cybern* 79:139-50.

Zatsiorsky, V.M., Z.-M. Li, e M.L. Latash. 2000. Enslaving effects in multi-finger force production. *Exp Brain Res* 131:187-95.

Zhang, L.Q., e W.Z. Rymer. 2001. Reflex and intrinsic changes induced by fatigue of human elbow extensor muscles. *J Neurophysiol* 86:1086-94.

Zierski, J., H. Muller, D. Dralle, e T. Wurdinger. 1988. Implanted pump systems for treatment of spasticity. *Acta Neurochir* Suppl. no. 43:94-9.

Zimmerman, S.D., R.J. McCormick, R.K. Vadlamudi, e D.P. Thomas. 1993. Age and training alter collagen characteristics in fast- and slow- twitch rat limb muscle. *J Appl Physiol* 75:1670-4.

Zoia, S., U. Castiello, L. Blason, e A. Scabar. 2005. Reaching in children with and without developmental coordination disorder under normal and perturbed vision. *Dev Neuropsychol* 27:257-73.

Índice por Assunto

Nota: o *f* e o *t* em itálico depois dos números de página referem-se a figuras e tabelas, respectivamente.

A

abalos contráteis 50*f*, 51*f*, 67, 67*f*
abertura do agarre 275
abordagem
  de sistema complexo, sistema nervoso 18-20
  pragmática 396
acatisia tardia 364
acetilcolina 42
acidente vascular encefálico (AVE) 376
ácido
  gama-aminobutírico (AGAB) 42
  glutâmico 42
acinesia 354
acoplamento excitação-contração 49
actina 47*f*
adaptativas 303
afasia 376
  fluente 376
  não fluente 376
agarre, mão 275
agramatismo 373
ajustes posturais antecipatórios (APAs) 242
altriciais 320
aminas biogênicas 42
aminoácidos 42
amputação 395
anatomia do encéfalo 144-156
  eletroencefalografia 144-146, 145*f*
  estimulação magnética transcraniana 150-151*f*
  estruturas encefálicas 151-156
  imagem por ressonância magnética 149-150, 149*f*
  potenciais evocados 146-147*f*
  radiografia 147
  rastreamento neuroanatômico 151
  registro de neurônio isolado 144
  tomografia computadorizada 147*f*
  tomografia por emissão de pósitrons 148, 148*f*
anormalidades
  da marcha 368
  de postura 368
aparato neuronal intraespinal 342
apraxia 376
aprendizagem
  associativa 200-201
  dificuldades na 370
  motora 201-202
  não associativa 200
arco reflexo 90-91, 91*f*
áreas somatossensoriais 293
ataxia
  de Friedreich 372
  telangiectasia 372
ataxias 367, 372
ativação muscular voluntária 113-114
  reflexos monossinápticos 95
ATP 67
atrofia
  do núcleo caudado 360
  olivopontocerebelar (AOPC) 367
autismo 326
AVE 343, 376-379
axônio 39
  aferente 56
  em forma de T 292
axônios γ 59

B

baclofeno intratecal 345
bainha de mielina 351
balismo 361
banda
  A 47*f*
  I 47*f*
bastonetes 280
Bernstein, Nikolai 18, 216-217
blefaroespasmo 362
bomba de sódio e potássio 29, 29*f*
bradicinesia 355
brotamento 312

C

cãibra de escritor 362
campo elétrico 22*f*
canais de membrana 22
capacitor, membrana 28*f*
cápsula interna 292
cauda equina 81
células
  amácrinas 281
  de Purkinje 265
  de Renshaw 83
  gangliônicas 281
  gliais 38
  horizontais 281
cerebelo 170-175
  anatomia 170*f*

atividade e movimento 174-175*f*
entradas 172-173
funções 176-177
memória 206
saídas 173-174*f*
vetores de população neuronal 165
choque espinal 343
cinestesia 288-296
comando motor 291-292
fontes periféricas 288-291
circuitos motores, gânglios da base 182-183
cisterna 46
clônus 344
coativação 323
α-γ 112
cocontração 358
codificação
de frequência 41
de informações, sistema nervoso 40
código genético, memória 205
coluna
cervical 81
dorsal ipsilateral 292
lombar 81
torácica 81
comando
motor voluntário 291
motor, cinestesia 291-292
concentrações de membrana 29*f*
condições
de carga, músculos 54*f*
isométricas 52
condução
afasia 376
potencial de ação 36-37
vias 342
cone axonal 39
cones 280
contração
concêntrica 53
excêntrica 50, 53
muscular 49-50
regimes externos 53
tipos 50-51
tetânica 51, 67
contrações
isométricas 118-119
isotônicas 54
rápidas 67
contraturas 344
controle
de retroalimentação 108-109*f*
motor 214-222
abordagem de sistemas dinâmicos 222-223
abordagem força-controle 215-216
engramas 216-217
estrutura do corpo humano 214
hipótese do ponto de equilíbrio 219-220*f*
modelos internos 217-219
muscular voluntário 108-114
oculomotor 282-283
por antecipação 108-109, 108*f*
postural 236-245
convecção 21
cópia eferente 291
coreia 361
córnea 280
corpúsculos
de Meissner 62
de Pacini 62
corrente sobre membrana 40*f*
correntes de entrada persistentes 40, 87-88
córtex cerebral 158-168, 158*f*
áreas motoras 160-162, 161*f*
córtex motor 162-164, 163*f*
estrutura 159-160
hemisférios cerebrais 158
movimento voluntário 164-165
vetores de população neuronal 165-166
córtex parietal 293
crise oculogírica 364
cristalino 280

D

deficit
de força 272
inibição recíproca 356
na pré-programação 322
reflexos posturais 355
dendritos 40
desnervados 312
desordens
cerebelares 366-373
anormalidades de postura e marcha 368
ataxias 372
causas 367
consequências 366-367
movimentos voluntários 369-371
tremor cerebelar 372
corticais 376-387
AVE 376-379
doença de Wilson 385-387
lesões 376
mioclonia 379-382
paralisia cerebral 384-385
síndrome de Tourette 383-384
síndrome de Williams 385
tiques 382-383*t*
relacionadas aos gânglios da base 354-364
discinesia tardia 363-364
distonia 361
doença de Huntington 360
hemibalismo 361
mal de Parkinson 354-360, 356*f*

motoras, diabetes melito 337
psicogênicas do movimento 362*t*
despolarização 31
constante 32*f*
de membrana 31*f*
determinismo ascendente 18
diabetes melito, desordens motoras 337
diencéfalo 154
difusão 21*f*, 42
disartria atáxica 372
discinesia tardia 363
discos de Merkel 62
disdiadococinesia 369
disfonia espasmódica 362
dismetria 369
disprosódia 373
disritmocinesia 369
distonia 344, 361-363
distrofia
miotônica 332
muscular de Becker 332
muscular de Duchenne 332
muscular fascio-escápulo-humeral 333
distrofias musculares 332-333
distúrbio do desenvolvimento da coordenação (DDC) 327-328
distúrbios neurológicos, locais do corpo afetados 332*t*
doença
de Creutzfeldt-Jacob 382
de Huntington 360
de Wilson 385-386
do neurônio motor superior 343
dopamina 42
dor 294-295
crônica 294, 342
dualismo de Descartes 198-199
duração do pulso 37*f*

E

efeitos do treinamento 318
elemento
contrátil 51
de amortecimento 51
elementos
elásticos 51
lineares 52
eletroencefalografia 144-146, 145*f*
eletrólitos 21
eletromiografia 70-74
encefalinas 42
encurtamento muscular 53*f*
endorfinas 42
epitélio pigmentado 280
equação
de Nernst 23-25
Goldman-Hodgkin-Katz 29, 29*f*
equifinalidade 267
equilíbrio
celular 23*f*
de membrana 28*f*
escala
de Ashworth 346*t*
de espasmo 346*t*
escassez de combustível químico 302
esclerose
lateral amiotrófica 338
múltipla 307, 343, 351-352
escravização 272
espaço cartesiano 261
espasmos 345*f*
espasticidade 342-344*t*
mecanismos 347-348
sintomas 343-347
tratamento 348-351
esquema elétrico de membrana 36*f*
estimulação
elétrica funcional 342
magnética transcraniana (EMT) 150-151*f*, 396
estímulo de limiar 56
estratégia
do quadril 315
do tornozelo 315
estrutura
de referência 395
dos neurônios 39
excitação, sistema nervoso central 82
exercitabilidade 302
exocitose 42, 48
exploração e padrões motores emergentes 321
exteroceptores 56

F

fadiga 67, 302-308
anormal 307
mecanismos espinais 304-306
mecanismos musculares 303-304
mecanismos supraespinais 306
mudanças adaptativas 306-307
falsa crença 327
falta de destreza 344
fatigabilidade 344
fatigáveis 67
fenda sináptica 41
fenômeno
de Westphal 356
do canivete 344
fibra aferente 56
fibras
de cadeia 58
de saco 58
mielinizadas 38-39, 38*f*
musculares extrafusais 57*f*
musculares intrafusais 57
neurais aferentes 39, 39*t*

neurais eferentes 39-39*t*
tônicas 66
fisiologia de membrana 21
fisioterapia 348
focais 362
fonte aferente, reações pré-programadas 132*f*
força
do pulso 37*f*
eletroquímica 24
forma de T 56
fotorreceptores 280-281
fóvea 280
fovéola 280
frequência de disparo 41
funcionamento dos órgãos internos 342
funções
das unidades motoras 69-70
de custo 391
fusos musculares 288

G

gânglio 56
gânglios da base 180, 183
anatomia 180*f*
atividade 183
circuitos motores 182-183*f*
entradas 181-182
funções 184
saídas 181-182
glicina 42
glicogênio 67
gradiente de concentração 24*f*
grupo motoneuronal 83

H

hemibalismo 361
hemirretina
nasal 281
temporal 281
hemissíndromes 349
hiperalgesia 294
hipercinesia 360
hipermetria 366
hiperpolarização 31
hiper-reflexia autonômica 344
hipocampo, memória 206
hipométrico 357
hipótese
da estratégia dual 126
do equilíbrio-trajetória 265
do ponto de equilíbrio 114-115*f*, 291
hipotonia 322, 332, 366
humor vítreo 280

I

idiopáticas 362
ilusões cinestésicas 293-294
imagem por ressonância magnética 149-150, 149*f*
imperícia 390
inativação 32, 33*f*
inércia 52
inervação 66
informação visual 285
inibição
pós-sináptica 82-83*f*
pré-sináptica 86-86*f*
reflexa autogênica 304
iniciação ao passo 256
integração sensório-motora 286
interação do dedo 273*t*
interações, vias reflexas 104
interneurônios Ia 84-86, 85*f*
interoceptores 56
isquemia 295

L

lei
de Coulomb 29
de Hooke 51
de Weber-Fechner 56
do tudo ou nada 30
lesões da medula espinal 342-343, 343*t*
leucina 42
limiar de membrana 30
limiar, potencial de ação 30*f*
linha Z 47
Lloyd, D. 39
lobos
frontais 376
occipitais 376
parietais 376
temporais 376
locomoção 250-257
centros de 252
controle em seres humanos 253
espinal 252
geração de padrão dinâmico 255
geradores de padrão central 250
iniciação ao passo 256
padrões de marcha 254

M

mal de Parkinson 354-359, 356*f*
mão
agarre 275
articulações e músculos 270-271, 270*f*
função nos idosos 316-317
interação dos dedos 273*t*
representações corticais 271, 272
marcha arrastada 359
marcos motores 320
desenvolvimento 320-321
massa 52
mecânica, músculo esquelético 51-52, 52*f*

mecanismo humoral 28
mecanismos
espinais
fadiga 304-306
movimentos multiarticulares 263-264
musculares, fadiga 303-304
neuronais, memória 203-204
sinápticos da memória 203-204
supraespinais 264, 306
mediadores sinápticos 41
medula espinal 80-82, 80*f*
entrada aferente 188-189*f*
melanina 280
membrana
biológica 20-21
celular 20*f*
pós-sináptica 41
pré-sináptica 41
memória 198-202
aprendizagem 200
de curto prazo 202
de longo prazo 202
mecanismos 198-199
recuperação 204-205*f*
tipos 200
memória espinal 207
mesencéfalo 154f
metabolismo oxidativo 67
miastenia grave 334-335
mielina 38
mioclonia 379-382
de ação 379
essencial 379
reflexa 379
reflexa reticular 382
miofibrila 47*f*
miofilamentos 46-47
miopatias 332
miosina 47
miotonia 333
mitocôndrias 39
modelo de átomo 19*f*
modulação de frequência 41
mononeuropatias 335
múltiplas 335
motoneurônios
α 59, 66*f*
γ 59*f*
γ estáticos 60
movimento
em solução 21-22
multiarticular, mecanismos espinais 263-264
movimentos
das pessoas idosas 310-311
de alcance 260-262
isotônicos 118-119
no envelhecimento 310, 311
normais 390-391
prejudicados 390
uniarticulares 118-127
hipótese da estratégia dual 126-127, 127*f*
padrões EMG 121-126*f*
parâmetros de tarefa 119-120
perfis cinemáticos 120
variáveis de desempenho 119-120
voluntários 285
desordens cerebelares 369-371*f*
mudanças
adaptativas 396
fadiga 306-307
padrões motores 317
de padrões motores 395
relacionadas à idade
função sensorial 314
músculos e unidades motoras 311-313
postura e marcha 314-316
músculo esquelético 46-54
estrutura 46, 46*f*
mecânica 51-52, 51*f*
músculos
compartimentos 271
memória 199
padrões de ativação durante movimentos rápidos 314
reflexos em pessoas idosas 313

N

não eletrólitos 21
nervo
óptico 281
ulnar 336
nervos 39
cranianos 194-195
neuromiotonia 334
neurônio 40*f*
sensorial 57*f*
neurônios
bipolares 281
espelho 275
neuropatias 332
periféricas 314, 335-336
neuropeptídios 42
neurotransmissores 42
nistagmo 370
nociceptores 294
nódulos de Ranvier 38-38*f*
norepinefrina 42
núcleo 39
caudado, atrofia 360
de Deiters 366
posterior ventral 292
subtalâmico 361
núcleos
de projeção difusa 293
retransmissores 292

O

olho 280
onda F 96-96f
organelas 39
órgãos tendinosos de Golgi 60, 288
oscilação postural 237
osmose 22-23
otimizar 391

P

padrão recíproco 323
padrões do EMG, movimentos uniarticulares 121-126*f*
paralisia
  cerebral 343, 384-385
  ulnar 336
paraparesia 342
  flácida 342
paraplegia 342
paresia 344, 351
pausa-e-rebote 372
percepção
  consciente 56
  háptica 62
  visual 283-285
perfis cinemáticos 120
período
  refratário absoluto 33
  refratário relativo 33
permeabilidade
  de membrana 20*f*
  parcial 20
perturbações do movimento, reações pré-programadas 133*f*
plasticidade 393-394
  encéfalo 205-206
  neural 272
pobreza de movimentos 354
polineuropatias 335
pontes cruzadas 47, 49
ponto
  cego 280
  de atuação 260
postura vertical 236
  correções pré-programadas 134-135
potenciação pós-tetânica (PPT) 304
potenciais 22*f*
  de placa terminal em miniatura (PPTMs) 48-49*f*
  eletroquímicos 24
  evocados, anatomia do encéfalo 146-147*f*
potencial
  de ação 28-34, 36-37*f*
    canais de sódio 37
    características 30-31
    condução 36-37
    criação 28-30
    geração 31-33
    mudanças do 34*f*
    pós-sináptico 49*f*
    pré-sináptico 42*f*
  de equilíbrio 24
  de membrana 30*f*
  de repouso de membrana 31*f*
  pós-sináptico excitatório (PPSE) 42
  pós-sináptico inibitório (PPSI) 42
  químico 23
precoce 320
preensão 270-277
preparação medular 90
princípio
  de Henneman 68-69, 68*f*
  do tamanho 68-69, 68*f*
problema de Bernstein 262
procedimentos
  neurocirúrgicos 348
  químicos destrutivos 348
produtos do metabolismo muscular 302
projeções talamocorticais 292
propriocepção, controle postural 241
proprioceptores 56, 63*f*, 288

Q

quimioceptores 56

R

radiculopatias 337-338
radiografia, anatomia encefálica 147-148
rastreamento neuroanatômico, anatomia do encéfalo 151
reabilitação motora 390-398
  amputação 395
  movimentos normais 390-391
  mudanças de padrões motores 395
  prioridades do SNC 393
  sinergias 392-393
  unidades estruturais 392-393
reação corretiva ao tropeço 136-136*f*
reações posturais corretivas 244
reações
  pré-programadas 62, 130-136
    características 134
    fonte aferente 132*f*
    perturbações do movimento 133*f*
    postura vertical 134-136*f*
    reação corretiva ao tropeço 136
    versus reflexos de alongamento 131-132
  provocadas 62
receptores 56-63
  articulares 61, 61*f*, 288
  cutâneos 62, 62*f*
  de fusos musculares 57-59
  do sistema gama 59-60
  musculares 289*t*
  órgãos tendinosos de Golgi 60-61
  propriedades 56-57
  sistema gama 59-60
  tipos 56-57

reducionismo 18, 198
reflexo
de Babinski 344
flexor 101
H 91-95
diminuição 305
T 91-95
tônico de alongamento 102
tônico de vibração 102-104, 103*f*, 104*f*
reflexos 62, 90
cutâneos exagerados 344
de alongamento
reações pré-programadas 131-132
interarticulares 105, 262-263
intermembros 105, 106*f*
monossinápticos 90, 95
oligossinápticos 98-99
polissinápticos 99-101, 100*f*
primitivos 320
vias de interações 104-105
regimes externos, contração muscular 53
registro de neurônio isolado, anatomia do encéfalo 144
regra coordenativa 68
reinervação 312
relação
força-comprimento 52-53, 53*f*
força-velocidade 52-53, 53*f*
relógio biológico 320
reobase 37
reorganização
neurológica 396
topográfica 394
representações corticais, mão 271-272
resposta M 91
retardo mental 323
retículo sarcoplasmático 46
retina 280
retroalimentação
negativa 31
positiva 31
rigidez 52, 332, 355
alfa 366
extensora 366
rotação mental 166

S
sacro 81
saltos de desenvolvimento 393
sarcolema 46
sarcopenia 311
sarcoplasma 46
Schmidt, Richard 217
segmentação do movimento 370
sensação 56
sensores de força 60-61*f*
seres humanos recém-nascidos 320
serotonina 42
servocontrole 109-111, 110*f*
servo-hipótese 111-112*f*
sinapse neuromuscular 48-49
sinapses 40
não obrigatórias 41
obrigatórias 41
síndrome
cerebelar cognitiva afetiva 373
da fadiga crônica 308
da pessoa rígida 333
de Asperger 327
de Down 321-326
de Guillain-Barré 336
de Korsakoff 206
de Tourette 383-384
de Williams 385
do túnel do carpo 335
síndromes
de atividade contínua da fibra muscular 333-334
do motoneurônio superior 377
sinergias 316
reabilitação motora 392-393
de preensão 275-276
motoras 226-234
abordagens de otimização 226
hipótese da variedade não controlada 232
princípio da abundância 228
redundância motora 226
unidades estruturais 229
posturais 245
sintomas piramidais 343
sistema
gama (sistema γ) 59, 288
límbico 154
nervoso, abordagem de sistema complexo 18-20
nervoso central (SNC)
prioridades 390
reabilitação motora 393
vestibular 239-240
solventes 21
soma 39
somação
espacial 43-44, 43*f*
temporal 42-43, 43*f*
sublimiar 43
substância negra 354-355

T
tálamo 292
taxa de inervação 66, 312
tempo de reação mais longo 322
teoria
do filamento deslizante 49, 50*f*
do portão para o controle da dor 294
terapias com drogas 348
terminação sensorial 56
terminações

de Ruffini 62
primárias de fuso 58*f*
secundárias do fuso 57*f*
terminal sináptico 280
tétano 51, 51*f*, 333
suave 51
tetraparesia 342
tetraplegia 342
tiques 382, 383*t*
motores 382
sensoriais 383
vocais 382
titina 47
titubeação 368
tomografia
computadorizada 147*f*
por emissão de pósitrons 148-148*f*
tônus muscular 322
torcicolo 362
transmissão
antidrômica 57
de informações 36-44
ortodrômica 57
sináptica 41-42, 41*f*
trato
de Lissauer 295
espinocervical 190
espinomesencefálico 295
espinorreticular 191-192, 295
espinotalâmico 190*f*, 295
piramidal 192*f*
reticuloespinal 194
rubroespinal 193
vestibuloespinal 193-194*f*
tratos
espinocerebelares 191
neurais 39
proprioespinais 194
trauma encefálico 343
tremor 355
bater de asas 385
cerebelar 366, 372
cinético 372
crescendo 385
de ação 367
espalhamento 385
essencial 382
estático 372
intencional 372
postural 372
tropomiosina 47
troponina 47

U
unidades
estruturais, reabilitação motora 392-393
motoras 66-68*t*
lentas 67-68
rápidas 67-68

V
variabilidade 311
motora 118
variáveis
de desempenho 119
elementares 275
velocidades de diferentes processos 38*t*
vértebra 81*f*
via
da coluna dorsal 190*f*
lemnisco medial 292
vias
ascendentes 188-194
descendentes 188-194
neurais 188*f*
vibração muscular 293
visão e controle postural 241
voltagem sobre membrana 40*f*

Z
zona binocular 281
zonas ativas 48, 48*f*

Sobre o Autor

Mark L. Latash, PhD, é um aclamado professor no Departamento de Cinesiologia na Universidade Estadual da Pensilvânia, em University Park, Pensilvânia. Dr. Latash é autor de dois outros livros, editou ou coeditou seis outros e publicou mais de 200 artigos revisados por colegas de área. Também deu início e editou, por mais de 10 anos, a revista científica *Motor Control*. Latash organizou uma série de conferências chamadas *Progresso em Controle Motor* e atuou como presidente da Sociedade Internacional de Controle Motor. É membro da Sociedade para a Neurociência e da Sociedade Americana de Biomecânica, bem como associado da Academia Americana de Cinesiologia e Educação Física (AAKPE).

O Dr. Latash foi nomeado Professor Distinto de Cinesiologia em 2005 e recebeu inúmeros outros prêmios, incluindo alguns da Penn State, da Universidade de Otago, na Nova Zelândia, da Sociedade Internacional de Controle Motor e da AAKPE. Em seu tempo livre, aprecia caminhar, colher cogumelos, ler e jogar futebol.

Sobre o Livro
Formato: 21 x 28 cm
Mancha: 16 x 23,2 cm
Papel: Offset 90 g
Nº páginas: 472
Tiragem: 2.000 exemplares
2ª edição: 2015

Equipe de Realização
Assistência editorial
Liris Tribuzzi

Assessoria editorial
Maria Apparecida F. M. Bussolotti

Edição de texto
Reury Frank Bacurau e Aline Villa Nova Bacurau (Revisão científica)
Gerson Silva (Supervisão de revisão)
8ª Rima (Preparação do original e copidesque)
Elise Garcia e Jaqueline Carou (Revisão)

Editoração eletrônica
Vanessa Dal (Capa e diagramação)
Ricardo Howards e Douglas Docelino (Ilustrações)

Impressão
Edelbra